JN457938

인공지능 개론

: Artificial Intelligence, 2nd Ed.

한빛아카데미
Hanbit Academy

지은이 마이클 네그네빗스키 Michael Negnevitsky

호주에 있는 태즈메이니아 대학교의 전기공학과 컴퓨터과학 분야 교수로 재직 중이다. 이 책은 그가 학생들을 가르치면서 겪은 경험을 토대로 엮은 도서다. 본문의 예제는 여러 대학교(마그데부르크대학교(독일), 히로시마대학교(일본), 보스턴대학교와 로체스터 공과대학교(미국))의 단기 강좌에 활용되었으며, 다양한 검증을 마쳤다.

전기공학자로서 전기공학 분야와 인공지능, 소프트 컴퓨팅에 관심이 많다. 연구 분야는 전자 분야의 지능 시스템과 응용 프로그램 그리고 공정 제어와 환경 공학이다. 지금까지 유명 저널을 비롯한 다수의 저널에 연구 활동으로 얻은 연구 결과를 250여 건 발표했다. 발명품에 대한 특허권 4건과 2권의 저서가 있다.

옮긴이 김용혁 yhdfly@kw.ac.kr

서울대학교 전산학과 학사를 거쳐 서울대학교 컴퓨터공학부에서 석사와 박사 학위를 취득하였다. 서울대학교 기계항공공학부, 전기컴퓨터공학부, 수리과학부의 BK21 박사후연구원을 지냈고, 서울대학교 반도체공동연구소 연구원, (주)다음커뮤니케이션 연구원을 거쳐 광운대학교 소프트웨어학부 교수로 재직 중이다. '인공지능 기법을 이용한 기상 예측'을 연구 주제로 국립기상과학원에서 방문연구원을 지냈으며, 기상예측 분야로 공을 인정받아 국립기상과학원장 표창을 받았다. 현재 '최적화 및 지식공학' 연구실을 운영하고 있으며, 연구 관심사는 최적화 알고리즘의 설계/분석, 조합 최적화, 경영과학, 진화연산, 소프트컴퓨팅, 데이터마이닝, 기계학습, 스마트그리드 등이다. 국제 저널과 국제 학술대회지에 120여 편의 논문을 발표했으며, 저서로는 『문제로 풀어보는 알고리즘』(인사이트, 2012)이 있다.

인공지능 개론 : Artificial Intelligence **2nd Ed.**

초판발행 2013년 07월 30일
8쇄발행 2023년 01월 30일

지은이 마이클 네그네빗스키(Michael Negnevitsky) / **옮긴이** 김용혁 / **펴낸이** 전태호
펴낸곳 한빛아카데미(주) / **주소** 서울시 서대문구 연희로2길 62 한빛아카데미(주) 2층
전화 02-336-7112 / **팩스** 02-336-7199
등록 2013년 1월 14일 제2017-000063호 / **ISBN** 978-89-98756-45-1 93000

책임편집 유경희 / **진행** 김미정
영업 김태진, 김성삼, 이정훈, 임현기, 이성훈, 김주성 / **마케팅** 길진철, 김호철, 주희

이 책에 대한 의견이나 오탈자 및 잘못된 내용에 대한 수정 정보는 아래 이메일로 알려주십시오.
잘못된 책은 구입하신 서점에서 교환해 드립니다. 책값은 뒤표지에 표시되어 있습니다.

홈페이지 www.hanbit.co.kr / 이메일 question@hanbit.co.kr

원리를 알면 IT가 맛있다

IT COOKBOOK

1시간 강의를 위해 3시간을 준비하는 마음!

:: **군더더기 없는 핵심 원리 + 말랑말랑 쉬운 컨텐츠**

핵심 원리 하나만 제대로 알면 열 가지 상황도 해결할 수 있습니다.
친절한 설명과 명확한 기승전결식 내용 전개로 학습 의욕을 배가시켜줍니다.

:: **핵심 원리 → 풍부한 예제와 연습문제 → 프로젝트로 이어지는 계단 학습법**

기본 원리를 다져주는 예제, 본문에서 배운 내용을 촘촘하게 점검해볼 수 있는 연습문제,
현장에서 바로 응용할 수 있는 프로젝트를 단계별로 구성해 학습의 완성도를 높였습니다.

:: **학습욕구를 높여주는 현장 이야기가 담긴 IT 교과서**

필드 어드바이저의 인터뷰와 주옥 같은 현업 이야기를 담았습니다.
강의실 밖 현장의 요구를 접하는 기회를 제공하고,
학생들 스스로 필요한 공부를 할 수 있도록 방향을 제시합니다.

>> 역자 머리말 인공지능 입문자를 위해 쉽게 풀어쓴 입문서

인공지능(artificial intelligence)은 컴퓨터 과학에서 가장 핵심적인 분야 중 하나다. 인공지능에 대한 책이 많이 나와 있지만 대부분 전문 용어로 기술되어 있으며, 복잡하고 어려운 수식들로 가득 차있어 초보자가 다가가기 어렵게 되어 있다.

이 책은 인공지능 분야의 훌륭한 입문서다. 전공자라도 잘 알지 못할 인공지능의 역사를 상세하면서도 재미있게 설명하고 있으며, 가장 대표적인 인공지능 기법들인 규칙기반 전문가 시스템, 퍼지 전문가 시스템, 인공 신경망, 진화 연산, 혼합형 지능형 시스템, 데이터 마이닝 등을 다양하면서도 구체적인 예제와 함께 이해하기 쉽게 다루고 있다. 또한 독자들이 인공지능 분야를 실용적이고 실제적으로 이해할 수 있도록 구성되어 있어 프로그래밍 경험이 전혀 없어도 쉽게 따라갈 수 있을 것이다. 컴퓨터 관련 학과 전공자는 아니지만 인공지능 기법을 배우고자 하는 독자들에게 좋은 입문서가 될 것이다.

역자의 석박사 대학원 시절 지도교수이신 서울대학교 컴퓨터공학부의 문병로 교수님 소개로 번역의 기회를 얻게 되었다. 역자의 세부 전공과 일치하는 좋은 책을 번역한다는 욕심과 함께 역자의 지식을 체계적으로 정리할 수 있는 좋은 기회가 될 것 같아 번역을 흔쾌히 수락했으나, 번역을 하면서 영어로 표현된 세세한 의미를 우리말로 전달하는 것이 얼마나 힘든 일인지 실감할 수 있었다. 번역 과정은 역자가 생각했던 것보다 훨씬 시간과 노력이 많이 드는 작업이었다. 원고를 여러 번 확인했지만 문장의 매끄러움이나 용어의 선택과 통일에 있어서 아쉬운 부분이 여전히 남아있다. 독자들이 너그러이 이해해주길 바라며, 이 책이 인공지능 분야를 접하는 독자들에게 조금이나마 도움이 되기를 희망한다.

이 책을 번역하는 데 많은 도움을 주신, 서울대학교 컴퓨터공학부 '최적화 및 금융공학 연구실'의 후배 김진, 사랑하고 존경하는 아내 윤유림과 형 김기범께 깊은 감사의 마음을 전한다. 역자의 이름으로 책을 출간하긴 하지만 이 세 분의 도움이 없었더라면 이 책의 출간은 불가능했을지 모른다. 또한 역자를 바른 방향으로 이끌어주고 이 책의 교정과 편집을 위해 많은 수고를 해주신 한빛아카데미(주)의 박현진 팀장님께도 감사드린다.

어느 가을날에
역자 김용혁

>> 추천사 독자들이 즐겁게 읽을 수 있는 인공지능 입문서

인공지능은 인간의 지능을 기계가 흉내내거나 은유적으로 적용하는 연구 분야를 총칭한다. 컴퓨터 과학·공학의 여러 분야들 중에서 실로 많은 분야가 인공지능적 기술을 직접 또는 간접적으로 이용한다.

1980년 무렵에 인공지능이 한창 언론의 각광을 받을 때 자극적인 뉴스를 필요로 하는 언론과 몇몇 이벤트성 과학자들이 인공지능의 미래를 거의 공상과학 수준으로 지나치게 환상적으로 그렸다. 마치 십년 후에는 인간을 능가하는 로봇이나 지능 시스템이 출현할 것처럼 떠들어댔다. 시간이 지나면서 그것이 환상이라는 것을 알게 되자 이번에는 인공신경망으로 대상을 바꾸어 같은 일을 벌였다. 이런 과정을 통하여 언론은 독자에게 재미를 주고 해당 연구자들은 눈먼 연구비를 잔뜩 획득하는 재미를 누렸지만, 이런 상상력의 거품이 준 부작용은 컸다. 1990년대 미국에서는 인공지능이라는 키워드가 들어가면 연구비 수주에 현저하게 불이익을 받는 현상이 일어났다. 마치 조상의 신용과장에 대한 대가를 후손들이 받는 격이었다.

이런 부작용을 겪었지만 인공지능이 지금까지 이루어 놓은 일은 상상을 초월한다. 이제 인공지능은 컴퓨터과학의 오래된 키워드 중 하나지만, 미국의 컴퓨터 연구자들을 전통적인 방식으로 분류하지 않고 내용에 따라 분류한다면 인공지능으로 분류할 수 있는 과학자들이 가장 많다고 한다. 인공지능은 알게 모르게 우리 주변에 근접해 있다. 어떤 문제를 결정론적으로 해결할 수 없는 경우에 택하는 방법들은 대개 인공지능의 범주에 포함시킬 수 있는 경우가 많다. 실로 다양한 분야에서 인공지능적 접근법을 필요로 한다. 이 책에서는 이런 다양한 인공지능적 접근법들을 잘 소개하고 있다. 규칙기반의 접근법, 인공지능, 진화연산, 퍼지 시스템 등 인공지능 분야의 대표적 접근법들을 포함하는 방대한 주제에 대해 엄격하고 논리적으로 설명한다.

이 책을 번역한 김용혁 교수는 본인이 서울대학교 교수로 보임한 이래 배출한 제 1호 박사다. 본인의 신임교수일 때 가졌던 수많은 아이디어와 에너지를 가장 많이 공유한 제자고 지적으로 가장 탁월한 능력을 가진 제자들 중 하나다. 김교수는 석사과정에서 보통의 박사과정 학생들보다 뛰어난 업적을 내었고, 이후의 박사과정에서는 본격적으로 그 능력을 발휘했다. 특히 수학적 기반이 지도교수보다 강하여 생각하지 못한 우아한 해결책들을 많이 내어 놓아 지도교수를 기쁘게 해주었다. 김교수는 철저하고 책임감이 강한 사람이라 그가 번역한 이 책의 품질도 남다를 것이라 믿는다. 입문자를 고려한 가벼운 인공지능 책이 많지 않은데, 오랜만에 독자들이 즐겁게 읽을 수 있는 좋은 인공지능 입문서가 나와 매우 반갑다.

서울대학교 컴퓨터공학부 교수 문병로

>> 저자 머리말 실패하는 유일한 방법은 해보지 않는 것이다 _Edward Teller

인공지능에 관한 또 하나의 책... 나는 이미 많은 인공지능 책을 보았다.
나는 왜 또 이런 책을 썼을까? 이 책은 다른 책과 무엇이 다를까?

매년 출간되는 수백 권의 책과 박사 학위 논문은 인공지능과 컴퓨터 지식의 범위를 확장시키고 있다. 전문가 시스템, 인공 신경망, 퍼지 시스템, 진화 연산은 지능형 시스템에서 사용되는 주요 기술들이다. 수백 개에 이르는 도구는 이들 기술을 지원하고, 수천 편의 공학 논문들은 지식의 범위를 계속 확장해 나간다. 이 책에서 다루는 각 장의 내용은 연구 논문 주제가 될 정도로 가볍지 않은 주제들이다. 하지만 필자는 지능형 시스템의 기본을 설명하는 책을 쓰고 싶었다. 무엇보다 인공지능에 대한 두려움을 없애는 책을 쓰고 싶었다.

인공지능을 다룬 대부분의 책에는 컴퓨터 분야에서 쓰는 특수 용어가 난무하고, 복잡한 행렬 대수와 미분 방정식들로 가득 차있다. 물론 이런 점은 일반인들로 하여금 인공지능이라는 분야를 우러러보게 만들기는 했으나, 최근까지도 컴퓨터 비전공자들은 접근조차 못하게 만드는 요인이 되었다. 하지만 이제는 상황이 변했고 PC는 일상생활에 없어서는 안 될 존재가 되었다. 우리는 컴퓨터를 타자기나 계산기, 달력이나 통신 시스템, 대화식 데이터베이스나 결정지원 시스템으로 사용한다. 한발 더 나아가 컴퓨터가 지능적으로 작동하기를 바란다. 이제 지능형 시스템들은 빠른 속도로 현실에 등장하고 있고, 우리는 이 시스템들을 유용하게 사용하려고 한다.

이 책에는 지능형 시스템을 구성하는 원리는 무엇일까? 그 시스템은 어떻게 만들어질까? 지능형 시스템을 어디에 사용할 수 있을까? 내 문제에 적합한 도구를 어떻게 정할까? 등과 같은 질문에 대한 답을 담았다. 컴퓨터 지능 분야의 입문서로, 규칙기반 전문가 시스템, 퍼지 전문가 시스템, 프레임기반 전문가 시스템, 인공 신경망, 진화 연산, 혼합형 지능형 시스템, 지식 공학을 다룬다. 컴퓨터 지능에 관한 많은 책들과 달리, 지능형 시스템의 뒤에 가려진 대부분의 아이디어는 놀라울 정도로 단순하다는 사실을 보여준다.

이 책은 컴퓨터 과학, 컴퓨터 정보 시스템, 공학 전공의 학부생을 위한 대학교재이다. 미적분학에 대한 지식이 있는 학생을 대상으로 하며, 프로그래밍 언어는 전혀 배울 필요가 없다. 필자는 지난 10여 년의 강의를 통해 학생에게 받은 질문과 제안 등을 녹여 집필했다.

필자의 강의 시간에는 작은 규칙기반, 프레임기반 전문가 시스템을 개발하고, 퍼지 시스템을 설계하며, 인공 신경망을 탐구하고, 단순한 문제를 유전 알고리즘으로 구현한다. 이때 전문가 시스템 틀(Leonardo, XpertRule, Level5 Object, Visual Rule Studio), MATLAB 퍼지 논리 툴박스, MATLAB 신경망 툴박스를 사용한다. 이 툴박스를 사용하면 해당 이론을 쉽게 검증할 수 있다. 하지만 이 책은 특정 툴에 한정되지 않는다. 이 책에서 다룬 예는 다른 툴로도 쉽게 구현할 수 있다.

또한 이 책은 컴퓨터 과학을 전공하지 않은 실무자가 독학하기에 좋다. 지식기반 시스템과 계산 지능 분야의 최첨단 기술에 접근할 수 있게 해준다. 사실 이 책은 다양한 계층의 독자, 즉 도전적인 문제를 접하지만 고전적인 방법으로는 문제를 풀 수 없는 사람들, 컴퓨터 지능에 관한 그간의 성과를 이해하고 싶은 공학자와 과학자, 관리자와 사업가, 의사와 법률가들까지 염두에 두었다. 지능형 시스템이 할 수 있는 것과 할 수 없는 것에 관한 실제적인 이해를 돕고, 이 책을 읽는 사람들이 수행하는 작업과 가장 관련이 있는 도구를 찾고, 그 도구의 사용법을 이해하는 데 도움을 줄 것이다.

부디 이 책을 통해 독자 여러분과 인공 지능과 소프트 컴퓨팅 주제로 필자가 가지고 있던 흥분된 감정을 공유하길 바란다. 이 책의 원서에 대한 정보는 http://www.booksites.net/negnevitsky에서 얻을 수 있다.

■ 2판을 준비하면서

이 책은 1판과 마찬가지로 독자들이 컴퓨터 지능 분야를 실용적으로 이해할 수 있게 만드는 것을 목표로 한다. 따라서 한 학기 과정에 적합한 입문서를 생각했고, 학생들은 프로그래밍 경험이 전혀 없다고 가정했다.

2판에서는 특정 문제를 풀기 위한 지능형 도구의 새로운 응용 사례를 몇 가지 선보였다. 그 중에서 새롭게 변화된 내용은 다음과 같다.

- 2장 : 새로운 규칙기반 전문가 시스템 MEDIA ADVISOR를 소개한다.
- 9장 : ① 경쟁학습을 하는 분류 신경망에 관한 새로운 사례 연구를 추가했다.
  ② '유전 알고리즘은 어떤 문제를 해결할 수 있을까?' 라는 절을 추가했다. 여기에는 순회 판매원 문제에 관한 사례 연구를 담았다.
  ③ '혼합형 지능형 시스템은 어떤 문제를 해결할 수 있을까?' 라는 절을 추가했다. 여기에는 이질 구조로 된 뉴로-퍼지 결정지원 시스템과 동질 구조로 된 적응적 뉴로-퍼지 추론 시스템(ANFIS)을 담았다.
- 참고문헌을 수정 · 보완했다.

■ 감사의 글

필자는 이 책이 나오기까지 직접 또는 간접적으로 많은 사람들에게 깊은 은혜를 입었다. 필자가 수행하던 소프트 컴퓨팅 연구에 건설적인 비평을 해주고 무엇보다 지난 20년 동안 우정과 지원을 아끼지 않았던 Vitaly Faybisovich 박사에게 매우 감사한다.

>> 저자 머리말

책에 대한 아주 작은 의견부터 도움이 되는 제안을 해준 수많은 독자들에게 깊이 감사한다. 이 책을 출판하도록 해준 피어슨 사의 편집자인 Keith Mansfield, Owen Knight, Liz Johnson에게 감사한다.

또한 태즈메이니아 대학교의 학부생과 대학원생에게 고맙다는 말을 전한다. 특히 나의 제자였던 Tan Loc Le, Quang Ha, Steven Carter에게 감사한다. 이들이 보여준 신지식에 대한 열망은 나에게 도전하려는 의욕과 영감을 느끼게 해줬다.

이 책의 내용을 자신의 학생들과 함께 테스트해준 보스턴 대학의 Stephen Grossberg 교수, 독일 마그데부르크대학교의 Frank Palis 교수, 일본 히로시마 대학의 Hiroshi Sasaki 교수, 미국 로체스터 공과대학의 Walter Wolf 교수에게 고마움을 전한다.

이 책의 초안을 교정해준 Vivienne Mawson 박사와 Margaret Eldridge에게도 감사의 말을 전한다.

이 책의 초판이 2년 전에 나왔지만, 이미 책을 사용하고 있고, 의견을 보내줬던 사람들에게 일일이 감사의 말을 전하지는 못했다. 하지만 적어도 도움이 되는 제안을 해준 다음 사람들에게는 감사의 말을 전하고 싶다.

Martin Beck(영국, Plymouth 대학교), Mike Brooks(오스트레일리라, Adelaide 대학교),
Genard Catalano(미국, Columbia 대학), Warren du Plessis(남아프리카, Pretoria 대학교),
Salah Amin Elewa(이집트, American 대학교), John Fronckowiak(미국, Medaille 대학),
Lev Goldfarb(캐나다, New Brunswick 대학교), Susan Haller(미국, Wisconsin 대학교),
Evor Hines(영국, Warwick 대학교), Philip Hingston(오스트레일리아, Edith Cowan 대학교),
Sam Hui(미국, Stanford 대학교), David Lee(영국, Hertfordshire 대학교),
Leon Reznik(미국, Rochester 공과대학), Simon Shiu(홍콩, Hong Kong Polytechnic 대학교),
Thomas Uthmann(독일, Johannes Gutenberg-Universität Mainz 대학교),
Anne Venables(오스트레일리아, Victoria 대학교), Brigitte Verdonk(벨기에, Antwerp 대학교),
Ken Vollmar(미국, Southwest Missouri 주립대학교), KokWai Wong(싱가포르, Nanyang 공과대학교).

호주의 태즈메이니아 섬 호바트에서
저자 마이클 네그네빗스키

>> 강의계획표

한 학기 강의를 기준으로 작성한 강의계획표다. 이 책에서 소개하는 모든 내용을 한 학기 과정으로 학생들에게 설명하고 이해시키기에는 약간 무리가 있을 수도 있으므로, 상대적으로 중요도가 낮으며 다른 장과의 연결 관계도 그다지 높지 않은 5장을 제외하여 강의계획을 세우기를 권한다. 강의 대상자에 따라 각 장에 있는 선형대수학과 확률에 관한 복습 부분을 제외할 수 있다.

주	해당 장/과제	주 제
1	1장	지식기반 지능형 시스템 개론
2	2장	규칙기반 전문가 시스템
3	3장	규칙기반 전문가 시스템에서 불확실성 다루기
4	4장	퍼지 전문가 시스템
5	4장	퍼지 전문가 시스템
6	6장	인공 신경망
7	6장	인공 신경망
8		**중간고사**
9	7장	진화 연산
10	7장	진화 연산
11	8장	하이브리드 지능 시스템
12	8장	하이브리드 지능 시스템
13	9장	지식 공학과 데이터 마이닝
14	9장	지식 공학과 데이터 마이닝
15	9장	지식 공학과 데이터 마이닝
16		**기말고사**

>> 워밍업

이 책을 읽기 전에

누구를 위한 책인가

이 책의 주 대상층은 대학의 전기 · 전자 · 컴퓨터 관련학과에서 패턴인식, 인공지능, 데이터 마이닝에 흥미가 있는 학부생과 이 분야를 전공하는 대학원생, 인공지능 기법을 필요로 하는 융합과정(예: 생물정보학) 대학원생을 대상으로 한다. 컴퓨터를 전공하지 않은 실무자 · 연구자를 위한 학습서로도 활용할 수 있다.

선수 연계 과목

인공지능은 공학적인 응용 분야에 속하는 주제다. 이 책을 이해하기 위해서는 약간의 수학 지식이 필요하다. 특히 수학의 많은 분야 중 대학 교양 수학 수준의 선형 대수학과 확률에 대한 기본 지식이 필수적이다. 선수 연계 과목을 이수한 후 기본적인 알고리즘에 관한 이해와 훈련이 되어 있다면 조금 더 쉽게 접근할 수 있을 것이다.

이 책의 주요 내용

1장. 지식기반 지능형 시스템 개론

1960년대, 인공지능에 관한 획기적인 아이디어가 제시된 큰 기대의 시대였다. '소프트' 컴퓨팅과 전 세계적인 단어 계산을 받아들인 1990년대까지 AI 역사를 다룬다.

2장. 규칙기반 전문가 시스템

규칙기반 전문가 시스템에 대해 살펴본다. 지식이 무엇인지 간단히 살펴보고, 전문가가 자신의 지식을 생성 규칙의 형식으로 표현하는 방법을 논의하고, 전문가 시스템 개발팀의 주요 구성원과 규칙기반 시스템의 구조를 살펴본다. 또한 전문가 시스템의 기초적인 특성을 논의하고 전문가 시스템이 실수할 수도 있다는 사실도 언급한다. 그런 다음 순방향과 역방향 연결 추론 기법을 살펴보고 충돌 해법 전략에 대해 토의한다. 마지막으로 규칙기반 전문가 시스템의 장점과 단점을 살펴본다.

3장. 규칙기반 전문가 시스템에서 불확실성 다루기

전문가 시스템에서 사용하는 불확실성 처리 기법인 베이즈 추론과 확신도를 소개한다. 지식이 불확실해지는 주된 요인을 파악하고, 확률 이론을 간단히 복습한다. 증거를 누적하는 베이즈 방법을 고려하여 베이즈 접근에 기반을 둔 간단한 전문가 시스템을 개발한다. 그런 다음 베이즈 추론의 대안으로 떠오른 확신도 이론을 살펴보고 증거 추론에 기반을 둔 전문가 시스템을 개발한다. 마지막으로 베이즈 추론과 확신도를 비교하고 각각에 적절한 응용 분야를 결정한다.

4장. 퍼지 전문가 시스템

퍼지 논리를 소개하고, 그 이면에 있는 철학적인 발상을 논의한다. 퍼지 집합의 개념을 설명하고, 컴퓨터에서 퍼지 집합을 어떻게 표현할지를 다룬 후 퍼지 집합 연산을 알아본다. 언어 변수와 헤지를 정의하고, 퍼지 규칙을 제시하고 고전적인 규칙과 퍼지 규칙의 주요 차이점을 설명한다. 또한 맘다니와 스게노라는 두 퍼지 추론 기법을 조사하고, 이들을 어디에 적용하면 적절할지를 제시한다. 마지막으로 퍼지 전문가 시스템을 개발하는 주요 단계를 소개하고, 실제 퍼지 시스템을 구축하고 조정하는 과정을 통해 이론을 설명한다.

5장. 프레임기반 전문가 시스템

프레임기반 전문가 시스템에 대해 알아본다. 프레임의 개념을 살펴보고, 지식을 표현하기 위한 프레임 사용 방법을 알아본다. 메소드와 데몬, 규칙을 응용한 예를 살펴보고, 마지막으로 예제를 통해 프레임기반 전문가 시스템 개발을 수행했다.

6장. 인공 신경망

인공 신경망과 기계 학습의 기본 아이디어를 살펴본다. 그리고 기본적인 계산 요소인 퍼셉트론 개념과 퍼셉트론 학습 규칙, 다층 신경망을 살펴보고, 역전파 학습 알고리즘의 계산 효율을 개선하는 방법을 논의한다. 또한 순환 신경망과 홉필드 신경망 훈련 알고리즘, 양방향 연상 메모리(BAM)를 살펴본다. 마지막으로 자기 조직 신경망과 헤브(Hebb) 학습, 경쟁 학습을 살펴본다.

7장. 진화 연산

진화 연산을 개략적으로 소개한다. 먼저 유전 알고리즘의 개발 단계를 소개하고, 유전 알고리즘이 작동하는 이유를 논의한다. 그리고 유전 알고리즘을 실제로 응용한 예를 바탕으로 이론을 설명한다. 그런 다음 진화 전략의 기본 개념을 제시하고, 진화 전략과 유전 알고리즘의 차이를 명확하게 정리한다. 마지막으로 유전 프로그래밍을 소개한 후 실제 문제에 응용한 예를 다룬다.

8장. 하이브리드 지능 시스템

여러 가지 지능 기술의 결합체인 하이브리드 지능 시스템을 살펴본다. 먼저 인공 신경망과 규칙기반 전문가 시스템을 결합한 신경망 전문가 시스템이라는 새로운 유형의 전문가 시스템을 설명했다. 그리고 맘다니 퍼지 추론 모델과 동등한 기능을 하는 뉴로-퍼지 시스템, 스게노 퍼지 추론 모델과 동등한 적응형 뉴로-퍼지 추론 시스템인 ANFIS를 살펴보았다. 마지막으로 진화 신경망과 퍼지 진화 시스템을 소개한다.

9장. 지식 공학과 데이터 마이닝

지식 공학과 데이터 마이닝을 다룬다. 먼저 어떤 종류의 문제를 지능형 시스템으로 다룰 수 있는지 토의하고, 지식 공학 과정의 주요 6개 단계를 도입한다. 그런 다음 진단, 분류, 결정 지원, 패턴 인식, 예측을 포함하는 지능형 시스템의 전형적인 응용 과정을 학습한다. 마지막으로 데이터 마이닝에서 결정 트리를 응용하는 과정을 살펴본다.

>> 학습 로드맵

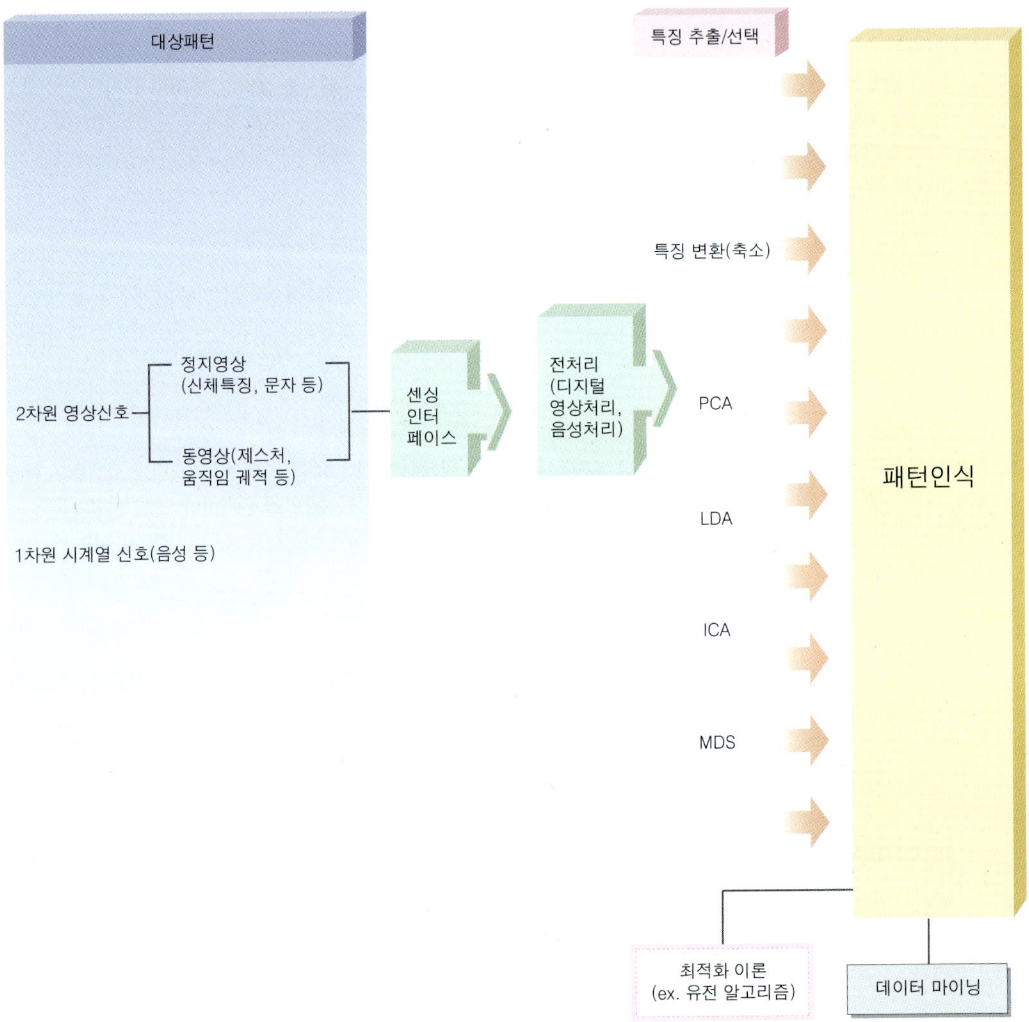
대상패턴
2차원 영상신호
정지영상
(신체특징, 문자 등)
동영상(제스처,
움직임 궤적 등)
1차원 시계열 신호(음성 등)
센싱
인터
페이스
전처리
(디지털
영상처리,
음성처리)
특징 추출/선택
특징 변환(축소)
PCA
LDA
ICA
MDS
패턴인식
최적화 이론
(ex. 유전 알고리즘)
데이터 마이닝

선수과목

선형 대수학
확률

- **통계적 접근법**
  - 분류 (Classification)
    - 감독 (Supervised)
      - 베이즈 규칙 (Baye's Rule)
        - 모수적 (Parametric) — GMM — HMM
        - 비모수적 (Non parametric) — Pazen 창, K-NN
      - 판별분석 (Discriminant Analysis)
        - 선형(linear) — SVM
        - 비선형(Nonlinear) — SVM
    - 무감독 (Unsupervised) — 벡터 양자화/클러스터링(VQ/Clustering)
  - 회귀(Regression)

- **신경망 접근법**
  - 감독(Supervised) 학습 — BP
  - 무감독(Unsupervised) 학습 — SOFM
  - 강화(Reinforcement) 학습

- **구조적/구문적 접근법**
- **퍼지 로직 접근법**
- **결정 트리 접근법** — ID3
- **템플릿 정합법** — DTW
- **결합 분류 접근법** — Boosting, Bagging — AdaBoost

>> 강의보조자료와 참고자료

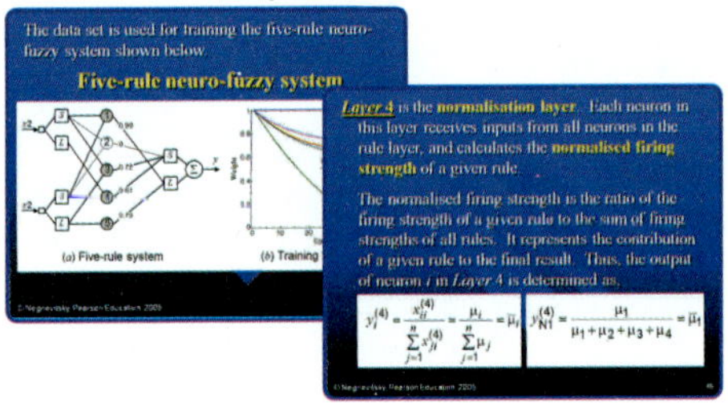

강의보조자료

PPT 자료와 연습문제 해답

- 다음 사이트에 교수 회원으로 가입하신 교수/강사분에게 교수용 자료를 제공합니다.
  - http://www.hanbit.co.kr
- 본 도서는 강의용 교재로 개발되었으므로 연습문제 해답은 제공하지 않습니다.

참고자료

참고 웹 사이트 ▸▸ MIT OpenCourseware로, 학부/대학원 수준의 인공지능 강의를 들을 수 있다(강의노트 제공).

- 학부 수준 강의
  - http://www.ocw.cn/OcwWeb/web/courses/courses/index.htm
    [MIT Course #=6.034, Course Title= Artificial Intelligence, Term= Spring 2005] 선택
- 대학원 수준 강의
  - http://www.ocw.cn/OcwWeb/web/courses/courses/index.htm
    [MIT Course #=6.825, Course Title= Techniques in Artificial Intelligence (SMA 5504), Term=Fall 2002] 선택
  - http://www.ocw.cn/OcwWeb/web/courses/courses/index.htm
    [MIT Course # = 6.867, Course Title= Machine Learning, Term=Fall 2006] 선택

참고 도서

1. 『집단지성 프로그래밍』(한빛미디어, 2008)
2. 『IT CookBook, 쉽게 배우는 유전 알고리즘: 진화적 접근법』 (한빛미디어, 2008)
3. Stuart Russell and Peter Norvig, 『Artificial Intelligence: A Modern Approach, 2nd Ed.』 (Prentice Hall, 2002)
4. Simon Haykin, 『Neural Networks and Learning Machines, 3rd Ed.』(Prentice Hall, 2008)
5. David E. Goldberg, 『Genetic Algorithms in Search, Optimization, and Machine Learning』 (Addison-Wesley, 1989)

Contents

>> Contents

Chapter 05 프레임기반 전문가 시스템

Chapter 06 인공 신경망

Contents

Chapter 07 진화 연산

Chapter 08 하이브리드 지능 시스템

Chapter 09 지식 공학과 데이터 마이닝

Chapter

01

지식기반 지능형 시스템 개론

Introduction to knowledge-based intelligent systems

학습목표

- 지능적이라는 것의 의미를 이해한다.
- 기계가 지능을 요하는 작업을 할 수 있는지 가능성을 살펴본다.
- 지식기반 시스템에 이르는 AI의 역사를 이해한다.

1.1 지능형 기계가 할 수 있는 것

철학자들은 '인간의 마음은 어떻게 움직일까? 인간이 아닌 사물이 마음을 가질 수 있을까?' 라는 거대한 질문을 이해하고 해결하기 위해 2천년 이상 노력해왔다. 하지만 이 질문에 대한 해답은 아직도 찾지 못했다.

어떤 철학자는 컴퓨터 과학자가 제안한 계산적인 접근 방법을 바탕으로 인간이 할 수 있는 일을 기계도 모두 할 수 있다고 생각했다. 또 다른 철학자는 사랑, 창조적 발견, 도덕적 선택과 같은 아주 복잡한 행동은 기계가 절대할 수 없는 일이라고 주장하면서 전자의 생각을 공개적으로 반대했다.

철학은 이런 불일치를 풀리지 않는 숙제로 남겨두었지만, 공학자와 과학자는 '지능적' 인 기계를 만든 적이 있다. 그렇다면 '지능(intelligence)' 이라는 단어는 무엇을 의미할까? 사전적 정의를 살펴보자.

> 1. 인간의 지능은 무언가를 이해하고 배우는 능력이다.
> 2. 지능은 본능적 혹은 자동적으로 무언가를 하는 대신 생각하고 이해하는 능력이다.
>
> _Essential English Dictionary, Collins, London, 1990

첫 번째 정의에 따르면, 지능은 인간에게 있는 성질이다. 하지만 두 번째 정의는 완전히 다른 접근 방식으로, 유연성이 약간 있다. 즉 생각하고 이해하는 능력을 갖춘 것이 사람인지 사물인지 명확하지가 않다. 그렇다면 이제, '생각' 이 의미하는 바를 찾아야 한다. 다시 사전을 살펴보자.

> **생각**(thinking)이란 문제를 고려하거나 아이디어를 만들기 위해 두뇌를 사용하는 행위다.
>
> _Essential English Dictionary, Collins, London, 1990

생각을 하려면 인간이나 사물에 두뇌, 즉 문제를 풀고 결정을 내리기 위해 무언가를 배우고 이해할 수 있게 해주는 기관이 있어야 한다. 따라서 지능이란 '문제를 풀고 결정을 내리기 위해 배우고 이해하는 능력' 으로 정의할 수 있다.

컴퓨터가 지능적일 수 있는지, 즉 기계가 생각을 할 수 있는지에 대한 질문은 인공지능의 '암흑기(dark ages)' 에서 시작했다. 인공지능(AI, Artificial Intelligence, 이후부터는 AI로 표기)이라는 학문이 추구하는 바는 인간이 머리를 써서 해야 할 일을 기계가 하도록 만드는 것이다(Boden, 1977). 따라서 이 분야에서는 '기계가 생각을 할 수 있는지' 에 대한 답이 매우 중요하다.

그러나 그 대답은 '예' 혹은 '아니오' 처럼 단순하지 않다. 여러분의 일상생활을 통해 그 사실을 상식적으로 깨달을 수 있을 것이다. 어떤 사람은 특정 면에서 다른 사람들보다 뛰어나다. 우리는 매우 지능적인 결정을 내리기도 하지만, 가끔은 매우 어리석은 실수를 하기도 한다. 또한 복잡한 수학 · 공학 문제를 잘 다루지만 철학과 역사 분야에서는 그렇지 못한 사람도 있다. 돈 버는 능력이 출중한 사람이 있는 반면, 돈 쓰기를 더 잘하는 사람도 있다. 우리 모두에게는 배우고 이해하는 능력, 문제를 푸는 능력, 결정을 내리는 능력이 있지만 능력의 정도는 모두 같지 않으며, 분야에 따라 다르다. 따라서 기계가 생각할 수 있다면 어떤 기계는 다른 기계보다 특정 면에서 더 똑똑할 것이다.

기계 지능에 관한 초기의 의미있는 논문 중 하나인 「Computing machinery and intelligence」는 50년도 더 이전에 영국 수학자 알란 튜링(Alan Turing)이 작성했다(Turing, 1950). 비록 오래전에 나온 것이긴 하지만, 기나긴 테스트를 통과하여 튜링의 접근 방식은 보편적인 것이 되었다.

튜링은 중심극한 정리를 재발견함으로써 1930년대 초반에 과학자의 길로 들어섰다. 1937년에 계산가능한 수에 관한 논문을 썼는데, 여기에서 보편 기계(universal machine)에 관한 개념을 제안했다. 이후 2차 세계대전 동안 독일의 군사 암호 기계인 이니그마(Enigma)의 해독 작업에서 중추적인 역할을 했다. 전쟁 이후 튜링은 '자동 계산 기계' 를 설계했다. 또한 체스를 제대로 즐길 수 있는 첫 번째 프로그램을 작성했으며, 이는 나중에 맨체스터 대학교의 컴퓨터에서 구현되었다. 튜링은 보편 컴퓨터에 관한 이론적인 개념과 암호 해독 시스템 구축에 관한 실제 경험을 통해 AI의 핵심이 되는 질문을 생각해냈다. 과연 경험 없이 생각할 수 있을까? 소통 없는 마음이 있을까? 생활 없이 언어가 있을 수 있을까? 생명 없는 지능이 있을까? 이 모든 질문은 AI의 근본 질문인 '기계가 생각할 수 있을까?' 의 변형에 불과하다.

튜링은 기계와 생각의 정의를 내리지 못했고, **튜링 모방 게임**(Turing imitation game)을 만듦으로써 의미론적인 논증을 피했다. 튜링은 '기계가 생각할 수 있느냐?' 라는 질문 대신 '기계가 지능을 측정하는 행동 테스트를 통과할 수 있는가?' 라고 질문해야 한다고 말했다. 그리고 2000년이 되면 컴퓨터가 사람과 5분 동안 대화할 수 있도록 프로그래밍할 수 있고, 30%의 확률로 인간 질문자를 속일 수 있으리라 예측했다. 튜링은 컴퓨터의 지능적 행동을 인지 작업에서 인간 수준의 성능을 낼 수 있는 능력으로 정의했다. 바꿔 말하면 질문자가 질문에 대한 답변을 보고 답변자가 인간인지 기계인지 구별하지 못한다면 컴퓨터는 테스트를 통과한 것이다.

튜링이 제안한 모방 게임은 두 단계로 나뉜다. [그림 1-1]에서 볼 수 있듯이 첫 번째 단계에서 질문자, 남자, 여자 한 명이 각각 독립된 방에 있고, 원격 터미널과 같은 중립 매체를 통해서만 통신할 수 있다. 질문자의 목적은 상대방에게 질문하면서 누가 남자고 누가 여자인지 알아내는 것이다. 남자는 자신이 여자라고 질문자를 속이고 여자는 질문자에게 자신이 여자라는 확신을 심어주는 것이 게임의 규칙이다.

[그림 1-1] 튜링 모방 게임 : 단계 1

[그림 1-2]에서 볼 수 있듯이, 게임의 두 번째 단계에서는 남자 대신 질문자를 속이도록 프로그래밍한 컴퓨터를 둔다. 사람이 하는 대로 실수도 하고 애매한 답변을 하는 것까지 프로그래밍한다. 만약 컴퓨터가 남자가 했던 것만큼 질문자를 자주 속일 수 있다면 이 컴퓨터는 지능 행동 테스트를 통과한 것이다.

[그림 1-2] 튜링 모방 게임 : 단계 2

사람의 물리적인 특성은 지능을 판단할 때 중요한 요소가 아니다. 튜링 테스트에서 질문자는 컴퓨터를 보거나 만지거나 듣지 못하므로 외양과 소리에 영향을 받지 않는다. 하지만 질문자는 기계임을 확인하는 어떠한 질문, 심지어 약 올리는 질문까지 할 수 있다. 예를 들어, 질문자는 컴퓨터가 인간보다 빠르게 올바른 해를 제시할 것을 기대하면서 인간과 기계 모두에게 복잡한 수학 계산을 하게 할지 모른다. 그러므로 컴퓨터는 언제 실수를 할지, 언제 답변을 지연할지를 알아야 한다. 또한 질문자는 인간의 감정적인 본성을 찾으려 컴퓨터와 인간에게 단편소설, 시, 심지어 그림까지 살펴보게 할지 모른다. 이때 컴퓨터는 작품을 감상하는 인간의 감정 상태를 흉내낼 수 있어야 할 것이다.

튜링 테스트에는 이 테스트를 보편적으로 만들어주는 주목할 만한 특징 두 가지가 있다.

- 튜링 테스트는 터미널을 통해 인간과 기계 사이의 통신을 유지하면서 지능에 관한 객관적이고 표준적인 시각을 제공한다. 이는 지능이 인간의 본성이란 논쟁을 피하고 인간에 대한 편견도 모두 없애준다.
- 테스트 자체는 실험의 세부사항과 관계없다. 설명한 대로 게임을 두 단계로 진행하거나 테스트를 시작할 때부터 질문자가 인간과 기계 중 하나를 선택하는 단일 단계 게임으로 진행할 수 있다. 또한 질문자는 모든 분야에 대해 질문하고, 제공되는 답의 내용에만 집중할 수 있다.

튜링은 20세기가 끝날 때까지는 모방 게임을 할 수 있는 컴퓨터 프로그램을 만들 수 있다고 믿었다. 현대 컴퓨터는 아직 튜링 테스트를 통과하지 못하지만 지식기반 시스템을 검증하고 확인할 수 있는 기반을 제공한다. 일반인이 쉽게 경험해 보지 못한 분야에서 지능적이라고 여겨지는 프로그램은 실제 전문가의 성과와 비교하여 평가한다.

우리 뇌와 두피는 10^{18}비트 이상을 저장할 수 있고, 초당 약 10^{15}비트의 정보를 처리할 수 있다. 2020년까지 뇌를 각설탕 크기의 집적 회로로 모델링할 수 있고, 튜링 모방 게임을 하고, 심지어 인간을 이길 수 있는 컴퓨터가 나타날 것이다. 하지만 우리는 정말로 인간이 하는 것처럼 느리고 부정확하게 수학 계산을 하는 기계를 원하는 것일까? 실용적인 관점에서 본다면, 지능적인 기계란 결정하고, 정보를 찾고, 복잡한 물체를 조정하고, 단어의 뜻을 이해하는 과정에서 인간에게 도움을 줘야 한다. 그렇지 않으면 인간의 지능을 가진 기계를 개발하기 위해 들이는 노력은 의미가 별로 없을 것이다. 지능적인 컴퓨터 시스템을 만들기 위해서는 경험이 많지 않은 분야에서 전문가의 지식을 획득, 구성하고 사용할 수 있어야 한다.

1.2 '암흑기'에서 지식기반 시스템에 이르는 AI의 역사

과학으로서 AI는 3세대 연구자들이 만들었다. 각 세대에서 가장 중요한 사건과 공헌자들에 대해 간단히 설명할 것이다.

1.2.1 암흑기: AI의 탄생(1943년~1956년)

AI 분야로 인정받은 최초 연구는 1943년에 워렌 맥클록(Warren McCulloch)과 월터 피츠(Walter Pitts)가 소개했다. 맥클록은 컬럼비아 대학교에서 철학과 의학 분야의 학위를 받고 일리노이 대학교 정신의학과에 있는 Basic Research Laboratory의 수장이 되었다. 중심 신경 시스템에 관한 그의 연구는 AI의 첫 번째 주요 논문(뇌의 뉴런 모델(model of neurons of brain))이 되었다.

맥클록과 그의 공동 연구자인 젊은 수학자 월터 피츠는 인공 신경망(artificial neural networks) 모델을 제안했다(McCulloch와 Pitts, 1943). 인공 신경망에서 각 뉴런(neuron)은 이진 상태, 즉 on 또는 off 상태에 있다고 가정했다. 그들은 제안한 신경망 모델이 사실은 튜링머신과 같다고 설명했으며, 계산이 가능한 함수라면 뉴런이 연결된 모든 망에서 계산할 수 있음을 증명했다. 또한 맥클록과 피츠는 간단한 망 구조가 학습이 가능하다는 사실을 보였다.

신경망 모델은 실험실에서 뇌를 모델링하기 위한 이론적이고 실험적인 연구를 촉진시켰다. 하지만 실험은 뉴런의 이진 모델이 올바르지 않음을 명백히 입증했다. 사실 뉴런은 고도로 비선형적인 특징이 있어서 단순한 이진 상태 장치라고 할 수는 없다. 그럼에도 불구하고 튜링의 뒤를 이은 AI의 창시자인 맥클록은 신경 계산과 인공 신경망(ANN, Artificial Neural Networks)의 초석을 마련했다. ANN 분야는 1970년대에 쇠퇴했다가 1980년대 후반에 소생했다.

AI의 세 번째 창시자는 헝가리 수학자인 존 폰노이만(John von Neumann)이다. 그는 1930년에 프린스턴 대학교에서 수리물리를 가르쳤다. 그는 튜링의 동료이자 친구였다. 2차 세계대전 동안 폰노이만은 핵폭탄을 만드는 맨하탄 프로젝트(Manhattan Project)에서 중추적인 역할을 했다. 또한 펜실베니아 대학교의 에니악(ENIAC) 프로젝트의 조언자였고, **저장된 프로그램**(stored program) 기계인 에드박(EDVAC)의 설계를 도왔다. 그는 맥클록과 피츠의 신경망 모델에 영향을 받았다. 프린스턴 대학교 수학과 대학원생이었던 마빈 민스키(Marvin Minsky)와 딘 에드먼즈(Dean Edmonds)가 1951년에 신경망 컴퓨터를 처음 만들었을 때 그들을 격려하고 지원했다.

또 다른 1세대 연구자는 클라우드 섀넌(Claude Shannon)이다. 그는 MIT 공과대학을 졸업하고 1941년에 벨 텔레폰(Bell Telephone) 연구소에 들어갔다. 섀넌은 기계도 지능을 가질 수 있다는 튜링의 생각에 공감했다. 그는 1950년에 일반 체스게임이 10^{120} 번의 이동횟수를 포함한다는 점을 지적하는 체스게임 기계에 관한 논문을 발표했다(Shannon, 1950). 새로운 폰노이만형 컴퓨터가 10^{-6}초당 하나의 이동을 살펴본다고 해도 첫 번째 말을 이동을 하는 데 3×10^{106} 년이 걸릴 것이다. 그리고 섀넌은 해를 찾을 때 휴리스틱을 사용해야 한다는 사실을 증명하였다.

프린스턴 대학교는 AI의 또 다른 창시자인 존 맥카시(John McCarthy)의 고향이다. 맥카시는 민스키와 섀넌이 프린스턴 대학교를 졸업한 후에 그가 일했던 Dartmouth 대학교에서 여름 워크샵을 조직하도록 했다. 1956년에 그들은 기계 지능, 인공신경망, 오토마타 이론에 관심 있는 연구자를 끌어모았다. 이 워크샵은 IBM이 후원했다. 모인 사람은 열 명밖에 없었지만, 이 워크샵에서 **인공지능**이라는 새로운 과학 분야가 탄생했다. Dartmouth 워크샵에 참가한 연구자와 그들의 제자는 이후 20여 년간 AI 연구를 주도했다.

1.2.2 AI의 융성 : 큰 기대의 시대(1956년~1960년대 후반)

초기 AI는 엄청난 열광, 근사한 아이디어, 매우 제한된 성공으로 특징지을 수 있다. 불과 몇 년 전만 해도 반복적인 수학 계산을 위해 컴퓨터를 도입했으나, 당시 AI 연구자는 컴퓨터가 그보다 훨씬 많은 일을 할 수 있음을 보여주었다. 큰 기대의 시대였다.

Dartmouth 워크샵을 조직한 사람 중 한 명으로, 'AI'이라는 용어를 만든 존 맥카시는 Dartmouth에서 MIT로 자리를 옮겼다. 그는 가장 오래된 언어 중 하나지만, 여전히 쓰이고 있는 고급 언어인 **LISP**를 정의했다(FORTRAN은 2년 먼저 등장했다). 맥카시는 「Programs with Common Sense」논문에서 세상의 일반적인 문제에 대한 해를 찾는 **전문가 의견 청구자**(Advice Taker)라는 프로그램을 제안했다(McCarthy, 1958). 맥카시는 단순 공리에 기초한 이 프로그램으로 공항에 가는 계획을 생성하는 방법을 보여주었다. 가장 중요한 점은 이 프로그램을 다시 작성하지 않고도 다른 분야에서 새로운 공리(말하자면, 새로운 지식)를 사용할 수 있도록 설계했다는 것이다. 따라서 이 전문가 의견 청구자는 지식 표현 및 추론 중심의 원칙을 통합하는 첫 번째 완전한 지식기반 시스템이었다.

Dartmouth 워크샵을 조직한 또 다른 인물인 민스키도 MIT로 옮겼다. 하지만 형식 논리에 초점을 두었던 맥카시와 달리 민스키는 지식 표현과 추론에 관한 반논리적인 사고 방식을 발전시켰다. 그의 이론인 프레임(frame)은 지식 공학에 많은 공헌을 하였다(Minsky, 1975).

맥클록과 피츠가 시작한 신경 컴퓨팅과 인공신경망에 관한 초기 연구는 계속 진행되어 학습 방법을 개선했고, 프랭크 로젠블랫(Frank Rosenblatt)은 학습 알고리즘이 퍼셉트론(perceptron)의 연결 강도를 조정할 수 있다는 것을 보이면서 **퍼셉트론 수렴 이론**(perceptron convergence theorem)을 증명했다(Rosenblatt, 1962).

큰 기대의 시대에 가장 야심찬 프로젝트 중 하나는 GPS(General Problem Solver)였다(Newell과 Simon, 1961, 1972). 카네기멜론 대학교의 앨런 뉴웰(Allen Newell)과 허버트 사이먼(Herbert Simon)은 인간의 문제해결 방식을 모방하는 범용 프로그램을 개발했다. GPS는 데이터와 문제해결 기법을 구분한 첫 번째 시도였다. 현재는 **방법-결과 분석**(means-ends analysis)이라는 기법에 기반을 두고 있다.

뉴웰과 사이먼은 해결해야 할 문제를 **상태**(states)라는 용어로 정의했다. 방법-결과 분석은 현 상태와 원하는 상태, 즉 **목적 상태**(goal state) 간의 차이를 정하고, 목적 상태에 도달하기 위한 **연산자**(operators)를 선택하고 적용한다. 현 상태에서 목적 상태로 바로 갈 수 없다면 목적에 가까운 새로운 상태로 변경하고, 목적 상태에 도달할 때까지 이런 절차를 반복한다. 연산자의 집합이 해결 방식을 결정했다.

하지만 GPS는 복잡한 문제를 푸는 데 실패했다. 형식 논리에 기반을 둔 프로그램이 사용 가능한 연산자를 무한정 생산하는데 이는 본래부터 비효율적인 일이었다. 즉 GPS 프로젝트는 현실 세계 문제를 푸는 데 필요한 시간과 메모리의 양 때문에 진행이 중단되었다.

요컨대, 1960년대에 AI 연구자들은 광범위한 문제를 풀기 위한 **일반 방법**(general methods)을 만들어서 복잡한 사고 과정을 모의하려 했다. 연구자들은 문제의 해를 찾기 위해 범용 탐색 메커니즘을 사용하였다. **약한 방법**(weak methods)이라고 하는 이와 같은 접근 방식은 문제 영역에 적합하지 않은 정보를 사용했고 이는 개발한 프로그램의 성능을 저하시켰다.

하지만 AI 분야에 매력을 느낀 위대한 과학자들이 지식 표현, 학습 알고리즘, 신경 컴퓨팅, 단어 계산과 같은 분야에 새롭고 중요한 아이디어를 제안하였다. 당시에는 컴퓨터 성능이 제한되어 이와 같은 아이디어를 구현할 수 없었지만, 20년 후에는 실생활에 응용할 수 있게 되었다.

UC 버클리 대학교 교수인 로트피 자데(Lotfi Zadeh)의 유명한 논문인 「Fuzzy sets」도 1960년대에 출판되었다(Zadeh, 1965). 이 논문은 퍼지 집합 이론(fuzzy set theory)의 토대가 되었다. 이를 바탕으로 20년 후 퍼지 연구자들은 수백 대의 똑똑한 기계와 지능형 시스템을 만들었다.

1970년에 이르러 AI에 관한 도취감은 사라졌고, AI 프로젝트에 관한 대부분의 정부 지원은 취소되었다. AI는 게임하는 것(Samuel, 1959, 1967; Greenblatt 외, 1967) 외에는 실용적인 응용 예가 별로 없는 여전히 새로운 분야로 사실상 학문적인 것이었다. 그 당시 실세계 문제를 다룰 수 있는 AI 시스템이 전무했기 때문에 바깥에서 보면 성취물은 그저 장난감처럼 보였다.

1.2.3 이행되지 않은 약속 : 현실의 직면(1960년대 후반~1970년대 초반)

AI 연구자들은 1950년대 중반부터 1980년대까지는 인간 규모의 기반지식을 가진 범용 지능형 기계를 만들고, 2000년에는 인간의 지능을 넘어서게 하겠다고 약속했다. 그러나 1970년에 이르러 그런 주장은 너무 낙관적이었다는 사실을 깨달았다. 몇몇 AI 프로그램이 현실 문제를 간단하게 만든 장난감 문제 한두 개에서 일정 수준의 기계 지능을 보여줬지만, 거의 대부분의 AI 프로젝트는 작업의 범위를 넓히거나 더 어려운 실세계 문제를 다루지 못했다.

1960년대 후반에 AI에 관한 주된 어려움은 다음과 같다.

- AI 연구자는 광범위한 문제를 해결할 일반적인 방법을 개발하고 있었기 때문에 초기 프로그램에는 특정 문제 영역에 관한 지식을 거의 포함하지 못했다. 문제를 해결하기 위해 프로그램은 해를 발견할 때까지 작은 단계들을 여러 조합으로 만들어보는 탐색 전략을 적용했다. 이 방법은 '장난감 문제' 에서 잘 동작했다. 그래서 '큰 문제를 풀 수 있을 정도로 프로그램의 규모를 키울 수 있으면 잘 동작할 것' 이라는 생각은 꽤 합리적으로 보였다. 하지만 이런 접근법은 잘못되었다.

  쉬운 문제들은 다항식 시간에 해결할 수 있다. 즉, 크기 n이라는 문제가 있을 때, 문제 해결 시간(단계의 수)은 n의 다항식 시간만큼 필요하다. 반면, 어려운, 즉 다룰 수 없는(intractable) 문제에서는 문제 크기에 대한 지수 함수 만큼의 시간이 필요하다. 다항식 시간 알고리즘이 효율적인 반면, 지수 시간 알고리즘은 문제 크기가 커지면 실행 시간이 급격히 증가하여 비효율적이다. 1970년대 초반에 확립된 NP-완비성(NP(Non-deterministic Polynomial)-completeness) 이론(Cook, 1971; Karp, 1972)은 NP-완비인 비결정적 다항식 문제군(NP 문제)이 있음을 보였다. (존재한다면) 어떤 문제의 해를 다항식 시간 안에 추측하고 검증할 수 있을 때 그 문제를 NP라 한다. 비결정적이라 함은 해를 추측하는 데 필요한 특정 알고리즘이 없다는 것이다. 비결정적 문제 군에서 가장 어려운 문제가 NP-완비다. NP-완비 문제는 컴퓨터 속도가 더 빨라지고, 메모리 용량이 더 커져도 풀기 어렵다.

- AI로 풀려고 한 많은 문제는 범위가 넓고 풀기도 어려웠다. 초기 AI 작업은 대개 기계 번역이었다. 예를 들어, 1957년 최초 인공위성인 스푸트닉호(Sputnik)를 발사한 이후 미국 국립 연구회는 러시아에서 출간한 과학 논문을 번역하는 데 자금을 지원했다. 초창기에는 전자 사전을 이용

해 단순히 러시아 단어를 영어로 바꾸려고 했지만, 올바른 단어를 선택하려면 주제를 먼저 이해해야 한다는 사실을 알게 되었다. 그러나 이는 너무 어려운 과정이었고, 결국 1966년에 미국 정부의 지원을 받았던 모든 번역 프로젝트는 취소되었다.

- 1971년에 영국 정부도 AI 연구에 대한 지원을 중단했다. 제임스 라이트힐(James Lighthill) 경은 대영제국의 과학 연구회의 위임을 받아 현 상태의 AI 연구를 재검토했다(Lighthill, 1973). 그는 AI 연구에서 주요한 결과는 커녕, 의미있는 결과조차 찾지 못해서 'AI' 라는 별도의 과학 분야는 필요 없다고 생각했다.

1.2.4 전문가 시스템의 기술 : 성공의 열쇠(1970년대 초반~1980년대 중반)

1970년대에 가장 중요한 발전은 지능형 기계에 대한 문제 영역을 충분히 제한해야 한다는 사실을 깨달았다는 것이다. 이전의 AI 연구자는 일반적이며 인간의 문제 풀이 방법을 흉내낸 똑똑한 탐색 알고리즘과 추론 기법을 만들 수 있다고 믿었다. 범용 탐색 메커니즘은 완전한 해를 찾기 위해 기본 추론 단계에 의존하고 주제에 대한 약한 지식을 사용할 수 있었다. 하지만 약한 방법은 실패했고, 이를 통해 연구자들은 전문지식이 필요한 전형적인 영역으로 문제를 제한하고 큰 추론 단계로 해결해야 실용적인 결과를 얻을 수 있다는 것을 깨달았다.

DENDRAL 프로그램은 새롭게 등장한 기술의 전형적인 예다(Buchanan 외, 1969). DENDRAL은 화학 제품을 분석하기 위해 스탠포드 대학교에서 개발했다. 이 프로젝트는 NASA의 지원을 받았다. 무인 우주선을 화성으로 발사할 예정이었고, 질량 분광계에서 제공한 질량 스펙트럼 데이터에 기반을 두고 프로그램이 화성 토양의 분자 구조를 결정해야 했기 때문이다. 허버트 사이먼(Herbert Simon)의 제자인 에드워드 파이겐바움(Edward Feigenbaum), 컴퓨터 과학자인 부루스 뷰캐넌(Bruce Buchanan), 유전학에서 노벨상을 받은 조슈아 레더버그(Joshua Lederberg)는 문제를 풀기 위해 팀을 구성했다.

이와 같은 문제를 푸는 전통적인 방법은 생성-검사(generate-test) 기법을 따르는 것이다. 먼저 질량 스펙트럼 사진과 일치하는 모든 분자 구조를 생성하고 각 구조에 대해 질량 스펙트럼을 결정 또는 예측하여 실제 스펙트럼과 대조한다. 하지만 이 방법은 수백만 가지의 구조를 만들어냈고, 심지어 일정 수준 크기의 분자에 대해서도 문제를 다룰 수 없었다.

설상가상으로 질량 스펙트럼을 해당 분자 구조에 대응시키는 과학적 알고리즘도 전혀 없었다. 하지만 레더버그와 같은 분석 화학자는 자신의 기술과 경험, 의견을 이용하여 이 문제를 풀었다. 그들은 스펙트럼의 꼭대기에 있는 잘 알려진 패턴을 찾음으로써 가능성이 있는 구조의 수를 크게 줄여 몇 개의 가능 해를 제공했다. 따라서 파이겐바움은 레더버그의 의견을 컴퓨터 프로그램에 추가하여 그 프로그램을 인간 전문가 수준으로 만들었다. 이후 그와 같은 프로그램을 **전문가 시스템**(expert systems)이라고 한다. 파이겐바움은 레더버그의 지식을 이해하고 그가 사용하는 용어로 운영하기 위해 화학과 스펙트럼 분석 내용을 익혀야 했다. 하지만 파이겐바움은 화학 규칙뿐만 아니라 그의 경험과 추측에도 기반을 두어 자신만의 휴리스틱(hueristic)을 사용했다. 얼마 지나지 않아 파이겐바움은 컴퓨터에 적용할 인간 전문가의 지식을 얻어오는 방법에 대해 난관에 부딪혔다. 그는 이 문제를 '지식 획득 병목현상(knowledge acquisition bottleneck)' 이라고 했다. 레더버그 조차 자신의 지식을 분명히 표현하려면 컴퓨터 계산의 기본 내용을 공부해야 했다.

파이겐바움, 뷰캐넌, 레더버그는 팀으로 일하면서, 첫 번째 성공적인 지식기반 시스템인 DENDRAL을 개발했다. 그들이 성공할 수 있었던 요인은 모든 관련 이론 지식을 일반 형태에서 고도로 특수한 규칙(요리책과 같은)으로 대응시키는 데 있다(Feigenbaum 외, 1971).

DENDRAL의 중요성은 다음과 같이 정리할 수 있다.

- DENDRAL은 AI에서 핵심적인 '패러다임 전환' 을 만들었다. 범용으로 쓰이는 (지식이 빈약한) 약한 방법에서 특정 분야의 (지식 집중적인) 방법으로 전환되었다.
- 프로젝트의 목적은 경험 있는 화학자 수준의 성능을 얻도록 컴퓨터 프로그램을 개발하는 것이었다. DENDRAL 팀은 인간 전문가에게서 이끌어낸 양질의 특수 규칙 형태로 휴리스틱을 사용하여 컴퓨터가 제한된 문제 영역에서 전문가와 같을 수 있음을 보였다.
- DENDRAL 프로젝트는 전문가 시스템을 만드는 새로운 방법론의 기초 개념인 지식 공학(knowledge engineering)을 만들었다. 여기에는 전문가의 '노하우' 를 규칙으로 얻고 분석하여 표현하는 기법을 담았다.

DENDRAL은 화학자에게 꽤 유용한 분석 도구로 알려져 미국에서 유료로 판매되었다.

파이겐바움과 스탠포드 대학교의 일부 사람들이 착수한 다음 프로젝트는 의학 진단 분야에 관한 것이다. MYCIN 프로젝트는 1972년에 시작했다. 이는 나중에 에드워드 쇼틀리프(Edward Shortliffe)의 박사 학위 논문이 되었다(Shortliffe, 1976). MYCIN은 전염성 혈액 질환을 진단하는 규칙기반 전문가 시스템으로 사용하기 편하고 사용자(의사)에게 친근한 방식으로 치료법을 조언했다.

MYCIN에는 초기 전문가 시스템과 공통된 특징이 많다.

- MYCIN은 관련 분야에서 인간 전문가와 동일한 수준으로 수행할 수 있었고, 경험이 부족한 의사보다 오히려 수준이 높았다.

- MYCIN 지식은 한정된 영역에서 여러 전문가들과 인터뷰하여 얻은 IF-THEN 형태를 띤 약 450개의 독립된 규칙으로 이루어져 있다.
- 규칙의 형태로 통합된 지식은 추론 메커니즘과 분명히 분리되었다. 시스템 개발자는 일부 규칙을 추가하거나 삭제함으로써 시스템 내의 지식을 쉽게 다룰 수 있었다. 예를 들어, EMYCIN (Empty MYCIN)은 분야에 영향을 받지 않게 만들어진 MYCIN의 확장판으로, 스탠포드 대학교에서 만들었다(van Melle, 1979; van Melle 외, 1981). 이는 전염성 혈액 질환 지식을 제외한 MYCIN 시스템의 모든 특징을 그대로 사용했다. EMYCIN은 다양한 진단 응용 프로그램 개발을 촉진시켰다. 시스템 개발자는 단지 새로운 응용 프로그램을 얻도록 규칙 형태로 새로운 지식을 추가하면 되었다.

또한 MYCIN에는 몇몇 새로운 특징을 도입했다. MYCIN에 통합된 규칙은 지식과 관련된 불확실성을 반영했다(이 경우에는 의학 진단 분야에서). 이는 이용할 수 있는 데이터 또는 물리학자가 요청한 데이터와 대조하여 규칙의 조건(IF 부분)을 검사했다. 그리고 적절한 시점에 MYCIN은 확신도(certainty factor)라고 하는 불확실성 계산을 통해 조건이 참인지를 추론했다. 불확실성에도 아랑곳없는 추론은 이 시스템의 가장 중요한 부분이었다.

엄청난 명성을 만들어낸 또 다른 확률적 시스템은 스탠포드 연구소에서 개발한 광물 탐사 전문가 시스템인 PROSPECTOR다(Duda 외, 1979). 이 프로젝트는 1974년~1983년 동안 수행되었으며, 전문가 아홉 명이 자신의 지식과 의견을 제공했다. PROSPECTOR는 지식을 표현하기 위해 규칙과 의미망(semantic network)을 결합한 구조를 사용했다. PROSPECTOR에는 광범위한 분야 지식을 표현하기 위해 천 개 이상의 규칙과 지식 획득 시스템을 포함한 정교한 지원 패키지가 들어있다.

PROSPECTOR는 다음과 같이 작동한다. 탐사 지리학자인 사용자는 지리적인 환경, 구조, 바위와 광물의 종류 같은 의심되는 매장물의 특성을 입력한다. 그러면 프로그램은 이 특성을 광석 매장물의 모델과 비교하고, 필요하면 추가 정보를 얻기 위해 사용자에게 질의한다. 마지막으로 PROSPECTOR는 의심되는 광물 매장물을 평가하고 그 결론을 보여준다. 또한 그 결론에 도달하기 위해 사용했던 단계도 설명한다.

탐사 지리학에서는 대개 불완전하고 분명치 않은 지식을 바탕으로 중요한 결정을 내린다. 한 지식으로 추론을 진행하기 위해 증거의 베이즈 규칙(Bayesian rules of evidence)들을 결합했다. PROSPECTOR는 전문 지리학자 수준으로 실행되었고, 실제로 1980년에 워싱턴 주의 톨만(Tolman) 산 근처에서 몰리브덴 매장물을 찾아냈다. 이 결과를 토대로 광업 회사에서 실제로 탐사를 진행한 결과, 매장물의 가치가 100만 달러 이상이었음이 드러났다. 전문가 시스템을 사용하면서 이보다 더 좋은 성공사례를 찾을 수 없을 것이다.

앞에서 언급한 전문가 시스템은 이제는 고전적인 것이 되었다. 1970년대 후반에 전문가 시스템을 성공적으로 응용한 사례가 증가하면서 연구소에 머물러있던 AI 기술이 상업적인 환경으로 성공적으로 전이하였다. 하지만 이 기간 동안 대부분의 전문가 시스템은 강력한 워크스테이션에 기반을 둔 LISP, PROLOG, OPS와 같은 특별한 AI 언어로 개발되었다. 비싼 하드웨어와 복잡한 프로그래밍 언어가 있어야 한다는 조건 때문에 전문가 시스템 개발은 스탠포드 대학교, MIT, 스탠포드 연구소, 카네기멜론 대학교의 몇몇 연구 그룹의 숙제로 남았다. 1980년대 개인용 컴퓨터(PC)와 사용하기 쉬운 전문가 시스템 개발 툴(shell)이 등장하고 나서야 모든 분야의 일반 연구자와 공학자가 전문가 시스템을 개발할 기회를 얻었다.

1986년의 한 조사서에서는 화학, 전자공학, 공학, 지리학, 경영, 의학, 공정 제어, 군사 과학 등의 서로 다른 분야에서 전문가 시스템을 성공적으로 응용했던 사례를 많이 담았다(Waterman, 1986). 워터맨(Waterman)은 200여 개에 이르는 전문가 시스템을 찾기는 했지만, 응용 사례의 대부분은 의학 진단 분야였다. 7년 후 비슷한 조사서에는 2,500개 이상의 전문가 시스템을 개발하였다고 나와있다(Durkin, 1994). 새롭게 떠오른 분야는 상업과 제조업이었는데, 이들 분야가 응용 사례의 약 60%를 차지했다. 전문가 시스템 기술은 분명히 발전하고 있다.

전문가 시스템은 실제로 어떤 분야에서도 성공할 수 있을까? 지식이 서로 다른 분야에서 상당히 많은 전문가 시스템을 성공적으로 개발하고 구현했지만, 이 기술력을 높이 평가하는 일은 아직 시기상조다.

난관은 오히려 복잡하고 기술적이며 사회적인 영역에 있었다. 일부를 나열하면 다음과 같다.

- 전문가 시스템의 사용은 매우 한정된 전문적 기술분야로 제한된다. 예를 들어, 전염성 혈액 질환을 진단하기 위해 개발했던 MYCIN은 인간 생리학에 대해 알지 못한다. 따라서 환자가 한 가지 이상의 병에 걸리면 MYCIN을 믿을 수 없다. 사실 혈액 질환으로 처방한 치료법은 다른 병 때문에 오히려 해가 될지도 모른다.
- 한정된 분야 때문에 전문가 시스템은 사용자가 원하는 만큼 신뢰할 수 없고 유연하지도 못하다. 더욱이, 전문가 시스템은 분야의 경계를 인식하기 어렵다. 전형적인 문제가 아닐 때는 전문가 시스템이 문제를 풀려고 시도해도 의외의 방식으로 실패할 것이다.
- 전문가 시스템은 제한적으로만 설명할 수 있다. 해에 도달하기 위해 적용했던 일련의 규칙을 보여줄 수는 있지만, 누적된 휴리스틱 지식으로 문제 영역을 더 자세히 이해하게 할 수는 없다.

- 전문가 시스템은 결과를 검증하고 유효성을 입증하기 어렵다. 아직까지 전문가 시스템의 완전성과 무모순성을 분석할 일반적인 기법을 개발하지 못했다. 휴리스틱 규칙은 규칙을 추상적인 형태로 표현하고, 해당 분야에 대한 기본적인 내용조차 이해하지 않는다. 이로 인해 부정확하거나 불완전한, 혹은 모순된 지식을 인식하기 매우 어렵다.
- 전문가 시스템, 특히 1세대 전문가 시스템은 자신의 경험을 통해 배울 수 있는 능력이 없었다. 전문가 시스템은 개별적으로 구축되고, 개발 속도도 느리다. 웬만한 전문가 시스템을 만들려면 5명~10명이 1년 정도 작업해야 할 것이다(Waterman, 1986). DENDRAL, MYCIN, PROSPECTOR와 같은 복잡한 시스템을 만들려면 1년에 30명 이상이 달라붙어야 한다. 하지만 전문가 시스템의 성능을 개선하는 일에 개발자가 훨씬 더 많은 관심을 기울여야 한다면, 이런 엄청난 노력을 정당화하기는 어려울 것이다.

이런 어려움에도 불구하고 전문가 시스템은 돌파구를 만들었고, 수많은 응용 사례에서 그 가치를 입증했다.

1.2.5 기계가 학습하는 법 : 신경망의 재탄생(1980년대 중반~)

1980년대 중반의 연구자, 공학자, 전문가는 전문가 시스템을 만들기 위해서는 추론 시스템 혹은 전문가 시스템 틀을 구입해서 그 안에 규칙을 넣는 것보다 훨씬 더 많은 작업을 해야 한다는 사실을 알게 되었다. 사람들은 전문가 시스템 기술에 대한 환멸 때문에 AI 프로젝트 지원금이 거의 중단되었던 AI의 '겨울'을 예상하기도 했다. AI 연구자들은 새로운 시각으로 신경망을 보기로 했다.

1960년대 후반까지 신경 컴퓨팅에 필요한 대부분의 기본 아이디어와 개념은 이미 공식화되었다(Cowan, 1990). 하지만 1980년대 중반에 와서야 겨우 해법이 나타났다. 이렇게 늦어진 주된 이유는 기술적인 것이었다. 인공 신경망을 모델링하고 실험할 PC나 강력한 워크스테이션이 없었던 것이다. 심리적이고 재정적인 이유도 있었다. 예를 들어, 민스키(Minsky)와 패퍼트(Papert)는 단층 퍼셉트론의 계산 한계를 수학적으로 입증했다(Minsky와 Papert, 1969). 그들은 또한 훨씬 복잡한 다층 퍼셉트론이 더 많은 것을 표현하리라 기대할 이유도 없다고 했다. 이런 발언은 퍼셉트론 연구자의 사기를 꺾었으며, 결과적으로 AI 연구자 대부분이 1970년대에 인공 신경망 분야를 떠났다.

신경망 분야는 1980년대에 컴퓨터 기술이 발전하고, 신경 과학이 진보하면서 뇌 같은 정보 처리 과정이 필요하여 드라마 같이 부활했다. 이론과 설계, 두 측면에 주요한 공헌이 있었다. 그로스버그

(Grossberg)는 자기조직의 새로운 원리(**적응형 공진 이론**, adaptive resonance theory)를 세웠다. 이는 신종 신경망에 대한 기초를 제공했다(Grossberg, 1980). 홉필드(Hopfield)는 피드백이 있는 신경망인 **홉필드 신경망**(Hopfield networks)을 제안했다. 이는 1980년대에 많은 관심을 받았다(Hopfield, 1982). 코호넨(Kohonen)은 **자기조직 맵**(self-organised maps)에 관한 논문을 출판했다(Kohonen, 1982). 바르토(Barto), 서튼(Sutton), 앤더슨(Anderson)은 제어 분야에서 **강화 학습**(reinforcement learning)과 그 응용에 관한 연구를 발표했다(Barto 외, 1983). 그러나 돌파구는 1986년에 마련되었다. 이때 1969년에 브라이슨(Bryson)과 호(Ho)가 처음 도입했던 **역전파 학습 알고리즘**(back-propagation learning algorithm)은 루멜하트(Rumelhart)와 맥클러랜드(McClelland)가 쓴 『*Parallel Distributed Processing : Explorations in the Microstructures of Cognition*』(Rumelhart and McClelland, 1986)에서 재발견되었다. 동시에 파커(Parker) (Parker, 1987)와 르쿤(LeCun)(LeCun, 1988)도 역전파 학습을 발견했고, 그때 이후로 다층 퍼셉트론을 훈련할 수 있는 가장 유명한 기법이 되었다. 1988년에 브룸헤드(Broomhead)와 로우(Lowe)는 다층 퍼셉트론의 대안 중 하나로 RBF(Radial Basis Functions)를 이용한 층이 있는 피드포워드 신경망(layered feedforward networks)을 설계하는 절차를 세웠다(Broomhead and Lowe, 1988).

인공 신경망은 맥클록과 피츠의 초기 모델에서부터 신경과학, 심리학, 수학, 공학에 근간을 두고 있는 학술적 주제에 이르기까지 긴 길을 지나왔고, 이론과 실용적인 응용, 두 가지 면에서 발전을 계속할 것이다. 하지만 홉필드의 논문(Hopfield, 1982)과 루멜하트와 맥클러랜드의 책은 1980년대 신경망을 부활시킨 중대한 역할을 한 가장 의미 있고 영향력 있는 연구였다.

1.2.6 진화 연산 : 탐색하면서 배우기(1970년대 초반~)

자연계의 지능은 진화의 결과다. 따라서 생물학적 진화를 모의 실험하면 인류가 생명체계에서 높은 수준의 지능을 얻은 이유를 발견할 수도 있다. 자연계의 동 · 식물은 살아가면서 배운다. 생태계에서는 특정 환경에 적응하는 방법을 알려주지 않는다. 단순히 생존을 위해 경쟁할 뿐이다. 생존에 적합한 종들은 번식할 확률이 더 높아 그들의 유전적 형질을 다음 세대에 전달한다.

AI의 진화론적 관점은 자연 선택과 유전학 계산 모델에 기반을 둔다. 진화 연산(evolutionary computation)은 해 집단 모의, 성능 평가, 새로운 해 집단 생성 과정을 반복한다.

진화 연산은 세 가지 주요 기법인 유전 알고리즘(genetic algorithm), 진화 전략(evolutionary strategies), 유전 프로그래밍(genetic programming)을 결합한 것이다.

유전 알고리즘의 개념은 1970년대 초에 존 홀랜드(John Holland)가 도입했다(Holland, 1975). 홀랜드는 선택(selection), 교차(crossover), 변이(mutation)와 같은 유전적 연산을 사용하면서 인공적인 '염색체(chromosome)'(이진 문자열)를 다루는 알고리즘을 개발했다. 유전 알고리즘은 스키마 정리(Schema Theorem)라는 믿을 수 있는 이론에 기반을 둔다(Holland, 1975; Goldberg, 1989).

1960년대 초에 홀랜드의 유전 알고리즘과는 별도로 베를린 공과 대학교에 재학중인 잉고 레켄베르그(Ingo Rechenberg)와 한스-풀 쉬베펠(Hans-Paul Schwefel)은 진화 전략이라는 새로운 최적화 방법을 제안했다(Rechenberg, 1965). 진화 전략은 공학 분야의 매개변수 최적화 문제를 풀기 위해 설계되었다. 레켄베르그와 쉬베펠은 돌연변이가 발생하는 것처럼 매개변수에 임의의 변화를 주는 방법을 제안했다. 실제로, 진화 전략 접근법은 공학자의 직관을 대신할 수 있다. 진화 전략은 몬테카를로(Monte Carlo) 탐색과 유사하게 수치적인 최적화 절차를 수행한다.

유전 알고리즘과 진화 전략은 많은 분야의 문제를 해결할 수 있다. 유전 알고리즘은 이전에 풀리지 않았던 고도로 복잡한 비선형 탐색 및 최적화 문제에 대해 올바른 해를 제시했다(Holland, 1995; Schewefel, 1995).

유전 프로그래밍은 프로그램을 만들기 위해 학습하는 유전 모델을 응용한 예다. 유전 프로그래밍은 어떤 문제의 코드 표현을 진화시키는 것이 아니라 문제를 해결하는 컴퓨터 코드를 진화시키는 것을 목표로 한다. 즉 유전 프로그래밍은 문제에 대한 답으로 컴퓨터 프로그램을 생성한다.

1990년대 존 코자(John Koza)는 유전 프로그래밍에 대한 관심을 키웠다(Koza, 1992, 1994). 코자는 LISP 프로그램을 표현하는 기호 코드를 다루는 유전적 연산을 사용했다. 유전 프로그래밍은 구체적으로 프로그래밍하지 않고도 컴퓨터가 문제를 풀게 하는, 컴퓨터 과학의 주요 도전 과제에 대한 해법을 제시한다.

유전 알고리즘, 진화 전략, 유전 프로그래밍은 AI에서 빠르게 성장하고 있는 영역이며 발전 가능성이 무한하다.

1.2.7 지식 공학의 새로운 시대 : 단어로 계산하기(1980년대 후반~)

신경망 기술은 심벌 추론 기반 시스템보다 실세계와 자연스럽게 상호 작용을 한다. 신경망은 배우고, 문제 환경의 변화에 적응하고, 규칙이 알려지지 않은 상황에서 패턴을 찾고, 분명하지 않거나 불완전한 정보를 다룬다. 그러나 신경망은 설명 능력이 부족하고 블랙박스처럼 동작과정을 알 수 없다. 현재의 기술로 신경망을 훈련하기까지 시간이 너무 오래걸리고, 빈번한 재훈련은 심각한 문제를 유발할 수 있다.

간혹, 지식이 별로 없는 상황에서 ANN이 전문가 시스템보다 문제를 더 잘 푼다고 해도 두 기술은 경쟁 관계라기보다 오히려 서로를 보완하는 관계다.

고전적인 전문가 시스템은 정확하게 입력하고 논리적으로 출력하는 닫힌 시스템에 적합하다. 규칙의 형태로 전문가 지식을 사용하고, 필요하다면 특정 사실을 확립하기 위해 사용자와 대화할 수도 있다. 주요 결점은 인간 전문가가 자신의 지식을 규칙의 형태로 항상 표현할 수는 없으며, 자신의 추론 과정을 항상 설명할 수 없다는 점이다. 이는 전문가 시스템이 필요한 지식을 축적하는 것을 방해하여, 결과적으로 실패하게 만든다. 이러한 전문가 시스템의 한계를 극복한 신경망 컴퓨팅은 많은 데이터 조합 속에 감춰진 지식을 끄집어내어 새로운 규칙을 만들 수 있다(Medsker와 Leibowitz, 1994; Zahedi, 1993). 종래의 규칙기반 전문가 시스템에서 규칙을 교정할 때도 ANN을 사용한다(Omlin과 Giles, 1996). 신경망은 습득한 지식이 불완전하다면 지식을 다시 정의할 수 있고, 지식이 주어진 데이터와 모순될 때는 규칙을 교정할 수 있다.

모호하고 부정확하며 불확실한 지식과 데이터를 다루는 중요한 기술 중 하나는 **퍼지 논리**(fuzzy logic)다. 고전적인 전문가 시스템에서 부정확함을 다루는 대부분의 방법은 확률 개념에 기반을 둔다. 예를 들어, MYCIN은 확신도(certainty factor)를 도입했고, PROSPECTOR는 불확실한 지식으로 추론하기 위해 베이즈 규칙을 결합했다. 하지만 전문가는 보통 확률 값으로 생각하지 않고, **종종, 일반적으로, 가끔, 자주, 드물게**와 같은 용어로 생각한다. 퍼지 논리는 단어의 의미를 얻고 추론과 결정을 내리기 위해 퍼지 값을 사용한다. 어렵고 복잡한 문제에 대해 전문가의 이해를 정확히 반영하는 형태로 인간의 지식을 코드화하고 적용하는 방법인 퍼지 논리는 전통적인 전문가 시스템의 계산 병목 현상(computational bottleneck)을 극복했다.

퍼지 논리의 핵심은 언어 변수 개념을 이용한다는 것이다. 언어 변수의 값은 숫자라기보다는 단어다. 전문가 시스템과 유사하게 퍼지 시스템은 인간의 지식을 통합하기 위해 IF-THEN 규칙을 사용하지만, 이 규칙은 다음과 같이 분명하지 않다.

IF 속도가 빠르다	THEN 정지거리는 길다
IF 속도가 느리다	THEN 정지거리는 짧다

버클리 대학교 전기공학과 학과장인 로트피 자데(Lotfi Zadeh) 교수는 1965년에 퍼지 논리 혹

은 **퍼지 집합론**(fuzzy set theory)을 소개했다(Zadeh, 1965). 퍼지 이론은 단어 계산 기능을 제공했지만, 기술 위원회에서 퍼지 집합론을 받아들이기까지는 오랜 시간이 걸렸다. 문제가 된 부분은 '경계가 모호한' 이란 뜻의 '퍼지(fuzzy)' 라는 자극적인 이름으로, 이는 학문으로 받아들이기에는 너무 단순해 보였기 때문이다. 결국, 서구에서 무시했던 퍼지 이론을 동양(일본)에서 진지하게 받아들였고, 1987년 이래로 일본인이 설계한 식기세척기, 세탁기, 에어컨, 텔레비전, 복사기, 심지어 자동차에 성공적으로 사용되었다.

퍼지 제품의 도입은 30년도 더 이전에 최초로 등장했던 '새로운' 기술에 엄청난 관심을 불러 일으켰다. 퍼지 주제로 수백 권의 책과 수천 편의 기술 논문이 발표되었다. 고전적인 논문에는 「Fuzzy Sets, Neural Networks and Soft Computing」(Yager, Zadeh, 1994), 「The Fuzzy Systems Handbook」(Cox, 1999), 「Fuzzy Engineering」(Kosko, 1997), 「Expert Systems and Fuzzy Systems」(Negoita, 1985) 그리고 베스트셀러 과학 책인 『Fuzzy Thinking』(Kosko, 1993)이 있다. 이 책들은 퍼지 논리 분야를 대중화시켰다.

대부분의 퍼지 논리 응용 사례는 제어 공학 분야에서 등장했다. 하지만 퍼지 제어 시스템은 지식을 표현하는 퍼지 논리 능력의 일부만 사용했다. 지식기반 결정지원 시스템에 퍼지 논리 모델을 응용하면 다음과 같은 이점이 있다(Cox, 1999; Turban과 Aronson, 2000).

- **향상된 계산 능력** : 퍼지 규칙기반 시스템은 규칙 개수가 적어 전문가 시스템보다 더 빠르게 계산을 수행한다. 퍼지 전문가 시스템은 규칙을 더 강력하게 만들면서 규칙을 통합한다. 자데는 몇 년 후에는 대부분의 전문가 시스템이 고도로 비선형적이고, 계산하기 어려운 문제를 푸는 데 퍼지 논리를 사용할 것이라고 믿고 있다.
- **향상된 인지 모델링** : 퍼지 시스템은 복잡한 문제에 대한 지식을 인코딩 할 때 전문가가 생각하는 방식을 반영한다. 전문가는 **매우 종종, 거의 전혀 하지 않는, 보통, 좀처럼 하지 않는, 빈번히, 때때로**와 같은 부정확한 언어로 생각하고, **높고 낮은, 빠르고 느린, 무겁고 가벼운**과 같은 언어 변수를 사용한다. 기존형식으로 규칙을 만들려면 전문가 의견을 조각내어 용어의 경계를 정의해야 한다. 하지만 단편화는 고도로 복잡한 문제를 다룰 때 품질 낮은 보통의 전문가 시스템으로 만든다. 이와 달리 퍼지 전문가 시스템은 전문가가 마음속으로 생각하는 방식과 훨씬 가까운 의견을 얻고, 부정확한 정보를 모델링하면서 문제에 대한 인지 모델링을 개선한다.
- **여러 전문가 의견을 표현하는 능력** : 보통의 전문가 시스템은 명확히 정의된 전문가 의견이 있는 매우 한정된 분야에서 사용된다. 이 때문에 시스템의 성능은 올바른 전문가의 선택에 의존한다. 보통의 전략이 단지 한 명의 전문가를 찾는 것이라고 해도 더 복잡한 전문가 시스템이 만들어지거나 전문가의 의견이 잘 정의되지 않을 때 **여러 명의 전문가**(multiple experts)가 필요할 것

이다. 여러 전문가는 주제를 확장하고 의견을 합성할 수 있다. 이들은 섭외하기 어렵거나 비용이 많이 들 것 같은 세계적인 수준의 전문가를 대신할 수 있다. 하지만 전문가가 여러 명이면 좀처럼 근접한 결론에 이르지 못한다. 견해 차이가 자주 발생하고 심지어 충돌하기도 한다. 답이 명쾌하지 않은 상업이나 경영 같은 분야는 특히 그런데, 이런 견해 충돌을 이용할 수 있어야 한다. 퍼지 전문가 시스템은 반대 의견이 있을 때 여러 전문가가 의견을 표현할 수 있도록 돕는다.

퍼지 시스템이 전문가 지식을 자연스럽게 표현한다고 해도 여전히 전문가에게 얻은 규칙에 의존하므로 똑똑할 수도, 우둔할 수도 있다. 어떤 전문가는 매우 똑똑한 퍼지 규칙을 제공할 수 있지만, 어떤 이는 단지 추측만 하고 심지어 잘못된 규칙을 제시할지도 모른다. 그러므로 모든 규칙을 검사하고 조율해야 한다. 이 과정은 지루하다. 예를 들어 히타치(Hitachi) 엔지니어들은 센다이(Sendai) 지하철 시스템을 안내하는 퍼지 규칙 54개를 검사하고 조율하기 위해 몇 년을 보내야 했다.

단순한 퍼지 시스템은 퍼지 논리 개발 도구를 사용하여 쉽게 만들 수 있지만, 새로운 규칙을 시도하고 시스템을 조율하는 데 몇 달이 걸릴지 모른다. 이런 과정을 좀 더 빨리 진행하는 방법은 무엇일까? 즉, 만족할 만한 퍼지 규칙을 자동으로 생성하는 방법은 무엇일까?

최근에는 퍼지 규칙의 수치 데이터를 찾기 위해 신경망 기술을 기반으로 한 여러 방법을 사용한다. 적응형 혹은 신경 퍼지 시스템은 제공된 데이터에 기반을 두고 새로운 퍼지 규칙을 찾거나 이미 있던 규칙을 바꾸거나 조율할 수 있다. 즉 데이터가 들어오면 규칙이 없어지거나 경험이 늘면 상식에서 제외된다.

그렇다면 지식 공학이 나아갈 방향은 어디인가?

전문가 시스템, 신경 및 퍼지 시스템 분야는 이제 성숙되었고, 공학, 의학, 재정, 상업, 경영 등 광범위한 분야에서 서로 다른 문제에 적용할 수 있게 되었다. 각 기술은 인간 지식의 불확실성과 모호성을 각기 다른 방식으로 다루고, 각각의 기술은 지식 공학에서 자리를 잡았다. 이들은 더 이상 경쟁하지 않으며, 서로를 보완한다. 전문가 시스템과 퍼지 논리, 신경 컴퓨팅과의 상승 효과는 지식기반 시스템의 적응력, 강력함, 결함내성, 속도를 향상시킨다. 게다가 단어계산 기능은 제안한 기술들을 좀 더 인간 같이 만들었다. 새로운 이론을 제안하기 보다 이미 있는 이론을 사용하여 지능형 시스템을 만드는 것 그리고 장난감 같은 문제보다 실세계 문제에 이 시스템을 적용하는 것이 일반적인 것이 되었다.

1.3 요약 Summary

우리는 현재, 군대의 규모가 아니라 축적된 지식이 국력을 결정하는 지식 혁명 시대에 살고 있다. 국가는 과학, 의학, 공학, 경영을 바탕으로 국민 삶의 질을 향상시키고 있으며, 이를 위해 전문 자격을 갖춘 사람을 필요로 한다. 우리는 그런 지식인의 전문 지식을 얻을 수 있고, 인간과 유사한 방식으로 추론하는 지능적인 기계를 채택하고 있다.

첫 번째 지능형 컴퓨터를 개발할 때까지는 지능적인 기계에 대한 열망은 헛된 꿈에 불과했다. 초기 컴퓨터는 알고리즘에 따라 대형 데이터베이스를 효과적으로 다룰 수 있었지만, 제공된 정보에 관한 추론은 할 수 없었다. 이는 컴퓨터가 생각을 할 수 있는지에 대해 의문을 불러왔다. 튜링은 인지적인 작업에서 컴퓨터의 지능적 행동을 인간 수준의 성과를 낼 수 있는 능력으로 정의했다. 튜링 테스트는 지식기반 시스템의 검증과 확인을 위한 기반을 제공했다.

1956년 Dartmouth 대학교의 여름 워크샵에 기계 지능 연구에 관심 있는 연구자가 10명이 모였고, 여기서 AI라는 새로운 과학 분야가 탄생했다.

AI의 주된 역사는 다음과 같다. 1950년 초 이후, 몇몇 연구자의 호기심에 불과했던 AI 기술은 인간의 의사 결정에 도움을 줄 가치 있는 도구로 발전했다. 1960년대는 AI 기술에 관한 획기적인 아이디어가 제시된 큰 기대의 시대였다. 하지만 1970년 초, 실질적인 결과물을 내지 못한 AI는 연구 자금이 삭감되고 멸시받았다. 1980~1990년대 전문가 시스템 기술의 성숙으로 AI는 다양한 분야에서 광범위하게 응용되었다. 1980년대에는 1940년에 제안한 뉴런의 단순 이진 모델이 인공신경망으로 부활하였으며, 서구에서 무시한 퍼지 집합론을 일본이 받아들여 많은 '퍼지' 소비자 제품을 만들었다. 1990년대에는 '소프트' 컴퓨팅과 단어계산이 세계적으로 수용되었다.

전문가 시스템 개발은 지능형 시스템을 만드는 과정인 지식 공학을 창출했다. 오늘날 이 분야는 전문가 시스템을 다룰 뿐만 아니라 신경망과 퍼지 논리를 다룬다. 신경망 기술을 통해 얻은 수치 데이터에서 일정 규칙을 자동적으로 추출하려는 시도는 있었지만, 지식 공학은 여전히 공학보다는 인문과학에 가까웠다.

[표 1-1]은 AI와 지식 공학의 역사에서 주목할 만한 사건들을 보여준다. 1943년에 맥클록과 피츠가 진행한 첫 번째 AI 연구에서부터 단어로 계산할 수 있는 현대 지식기반 시스템인 전문가 시스템, 퍼지 논리, 신경 컴퓨팅의 이점을 결합하는 최근 경향까지를 보여준다.

[표 1-1] AI와 지식 공학의 역사에서 주목할 만한 주요 사건

기간	주요 사건
AI의 탄생 (1943년~1956년)	McCulloch and Pitts, *A Logical Calculus of the Ideas Immanent in Nervous Activity*, 1943 Turing, *Computing Machinery and Intelligence*, 1950 The Electronic Numerical Integrator and Calculator project (von Neumann) Shannon, Programming a Computer for Playing Chess, 1950 The Dartmouth College summer workshop on machine intelligence, artificial neural nets and automata theory, 1956
AI의 융성 (1956년~1960년대 후반)	*LISP* (McCarthy) The General Problem Solver (GPR) project (Newell and Simon) Newell and Simon, *Human Problem Solving*, 1972 Minsky, *A Framework for Representing Knowledge*, 1975
AI에 관한 환멸 (1960년대 후반~1970년대 초반)	Cook, The Complexity of Theorem Proving Procedures, 1971 Karp, Reducibility Among Combinatorial Problems, 1972 The Lighthill Report, 1971
전문가 시스템의 발명 (1970년대 초반~1980년대 중반)	DENDRAL (Feigenbaum, Buchanan and Lederberg, Stanford University) MYCIN (Feigenbaum and Shortliffe, Stanford University) PROSPECTOR (Stanford Research Institute) PROLOG-a Logic Programming Language (Colmerauer, Roussel and Kowalski, France) EMYCIN (Stanford University) Waterman, *A Guide to Expert Systems*, 1986
인공 신경망의 재탄생 (1965년~현재)	Hopfield, *Neural Networks and Physical Systems with Emergent Collective Computational Abilities*, 1982 Kohonen, *Self-Organized Formation of Topologically Correct Feature Maps*, 1982 Rumelhart and McClelland, *Parallel Distributed Processing*, 1986 The First IEEE International Conference on Neural Networks, 1987 Haykin, *Neural Networks*, 1994 Neural Network, MATLAB Application Toolbox (The MathWork, Inc.)
진화 연산 (1970년대 초반~현재)	Rechenberg, *Evolutionsstrategien-Optimierung Technischer Systeme Nach Prinzipien der Biologischen Information*, 1973 Holland, *Adaptation in Natural and Artificial Systems*, 1975 Koza, *Genetic Programming: On the Programming of the Computers by Means of Natural Selection*, 1992 Schwefel, *Evolution and Optimum Seeking*, 1995 Fogel, *Evolutionary Computation-Towards a New Philosophy of Machine Intelligence*, 1995
단어 계산 (1980년대 후반~현재)	Zadeh, *Fuzzy Sets*, 1965 Zadeh, *Fuzzy Algorithms*, 1969 Mamdani, *Application of Fuzzy Logic to Approximate Reasoning Using Linguistic Synthesis*, 1977 Sugeno, *Fuzzy Theory*, 1983 Japanese 'fuzzy' consumer products (dishwashers, washing machines, air conditioners, television sets, copiers) Sendai Subway System (Hitachi, Japan), 1986 Negoita, *Expert Systems and Fuzzy Systems*, 1985

(계속)

기간	주요 사건
단어 계산 (1980년대 후반~현재)	The First IEEE International Conference on Fuzzy Systems, 1992 Kosko, *Neural Networks and Fuzzy Systems*, 1992 Kosko, *Fuzzy Thinking*, 1993 Yager and Zadeh, Fuzzy Sets, *Neural Networks and Soft Computing*, 1994 Cox, *The Fuzzy Systems Handbook*, 1994 Kosko, Fuzzy Engineering, 1996 Zadeh, *Computing with Words-A Paradigm Shift*, 1996 Fuzzy Logic, MATLAB Application Toolbox (The MathWork, Inc.)

이 장에서 배운 중요한 내용은 다음과 같다.

- 지능은 배우고 이해하며 문제를 풀고 결정을 내리는 능력이다.
- AI이란, 인간의 지능이 필요한 작업을 기계도 할 수 있게 만드는 것을 목표로 하는 과학이다.
- 기계가 특정 인지 작업에서 인간 수준의 성과를 낼 수 있으면 지능이 있다고 생각할 수 있다. 지능적인 기계를 만들기 위해서는 특정 문제 영역에서 전문가 지식을 획득하고 구성하며 사용할 수 있어야 한다.
- 보다 지능적인 기계를 위해서는 문제 영역을 충분히 제한해야 한다는 사실을 깨달았기 때문에 범용으로 쓰이는 (지식이 빈약한) 약한 방법에서 특정 분야의 (지식 집중적인) 방법으로 '패러다임 전환'이 이루어졌다. 이는 한정된 문제 영역에서 인간 전문가 수준의 성능을 보이는 전문가 시스템(컴퓨터 프로그램)을 개발하도록 했다. 전문가 시스템의 특징은 특정 규칙의 형태로 인간의 지식과 경험을 사용하고 지식이 깔끔하게 분리되어 있다는 점이다. 또한 자신의 추론 절차를 설명할 수 있다.
- 지능형 기계를 만들 때, 즉 지식 공학에서 겪는 주된 어려움 중 하나는 전문가에게 지식을 얻어내는 작업인 '지식 획득 병목현상(knowledge acquisition bottleneck)' 이다.
- 전문가는 **매우 종종**, **거의 전혀 하지 않는**, **보통**, **좀처럼 하지 않는**, **빈번히**, **때때로**와 같은 부정확한 언어로 생각하고, **높고 낮은**, **빠르고 느린**, **무겁고 가벼운**과 같은 언어 변수를 사용한다. 퍼지 논리 혹은 퍼지 집합론은 단어로 계산하는 수단을 제공한다. 또한 단어의 의미, 인간의 추론, 결정을 알 수 있는 퍼지 값을 사용하는 데 집중하고 전통적인 전문가 시스템의 계산적 부담을 해결하는 방법을 제공한다.
- 전문가 시스템은 학습할 수 없고, 경험을 통해 자신을 개선시킬 수도 없다. 전문가 시스템은 개별적으로 구축되고, 개발하는 데 많은 노력이 필요하다. 웬만한 전문가 시스템을 만들려면 5명~10명이 1년 정도 작업해야 할 것이다. 기계 학습은 이 과정을 좀 더 빠르게 처리하고 새로운 규칙을 추가하거나 부정확한 규칙을 바꿈으로써 지식의 질을 개선할 수 있다.

- 생물학적 신경망에서 영감을 얻은 인공 신경망은 과거의 경험에서 학습하고, 자동적으로 규칙을 생성해서 지식을 습득하고, 이를 확인하며 수정하는 지루하고 비용이 많이 드는 과정을 피할 수 있다.
- 전문가 시스템과 ANN의 통합, 퍼지 논리와 ANN의 통합은 지식기반 시스템에서 적응성, 결함 내성, 속도를 향상시킨다.

Chapter_01 연습문제

01 지능을 정의하라. 기계의 지능적인 행동이란 무엇인가?

02 AI를 위한 튜링 테스트를 기술하고 현대적인 입장에서 그 타당성을 입증하라.

03 하나의 과학으로서 AI를 정의하라. 인공지능은 언제 생겼는가?

04 약한 방법(weak method)이란 무엇인가? 1970년대 초반 AI를 쇠퇴하게 만든 원인은 무엇인가?

05 전문가 시스템을 정의하라. 약한 방법과 전문가 시스템 기술 사이의 주된 차이는 무엇인가?

06 DENDRAL, MYCIN, PROSPECTOR와 같은 초기 전문가 시스템의 공통 특성을 나열하라.

07 전문가 시스템의 한계점은 무엇인가?

08 전문가 시스템과 인공 신경망 사이의 차이점은 무엇인가?

09 인공 신경망 분야가 1980년대에 부활한 이유는 무엇인가?

10 퍼지 논리가 기반을 둔 전제는 무엇인가? 퍼지 집합론은 언제 도입되었는가?

11 지식기반 시스템에 퍼지 논리를 적용할 때 얻을 수 있는 이점은 무엇인가?

12 전문가 시스템, 퍼지 논리, 신경 컴퓨팅을 통합할 때 얻을 수 있는 이점은 무엇인가?

참고문헌

[01] Barto, A.G., Sutton, R.S. and Anderson C.W. (1983). Neurolike adaptive elements that can solve difficult learning control problems, *IEEE Transactions on Systems, Man and Cybernetics*, SMC-13, pp. 834–846.

[02] Boden, M.A. (1977). *Artificial Intelligence and Natural Man.* Basic Books, New York.

[03] Broomhead, D.S. and Lowe, D. (1988). Multivariable functional interpolation and adaptive networks, *Complex Systems*, 2, 321–355.

[04] Bryson, A.E. and Ho, Y.-C. (1969). *Applied Optimal Control.* Blaisdell, New York.

[05] Buchanan, B.G., Sutherland, G.L. and Feigenbaum, E.A. (1969). Heuristic DENDRAL: a program for generating explanatory hypotheses in organic chemistry, *Machine Intelligence 4*, B. Meltzer, D. Michie and M. Swann, eds, Edinburgh University Press, Edinburgh, Scotland, pp. 209–254.

[06] Cook, S.A. (1971). The complexity of theorem proving procedures, *Proceedings of the Third Annual ACM Symposium on Theory of Computing*, New York, pp. 151–158.

[07] Cowan, J.D. (1990). Neural networks: the early days, *Advances in Neural Information Processing Systems 2*, D.S. Tourefzky, ed., San Mateo, CA: Morgan Kaufman, pp. 828–842.

[08] Cox, E. (1999). *The Fuzzy Systems Handbook: A Practitioner' s Guide to Building, Using, and Maintaining Fuzzy Systems*, 2nd edn. Academic Press, San Diego, CA.

[09] Duda, R., Gaschnig, J. and Hart, P. (1979). Model design in the PROSPECTOR consultant system for mineral exploration, *Expert Systems in the Microelectronic Age*, D. Michie, ed., Edinburgh University Press, Edinburgh, Scotland, pp. 153–167.

[10] Durkin, J. (1994). *Expert Systems Design and Development.* Prentice Hall, Englewood Cliffs, NJ.

[11] Feigenbaum, E.A., Buchanan, B.G. and Lederberg, J. (1971). On generality and problem solving: a case study using the DENDRAL program, *Machine Intelligence 6*, B. Meltzer and D. Michie, eds, Edinburgh University Press, Edinburgh, Scotland, pp. 165–190.

[12] Fogel, D.B. (1995). *Evolutionary Computation–Towards a New Philosophy of Machine Intelligence. IEEE Press, Piscataway, NJ.*

[13] Goldberg, D.E. (1989). *Genetic Algorithms in Search, Optimisation and Machine Learning.* Addison-Wesley Publishing Company, Reading, MA.

[14] Greenblatt, R.D., Eastlake, D.E. and Crocker, S.D. (1967). The Greenblatt Chess Program, *Proceedings of the Fall Joint Computer Conference*, pp. 801–810.

참고문헌

[15] Grossberg, S. (1980). How does a brain build a cognitive code?, *Psychological Review*, 87, pp. 1–51.

[16] Holland, J.H. (1975). *Adaptation in Natural and Artificial Systems.* University of Michigan Press, Ann Arbor.

[17] Holland, J.H. (1995). *Hidden Order: How Adaptation Builds Complexity.* Addison-Wesley, Reading, MA.

[18] Hopfield, J.J. (1982). Neural networks and physical systems with emergent collective computational abilities, *Proceedings of the National Academy of Sciences of the USA*, 79, pp. 2554–2558.

[19] Karp, R.M. (1972). Reducibility among combinatorial problems, *Complexity of Computer Computations*, R.E. Miller and J.W. Thatcher, eds, Plenum, New York, pp. 85–103.

[20] Kohonen, T. (1982). Self-organized formation of topologically correct feature maps, *Biological Cybernetics*, 43, pp. 59–69.

[21] Kosko, B. (1993). *Fuzzy Thinking: The New Science of Fuzzy Logic.* Hyperion, New York.

[22] Kosko, B. (1997). *Fuzzy Engineering.* Prentice Hall, Upper Saddle River, NJ.

[23] Koza, J.R. (1992). *Genetic Programming: On the Programming of the Computers by Means of Natural Selection.* MIT Press, Cambridge, MA.

[24] Koza, J.R. (1994). *Genetic Programming II: Automatic Discovery of Reusable Programs.* MIT Press, Cambridge, MA.

[25] LeCun, Y. (1988). A theoretical framework for back-propagation, *Proceedings of the 1988 Connectionist Models Summer School*, D. Touretzky, G. Hilton and T. Sejnowski, eds, Morgan Kaufmann, San Mateo, CA, pp. 21–28.

[26] Lighthill, J. (1973). Artificial intelligence: a general survey, *Artificial Intelligence: A Paper Symposium.* J. Lighthill, N.S. Sutherland, R.M. Needham, H.C. Longuest- Higgins and D. Michie, eds, Science Research Council of Great Britain, London.

[27] McCarthy, J. (1958). Programs with common sense, *Proceedings of the Symposium on Mechanisation of Thought Processes*, vol. 1, London, pp. 77–84.

[28] McCulloch, W.S. and Pitts, W. (1943). A logical calculus of the ideas immanent in nervous activity, *Bulletin of Mathematical Biophysics*, vol. 5, pp. 115–137.

[29] Medsker, L. and Leibowitz, J. (1994). *Design and Development of Expert Systems and Neural Computing.* Macmillan, New York.

[30] Minsky, M.L. (1975). A framework for representing knowledge, *The Psychology of Computer Vision,* P. Winston, ed., McGraw-Hill, New York, pp. 211–277.

[31] Minsky, M.L. and Papert, S.A. (1969). *Perceptrons.* MIT Press, Cambridge, MA.

[32] Negoita, C.V. (1985). *Expert Systems and Fuzzy Systems.* Benjamin/Cummings, Menlo Park, CA.

[33] Newell, A. and Simon, H.A. (1961). GPS, a program that simulates human thought, *Lernende Automatten,* H. Billing, ed., R. Oldenbourg, Munich, pp. 109–124.

[34] Newell, A. and Simon, H.A. (1972). *Human Problem Solving.* Prentice Hall, Englewood Cliffs, NJ.

[35] Omlin, C.W. and Giles, C.L. (1996). Rule revision with recurrent neural networks, *IEEE Transactions on Knowledge and Data Engineering,* 8(1), 183–188.

[36] Parker, D.B. (1987). Optimal algorithms for adaptive networks: second order back propagation, second order direct propagation, and second order Hebbian learning, *Proceedings of the IEEE 1st International Conference on Neural Networks,* San Diego, CA, vol. 2, pp. 593–600.

[37] Rechenberg, I. (1965). *Cybernetic Solution Path of an Experimental Problem.* Ministry of Aviation, Royal Aircraft Establishment, Library Translation No. 1122, August.

[38] Rechenberg, I. (1973). *Evolutionsstrategien–Optimierung Technischer Systeme Nach Prinzipien der Biologischen Information.* Friedrich Frommann Verlag (Günther Holzboog K.G.), Stuttgart-Bad Cannstatt.

[39] Rosenblatt, F. (1962). *Principles of Neurodynamics.* Spartan, Chicago.

[40] Rumelhart, D.E. and McClelland, J.L., eds (1986). *Parallel Distributed Processing: Explorations in the Microstructures of Cognition.* 2 vols, MIT Press, Cambridge, MA.

[41] Samuel, A.L. (1959). Some studies in machine learning using the game of checkers, *IBM Journal of Research and Development,* 3(3), 210–229.

[42] Samuel, A.L. (1967). Some studies in machine learning using the game of checkers II-recent progress, *IBM Journal of Research and Development,* 11(6), 601–617.

[43] Schwefel, H.-P. (1995). *Evolution and Optimum Seeking.* John Wiley, New York.

[44] Shannon, C.E. (1950). Programming a computer for playing chess, *Philosophical Magazine,* 41(4), 256–275.

[45] Shortliffe, E.H. (1976). *MYCIN: Computer-Based Medical Consultations.* Elsevier Press, New York.

[46] Turban, E. and Aronson, J.E. (2000). *Decision Support Systems and Intelligent Systems,* 6th edn. Prentice Hall, Englewood Cliffs, NJ.

[47] Turing, A.M. (1950). Computing machinery and intelligence, *Mind,* 59, 433–460.

[48] van Melle, W. (1979). A domain independent production-rule system for consultation programs, *Proceedings of the IJCAI 6,* pp. 923–925.

[49] van Melle, W., Shortliffe, E.H. and Buchanan B.G. (1981). EMYCIN: A domain-independent system that aids in constructing knowledge-based consultation programs, *Machine Intelligence, Infotech State of the Art Report 9,* no. 3.

[50] Waterman, D.A. (1986). *A Guide to Expert Systems.* Addison-Wesley, Reading, MA.

[51] Yager, R.R. and Zadeh, L.A., eds (1994). *Fuzzy Sets, Neural Networks and Soft Computing.* Van Nostrand Reinhold, New York.

[52] Zadeh, L. (1965). Fuzzy sets, *Information and Control,* 8(3), 338–353.

[53] Zahedi, F. (1993). *Intelligent Systems for Business: Expert Systems with Neural Networks.* Wadsworth, Belmont, CA.

Chapter

02

규칙기반 전문가 시스템

Rule-based expert systems

학습목표

- 지식의 개념을 이해한다.
- 전문가 시스템을 개발하는 구성원을 살펴본다.
- 규칙기반 전문가 시스템의 구조와 장단점을 이해한다.
- 논증 규칙기반 전문가 시스템 예를 살펴본다.

2.1 지식이란 무엇인가?

1970년대에 사람들은 기계가 지능을 요하는 문제를 풀려면 누군가는 그 해답을 알고 있어야 한다는 사실을 마침내 인식했다. 다른 말로 하면, 특정 분야에 대한 지식, 즉 노하우(know-how)가 있는 누군가가 있어야 한다는 뜻이다.

지식이란 무엇인가

지식은 어떤 주제나 분야에 대해 이론적으로 혹은 실제로 이해하는 것이다. 또 현재 알려진 사실들의 모음이기도 하며, 권력이 되기도 한다. 우리는 지식을 소유한 사람을 가리켜 전문가(expert)라 한다. 전문가는 조직에서 가장 영향력 있고 핵심적인 사람이다. 성공한 회사는 적어도 몇 명의 일급 전문가를 고용하고 있으며, 그들 없이는 사업을 이끌어가기 어렵다.

일반적으로 어떤 사람을 전문가라고 하는가

특정 분야에 해박한 지식(사실과 규칙 둘 다에 관한)과 풍부한 경험을 쌓은 사람이라면 누구든지 그 분야의 전문가라고 한다. 하지만 분야의 범위는 제한적일 것이다. 예를 들어, 전기 기계 전문가는 변압기에 관해서는 보통 정도만 알고, 생명 보험 마케팅 전문가는 부동산 보험 원칙을 제한적으로 알고 있을 것이다. 일반적으로 전문가는 다른 사람이 할 수 없는 일을 해낼 수 있는 숙련된 사람이다.

전문가는 어떻게 사고하는가

인간의 정신 작용은 내면적이고, 알고리즘으로 표현하기에는 너무 복잡하다. 그러나 대부분의 전문가는 자신의 지식을 문제 풀이에 관한 규칙 형식으로 표현하는 데 능숙하다. 간단한 예를 생각해보자. 당신이 외국인을 만난다고 상상해보라. 그는 길을 건너고 싶어한다. 그를 도울 수 있겠는가? 당신은 길 건너기 전문가다. 수년 동안 이 일을 해 왔기 때문에 외국인을 도와줄 수 있다. 과연 길 건너는 방법을 어떻게 알려줄 것인가?

당신은 외국인에게 신호등이 녹색일 때는 안전하게 길을 건널 수 있고, 신호등이 빨간색일 때는 길을 건너지 말아야 한다고 설명할 것이다. 이것은 기본 규칙이다. 당신의 지식은 다음의 간단한 문장으로 정식화할 수 있다.

IF　　'신호등'이 녹색이다

THEN　　길을 건넌다

IF　　　'신호등'이 빨간색이다
THEN　　멈춰 기다린다

이 IF-THEN 형식으로 표현한 문장을 **생성 규칙** 또는 줄여서 **규칙**이라고 한다. AI에서 '규칙'은 지식을 표현하는 가장 일반적인 방법으로, IF 부분에 주어진 정보나 사실을 THEN 부분에 기술한 어떤 행동과 연결하는 IF-THEN 구조로 정의한다. 규칙은 문제를 어떻게 풀 것인지에 대한 설명을 제공한다. 규칙은 비교적 만들고 이해하기 쉽다.

2.2 지식 표현 기법으로써의 규칙

규칙은 두 부분으로 구성된다. 전건(antecedent, 전제(promise) 또는 조건(condition))이라고 하는 IF 부분과 후건(consequent, 결론(conclusion) 또는 행동(action))이라고 하는 THEN 부분이다. 규칙의 기본 문법은 다음과 같다.

IF　　　〈전건〉
THEN　　〈후건〉

일반적으로, 하나의 규칙에는 AND(논리곱)나 OR(논리합) 혹은 둘을 조합한 여러 전건이 있을 수 있다. 그러나 같은 규칙 안에서는 논리곱과 논리합을 섞어 쓰지 않는 편이 좋다.

IF　　　〈전건 1〉
AND　　〈전건 1〉
　　　　·
　　　　·
　　　　·
AND　　〈전건 *n*〉
THEN　　〈후건〉

IF 〈전건 1〉
OR 〈전건 2〉
·
·
·
OR 〈전건 n〉
THEN 〈후건〉

규칙의 후건에도 여러 절이 있을 수 있다.

IF 〈전건〉
THEN 〈후건 1〉
〈후건 2〉
·
·
·
〈후건 m〉

규칙의 전건에서는 **객체**(object, 언어 객체(linguistic object))에 **값**(value)이 들어간다. 앞의 길 건너기 예에서, 언어 객체인 '신호등' 값에는 **녹색**이나 **빨간색**이 들어갈 수 있다. **연산자**(operator)는 객체를 판별하고 값을 대입한다. '~이다', '~ 아니다' 와 같은 연산자는 심벌 값을 언어 객체에 대입하려고 사용한다. 그러나 전문가 시스템은 수학 연산자를 사용해서 객체를 숫자로 정의하고 수치를 대입할 수도 있다. 예를 들어보자.

IF '고객의 나이' < 18
AND '현금인출액' > 1000
THEN '부모의 서명' 이 필요합니다

후건은 전건처럼 연산자로 연결된 객체와 값을 결합한다. 연산자는 값을 언어 객체에 대입한다. 길 건너기 예에서, **신호등**의 값이 **녹색**일 때, 첫 번째 규칙으로 언어 **객체**는 **'길을 건넌다'** 로 놓는다. 규칙의 후건에서는 숫자 객체와 간단한 계산 표현을 사용할 수 있다.

IF '과세 소득' > 16283

THEN　‘의료보험 징수액’ = ‘과세 소득’ * 1.5 / 100

규칙은 관계, 추천, 지시, 전략, 휴리스틱을 표현할 수 있다(Durkin, 1994).

【관계】

IF　‘연료 탱크’가 비었다
THEN　차가 멈췄다

【추천】

IF　가을이다
AND　하늘이 흐리다
AND　일기예보는 보슬비다
THEN　조언은 ‘우산을 가지고 다니는 것’ 이다

【지시】

IF　차가 멈췄다
AND　‘연료 탱크’가 비었다
THEN　‘차에 연료를 공급’ 한다

【전략】

IF　차가 멈췄다
THEN　‘연료 탱크를 확인’ 한다
　　　1단계를 완료했다

IF　1단계를 완료했다
AND　‘연료 탱크’가 가득 찼다
THEN　‘배터리를 확인’ 한다
　　　2단계를 완료했다

【휴리스틱】

IF　시료는 액체이다
AND　‘시료의 pH’ < 6
AND　‘시료의 냄새’가 시큼하다
THEN　‘시료의 성분’ 은 ‘아세트산’ 이다

2.3 전문가 시스템 개발팀의 주요 구성원

우리는 전문가가 제시한 지식을 컴퓨터에 즉시 입력할 수 있다. 지식을 입력한 후 컴퓨터가 어떤 특정 전문 분야에서 지식 보조자로 행동하거나 전문가가 풀어야 하는 문제를 풀기 기대한다. 또한 새로운 지식을 통합하고, 읽고 이해하기 쉬운 형태로 지식을 표현하기를 바라며, 간단한 문장을 인위적인 프로그래밍 언어 대신 자연 언어(natural language)로 다뤄주기를 원한다. 결정적으로, 컴퓨터가 어떻게 특정 결론에 이르렀는지 설명해 주기를 원한다. 즉, **전문가 시스템**(expert systems)은 좁은 문제 영역에서 전문가 수준으로 동작할 수 있는 유능한 컴퓨터 프로그램이어야 한다.

가장 인기 있는 전문가 시스템은 규칙기반 시스템(rule-based system)이다. 상업, 공학, 의학, 지질학, 전력 공급 시스템, 채광과 같은 분야에서 규칙기반 시스템이 많이 만들어지고 성공적으로 적용되었다. 그리고 많은 회사가 PC에서 사용할 수 있는 규칙기반 전문가 시스템 개발 소프트웨어인 전문가 시스템 틀을 만들어 판매한다.

전문가 시스템 틀은 규칙기반 시스템을 개발하는 데 특히 많이 쓰인다. 장점은 시스템 개발자가 프로그래밍 언어를 배우는 것보다 지식 그 자체에 집중할 수 있다는 점이다.

전문가 시스템 틀이란 무엇인가

전문가 시스템 틀은 지식을 추가하지 않은 전문가 시스템이다. 따라서 모든 사용자는 지식을 규칙 형식으로 추가하고, 문제를 풀기 위해 필요한 데이터를 제공해야 한다.

전문가 시스템을 개발하는 사람이 누구인지, 어떤 기술이 필요한지 살펴보자.

일반적으로, 전문가 시스템 개발팀은 주제 전문가, 지식 공학자, 프로그래머, 프로젝트 관리자, 최종 사용자까지, 총 5명으로 구성된다. 전문가 시스템의 성공 여부는 각 구성원이 얼마나 잘 협업하는지에 달렸다. [그림 2-1]에 있는 개발팀의 기본 관계를 살펴보자.

주제 전문가(domain expert)는 특정 분야나 **주제**(domain)에 대한 지식이 풍부하고, 관련 문제를 푸는 데 능숙한 사람으로 주제에 대해 최고의 전문 지식을 갖추고 있어야 한다. 주제 전문가의 전문 지식은 전문가 시스템에 저장될 것이다. 그러므로 전문가는 자신의 지식을 전달할 수 있어야 하고, 전문가 시스템 개발에 기꺼이 참여해야 하며, 프로젝트에 많은 시간을 투자해야 한다. 주제 전문가는 전문가 시스템 개발팀에서 가장 중요한 사람이다.

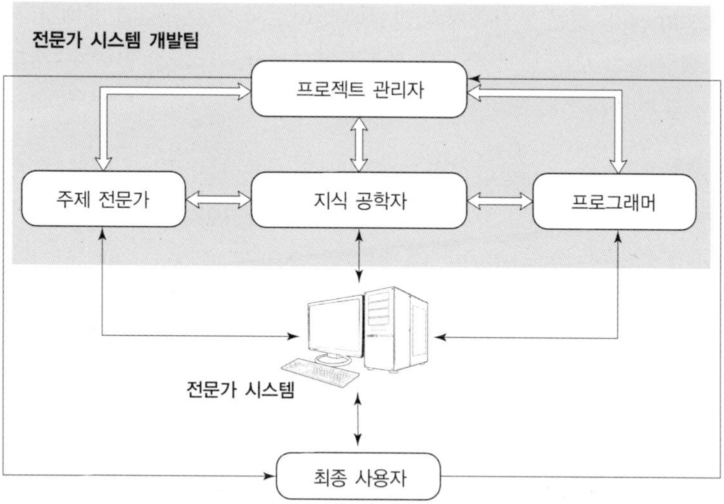

[그림 2-1] 전문가 시스템 개발팀의 주요 구성원들

지식 공학자(knowledge engineer)는 전문가 시스템을 설계하고, 만들고, 테스트할 수 있는 사람으로 전문가 시스템을 만들기 위해 어떤 일을 해야 하는지 결정한다. 지식 공학자는 특정 문제를 푸는 방법을 알아내기 위해 주제 전문가와 상담하는데 상담을 통해 전문가가 사실과 규칙을 다루기 위해 어떤 추론 방법을 사용했는지 알아내고, 전문가 시스템에서 이를 어떻게 표현할지 결정한다. 그런 후에 지식 공학자는 기존의 개발 소프트웨어나 전문가 시스템 틀을 선택하고 지식을 표현할 프로그래밍 언어를 살펴본다(때로는 직접 표현하기도 한다). 마지막으로, 전문가 시스템을 실제 작업 영역으로 옮겨 테스트하고 수정하여 통합한다. 따라서 지식 공학자는 전문가 시스템의 초기 설계 단계부터 최종 단계, 그리고 프로젝트가 완료 후에도 시스템을 유지하는 일에 참여한다.

프로그래머(programmer)는 실제 프로그래밍을 책임지며 지식을 컴퓨터가 이해할 수 있는 용어로 기술하는 사람이다. 프로그래머는 LISP, Prolog, OPS5 같은 AI 언어를 프로그래밍할 줄 알아야 하고, 다른 형태의 여러 전문가 시스템 틀을 응용한 경험이 있어야 한다. 또한 프로그래머는 C, Pascal, FORTRAN, Basic 같은 전통적인 프로그래밍 언어도 알고 있어야 한다. 전문가 시스템 틀을 사용할 때는 지식 공학자가 전문가 시스템에 지식을 쉽게 코딩할 수 있어서 프로그래머가 필요하지 않을 수도 있다. 그러나 그렇지 않을 때는 프로그래머가 지식, 데이터 표현 구조(기반지식과 데이터베이스), 제어 구조(추론 엔진), 대화 구조(사용자 인터페이스) 등을 개발해야 한다. 또한 전문가 시스템을 테스트할 때에도 참여할 수 있다.

프로젝트 관리자(project manager)는 전문가 시스템 개발팀의 리더로서, 프로젝트를 제대로 진행할 수 있도록 관리한다. 실행 가능한 모든 일과 목표를 충족시키고, 전문가, 지식 공학자, 프로그래머, 최종 사용자와 상호 작용을 한다.

최종 사용자(end-user 또는 **사용자**(user))는 개발한 전문가 시스템을 사용하는 사람을 말한다. 사용자는 화성 토양의 분자 구조를 연구하는 분석 화학자(Feigenbaum 외, 1971), 전염성 순환계 질환을 진단해야 하는 경험이 부족한 의사(Shortliffe, 1976), 새로운 광물 매장지를 발견하고자 하는 탐사 지리학자(Duda 외, 1979), 또는 응급 시에 조언을 받고 싶은 발전 시스템 기사일 수도 있다(Negnevitsky, 1976).

전문가 시스템에 대한 사용자의 요구는 각양각색이지만 전문가 시스템은 해당 사항을 반드시 충족해야 한다. 전문가 시스템에 대한 사용자의 만족 여부에 따라 시스템의 수용 여부가 결정되기 때문이다. 전문가 시스템의 성능뿐만 아니라 얼마나 편안하게 사용할 수 있느냐는 것도 사용자의 결정에 영향을 미친다. 그러므로 전문가 시스템의 사용자 인터페이스를 설계하는 일도 프로젝트 성공을 위해서 중요하다.

구성원 다섯 명이 모두 있어야 전문가 시스템 개발을 시작할 수 있다. 그러나 요즘은 전문가 시스템 틀을 사용하여 PC에서 전문가 시스템을 개발하기도 한다. 이때는 프로그래머가 굳이 있을 필요가 없으며, 지식 공학자의 역할도 축소할 수 있다. 규모가 작은 전문가 시스템을 개발할 때는 한 사람이 프로젝트 관리자, 지식 공학자, 프로그래머, 심지어 주제 전문가까지 도맡을 수도 있다. 그러나 규모가 큰 전문가 시스템을 개발하려면 모든 구성원이 필요하다.

2.4 규칙기반 전문가 시스템의 구조

1970년대 초반, 카네기멜론 대학교의 뉴웰과 사이먼은 현대의 규칙기반 전문가 시스템의 기초가 된 생성 시스템 모델을 제안했다(Newell과 Simon, 1972). 생성 모델은 인간이 자신의 지식을 적용해서 제시된 문제를 관련 정보로 해결한다는 아이디어에 기반한다. 생성 규칙(production rules)은 장기 기억장치(long-term memory)에 저장되고 특정 정보나 사실은 단기 기억장치(short-term memory)에 저장된다. [그림 2-2]에서 생성 시스템 모델과 규칙기반 전문가 시스템의 기본 구조를 보여준다.

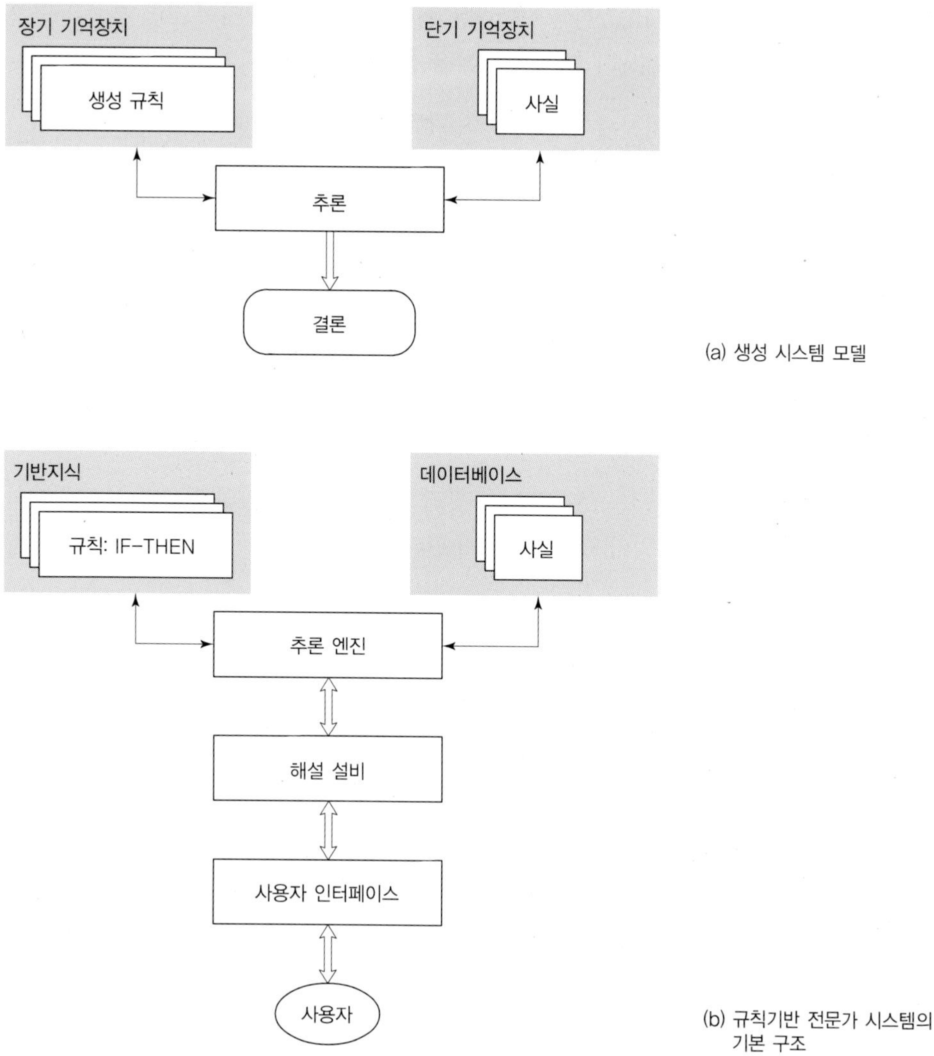

[그림 2-2] 생성 시스템과 규칙기반 전문가 시스템의 기본 구조

규칙기반 전문가 시스템은 기반지식, 데이터베이스, 추론 엔진, 해설 설비, 사용자 인터페이스로 이루어진다.

기반지식(knowledge base)은 문제 해결에 필요한 특정 분야에 관한 지식을 포함한다. 규칙기반 전문가 시스템에서는 지식을 규칙 집합으로 표현한다. 각각의 규칙은 관계, 추천, 지시, 전략,

휴리스틱을 명시하고 IF(조건) THEN(취해야 할 행동)의 구조를 띤다. 규칙의 조건 부분을 만족하면 규칙이 **점화**되었다고 하며, 취해야 할 행동 부분을 실행한다.

데이터베이스(database)는 기반지식에 저장된 규칙의 IF(조건)와 비교할 때 사용하는 사실(fact)들의 집합을 저장하고 있다.

추론 엔진(inference engine)은 전문가 시스템이 해를 구할 수 있도록 추론 역할을 담당하며 기반지식에 주어진 규칙들을 데이터베이스에 있는 사실과 연결한다.

해설 설비(explanation facilities)는 사용자에게 전문가 시스템이 **어떻게** 특정 결론에 이르렀는지, **왜** 특정 사실이 필요한지 설명한다. 따라서 전문가 시스템은 자신의 추론 과정을 설명하고, 조언, 분석 또는 결론의 타당성을 밝힐 수 있어야 한다.

사용자 인터페이스(user interface)는 문제의 답을 찾고 싶어 하는 사용자와 전문가 시스템 간의 통신 수단이다. 통신은 가능한 한 의미 있고 사용하기 편리해야 한다.

이 구성요소 다섯 가지는 규칙기반 전문가 시스템에 반드시 필요한 핵심 부분이며, 그 외에 부가적인 구성요소가 더 있을 수 있다.

외부 인터페이스(external interface)는 C, Pascal, FORTRAN, Basic과 같은 전통적인 프로그래밍 언어로 만든 외부 데이터 파일과 프로그램을 전문가 시스템이 사용할 수 있게 한다. 규칙기반 전문가 시스템의 완전한 구조는 [그림 2-3]과 같다.

개발자 인터페이스(developer interface)는 주로 기반지식 편집기, 디버깅 보조도구, 입출력 설비들을 포함한다.

모든 전문가 시스템 틀은 규칙을 입력, 수정하고 규칙의 형식과 철자를 검사할 수 있는 간단한 **텍스트 편집기**(text editor)를 제공한다. 또한 많은 전문가 시스템은 지식 공학자나 전문가가 만든 변화를 감지하는 **부기 설비**(book-keeping facilities)도 포함한다. 만일 규칙이 바뀌면 나중에 참조하기 위해 편집기는 자동으로 수정 날짜와 수정한 사람의 이름을 저장할 것이다. 이는 다수의 지식 공학자와 전문가가 기반지식에 접근하여 규칙을 수정할 때 매우 중요한 기능이다.

디버깅 보조도구(debugging aid)는 주로 **추적 설비**(tracing facilities)와 **중단 패키지**(break packages)로 구성된다. 추적 설비는 프로그램 수행 중에 점화된 모든 규칙 목록을 제공하고, 중단 패키지는 지식 공학자나 전문가가 현재 데이터베이스에 저장된 값을 검사하고 싶을 때 전문가 시스템을 멈출 수 있도록 해 준다.

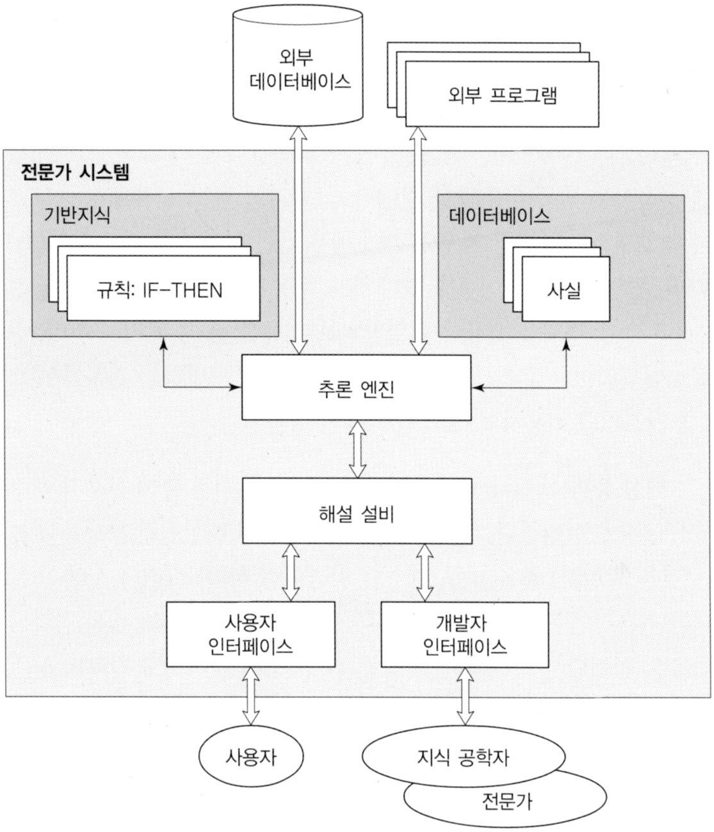

[그림 2-3] 규칙기반 시스템의 완전한 구조

대부분의 전문가 시스템은 **실행시간 지식 습득**(run-time knowledge acquisition)과 같은 입출력 설비도 제공한다. 이를 통해 전문가 시스템은 실행 도중 데이터베이스에 필요한 정보가 없으면 해당 정보를 요청한다. 지식 공학자나 전문가가 요청한 정보를 입력하면 프로그램은 다시 실행된다.

일반적으로 개발자 인터페이스나 지식 습득 설비를 개발할 때, 주제 전문가는 자신의 지식을 전문가 시스템에 직접 입력하여 지식 공학자의 개입을 줄인다.

2.5 전문가 시스템의 기본적인 특성

전문가 시스템은 좁고 전문화된 분야에서 전문가 수준으로 동작하도록 설계된다. 따라서 전문가 시스템의 가장 중요한 특성은 고품질의 성능이다. 시스템이 문제를 얼마나 빨리 풀 수 있는지를 떠나 그 결과가 잘못되었다면 사용자는 만족하지 않을 것이다. 그렇다고 해도 문제해결 속도는 매우 중요하다. 환자가 죽거나 핵발전소가 폭발한 경우와 같이 매우 급한 상황에서 해(solution)를 구하는데 많은 시간이 든다면, 판단이나 진단이 정확하다 해도 무용지물이 되기 때문이다. 전문가는 문제를 정확하게 이해하고 실제 경험을 사용하여 일반인보다 해를 좀 더 빨리 구한다. 전문가는 문제를 해결하기 위해 어림짐작이나 휴리스틱을 사용한다. 인간을 모방하는 전문가 시스템은 추론을 잘 이끌어내도록 휴리스틱을 적용하여 해의 탐색 영역을 줄인다.

전문가 시스템의 독특한 특징은 **해설 능력**(explanation capability)이다. 이를 통해 전문가 시스템은 자신의 추론을 재검토하고, 결론을 설명한다. 실제 전문가 시스템에서 해설이란 문제를 푸는 동안 점화된 규칙을 추적하는 것을 말한다. 물론 너무 단순한 방법이긴 하다. 그러나 실제 또는 '인간' 의 해설은 그 분야에 대한 기본적인 지식이 필요하기 때문에 아직 불가능하다. 비록 점화된 규칙의 나열로 결론을 입증할 수는 없지만, 기반지식에 저장된 각 규칙마다, 적어도 각각의 상위 레벨의 규칙마다 해당 분야의 적당한 기초적인 원칙을 텍스트로 표현하여 덧붙여 둘 수 있다. 이것이 아마도 해설 능력이 할 수 있는 한계일 것이다. 그러나 어떤 전문가 시스템에서는 해설 능력이 필요 없을 수도 있다. 예를 들어, 전문가는 전문가 시스템이 이끌어낸 결론에 대한 별다른 설명 없이도 결론을 이해할 수 있기 때문에 광범위한 해설을 제공할 필요가 없다. 간단히 규칙의 추적을 보여주는 정도면 적당할 것이다. 반면 의사 결정에 사용되는 전문가 시스템의 경우에는 잘못된 결정을 내렸을 때 치러야 할 손실이 매우 클 것이므로 보통 완전하고 풍부한 해설이 필요하다.

전문가 시스템은 문제를 풀 때 **심벌 추론**(symbolic reasoning)을 채택한다. 사실, 개념, 규칙 같은 다른 종류의 지식을 표현하는 데 심벌을 사용한다. 수치 데이터를 처리하는 기존의 프로그램과 달리 전문가 시스템은 지식을 처리하며 질적인 데이터를 쉽게 다룰 수 있다.

전통적인 프로그램은 알고리즘(algorithm), 즉 잘 정의된 단계적 연산을 이용하여 데이터를 처리한다. 알고리즘은 항상 같은 순서로 같은 연산을 수행하며, 늘 정확한 해를 제공한다. 그래서 전통적인 프로그램은 실수를 하지 않는다(프로그래머는 실수를 한다). 전통적인 프로그램과 달리, 전문가 시스템은 미리 기술된 단계의 순서를 따르지 않는다. 따라서 정확하지 않은 추론을 허용하고 불완전하고 불확실하며 모호한 데이터를 다룰 수 있다.

전문가 시스템은 실수할 수 있는가

훌륭한 전문가라 할지라도 인간인 이상, 실수를 할 수도 있다. 이는 전문가 수준으로 동작하는 전문가 시스템의 실수도 허용해야 한다는 것을 암시한다. 우리는 전문가들의 판단이 가끔 틀릴 수 있다는 것을 알면서도 여전히 전문가를 신뢰한다. 이와 같이, 대부분의 경우에는 전문가 시스템이 제공한 해를 신뢰할 수 있지만, 실수를 할 가능성도 있다는 점을 인지해야 한다.

전통적인 프로그램이 전문가 시스템에 비해 이점이 있다는 의미인가

전통적인 프로그램은 이론적으로 항상 같은 '정확한' 해를 제공한다. 그러나 전통적인 프로그램은 데이터가 완전하고 정확할 때에만 문제를 다룰 수 있다. 데이터가 불완전하거나 약간의 에러를 포함하고 있으면 전통적인 프로그램은 아무런 해도 제공하지 못할 뿐만 아니라 틀린 해를 제공할 것이다. 반면 전문가 시스템은 사용할 정보가 불완전하거나 모호한 상황에서도 동작할 수 있으며, 여전히 합리적인 결론에 도달할 수 있다.

전문가 시스템을 전통적인 시스템과 구별할 수 있는 또 다른 중요한 특징은 **지식이 처리 과정과 분리되어 있다**(기반지식과 추론 엔진이 구분되어 있다)는 점이다. 전통적인 프로그램은 지식의 복합체이며, 지식을 처리하는 제어 구조다. 이런 복합적인 구조는 코드가 바뀌면 지식과 처리구조에 영향을 미치므로 프로그램을 이해하고 다시 살펴보기가 어렵다. 그러나 전문가 시스템에서는 지식이 처리 메커니즘과 명확하게 분리되어 있다. 이는 전문가 시스템을 만들고 유지하는 작업을 더 쉽게 만든다. 또한 전문가 시스템 틀을 사용하면 지식 공학자나 전문가가 기반지식에 규칙을 간단하게 입력할 수 있다. 각각의 새로운 규칙은 새로운 지식을 추가시키며 전문가 시스템을 더 기능적으로 만든다. 그런 다음에는 규칙을 바꾸거나 뺌으로써 시스템을 쉽게 수정할 수 있다.

위에서 논의한 특성들을 통해 전문가 시스템은 전통적인 시스템이나 전문가와 구분된다. 그 비교는 [표 2-1]에 나타나 있다.

[표 2-1] 전문가 시스템과 전통적인 시스템, 전문가의 비교

전문가	전문가 시스템	전통적인 시스템
특정 영역의 문제를 푸는 데 어림짐작이나 휴리스틱 형태로 된 지식을 사용한다.	규칙의 형태로 표현된 지식을 처리하고 **특정 영역**의 문제를 풀기 위해 심벌 추론을 사용한다.	일반적인 수치 문제를 풀기 위해 데이터를 처리하고, 잘 정의된 연산자인 알고리즘을 사용한다.
지식은 인간의 머릿속에 수집된 형태로 존재한다.	**처리 과정과 명확히 분리된 지식**을 제공한다.	지식을 처리하기 위해 제어 구조를 지식과 분리하지는 않는다.
추론 과정을 설명할 수 있고, 세부사항을 제공할 수 있다.	문제 풀이 세션 동안 **점화된 규칙을 추적**하고 **어떻게** 특정 결론에 이르렀는지, **왜** 특정 데이터가 필요했는지 **설명**한다.	특정 결과가 어떻게 나왔는지, 왜 입력 데이터가 필요했는지 설명하지 않는다.
부정확한 추론을 사용하고, 불완전하고 불확실하며 모호한 정보를 다룰 수 있다.	**부정확한** 추론을 허용하며, 불완전하고 불확실하며 모호한 데이터를 다룰 수 있다.	데이터가 완전하고 정확할 때만 동작한다.
데이터가 불완전하거나 모호할 때 실수할 수 있다.	데이터가 불완전하거나 모호할 때 **실수할 수 있다.**	데이터가 불완전하거나 모호하면 해를 제공하지 않거나 잘못된 해를 내놓는다.
오랜 세월에 걸친 학습과 실제 훈련을 통해 문제 푸는 능력을 향상 시킨다. 이 과정은 느리고 비효율적이며 비용이 많이 든다.	기반지식에 새로운 규칙을 추가하고 오래된 규칙을 조정함으로써 문제 푸는 능력을 향상시킨다. 새로운 지식이 생겼을 때 **수정하기 쉽다.**	프로그램 코드를 바꿈으로써 문제 푸는 능력을 향상시키는데, 이는 지식과 처리 과정 둘 다에 영향을 주므로 수정하기 어렵다.

2.6 순방향 연결과 역방향 연결 추론 기법

규칙기반 전문가 시스템에서, 분야 지식은 IF-THEN 생성 규칙의 집합이며 데이터는 현재 상황에 대한 지식의 집합으로 표현된다. 추론 엔진은 기반지식에 저장된 각각의 규칙을 데이터베이스에 있는 사실과 비교한다. IF(조건) 부분이 사실과 일치하면 그 규칙은 점화되고, THEN(취해야 할 행동) 부분을 수행한다. [그림 2-4]와 같이 점화된 규칙은 새로운 사실을 추가하여 사실의 집합을

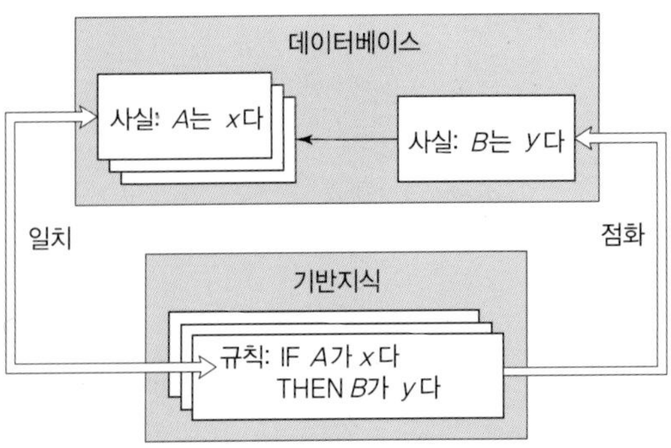

[그림 2-4] 일치-점화 절차를 통한 추론 엔진 사이클

바꾸기도 한다. 데이터베이스에 있는 문자와 기반지식은 상황 또는 개념을 표현하는 데 쓰인다.

규칙의 IF 부분과 사실과의 일치는 **추론 사슬**(inference chains)을 생성한다. 추론 사슬은 전문가 시스템이 결론에 이르기 위해 규칙을 어떻게 적용했는지를 나타낸다. 추론 사슬 기법을 설명하기 위해 간단한 예를 들어 보자.

처음 데이터베이스에는 사실 *A*, *B*, *C*, *D*, *E*를 포함하고 있으며, 기반지식에는 다음 세 개의 규칙만 포함된다고 가정하자.

규칙 1:	IF	*Y*가 참이다
	AND	*D*가 참이다
	THEN	*Z*가 참이다
규칙 2:	IF	*X*가 참이다
	AND	*B*가 참이다
	AND	*E*가 참이다
	THEN	*Y*가 참이다
규칙 3:	IF	*A*가 참이다
	THEN	*X*가 참이다

[그림 2-5]에 있는 추론 사슬은 전문가 시스템이 사실 *Z*를 추론해내기 위해 규칙을 어떻게 적용하는지를 보여준다. 첫째, 주어진 사실 *A*로부터 새로운 사실 *X*를 연역하기 위해서 규칙 3이 점화된다. 그런 다음 초기에 알려진 사실 *B*와 *E* 그리고 이미 알려진 사실 *X*로부터 사실 *Y*를 추론하기 위해 규칙 2를 수행한다. 마지막으로, 규칙 1은 결론 *Z*에 이르기 위해 초기에 알려진 사실 *D*와 방금 얻은 사실 *Y*를 적용한다.

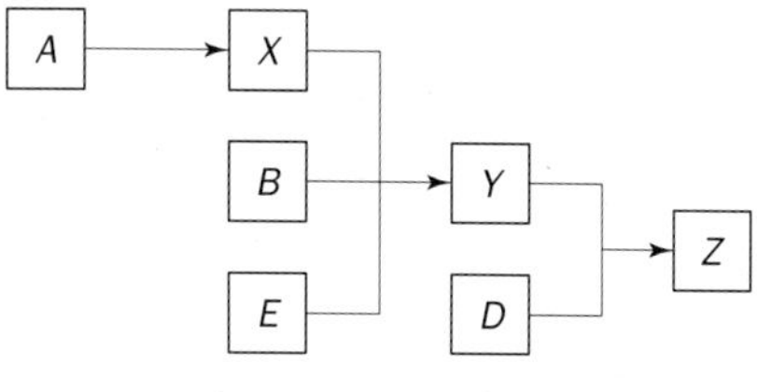

[그림 2-5] 추론 사슬의 예

전문가 시스템은 어떻게 특정 결론에 이르렀는지 설명하기 위해 자신의 추론 사슬을 보여준다. 이는 해설 설비의 핵심이다.

추론 엔진은 규칙을 언제 점화해야 하는지를 결정한다. 규칙을 수행하는 주된 방법은 두 가지가 있는데, 하나는 **순방향 연결**(forward chaining)이라 하고, 다른 하나는 **역방향 연결**(backward chaining)이라 한다(Waterman과 Hayes-Roth, 1978).

2.6.1 순방향 연결

순방향 연결 기법을 좀 더 자세히 살펴보자. 먼저 다음과 같은 형식으로 규칙을 다시 써보자.

규칙 1: $Y \& D \rightarrow Z$
규칙 2: $X \& B \& E \rightarrow Y$
규칙 3: $A \rightarrow X$

여기서 화살표는 규칙의 IF와 THEN 부분을 나타낸다. 규칙을 두 개 추가해 보자.

규칙 4: $C \rightarrow L$
규칙 5: $L \& M \rightarrow N$

[그림 2-6]은 이 간단한 규칙 집합에 대해 순방향 연결이 어떻게 동작하는지 보여준다.

순방향 연결은 **데이터 지향**(data-driven) 추론으로, 알려진 데이터에서 추론을 시작하여 순방향으로 진행해나간다. 한 번에 가장 좋은 규칙 하나만 실행되며, 규칙이 점화되면 그 규칙은 데이터베이스에 새로운 사실을 추가한다. 어떤 규칙이라도 한 번만 수행된다. 일치-점화 사이클은 더 이상 점화할 수 있는 규칙이 없으면 중단된다.

첫 번째 사이클에서, 규칙 3: $A \rightarrow X$와 규칙 4: $C \rightarrow L$ 만이 데이터베이스에 있는 사실과 부합된다. 규칙 3: $A \rightarrow X$가 가장 위에 있으므로 먼저 점화된다. 이 규칙의 IF 부분이 데이터베이스에 있는 사실 A와 일치하면, 규칙의 THEN 부분이 수행되고, 새로운 사실 X가 데이터베이스에 추가된다. 그 다음 규칙 4: $C \rightarrow L$이 점화되고 사실 L도 데이터베이스에 추가된다.

두 번째 사이클에서는, 사실 B, E, X가 이미 데이터베이스에 있으므로 규칙 2: $X \& B \& E \rightarrow Y$가 점화되고, 그 결과로 사실 Y가 추론되어 데이터베이스에 추가된다. 이로써 규칙 1: $Y \& D \rightarrow$

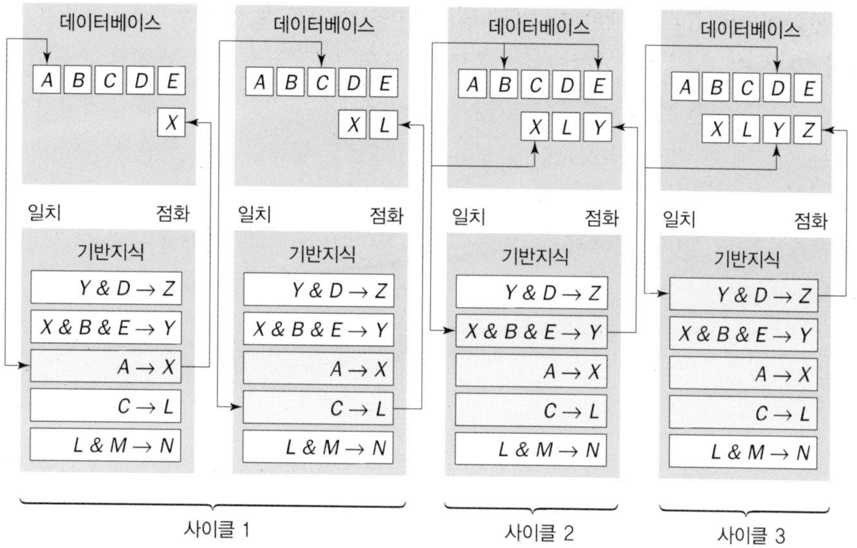

[그림 2-6] 순방향 연결

Z가 수행되고 사실 Z가 데이터베이스에 추가된다(사이클 3). 규칙 5: L & $M \rightarrow N$의 IF 부분은 데이터베이스의 모든 사실과 부합하지 않기 때문에 규칙 5가 점화되지 않고 일치-점화 사이클이 멈춘다.

순방향 연결은 정보를 모으고 난 후, 이를 바탕으로 추론 가능한 무언가를 추론한다. 그러나 순방향 연결에서는 정해진 목표와 관련 없는 많은 규칙들이 수행될 수 있다. 위의 예에서 사실 Z를 결정하는 것이 목표라고 가정해보자. 기반지식에는 다섯 개의 규칙이 있고, 그 중 네 개가 점화된다. 그러나 규칙 4: $C \rightarrow L$은 사실 Z와 관련이 없는데도 다른 것과 마찬가지로 점화된다. 실제 규칙기반 전문가 시스템에는 수백 개의 규칙이 있을 수 있고, 그 중 상당수는 유효한 새로운 사실을 이끌어내기 위해 점화되겠지만, 불행히도 목표와 무관할 수 있다. 그러므로 정해진 목표가 단지 하나의 특정한 사실을 추론하는 것이라면 순방향 연결 추론 기법은 효과적이지 못할 것이다. 그런 상황에는 역방향 연결이 좀 더 적당하다.

2.6.2 역방향 연결

역방향 연결은 **목표 지향**(goal-driven) 추론으로, 전문가 시스템이 목표(가정해)를 정하고, 추론 엔진은 이를 증명하기 위해 증거 찾기를 시도한다. 먼저 원하는 해가 있는 규칙을 찾기 위해 기반

지식을 탐색한다. 규칙은 THEN(취해야 할 행동) 부분에 목표가 반드시 있어야 한다. 목표로 한 규칙을 발견하고 IF(조건) 부분이 데이터베이스에 있는 데이터와 일치한다면, 규칙은 점화되고 목표는 증명된다. 그러나 이런 경우는 드물다. 따라서 추론 엔진은 규칙의 IF 부분을 증명하기 위해 작업 중이던 규칙은 제쳐두고(**스택**(stack)에 놓어둔다) 새로운 목표와 하위 목표를 설정한다. 그리고 하위 목표를 증명할 수 있는 규칙을 찾아 기반지식을 다시 탐색한다. 추론 엔진은 현재의 하위 목표를 증명하기 위해 기반지식에서 더 이상 규칙을 발견할 수 없을 때까지 규칙을 스택에 쌓아올리는 과정을 반복한다.

[그림 2-7]은 순방향 연결 예에서 나온 규칙을 이용해서 역방향 연결이 어떻게 작동하는지 보여 준다.

1단계에서, 추론 엔진은 사실 Z를 추론한다. 기반지식을 탐색해서 THEN 부분에 설정을 목표(여기서는 사실 Z)가 있는 규칙을 찾는다. 추론 엔진은 규칙 1: Y & D → Z를 찾아서 스택에 넣는다. 규칙 1의 IF 부분은 사실 Y와 D를 포함하므로 이 사실을 반드시 검증해야 한다.

2단계에서, 추론 엔진은 하위 목표와 사실 Y를 설정하고 그것을 검증한다. 먼저 데이터베이스를 검사하지만 사실 Y는 거기에 없다. 그러면 THEN 부분에 사실 Y가 있는 규칙을 찾기 위해 기반지식을 다시 검색한다. 추론 엔진은 규칙 2: X & B & E → Y를 발견하고 스택에 넣는다. 규칙 2의 IF 부분은 사실 X, B, E로 이루어져 있고, 이 사실들 또한 검증해야 한다.

3단계에서, 추론 엔진은 새로운 하위 목표로 사실 X를 설정한다. 사실 X를 찾아 데이터베이스를 검사하고, 검사가 실패할 때는 X를 추론해내는 규칙을 찾는다. 추론 엔진은 규칙 3: A → X를 찾아내고 스택에 넣는다. 이제 추론 엔진은 사실 A를 검증해야 한다.

4단계에서, 추론 엔진은 데이터베이스에서 사실 A를 발견하고, 규칙 3: A → X가 점화되며 새로운 사실 X를 추론한다.

5단계에서, 추론 엔진은 하위 목표인 사실 Y로 돌아가 규칙 2: X & B & E → Y를 다시 수행한다. 사실 X, B, E는 데이터베이스에 있으므로 규칙 2가 점화되며, 새로운 사실 Y가 데이터베이스에 추가된다.

6단계에서, 시스템은 원래의 목표, 사실 Z를 이끌어내기 위해 규칙 1: Y & D → Z로 돌아간다. 규칙 1의 IF 부분은 데이터베이스에 있는 모든 사실과 일치하므로 규칙 1을 수행하고, 원래의 목표가 마침내 증명된다.

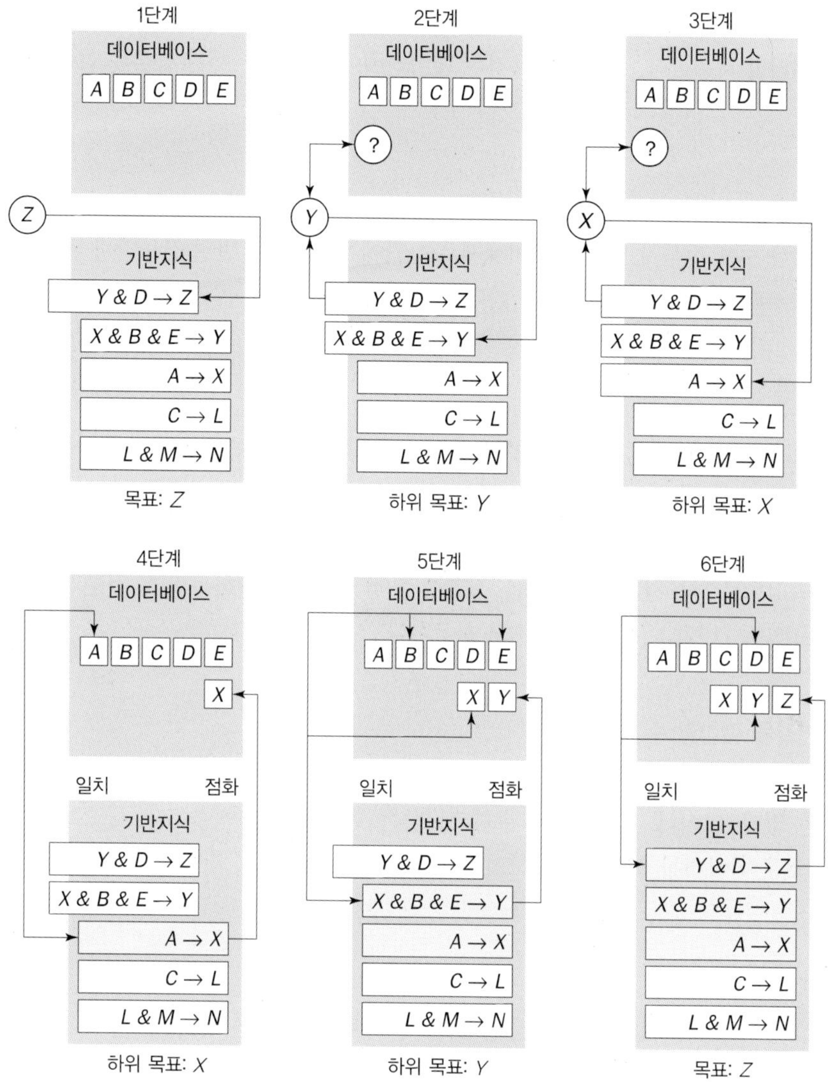

[그림 2-7] 역방향 연결

이제 [그림 2-6]을 [그림 2-7]과 비교해보자. 순방향 연결을 사용했을 때는 네 개의 규칙이 점화되지만 역방향 연결을 적용했을 때는 단지 세 개의 규칙만 점화된다. 이 간단한 예는 특정한 사실(여기서는 사실 Z) 하나를 추론해야 할 때 역방향 연결 추론 기법이 좀 더 효과적이라는 것을 보여준다. 순방향 연결에서 데이터는 추론 과정의 시작부터 알려져 있고, 사용자는 사실을 추가로 입력할 필요가 없다. 역방향 연결에서는 목표가 설정되어 있으며, 추론의 직접적인 흐름을 입증하기 위해 필요한 데이터만 사용한다. 그리고 사용자는 데이터베이스에 없는 어떤 사실을 입력해야 할지도 모른다.

순방향과 역방향 연결 중 무엇을 선택해야 할까

이 실문에 대한 해답은 주제 전문가가 문제를 어떻게 푸는가에 달려 있다. 만일 전문가가 먼저 정보를 수집한 후 그로부터 무엇인가를 추론하려 한다면, 순방향 연결 추론 엔진을 선택하면 된다. 그러나 전문가가 가정해에서 시작해 이를 증명하기 위해 어떤 사실을 찾으려 한다면 역방향 연결 추론 엔진을 선택하면 된다.

순방향 연결은 분석과 해석을 위한 전문가 시스템을 설계하기에 자연스러운 방법이다. 예를 들면, 질량 스펙트럼 데이터를 기반으로 알려지지 않은 토양의 분자 구조를 결정하는 전문가 시스템인 DENDRAL(Feigenbaum 외, 1971)은 순방향 연결을 사용한다. 역방향 연결 전문가 시스템 대부분은 진단 목적으로 사용된다. 예를 들어, 전염성 혈액 질환을 진단하는 의학 전문가 시스템인 MYCIN(Shortliffe, 1976)은 역방향 연결을 사용한다.

순방향과 역방향 연결을 결합할 수 있는가

많은 전문가 시스템 틀이 순방향과 역방향 연결 추론 엔진을 결합하여 사용하기 때문에 반드시 하나만 선택할 필요는 없다. 그러나 기본적인 추론 메커니즘은 주로 역방향 연결이다. 새로운 사실이 들어왔을 때, 새로운 데이터를 최대로 활용하기 위해서만 순방향 연결을 채택한다.

2.7 MEDIA ADVISOR: 논증 규칙기반 전문가 시스템

앞서 논의한 아이디어를 설명하기 위해, 간단한 규칙기반 전문가 시스템을 생각해보자. MEDIA ADVISOR라고 하는 결정 지원 시스템을 만드는 도구로 Leonardo 전문가 시스템 틀을 선택했다. 시스템은 직업 훈련을 받는 사람의 역할을 참조해서 훈련 프로그램 수단을 선택하는 데 조언을 해준다. 예를 들면, 직업 훈련을 받는 사람이 수력 발전 시스템을 정비하는 기계 기술자라면, 적당한 훈련 프로그램은 워크샵이 될 수 있다. 워크샵에서 수력 발전 시스템의 기초적인 구성요소가 어떻게 동작하는지, 수력학에서 발생하는 문제를 어떻게 조정하는지, 간단한 수력 시스템 수리를 어떻게 하는지 배울 수 있을 것이다. 반면에 훈련을 받는 사람이 보험 신청서를 평가하는 직원이라면 훈련 프로그램에 특정 문제에 관한 강의나 실제 작성한 신청서를 평가해 볼 수 있는 튜토리얼을 포함시킬 수 있다. 훈련을 받는 사람이 실수하기 쉬운 복잡한 업무에 대해서는, 훈련 프로그램이 진행 상황을 피드백해야 한다.

기반지식

/* MEDIA ADVISOR: 규칙기반 전문가 시스템의 논증

규칙 1

if 작업 환경이 논문이다
or 작업 환경이 매뉴얼이다
or 작업 환경이 문서다
or 작업 환경이 참고서다
then 자극_상황이 언어적이다

규칙 2

if 작업 환경이 그림이다
or 작업 환경이 일러스트다
or 작업 환경이 사진이다
or 작업 환경이 도표다
then 자극_상황이 시각적이다

규칙 3

if 작업 환경이 기계다
or 작업 환경이 건물이다
or 작업 환경이 도구다
then 자극_상황이 '물체'다

규칙 4

if 작업 환경이 숫자다
or 작업 환경이 수식이다
or 작업 환경이 '컴퓨터 프로그램'이다
then 자극_상황이 기호적이다

규칙 5

if 업무는 강의하는 것이다
or 업무는 조언하는 것이다
or 업무는 상담하는 것이다
then 자극_반응이 언어적이다

규칙 6

if 업무는 만드는 것이다
or 업무는 수리하는 것이다
or 업무는 조정하는 것이다
then 자극_반응이 '실무'다

규칙 7

if 업무는 쓰는 것이다
or 업무는 타이핑하는 것이다
or 업무는 그리는 것이다
then 자극_반응이 기록하는 것이다

규칙 8

if 업무는 평가하는 것이다
or 업무는 추론하는 것이다
or 업무는 조사하는 것이다
then 자극_반응이 분석적이다

규칙 9

if 자극_상황이 '물체'다
and 자극_반응이 실무다
and 피드백이 필요하다
then 수단은 워크샵이다

규칙 10

if 자극_상황이 기호다
and 자극_반응이 분석적이다

and 피드백이 필요하다
then 수단은 '강의-튜토리얼'이다

규칙 11
if 자극_상황이 시각적이다
and 자극_반응이 기록하는 것이다
and 피드백이 필요 없다
then 수단은 비디오카세트다

규칙 12
if 자극_상황이 시각적이다
and 자극_반응이 언어적이다
and 피드백이 필요하다
then 수단은 '강의-튜토리얼'이다

규칙 13
if 자극_상황이 문어적이다
and 자극_반응이 분석적이다
and 피드백이 필요하다
then 수단은 '강의-튜토리얼'이다

규칙 14
if 자극_상황이 문어적이다
and 자극_반응이 언어적이다
and 피드백이 필요하다
then 수단은 ' 역할 연기 연습' 이다

/* SEEK 지시어는 규칙 집합의 목표를 설정한다

seek 수단

객체

MEDIA ADVISOR는 언어 객체 여섯 개(작업 환경, 자극_상황, 역할, 자극_반응, 피드백, 수단)를 사용한다. 각각의 객체에는 허용된 값(예를 들면, 작업 환경 객체에는 논문, 매뉴얼, 문서, 참고서, 그림, 일러스트, 사진, 도표, 기계, 건물, 도구, 숫자, 수식, 컴퓨터 프로그램의 값이 들어간다) 중 하나가 들어간다. 하나의 객체와 값은 하나의 사실을 나타낸다(예를 들면, 작업 환경이 기계고 업무가 수리하는 것이다). 모든 사실은 데이터베이스에 저장된다.

객체	허용된 값	객체	허용된 값
작업 환경	논문	업무	강의하는 것
	매뉴얼		조언하는 것
	문서		상담하는 것
	참고서		만드는 것
	그림		수리하는 것
	일러스트		조정하는 것
	사진		쓰는 것
	도표		타이핑하는 것
	기계		그리는 것
	건물		평가하는 것
	도구		추론하는 것
	숫자		조사하는 것
	수식		
	컴퓨터 프로그램	자극_반응	언어적
			실무
			기록하는 것
			분석적
자극_상황	문어적		
	시각적		
	물건	피드백	필요하다
	기호적		필요 없다

선택지

규칙기반 전문가 시스템의 최종 목표는 입력 데이터에 기반하여 문제에 대한 해를 제공하는 것이다. MEDIA ADVISOR에서의 해는 다음 네 가지 선택지 목록에서 선택한 수단을 뜻한다.

수단은 워크샵이다
수단은 '강의-튜토리얼' 이다
수단은 비디오카세트다
수단은 '역할 연기 연습' 이다

대화

다음 대화와 같이, 전문가 시스템에서는 문제를 풀기 위해 필요한 데이터(작업 환경, 업무, 피드백)를 사용자가 입력해야 한다. 사용자에게서 받은 대답(대답은 화살표로 표시한다)에 기반해서, 전문가 시스템은 자신의 기반지식으로부터 규칙을 적용하여 **자극_상황**이 **물체**고 **자극_반응**이 **실무**라는 것을 추론해낸다. 그런 다음 규칙 9는 허용된 **수단** 값들 중 하나를 선택한다.

훈련받는 사람은 업무에서 어떤 종류의 환경을 다루는가?

⇒ **기계**

규칙 3

if	작업 환경이 기계다
or	작업 환경이 건물이다
or	작업 환경이 도구다
then	자극_상황이 '물체'다

훈련받는 사람은 업무에서 행동이나 대응을 어떻게 해야 하는가?

⇒ **수리**

규칙 6

if	업무는 만드는 것이다
or	업무는 수리하는 것이다
or	업무는 조정하는 것이다
then	자극_반응이 '실무'다

훈련받는 사람의 진행 상황에 대한 피드백이 필요한가?

⇒ **필요하다**

규칙 9

if	자극_상황이 '물체'다
and	자극_반응이 '실무'다
and	피드백이 필요하다
then	수단은 워크샵이다

수단은 워크샵이다

추론 기법

Leonardo는 사용 가능한 정보를 가장 효과적으로 다룰 수 있는 역방향 연결을 표준 추론 기법으로 사용하며, 필요에 따라 순방향 연결을 사용한다. 사용자가 Leonardo의 역방향 또는 순방향 연결 기능을 실행하거나 정지하도록 설정할 수 있기 때문에, 추론 기법을 각각 적용할 수도 있다.

순방향 연결은 데이터 지향 추론이므로 먼저 데이터를 입력해야 한다. 다음을 가정해보자.

작업 환경이 **기계다**

'**작업 환경**'이 사용자 입력을 통해 '**기계**'로 설정되었다

업무는 **수리하는 것이다**

'**업무**'가 사용자 입력을 통해 '**수리하는 것**'으로 설정되었다

피드백이 **필요하다**

'**피드백**'이 사용자 입력을 통해 '**필요하다**'로 설정되었다

그러면 다음 과정이 진행될 것이다.

규칙 3이 점화된다	'**자극_상황**'이 규칙 3을 통해 '**물체**'로 설정된다
규칙 6이 점화된다	'**자극_반응**'이 규칙 6을 통해 '**실무**'로 설정된다
규칙 9가 점화된다	'**수단**'이 규칙 9를 통해 '**워크샵**'으로 설정된다
아무 규칙도 점화되지 않는다	중단한다

역방향 연결은 목표 지향 추론이므로, 우리는 먼저 가정해(목표)를 설정할 필요가 있다. 예를 들어, 다음과 같은 목표를 설정해보자.

'수단' 은 '워크샵' 이다

1단계

규칙 9를 시도	'**자극_상황**' 객체를 찾아야 함
규칙 9를 스택에 넣음	'**자극_상황**' 객체를 '**물체**'로 놓음

2단계

규칙 3을 시도	'**작업 환경**' 객체를 찾아야 함
규칙 3을 스택에 넣음	'**작업 환경**' 객체를 '**기계**'로 놓음

작업 환경을 물어본다	
⇒ **기계**	'**작업 환경**' 이 사용자 입력을 통해 '**기계**' 로 설정됨
규칙 3을 시도	'**자극_상황**' 이 규칙 3을 통해 '**물체**' 로 설정됨

3단계

규칙 9를 시도	'**자극_반응**' 객체를 찾아야 함
규칙 9를 스택에 넣음	'**자극_반응**' 객체를 '**실무**' 로 놓음

4단계

규칙 6을 시도	'**업무**' 객체를 찾아야 함
규칙 6을 스택에 넣음	'**업무**' 객체를 '**만드는 것**' 으로 놓음
업무를 물어본다	
⇒ **수리하는 것**	'**업무**'가 사용자 입력을 통해 '**수리하는 것**'으로 설정됨
규칙 6을 시도	'**자극_반응**'이 규칙 6을 통해 '**실무**'로 설정됨

5단계

규칙 9를 시도	'**피드백**' 객체를 찾아야 함
규칙 9를 스택에 넣음	'**피드백**' 객체를 '**필요하다**'로 놓음
피드백을 물어본다	
⇒ **필요하다**	'**피드백**'이 사용자 입력을 통해 '**필요하다**'로 설정됨
규칙 9를 시도	'**수단**'이 규칙 9를 통해 '**워크샵**'으로 설정됨

수단은 워크샵이다

전문가 시스템과의 상담 세션을 나타내는 트리 형식의 도표를 그려보면 이해하기 쉬울 것이다. MEDIA ADVISOR에 대한 도표가 [그림 2-8]에 나타나 있다. 루트 노드는 목표를 뜻한다. 즉 시스템이 시작하면 추론 엔진은 그 목표값을 결정하기 위해 노력한다.

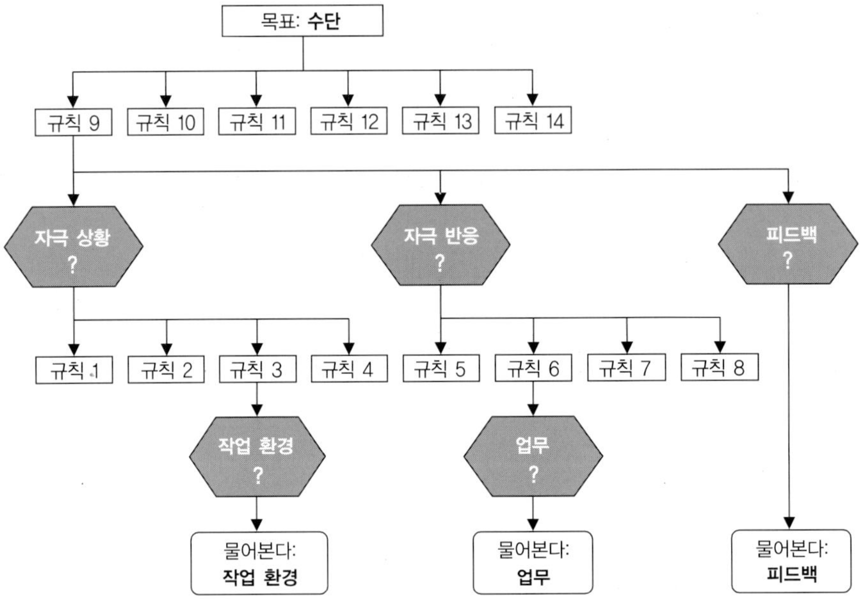

[그림 2-8] 규칙기반 전문가 시스템 MEDIA ADVISOR에 대한 트리 형식의 도표

MEDIA ADVISOR가 모든 상황을 다룰 수 있는가

위의 전문가 시스템이 제공한 선택지가 모든 상황을 다루지는 못한다. 예를 들어, 다음과 같은 대화가 있을 수 있다.

훈련받는 사람은 업무에서 어떤 종류의 환경을 다루는가?

⇒ **일러스트**

훈련받는 사람이 업무에서 어떤 방식으로 행동하거나 대응해야 하는가?

⇒ **그리기**

훈련 중 훈련받는 사람의 진행 상황에 대한 피드백이 필요한가?

⇒ **필요하다**

이 데이터에 대해 어떠한 결론도 내릴 수 없습니다.

즉, 현 상태의 MEDIA ADVISOR는 이 상황을 다룰 수 없다. 하지만 사용자가 원하는 일을 해낼 때까지 다른 규칙을 수용하여 전문가 시스템을 쉽게 확장시킬 수 있다.

2.8 충돌 해법

이 장의 앞부분에서, 길을 건너는 두 개의 간단한 규칙을 살펴봤다. 여기에 세 번째 규칙을 추가해 보자.

규칙 1
IF　　　'신호등'이 녹색이다
THEN　　길을 건넌다

규칙 2
IF　　　'신호등'이 빨간색이다
THEN　　멈춰 기다린다

규칙 3
IF　　　'신호등'이 빨간색이다
THEN　　길을 건넌다

어떤 일이 일어나는가

추론 엔진은 규칙의 IF(조건) 부분을 데이터베이스에 있는 데이터와 비교하여 조건을 만족하면 그 규칙을 점화 상태로 설정한다. 어느 한 규칙의 점화는 다른 규칙을 활성화하는 데 영향을 주기 때문에 추론 엔진은 반드시 한 번에 하나의 규칙만 점화해야 한다. 앞에 나온 길 건너기 예에서 규칙 2와 규칙 3은 IF 부분이 동일하다. 그러므로 조건을 만족하는 두 규칙은 점화할 것이다. 이런 규칙의 집합을 **충돌 집합**(conflict set)이라 한다. 주어진 사이클에서 두 개 이상의 규칙이 점화되었을 때 그 중 어느 규칙이 점화할지 선택하는 방법을 **충돌 해법**(conflict resolution)이라 한다.

신호등이 빨간색이라면 어떤 규칙을 수행해야 하는가

순방향 연결을 사용하는 경우에는 규칙 두 개가 점화될 것이다. 규칙 2가 가장 위에 있는 규칙이므로 먼저 점화되고, THEN 부분이 수행되어 언어 객체 취해야 할 행동은 멈춰 기다린다라는 값을 얻는다. 그러나 규칙 3의 조건 부분 역시 데이터베이스에 있는 사실 '신호등' 이 빨간색이다와 부합되므로 이 규칙 또한 점화된다. 그 결과로 취해야 할 행동 객체는 새로운 값인 길을 건넌다를 얻는다. 이 예는 순방향 연결 추론 기법을 사용할 때 규칙의 순서가 아주 중요하다는 것을 보여준다.

충돌을 어떻게 해결할 수 있는가

충돌을 해결할 수 있는 명백한 전략은 목표를 설정하고, 설정한 목표에 도달하면 규칙 수행을 멈추는 것이다. 예를 들어, 위 문제의 목표는 언어 객체 **취해야 할 행동**의 값을 정하는 것이다. 전문가 시스템이 **취해야 할 행동**의 값을 결정했다면 이는 목표에 도달한 것이므로 규칙 수행을 멈춘다. 따라서 **신호등**이 **빨간색**이다라는 규칙 2가 실행되면 **멈춰 기다린다**라는 값이 들어가고, 전문가 시스템은 멈춘다. 주어진 예에서 전문가 시스템은 옳은 결정을 내렸다. 그러나 규칙을 반대로 정렬했다면 결론은 잘못되었을 것이다. 이는 기반지식 내에서 규칙의 순서가 매우 중요하다는 사실을 의미한다.

다른 충돌 해법이 있는가

다음과 같은 몇 가지 방법이 있다(Giarratano와 Riley, 1998; Shirai와 Tsuji, 1982).

- 가장 높은 우선순위를 가진 규칙을 점화한다. 간단한 응용 사례에서는 기반지식에 적당한 순서로 규칙을 배치함으로써 우선순위를 정한다. 보통 이 전략은 100개 정도의 규칙이 있는 전문가 시스템에서 잘 동작한다. 그러나 어떤 응용 사례에서는 중요한 순서에 따라 데이터를 처리해야 한다. 예들 들어, 의학 상담 시스템(Durkin, 1994)에서는 다음의 우선순위를 적용한다.

목표 1: 처방전

규칙 1: 뇌막염 처방전 1
(우선순위 100)
IF 감염이 뇌막염이다
AND 환자가 어린이다
THEN 처방전은 Number_1이다
AND 추천 약은 암피실린(ampicillin)이다
AND 추천 약은 겐타마이신(gentamicin)이다
AND 뇌막염 처방전 1을 보여준다

규칙 2: 뇌막염 처방전 2
(우선순위 90)
IF 감염이 뇌막염이다
AND 환자가 어른이다
THEN 처방전은 Number_2이다

AND　　추천 약은 페니실린(penicillin)이다
AND　　뇌막염 처방전 2를 보여준다

- 가장 특수한 규칙을 점화한다. 이 방법은 **최장 일치 전략**(longest matching strategy)으로도 알려져 있다. 이는 특수한 규칙일수록 일반적인 규칙보다 더 많은 정보를 처리할 것이라는 가정에 근거하고 있다. 예를 들어, 다음과 같은 예를 생각해보자.

규칙 1
IF　　가을이다
AND　　하늘이 흐리다
AND　　일기예보에서는 비가 온다고 한다
THEN　　조언은 '집에 머무르시오' 다

규칙 2
IF　　가을이다
THEN　　조언은 '우산을 가져가시오' 다

만일 계절이 가을이고 하늘이 흐리며 일기예보에서는 비가 온다고 했다면, 규칙 1의 전건인 매칭 부분이 규칙 2보다 좀 더 특수하기 때문에 규칙 1이 점화될 것이다. 그러나 계절이 가을이라는 것만 알려져 있다면 규칙 2가 수행될 것이다.

- 데이터베이스에 가장 최근에 입력된 데이터(data most recently entered)를 사용하여 규칙을 점화한다. 이 방법은 데이터베이스에 있는 각각의 사실에 붙여진 시간 태그에 의존한다. 충돌 집합 중에서, 전문가 시스템은 전건에 가장 최근에 데이터베이스에 추가된 데이터가 들어있는 규칙을 먼저 점화한다. 예를 들어, 다음 규칙을 생각해보자.

규칙 1
IF　　일기예보에서는 비가 온다고 한다　　[96/11/25 08:16 PM]
THEN　　조언은 '우산을 가져가시오'다

규칙 2
IF　　비가 온다　　[96/11/26 10:18 AM]
THEN　　조언은 '집에 머무르시오'다

두 규칙의 IF 부분이 데이터베이스에 있는 사실과 일치한다고 가정하자. 이때 비가 온다는 사실이 일기예보에서는 비가 온다고 한다라는 사실 다음에 입력되었기 때문에 규칙 2가 점화될 것이다. 이 기법은 데이터베이스의 정보가 자주 업데이트되는 실시간 전문가 시스템에 특히 유용하다.

앞에서 설명한 충돌 해법은 쉽게 구현할 수 있으며 대부분 만족스런 해를 제공한다. 그러나 프로그램이 커지고 복잡해질수록 지식 공학자가 기반지식에 있는 규칙을 관리하고 감독하기가 점점 어려워진다. 그러므로 전문가 시스템 자신이 적어도 그 부담 중 일부를 맡고, 그 자신의 작동 방식을 이해해야 한다.

전문가 시스템의 성능을 개선하려면 전문가 시스템에 수록된 지식에 관한 지식, 즉 메타지식(metaknowledge)을 시스템에 제공해야 한다.

메타지식은 지식에 관한 지식(knowledge about knowledge)으로 간단하게 정의할 수 있다. 메타지식은 전문가 시스템 내에 있는 분야 지식을 사용하고 제어하는 데 필요한 지식이다(Waterman, 1986). 규칙기반 전문가 시스템에서는 메타지식을 메타규칙으로 표현한다. 메타규칙은 전문가 시스템 업무와 관련된 규칙을 어떻게 사용할 것인지에 대한 전략을 결정한다.

메타지식의 근원은 무엇인가

지식 공학자는 주제 전문가의 지식을 전문가 시스템으로 전달하고 문제에 관련된 규칙을 어떻게 사용할지 배우며, 점차적으로 전문가 시스템의 전체적인 작동에 관한 지식과 새로운 지식의 형태를 머릿속에 만들어나간다. 이 새로운 지식, 즉 메타지식은 분야에 종속적이다. 예를 들어, 다음과 같은 메타규칙을 생각할 수 있다.

메타규칙 1
전문가가 제공한 규칙은 무경험자가 제공한 규칙보다 우선순위가 높다

메타규칙 2
인명 구조를 다루는 규칙은 발전 시스템 장비의 부하를 처리하는 규칙보다 우선순위가 높다

전문가 시스템은 메타규칙을 이해하고 사용할 수 있는가

어떤 전문가 시스템은 메타규칙을 위한 추론 엔진을 따로 제공한다. 그러나 대부분의 전문가 시스템은 규칙과 메타규칙을 구분하지 못한다. 따라서 메타규칙은 기반지식 내에서 우선순위를

높게 설정해야 한다. 메타규칙이 점화되면, 다른 규칙의 우선순위를 바꿀 수도 있는 중요한 정보가 데이터베이스에 저장된다.

2.9 규칙기반 전문가 시스템의 장점과 단점

규칙기반 전문가 시스템은 일반적으로 지식기반 시스템을 구축하는 데 가장 좋은 방법으로 알려져 있다.

지식 공학자는 왜 규칙기반 전문가 시스템을 선호할까

규칙기반 전문가 시스템은 다음과 같은 특징이 있다.

- **자연스러운 지식 표현**(Natural knowledge representation): 전문가는 문제 풀이 과정을 '이러이러한 상황에서, 나는 이러이러한 것을 한다'와 같은 식으로 설명한다. 이런 표현은 IF-THEN 생성 규칙으로 아주 자연스럽게 표현할 수 있다.
- **통일된 구조**(Uniform structure): 생성 규칙은 통일된 IF-THEN 구조를 가지고 있다. 각각의 규칙은 독립적인 지식 조각이다. 생성 규칙의 문법이 체계적이기 때문에 별다른 설명이 없이 규칙을 쉽게 이해할 수 있다.
- **지식과 과정의 분리**(Separation of knowledge from its processing): 규칙기반 전문가 시스템의 구조는 기반지식과 추론 엔진을 효율적으로 분리하여, 똑같은 전문가 시스템 틀로 서로 다른 응용 시스템을 개발할 수 있다. 또한 전문가 시스템을 우아하고 손쉽게 확장할 수 있도록 해준다. 시스템을 더욱 영리하게 만들려면 지식 공학자가 제어 구조에 방해가 되지 않는 범위 내에서 기반지식에 규칙을 약간 추가하면 된다.
- **불완전하고 불확실한 지식 다루기**(Dealing with incomplete and uncertain knowledge): 대부분의 규칙기반 전문가 시스템은 불완전하고 불확실한 지식을 표현하고 추론할 수 있다. 예를 들어, 다음과 같은 규칙을 보자.

```
IF    가을이다
AND   하늘이 흐리다
AND   바람이 약하다
```

THEN	일기예보는 맑음이다	{0.1}
	일기예보는 보슬비다	{1.0}
	일기예보는 비다	{0.9}

위 규칙은 '가을이고 보슬비가 올 것 같다면 아마 오늘 중으로 비가 내릴 것이다'와 같이 불확실성을 나타내는 데 사용될 수 있다.

규칙의 불확실성은 {0.1}와 같이 **확신도**(certainty factors)라고 하는 숫자로 표현한다. 전문가 시스템은 확신의 정도나 규칙이 참이라는 신뢰의 수준을 나타내는 데 확신도를 사용한다. 이에 대해서는 3장에서 자세히 살펴볼 것이다.

이와 같은 규칙기반 전문가 시스템의 모든 특성은 실세계 문제를 지식으로 표현하는 데 도움을 많이 준다.

모든 문제에 규칙기반 전문가 시스템을 적용할 수 있는가

그렇게 하기에는 주요한 단점 세 가지가 있다.

- **규칙 간의 불분명한 관계**(Opaque relations between rules): 개별적인 생성 규칙이 상대적으로 간단하고 이해하기 쉽다고 하더라도, 많은 규칙으로 이루어진 규칙 집합 안에서는 규칙의 논리적인 상호관계가 확실하지 않을 수 있다. 그리고 규칙기반 시스템에서는 개별적인 규칙이 전체 전략에 어떻게 기여하는가를 관찰하기 어렵다. 이 문제는 규칙기반 전문가 시스템에서 계층적인 지식 표현이 부족하기 때문에 생긴다.
- **비효율적인 탐색 전략**(Ineffective search strategy): 추론 엔진은 각각의 사이클 동안 모든 생성 규칙을 철저히 탐색한다. 많은 규칙으로 이루어진 규칙 집합(100개 이상의 규칙)을 포함하는 전문가 시스템은 실행 속도가 느려질 수도 있으므로 큰 규모의 규칙기반 시스템은 실시간 응용 사례에는 부적합하다.
- **학습할 수 없음**(Inability to learn): 일반적으로, 규칙기반 전문가 시스템에는 경험을 통해 배우는 능력이 없다. 언제 '규칙을 변경할'지 아는 인간 전문가와 달리, 전문가 시스템은 자동으로 자신의 기반지식을 수정하거나 원래 있던 규칙을 조정하거나 새 규칙을 추가하지 못한다. 따라서 지식 공학자가 계속 시스템을 수정하고 유지해야 한다.

2.10 요약 Summary

이 장에서는 규칙기반 전문가 시스템에 대해 살펴보았다. 지식이 무엇인지 간단히 살펴보고, 전문가가 자신의 지식을 생성 규칙의 형식으로 표현하는 방법을 논의했으며, 전문가 시스템 개발팀의 주요 구성원과 규칙기반 시스템의 구조를 살펴보았다. 또한 전문가 시스템의 기초적인 특성을 논의하고 전문가 시스템이 실수할 수도 있다는 사실도 언급했다. 그런 다음 순방향과 역방향 연결 추론 기법을 살펴보고 충돌 해법 전략에 대해 토의했다. 마지막으로, 규칙기반 전문가 시스템의 장점과 단점을 조사했다.

이 장에서 배운 중요한 내용은 다음과 같다.

- 지식은 어떤 주제나 분야에 대해 이론적 혹은 실제로 이해한 것을 말한다. 지식은 현재 알려진 것의 총집합이다.
- 전문가는 특정 분야에 관해 사실과 규칙의 형태로 표현할 수 있는 깊은 지식과 다양한 실제 경험을 갖춘 사람이다. 전문가는 다른 사람이 할 수 없는 일을 할 수 있다.
- 전문가는 보통 자신의 지식을 생성 규칙의 형태로 표현한다.
- 생성 규칙은 IF(전건) THEN(후건) 문으로 나타낸다. 생성 규칙은 지식을 표현할 때 가장 많이 쓰이는 유형이다. 규칙은 관계, 추천, 지시, 전략, 휴리스틱을 나타낼 수 있다.
- 특정 분야의 문제에 관해서 전문가 수준으로 동작할 수 있는 컴퓨터 프로그램을 전문가 시스템이라 한다. 가장 널리 쓰이는 전문가 시스템은 규칙기반 전문가 시스템이다.
- 규칙기반 전문가 시스템을 개발하는 데 있어서 틀(shell)을 많이 사용하는 추세다. 전문가 시스템 틀은 지식이 빠진 뼈대만 있는 전문가 시스템이다. 새로운 전문가 시스템을 만들기 위해 사용자가 할 일은 지식을 규칙의 형태로 추가하고, 관련 데이터를 제공하는 것이 전부다. 전문가 시스템 틀은 전문가 시스템을 개발하는 데 드는 시간을 크게 줄일 수 있다.
- 전문가 시스템 개발팀에는 주제 전문가, 지식 공학자, 프로그래머, 프로젝트 관리자, 최종 사용자가 있어야 한다. 지식 공학자는 전문가 시스템을 설계하여 만들고 테스트하며, 주제 전문가에게서 지식을 얻어서 추론 방법을 정하고 개발 소프트웨어를 고른다. 전문가 시스템 틀을 사용한 작은 규모의 전문가 시스템에서는 한 사람이 프로젝트 관리자, 지식 공학자, 프로그래머, 심지어는 전문가까지 맡기도 한다.
- 규칙기반 전문가 시스템의 기본 구성요소에는 기반지식, 데이터베이스, 추론 엔진, 해설 설비, 사용자 인터페이스 등 다섯 가지가 있다. 기반지식은 규칙의 집합으로 표현한 분야 지식을 포함한다. 데이터베이스는 사실 집합을 저장하고 있는데, 사실은 기반지식에 저장된 규칙의 IF 부분

과 일치하는지 비교할 때 쓰인다. 추론 엔진은 규칙을 사실과 연결하고 전문가 시스템이 해를 구할 때까지 추론을 수행한다. 해설 설비는 사용자에게 전문가 시스템이 어떻게 특정 결론에 이르렀으며, 왜 특정 사실이 필요한지 설명한다. 사용자 인터페이스는 사용자와 전문가 시스템 간의 통신 수단이다.

- 전문가 시스템은 기반지식과 추론 엔진을 분리하여 지식과 처리 과정을 분리하였다. 이를 통해 시스템을 쉽게 만들고 효율적으로 유지할 수 있다. 전문가 시스템 틀을 사용하면 지식 공학자나 전문가가 기반지식에 규칙을 간단하게 입력할 수 있다. 각각의 새로운 규칙은 새로운 지식을 추가하며 전문가 시스템을 훨씬 지능적으로 만든다.
- 전문가 시스템은 문제 풀이 세션 중에 점화된 규칙을 추적하여 제한적인 해설을 제공한다.
- 전통적인 프로그램과 달리 전문가 시스템은 불완전하고 불확실한 데이터를 다룰 수 있고 부정확한 추론을 허용한다. 그러나 사람과 마찬가지로 전문가 시스템도 정보가 불완전하고 불분명할 경우에는 실수할 수 있다.
- 직접적인 탐색과 추론 방법에는 순방향 연결과 역방향 연결 추론 기법이 있다. 순방향 연결은 데이터 지향 추론이다. 이는 알려진 데이터부터 시작해 더 이상 점화되는 규칙이 없을 때까지 순방향으로 진행한다. 역방향 연결은 목표 지향 추론으로, 전문가 시스템이 목표(가정해)를 정하고, 그 추론 엔진은 이를 증명하기 위해 증거 찾기를 시도한다.
- 주어진 사이클에서 규칙을 하나 이상 점화할 수 있다면 추론 엔진은 어떤 규칙을 점화할 것인지 반드시 결정해야 한다. 어떤 규칙을 선택할지 결정하는 방법을 충돌 해법이라 한다.
- 규칙기반 전문가 시스템은 자연스러운 지식 표현, 통일된 구조, 처리 과정과 지식의 분리, 불완전하고 불확실한 지식을 다룬다는 것이 장점이다.
- 규칙기반 전문가 시스템의 단점은 규칙들 간의 모호한 관계, 비효율적인 탐색 전략, 학습이 불가능하다는 점이다.

Chapter_02 연습문제

01 지식이란 무엇인가? 전문가가 특정 분야에 대해서 자세한 지식을 갖추고 있는 이유를 설명하라. 휴리스틱이란 무엇을 의미하는가?

02 생성 규칙이란 무엇인가? 예를 하나 들고 생성 규칙의 기본적인 두 부분을 정의하라.

03 전문가 시스템 개발팀을 이루는 다섯 명의 주요 구성원을 나열하고 설명하라. 지식 공학자의 역할은 무엇인가?

04 전문가 시스템 틀이란 무엇인가? 전문가 시스템 틀이 전문가 시스템 개발에 드는 시간을 크게 단축시킬 수 있는 이유를 설명하라.

05 생성 시스템 모델은 무엇인가? 전문가 시스템의 주요 구성요소 다섯 가지를 나열하고 정의하라.

06 전문가 시스템의 기초적인 특성에는 어떤 것이 있는가? 전문가 시스템과 전통적인 프로그램 간의 차이점은 무엇인가?

07 전문가 시스템이 실수할 수 있는가? 그 이유는 무엇인가?

08 순방향 연결 추론 과정을 설명하라. 그에 관한 예를 하나 들라.

09 역방향 연결 추론 과정을 설명하라. 그에 관한 예를 하나 들라.

10 순방향 연결 추론 기법에 적당한 문제를 나열해보라. 진단 문제에는 왜 역방향 추론을 이용하는가?

11 규칙의 충돌 집합이 무엇인가? 충돌을 어떻게 해결할 수 있는가? 기본적인 충돌 해법을 나열하고 설명하라.

12 규칙기반 전문가 시스템의 장점을 나열하라. 단점은 무엇인가?

참고문헌

[01] Duda, R., Gaschnig, J. and Hart, P. (1979). Model design in the PROSPECTOR consultant system for mineral exploration, *Expert Systems in the Microelectronic Age*, D. Michie, ed., Edinburgh University Press, Edinburgh, Scotland, pp. 153–167.

[02] Durkin, J. (1994). *Expert Systems Design and Development.* Prentice Hall, Englewood Cliffs, NJ.

[03] Feigenbaum, E.A., Buchanan, B.G. and Lederberg, J. (1971). On generality and problem solving: a case study using the DENDRAL program, *Machine Intelligence 6*, B. Meltzer and D. Michie, eds, Edinburgh University Press, Edinburgh, Scotland, pp. 165–190.

[04] Giarratano, J. and Riley, G. (1998). *Expert Systems: Principles and Programming*, 3rd edn. PWS Publishing Company, Boston.

[05] Negnevitsky, M. (1996). Crisis management in power systems: a knowledge based approach, *Applications of Artificial Intelligence in Engineering XI*, R.A. Adey, G. Rzevski and A.K. Sunol, eds, Computational Mechanics Publications, South-ampton, UK, pp. 122–141.

[06] Newell, A. and Simon, H.A. (1972). *Human Problem Solving.* Prentice Hall, Englewood Cliffs, NJ.

[07] Shirai, Y. and Tsuji, J. (1982). *Artificial Intelligence: Concepts, Technologies and Applications.* John Wiley, New York.

[08] Shortliffe, E.H. (1976). *MYCIN: Computer-Based Medical Consultations.* Elsevier Press, New York.

[09] Waterman, D.A. (1986). A *Guide to Expert Systems.* Addison-Wesley, Reading, MA.

[10] Waterman, D.A. and Hayes-Roth, F. (1978). An overview of pattern-directed inference systems, *Pattern-Directed Inference Systems*, D.A. Waterman and F. Hayes-Roth, eds, Academic Press, New York.

Chapter

03

규칙기반 전문가 시스템에서 불확실성 다루기

Uncertainty management in rule-based expert systems

학습목표

- 불확실성에 대한 개념과 기본 확률 이론을 이해한다.
- 베이즈 추론을 이해하고, 베이즈 증거 축적 예를 살펴본다.
- 확신도 이론을 이해하고, 확신도를 응용한 사례를 살펴본다.
- 확신도 이론과 증거 추론을 비교하여 살펴본다.

3.1 불확실성이란?

전문가(사람)가 사용하는 정보의 공통적인 특징 중 하나는 불완전성이다. 정보란 불완전할 수 있고, 모순되기도 하며, 불확실할 수도 있다. 어떤 정보는 경우에 따라 이 세가지 특성을 모두 띠기도 한다. 요약하면, 주어진 정보가 문제를 푸는 데 적합하지 않을 수도 있다는 말이다. 하지만 대개 전문가는 이런 단점을 극복하고 올바른 판단과 결정을 내릴 수 있다. 따라서 전문가 시스템도 불확실성을 잘 다루어 타당한 결론을 도출할 수 있어야 한다.

전문가 시스템에서 말하는 불확실성이란

불확실성(uncertainty)이란 확실하고 믿을 만한 결론에 도달하기 위한 정확한 정보의 부족으로 정의할 수 있다(Stephanou와 Sage, 1987). 고전 논리학에서는 정확한 추론만 허용되는데, 이 논리에서 정확한 지식은 늘 존재하여 항상 흑백논리가 적용된다고 가정했다.

IF A는 참이다
THEN A는 거짓이 아니다

IF B는 거짓이다
THEN B는 참이 아니다

전문가 시스템이 다루는 대부분의 실세계 문제는 명확하게 분리된 지식을 제공하지 않는다. 우리가 사용하는 정보에는 종종 부정확하거나 불완전하기도 하고, 심지어는 측정할 수 없는 데이터도 포함된다.

전문가 시스템에서 지식이 불확실해지는 이유는 무엇일까

보통 네 가지 원인을 들 수 있다. 상관관계가 취약한 함축, 부정확한 언어, 알려지지 않은 데이터, 서로 다른 전문가의 관점을 통합하면서 겪는 어려움이다(Bonissone과 Tong, 1985). 이에 대해 자세히 살펴보자.

- **상관관계가 취약한 함축:** 규칙기반 전문가 시스템은 상관관계가 약한 함축과 애매한 결합으로 인해 종종 고생한다. 주제 전문가와 지식 공학자는 규칙에서 IF(조건)와 THEN(취해야 할 행동) 사이의 구체적인 상관관계를 만드는, 힘들고 희망이 없어 보이는 작업을 수행한다. 따라서

전문가 시스템은 상관관계를 수치화된 확신도로 정의하는 것과 같은 방법으로 모호한 관계를 다루는 능력을 갖추어야 한다.

- **부정확한 언어:** 자연어(natural language)는 본질적으로 모호하고 부정확하다. 일반 지식들은 **종종**(often), **때때로**(sometimes), **자주**(frequently), **거의 하지 않는**(hardly ever) 등과 같은 단어로 빈도를 표현한다. 따라서 지식을 생성 규칙의 IF-THEN 형식으로 표현하기 어려울 수 있다. 하지만 기술된 지식의 의미를 제대로 정량화한다면 전문가 시스템에서 사용할 수 있다. 1944년에 레이 심슨(Ray Simpson)은 고등학생 355명과 대학생들에게 빈도와 관련된 영어단어 20개를 의미의 정도에 따라 1~100 사이에 표기해 달라고 했다(Simpson, 1944). 1968년에 밀턴 하켈(Milton Hakel)은 이 실험을 다시 수행했다(Hakel, 1968). [표 3-1]에서 이들의 결과를 볼 수 있다. 전문가 시스템은 단어의 의미를 정량화함으로써 데이터베이스에서 사용 가능한 지식과 규칙의 조건 부분을 적절히 대응시킬 수 있다.

[표 3-1] 모호하고 부정확한 영단어들을 시간당 빈도수 단위로 정량화한 결과

레이 심슨 (1944)		밀턴 하켈 (1968)	
단어	평균값	단어	평균값
Always	99	Always	100
Very often	88	Very often	87
Usually	85	Usually	79
Often	78	Often	74
Generally	78	Rather often	74
Frequently	73	Frequently	72
Rather often	65	Generally	72
About as often as not	50	About as often as not	50
Now and then	20	Now and then	34
Sometimes	20	Sometimes	29
Occasionally	20	Occasionally	28
Once in a while	15	Once in a while	22
Not often	13	Not often	16
Usually not	10	Usually not	16
Seldom	10	Seldom	9
Hardly ever	7	Hardly ever	8
Very seldom	6	Very seldom	7
Rarely	5	Rarely	5
Almost never	3	Almost never	2
Never	0	Never	0

- **알려지지 않은 데이터:** 데이터가 불완전하거나 없을 때 유일한 해법은 그 값을 '알려지지 않은' 것으로 받아들이고, 근사적인 추론을 진행하는 것이다.
- **여러 전문가의 관점 통합:** 일반적으로 대규모 전문가 시스템에는 수많은 전문가의 지식과 경험이 통합되어 있다(광물을 탐사하는 전문가 시스템인 PROSPECTOR의 개발에 전문가 9명이 참여했다(Duda 외, 1979)). 전문가들은 좀처럼 동일한 결론을 얻지 못하며 대개 모순된 견해와 충돌하는 규칙을 만들어낸다. 지식 공학자는 이 문제를 해결하기 위해 각 전문가에게 가중치를 준 후 통합된 결론을 계산해야 한다. 그러나 주제 전문가들도 해당 주제에 대해 경험한 수준이 서로 다르다. 더욱이 가중치를 얻는 체계적인 방법도 전혀 없다.

요컨대, 모든 실세계 영역에는 부정확한 지식이 있으며, 모순되거나 불완전하기도 하고, 심지어 분실된 데이터가 있을 수 있다. 그러므로 전문가 시스템은 불확실성을 다룰 수 있어야 한다. 규칙 기반 전문가 시스템에서는 불확실성을 다루기 위해 여러 수치적/비수치적 방법을 개발해왔다(Bhatnagar와 Kanal, 1986). 이 장에서는 불확실성을 다루기 위해 개발된 것 중 가장 유명한 베이즈 추론(Bayesian reasoning)과 확신도(certainty factors)를 소개한다. 이에 앞서 고전 확률론의 기본 원리를 먼저 살펴보자.

3.2 기본 확률 이론

확률(probability)의 기본 개념은 일상에서 중요한 역할을 한다. 우리는 내일 비가 올 확률, 승진 가능성, 한국 축구대표팀이 다음 경기에서 이길 가능성, 로또에 당첨될 확률 등을 점치곤 한다.

확률의 개념은 '어쩌면', '혹시', '아마도'와 같은 단어가 구어에 등장했던 수천 년 전으로 거슬러 올라가야 할 만큼 역사가 깊다(Good, 1959). 하지만, 확률의 수학적인 이론은 17세기에 와서야 형식화되었다.

확률을 어떻게 정의할 수 있을까

사건의 확률은 사건이 발생할 경우의 비율이다(Good, 1959). 또한 확률을 가능성에 대한 과학적인 측도로 정의할 수 있다. 현대 확률이론의 구체적인 분석은 펠러(Feller, 1957)와 파인(Fine, 1973)이 쓴 유명한 교재에서 찾아볼 수 있다. 이 장에서는 전문가 시스템에서 불확실성을 표현할 때 사용하는 기본 아이디어에 대해서만 살펴보기로 하자.

수학적으로 0(완전히 불가능함)과 1(완전히 확실함) 사이의 범위에 있는 수치적인 지표로 확률을 표현할 수 있다. 대부분의 사건은 0과 1 사이의 확률 지표로 엄격하게 표현되며, 이 지표는 각 사건이 적어도 두 가지 결과(좋은 결과와 나쁜 결과, 또는 성공과 실패)를 산출한다는 뜻이다.

성공과 실패의 확률은 다음과 같이 정한다.

$$p(\text{성공}) = \frac{\text{성공 횟수}}{\text{모든 경우의 수}} \tag{3.1}$$

$$p(\text{실패}) = \frac{\text{실패 횟수}}{\text{모든 경우의 수}} \tag{3.2}$$

만약 s가 성공할 경우의 수고, f가 실패할 경우의 수라면 다음을 만족한다.

$$p(\text{성공}) = \ p = \frac{s}{s+f} \tag{3.3}$$

$$p(\text{실패}) = q = \frac{f}{s+f} \tag{3.4}$$

$$p + q = 1 \tag{3.5}$$

동전과 주사위를 사용하는 고전적인 예를 살펴보자. 동전을 던지면 앞면이 나올 확률은 뒷면이 나올 확률과 같다. 한 번 던지는 경우에 $s = f = 1$이 된다. 따라서 앞면(또는 뒷면)이 나올 확률은 0.5다.

이제 주사위를 한 번 던져서 6이 나올 확률을 구해보자. 숫자 6을 유일한 성공이라고 가정하면 주사위를 한 번 던져서 6이 나오지 않는 다섯 가지의 경우가 있다. 따라서 6이 나올 확률은 다음과 같다.

$$p = \frac{1}{1+5} = 0.1666$$

6이 나오지 않을 확률은 다음과 같다.

$$q = \frac{5}{1+5} = 0.8333$$

지금까지는 독립 사건과 상호 배타적인 사건(즉, 동시에 일어날 수 없는 사건)만을 생각했다. 주사위 실험에서 6과 1이 나오는 두 사건은 상호 배타적이다. 한 번 던졌을 때 6과 1이 동시에 나올 수는 없기 때문이다. 하지만 독립된 사건이 아니면 다른 사건이 발생할 가능성에 영향을 줄 수도 있다. 예를 들어 주사위를 한 번 던지는데, 이번에는 1이 나오지 않는다는 사실을 알고 있을 때 6이 나올 확률을 생각해보자. 여전히 6이 나오지 않는 다섯 가지 경우가 있지만 이미 1이 나오지 않는다는 사실을 알고 있으므로 이 중 하나를 제외할 수 있다. 따라서 다음 식을 얻는다.

$$p = \frac{1}{1 + (5 - 1)}$$

A를 하나의 사건(event), B를 또 다른 하나의 사건이라고 하자. 사건 A와 B가 상호 배타적이지 않고, 조건부로 다른 사건의 발생에 영향을 준다고 가정하자. 사건 B가 발생했을 때 사건 A가 발생할 확률을 **조건부 확률**(conditional probability)이라 한다. 조건부 확률은 수학적으로 $p(A|B)$라 적을 수 있다. 이때 수직 바(|)는 사건이 **주어졌음**을 표현하고, 이 확률 표현을 '사건 B가 발생했을 때 사건 A가 발생할 조건부 확률'로 해석할 수 있다.

$$p(A|B) = \frac{A\text{와 }B\text{가 발생할 경우의 수}}{B\text{가 발생할 경우의 수}} \tag{3.6}$$

A와 B가 발생할 수 있는 경우의 비율, 즉 A와 B가 둘 다 발생할 확률을 A와 B의 **결합 확률**(joint probability)이라고 한다. 수학적으로는 $p(A \cap B)$로 표현한다. B가 발생하는 비율은 B의 확률인 $p(B)$이다. 따라서 다음 식이 성립한다.

$$p(A|B) = \frac{p(A \cap B)}{p(B)} \tag{3.7}$$

유사하게, 사건 A가 발생했을 때 사건 B가 발생할 조건부 확률은 다음과 같다.

$$p(B|A) = \frac{p(B \cap A)}{p(A)} \tag{3.8}$$

따라서 다음 식이 성립한다.

$$p(B \cap A) = p(B|A) \times p(A) \tag{3.9}$$

결합 확률은 교환 법칙이 성립하므로 다음이 성립한다.

$$p(A \cap B) = p(B \cap A)$$

따라서 다음 식이 성립한다.

$$p(A \cap B) = p(B|A) \times p(A) \tag{3.10}$$

(3.10)을 (3.7)에 대입하면 다음 식을 얻을 수 있다.

$$p(A|B) = \frac{p(B|A) \times p(A)}{p(B)} \tag{3.11}$$

여기에서 $p(A|B)$는 사건 B가 발생했을 때 사건 A가 발생하는 조건부 확률이고, $p(B|A)$는 사건 A가 발생했을 때 사건 B가 발생할 조건부 확률이다. $p(A)$는 사건 A가 발생할 확률, $p(B)$는 사건 B가 발생할 확률이다.

(3.11)은 베이즈 규칙(Bayesian rule)으로, 이 규칙을 처음 도입한 18세기 영국 수학자 토마스 베이즈(Thomas Bayes)의 이름에서 유래했다.

지금까지 소개한 조건부 확률의 개념은 사건 A가 사건 B에 종속되어 있다는 점을 고려했다. 이 원리를 여러 상호 배타적인 사건들 $B_1, B_2, \ldots B_n$에 종속적인 사건 A로 확장할 수 있다. (3.7)에서 다음 식들을 유도할 수 있다.

$$\begin{aligned} p(A \cap B_1) &= p(A|B_1) \times p(B_1) \\ p(A \cap B_2) &= p(A|B_2) \times p(B_2) \\ &\vdots \\ p(A \cap B_n) &= p(A|B_n) \times p(B_n) \end{aligned}$$

위 식을 모두 더하면 다음을 얻는다.

$$\sum_{i=1}^{n} p(A \cap B_i) = \sum_{i=1}^{n} p(A|B_i) \times p(B_i) \tag{3.12}$$

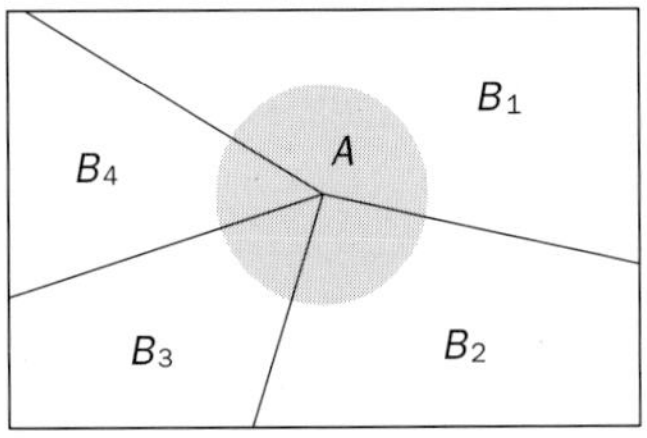

[그림 3-1] 결합 확률

만약 [그림 3-1]과 같이 B_i가 빠짐없이 모두 망라되어 있고, (3.12)가 합쳐진다면 다음 식을 얻는다.

$$\sum_{i=1}^{n} p(A \cap B_i) = p(A) \tag{3.13}$$

(3.12)를 다음과 같이 조건부 확률식으로 바꿀 수 있다.

$$p(A) = \sum_{i=1}^{n} p(A|B_i) \times p(B_i) \tag{3.14}$$

사건 A가 오직 상호 배타적인 두 사건(즉, 사건 B와 B가 아닌 사건)에만 종속적으로 발생한다면 (3.14)는 다음 식이 된다.

$$p(A) = p(A|B) \times p(B) + p(A|\neg B) \times p(\neg B) \tag{3.15}$$

여기에서 ¬는 논리함수 NOT을 뜻한다. 유사하게 다음 식을 얻을 수 있다.

$$p(B) = p(B|A) \times p(A) + p(B|\neg A) \times p(\neg A) \tag{3.16}$$

이제 (3.16)을 베이즈 규칙 (3.11)에 대입하면 다음 식을 얻는다.

$$p(A|B) = \frac{p(B|A) \times p(A)}{p(B|A) \times p(A) + p(B|\neg A) \times p(\neg A)} \tag{3.17}$$

(3.17)은 전문가 시스템에서 불확실성을 다루기 위해 적용하는 확률 이론의 기초가 된다.

3.3 베이즈 추론

(3.17)을 기억해두기 바라며, 이제 기본 확률 이론을 떠나 전문가 시스템으로 관심을 돌려보자. 기반 지식에 있는 모든 규칙을 다음과 같은 형태로 표현한다고 가정하자.

IF E가 참이다
THEN H는 {확률 p로} 참이다

이 규칙은 사건 E가 발생하고 사건 H가 발생할 확률이 p임을 뜻한다.

사건 E가 발생했지만 사건 H가 발생했는지 알지 못한다면 어떨까
사건 H가 발생할 확률도 계산할 수 있을까

(3.17)로부터 이 확률 값을 계산할 수 있다. 단순히 A와 B대신 H와 E를 사용한다. 전문가 시스템에서 H는 보통 가설(hypothesis)을 나타내고, E는 가설을 지지하는 증거(evidence)를 나타낸다. 따라서 (3.17)을 다음과 같이 가설과 증거로 표현할 수 있다(Firebaugh, 1989).

$$p(H|E) = \frac{p(E|H) \times p(H)}{p(E|H) \times p(H) + p(E|\neg H) \times p(\neg H)} \qquad (3.18)$$

이 식을 자세히 살펴보면 다음과 같다.

$p(H)$: 가설 H가 참일 사전 확률
$p(E|H)$: 가설 H가 참일 때 증거 E를 이끌어낼 확률
$p(\neg H)$: 가설 H가 거짓일 사전 확률
$p(E|\neg H)$: 가설 H가 거짓인데도 증거 E를 얻는 확률

(3.18)은 가설 H의 확률 $p(H)$를 어떤 증거가 관찰되기 전에 정의해야 함을 나타낸다. 전문가 시스템에서 문제를 풀려면 전문가들이 필요한 확률 값을 제공해야 한다. 전문가는 가능한 가설 $p(H)$와 $p(\neg H)$에 대한 사전 확률(prior probability)을 결정하고, 가설 H가 참일 때 증거 E를 관찰할 조건부 확률 $p(E|H)$와 가설 H가 거짓인 경우에 대한 조건부 확률 $p(E|\neg H)$를 결정한다. 사용자는 관찰한 증거에 대한 정보를 제공하고, 전문가 시스템은 사용자가 제공한 증거 E의 관점에

서 가설 H에 대한 확률 $p(H|E)$를 계산한다. 확률 $p(H|E)$는 증거 E를 관찰했을 때 가설 H의 **사후 확률**(posterior probability)이라 한다.

단일 증거 E에 기반을 둔 전문가가 단일 가설이 아닌 가설 H_1, H_2, ... , H_m을 선택한다면 어떨까, 또는 증거 E_1, E_2, ... , E_m이 주어지면 전문가도 여러 가설을 만들 수 있을까

가설 $H_1, H_2, ..., H_m$과 증거 $E_1, E_2, ..., E_m$을 이용하여 (3.18)을 일반화할 수 있다. 그러나 증거와 가설 모두 상호 배타적이고 총망라된 것이어야 한다.

단일 증거 E와 가설 $H_1, H_2, ..., H_m$에 관한 식은 다음과 같다.

$$p(H_i|E) = \frac{p(E|H_i) \times p(H_i)}{\sum_{k=1}^{m} p(E|H_k) \times p(H_k)} \tag{3.19}$$

증거 $E_1, E_2, ..., E_m$과 가설 $H_1, H_2, ..., H_m$에 관한 식은 다음과 같다.

$$p(H_i|E_1E_2 \ldots E_n) = \frac{p(E_1E_2 \ldots E_n|H_i) \times p(H_i)}{\sum_{k=1}^{m} p(E_1E_2 \ldots E_n|H_k) \times p(H_k)} \tag{3.20}$$

(3.20)을 적용하려면 모든 가설에 대해 모든 증거 조합의 조건부 확률을 알아야 한다. 이 요건은 전문가에게 엄청난 부담만 주고, 실제로 작업하기도 어렵다. 그러므로 전문가 시스템에서는 증거가 지나치게 세밀해지는 것을 피하고, 다른 증거 간의 조건부 독립성을 띠게 해야 한다(Ng와 Abramson, 1990). 그러므로 실제적으로는 값을 구할 수 없는 (3.20) 대신 다음 식을 얻는다.

$$p(H_i|E_1E_2 \ldots E_n) = \frac{p(E_1|H_i) \times p(E_2|H_i) \times \ldots \times p(E_n|H_i) \times p(H_i)}{\sum_{k=1}^{m} p(E_1|H_k) \times p(E_2|H_k) \times \ldots \times p(E_n|H_k) \times p(H_k)} \tag{3.21}$$

전문가 시스템은 어떻게 모든 사후 확률을 계산하고, 잠정적으로 참인 가설에 순위를 매길 수 있을까

단순한 예를 생각해보자. 세 개의 조건부 독립인 증거 E_1, E_2, E_3가 주어지면 전문가는 세 개의 상호 배타적이고 총망라된 가설 H_1, H_2, H_3을 만들고, 이 가설에 대한 사전 확률 $p(H_1)$, $p(H_2)$, $p(H_3)$을 제공한다고 가정하자. 또한 가설이 주어졌을 때, 전문가는 가능한 모든 가설에 대해 증거를 관찰할 조건부 확률을 제공한다. [표 3-2]는 전문가가 제공한 사전 확률과 조건부 확률을 보여준다.

[표 3-2] 사전 확률과 조건부 확률

확률	가설		
	$i=1$	$i=2$	$i=3$
$P(H_i)$	0.40	0.35	0.25
$P(E_1\|H_i)$	0.3	0.8	0.5
$P(E_2\|H_i)$	0.9	0.0	0.7
$P(E_3\|H_i)$	0.6	0.7	0.9

먼저 증거 E_3을 관찰했다고 가정하자. 전문가 시스템은 (3.19)에 따라 모든 가설에 대해 사후 확률을 계산한다.

$$p(H_i|E_3) = \frac{p(E_3|H_i) \times p(H_i)}{\sum_{k=1}^{3} p(E_3|H_k) \times p(H_k)} \qquad i = 1, 2, 3$$

따라서 다음 값을 얻는다.

$$p(H_1|E_3) = \frac{0.6 \times 0.40}{0.6 \times 0.40 + 0.7 \times 0.35 + 0.9 \times 0.25} = 0.34$$

$$p(H_2|E_3) = \frac{0.7 \times 0.35}{0.6 \times 0.40 + 0.7 \times 0.35 + 0.9 \times 0.25} = 0.34$$

$$p(H_3|E_3) = \frac{0.9 \times 0.25}{0.6 \times 0.40 + 0.7 \times 0.35 + 0.9 \times 0.25} = 0.32$$

앞에서 볼 수 있듯이 증거 E_3을 관찰한 후에 가설 H_1에 대한 신뢰는 감소하여 가설 H_2에 대한 신뢰와 같아진다. 반면 가설 H_3에 대한 신뢰는 증가하여 가설 H_1과 H_2에 대한 신뢰에 거의 근접한다.

이제 증거 E_1을 관찰했다고 가정하자. (3.21)로 계산한 사후 확률은 다음과 같다.

$$p(H_i|E_1E_3) = \frac{p(E_1|H_i) \times p(E_3|H_i) \times p(H_i)}{\sum_{k=1}^{3} p(E_1|H_k) \times p(E_3|H_k) \times p(H_k)} \qquad i = 1, 2, 3$$

따라서 다음 값을 얻는다.

$$p(H_1|E_1E_3) = \frac{0.3 \times 0.6 \times 0.40}{0.3 \times 0.6 \times 0.40 + 0.8 \times 0.7 \times 0.35 + 0.5 \times 0.9 \times 0.25} = 0.19$$

$$p(H_2|E_1E_3) = \frac{0.8 \times 0.7 \times 0.35}{0.3 \times 0.6 \times 0.40 + 0.8 \times 0.7 \times 0.35 + 0.5 \times 0.9 \times 0.25} = 0.52$$

$$p(H_3|E_1E_3) = \frac{0.5 \times 0.9 \times 0.25}{0.3 \times 0.6 \times 0.40 + 0.8 \times 0.7 \times 0.35 + 0.5 \times 0.9 \times 0.25} = 0.29$$

이제 가설 H_2가 가장 믿을 만해 보인다. 반면 가설 H_1에 대한 신뢰는 현저히 감소했다.

마찬가지로 증거 E_2를 관찰한 후, 전문가 시스템은 모든 가설에 대해 사후 확률을 계산한다.

$$p(H_i|E_1E_2E_3) = \frac{p(E_1|H_i) \times p(E_2|H_i) \times p(E_3|H_i) \times p(H_i)}{\sum_{k=1}^{3} p(E_1|H_k) \times p(E_2|H_k) \times p(E_3|H_k) \times p(H_k)} \qquad i = 1, 2, 3$$

그러면 다음 값을 얻는다.

$$p(H_1|E_1E_2E_3) = \frac{0.3 \times 0.9 \times 0.6 \times 0.40}{0.3 \times 0.9 \times 0.6 \times 0.40 + 0.8 \times 0.0 \times 0.7 \times 0.35 + 0.5 \times 0.7 \times 0.9 \times 0.25} = 0.45$$

$$p(H_2|E_1E_2E_3) = \frac{0.8 \times 0.0 \times 0.7 \times 0.35}{0.3 \times 0.9 \times 0.6 \times 0.40 + 0.8 \times 0.0 \times 0.7 \times 0.35 + 0.5 \times 0.7 \times 0.9 \times 0.25} = 0$$

$$p(H_3|E_1E_2E_3) = \frac{0.5 \times 0.7 \times 0.9 \times 0.25}{0.3 \times 0.9 \times 0.6 \times 0.40 + 0.8 \times 0.0 \times 0.7 \times 0.35 + 0.5 \times 0.7 \times 0.9 \times 0.25} = 0.55$$

전문가가 제시한 최초 순위가 H_1, H_2, H_3이었다 할지라도 모든 증거(E_1, E_2, E_3)를 관찰한 후에는 가설 H_1과 H_3만 고려 대상으로 남는다. 이제 가설 H_2는 고려하지 않아도 된다. 이때 가설 H_3가 가설 H_1보다 더 믿을 만해 보인다는 점에 주목하자.

광물 탐사 전문가 시스템인 PROSPECTOR는 확률 $p(H|E)$를 계산하기 위해 베이즈 규칙을 사용했고, 시스템 전체에 걸쳐 불확실한 지식에서 추론을 수행한 첫 번째 시스템이다(Dupa 외, 1979). 전문가 시스템에서 베이즈 추론을 잘 해석하려면 간단한 예를 고려해보면 될 것이다.

3.4 FORECAST: 베이즈 증거 축적

일기예보와 같은 실제 문제에 사용할 전문가 시스템을 개발해보자. 이 전문가 시스템은 내일 비가 올지 안 올지를 알아내야 한다. 그러려면 기상청에서 실제 데이터를 얻어와야 한다.

[표 3-3]은 1982년 3월의 런던 날씨를 요약한 것이다. 표에는 각 날짜의 최저 · 최고 기온, 강우량, 일조 시간이 나타나 있다. 강우량이 0이면 맑은 날씨다.

이 전문가 시스템은 **내일은 비가 온다**와 **내일은 맑다**라는 두 개의 결과를 내놓고, 그 확률을 제공해야 한다. 즉 **내일은 비가 온다**와 **내일은 맑다**, 이 가정 두 가지에 대한 조건부 확률을 정해야 한다.

베이즈 규칙 (3.18)을 적용하기 위해서는 가정들에 대한 사전 확률을 제시해야 한다.

우선, 제공된 데이터로 내일의 날씨를 예측하는 기본적인 규칙 두 개를 정하자.

규칙 1
IF 오늘은 비가 온다
THEN 내일은 비가 온다

규칙 2
IF 오늘은 맑다
THEN 내일은 맑다

이 규칙을 사용하면 비오는 날씨가 맑은 날씨 바로 앞에 있거나 맑은 날씨가 비오는 날씨 앞에 있을 때마다 실수를 할 것이다(총 10번). 따라서 두 개의 가정 모두에 대해 0.5의 사전 확률을 주어 위 규칙을 다음 형식으로 다시 쓸 수 있다.

[표 3-3] 1982년 3월 런던 날씨에 대한 요약 정보

날짜	최저기온(℃)	최고기온(℃)	강우량(mm)	일조시간	실제 날씨	기상예보
1	9.4	11.0	17.5	3.2	비	–
2	4.2	12.5	4.1	6.2	비	비
3	7.6	11.2	7.7	1.1	비	비
4	5.7	10.5	0.0	4.3	맑음	비*
5	3.0	12.0	0.0	9.5	맑음	맑음
6	4.4	9.6	0.0	3.5	맑음	맑음
7	4.8	9.4	4.6	10.1	비	비
8	1.8	9.2	5.5	7.8	비	비
9	2.4	10.2	4.8	4.1	비	비
10	5.5	12.7	4.2	3.8	비	비
11	3.7	10.9	4.4	9.2	비	비
12	5.9	10.0	4.8	7.1	비	비
13	3.0	11.9	0.0	8.3	맑음	비*
14	5.4	12.1	4.8	1.8	비	맑음*
15	8.8	9.1	8.8	0.0	비	비
16	2.4	8.4	3.0	3.1	비	비
17	4.3	10.8	0.0	4.3	맑음	맑음
18	3.4	11.1	4.2	6.6	비	비
19	4.4	8.4	5.4	0.7	비	비
20	5.1	7.9	3.0	0.1	비	비
21	4.4	7.3	0.0	0.0	맑음	맑음
22	5.6	14.0	0.0	6.8	맑음	맑음
23	5.7	14.0	0.0	8.8	맑음	맑음
24	2.9	13.9	0.0	9.5	맑음	맑음
25	5.8	16.4	0.0	10.3	맑음	맑음
26	3.9	17.0	0.0	9.9	맑음	맑음
27	3.8	18.3	0.0	8.3	맑음	맑음
28	5.8	15.4	3.2	7.0	비	맑음*
29	6.7	8.8	0.0	4.2	맑음	맑음
30	4.5	9.6	4.8	8.8	비	비
31	4.6	9.6	3.2	4.2	비	비

* 기상예보가 틀렸음

규칙 1

IF 　　 오늘은 비가 온다 {LS 2.5 LN 0.6}

THEN　 내일은 비가 온다 {사전 0.5}

규칙 2

IF 　　 오늘은 맑다 {LS 1.6 LN 0.4}

THEN　 내일은 맑다 {사전 0.5}

LS(Likelihood of Sufficiency) 값은 증거 *E*가 있을 때 전문가가 가설 *H*를 신뢰하는 정도를 의미하는데, 이를 **충분 가능성**이라 한다. 충분 가능성은 $p(E|\neg H)$에 대한 $p(E|H)$의 비율로 정의한다.

$$LS = \frac{p(E|H)}{p(E|\neg H)} \tag{3.22}$$

위의 경우에 *LS*는 내일 비가 온다면 오늘 비가 올 확률을 내일 비가 오지 않는다면 오늘 비가 올 확률로 나눈 것이다.

$$LS = \frac{p(\text{오늘은 비가 온다} \mid \text{내일은 비가 온다})}{p(\text{오늘은 비가 온다} \mid \text{내일은 맑다})}$$

LN(Likelihood of Necessity) 값은 증거 *E*가 없을 때 가설 *H*에 대한 불신의 정도다. *LN*을 **필요 가능성**이라 하고 다음과 같이 정의한다.

$$LN = \frac{p(\neg E|H)}{p(\neg E|\neg H)} \tag{3.23}$$

위 일기예보의 예에서 *LN*은 내일 비가 온다면 오늘 비가 오지 않을 확률을 내일 비가 오지 않으면 오늘 비가 오지 않을 확률로 나눈 것이다.

$$LN = \frac{p(\text{오늘은 맑다} \mid \text{내일은 비가 온다})}{p(\text{오늘은 맑다} \mid \text{내일은 맑다})}$$

*LS*로부터 *LN*을 유도할 수 없다는 사실을 기억하기 바란다. 주제 전문가는 두 가지 값을 각각 제공해야 한다.

주제 전문가는 충분 가능성과 필요 가능성의 값을 어떻게 결정하는가

전문가가 조건부 확률을 다루어야 하는가

*LS*와 *LN* 값을 제공하기 위해 전문가가 정확한 조건부 확률 값을 결정할 필요는 없다. 전문가는 그 가능성을 결정하면 된다. *LS* 값이 크다($LS >> 1$)는 말은 증거가 관찰되면 그 규칙이 가설을 강력하게 뒷받침하며, *LN* 값이 작다($0 < LN < 1$)는 말은 증거가 없다면 그 규칙이 가설을 강력하게 반대한다는 의미다.

조건부 확률은 *LS*와 *LN* 값으로 쉽게 계산할 수 있으므로, 이때는 증거를 전파할 때 베이즈 규칙을 사용할 수 있다.

이제 다시 런던의 날씨로 돌아가보자. 규칙 1은 오늘 비가 오고 있다면 내일 비가 올 확률이 매우 높다는 것을 뜻한다($LS = 2.5$). 그러나 오늘 비가 오지 않는다 해도, 즉 맑다고 해도 내일 비가 올 확률이 약간은 있다($LN = 0.6$).

한편, 규칙 2는 맑은 날을 다룬다. 오늘 맑으면 내일 맑을 확률도 높다($LS = 1.6$). 하지만, 오늘 비가 오고 있다면 내일 비가 오게 될 확률이 오늘 맑으면 내일 맑을 확률보다 높다. 왜 그럴까? *LS*와 *LN*의 값을 대개 주제 전문가가 정하기 때문이다. 지금 다루는 날씨의 예에서는 그 값들을 기상청이 발표한 통계 정보로 확정할 수도 있다. 또한, 규칙 2는 오늘 비가 올 때에도 내일 날씨가 맑을 확률을 알려준다($LS = 0.4$).

전문가 시스템은 내일 비가 오거나 맑다는 것에 대한 전반적인 확률을 어떻게 얻는가

규칙기반 전문가 시스템에서는 후건의 사전 확률 $p(H)$를 사전 가능성(prior odds)으로 변환할 수 있다.

$$O(H) = \frac{p(H)}{1 - p(H)} \tag{3.24}$$

사전 확률은 후건의 불확실성이 최초로 적용될 때만 쓰인다. 그런 후에 차례로 사후 가능성을 구하는데, 규칙의 전건이 참일 때는 *LS*를 이용해서, 전건이 거짓일 때는 *LN*을 이용해서 사전 가능성을 갱신한다.

$$O(H|E) = LS \times O(H) \tag{3.25}$$

$$O(H|\neg E) = LN \times O(H) \tag{3.26}$$

사후 가능성은 사후 확률을 구할 때 쓰인다.

$$p(H|E) = \frac{O(H|E)}{1 + O(H|E)} \quad (3.27)$$

$$p(H|\neg E) = \frac{O(H|\neg E)}{1 + O(H|\neg E)} \quad (3.28)$$

앞서 살펴본 런던 날씨 예는 이 방식이 어떻게 동작하는지 보여준다. 사용자가 **오늘은 비가 온다**고 알려주었다고 가정하자. 규칙 1이 점화되고, **내일은 비가 온다**의 사전 확률은 사전 가능성으로 변환된다.

$$O(\text{내일은 비가 온다}) = \frac{0.5}{1 - 0.5} = 1.0$$

오늘은 비가 온다는 증거는 그 가능성을 2.5만큼 증가시키고, 그로 인해 확률은 0.5에서 0.71로 높아진다.

$$O(\text{내일은 비가 온다} \mid \text{오늘은 비가 온다}) = 2.5 \times 1.0 = 2.5$$

$$p(\text{내일은 비가 온다} \mid \text{오늘은 비가 온다}) = \frac{2.5}{1 + 2.5} = 0.71$$

규칙 2 또한 점화된다. **내일은 맑다**의 사전 확률이 사전 가능성으로 바뀌지만, **오늘은 비가 온다**는 증거가 그 가능성을 0.4만큼 낮춘다. 이로 인해 **내일은 맑다**의 확률이 0.5에서 0.29로 줄어든다.

$$O(\text{내일은 맑다}) = \frac{0.5}{1 - 0.5} = 1.0$$

$$O(\text{내일은 맑다} \mid \text{오늘은 비가 온다}) = 0.4 \times 1.0 = 0.4$$

$$p(\text{내일은 맑다} \mid \text{오늘은 비가 온다}) = \frac{0.4}{1 + 0.4} = 0.29$$

따라서 오늘 비가 오는 중이면 내일 비가 올 확률이 71%고 내일 맑을 확률은 29%다.

또 사용자가 **오늘은 맑다**라고 입력했다고 가정해보자. 동일한 계산을 거치면 내일 맑을 확률은 62%고 내일 비가 올 확률은 38%가 된다.

지금까지 증거에 대한 베이즈 규칙의 기본 원리를 살펴봤다. 전문가 시스템에는 새로운 지식을 추가할 수도 있는데, 그러려면 실제로 날씨가 바뀌었던 조건을 정해야 한다. 다음은 [표 3-3]의 데이터를 좀 더 분석해서 만든 기반지식이다(여기서 Leonardo 전문가 시스템 틀을 사용했다).

기반 지식

/* FORECAST: 베이즈 증거 축적

control 베이즈

규칙 1
IF 오늘은 비가 온다 {LS 2.5 LN 0.6}
THEN 내일은 비가 온다 {사전 확률 0.5}

규칙 2
IF 오늘은 맑다 {LS 1.6 LN 0.4}
THEN 내일은 맑다 {사전 확률 0.5}

규칙 3
IF 오늘은 비가 온다
AND 강우량이 적다 {LS 10 LN 1}
THEN 내일은 맑다 {사전 확률 0.5}

규칙 4
IF 오늘은 비가 온다
AND 강우량이 적다
AND 기온이 낮다 {LS 1.5 LN 1}
THEN 내일은 맑다 {사전 확률 0.5}

규칙 5
IF 오늘은 맑다
AND 기온이 높다 {LS 2 LN 0.9}
THEN 내일은 비가 온다 {사전 확률 0.5}

규칙 6

IF　　　오늘은 맑다
AND　　 기온이 높다
AND　　 하늘이 흐리다 {LS 5 LN 1}
THEN　　내일은 비가 온다 {사전 확률 0.5}

/* SEEK 지시어는 규칙 집합의 목표를 설정한다.

seek 내일

대화

사용자가 제공한 정보를 바탕으로 전문가 시스템은 내일 비가 올지 안 올지를 결정한다. 화살표는 사용자의 대답을 나타낸다. 강우량이 4.1mm보다 적으면 강우량이 적고, 하루 동안의 평균 기온이 7.0°C 이하면 기온이 낮고, 7.0°C보다 높으면 기온이 높다고 가정한다. 마지막으로, 일조시간이 하루 4.6시간보다 적으면 흐리다는 것을 의미한다.

오늘의 날씨가 어떻습니까?
⇒ **비가 온다**

규칙 1

IF　　　오늘은 비가 온다 {LS 2.5 LN 0.6}
THEN　　내일은 비가 온다 {사전 확률 0.5}

$$O(\text{내일은 비가 온다}) = \frac{0.5}{1-0.5} = 1.0$$

$$O(\text{내일은 비가 온다} \mid \text{오늘은 비가 온다}) = 2.5 \times 1.0 = 2.5$$

$$p(\text{내일은 비가 온다} \mid \text{오늘은 비가 온다}) = \frac{2.5}{1+2.5} = 0.71$$

내일은 비가 온다　　　{0.71}

규칙 2

IF　　　오늘은 맑다 {LS 1.6 LN 0.4}

THEN 내일은 맑다 {사전 확률 0.5}

$$O(\text{내일은 맑다}) = \frac{0.5}{1 - 0.5} = 1.0$$

$$O(\text{내일은 맑다} \mid \text{오늘은 비가 온다}) = 0.4 \times 1.0 = 0.4$$

$$p(\text{내일은 맑다} \mid \text{오늘은 비가 온다}) = \frac{0.4}{1 + 0.4} = 0.29$$

내일은 비가 온다 {0.71}
내일은 맑다 {0.29}

오늘의 강우량은 어떻습니까?
⇒ **적다**

규칙 3
IF 오늘은 비가 온다
AND 강우량이 적다 {LS 10 LN 1}
THEN 내일은 맑다 {사전 확률 0.5}

$$O(\text{내일은 맑다}) = \frac{0.29}{1 - 0.29} = 0.41$$

$$O(\text{내일은 맑다} \mid \text{오늘은 비가 온다} \cap \text{강우량이 적다}) = 10 \times 0.41 = 4.1$$

$$p(\text{내일은 맑다} \mid \text{오늘은 비가 온다} \cap \text{강우량이 적다}) = \frac{4.1}{1 + 4.1} = 0.80$$

내일은 맑다 {0.80}
내일은 비가 온다 {0.71}

오늘은 기온은 어떻습니까?
⇒ **낮다**

규칙 4
IF 오늘은 비가 온다

AND　　강우량이 적다
AND　　기온이 낮다 {LS 1.5 LN 1}
THEN　　내일은 맑다 {사전 확률 0.5}

$$O(\text{내일은 맑다}) = \frac{0.80}{1 - 0.80} = 4$$

$$O(\text{내일은 맑다 | 오늘은 비가 온다} \cap \text{강우량이 적다} \cap \text{기온이 낮다}) = 1.50 \times 4 = 6$$

$$p(\text{내일은 맑다 | 오늘은 비가 온다} \cap \text{강우량이 적다} \cap \text{기온이 낮다}) = \frac{6}{1 + 6} = 0.86$$

내일은 맑다　　{0.86}
내일은 비가 온다　　{0.71}

규칙 5

IF　　오늘은 맑다
AND　　기온이 높다 {LS 2 LN 0.9}
THEN　　내일은 비가 온다 {사전 확률 0.5}

$$O(\text{내일은 비가 온다}) = \frac{0.71}{1 - 0.71} = 2.45$$

$$O(\text{내일은 비가 온다 | 오늘은 맑지 않다} \cap \text{기온이 높지 않다}) = 0.9 \times 2.45 = 2.21$$

$$p(\text{내일은 비가 온다 | 오늘은 맑지 않다} \cap \text{기온이 높지 않다}) = \frac{2.21}{1 + 2.21} = 0.69$$

내일은 맑다　　{0.86}
내일은 비가 온다　　{0.69}

오늘 하늘은 어떻습니까?
⇒ **흐리다**

규칙 6

IF　　오늘은 맑다
AND　　기온이 높다
AND　　하늘이 흐리다 {LS 5 LN 1}
THEN　　내일은 비가 온다 {사전 확률 0.5}

$$O(\text{내일은 비가 온다}) = \frac{0.69}{1 - 0.69} = 2.23$$

$$O(\text{내일은 비가 온다} \mid \text{오늘은 맑지 않다} \cap \text{기온이 높지 않다} \cap \text{하늘이 흐리다}) = 1.0 \times 2.23 = 2.23$$

$$p(\text{내일은 비가 온다} \mid \text{오늘은 맑지 않다} \cap \text{기온이 높지 않다} \cap \text{하늘이 흐리다}) = \frac{2.23}{1 + 2.23} = 0.69$$

내일은 맑다 {0.86}
내일은 비가 온다 {0.69}

이는 일어날 가능성이 있는 두 개의 가설, 내일은 맑다와 내일은 비가 온다 중 전자의 가능성이 높다는 것을 의미한다.

[표 3-3]을 보면, 이 전문가 시스템이 단지 네 번밖에 실수하지 않았음을 알 수 있다. 이는 성공률 86%를 보이는 것으로, 같은 런던의 날씨 데이터를 가지고 실험한 네일러(Naylor, 1987)의 결과와 비교해도 뒤지지 않는다.

3.5 베이즈 방법의 치우침(bias)

베이즈 추론의 주요 입력에는 확률 값이 들어가야 한다. 이 값을 할당하는 일은 보통 인간의 판단과 관계가 있다. 그러나 심리학 연구에 따르면 인간은 베이즈 규칙과 모순되지 않는 확률 값을 제대로 도출하지 못한다고 한다(Burns와 Pearl, 1981; Tversky와 Kahneman, 1982). 이는 조건부 확률 값이 전문가가 제시한 사전 확률과 모순될 수도 있다는 것을 암시한다. 시동을 걸었는데도 출발하지 않고 이상한 소리를 내는 차가 있다고 가정해보자. 차가 이상한 소리를 낼 경우, 시동 장치가 고장 났을 조건부 확률을 다음과 같이 표현할 수 있다.

IF 증상은 '이상한 소리' 다
THEN 시동 장치가 고장 났다 {확률 0.7}

차가 이상한 소리를 내는데도 시동 장치가 고장 나지 않을 조건부 확률은 다음과 같다.

$$p(\text{시동 장치가 고장 나지 않았다} \mid \text{이상한 소리}) \\ = p(\text{시동 장치가 정상이다} \mid \text{이상한 소리}) = 1 - 0.7 = 0.3$$

따라서 다음의 대응 규칙을 얻는다.

IF 증상은 '이상한 소리'다
THEN 시동 장치가 정상이다 {확률 0.3}

주제 전문가는 조건부 확률을 취급하지 않으며, 대개 **숨겨진 내재 확률**(hidden implicit probability)(여기서는 0.3)을 고려하지 않는다.

앞의 예에서, 유효한 통계 정보와 경험적 연구를 근거로 다음과 같은 규칙 두 개를 이끌어 낼 수 있다.

IF 시동 장치가 고장 났다
THEN 증상은 '이상한 소리'다 {확률 0.85}

IF 시동 장치가 고장 났다
THEN 증상은 '이상한 소리'가 아니다 {확률 0.15}

베이즈 규칙을 사용하려면 사전 확률, 즉 차가 출발하지 않을 때 시동 장치가 고장 났을 확률이 필요하다. 여기서 전문가의 판단이 필요하다. 전문가가 5%의 값을 제공했다고 가정해보자. 이제 베이즈 규칙 (3.18)을 적용하여 다음 식을 얻을 수 있다.

$$p(\text{시동 장치가 고장 났다} \mid \text{이상한 소리}) = \frac{0.85 \times 0.05}{0.85 \times 0.05 + 0.15 \times 0.95} = 0.23$$

계산한 수는 이 절의 처음에 주어진 전문가의 예측치 0.7보다 훨씬 낮다.

왜 이런 모순이 생기는가, 전문가가 실수한 것인가

그 이유는 전문가가 조건부 확률과 사전 확률을 정할 때 각각 다른 가정을 했기 때문이다. 사후 확

률 p(시동 장치가 고장 났다 | 이상한 소리)에서부터 사전 확률 p(시동 장치가 고장 났다)까지 거꾸로 생각해보면 이를 조사할 수 있다. 이 경우에, 다음과 같이 가정할 수 있다.

$$p(\text{시동 장치가 정상이다}) = 1 - p(\text{시동 장치가 고장 났다})$$

(3.18)로부터 다음을 얻는다.

$$p(H) = \frac{p(H|E) \times p(E|\neg H)}{p(H|E) \times p(E|\neg H) + p(E|H)[1 - p(H|E)]}$$

여기서 각각의 확률은 다음과 같다.

$p(H) = p$(시동 장치가 고장 났다)
$p(H|E) = p$(시동 장치가 고장 났다 | 이상한 소리)
$p(E|H) = p$(이상한 소리 | 시동 장치가 고장 났다)
$p(E|\neg H) = p$(이상한 소리 | 시동 장치가 정상이다)

만일 p(시동 장치가 고장 났다 | 이상한 소리)의 확률을 전문가가 제공한 0.7로 고치면 사전 확률 p(시동 장치가 고장 났다)의 값은 다음과 같이 될 것이다.

$$p(H) = \frac{0.7 \times 0.15}{0.7 \times 0.15 + 0.85 \times (1 - 0.7)} = 0.29$$

이 값은 전문가가 제시한 5%보다 거의 6배 크다. 따라서 전문가는 사전 확률과 조건부 확률에 대해 매우 다른 추정을 한 것이다.

사실 전문가가 제공한 사전 확률 또한 충분 가능성(*LS*)이나 필요 가능성(*LN*)과 일치하지 않을 수 있다. 따라서 이 문제를 처리하기 위한 몇 가지 방법이 제안되었다(Duda 외, 1976). 많이 사용하는 기법은 개별 선형 보간법 모델로, PROSPECTOR에 처음으로 적용했다(Duda 외, 1979).

그러나 실제 베이즈 접근법을 사용하려면 어떤 가정과 부정 하에서 증거의 조건부 독립을 포함하여 많은 가정을 충족해야 한다. 실세계 문제에서는 이런 가정을 제대로 만족하지 못하므로, 몇몇 시스템만이 베이즈 추론에 기반을 두고 만들어졌다. 가장 많이 알려진 전문가 시스템은 광물 탐사를 수행하는 PROSPECTOR다(Duda 외, 1979).

3.6 확신도 이론과 증거 추론

확신도 이론(certainty factors theory)은 베이즈 추론의 대안으로 가장 널리 알려져 있다. 이론의 기본 원리는 순환계 감염이나 뇌막염을 진단하고 치료하는 전문가 시스템인 MYCIN에 처음으로 도입되었다(Shortliffe와 Buchanan, 1975). MYCIN 개발자들은 의학 전문가들이 자신들의 신뢰도를 비논리적이고 수학적으로 일관성 없는 형태로 표현한다는 사실을 발견했다. 게다가 문제 영역에 대한 믿을만한 통계 데이터가 없었다. 이 때문에 MYCIN 팀은 고전적인 확률적 접근법을 사용하지 못하고, **확신도**(*cf*, certainty factor)라는 전문가의 신뢰를 측정하는 수치를 도입하기로 결정했다. 확신도의 최대값은 +1.0(확실히 참)이고, 최소값은 −1.0(확실히 거짓)이다. +값은 신뢰의 정도를 나타내고, −값은 불신의 정도를 나타낸다. 예를 들어, 전문가가 어떤 증거가 거의 확실히 참이라고 말했다면, *cf*는 0.8이 할당될 것이다. [표 3-4]에 MYCIN에서 해석한 불확실성을 나타내는 용어를 정리했다(Durkin, 1994).

[표 3-4] 불확실함을 나타내는 용어들과 그 해석

용어	확신도
확실히 아님	−1.0
거의 확실히 아님	−0.8
아마 아닐 것임	−0.6
어쩌면 아닐 수도 있음	−0.4
알려져 있지 않음	−0.2∼+0.2
어쩌면	+0.4
아마	+0.6
거의 확실히	+0.8
확실히	+1.0

확신도를 사용하는 전문가 시스템에서 기반지식은 다음의 문법을 포함한 규칙으로 이루어진다.

IF 〈증거〉
THEN 〈가설〉 {*cf*}

여기서 *cf*는 증거 E가 발생했다고 할 때 가설 H에 대한 신뢰를 나타낸다.

확신도 이론은 신뢰의 정도 $MB(H, E)$와 불신의 정도 $MD(H, E)$를 나타내는 두 함수에 기초한다

(Shortliffe와 Buchanan, 1975). 함수들은 증거 E를 관찰했을 때 가설 H에 대해 신뢰가 증가하는 정도와 증거 E를 관찰하면서 가설 H에 대한 불신이 증가하는 정도를 나타낸다.

신뢰와 불신의 정도는 사전 확률과 조건부 확률 형식으로 정의할 수 있다(Ng와 Abramson, 1990).

$$MB(H,E) = \begin{cases} 1 & \text{if } p(H) = 1 \\ \dfrac{max\,[p(H|E), p(H)] - p(H)}{max\,[1,0] - p(H)} & \text{otherwise} \end{cases} \tag{3.29}$$

$$MD(H,E) = \begin{cases} 1 & \text{if } p(H) = 0 \\ \dfrac{min\,[p(H|E), p(H)] - p(H)}{min\,[1,0] - p(H)} & \text{otherwise} \end{cases} \tag{3.30}$$

여기서 각각의 확률은 다음과 같다.

$p(H)$: 가설 H가 참일 사전 확률
$p(H \mid E)$: 증거 E가 주어졌을 때 가설 H가 참일 확률

$MB(H, E)$와 $MD(H, E)$에는 0~1 사이의 값이 들어간다. 가설 H에 대한 신뢰나 불신의 강도는 관찰된 증거 E의 종류에 따라 달라진다. 어떤 사실은 신뢰의 강도를 높이지만, 어떤 것은 불신의 강도를 높인다.

가설에 대한 신뢰 또는 불신의 총체적인 강도를 어떻게 결정할 수 있는가
이를 하나의 수치, 확신도로 결합해서 설명하기 위해 다음 식을 사용한다.

$$cf = \frac{MB(H,E) - MD(H,E)}{1 - min\,[MB(H,E), MD(H,E)]} \tag{3.31}$$

따라서 cf는 가설 H에 대한 총체적인 신뢰를 나타내며, MYCIN에서는 $-1 \sim +1$의 값을 갖는다.

MYCIN의 접근 방법을 예를 통해 살펴보자. 다음과 같은 간단한 규칙을 생각해보자.

IF A는 X다
THEN B는 Y다

보통 전문가는 이 규칙이 성립하는지 100% 확신할 수 없다. 또한 규칙의 IF 부분을 만족하여 객체 A에 X 값이 들어있는데, 객체 B의 값이 Z인 경우를 관찰했다고 가정해보자. 즉 통계에 반하는 불확실성이 나타난 것이다.

전문가는 보통 A 값이 X일 때 가능한 B 값 각각에 대해 확신도를 정한다. 따라서 위 규칙은 다음과 같다.

IF	A는 X다
THEN	B는 Y다 $\{cf\ 0.7\}$
	B는 Z다 $\{cf\ 0.2\}$

이는 무엇을 의미하는가, 나머지 10%는 어디로 갔는가

A에 X 값이 주어졌다고 가정하면, B에 Y가 들어갈 확률은 시행횟수의 70%, Z가 들어갈 확률은 시행횟수의 20%라는 것을 의미한다. 나머지 10% 만큼은 어떤 값이든 들어갈 수 있다. 이런 방식으로 전문가는 객체 B에 알려진 두 가지 값(Y, Z) 뿐만 아니라 아직 관찰하지 못한 다른 값이 들어갈 수 있다는 가능성을 남겨둔다.

규칙에 할당된 확신도는 이제 추론 사슬을 통해 전파된다. 확신도가 전파되려면 규칙의 전건에 있는 증거가 불확실할 때 그 규칙의 후건에 대해 최종적인 확실성을 정할 수 있어야 한다. 전건이 하나인 규칙의 최종적인 확실성, $cf(H, E)$는 전건의 확신도 $cf(E)$에 규칙의 확신도 cf를 곱하여 구할 수 있다.

$$cf(H, E) = cf(E) \times cf \tag{3.32}$$

다음의 예를 생각해보자.

IF	하늘이 맑다
THEN	일기예보는 화창한 날씨다 $\{cf\ 0.8\}$

하늘이 맑다의 현재 확신도가 0.5라고 하면 다음과 같다.

$$cf(H, E) = 0.5 \times 0.8 = 0.4$$

[표 3-4]에 따라, 결론은 '어쩌면 화창한 날씨일 것이다'로 해석된다.

전문가 시스템은 여러 개의 전건을 가진 규칙의 확신도를 어떻게 정하는가

다음과 같이 논리곱으로 연결된 규칙을 보자.

IF ⟨증거 E_1⟩
AND ⟨증거 E_2⟩
·
·
·
AND ⟨증거 E_n⟩
THEN ⟨가설 H⟩ {cf}

후건의 최종적인 확실성, 즉 가설 H의 확실성은 다음과 같이 정해진다.

$$cf(H, E_1 \cap E_2 \cap \ldots \cap E_n) = min\,[cf(E_1), cf(E_2), \ldots, cf(E_n)] \times cf \qquad (3.33)$$

다음과 같은 예를 생각해보자.

IF 하늘이 맑다
AND 일기예보는 화창한 날씨다
THEN 취해야 할 행동은 '선글라스를 끼는 것' 이다 {cf 0.8}

하늘이 맑다의 확실성은 0.9, 일기예보는 화창한 날씨다의 확실성이 0.7이라면 다음과 같이 된다.

$$cf(H, E_1 \cap E_2) = min\,[0.9, 0.7] \times 0.8 = 0.7 \times 0.8 = 0.56$$

[표 3-4]에 따라, 결론은 '아마 오늘은 선글라스를 끼는 것이 좋을 것이다' 로 해석된다.

다음과 같이 논리합으로 연결된 규칙을 보자.

IF ⟨증거 E_1⟩
OR ⟨증거 E_2⟩
·
·
·

OR 〈증거 E_n〉
THEN 〈가설 H〉 {cf}

가설 H의 확실성은 다음과 같이 결정된다.

$$cf(H, E_1 \cup E_2 \cup \ldots \cup E_n) = max\,[cf(E_1), cf(E_2), \ldots, cf(E_n)] \times cf \qquad (3.34)$$

다음 예를 보자.

IF 하늘이 흐리다
OR 일기예보는 비오는 날씨다
THEN 취해야 할 행동은 '우산을 가져가는 것' 이다 {cf 0.9}

하늘이 흐리다의 확신도는 0.6, 일기예보는 비오는 날씨다의 확신도가 0.8이라고 하면 다음과 같이 된다.

$$cf(H, E_1 \cup E_2) = max\,[0.6, 0.8] \times 0.9 = 0.8 \times 0.9 = 0.72$$

결론은 '오늘은 거의 확실히 우산을 가져가야 한다' 로 해석된다.

가끔 두 개 또는 그 이상의 규칙이 같은 가설에 영향을 줄 수 있다. 전문가 시스템은 이 상황을 어떻게 처리하는가

두 개 또는 그보다 많은 규칙을 수행한 결과로 같은 결론을 얻으면, 가설 하나에 대한 확신도를 결합하여 제공하도록 이들 규칙에 대한 각각의 확신도를 합쳐야 한다. 기반 지식은 다음의 규칙으로 이루어져 있다고 가정하자.

규칙 1
IF A는 X다
THEN C는 Z다 {cf 0.8}

규칙 2
IF B는 Y다
THEN C는 Z다 {cf 0.6}

규칙 1과 규칙 2가 점화되었을 경우, Z 값을 갖는 객체 C에 어떤 확신도 값이 들어가야 할까? 상식적으로는 서로 다른 출처(규칙 1과 규칙 2)에서 같은 가설(C는 Z다)을 지지하는 두 개의 증거(A는 X다와 B는 Y다)가 있다면, 이 가설에 대한 신뢰도는 증가하고, 이는 하나의 증거만 관찰했을 때보다 더 강해진다.

결합된 확신도를 계산하려면 다음 식을 사용한다(Durkin, 1994).

$$cf(cf_1, cf_2) = \begin{cases} cf_1 + cf_2 \times (1 - cf_1) & \text{if } cf_1 > 0 \text{ and } cf_2 > 0 \\ \dfrac{cf_1 + cf_2}{1 - min\,[|cf_1|, |cf_2|]} & \text{if } cf_1 < 0 \text{ or } cf_2 < 0 \\ cf_1 + cf_2 \times (1 + cf_1) & \text{if } cf_1 < 0 \text{ and } cf_2 < 0 \end{cases} \quad (3.35)$$

여기서 쓰인 기호는 다음과 같다.

- cf_1: 규칙 1에 의해 정해진 가설 H에 대한 확신
- cf_2: 규칙 2에 의해 정해진 가설 H에 대한 확신
- $|cf_1|$과 $|cf_2|$: cf_1과 cf_2의 절대값

다음과 같이 가정해보자.

$$cf(E_1) = cf(E_2) = 1.0$$

(3.32)에서 다음을 얻는다.

$$cf_1(H, E_1) = cf(E_1) \times cf_1 = 1.0 \times 0.8 = 0.8$$
$$cf_2(H, E_2) = cf(E_2) \times cf_2 = 1.0 \times 0.6 = 0.6$$

또한 (3.35)에서 다음을 얻는다.

$$\begin{aligned} cf(cf_1, cf_2) &= cf_1(H, E_1) + cf_2(H, E_2) \times [1 - cf_1(H, E_1)] \\ &= 0.8 + 0.6 \times (1 - 0.8) = 0.92 \end{aligned}$$

이 예는 가설에 대해 신뢰가 점점 증가하는 것을 보여 준다.

이번에는 규칙의 확신도가 반대 부호인 경우를 생각해보자. 다음과 같이 가정하자.

$$cf(E_1) = cf(E_2) = -1.0$$

그러면 다음과 같이 된다.

$$cf_1(H, E_1) = 1.0 \times 0.8 = 0.8$$
$$cf_2(H, E_2) = -1.0 \times 0.6 = -0.6$$

(3.35)에서 다음을 얻는다.

$$cf(cf_1, cf_2) = \frac{cf_1(H, E_1) + cf_2(H, E_2)}{1 - min\left[|cf_1(H, E_1)|, |cf_2(H, E_2)|\right]} = \frac{0.8 - 0.6}{1 - min\left[0.8, 0.6\right]} = 0.5$$

이 예는 하나의 규칙(규칙 1)은 가설을 지지하지만, 다른 하나의 규칙(규칙 2)은 그렇지 않을 때 결합된 확신도, 즉 최종적인 신뢰를 얻는 방법을 보여준다.

규칙의 확신도가 음의 부호를 갖는 경우를 생각해보자. 다음과 같이 가정하자.

$$cf(E_1) = cf(E_2) = -1.0$$

그러면 다음과 같다.

$$cf_1(H, E_1) = -1.0 \times 0.8 = -0.8$$
$$cf_2(H, E_2) = -1.0 \times 0.6 = -0.6$$

(3.35)에서 다음을 얻는다.

$$\begin{aligned} cf(cf_1, cf_2) &= cf_1(H, E_1) + cf_2(H, E_2) \times [1 + cf_1(H, E_1)] \\ &= -0.8 - 0.6 \times (1 - 0.8) = -0.92 \end{aligned}$$

이 예는 어떤 가설에 대해 불신이 점점 증가하는 것을 나타낸다.

확신도 이론은 베이즈 추론보다 훨씬 **실용적인** 대안이다. 확신도를 결합하는 휴리스틱 방식은 확률 값을 결합하는 방식과는 다르다. 확신도는 '수학적으로 완전' 하지는 않지만, 인간 전문가의 사고 방식을 모방한 것이다.

증거 추론과 규칙의 집합으로 확신도 전파 방식을 설명하기 위해 3.4절에서 만들었던 FORECAST 전문가 시스템을 다시 생각해보자.

3.7 FORECAST: 확신도의 응용 사례

전문가 시스템은 내일 비가 올지 안 올지를 예측해야 한다. 즉, 값이 여러 개가 될 수 있는 객체 내일에 대한 확신도를 설정해야 한다. 작업을 간단하게 하기 위해 3.4절에서 사용한 규칙 집합을 사용하자.

기반 지식

/* FORECAST: 확신도의 응용

control *cf*
control '임계값 0.01'

규칙 1
IF 오늘은 비가 온다
THEN 내일은 비가 온다 {cf 0.5}

규칙 2
IF 오늘은 맑다
THEN 내일은 맑다 {cf 0.5}

규칙 3
IF 오늘은 비가 온다
AND 강우량이 적다
THEN 내일은 맑다 {cf 0.6}

규칙 4
IF 오늘은 비가 온다
AND 강우량이 적다
AND 기온이 낮다
THEN 내일은 맑다 {cf 0.7}

규칙 5
IF 오늘은 맑다
AND 기온이 높다
THEN 내일은 비가 온다 {cf 0.65}

규칙 6
IF 오늘은 맑다
AND 기온이 높다
AND 하늘이 흐리다
THEN 내일은 비가 온다 {cf 0.55}

seek 내일

대화

확신도에 기반을 둔 부정확한 추론 기법을 적용하려면 전문가 시스템은 사용자에게 객체 값뿐만 아니라 그 값과 관련된 확신도를 함께 입력받아야 한다. 예를 들어, Leonardo 척도를 0~1.0 사이의 값을 사용하면 다음과 같은 대화가 가능하다.

오늘의 날씨는 어떻습니까?
⇒ **비가 온다**

규칙 1
IF 오늘은 비가 온다
THEN 내일은 비가 온다 {cf 0.5}

cf(내일은 비가 온다, 오늘은 비가 온다) = cf(오늘은 비가 온다) × cf = 1.0 × 0.5 = 0.5
내일은 비가 온다 {0.50}

오늘의 강우량은 어떻습니까?

⇒ **적다**

강우량이 적다고 어느 정도로 믿고 있습니까? 0~1.0 사이의 숫자로 확실성을 입력해주십시오.

⇒ 0.8

규칙 3

IF 오늘은 비가 온다
AND 강우량이 적다
THEN 내일은 맑다 {cf 0.6}

cf(내일은 맑다, 오늘은 비가 온다 ∩ 강우량이 적다)

$= min[$(오늘은 비가 온다), cf(강우량이 적다)$] \times cf = min[1, 0.8] \times 0.6 = 0.48$

내일은 비가 온다 {0.50}
내일은 맑다 {0.48}

오늘 기온은 어떻습니까?

⇒ **낮다**

기온이 낮다고 어느 정도로 믿고 있습니까? 0~1.0 사이의 숫자로 확실성을 입력해주십시오.

⇒ 0.9

규칙 4

IF 오늘은 비가 온다
AND 강우량이 적다
AND 기온이 낮다
THEN 내일은 맑다 {cf 0.7}

cf(내일은 맑다, 오늘은 비가 온다 ∩ 강우량이 적다 ∩ 기온이 낮다)

$= min[cf$(오늘은 비가 온다), cf(강우량이 적다), cf(기온이 낮다)$] \times cf$

$= min[1, 0.8, 0.9] \times 0.7 = 0.56$

내일은 맑다 {0.56}
내일은 비가 온다 {0.50}

$$cf(cf_{\text{Rule:3}}, cf_{\text{Rule:4}}) = cf_{\text{Rule:3}} + cf_{\text{Rule:4}} \times (1 - cf_{\text{Rule:3}})$$
$$= 0.48 + 0.56 \times (1 - 0.48) = 0.77$$

내일은 맑다 {0.77}
내일은 비가 온다 {0.50}

이제 내일의 날씨가 맑을 가능성은 거의 확실하다고 결론지을 수 있다. 또한 비가 약간은 내릴 수도 있다.

3.8 베이즈 추론과 확신도의 비교

지금까지 전문가 시스템에서 불확실성을 다루는 가장 유명한 두 가지 기법을 살펴보았다. 이제 이 기법들을 비교하고, 어떤 문제에 베이즈 추론 또는 확신도를 효과적으로 적용할 수 있는지 알아보자.

확률 이론은 부정확한 지식과 무작위 데이터를 다루는 가장 오래되고 체계가 잘 잡힌 기법이다. 이는 통계적인 데이터가 있고 정확한 확률적 표현이 가능한 예측이나 계획 분야에서 잘 동작한다.

베이즈 기법을 적용한 전문가 시스템인 PROSPECTOR는 광석 매장소를 찾는 탐사 지리학자를 돕기 위해 개발되었다. 이 시스템은 매우 성공적이었는데, 일례로 PROSPECTOR는 지리학적, 지구 물리학적, 지구 화학적 데이터를 사용하여 워싱턴 주에 있는 톨만(Tolman) 산 근처에 몰리브덴이 있다는 사실을 예측했다(Campbell 외, 1982). PROSPECTOR 팀은 잘 알려진 광물 매장소에 대한 데이터와 믿을만한 통계 정보를 사용할 수 있었고, 각 사건의 확률 역시 잘 정의되어 있었다. 또한 베이즈 접근법을 적용하기 위한 제약 조건인 증거의 조건부 독립성도 가정할 수 있었다.

그러나 전문가 시스템을 적용할 수 있는 여러 분야에는 믿을만한 통계 정보가 없거나 증거의 조건부 독립을 가정할 수 없었다. 그 결과, 많은 연구자는 베이즈 방법이 자신의 작업에 적합하지 않다는 사실을 알게 되었다. 예를 들면, 쇼틀리프(Shortliffe)와 뷰캐넌(Buchanan)은 의학 분야에서 필요한 데이터를 얻을 수 없었기 때문에 MYCIN에 고전적인 확률 기법을 사용할 수 없었다(Shortliffe와 Buchanan, 1975). 이런 불만 때문에 확신도 이론이 개발되었다.

확신도 접근 방식은 확률 이론에서 볼 수 있는 수학적 정확성이 부족했지만, 진단, 특히 의학 진단 분야에서는 베이즈 추론을 능가하는 것으로 드러났다. MYCIN과 같은 진단 전문가 시스템에서 규칙과 확신도는 전문가의 지식과 직관적 판단에서 비롯한다. 확신도는 확률이 알려지지 않거나 확률 값을 얻는 데 드는 비용이 매우 클 때 사용한다. 증거 추론 메커니즘은 신뢰의 정도가 서로 다른 증거를 다룰 수 있을 뿐만 아니라 점진적으로 습득하는 증거, 가설의 논리적 결합도 다룰 수 있다. 게다가 확신도 접근은 규칙기반 전문가 시스템에서 제어의 흐름을 훨씬 잘 설명할 수 있다.

베이즈 접근과 확신도는 서로 다르지만, 개인적이고 주관적이며 질이 좋은 정보의 양을 잴 수 있는 전문가를 찾아야 한다는 공통된 문제점이 있다. 인간은 편협해지기 쉽다. 그러므로 불확실성을 다루는 기법을 선택할 때는 주제 전문가에게 전적으로 맡긴다.

베이즈 방법은 신뢰성 있는 통계 데이터와 진행을 이끌어갈 지식 공학자가 있고, 결정에 대해 전문가와 분석적이고 진지한 대화를 할 수 있는 경우에 가장 적합하다. 위 조건 중 하나라도 부족하다면 베이즈 접근법은 너무 멋대로가 되고, 심지어 편협해져서 의미있는 결과를 얻을 수 없다. 또한 베이즈 신뢰 전파는 지수적으로 복잡하여 큰 기반 지식에는 실용적이지 않다.

확신도 기법은 비록 이론적인 기반이 부족하지만, 전문가 시스템에서 불확실성을 다룰 수 있는 단순한 접근 방식을 제공하고, 여러 응용 분야에서 인정할 만한 결과를 제시한다.

3.9 요약 Summary

이 장에서는 전문가 시스템에서 사용하는 불확실성 처리 기법인 베이즈 추론과 확신도를 소개했다. 지식이 불확실해지는 주된 요인을 파악하고, 확률 이론을 간단히 복습했다. 증거를 누적하는 베이즈 방법을 고려하여 베이즈 접근에 기반을 둔 간단한 전문가 시스템을 개발했다. 그런 다음 베이즈 추론의 대안으로 떠오른 확신도 이론을 살펴보고 증거 추론에 기반을 둔 전문가 시스템을 개발했다. 마지막으로 베이즈 추론과 확신도를 비교하고 각각에 적절한 응용 분야를 결정했다.

이 장에서 다룬 핵심 내용은 다음과 같다.

- 불확실성은 완전히 믿을만한 결론에 이르게끔 해주는 정확한 정보가 부족하다는 것을 뜻한다. 전문가 시스템에서 지식이 불확실해지는 주된 이유는 상관관계가 취약한 함축, 부정확한 언어, 데이터의 분실, 다른 전문가의 관점을 통합하면서 겪는 어려움 때문이다.
- 확률 이론은 전문가 시스템에서 불확실성을 다룰 수 있도록 정확하고 수학적으로 올바른 접근법을 제시한다. 베이즈 규칙은 일부 증거를 관찰했을 때 가설의 확률을 결정하게 해준다.
- 광물 탐사용 전문가 시스템인 PROSPECTOR는 시스템 전체에 걸쳐 불확실성을 전파하는 증거의 베이즈 규칙을 적용하여 성공한 첫 시스템이다.
- 베이즈 접근법에서 전문가는 가설 H의 사전 확률과 증거 E가 있는 경우, 가설에 대한 신뢰도를 측정하려면 충분 가능성 LS 값을, 같은 증거가 없는 경우 가설에 대한 불신도를 측정하려면 필요 가능성 LN 값을 제공해야 한다. 베이즈 방법은 다음과 같은 형태로 규칙을 사용한다.

IF　　E가 참 {LS, LN}
THEN　H가 참 {사전 확률}

- 베이즈 접근법을 적용하려면 증거의 조건부 독립성을 만족해야 한다. 또한 믿을 만한 통계 데이터가 있어야 하고, 각 가설에 대해 사전 확률을 정의해야 한다. 그러나 대부분의 실세계 문제는 이런 요건을 충족시키지 못하므로 단지 몇몇 시스템만이 베이즈 추론을 적용했다.
- 확신도 이론은 베이즈 추론의 대안으로 많이 쓰인다. 이 이론의 기본 원칙은 진단 의학 전문가 시스템인 MYCIN에 도입되었다.
- 확신도 이론은 전문가 시스템에서 불확실성을 다루는 판단적 접근 방식을 제공한다. 전문가는 증거 E를 관찰했을 때 가설 H에 대한 신뢰 수준을 표현하기 위해 확신도 cf를 제공해야 한다. 확신도 방법은 다음과 같은 형태로 규칙을 사용한다.

IF　　E가 참
THEN　H가 참 {cf}

- 확신도는 확률이 알려지지 않았거나 확률 값을 쉽게 얻을 수 없는 경우에 사용한다. 확신도 이론은 신뢰 정도가 서로 다른 증거뿐만 아니라 점진적으로 습득하는 증거, 가설의 논리적 결합을 다룰 수 있다.
- 베이즈 접근과 확신도는 서로 다르지만, 개인적이고 주관적이며 질이 좋은 정보의 크기를 잴 수 있는 전문가를 찾아야 한다는 공통된 문제점이 있다.

Chapter_03 연습문제

01 불확실성이란 무엇인가? 지식이 부정확하고 데이터가 불완전하거나 모순이 생길 때는 언제인가?

02 확률이란 무엇인가? 사건 B가 일어났을 때 사건 A가 일어날 조건부 확률을 수학적으로 기술하라. 베이즈 규칙은 무엇인가?

03 베이즈 추론은 무엇인가? 전문가 시스템은 잠정적으로 참인 가설의 순위를 어떻게 결정하는가? 예를 들어라.

04 PROSPECTOR 팀이 불확실성을 다루는 기법으로 베이즈 접근법을 적용한 이유는 무엇인가? 베이즈 추론을 효과적으로 적용하려면 어떤 요건을 만족해야 하는가?

05 충분 가능성과 필요 가능성은 무엇인가? 전문가는 어떻게 *LS*와 *LN*의 값을 정하는가?

06 사전 확률이란 무엇인가? 베이즈 추론에 기반을 둔 전문가 시스템에서 규칙을 표현하는 예를 들어라.

07 규칙기반 전문가 시스템은 베이즈 접근법을 사용하여 불확실성을 어떻게 전파시키는가?

08 조건부 확률과 전문가가 제공한 사전 확률이 모순되는 이유가 무엇인가? 그런 모순의 예를 들어라.

09 확신도 이론을 베이즈 추론의 실용적 대안으로 여기는 이유는 무엇인가? 신뢰의 척도와 불신의 척도는 무엇인가? 확신도를 정의하라.

10 전문가 시스템은 논리곱, 논리합 규칙에 대한 최종적인 확실성을 어떻게 확립하는가? 그런 경우의 예를 들어라.

11 전문가 시스템은 같은 가설에 영향을 끼치는 두 개 혹은 그 이상의 규칙의 확신도를 어떻게 결합하는가? 예를 들어라.

12 베이즈 추론과 확신도를 비교하라. 베이즈 추론이 적합한 응용 분야와 확신도가 적합한 응용 분야를 제시하고, 그 이유를 설명하라. 두 방법의 공통된 문제점은 무엇인가?

참고문헌

[01] Bhatnagar, R.K. and Kanal, L.N. (1986). Handling uncertain information: A review of numeric and non-numeric methods, *Uncertainty in AI*, L.N. Kanal and J.F. Lemmer, eds, Elsevier North-Holland, New York, pp. 3–26.

[02] Bonissone, P.P. and Tong, R.M. (1985). Reasoning with uncertainty in expert systems, *International Journal on Man-Machine Studies*, 22(3), 241–250.

[03] Burns, M. and Pearl, J. (1981). Causal and diagnostic inferences: A comparison of validity, *Organizational Behaviour and Human Performance*, 28, 379–394.

[04] Campbell, A.N., Hollister, V.F., Duda, R.O. and Hart, P.E. (1982). Recognition of a hidden mineral deposit by an artificial intelligence program, *Science*, 217(3), 927–929.

[05] Good, I.J. (1959). Kinds of probability, *Science*, 129(3347), 443–447.

[06] Duda, R.O., Hart, P.E. and Nilsson, N.L. (1976). Subjective Bayesian methods for a rule-based inference system, *Proceedings of the National Computer Conference (AFIPS)*, vol. 45, pp. 1075–1082.

[07] Duda, R.O., Gaschnig, J. and Hart, P.E. (1979). Model design in the PROSPECTOR consultant system for mineral exploration, *Expert Systems in the Microelectronic Age*, D. Michie, ed., Edinburgh University Press, Edinburgh, Scotland, pp. 153–167.

[08] Durkin, J. (1994). *Expert Systems Design and Development*. Prentice Hall, Englewood Cliffs, NJ.

[09] Feller, W. (1957). *An Introduction to Probability Theory and Its Applications*. John Wiley, New York.

[10] Fine, T.L. (1973). *Theories of Probability: An Examination of Foundations*. Academic Press, New York.

[11] Firebaugh, M.W. (1989). *Artificial Intelligence: A Knowledge-based Approach*. PWS-KENT Publishing Company, Boston.

[12] Hakel, M.D. (1968). How often is often? *American Psychologist*, no. 23, 533–534.

[13] Naylor, C. (1987). *Build Your Own Expert System*. Sigma Press, England.

[14] Ng, K.-C. and Abramson, B. (1990). Uncertainty management in expert systems, *IEEE Expert*, 5(2), 29–47.

[15] Shortliffe, E.H. and Buchanan, B.G. (1975). A model of inexact reasoning in medicine, *Mathematical Biosciences*, 23(3/4), 351–379.

[16] Simpson, R. (1944). The specific meanings of certain terms indicating differing degrees of frequency, *The Quarterly Journal of Speech*, no. 30, 328–330.

[17] Stephanou, H.E. and Sage, A.P. (1987). Perspectives on imperfect information processing, *IEEE Transactions on Systems, Man, and Cybernetics*, SMC-17(5), 780–798.

[18] Tversky, A. and Kahneman, D. (1982). Causal schemes in judgements under uncertainty, *Judgements Under Uncertainty: Heuristics and Biases*, D. Kahneman, P. Slovic and A. Tversky, eds, Cambridge University Press, New York.

Chapter

04

퍼지 전문가 시스템

Fuzzy expert systems

학습목표

- 퍼지 집합론에 대해 살펴본다.
- 예제를 통해 퍼지 전문가 시스템 구축 방법을 이해한다.

4.1 퍼지 사고란?

전문가들은 보통 상식에 따라 문제를 풀고, 막연하거나 모호한 용어를 사용하기도 한다. 이를테면, 어떤 전문가가 "변압기에 약간 과부하가 걸려 있지만, 이 부하를 잠시 유지할 수 있다"고 말했다고 하자. 다른 전문가들은 이 말을 알아듣고 해석하는 데 아무런 어려움을 겪지 않는다. 이런 식으로 설명한 문제를 많이 접해봤기 때문이다. 그러나 지식 공학자들은 컴퓨터를 이와 같은 수준으로 이해시키기 어려울 것이다. 막연하거나 모호한 용어를 사용하는 전문가의 지식을 컴퓨터에서 어떻게 나타낼 수 있을까? 이것은 과연 가능한 일일까?

이 장에서는 **퍼지 집합론**(fuzzy set theory)과 **퍼지 논리**(fuzzy logic)를 탐구하여 의문을 해결하고자 한다. 퍼지 논리의 이면에 있는 철학적인 개념을 개관하고, 퍼지 논리에서 사용하는 도구를 검토한 다음 퍼지 전문가 시스템에서 퍼지 논리를 사용하는 방법을 살펴볼 것이다.

사소하지만 그래도 기본적이고 핵심적인 문구에서 시작해보자. 퍼지 논리는 영어 단어 퍼지(fuzzy)가 뜻하는 것처럼 모호한 논리가 아니라, 모호한 대상을 다루는 논리다. 퍼지 논리는 퍼지 집합, 즉 모호한 정도를 조절할 수 있는 집합에 대한 이론이다. 퍼지 논리는 만물에는 어떤 정도를 나타낼 여지가 있다는 생각에서 시작한다. 온도, 높이, 빠르기, 거리, 미모, 모두 경계가 불분명한 척도를 나타낸다. 모터가 **정말 뜨겁게** 돈다. 톰은 **매우 키가 큰** 친구다. 전기 자동차가 **매우 빠른 것은 아니다.** 고성능 드라이브에는 **매우 빠른** 움직임과 **정밀한** 조절이 필요하다. 호바트와 멜버른의 거리는 **꽤 가깝다.** 시드니는 **아름다운** 도시다. 이렇게 경계가 불분명한 척도로는 어떤 등급에 속하는 것과 그렇지 않은 것을 구분할 수 없다. 언덕이 얼마나 높으면 산이 될까?

불 논리(Boolean logic), 즉 전통적인 논리는 확실하게 구분된다. 여기서는 어떤 등급에 속하는 것과 그렇지 않은 것 사이에 선을 긋는다. 이것은 모래 위에 줄을 긋는 것과 같다. 이를테면, '전기 자동차의 최대 주행 거리는 짧다' 고 한다면, 거리가 300km 미만인 경우를 짧다, 300km 이상인 경우를 길다고 생각할 수 있다. 이 기준에 따르면 301km(300.5km나 300.001km도 마찬가지)를 주파할 수 있는 전기자동차는 모두 최대 주행 거리가 길다. 이와 비슷하게 톰이 181cm이기 때문에 크다고 할 수도 있다. 만약 180cm에 선을 긋는다면 키가 179cm인 데이비드는 작은 편이다. 데이비드의 키가 정말 작은 것일까? 아니면 우리가 모래 위에 임의로 줄을 그었기 때문에 생기는 결과일 뿐일까? 퍼지 논리를 사용하면 이런 불합리를 피할 수 있다.

퍼지 논리는 사람들이 생각하는 방식을 반영한다. 퍼지 논리는 낱말, 의사 결정, 상식에 대한 인간의 인식을 모델링한다. 그 결과 퍼지 논리는 새롭고 더욱 인간적이며 지능을 갖춘 시스템을 이끌어 낸다.

퍼지 혹은 다변수 논리는 1930년대에 폴란드의 논리학자이자 철학자인 얀 루카지위츠(Jan Lukasiewicz)가 창안했다(Lukasiewicz, 1930). 루카지위츠는 **크다**, **오래되다**, **뜨겁다** 같은 용어를 기초로 모호함을 수학적으로 표현고자 했다. 고전 논리 연산은 1(참)과 0(거짓) 값만 다루지만, 루카지위츠는 진리값의 범위를 0~1 사이에 있는 모든 실수로 확장했다. 루카지위츠는 이 범위에 있는 수를 주어진 문장이 참이나 거짓일 **가능성**을 나타내는 데 사용했다. 이를테면, 키가 181cm인 남자가 정말로 큰 키라는 가능성을 0.86이라는 값으로 정할 수 있다면, 이 남자는 큰 키**일 것이다.** 이와 같은 연구에서 명확하지 않은 대상을 다루는 **가능성 이론**(possibility theory)이라는 추론 기법이 나왔다.

이후 1937년에 철학자 맥스 블랙(Max Black)은 「막연함: 논리 해석의 과제(Vagueness: an exercise in logical analysis)」라는 논문을 발표했다(Black, 1937). 이 논문에서 블랙은 연속체는 정도(degree)를 내포한다고 주장했다. 예를 들어, 셀 수 없이 많은 '의자'가 줄지어 있다고 해보자. 한쪽 끝은 치펜데일(영국의 가구 장인 이름) 가구고, 바로 다음 의자는 치펜데일 가구는 아니지만, 사실상 첫 번째 의자와 크게 다르지 않다. 이어지는 '의자' 들은 점점 의자의 형태와 멀어지며 줄의 반대쪽 끝에서는 통나무가 된다. 어느 지점에서 **의자**가 **통나무**가 되는가? **의자**라는 개념은 **의자**와 **의자가 아닌 것**을 구별하는 명확한 선을 긋는 것을 허용하지 않는다. 블랙은 어떤 연속체가 이산적(discrete)이라면 연속체의 구성원마다 숫자를 부여할 수 있으며, 이 숫자는 정도를 나타낸다고 했다. 문제는 무엇에 대한 정도인가다. 블랙은 줄지어 있는 '의자' 중 하나를 **의자**라고 하는 사람들의 비율을 숫자로 나타냈다. 다시 말해서, 블랙은 모호함을 확률 문제로 생각했다.

블랙의 가장 중요한 공헌은 이 논문의 부록에 있다. 여기에 간단한 퍼지 집합을 최초로 정의했고, 퍼지 집합 연산에 대한 기본적인 발상을 선보였다.

1965년 버클리에 있는 캘리포니아 대학교 전기공학부 교수이자 학장인 로트피 자데(Lotfi Zadeh)는 유명한 논문인 「퍼지 집합(Fuzzy sets)」을 발표했다. 자데는 사실상 퍼지성을 재발견하였으며, 이를 증명하고 탐구하였다. 또한 퍼지 연구를 활성화하고 퍼지를 위한 논쟁을 벌였다.

자데는 가능성 이론에 대한 연구를 수학 논리의 형식 체계로 확장했다. 무엇보다 중요한 것은 자연어 용어를 적용하기 위해 새로운 개념을 도입했다는 점이다. 퍼지 용어를 표현하고 조작하기 위한 새로운 논리를 퍼지 논리라 했으며, 자데는 퍼지 논리의 거장이 되었다.

왜 퍼지일까

자데가 말했듯이, 퍼지라는 용어는 구체적이고 직접적이며 설명적이어서 무엇을 의미하는지 쉽게 이해할 수 있다. 하지만 수많은 서양인은 주로 부정적인 감정을 나타낼 때 사용하는 퍼지라는 단어에 거부감을 느낀다.

왜 논리일까

모호성은 퍼지 집합론에 항상 존재하고, 퍼지 논리는 이 이론의 일부분일 뿐이다. 그러나 자데는 퍼지 논리라는 용어를 좀 더 넓은 뜻으로 사용했다(Zadeh, 1965).

> 퍼지 논리는 고전적인 이진 논리(binary logic)처럼 소속을 분명히 하는 것이 아니라, 어느 정도 속하는지를 바탕으로 지식을 표현하는 일련의 수학 원리다.

2치 논리인 불 논리와 달리 퍼지 논리는 **다치 논리**(multi-valued logic)다. 퍼지 논리는 **소속도**(degrees of membership)와 **진리도**(degrees of truth)를 다룬다. 퍼지 논리는 0(완전한 거짓)과 1(완전한 참) 사이에 있는 연속된 논리값을 사용한다. 퍼지 논리는 검정과 하양만 다루는 대신 다양한 색깔을 사용한다. 즉 어떤 대상이 동시에 참이면서도 거짓인 경우를 허용한다. [그림 4-1]에서 볼 수 있듯 퍼지 논리는 불 논리에 논리값 범위를 더한 것이다. 고전적인 이진 논리는 다치 퍼지 논리의 특수한 경우로 볼 수 있다.

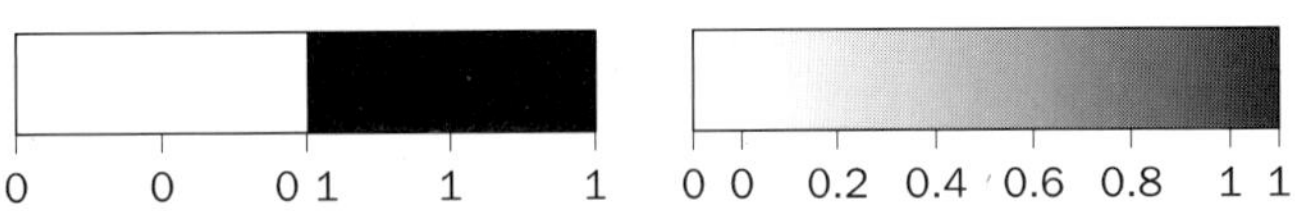

(a) 불 논리 (b) 다치 논리(퍼지 논리)

[그림 4-1] 불 논리와 퍼지 논리에서 논리값의 범위

4.2 퍼지 집합

집합이라는 개념은 수학의 근본이다. 그러나 우리가 쓰는 자연어는 집합의 궁극적인 표현이다. 이를테면, 자동차는 자동차의 집합을 가리킨다. 자동차 한 대라는 말은 자동차 집합의 원소 하나라는 의미다.

X를 고전적인 크리스프 집합(crisp set, 분명한 집합)이고, x를 원소라 하자. 그러면 원소 x는 X에 속하거나($x \in X$), X에 속하지 않거나($x \notin X$) 둘 중 하나다. 즉 고전적인 집합론에서는 이 집합에 명확한 경계를 긋고, 이 집합의 원소에는 1을, 원소가 아닌 것에는 0을 대입한다. 이는 이분법 원리(principle of dichotomy)다. 이제 이 원리에 대해 논의해보자.

다음과 같은 고전적인 논리 역설을 생각해보자.

1 피타고라스 학파(Pythagorean School)

 질문: 크레타 철학자가 '모든 크레타 사람은 항상 거짓만 말한다'고 주장한다면, 이 철학자는 진실을 말하고 있을까?

 불 논리: 이 주장은 모순이다.

 퍼지 논리: 이 철학자는 진실을 말하고 있으면서 진실을 말하고 있지 않다.

2 러셀의 역설(Russell's Paradox)

 마을의 이발사는 스스로 머리를 깎지 않는 사람의 머리만 깎는다.

 질문: 이발사의 머리는 누가 깎을까?

 불 논리: 이 주장은 모순이다.

 퍼지 논리: 이발사는 자신의 머리를 깎으면서 깎지 않는다.

크리스프 집합론은 참과 거짓 두 가지 값만 쓰는 논리를 따른다. 모호한 개념을 표현할 수 없기 때문에 역설에 대한 해답을 제시하지 못한다. 퍼지 집합론의 기본 발상은 원소가 퍼지 집합에 어느 정도 속한다는 것이다. 따라서 명제는 참 또는 거짓이 아니라 어느 정도는 부분적으로 참(이거나 부분적으로 거짓)일 수 있다. 정도는 보통 [0,1] 범위의 실수값으로 표현한다.

키가 큰 남자는 퍼지 집합론의 고전적인 예제다. 퍼지 집합 '키가 큰 남자'의 원소는 모든 남자지만, 이 집합의 소속도는 [표 4-1]에서 보듯 키에 좌우된다. 이를테면, 키가 205cm인 마크는 소속도 1, 키가 152cm인 피터는 소속도 0으로 구분할 수 있다. 중간에 있는 사람들은 그 사이에 있는 값으로, 부분적으로는 크다. 어떤 사람을 크다고 할지는 사람마다 생각이 다르다. 그러나 키가 큰 남자 집합에 들어갈 후보에게는 [표 4-1]과 같은 값이 할당될 것이다.

크리스프 집합이란 '이 남자는 키가 클까?'라고 질문한 다음, 180cm 같은 기준선을 긋는 것이다. 따라서 키가 큰 남자는 180cm 이상, 키가 작은 남자는 180cm 미만으로 나뉜다. 이와 대조적으로 퍼지 집합은 '이 남자는 키가 얼마나 클까?'라고 질문한다. 이에 대한 답변이 퍼지 집합의 부분적인 소속도가 된다. 이를테면, 톰은 0.82만큼 크다.

[표 4-1] '키가 큰 남자'에 대한 소속도

이름	키(cm)	소속도	
		크리스프	퍼지
크리스	208	1	1.00
마크	205	1	1.00
존	198	1	0.98
톰	181	1	0.82
데이비드	179	0	0.78
마이크	172	0	0.24
밥	167	0	0.15
스티븐	158	0	0.06
빌	155	0	0.01
피터	152	0	0.00

[그림 4-2]를 보면, 퍼지 집합은 경계를 넘을 때 점진적으로 전이한다. '매우 키가 작은 남자', '키가 작은 남자', '키가 보통인 남자', '매우 키가 큰 남자' 같은 집합도 생각할 수 있다.

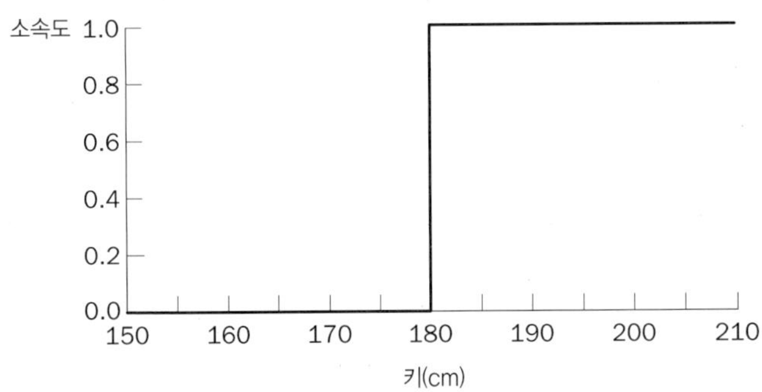

(a) 크리스프 집합

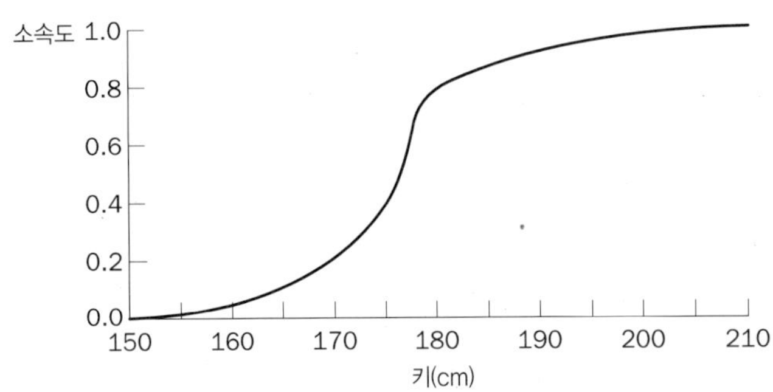

(b) 퍼지 집합

[그림 4-2] '키가 큰 남자'에 대한 크리스프 집합과 퍼지 집합

[그림 4-2]에서 가로축은 논의 영역(universe of discourse), 즉 선택한 변수에 적용할 수 있는 모든 값의 범위를 나타낸다. 이 예에서 변수는 사람의 키다. 그림을 보면 남자 키의 영역은 모두 키가 큰 남자로 구성된다. 그러나 영역은 문맥에 따라 다를 수 있기 때문에 보통 선택의 여지가 남는다. 이를테면, '키가 큰 남자'의 집합은 인간 키 영역의 일부일 수도 있고, 포유동물 키 영역의 일부일 수도 있고, 모든 동물 키 영역의 일부일 수도 있다.

[그림 4-2]의 세로축은 퍼지 집합에 대한 소속값을 나타낸다. 앞의 예에서 '키가 큰 남자'에 대한 퍼지 집합은 키 값을 관련 소속값에 대응시킨다. 그림을 보면 키가 179cm인 데이비드는 톰보다 2cm 작을 뿐인데(크리스프 집합에서처럼) 갑자기 더 이상 키가 **크지 않은** (또는 작은) 남자가 되는 것은 아니다. 퍼지 집합에서는 데이비드와 그 외의 남자들이 키가 작아질수록 점점 '키가 큰 남자' 집합에서 빠지게 된다.

퍼지 집합이란 무엇일까

퍼지 집합은 단순히 경계가 모호한 집합으로 정의할 수 있다. X를 논의 영역, x를 이 영역의 원소라 하자. 고전적인 집합론에서 X상의 크리스프 집합 A는 A에 대한 **특성 함수**(characteristic function) $f_A(x)$를 써서 정의한다.

$$f_A(x) : X \to [0, 1] \tag{4.1}$$

여기서 $f_A(x)$는 다음과 같다.

$$f_A(x) = \begin{cases} 1, & \text{if } x \in A \\ 0, & \text{if } x \notin A \end{cases}$$

이 집합은 영역 X를 두 원소로 이루어진 집합에 대응시킨다. 영역 X의 특정 원소 x가 있을 때, 특성 함수 $f_A(x)$는 x가 A의 원소면 1이고, x가 A의 원소가 아니면 0이다.

퍼지 이론에서 영역 X에 속한 퍼지 집합 A는 함수 $\mu_A(x)$를 써서 다음과 같이 정의한다. 이 함수를 집합 A에 대한 **소속 함수**(membership function)라 한다.

$$\mu_A(x) : X \to [0, 1] \tag{4.2}$$

여기서 $\mu_A(x)$는 다음과 같다.

$\mu_A(x) = 1$ x가 완전히 A에 속한 경우

$\mu_A(x) = 0$ x가 완전히 A에 속하지 않는 경우

$0 < \mu_A(x) < 1$ x가 부분적으로 A에 속한 경우

이 집합에서 가능한 선택지는 연속적인 값이 될 수 있다. 영역 X의 특정 원소 x가 있을 때, 소속 함수 $\mu_A(x)$는 x가 집합 A에 속하는 정도다. 이는 0~1 사이의 값으로 소속도를 나타내며, 집합 A에서 원소 x의 **소속값**(membership value)이라고도 한다.

컴퓨터에서 퍼지 집합을 어떻게 나타낼까

소속 함수를 먼저 결정해야 한다. 여기에 지식 획득에서 학습한 여러 가지 방법을 적용할 수 있다. 예를 들어보자. 퍼지 집합을 구성할 때 매우 실용적인 접근법 중 하나는 전문가 한 사람의 지식에 의존하는 방법이다. 전문가에게 원소가 주어진 집합에 속하는지를 물어본다. 다른 유용한 접근법은 여러 전문가에게서 지식을 얻는 방법이다. 최근에 퍼지 집합을 만드는 새로운 기법으로 인공 신경망(artificial neural networks)을 이용하는 방법이 소개되었다. 인공 신경망은 사용 가능한 시스템 연산 데이터를 학습한 다음 자동으로 퍼지 집합을 유도해낸다.

이제 '키가 큰 남자' 예제로 돌아가자. 남자의 키에 대한 지식을 얻은 후에는 **키가 큰 남자**에 대한 퍼지 집합을 만들 수 있다. 같은 방법으로 **키가 작은 남자**나 **키가 보통인 남자**에 대한 퍼지 집합도 얻을 수 있다. 이 집합들을 크리스프 집합과 함께 [그림 4-3]으로 나타낼 수 있다. 이 집합들의 논의 영역인 남자의 키는 **키가 작은 남자**, **키가 보통인 남자**, **키가 큰 남자**라는 세 집합으로 이루어진다. 여기서 볼 수 있듯, 퍼지 논리에서는 키가 184cm인 남자는 키가 보통인 남자 집합의 구성원으로서 소속도가 0.1이고, 동시에 **키가 큰 남자** 집합의 구성원으로서 소속도가 0.4다. 이는 키가 184cm인 남자가 여러 집합에 부분적으로 소속되어 있음을 뜻한다.

이제 **참조 초집합**(reference super set)이라고도 하는 논의 영역 X가 원소 다섯 개를 포함하는 크리스프 집합 $X = \{x_1, x_2, x_3, x_4, x_5\}$라고 하자. 그리고 X의 크리스프 부분 집합 A가 원소 두 개로 이루어져 있다고 하자. 즉 $A = \{x_2, x_3\}$이다. 부분 집합 A는 이제 $A = \{(x_1, 0), (x_2, 1), (x_3, 1), (x_4, 0), (x_5, 0)\}$, 즉 $\{(x_i, \mu_A(x_i))\}$쌍의 집합으로 나타낼 수 있다. 여기서 $\mu_A(x_i)$는 부분 집합 A의 원소 x_i에 대한 소속 함수다.

문제는 $\mu_A(x)$가 0 또는 1이라는 두 값만 취할 수 있는가, 아니면 0~1 사이의 어떤 값이라도 취할 수 있는가다. 이는 1965년에 자데가 연구한 퍼지 집합의 기본 문제기도 하다(Zadeh, 1965).

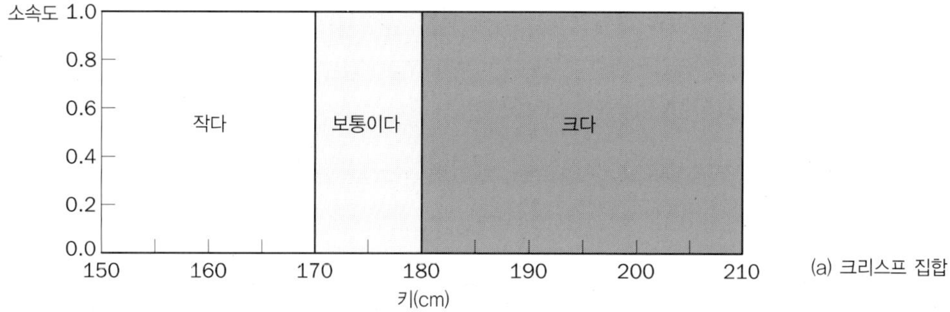

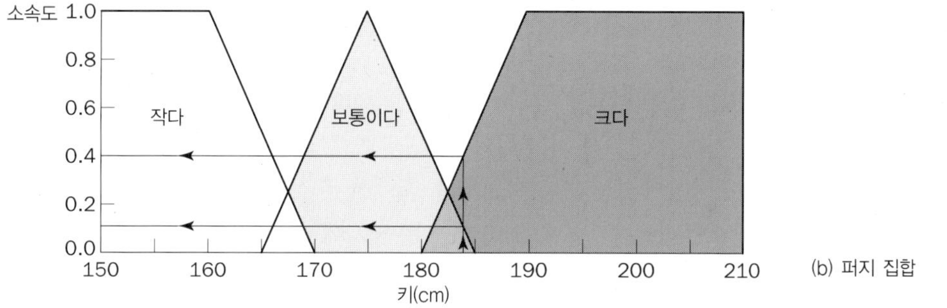

[그림 4-3] 키가 작은 남자, 키가 보통인 남자, 키가 큰 남자에 대한 크리스프 집합과 퍼지 집합

X가 참조 초집합이고 A가 X의 부분 집합이라면, A가 X의 퍼지 부분 집합일 필요충분조건은 다음과 같다.

$$A = \{(x, \mu_A(x))\} \qquad x \in X,\ \mu_A(x) : X \rightarrow [0, 1] \tag{4.3}$$

특수한 경우로, $X \rightarrow [0, 1]$ 대신 $X \rightarrow \{0, 1\}$을 사용하면 퍼지 부분 집합 A는 크리스프 부분 집합 A가 된다. 퍼지 집합과 크리스프 집합은 [그림 4-4]와 같이 나타낼 수도 있다.

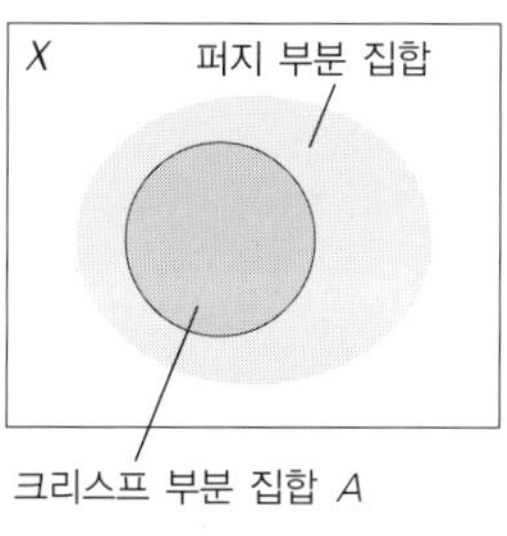

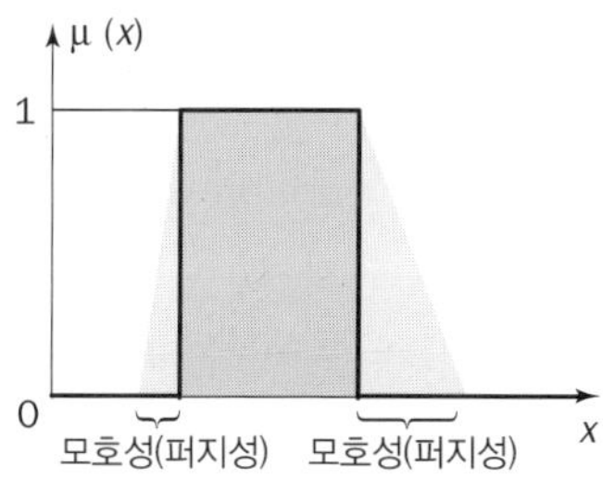

[그림 4-4] X의 크리스프 부분 집합과 퍼지 부분 집합

유한한 참조 초집합 X의 퍼지 부분 집합 A는 다음과 같이 나타낼 수 있다.

$$A = \{(x_1, \mu_A(x_1))\}, \{(x_2, \mu_A(x_2))\}, \ldots, \{(x_n, \mu_A(x_n))\} \tag{4.4}$$

하지만 A를 다음과 같이 나타내면 더욱 편리하다. 여기서 구분 기호(/)는 소속값을 수평축의 좌표와 연관지을 때 사용한다.

$$A = \{\mu_A(x_1)/x_1\}, \{\mu_A(x_2)/x_2\}, \ldots, \{\mu_A(x_n)/x_n\} \tag{4.5}$$

연속적인 퍼지 집합을 컴퓨터로 나타내려면 이를 함수로 나타내고 집합의 원소를 소속도에 대응시켜야 한다. 이때 쓸 수 있는 전형적인 함수로는 시그모이드(sigmoid) 함수, 가우스(gaussian) 함수, 파이(pi) 함수가 있다. 이 함수들은 퍼지 집합의 실수 데이터를 나타낼 수 있으나 계산 시간을 증가시킨다. 따라서 실제 응용에서는 대부분 [그림 4-3]에서 본 것과 같은 **선형 적합 함수**(linear fit function)를 쓴다. 이를테면, [그림 4-3]의 **키가 큰 남자**에 대한 퍼지 집합은 다음과 같은 **적합 벡터**(fit-vector)로 나타낼 수 있다.

키가 큰 남자 = (0/180, 0.5/185, 1/190)
또는 키가 큰 남자 = (0/180, 1/190)

키가 작은 남자와 키가 보통인 남자에 대한 퍼지 집합도 같은 식으로 나타낼 수 있다.

키가 작은 남자 = (1/160, 0.5/165, 0/170)
또는 키가 작은 남자 = (1/160, 0/170)

키가 보통인 남자 = (0/165, 1/175, 0/185)

4.3 언어 변수와 헤지

퍼지 집합론의 뿌리에는 언어 변수(linguistic variables)라는 개념이 들어있다. 언어 변수는 퍼지 변수(fuzzy variable)다. 이를테면, '존은 크다' 라는 문장은 언어 변수(linguistic variable) 존이 언어값(linguistic value) 크다를 취한다는 뜻이다. 퍼지 전문가 시스템에서는 언어 변수를 퍼지 규칙에 사용한다. 다음과 같은 예를 보자.

IF　　　바람이 강하다
THEN　　항해하기 좋다

IF　　　프로젝트_지속기간이 길다
THEN　　완료_위험도가 높다

IF　　　속도가 느리다
THEN　　정지거리가 짧다

언어 변수 하나에 할당되는 값의 범위는 해당 변수에 대한 논의 영역을 나타낸다. 이를테면, 언어 변수 속도에 대한 논의 영역은 0km/h~220km/h까지고, 매우 느리다, 느리다, 보통이다, 빠르다, 매우 빠르다 같은 퍼지 부분 집합을 포함할 수 있다. 각 퍼지 부분 집합 역시 대응하는 언어 변수에 대한 언어값을 나타낸다.

언어 변수는 **헤지**(hedge)라 하는 퍼지 집합 한정사의 개념을 수반한다. 헤지는 퍼지 집합의 모양을 바꾸는 용어다. 헤지는 매우, 얼마간, 꽤, 다소, 조금 같은 부사를 포함한다. 헤지는 동사, 형용사, 부사, 심지어 전체 문장을 조작할 수 있다. 헤지는 다음과 같이 쓰인다.

- 범용 수식어: 매우, 꽤, 몹시
- 진리값: 거의 참이다, 대개 거짓이다
- 확률: ~일 것이다, ~일 것 같지 않다
- 한정사: 대부분, 몇몇, 거의 없는
- 가능성: 거의 불가능하다, 꽤 있음직하다

헤지 자신은 연산자처럼 작동한다. 이를테면, 매우는 집중(concentration) 연산을 수행하고 새로운 집합을 만든다. 키가 큰 남자 집합에서 헤지 매우는 매우 키가 큰 남자라는 부분 집합을 이끌어낸다. 헤지 몹시는 같은 효과를 좀 더 크게 만든다.

집중과 반대되는 연산으로 확장(dilation)이 있다. 확장 연산은 집합을 확장한다. 헤지 다소는 확장 연산을 수행한다. 이를테면, 다소 키가 큰 남자라는 집합은 키가 큰 남자의 집합보다 범위가 넓다.

헤지는 연산으로도 유용하지만, 연속체를 퍼지 구간으로 끊을 수도 있다. 이를테면, 매우 춥다, 적당히 춥다, 조금 춥다, 춥지도 덥지도 않다, 조금 덥다, 적당히 덥다, 매우 덥다 같은 헤지는 온도를 설명하는 데 쓸 수 있다. 분명히 이들 퍼지 집합은 서로 겹친다. 헤지를 사용하면 인간의 사고를 반영할 수 있는데, 이는 사람들은 보통 조금 덥다와 적당히 덥다를 구분하지 못하기 때문이다.

[그림 4-5]는 헤지를 응용한 예를 보여준다. [그림 4-3]에서 살펴본 퍼지 집합은 이제 헤지 매우가 적용되어 수치가 바뀌었다. 이를테면, 키가 185cm인 남자를 생각해보자. 이 남자는 키가 큰 남자 집합에 0.5만큼 속한다. 그러나 이 남자는 매우 키가 큰 남자 집합에도 0.15만큼 속한다. 이는 상당히 합리적이다.

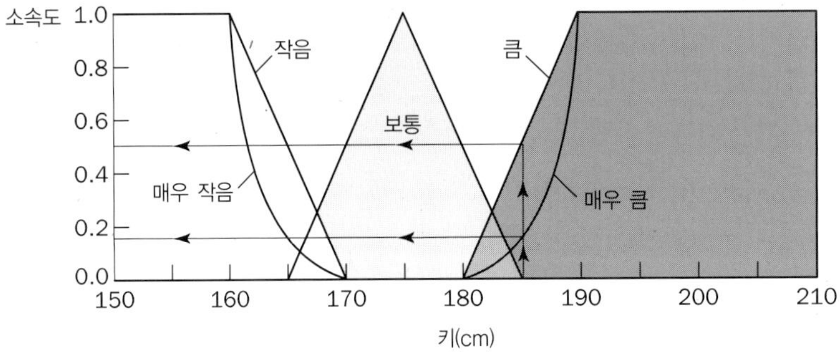

[그림 4-5] 헤지 매우와 함께하는 퍼지 집합

이제 실제 응용에서 자주 사용하는 헤지를 살펴보자.

- 매우(very): 집중 연산이다. 앞에서 언급했듯이 집합의 범위를 좁히고 퍼지 원소의 소속도를 낮춘다. 이 연산은 수학의 제곱 연산이다.

$$\mu_A^{very}(x) = [\mu_A(x)]^2 \tag{4.6}$$

  톰이 키가 큰 남자 집합에 0.86만큼 속한다면, 매우 키가 큰 남자 집합에는 0.7396만큼 속한다.

- 몹시(extremely): 매우와 비슷한 효과가 있는데, 그 정도가 더 크다. 이 연산은 $\mu_A(x)$를 세제곱한 것이다.

$$\mu_A^{extremely}(x) = [\mu_A(x)]^3 \tag{4.7}$$

  톰이 키가 큰 남자 집합에 0.86만큼 속한다면, 매우 키가 큰 남자 집합에는 0.7396만큼 속하고, 몹시 키가 큰 남자 집합에는 0.6361만큼 속한다.

- 매우매우(very very): 집중 연산을 단순히 확장한 것이다. 이 연산은 집중 연산을 제곱한 것이다.

$$\mu_A^{very\ very}(x) = [\mu_A^{very}(x)]^2 = [\mu_A(x)]^4 \tag{4.8}$$

  키가 큰 남자 집합에 0.86만큼, 매우 키가 큰 남자 집합에는 0.7396만큼 속하는 톰은 매우매우 키가 큰 남자 집합에는 0.5470만큼 속한다.

- 다소(more or less): 확장 연산이다. 집합을 확장함으로써 퍼지 원소들의 소속도를 높인다. 이 연산은 다음과 같이 나타낸다.

$$\mu_A^{more\ or\ less}(x) = \sqrt{\mu_A(x)} \tag{4.9}$$

  만약 톰이 키가 큰 남자 집합에 0.86만큼 속한다면 다소 키가 큰 남자 집합에는 0.9274만큼 속한다.

- 확실히(Indeed): 강화(intensification) 연산이다. 모든 문장의 의미를 강화한다. 소속도가 0.5 이상이면 소속도를 더 높이고, 0.5보다 낮은 경우에는 더 낮추는 역할을 한다. 헤지 확실히는 두 가지 방법으로 수행될 수 있다.

$$\mu_A^{indeed}(x) = 2[\mu_A(x)]^2 \qquad \text{if } 0 \le \mu_A(x) \le 0.5 \tag{4.10}$$

$$\mu_A^{indeed}(x) = 1 - 2[1 - \mu_A(x)]^2 \qquad \text{if } 0.5 < \mu_A(x) \le 1 \tag{4.11}$$

  만약 톰이 키가 큰 남자 집합에 0.86만큼 속한다면 확실히 키가 큰 남자 집합에는 0.9608만큼 속한다. 반대로 키가 큰 남자 집합에 0.24만큼 속하는 마이크는 확실히 키가 큰 남자 집합에는 0.1152만큼 속한다.

[표 4-2]에 헤지에 대한 수식과 그래프 표현이 요약되어 있다.

[표 4-2] 퍼지 논리에서 헤지를 나타내는 방법

헤지	수식 표현	그래프 표현
약간	$[\mu_A(x)]^{1.3}$	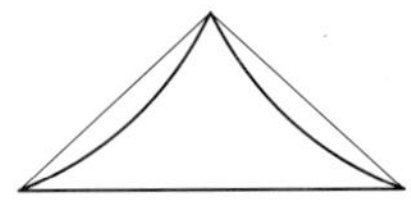
조금	$[\mu_A(x)]^{1.7}$	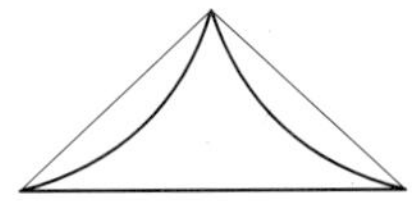
매우	$[\mu_A(x)]^{2}$	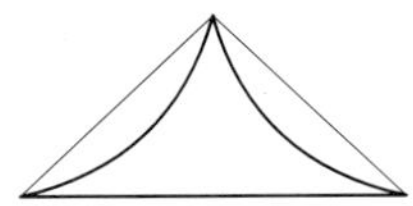
몹시	$[\mu_A(x)]^{3}$	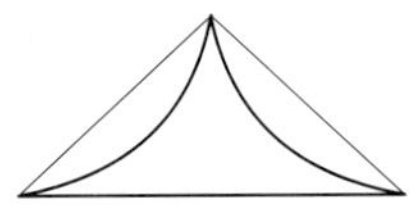
매우매우	$[\mu_A(x)]^{4}$	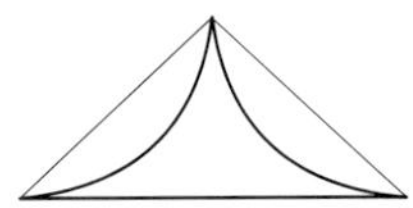
다소	$\sqrt{\mu_A(x)}$	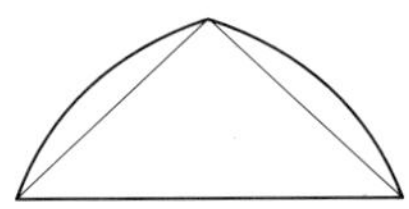
얼마간	$\sqrt{\mu_A(x)}$	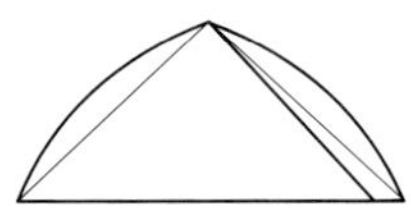
확실히	$2[\mu_A(x)]^2 \quad \text{if } 0 \leqslant \mu_A \leqslant 0.5$ $1-2[1-\mu_A(x)]^2 \quad \text{if } 0.5 < \mu_A \leqslant 1$	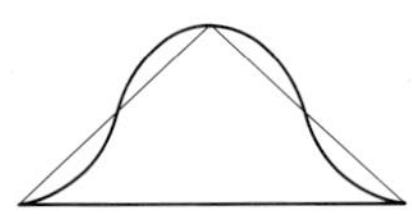

4.4 퍼지 집합 연산

19세기 말, 게오르그 칸토어(Georg Cantor)가 발전시킨 고전 집합론은 크리스프 집합들이 어떻게 상호작용하는지를 설명한다. 이러한 상호작용을 연산(operation)이라 한다. 여기서는 여집합, 포함 관계, 교집합, 합집합 네 가지를 살펴본다. [그림 4-6]에 네 연산을 도식화해 놓았다. 고전적인 집합과 퍼지 집합의 연산을 비교해보자.

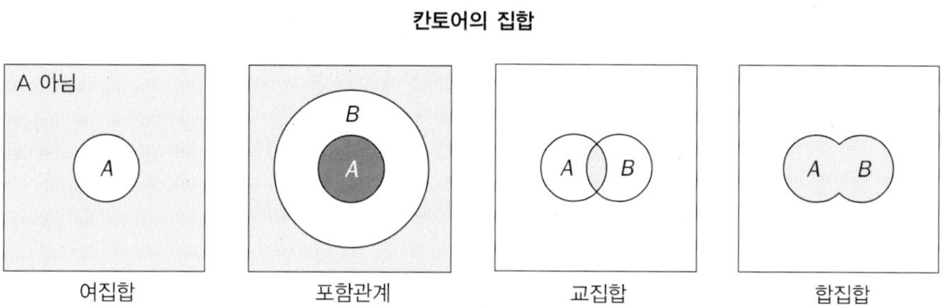

[그림 4-6] 고전적인 집합 연산

■ 여집합(Complement)

- 크리스프 집합: 어떤 원소가 그 집합에 속하지 않을까?
- 퍼지 집합: 원소들이 그 집합에 얼마만큼 속하지 않을까?

집합의 여집합은 해당 집합의 반대를 의미한다. 이를테면, **키가 큰 남자** 집합의 여집합은 **키가 크지 않은 남자** 집합이다. 논의 영역에서 키가 큰 남자 집합을 빼면 여집합을 얻는다. A가 퍼지 집합이라면 여집합 $\neg A$는 다음과 같이 나타낼 수 있다.

$$\mu_{\neg A}(x) = 1 - \mu_A(x) \tag{4.12}$$

이를테면, **키가 큰 남자** 퍼지 집합이 있다면 **키가 크지 않은 남자** 퍼지 집합을 다음과 같이 쉽게 구할 수 있다.

키가 큰 남자 = (0/180, 0.25/182.5, 0.5/185, 0.75/187.5, 1/190)

키가 크지 않은 남자 = (1/180, 0.75/182.5, 0.5/185, 0.25/187.5, 0/190)

■ **포함관계(Containment)**

- 크리스프 집합: 어떤 집합이 다른 집합에 속할까?
- 퍼지 집합: 어느 집합이 다른 집합들에 속할까?

중국 상자나 러시아 마트료시카 인형처럼 집합은 다른 집합을 포함할 수 있다. 포함되는 쪽을 **부분 집합**(subset)이라 한다. 이를테면, **키가 큰 남자** 집합은 모든 키가 큰 남자를 포함한다. 그러므로 **매우 키가 큰 남자**는 **키가 큰 남자**의 부분 집합이다. 반면에 **키가 큰 남자** 집합은 **남자** 집합의 부분 집합이 된다. 크리스프 집합에서는 부분 집합의 모든 원소는 초집합에 완전히 속하고, 소속값은 1이 된다. 그러나 퍼지 집합에서 각 원소는 초집합보다 부분 집합에 더 적게 속한다. 퍼지 부분 집합 원소들의 부분 집합에 대한 소속값은 초집합에 대한 소속값보다 작다.

키가 큰 남자 = (0/180, 0.25/182.5, 0.50/185, 0.75/187.5, 1/190)

매우 키가 큰 남자 = (0/180, 0.06/182.5, 0.25/185, 0.56/187.5, 1/190)

■ **교집합(Intersection)**

- 크리스프 집합: 어느 원소가 두 집합 모두에 속할까?
- 퍼지 집합: 원소가 두 집합 모두에 얼마만큼 속할까?

고전 집합론에서 두 집합의 교집합은 집합들이 공유하는 원소들을 포함한다. 이를테면, **키가 큰 남자**와 **뚱뚱한 남자**의 집합이 있다면 교집합은 이 집합들이 겹치는 영역을 말한다. 즉 톰은 키가 크고 뚱뚱할 때만 이 교집합에 속한다. 그러나 퍼지 집합에서는 한 원소가 두 집합에 서로 다른 정도로 부분적으로 속할 수 있다. 그리고 각 원소의 퍼지 교집합에 대한 소속값은 두 집합에 대한 소속값 중 낮은 값이 된다.

논의 영역 X에서 두 퍼지 집합 A와 B의 교집합을 만드는 퍼지 연산은 다음과 같다.

$$\mu_{A\cap B}(x) = min\,[\mu_A(x), \mu_B(x)] = \mu_A(x) \cap \mu_B(x), \quad \text{where } x \in X \qquad (4.13)$$

예를 들어, **키가 큰 남자**와 **키가 보통인 남자**의 퍼지 집합을 생각해보자.

키가 큰 남자 = (0/165, 0/175, 0.0/180, 0.25/182.5, 0.5/185, 1/190)

키가 보통인 남자 = (0/165, 1/175, 0.5/180, 0.25/182.5, 0.0/185, 0/190)

(4.13)에 따르면 이 두 집합의 교집합은 다음과 같다.

키가 큰 남자 ∩ 키가 보통인 남자 = (0/165, 0/175, 0/180, 0.25/182.5, 0/185, 0/190)

즉 다음과 같다.

키가 큰 남자 ∩ 키가 보통인 남자 = (0/180, 0.25/182.5, 0/185)

이를 도식으로 나타내면 [그림 4-3]과 같다.

■ **합집합(Union)**

- 크리스프 집합: 원소가 두 집합 어느 쪽이든 속할까?
- 퍼지 집합: 원소가 두 집합 어느 쪽이든 얼마만큼 속할까?

두 크리스프 집합의 합집합은 두 집합에 속하는 모든 원소들로 이루어진다. 이를테면, **키가 큰 남자**와 **뚱뚱한 남자**의 합집합은 키가 크거나 뚱뚱한 모든 남자들로 이루어진다. 즉 톰은 키가 크기 때문에 이 합집합에 속하는데, 이때 톰이 뚱뚱한지 아닌지는 상관이 없다. 퍼지 집합에서 합집합은 교집합의 반대다. 다시 말해서, 각 원소의 합집합에 대한 소속값은 두 집합에 대한 소속값 중 높은 값이다.

전체 집합 X에 속하는 두 퍼지 집합 A와 B의 합집합을 만드는 퍼지 연산은 다음과 같다.

$$\mu_{A \cup B}(x) = max\,[\mu_A(x), \mu_B(x)] = \mu_A(x) \cup \mu_B(x), \quad \text{where } x \in X \qquad (4.14)$$

다시 한 번 **키가 큰 남자**와 **키가 보통인 남자**의 퍼지 집합을 생각해보자.

키가 큰 남자 = (0/165, 1/175, 0.0/180, 0.25/182.5, 0.5/185, 1/190)

키가 보통인 남자 = (0/165, 1/175, 0.5/180, 0.25/182.5, 0.0/185, 0/190)

(4.14)에 따르면 이 두집합의 합집합은 다음과 같다.

키가 큰 남자 ∪ 키가 보통인 남자 = (0/165, 1/175, 0.5/180, 0.25/182.5, 0.5/185, 1/190)

[그림 4-7]은 퍼지 집합 연산의 다이어그램을 보여준다.

크리스프 집합과 퍼지 집합에는 동일한 특성이 있다. 크리스프 집합은 퍼지 집합의 특수한 경우로 볼 수 있다. 다음은 퍼지 집합의 특성 중 자주 쓰이는 것들이다.

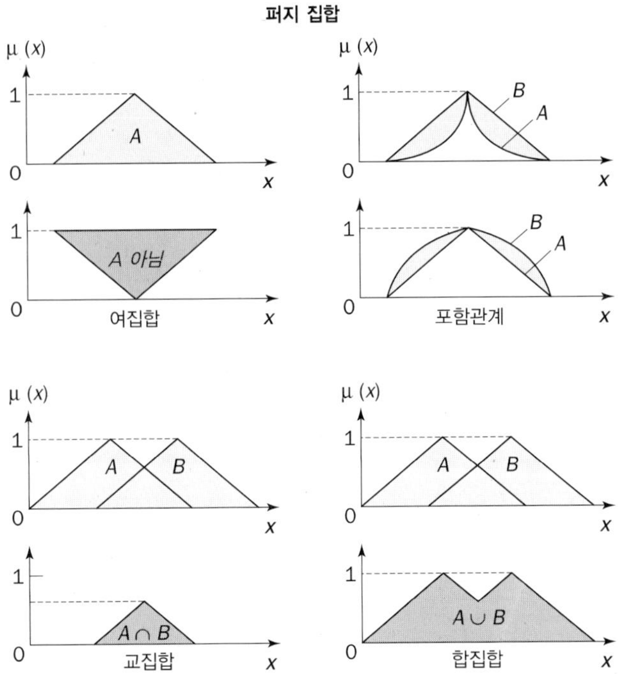

[그림 4-7] 퍼지 집합 연산

■ 교환법칙(commutativity)

$$A \cup B = B \cup A$$
$$A \cap B = B \cap A$$

예 키가 큰 남자 OR 키가 작은 남자 = 키가 작은 남자 OR 키가 큰 남자

키가 큰 남자 AND 키가 작은 남자 = 키가 작은 남자 AND 키가 큰 남자

■ 결합법칙(associativity)

$$A \cup (B \cup C) = (A \cup B) \cup C$$
$$A \cap (B \cap C) = (A \cap B) \cap C$$

예 키가 큰 남자 OR (키가 작은 남자 OR 키가 보통인 남자) = (키가 큰 남자 OR 키가 작은 남자) OR 키가 보통인 남자

키가 큰 남자 AND (키가 작은 남자 AND 키가 보통인 남자) = (키가 큰 남자 AND 키가 작은 남자) AND 키가 보통인 남자

■ 분배법칙(distributivity)

$$A \cup (B \cap C) = (A \cup B) \cap (A \cup C)$$
$$A \cap (B \cup C) = (A \cap B) \cup (A \cap C)$$

예 키가 큰 남자 OR(키가 작은 남자 AND 키가 보통인 남자) = (키가 큰 남자 OR 키가 작은 남자) AND (키가 큰 남자 OR 키가 보통인 남자)

키가 큰 남자 AND (키가 작은 남자 OR 키가 보통인 남자) = (키가 큰 남자 AND 키가 작은 남자) OR (키가 큰 남자 AND 키가 보통인 남자)

■ 멱등법칙(idempotency)

$$A \cup A = A$$
$$A \cap A = A$$

예 키가 큰 남자 OR 키가 큰 남자 = 키가 큰 남자

키가 큰 남자 AND 키가 큰 남자 = 키가 큰 남자

■ 항등식(identity)

$$A \cup \emptyset = A$$
$$A \cap X = A$$
$$A \cap \emptyset = \emptyset$$
$$A \cup X = X$$

예 키가 큰 남자 OR 정의되지 않음 = 키가 큰 남자

키가 큰 남자 AND 모름 = 키가 큰 남자

키가 큰 남자 AND 정의되지 않음 = 정의되지 않음

키가 큰 남자 OR 모름 = 모름

여기서 정의되지 않음은 **공집합**(empty set, null set), 즉 모든 소속도가 0인 집합이고, **모름**은 모든 소속도가 1인 집합이다.

■ 대합(involution)

$$\neg(\neg A) = A$$

예 NOT(NOT 키가 큰 남자) = 키가 큰 남자

■ 이행성(transitivity)

$(A \subset B) \cap (B \subset C)$이면 $A \subset C$

모든 집합은 부분 집합의 부분 집합 역시 부분 집합으로 포함한다.

예 IF (몹시 키가 큰 남자 ⊂ 매우 키가 큰 남자) AND (매우 키가 큰 남자 ⊂ 키가 큰 남자)

THEN (몹시 키가 큰 남자 ⊂ 키가 큰 남자)

■ 드모르간 법칙(de Morgan's laws)

$$\neg(A \cap B) = \neg A \cup \neg B$$
$$\neg(A \cup B) = \neg A \cap \neg B$$

예 NOT(키가 큰 남자 AND 키가 작은 남자) = NOT 키가 큰 남자 OR NOT 키가 작은 남자

NOT(키가 큰 남자 OR 키가 작은 남자) = NOT 키가 큰 남자 AND NOT 키가 작은 남자

퍼지 집합 연산과 앞에서 설명한 특성 그리고 헤지를 사용하면 기존 집합에서 다양한 퍼지 집합을 쉽게 얻을 수 있다. 이를테면, **키가 큰 남자**의 퍼지 집합 A와 **키가 작은 남자**의 퍼지 집합 B가 있으면 **매우 크지도 않고 매우 작지도 않은 남자**의 퍼지 집합 C나 **매우매우 크지도 않고 매우매우 작지도 않은 남자**의 퍼지 집합 D까지도 다음 연산에서 이끌어낼 수 있다.

$$\mu_C(x) = [1 - \mu_A(x)^2] \cap [1 - \mu_B(x)^2]$$
$$\mu_D(x) = [1 - \mu_A(x)^4] \cap [1 - \mu_B(x)^4]$$

일반적으로 퍼지 연산과 헤지를 적용하여 자연어의 언어적 설명을 표현할 수 있는 퍼지 집합을 얻는다.

4.5 퍼지 규칙

1973년에 자데는 자신의 두 번째 영향력 있는 논문을 발표했다(Zadeh, 1973). 이 논문은 컴퓨터 시스템을 분석하는 새로운 접근법의 개요를 약술하였다. 여기서 자데는 인간의 지식을 퍼지 규칙(fuzzy rule)으로 포착할 것을 제안했다.

퍼지 규칙이란 무엇일까

퍼지 규칙은 다음과 같은 형태로 된 조건문으로 정의할 수 있다.

IF x가 A
THEN y는 B

여기서 x와 y는 언어 변수고, A와 B는 각각 논의 영역 X와 Y의 퍼지 집합에서 결정된 언어값이다.

고전적인 규칙과 퍼지 규칙의 차이는 무엇일까

고전적인 IF-THEN 규칙은 이진 논리를 사용한다. 이를테면, 다음과 같다.

규칙 1
IF 속도 > 100
THEN 정지거리는 길다

규칙 2
IF 속도 < 40
THEN 정지거리는 짧다

변수 속도는 0~220km/h 사이에 있는 값이 된다. 그러나 언어 변수 정지거리는 길다 혹은 짧다 두 가지 값 중 하나만 취할 수 있다. 다시 말해서, 고전적인 규칙은 불 논리의 흑백이 뚜렷한 언어로 표현한다. 그러나 정지거리 규칙을 다음과 같은 퍼지 형식으로 나타낼 수도 있다.

규칙 1
IF 속도가 빠르다
THEN 정지거리는 길다

규칙 2
IF 속도가 느리다
THEN 정지거리는 짧다

여기서도 언어 변수 속도는 0~220km/h 범위(논의 영역)에 있다. 그러나 이 범위는 느리다, 보통이다, **빠르다** 같은 퍼지 집합을 포함한다. 언어 변수 **정지거리**의 논의 영역은 0~300m 사이에 있을 수 있고, **짧다**, **보통이다**, **길다** 같은 퍼지 집합을 포함할 수 있다. 따라서 퍼지 규칙은 퍼지 집합과 연관되어 있다. 퍼지 전문가 시스템은 규칙들을 합치고 규칙 중 최소한 90%를 제거한다.

퍼지 규칙으로 어떻게 추론을 할까

퍼지 추론(fuzzy reasoning)에는 두 단계가 있다. 규칙의 전건(규칙의 IF 부분)을 평가하는 단계와 후건(규칙의 THEN 부분)에 결과를 **함축**, 즉 적용하는 단계다.

고전적인 규칙 기반 시스템에서는 규칙의 전건이 참이면 후건 역시 참이었다. 퍼지 시스템에서는 전건이 퍼지 구문이면 모든 규칙이 어느 정도 수행된다. 즉 부분적으로 수행된다. 전건이 특정 정도의 소속도로 참이라면 후건 역시 같은 정도로 참이다.

이를테면, [그림 4-8]의 두 퍼지 집합 '키가 큰 남자'와 '몸무게가 무거운 남자'를 생각해보자.

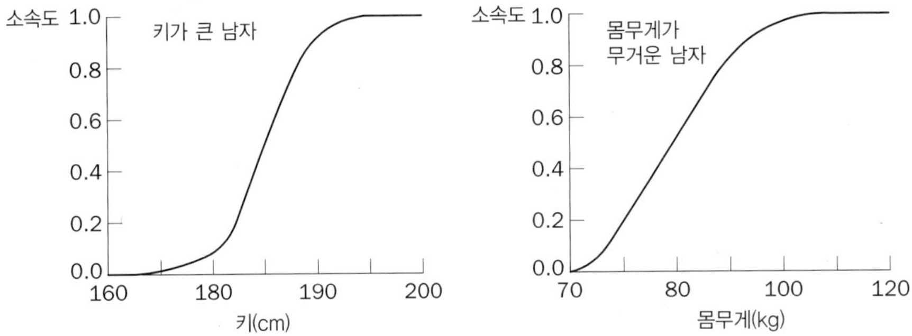

[그림 4-8] 키가 큰 남자와 몸무게가 무거운 남자의 퍼지 집합

이 퍼지 집합들은 가중치 추정 모델의 기반을 제공한다. 이 모델은 사람의 키와 몸무게의 관계에 바탕을 두며, 이는 퍼지 규칙 하나로 나타낼 수 있다.

IF 키가 크다
THEN 몸무게가 무겁다

규칙 후건의 출력 값이나 소속도는 전건의 소속도에서 직접 추정할 수 있다(Cox, 1999). 퍼지 추론 형식은 **단조 선택**(monotonic selection)이라는 방법을 이용한다. [그림 4-9]에서는 남자의 키를 나타낸 다양한 값으로 다양한 몸무게를 유도하는 과정을 보여준다.

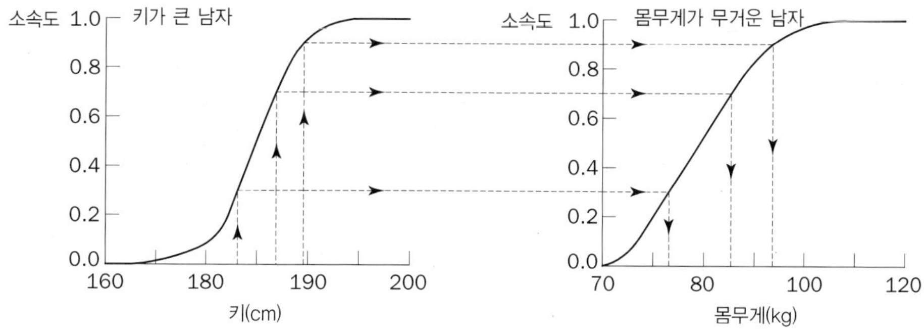

[그림 4-9] 남자의 몸무게 값에 대한 단조 선택

퍼지 규칙에는 전건에 여러 항목이 있을 수 있을까

생성 규칙으로서 퍼지 규칙의 전건은 여러 개일 수 있다. 다음 예를 보자.

IF	프로젝트 지속기간이 길다
AND	프로젝트 인력이 많다
AND	프로젝트 자금이 부족하다
THEN	위험도가 높다

IF	서비스가 훌륭하다
OR	음식이 맛있다
THEN	팁이 후하다

전건의 모든 부분은 동시에 계산되고 숫자 하나로 결정된다. 여기에서는 앞 절에서 설명한 퍼지 집합 연산을 사용한다.

퍼지 규칙에는 후건에 여러 항목이 있을 수 있을까

퍼지 규칙의 후건 역시 여러 개일 수 있다. 다음 예를 보자. 이 경우에는 후건의 모든 부분이 전건에 의해 똑같이 영향을 받는다.

IF	기온이 높다
THEN	뜨거운 물은 줄어든다
	시원한 물은 늘어난다

일반적으로 퍼지 전문가 시스템은 하나가 아니라 여러 규칙을 통합한다. 이 규칙들은 전문 지식을 기술하고 서로 영향을 준다. 각 규칙의 출력은 퍼지 집합이다. 그러나 일반적으로 전문가 시스템의 출력을 나타내는 숫자 하나를 필요로 한다. 다시 말해서, 모호한 것이 아니라 정확한 해답을 얻길 원한다.

출력으로 나온 퍼지 집합을 어떻게 결합하여 숫자 하나로 변환할까

퍼지 전문가 시스템은 출력값에서 분명한 해 하나를 얻기 위해 모든 출력 퍼지 집합을 단일 출력 퍼지 집합으로 통합한다. 그리고 결과 퍼지 집합을 숫자 하나로 역퍼지화한다(defuzzify). 다음 절에서는 전체 추론 과정을 처음부터 끝까지 살펴볼 것이다.

4.6 퍼지 추론

퍼지 추론(fuzzy inference)은 퍼지 집합론을 이용하여 주어진 입력을 출력에 대응시키는 과정이다.

4.6.1 맘다니형 추론

가장 흔히 쓰이는 퍼지 추론 기법은 맘다니 방법(Mamdani method)이다. 1975년에 런던 대학교 교수 맘다니(Ebrahim Mamdani)는 보일러가 결합된 증기 기관을 제어하기 위해 최초의 퍼지 시스템을 만들었다(Mamdani와 Assilian, 1975). 여기에는 경험 있는 기술자가 제공한 퍼지 규칙을 적용했다.

맘다니형 퍼지 추론(Mamdani-style fuzzy inference) 과정은 네 단계로 진행된다. 입력 변수의 퍼지화, 규칙 평가, 출력으로 나온 규칙의 통합, 마지막으로 역퍼지화다.

이 모든 과정이 어떻게 조화롭게 동작하는지 이해하기 위해 입력 2개, 출력 1개, 규칙 3개로 된 간단한 문제를 살펴보자.

규칙 1		**규칙 1**	
IF	x가 $A3$	IF	프로젝트 자금이 충분하다
OR	y가 $B1$	OR	프로젝트 인력이 적다

THEN	z는 $C1$	THEN	위험도가 낮다

규칙 2		**규칙 2**	
IF	x가 $A2$	IF	프로젝트 자금이 한계 수익점에 있다
AND	y가 $B2$	AND	프로젝트 인력이 많다
THEN	z는 $C2$	THEN	위험도가 중간이다

규칙 3		**규칙 3**	
IF	x가 $A1$	IF	프로젝트_자금이 부족하다
THEN	z는 $C3$	THEN	위험도가 높다

여기서 x, y, z(프로젝트 자금, 프로젝트 인력, 위험도)는 언어 변수고, $A1$, $A2$, $A3$(부족하다, 한계 수익점에 있다, 충분하다)는 논의 영역 X(프로젝트 자금)상의 퍼지 집합에서 정해지는 언어값이다. $B1$과 $B2$는 논의 영역 Y(프로젝트 인력)상의 퍼지 집합에서 정해지는 언어값이며, $C1$, $C2$, $C3$(낮다, 중간이다, 높다)는 논의 영역 Z(위험도)상의 퍼지 집합에서 정해지는 언어값이다.

이 문제에 대한 맘다니형 퍼지 추론의 기본 구조를 [그림 4-10]에서 보여준다.

■ 1단계: 퍼지화

첫 단계인 퍼지화(fuzzification)에서는 크리스프 입력 $x1$과 $y1$(프로젝트 자금과 프로젝트 인력)을 받고, 이를 적합한 퍼지 집합 각각에 어느 정도로 속할지를 결정한다.

크리스프 입력이란 무엇이고 그것은 어떻게 결정될까

크리스프 입력은 언제나 논의 영역으로 한정된 수치값이다. 이 예에서 $x1$과 $y1$의 값은 각각 논의 영역 X와 Y로 한정된다. 논의 영역의 범위는 전문가의 판단에 따라 결정된다. 이를테면, '퍼지' 프로젝트를 개발하는 데 수반하는 위험을 조사해야 한다면 전문가에게 프로젝트 자금과 프로젝트 인력을 각각 0~100% 사이 값으로 제시하라고 요청할 수 있다. 다시 말해서 전문가에게 어느 정도의 프로젝트 자금과 프로젝트 인력이 실제로 적절한지 답하도록 요청한다. 물론 서로 다른 퍼지 시스템은 서로 다른 크리스프 입력을 다양하게 사용한다. 어떤 입력은 직접 측정한 높이, 무게, 빠르기, 거리, 온도, 입력 등이 될 수 있고, 어떤 입력은 전문가의 추정을 바탕으로 할 수 있다.

크리스프 입력 $x1$과 $y1$를 얻으면 적절한 언어 퍼지 집합에 대해 퍼지화한다. 크리스프 입력 $x1$(전문가가 35%로 평가한 프로젝트 자금)은 소속 함수 $A1$과 $A2$(부족하다와 한계 수익점에 있다)

에 각각 0.5와 0.2만큼 대응한다. 그리고 크리스프 입력 $y1$(전문가가 60%로 평가한 프로젝트 자금)은 소속 함수 $B1$과 $B2$(적다와 많다)에 각각 0.1과 0.7만큼 대응한다. 이런 식으로 각 입력을 퍼지 규칙이 사용하는 모든 소속 함수를 퍼지화한다.

2단계: 규칙 평가

두 번째 단계인 규칙 평가(rule evaluation)에서는 퍼지 입력 $\mu_{(x=A1)} = 0.5$, $\mu_{(x=A2)} = 0.2$, $\mu_{(x=B1)} = 0.1$, $\mu_{(x=B2)} = 0.7$을 받아 퍼지 규칙의 전건에 적용한다. 주어진 퍼지 규칙에 전건이 여러 개 있다면 퍼지 연산자(AND나 OR)를 사용하여 전건의 평가 결과를 나타내는 숫자 하나를 얻는다. 그리고 이 숫자(진리값)를 후건의 소속 함수에 적용한다.

규칙 전건의 논리합을 평가하려면 OR 퍼지 연산을 사용한다. 일반적으로 퍼지 전문가 시스템은 고전적인 퍼지 연산인 합집합(4.14)을 사용한다. 이를 [그림 4-10]의 규칙 1에서 보여준다.

$$\mu_{A\cup B}(x) = max\,[\mu_A(x), \mu_B(x)]$$

그러나 OR 연산은 필요하면 동작을 쉽게 바꿀 수 있다. 이를테면, MATLAB Fuzzy Logic Toolbox는 두 가지 내장 OR 함수를 제공한다. max와 확률적(probabilistic) OR인 *probor*다. 확률적 OR은 **대수합**(algebraic sum)이라고도 하며 다음과 같이 계산된다.

$$\mu_{A\cup B}(x) = probor\,[\mu_A(x), \mu_B(x)] = \mu_A(x) + \mu_B(x) - \mu_A(x) \times \mu_B(x) \qquad (4.15)$$

비슷하게 규칙 전건의 논리곱을 평가하려면 AND 퍼지 연산인 교집합 (4.13)을 사용한다. 이 역시 [그림 4-10]의 규칙 2에서 보여준다.

$$\mu_{A\cap B}(x) = min\,[\mu_A(x), \mu_B(x)]$$

Fuzzy Logic Toolbox 역시 두 가지 AND 함수를 지원한다. min과 곱(product)인 *prod*다. 곱은 다음과 같이 계산된다.

$$\mu_{A\cap B}(x) = prod\,[\mu_A(x), \mu_B(x)] = \mu_A(x) \times \mu_B(x) \qquad (4.16)$$

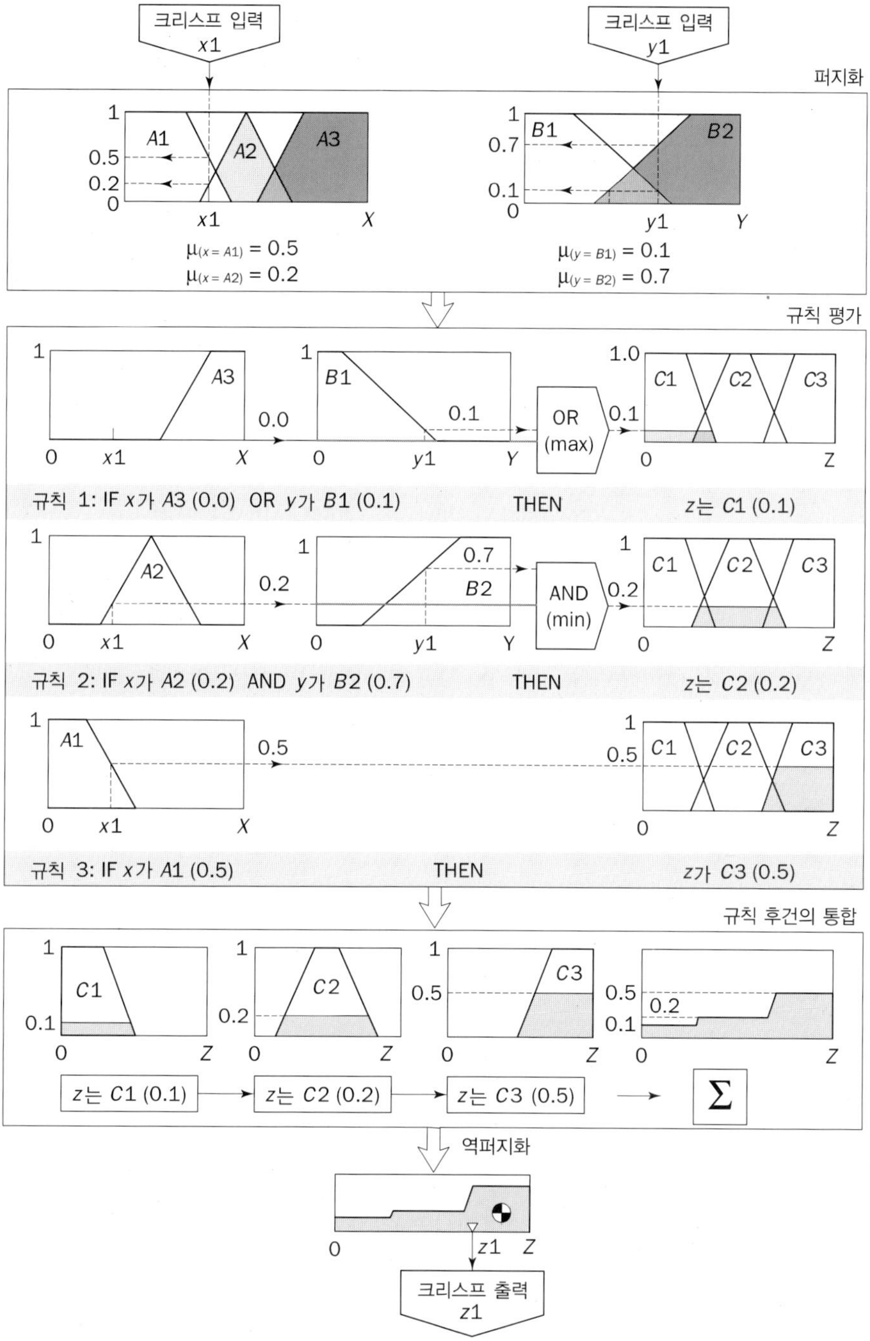

[그림 4-10] 맘다니형 퍼지 추론의 기본 구조

서로 다른 퍼지 연산 함수는 다른 결과를 낼까

퍼지 연구자들은 AND와 OR 퍼지 연산을 수행하는 여러 가지 방법을 제안하고 적용했다(Cox, 1999). 물론 각기 다른 방법은 서로 다른 결과를 낼 수 있다. 퍼지 패키지 대부분은 사용자가 AND와 OR 퍼지 연산의 동작을 바꿀 수 있게 한다.

규칙을 다시 살펴보자.

규칙 1

IF	x가 $A3$ (0.0)
OR	y가 $B1$ (0.1)
THEN	z는 $C1$ (0.1)

$$\mu_{C1}(z) = max\,[\mu_{A3}(x), \mu_{B1}(y)] = max\,[0.0, 0.1] = 0.1$$

또는

$$\mu_{C1}(z) = probor\,[\mu_{A3}(x), \mu_{B1}(y)] = 0.0 + 0.1 - 0.0 \times 0.1 = 0.1$$

규칙 2

IF	x가 $A2$ (0.2)
AND	y가 $B2$ (0.7)
THEN	z는 $C2$ (0.2)

$$\mu_{C2}(z) = min\,[\mu_{A2}(x), \mu_{B2}(y)] = min\,[0.2, 0.7] = 0.2$$

또는

$$\mu_{C2}(z) = prod\,[\mu_{A2}(x), \mu_{B2}(y)] = 0.2 \times 0.7 = 0.14$$

따라서 규칙 2는 [그림 4-11]과 같이 나타내기도 한다.

이제 전건의 평가 결과를 후건의 소속 함수에 적용할 수 있다. 다시 말해서, 후건의 소속 함수는 규칙 전건의 진리값 수준으로 **클리핑**(clipping)되거나 **스케일링**(scaling)된다.

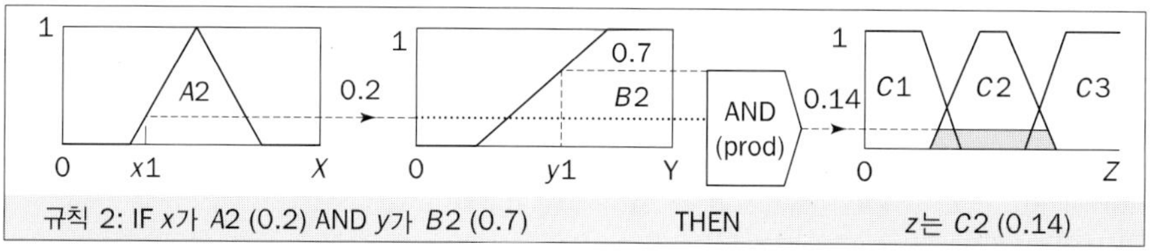

[그림 4-11] AND *product* 퍼지 연산

'클리핑되거나 스케일링된다'는 말은 무슨 뜻일까

규칙 후건과 규칙 전건의 진리값을 연관지을 때 가장 흔히 쓰이는 방법은 단순히 후건의 소속 함수를 전건의 진리값 수준에서 자르는 것이다. 이 방법을 **클리핑** 또는 **상관 최소값**(correlation minimum)이라 한다. 소속 함수의 상단이 잘리기 때문에 클리핑된 퍼지 집합은 정보를 어느 정도 잃는다. 그러나 클리핑은 덜 복잡하고 계산이 빠르며 역퍼지화하기 쉬운 출력층을 만들기 때문에 자주 쓰인다.

클리핑을 더 많이 사용하지만, **스케일링**, 즉 **상관 곱**(correlation product)이 퍼지 집합의 원형을 더 잘 보존한다. 규칙 후건에 대한 원래의 소속 함수는 모든 소속도에 규칙 전건의 진리값을 곱함으로써 조정된다. 이 방법은 일반적으로 정보 손실이 더 적어 퍼지 전문가 시스템에서 매우 유용하게 사용한다.

[그림 4-12]는 소속 함수에 클리핑과 스케일링을 적용한 것이다.

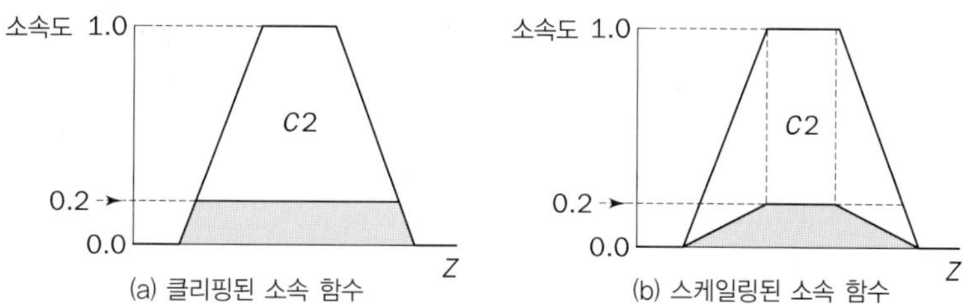

[그림 4-12] 클리핑된 소속 함수와 스케일링된 소속 함수

■ 3단계: 출력으로 나온 규칙을 통합

통합은 모든 규칙의 출력을 단일화하는 과정이다. 다시 말해서, 앞 단계에서 클리핑되거나 스케일링된 모든 규칙 후건의 소속 함수를 퍼지 집합 하나로 결합한다. 따라서 통합 과정의 입력은 클리핑되거나 스케일링된 후건 소속 함수의 목록이고, 출력은 출력 변수 각각에 대한 단일

퍼지 집합이다. [그림 4-10]은 규칙 각각의 출력이 어떻게 모든 퍼지 출력에 대한 단일 퍼지 집합으로 통합되는지를 보여준다.

■ 4단계: 역퍼지화

퍼지 추론 과정의 마지막 단계는 역퍼지화(defuzzification)다. 퍼지성은 규칙을 평가하는 데 도움이 되지만, 퍼지 시스템의 최종 출력은 분명한 숫자여야 한다. 역퍼지화 과정에서 입력은 통합된 출력 퍼지 집합이고, 출력은 숫자 하나다.

통합된 퍼지 집합을 어떻게 역퍼지화할까

역퍼지화 방법은 여러 가지가 있다(Cox, 1999). 그러나 무게 중심법(centroid technique)을 가장 많이 사용한다. 이 방법은 수직선이 통합된 집합을 무게가 같은 두 부분으로 가르는 지점을 찾는다. 수학적으로 무게 중심(COG, Centre Of Gravity)은 다음과 같이 나타낼 수 있다.

$$\mathrm{COG} = \frac{\int_a^b \mu_A(x)x\,dx}{\int_a^b \mu_A(x)\,dx} \tag{4.17}$$

[그림 4-13]에서 보듯 무게 중심법은 퍼지 집합의 무게 중심을 나타내는 점 A를 구간 $[a, b]$에서 찾아낸다.

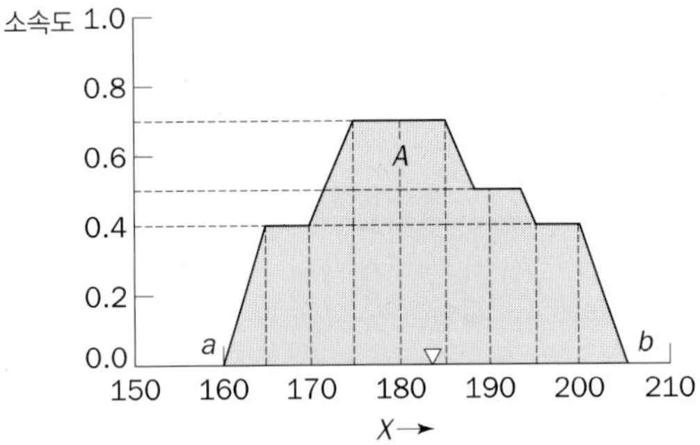

[그림 4-13] 역퍼지화 방법 중 하나인 무게 중심법

이론적으로 무게 중심은 통합된 출력 소속 함수에 있는 점들의 연속체에 대해 계산된다. 그러나 실제로는 [그림 4-13]에서 보듯 점들의 표본을 추출하여 계산함으로써 합리적인 추정치를

얻는다. 이 경우에는 (4.18)을 적용한다.

$$\text{COG} = \frac{\sum_{x=a}^{b} \mu_A(x)x}{\sum_{x=a}^{b} \mu_A(x)} \tag{4.18}$$

이제 우리 문제에서 무게 중심을 구해보자. [그림 4-14]에서 결과를 확인해보자.

$$\begin{aligned}\text{COG} &= \frac{(0+10+20)\times 0.1 + (30+40+50+60)\times 0.2 + (70+80+90+100)\times 0.5}{0.1+0.1+0.1+0.2+0.2+0.2+0.2+0.5+0.5+0.5+0.5} \\ &= 67.4\end{aligned}$$

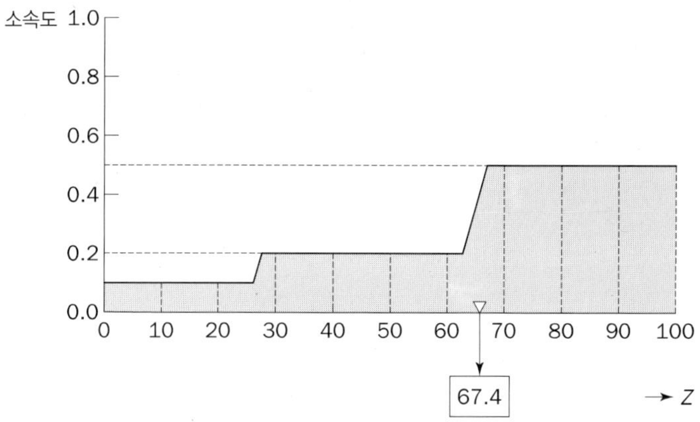

[그림 4-14] 해 변수 퍼지 집합의 역퍼지화

따라서 역퍼지화 결과인 크리스프 출력 $z1$은 67.4다. 이는 진행하고 있는 '퍼지' 프로젝트에 수반하는 위험성이 67.4%라는 뜻이다.

4.6.2 스게노형 추론

방금 살펴본 맘다니형 추론에서는 연속적으로 변하는 함수를 집적하여 2차원 모양의 무게 중심을 찾아야 한다. 일반적으로 이것은 효율적으로 계산할 수 없다.

퍼지 추론 시간을 줄일 수 있을까

규칙 후건에 대한 소속 함수로서, 막대 하나로 된 단일체(singleton)를 쓸 수 있다. 이 방법은 일본의 자데라고 불리는 스게노 미치오가 1985년에 도입했다(Sugeno, 1985). 단일체, 더 정확히 말하면, 퍼지 단일체(fuzzy singleton)는 소속 함수가 논의 영역 위의 특정 점에서는 1이고, 다른 모든 점에서는 0인 퍼지 집합이다.

스게노형 퍼지 추론은 맘다니 방법과 매우 비슷하다. 스게노는 규칙 후건만 바뀌었을 뿐이다. 퍼지 집합 대신 스게노는 입력 변수에 대한 수학 함수를 사용했다. 스게노형 퍼지 규칙의 형식은 다음과 같다. 여기서 x, y, z는 언어 변수고, A와 B는 각각 논의 영역을 X와 Y로 하는 퍼지 집합이다. 그리고 $f(x, y)$는 수학 함수다.

IF x가 A
AND y가 B
THEN z는 $f(x, y)$

가장 흔히 쓰이는 **0차 스게노 퍼지 모델**은 퍼지 규칙을 다음과 같은 형태로 적용한다. 여기서 k는 상수다.

IF x가 A
AND y가 B
THEN z는 k

이 경우 각 퍼지 규칙의 출력은 상수다. 다시 말해서, 모든 후건 소속 함수를 단일체로 표현한다. [그림 4-15]는 0차 스게노 모델의 퍼지 추론 과정을 보인다. [그림 4-15]와 [그림 4-10]을 비교해보자. 스게노와 맘다니 방법의 유사성은 매우 주목할 만하다. 차이점은 규칙 후건이 스게노 방법에서는 단일체라는 점뿐이다.

결과인 크리스프 출력을 얻는 방법은 무엇인가

[그림 4-15]에서 볼 수 있듯 통합 연산은 단순하게 모든 단일체를 포함한다. 이제 이 단일체의 **가중 평균**(WA, Weighted Average)을 구할 수 있다.

$$\mathrm{WA} = \frac{\mu(k1) \times k1 + \mu(k2) \times k2 + \mu(k3) \times k3}{\mu(k1) + \mu(k2) + \mu(k3)} = \frac{0.1 \times 20 + 0.2 \times 50 + 0.5 \times 80}{0.1 + 0.2 + 0.5} = 65$$

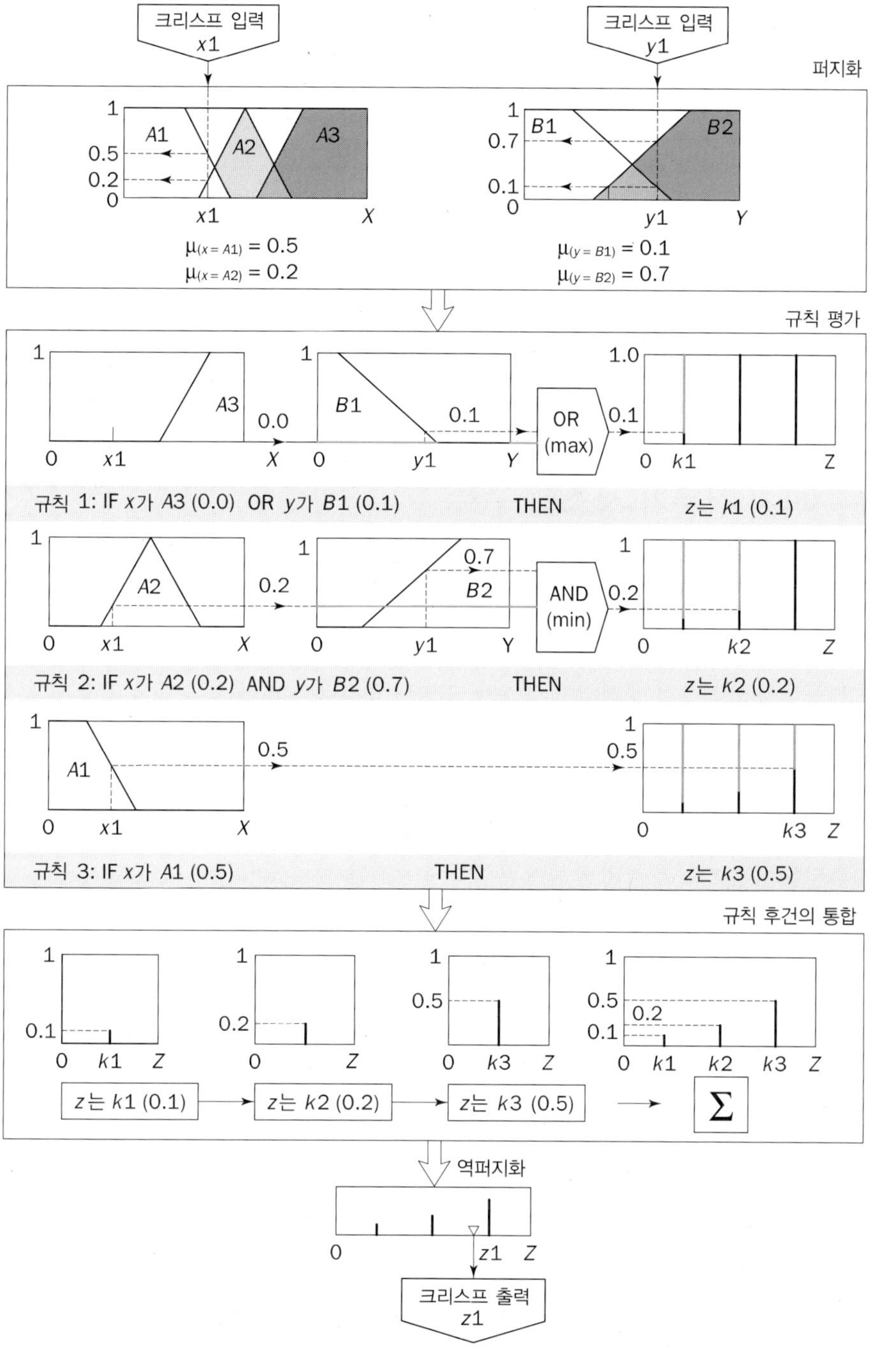

[그림 4-15] 스게노형 퍼지 추론의 기본 구조

따라서 0차 스게노 시스템은 우리가 풀려는 문제의 조건을 충분히 만족시킬 것이다. 다행히 단일체 출력 함수는 주어진 문제의 요구 조건을 만족시키는 경우가 많다.

맘다니와 스게노, 어느 방법을 적용할지 어떻게 결정할까

맘다니 방법은 전문가의 지식을 얻는 데 많이 쓰인다. 이 방법을 사용하면 전문 지식을 더욱 직관적이고 인간의 방식으로 설명할 수 있다. 그러나 맘다니형 퍼지 추론은 계산 비용이 많이 든다. 반면에 스게노 방법은 계산을 효율적으로 할 수 있고, 최적화나 적응형 기법과 함께 잘 작동한다. 따라서 스게노 방법은 제어 문제, 특히 동적 비선형 시스템에서 매우 매력적이다.

4.7 퍼지 전문가 시스템 구축

퍼지 전문가 시스템 설계를 설명할 예제로, 교체 부품 서비스 센터의 운영 문제를 생각해 보자 (Turksen 외, 1992).

서비스 센터는 예비 부품을 보관하고 있다가 고장 난 부품을 수리한다. 고객은 고장 난 부품을 가져 오고 같은 종류의 예비 부품을 받아간다. 고장 난 부품을 수리하고 나면 그것이 예비 부품이 된다. 교체 요청이 들어왔을 때 예비 부품이 있다면 고객은 그것을 받아 서비스 센터를 떠난다. 그러나 예비 부품이 없으면 고객은 필요한 부품이 들어올 때까지 기다려야 한다. 이 문제의 목적은 고객을 만족시킬 결정 전략을 서비스 센터 운영자에게 조언하는 것이다.

퍼지 전문가 시스템을 개발하는 전형적인 절차는 다음 단계와 같다.

1. 문제를 명확히 하고 언어 변수를 정의한다.
2. 퍼지 집합을 결정한다.
3. 퍼지 규칙을 구성하고 도출한다.
4. 퍼지 집합, 퍼지 규칙, 퍼지 추론을 수행하는 절차를 퍼지 시스템에 부호화해 넣는다.
5. 시스템을 평가하고 조정한다.

■ 1단계: 문제를 명확히 하고 언어 변수를 정의한다

전문가 시스템을 구축하는 첫 단계이자 가장 중요한 단계는 문제를 명확히 하는 단계다. 이 단계에서 문제를 지식 공학 용어로 설명할 필요가 있다. 다시 말해서, 문제의 입출력 변수와 그 범위를 결정해야 한다.

우리의 문제에는 핵심 언어 변수가 4개 있다. 평균 대기 시간(평균 지연 시간) m, 서비스 센터의 수리 가동률 ρ, 직원 수 s, 예비 부품의 초기 개수 n이다.

고객의 평균 대기 시간 m은 서비스 센터의 성과를 평가하는 가장 중요한 기준이다. 실제 서비스 평균 지연 시간은 고객이 받아들일 수 있는 한계를 넘으면 안 된다.

서비스 센터의 수리 가동률 ρ는 고객이 방문하는 정도 λ와 고객이 떠나는 정도 μ의 비율이다. λ와 μ의 크기는 각각 부품의 고장률(단위 시간당 고장 횟수)과 수리율(단위 시간당 수리 횟수)을 가리킨다. 수리율은 분명히 직원 수 s에 비례한다. 서비스 센터의 생산성을 높이려면 운영자는 수리 가동률을 최대한 높여야 한다.

직원 수 s와 예비 부품 초기 개수 n은 고객의 평균 대기 시간에 직접 영향을 미친다. 따라서 서비스 센터의 성과에 많은 영향을 준다. s와 n을 늘림으로써 평균 대기 시간을 낮출 수 있다. 그러나 이와 함께 새 직원을 고용하는 비용과 예비 부품을 준비해 두는 비용과 서비스 센터의 재고 허용량을 늘리는 비용이 늘어난다.

예비 부품 초기 개수 n, 고객 서비스 평균 지연 시간 m, 직원 수 s, 수리 가동률 ρ를 정하자. 여기서 고려하는 결정 모델에서는 m, s, ρ가 입력이고, n이 출력이다. 다시 말해서, 서비스 센터 운영자는 받아들일 수 있는 범위 안에서 실제 고객 서비스의 평균 지연 시간을 유지하는 데 필요한 예비 부품 개수를 결정하기를 원한다.

이제 언어 변수의 범위를 명확하게 해야 한다. m, s, n의 수치를 각각의 범위에서 최대 등급에 해당하는 값으로 나눠 [0, 1] 범위로 정규화하여 [표 4-3]과 같은 결과를 얻었다고 가정하자. 고객 서비스 평균 지연 시간 m에 대한 언어값은 **매우 짧다**, **짧다**, **중간이다** 세 가지밖에 없다는 점에 주목하라. **길다**, **매우 길다** 같은 값은 실용성이 없다. 서비스 센터의 운영자는 고객이 중간 정도 되는 시간보다 오래 기다리도록 붙잡아 둘 수 없다. 실제 문제에서는 모든 언어 변수, 언어값과 그 범위를 보통 영역 전문가가 선택한다.

■ 2단계: 퍼지 집합을 결정한다

퍼지 집합은 다양한 형태를 띤다. 그러나 삼각형이나 사다리꼴은 전문 지식을 나타내기에 적절하고 계산 과정이 간편하다.

[그림 4-16]~[그림 4-19]는 이 문제에서 사용하는 모든 언어 변수에 대한 퍼지 집합을 보여준다. 여기에서 핵심은 퍼지 시스템이 원활하게 응답하도록 인접한 퍼지 집합끼리는 충분히 겹치게 한다는 점이다.

[표 4-3] 언어 변수와 그 범위

언어 변수: 평균 지연 시간(*m*)		
언어값	표기	정규화된 수치 범위
매우 짧다	VS	[0, 0.3]
짧다	S	[0.1, 0.5]
중간이다	M	[0.4, 0.7]
언어 변수: 직원 수(*s*)		
언어값	표기	정규화된 수치 범위
적다	S	[0, 0.35]
중간이다	M	[0.30, 0.70]
많다	L	[0.60, 1]
언어 변수: 수리 가동률(ρ)		
언어값	표기	수치 범위
낮다	L	[0, 0.6]
중간이다	M	[0.4, 0.8]
높다	H	[0.60, 1]
언어 변수: 예비 부품 개수(*n*)		
언어값	표기	정규화된 수치 범위
매우 적다	VS	[0, 0.30]
적다	S	[0, 0.40]
조금 적다	RS	[0.25, 0.45]
중간이다	M	[0.30, 0.70]
조금 많다	RL	[0.55, 0.75]
많다	L	[0.60, 1]
매우 많다	VL	[0.70, 1]

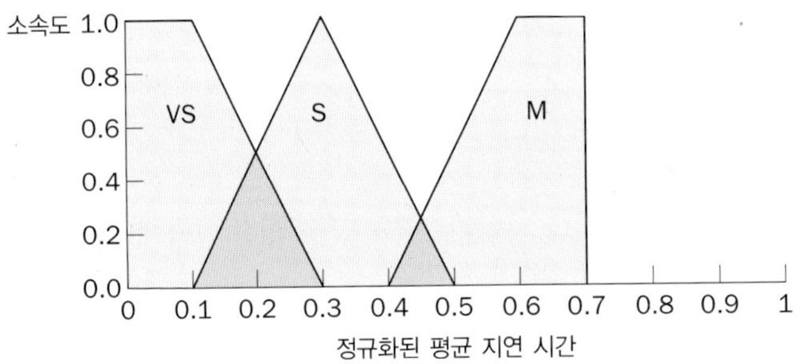

[그림 4-16] 평균 지연 시간 *m*의 퍼지 집합

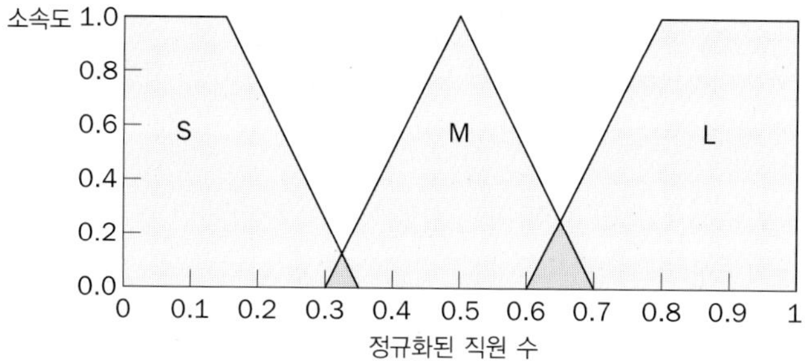

[그림 4-17] 직원 수 s의 퍼지 집합

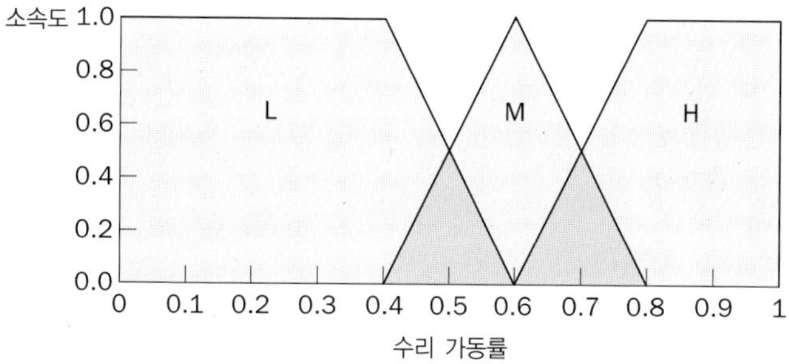

[그림 4-18] 수리 가동률 ρ의 퍼지 집합

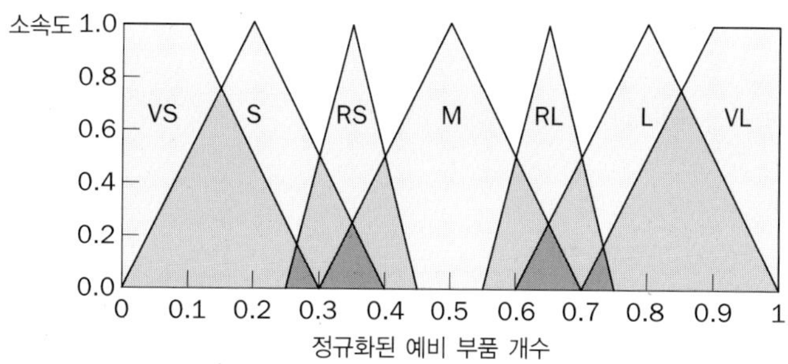

[그림 4-19] 예비 부품 개수 n의 퍼지 집합

■ 3단계: 퍼지 규칙을 구성하고 도출한다

다음으로 퍼지 규칙을 구해야 한다. 이를 위해 전문가에게 앞에서 정의한 퍼지 언어 변수를 써서 문제를 어떻게 해결하는지 설명해 달라고 해야한다.

필요한 지식은 책, 컴퓨터 데이터베이스, 흐름도, 인간 행동 관찰 등 여러 출처를 통해 수집할 수 있다. 지금 다루는 문제에는 연구 논문(Turksen 외, 1992)에서 제안한 규칙을 적용할 수 있다.

이 문제에는 입력 변수가 3개, 출력 변수가 1개 있다. 퍼지 규칙을 행렬로 나타내면 편리한 경우가 많다. 2 × 1 시스템(입력 2개, 출력 1개)은 입력 변수의 M × N 행렬로 나타낼 수 있다. 입력 변수의 하나는 가로축 언어값, 다른 입력 변수의 언어값은 세로축을 이룬다. 행과 열이 교차하는 지점에는 출력 변수의 언어값을 놓는다. 3 × 1 시스템(입력 3개, 출력 1개)은 3차원 행렬(M × N × K)로 표현된다. 이러한 표현 형식을 **퍼지 연관 메모리**(FAM, Fuzzy Associative Memory)라 한다.

다른 입력 변수가 고정되었다고 가정하고, 수리 가동률 ρ와 예비 부품 개수 n 사이의 매우 기본적인 관계를 먼저 이용해 보자. 이 관계는 ρ가 늘어나면 n은 줄어들지 않을 것이라는 식으로 나타낼 수 있다. 따라서 다음 세 규칙을 쓸 수 있다.

1. If (수리 가동률이 L) then (예비 부품 개수는 S)
2. If (수리 가동률이 M) then (예비 부품 개수는 M)
3. If (수리 가동률이 H) then (예비 부품 개수는 L)

이제 나머지 규칙을 행렬로 나타내는 3 × 3 FAM을 만들 수 있다. 결과는 [그림 4-20]와 같다.

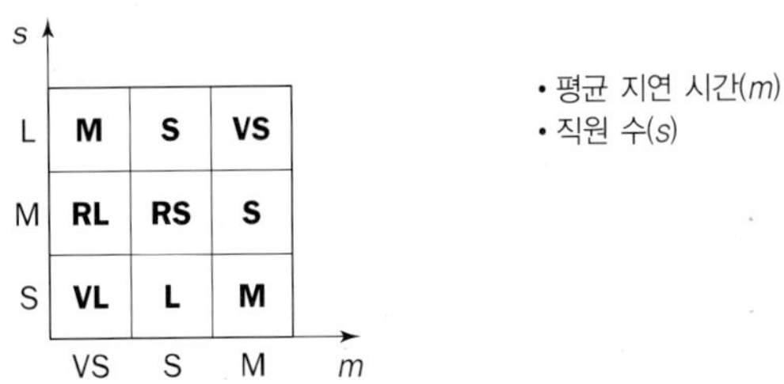

[그림 4-20] 2차원 FAM 표현

한편 '전문가의 손길' (Turksen 외, 1992)을 써서 서비스 센터 운영을 자세히 분석하면 전문가 시스템에서 사용하는 모든 변수 사이의 복잡한 관계를 나타내는 27가지 규칙을 이끌어낼 수 있다. 이 규칙을 [표 4-4]에 정리했으며, [그림 4-21]에서 3차원(3 × 3 × 3) FAM 표현을 보여준다.

[표 4-4] 규칙표

규칙	*m*	*s*	*ρ*	*n*	규칙	*m*	*s*	*ρ*	*n*	규칙	*m*	*s*	*ρ*	*n*
1	VS	S	L	VS	10	VS	S	M	S	19	VS	S	H	VL
2	S	S	L	VS	11	S	S	M	VS	20	S	S	H	L
3	M	S	L	VS	12	M	S	M	VS	21	M	S	H	M
4	VS	M	L	VS	13	VS	M	M	RS	22	VS	M	H	M
5	S	M	L	VS	14	S	M	M	S	23	S	M	H	M
6	M	M	L	VS	15	M	M	M	VS	24	M	M	H	S
7	VS	L	L	S	16	VS	L	M	M	25	VS	L	H	RL
8	S	L	L	S	17	S	L	M	RS	26	S	L	H	M
9	M	L	L	VS	18	M	L	M	S	27	M	L	H	RS

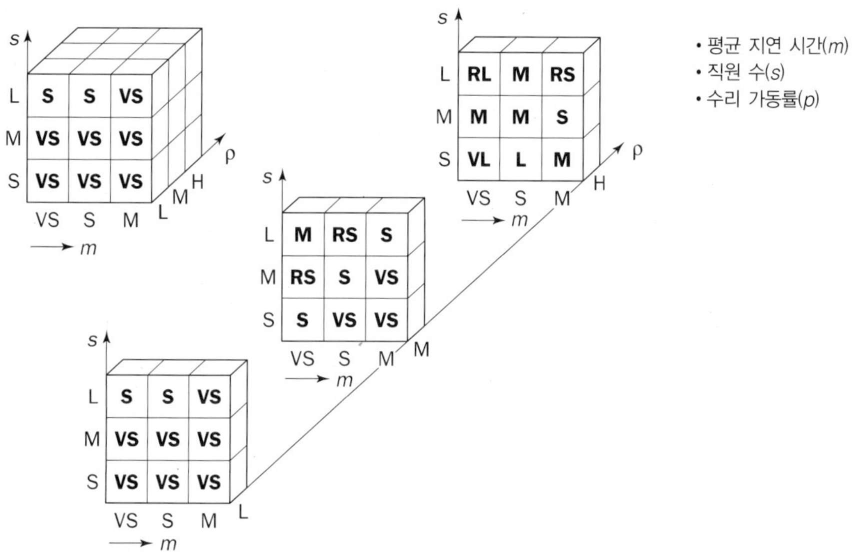

[그림 4-21] 3차원 FAM과 그 단면

우리는 먼저 12가지(3 + 3 × 3) 규칙을 정했고, 그 다음에 27가지(3 × 3 × 3) 규칙을 얻었다. 두 가지를 모두 구현하여 결과를 비교할 수 있다. 어느 쪽이 좋은지는 오직 시스템의 성능으로만 판단할 수 있다.

기반 규칙 1

1. If (수리 가동률이 L) then (예비 부품 개수는 S)
2. If (수리 가동률이 M) then (예비 부품 개수는 M)
3. If (수리 가동률이 H) then (예비 부품 개수는 L)

4. If (평균 지연 시간이 VS) and (직원 수가 S) then (예비 부품 개수는 VL)
5. If (평균 지연 시간이 S) and (직원 수가 S) then (예비 부품 개수는 L)
6. If (평균 지연 시간이 M) and (직원 수가 S) then (예비 부품 개수는 M)

7. If (평균 지연 시간이 VS) and (직원 수가 M) then (예비 부품 개수는 RL)
8. If (평균 지연 시간이 S) and (직원 수가 M) then (예비 부품 개수는 RS)
9. If (평균 지연 시간이 M) and (직원 수가 M) then (예비 부품 개수는 S)

10. If (평균 지연 시간이 VS) and (직원 수가 L) then (예비 부품 개수는 M)
11. If (평균 지연 시간이 S) and (직원 수가 L) then (예비 부품 개수는 S)
12. If (평균 지연 시간이 M) and (직원 수가 L) then (예비 부품 개수는 VS)

기반 규칙 2

1. If (평균 지연 시간이 VS) and (직원 수가 S) and (수리 가동률이 L) then (예비 부품 개수는 VS)
2. If (평균 지연 시간이 S) and (직원 수가 S) and (수리 가동률이 L) then (예비 부품 개수는 VS)
3. If (평균 지연 시간이 M) and (직원 수가 S) and (수리 가동률이 L) then (예비 부품 개수는 VS)
4. If (평균 지연 시간이 VS) and (직원 수가 M) and (수리 가동률이 L) then (예비 부품 개수는 VS)
5. If (평균 지연 시간이 S) and (직원 수가 M) and (수리 가동률이 L) then (예비 부품 개수는 VS)
6. If (평균 지연 시간이 M) and (직원 수가 M) and (수리 가동률이 L) then (예비 부품 개수는 VS)
7. If (평균 지연 시간이 VS) and (직원 수가 L) and (수리 가동률이 L) then (예비 부품 개수는 S)
8. If (평균 지연 시간이 S) and (직원 수가 L) and (수리 가동률이 L) then (예비 부품 개수는 S)
9. If (평균 지연 시간이 M) and (직원 수가 L) and (수리 가동률이 L) then (예비 부품 개수는 VS)

10. If (평균 지연 시간이 VS) and (직원 수가 S) and (수리 가동률이 M) then (예비 부품 개수는 S)
11. If (평균 지연 시간이 S) and (직원 수가 S) and (수리 가동률이 M) then (예비 부품 개수는 VS)
12. If (평균 지연 시간이 M) and (직원 수가 S) and (수리 가동률이 M) then (예비 부품 개수는 VS)
13. If (평균 지연 시간이 VS) and (직원 수가 M) and (수리 가동률이 M) then (예비 부품 개수는 RS)
14. If (평균 지연 시간이 S) and (직원 수가 M) and (수리 가동률이 M) then (예비 부품 개수는 S)
15. If (평균 지연 시간이 M) and (직원 수가 M) and (수리 가동률이 M) then (예비 부품 개수는 VS)
16. If (평균 지연 시간이 VS) and (직원 수가 L) and (수리 가동률이 M) then (예비 부품 개수는 M)

17. If (평균 지연 시간이 S) and (직원 수가 L) and (수리 가동률이 M) then (예비 부품 개수는 RS)
18. If (평균 지연 시간이 M) and (직원 수가 L) and (수리 가동률이 M) then (예비 부품 개수는 S)

19. If (평균 지연 시간이 VS) and (직원 수가 S) and (수리 가동률이 H) then (예비 부품 개수는 VL)
20. If (평균 지연 시간이 S) and (직원 수가 S) and (수리 가동률이 H) then (예비 부품 개수는 L)
21. If (평균 지연 시간이 M) and (직원 수가 S) and (수리 가동률이 H) then (예비 부품 개수는 M)
22. If (평균 지연 시간이 VS) and (직원 수가 M) and (수리 가동률이 H) then (예비 부품 개수는 M)
23. If (평균 지연 시간이 S) and (직원 수가 M) and (수리 가동률이 H) then (예비 부품 개수는 M)
24. If (평균 지연 시간이 M) and (직원 수가 M) and (수리 가동률이 H) then (예비 부품 개수는 S)
25. If (평균 지연 시간이 VS) and (직원 수가 L) and (수리 가동률이 H) then (예비 부품 개수는 RL)
26. If (평균 지연 시간이 S) and (직원 수가 L) and (수리 가동률이 H) then (예비 부품 개수는 M)
27. If (평균 지연 시간이 M) and (직원 수가 L) and (수리 가동률이 H) then (예비 부품 개수는 RS)

4단계: 퍼지 집합, 퍼지 규칙, 퍼지 추론을 수행하는 절차를 퍼지 시스템에 부호화해 넣는다

퍼지 집합과 퍼지 규칙을 정의하는 다음 단계에서는, 이들을 부호화하여 실제 퍼지 전문가 시스템을 구축한다. 여기에는 두 가지 방법이 있다. C나 파스칼 같은 프로그래밍 언어를 써서 직접 시스템을 구축하는 방법과 MathWorks의 MATLAB Fuzzy Logic Toolbox나 퍼지 시스템 엔지니어링(Fuzzy Systems Engineering) 사의 Fuzzy Knowledge Builder™ 같은 퍼지 논리 개발 도구를 쓰는 방법이다.

숙련된 퍼지 시스템 개발자들은 대부분 C/C++ 프로그래밍 언어를 선호한다(Cox, 1999; Li와 Gupta, 1995). 이쪽이 더 유연하기 때문이다. 그러나 퍼지 전문가 시스템을 빠르게 개발하거나 원형을 만들려면 퍼지 논리 개발 도구가 가장 적당하다. 이들 도구는 보통 퍼지 시스템을 구축하고 테스트하는 완전한 환경을 제공한다. 이를테면, MATLAB Fuzzy Logic Toolbox에는 GUI 편집기 5가지(퍼지 추론 시스템 편집기, 규칙 편집기, 소속 함수 편집기, 퍼지 추론 뷰어, 출력 표면 뷰어)가 통합되어 있다. 이런 특징 덕분에 퍼지 시스템을 훨씬 쉽게 설계할 수 있다. 퍼지 전문가 시스템을 구축해본 경험이 많지 않은 초보자는 개발 도구를 사용하는 편이 낫다. 퍼지 논리 개발 도구를 쓰기로 했다면, 지식 공학자는 영어와 비슷한 문법에 맞추어 퍼지 규칙을 부호화하고, 도표로 소속 함수를 정의하면 된다.

이 문제에 대한 퍼지 전문가 시스템을 구축할 때는 많이 사용하는 MATLAB Fuzzy Logic Toolbox를 사용할 것이다. 이 도구는 퍼지 규칙을 계산하는 시스템의 뼈대와 GUI를 제공한다. 퍼지 시스템 구축을 처음 해보는 사람도 배우기 쉽고 사용하기 편리하다.

■ 5단계: 시스템을 평가하고 조정한다

마지막으로 시스템을 평가하고 조정하는 단계로, 손이 가장 많이 간다. 우리는 퍼지 시스템이 최초로 제시한 요구 사항을 만족하는지 보려고 한다. 테스트 상황은 평균 지연 시간, 직원 수, 수리 가동률에 따라 여러 가지가 있을 수 있다. Fuzzy Logic Toolbox는 시스템의 성능 분석 작업을 돕는 도표를 만들 수 있다. [그림 4-22]는 2입력 1출력 시스템에 대한 3차원 도면이다.

그러나 우리 시스템에는 입력이 3개, 출력이 1개 있다. 3차원 이상을 넘어설 수 있을까? 3차원을 넘어가면 결과를 표시하기 어려워진다. 다행히 Fuzzy Logic Toolbox에는 특별한 기능이 있다. 임의의 두 입력은 변화시키고 나머지 입력은 고정시킨 3차원 도면을 생성하는 기능이다. 그럼으로써 3입력 1출력 시스템의 성능을 3차원 도면 두 개로 관찰할 수 있다.

퍼지 시스템이 잘 작동하기는 하지만, 기반 규칙 2를 적용해서 성능을 높이고 싶을 수 있다. 그 결과를 [그림 4-23]에 보인다. [그림 4-22]와 [그림 4-23]을 비교하면 성능 향상을 확인할 수 있다.

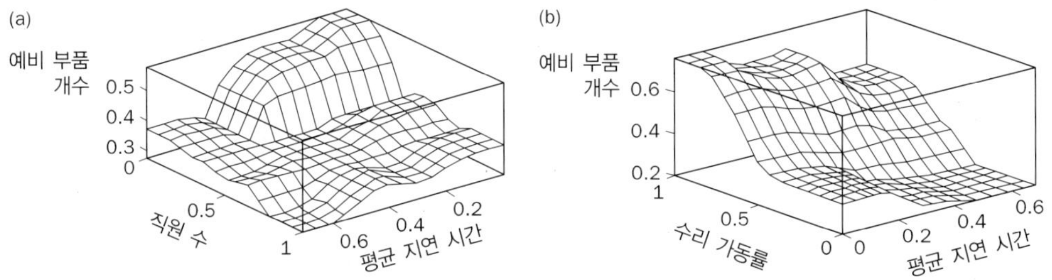

[그림 4-22] 기반 규칙 1의 3차원 도면

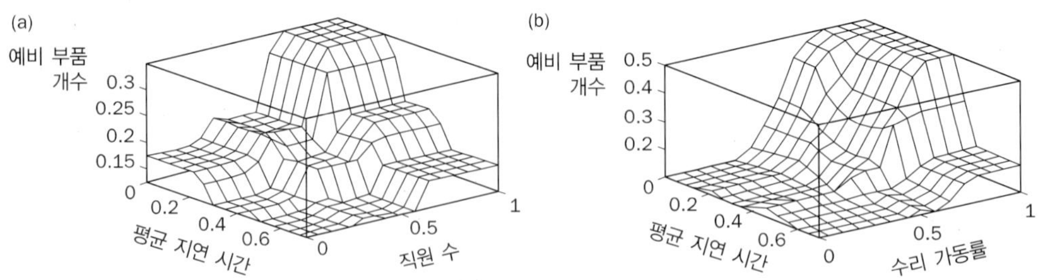

[그림 4-23] 기반 규칙 2의 3차원 도면

그러나 이렇게 해도 전문가는 시스템의 성능에 만족하지 못할 수 있다. 전문가는 성능을 더욱 높이려고 논의 영역 **직원 수**에 ([그림 4-24]에 보이는 것과 같이) **조금 적다**와 **조금 많다**를 추가하고 [그림 4-25]에 나타낸 FAM에 따라 기반 규칙을 확장하자고 제안할 수 있다. 퍼지 시스템은 바꾸고 확장하기 쉽기 때문에, 전문가의 제안을 따르면 [그림 4-26]에 보인 결과를 빠르게 얻을 수 있다.

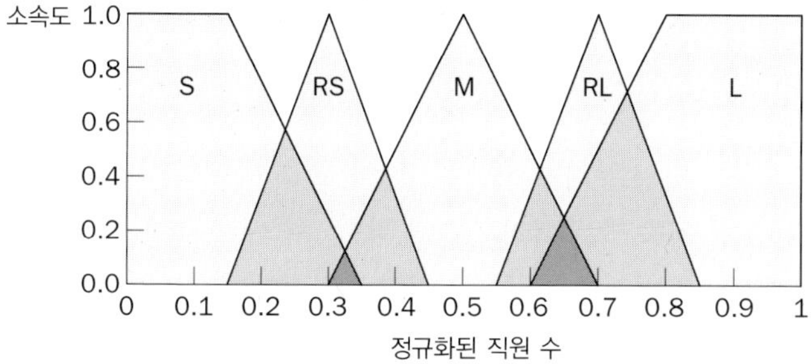

[그림 4-24] 수정된 직원 수 *s* 퍼지 집합

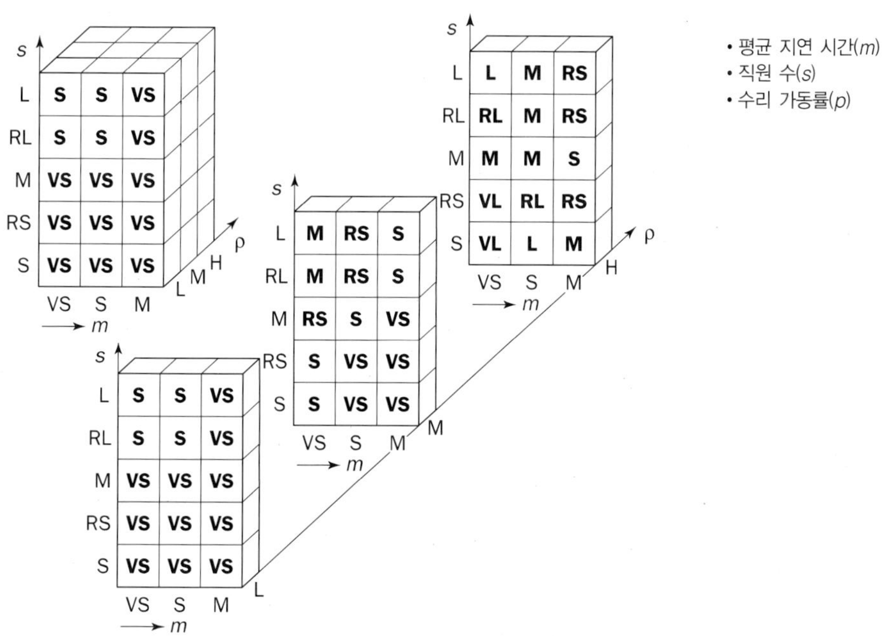

[그림 4-25] 기반 규칙 3의 3차원 FAM

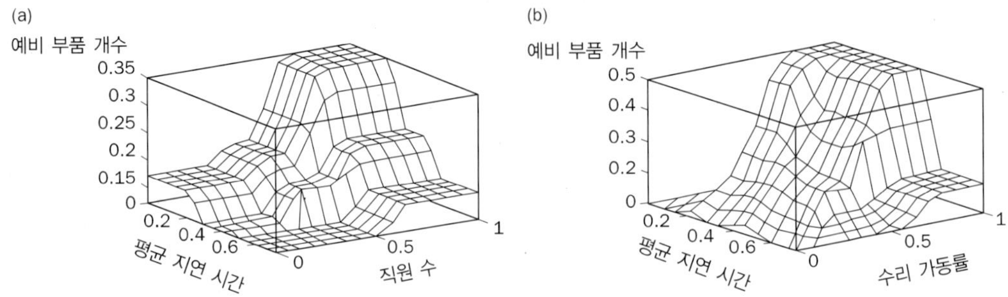

[그림 4-26] 기반 규칙 3의 3차원 도면

일반적으로 퍼지 전문가 시스템을 조정하는 작업은 퍼지 집합을 결정하고 퍼지 규칙을 만드는 작업보다 훨씬 많은 시간과 노력이 든다. 보통 처음 만든 퍼지 집합과 퍼지 규칙에서 문제에 대한 적절한 해결책을 얻을 수 있다. 이는 일반적으로 인정되는 퍼지 논리의 장점이다. 그러나 퍼지 시스템을 개선하는 작업은 공학이라기보다 기교가 되기 쉽다.

퍼지 시스템 조정은 다음과 같은 순서로 수행할 수 있다.

1. 모델의 입출력 변수를 재검토하고, 필요하면 범위를 재조정한다. 특히 변수 단위에 주의한다. 같은 영역에서 사용하는 변수는 논의 영역에서 동일한 단위를 적용해야 한다.
2. 퍼지 집합을 재검토하고, 필요하면 논의 영역에 집합을 추가한다. 범위가 넓은 퍼지 집합을 쓰면 퍼지 시스템이 세밀하지 않게 작동할 수 있다.
3. 인접한 집합들이 충분히 겹치게 한다. 얼마나 겹치면 최적인지 결정하는 정확한 방법은 없지만, 삼각형-삼각형이나 사다리꼴-삼각형 퍼지 집합이 인접할 때는 일반적으로 아랫변의 25~50%가 겹치는 것을 권한다(Cox, 1999).
4. 규칙을 재검토하고, 필요하면 기반 규칙에 새로운 규칙을 추가한다.
5. 기반 규칙을 검토하고, 헤지 규칙을 작성해서 시스템의 이상한 동작을 잡아낼 가능성이 있는지 알아본다.
6. 규칙 실행 가중치를 바꾼다. 퍼지 논리 도구 대부분은 가중치 배율을 바꿈으로써 규칙의 중요도를 제어할 수 있게 한다. Fuzzy Logic Toolbox에서는 모든 규칙의 기본 가중치가 1.0이다. 그러나 사용자가 가중치를 바꿔 규칙의 위력을 줄일 수 있다. 만약 다음과 같이 정한다면 규칙의 위력은 40% 정도 줄어든다.

   If (수리 가동률이 H) then (예비 부품 개수는 L) (0.6)

7. 퍼지 집합의 모양을 바꾼다. 퍼지 시스템은 대부분 모양 근사에 높은 내성이 있다. 따라서 시스템은 퍼지 집합의 모양이 정확하게 정의되지 않은 경우에도 여전히 잘 작동할 것이다.

역퍼지화 방법은 어떨까, 시스템을 조정하려면 다른 방법을 써야 할까

무게 중심법은 일관된 결과를 제공하는 것으로 보이고, 모든 퍼지 영역의 높이나 너비뿐만 아니라 빈약한 단일체에도 잘 작동한다. 따라서 다른 역퍼지화 방법을 썼을 때 퍼지 시스템이 더 잘 작동한다는 확실한 근거가 없다면 무게 중심법을 권한다.

4.8 요약 Summary

이 장에서는 퍼지 논리를 소개하고, 그 이면에 있는 철학적인 발상을 논의했다. 퍼지 집합의 개념을 설명하고, 컴퓨터에서 퍼지 집합을 어떻게 표현할지를 다루었으며 퍼지 집합 연산을 알아보았다. 언어 변수와 헤지도 정의했다. 그리고 퍼지 규칙을 제시하고 고전적인 규칙과 퍼지 규칙의 주요 차이점을 설명했다. 또한 맘다니와 스게노라는 두 퍼지 추론 기법을 조사하고, 이들을 어디에 적용하면 적절할지를 제시했다. 마지막으로, 퍼지 전문가 시스템을 개발하는 주요 단계를 소개하고, 실제 퍼지 시스템을 구축하고 조정하는 과정을 통해 이론을 설명했다.

이 장에서 다룬 핵심 내용은 다음과 같다.

- 퍼지 논리는 모호함을 설명하는 논리다. 퍼지 논리는 낱말, 의사 결정, 상식에 관한 인간의 감각을 모델링하려 하기 때문에 기계를 좀 더 인간에 가깝고 지능적으로 만든다.
- 퍼지 논리는 얀 루카지위츠가 1920년대에 소개하고, 맥스 블랙이 1930년대에 심화했으며, 로트피 자데가 1960년대에 재발견하고 수리 논리를 사용하는 정형화된 시스템으로 확장시켜 널리 전파했다.
- 퍼지 논리는 고전적인 이진 논리의 크리스프 소속성보다 소속된 정도에 바탕을 두고 표현하는 지식에 대한 수학 법칙의 집합이다. 불 논리는 2치 논리지만, 퍼지 논리는 다치 논리다.
- 퍼지 집합은 사람의 키를 **작은** 키, **보통** 키, **큰** 키로 나누는 것처럼 경계가 모호(퍼지)한 집합이다. 퍼지 집합을 컴퓨터에서 나타내려면 퍼지 집합을 함수로 나타내고 집합의 원소를 소속도에 대응시킨다. 퍼지 전문가 시스템에서 쓰는 전형적인 소속 함수는 삼각형과 사다리꼴이다.
- 언어 변수는 막연하거나 모호한 값에 연관된 용어나 개념을 설명하는 데 쓰인다. 이 값들은 퍼지 집합으로 표현한다.

- 헤지는 퍼지 집합의 모양을 바꾸는 퍼지 집합 한정사다. 헤지는 **매우**, **얼마간**, **꽤**, **다소**, **조금** 같은 부사를 포함한다. 헤지는 다음과 같은 수학 연산을 수행한다. 집중 연산은 퍼지 원소의 소속도를 낮춘다(예: **매우** 키 큰 사람). 확장 연산은 퍼지 원소의 소속도를 높인다(예: **다소** 키 큰 사람). 강화 연산은 소속도가 0.5보다 크면 소속도를 더 높이고 0.5보다 작으면 더 낮춘다(예: **확실히** 키 큰 사람).
- 퍼지 집합끼리 상호작용이 가능하다. 퍼지 집합의 관계를 연산이라 한다. 퍼지 집합의 주요 연산에는 여집합, 포함관계, 교집합, 합집합이 있다.
- 퍼지 규칙은 인간의 지식을 포착하는 데 쓰인다. 퍼지 규칙은 다음과 같은 형태를 띠는 조건문이다. x와 y는 퍼지 집합에 따라 결정된 언어 변수고, A와 B는 언어값이다.

  IF x가 A
  THEN y가 B

- 퍼지 추론은 퍼지 집합론을 이용해 주어진 입력을 출력에 대응시키는 과정이다. 퍼지 추론 과정은 다음의 네 단계를 포함한다.

  입력 변수의 퍼지화 → 규칙 평가 → 출력으로 나온 규칙의 통합 역퍼지화

- 퍼지 추론 기법에는 맘다니 방법과 스게노 방법이 있다. 맘다니 방법은 퍼지 규칙상의 전문 지식을 포착하는 능력 때문에 퍼지 전문가 시스템에서 널리 쓰인다. 그러나 맘다니형 퍼지 추론을 수행하려면 상당한 시간이 걸린다.
- 퍼지 추론을 효율적으로 계산하기 위해 스게노는 규칙 후건의 소속 함수로서 막대 하나로 된 단일체를 도입했다. 스게노 방법은 최적화나 적응형 기법과 함께 잘 작동한다. 이 특성 때문에 스게노형 추론은 제어, 특히 동적 비선형 시스템에서 매우 매력적이다.
- 퍼지 전문가 시스템 구축이란 퍼지 집합과 퍼지 규칙을 정의한 다음, 정해진 요구조건에 따라 시스템을 평가하고, 조정하는 작업을 반복하는 과정이다.
- 조정은 퍼지 시스템 구축에서 가장 힘들고 지루한 부분이다. 이 단계에는 흔히 이미 정해진 퍼지 집합과 퍼지 규칙을 정비하는 작업이 포함된다.

Chapter_04 연습문제

01 퍼지 논리란 무엇인가? 퍼지 논리의 창시자는 누구인가? 어째서 퍼지 논리가 기계를 좀 더 인간에 가깝고 지능적으로 만드는가?

02 퍼지 집합과 소속 함수란 무엇인가? 크리스프 집합과 퍼지 집합의 차이는 무엇인가? 남자의 몸무게라는 논의 영역에서 가능한 퍼지 집합을 결정해 보라.

03 언어 변수와 언어값을 정의하고 예를 들라. 언어 변수는 퍼지 규칙에서 어떻게 사용되는가? 퍼지 규칙의 예를 몇 가지 들라.

04 헤지란 무엇인가? 헤지는 기존의 퍼지 집합을 어떻게 바꾸는가? 집중, 확장, 강화 연산을 수행하는 헤지의 예를 들고, 적절한 수식과 그래프로 나타내라.

05 퍼지 집합에 대한 주요 연산을 정의하고 예를 들라. 이미 존재하는 집합을 통해 다양한 퍼지 집합을 얻으려고 할 때, 퍼지 집합 연산과 그것의 특성 그리고 헤지를 어떻게 사용하는가?

06 퍼지 규칙이란 무엇인가? 고전적인 규칙과 퍼지 규칙의 차이는 무엇인가? 예를 들라.

07 퍼지 추론을 정의하라. 퍼지 추론 과정의 주요 단계는 무엇인가?

08 퍼지 규칙의 여러 전건을 어떤 방법으로 평가하는가? 예를 들라. AND와 OR 퍼지 연산을 실행하는 여러 방법이 서로 다른 결과를 낼 수 있는가? 그 이유는?

09 퍼지 집합을 클리핑한다는 말은 무슨 뜻인가? 퍼지 집합을 스케일링한다는 말은 무슨 뜻인가? 어느 방법이 퍼지 집합의 원래 모양을 더 잘 보존하는가? 그 이유는? 예를 들라.

10 역퍼지화란 무엇인가? 가장 널리 쓰이는 역퍼지화 방법은 무엇인가? 어떻게 퍼지 시스템의 최종 출력을 산술이나 그래프로 각각 결정할 수 있는가?

11 맘다니형 퍼지 추론과 스게노형 퍼지 추론의 차이는 무엇인가? 단일체란 무엇인가?

12 퍼지 전문가 시스템을 개발하는 주요 단계에는 무엇이 있는가? 그 중 가장 손이 많이 가고 지루한 단계는 무엇인가? 그 이유는?

참고문헌

[01] Chang, A.M. and Hall, L.O. (1992). The validation of fuzzy knowledge-based systems, *Fuzzy Logic for the Management of Uncertainty*, L.A. Zadeh and J. Kacprzyk, eds, John Wiley, New York, pp. 589–604.

[02] Black, M. (1937). Vagueness: An exercise in logical analysis, *Philosophy of Science*, 4, 427–455.

[03] Cox, E. (1999). *The Fuzzy Systems Handbook: A Practitioner' s Guide to Building, Using, and Maintaining Fuzzy Systems*, 2nd edn. Academic Press, San Diego, CA.

[04] Li, H. and Gupta, M. (1995). *Fuzzy Logic and Intelligent Systems*. Kluwer Academic Publishers, Boston.

[05] Lukasiewicz, J. (1930). Philosophical remarks on many-valued systems of propositional logic. Reprinted in *Selected Works*, L. Borkowski, ed., Studies in Logic and the Foundations of Mathematics, North-Holland, Amsterdam, 1970, pp. 153–179.

[06] Mamdani, E.H. and Assilian, S. (1975). An experiment in linguistic synthesis with a fuzzy logic controller, *International Journal of Man Machine Studies*, 7(1), 1–13.

[07] Sugeno, M. (1985). *Industrial Applications of Fuzzy Control*. North-Holland, Amsterdam.

[08] Turksen, I.B., Tian, Y. and Berg, M. (1992). A fuzzy expert system for a service centre of spare parts, *Expert Systems with Applications*, 5, 447–464.

[09] Zadeh, L. (1965). Fuzzy sets, *Information and Control*, 8(3), 338–353.

[10] Zadeh, L. (1973). Outline of a new approach to the analysis of complex systems and decision processes, *IEEE Transactions on Systems, Man, and Cybernetics*, SMC-3(1), 28–44.

[11] Chang, A.M. and Hall, L.O. (1992). The validation of fuzzy knowledge-based systems, *Fuzzy Logic for the Management of Uncertainty*, L.A. Zadeh and J. Kacprzyk, eds, John Wiley, New York, pp. 589–604.

[12] Chiu, S. (1995). Software tools for fuzzy control, *Industrial Applications of Fuzzy Logic and Intelligent Systems*, J. Yen, R. Langari and L.A. Zadeh, eds, The Institute of Electrical and Electronics Engineers, New York, pp. 313–340.

[13] Dubois, D. and Pride, H. (1992). Fuzzy rules in knowledge-based systems, *An Introduction to Fuzzy Logic Applications in Intelligent Systems*, R.R. Yager and L.A. Zadeh, eds, Kluwer Academic Publishers, Boston, pp. 45–68.

[14] Dubois, D., Pride, H. and Yager, R.R. (1993). Fuzzy rules in knowledge-based systems, *Reading in Fuzzy Sets for Intelligent Systems*, Morgan Kaufmann, San Mateo, CA.

[15] Durkin, J. (1994). *Expert Systems Design and Development.* Prentice Hall, Englewood Cliffs, NJ.

[16] Kandel, A. (1992). *Fuzzy Expert Systems.* CRC Press, Boca Raton, FL.

[17] Klir, G.J. and Yuan, Bo (1996). Fuzzy Sets, *Fuzzy Logic, and Fuzzy Systems: Selected Papers by Lotfi* A. Zadeh, Advances in Fuzzy Systems-Applications and Theory, vol. 6, World Scientific, Singapore.

[18] Kohout, L.J. and Bandler, W. (1992). Use of fuzzy relations in knowledge representation, acquisition, and processing, *Fuzzy Logic for the Management of Uncertainty,* L.A. Zadeh and J. Kacprzyk, eds, John Wiley, New York, pp. 415–435.

[19] Kosko, B. (1992). *Fuzzy associative memory systems, Fuzzy Expert Systems,* A. Kandel, ed., CRC Press, Boca Raton, FL, pp. 135–164.

[20] Kosko, B. (1992). *Neural Networks and Fuzzy Systems: A Dynamical Systems Approach to Machine Intelligence.* Prentice Hall, Englewood Cliffs, NJ.

[21] Kosko, B. (1993). *Fuzzy Thinking*: The New Science of Fuzzy Logic. Hyperion, New York.

[22] Kosko, B. (1997). *Fuzzy Engineering.* Prentice Hall, Upper Saddle River, NJ.

[23] Lee, C.C. (1990). Fuzzy logic in control systems: fuzzy logic controller, part I, *IEEE Transactions on Systems, Man, and Cybernerics,* 20(2), 404–418.

[24] Lee, C.C. (1990). Fuzzy logic in control systems: fuzzy logic controller, part II, *IEEE Transactios on Systems,* Man, and Cybernerics, 20(2), 419–435.

[25] Leondes, C.T. (1998). *Fuzzy Logic and Expert Systems Applications.* Academic Press, San Diego, CA.

[26] Mukaidono, M. (2001). *Fuzzy Logic for Beginners.* World Scientific, Singapore.

[27] Negoita, C.V. (1985). *Expert Systems and Fuzzy Systems.* Benjamin/Cummings Publishing, Menlo Park, CA.

[28] Nguyen, H.T. and Walker, E.A. (1999). *A First Course in Fuzzy Logic,* 2nd edn. Chapman & Hall/CRC Press, London.

[29] Pedrycz, W. and Gomide, F. (1998). *An Introduction to Fuzzy Sets: Analysis and Design.* The MIT Press, Cambridge, MA.

[30] Ross, T.J. (1995). F*uzzy Logic with Engineering Applications.* McGraw-Hill, Hightstown, NJ.

[31] Tanaka, K. (1996). *An Introduction to Fuzzy Logic for Practical Applications.* SpringerVerlag, New York.

[32] Terano, T., Asai, K. and Sugeno, M. (1992). *Fuzzy Systems Theory and its Applications.* Academic Press, London.

[33] Tzafestas, S.G. and Venetsanopoulos, A.N. (1994). *Fuzzy Reasoning in Information, Decision and Control Systems.* Kluwer Academic Publishers, Boston.

[34] Yager, R.R. (1992). Expert systems using fuzzy logic, *An Introduction to Fuzzy Logic Applications in Intelligent Systems*, R.R. Yager and L.A. Zadeh, eds, Kluwer Academic Publishers, Boston, pp. 27–44.

[35] Yager, R.R. and Zadeh, L.A. (1992). *An Introduction to Fuzzy Logic Applications in Intelligent Systems.* Kluwer Academic Publishers, Boston.

[36] Yager, R.R. and Zadeh, L.A. (1994). Fuzzy Sets, *Neural Networks and Soft Computing.* Van Nostrand Reinhold, New York.

[37] Yen, J., Langari, R. and Zadeh, L.A. (1995). *Industrial Applications of Fuzzy Logic and Intelligent Systems.* Institute of Electrical and Electronics Engineers, New York.

[38] Zahde, L.A. (1975). The concept of a linguistic variable and its applications to approximate reasoning, part I, *Information Sciences*, 8, 199–249.

[39] Zadeh, L.A. (1975). The concept of a linguistic variable and its applications to approximate reasoning, part II, *Information Sciences*, 8, 301–357.

[40] Zadeh, L.A. (1975). The concept of a linguistic variable and its applications to approximate reasoning, part III, *Information Sciences*, 9, 43–80.

[41] Zadeh, L.A. (1992). Knowledge representation in fuzzy logic, A*n introduction to Fuzzy Logic Applications in Intelligent Systems*, R.R. Yager and L.A. Zadeh, eds, Kluwer Academic Publishers, Boston, pp. 1–26.

[42] Zadeh, L.A. (1994). Fuzzy logic, neural networks, and soft computing, *Communications of the ACM*, 37(3), 77–84.

[43] Zadeh, L.A. and Kacprzyk, J. (1992). *Fuzzy Logic for the Management of Uncertainty.* John Wiley, New York.

[44] Zimmermann, H.-J. (1987). *Fuzzy Sets, Decision-Making and Expert Systems.* Kluwer Academic Publishers, Boston.

[45] Zimmermann, H.-J. (1996). *Fuzzy Set Theory and its Applications*, 3rd edn. Kluwer Academic Publishers, Boston.

Chapter

05

프레임기반 전문가 시스템

Frame-based expert systems

학습목표

- 프레임에 대해 살펴본다.
- 예제를 통해 프레임기반 전문가 시스템 개발 방법을 이해한다.

5.1 프레임이란 무엇인가?

컴퓨터에서는 여러 가지 기법으로 지식을 표현할 수 있다. 4장에서는 규칙(rules)을 다루었고, 이 장에서는 지식을 표현하는 방법으로서 **프레임**(frames)을 다룰 것이다.

프레임이란 무엇인가

프레임이란 특정 객체 또는 개념에 관한 전형적인 지식으로 이루어진 데이터 구조체다. 1970년대 마빈 민스키가 최초로 제안한 프레임은 프레임기반 전문가 시스템(frame-based expert system)에서 지식을 수집하고 표현할 때 사용한다(Minsky, 1975). 일례로 [그림 5-1]의 탑승권은 항공 승객에 대한 지식을 담은 전형적인 프레임을 보여준다. 프레임 두 개에 포함된 구조체는 동일하다.

칸타스 항공 탑승권	
항공사:	QANTAS AIRWAYS
이름:	MR N BLACK
항공편:	QF 612
날짜:	29DEC
좌석:	23A
출발지:	HOBART
도착지:	MELBOURNE
탑승시간:	0620
탑승구:	2

(a) 칸타스 항공 탑승권

뉴질랜드 항공 탑승권	
항공사:	AIR NEW ZEALAND
이름:	MRS J WHITE
항공편:	NZ 0198
날짜:	23NOV
좌석:	27K
출발지:	MELBOURNE
도착지:	CHRISTCHURCH
탑승시간:	1815
탑승구:	4

(b) 뉴질랜드 항공 탑승권

[그림 5-1] 탑승권 프레임

각 프레임에는 자신만의 이름과 연관된 **속성**(또는 **슬롯**)의 집합을 포함한다. 이름, 몸무게, 키, 나이는 사람이란 프레임의 슬롯이 되고, 모델, 프로세서, 메모리, 가격은 컴퓨터란 프레임의 슬롯이 된다. 예를 들면, [그림 5-1]의 (a)를 보면 항공사 슬롯에는 QANTAS AIRWAYS 항공이라는 값이, 탑승구 슬롯에는 2라는 값이 들어간다.

어떤 경우에 슬롯은 특정 값 대신 속성 값을 결정할 수 있는 프로시저(procedure)[1] 가 될 수도 있다. 전문가 시스템에서는 종종 프레임을 생성 규칙과 함께 사용하곤 한다.

1 특정 문제를 풀기 위해 취해야 할 행동 단계를 서술한 절차.

프레임을 왜 사용해야 할까

프레임은 지식을 구조화하고 정확하게 표현하는 합리적인 방법을 제공한다. 단일 개체(entity)에서 프레임은 특정 객체 또는 개념에 대한 모든 필수 지식을 결합한다. 프레임은 지식을 표현하는 방법으로 슬롯(slot)을 사용하며, 슬롯을 통해 객체의 다양한 특성과 특징을 기술할 수 있다.

앞서 언급했듯이, 많은 실생활의 문제는 IF-THEN 생성 규칙을 이용하여 합리적으로 표현할 수 있다. 그러나 체계적인 탐색 기법을 사용하는 규칙기반 전문가 시스템은 전체 기반지식 구석구석에 흩어져있는 사실을 가지고 작업한다. 이와 같은 방법에서는 주어진 문제와 관련 없는 지식을 탐색하여, 많은 시간이 걸릴 수도 있다. 예를 들어, 칸타스 항공을 자주 이용하는 승객에 대한 지식을 탐색할 때, 뉴질랜드 항공이나 영국 항공 승객을 탐색할 필요는 없다. 이러한 상황에서는 단일 구조체 내의 연관된 사실을 추출하는 프레임이 필요하다.

기본적으로, 프레임이란 전문가 시스템을 위해 객체 지향 프로그래밍을 응용한 것이다.

객체 지향 프로그래밍이란 무엇인가

분석, 설계, 구현의 기반이 되는 **객체**(object)를 이용하는 프로그래밍 방법을 객체 지향 프로그래밍이라 한다. 객체 지향 프로그래밍에서는 객체를 일종의 개념, 추상화로 정의하거나 문제에 대한 명확한 경계나 의미를 갖는 어떤 것으로 정의한다(Rumbaugh 외, 1991). 모든 객체를 아이디(identity)로 명백하게 구별할 수 있다. *Michael Black*, *Audi 5000 Turbo*, *IBM Aptiva S35*는 객체의 한 예가 된다.

객체는 단일 개체에서 데이터 구조체와 행위(behaviour)를 결합한다. 객체의 이러한 특성은 데이터 구조체와 행위 사이의 관계가 모호하거나, 관계를 숨겼던 전통적인 프로그래밍과 확연히 다르다.

객체 지향 프로그래밍은 컴퓨터로 실세계를 표현하는 합리적인 방법을 제공하며, 전통적인 프로그래밍의 고유한 특성인 데이터 종속성에 관한 문제점을 해결한다(Taylor, 1992). 객체 지향 프로그래밍 언어로 객체를 생성하려면 먼저 객체의 이름을 할당하고, 객체의 특징을 설명할 수 있는 특성 집합을 결정한다. 마지막으로 객체의 행위를 명시하는 프로시저를 만든다.

프레임이라는 용어는 민스키가 도입하였다. 지식 공학자들은 객체라는 개념으로 프레임을 사용하였으며, 인공지능 분야에서는 전문용어로 사용하였다. 지금은 객체와 프레임을 동의어로 사용하고 있다.

5.2 지식 표현 기법으로서의 프레임

프레임의 개념은 슬롯의 집합으로 정의할 수 있다. 각 슬롯은 특정 속성이나 프레임의 동작을 의미한다. 여러 면에서, 프레임은 전형적인 개체 관련 정보를 담고 있는 전통적인 레코드(record)와 유사하다. 슬롯은 값을 저장할 때 쓰이며, 슬롯 하나에는 기본 값이나 다른 프레임의 포인터 값 또는 슬롯 값을 얻을 수 있는 규칙 집합이나 프로시저가 들어갈 수 있다. 일반적으로 슬롯에는 다음과 같은 정보가 들어있다.

1. **프레임 이름.**
2. **프레임과 다른 프레임간의 관계.** *IBM Aptiva S35* 프레임은 **컴퓨터** 클래스의 소속이 될 수 있고, **컴퓨터**는 **하드웨어** 클래스에 속할 수 있다.
3. **슬롯 값.** 슬롯 값은 심벌, 숫자, 불(boolean)이 될 수 있다. 예를 들어, [그림 5-1]의 프레임을 보면 **이름** 슬롯에는 심벌 값이, **탑승구** 슬롯에는 숫자 값이 들어간다. 프레임을 생성할 때나 전문가 시스템이 동작하는 중에 슬롯 값을 할당할 수 있다.
4. **기본 슬롯 값.** 조건에 반대되는 근거가 없을 때, 기본 값은 참 값이 된다. 예를 들어, 자동차 프레임의 바퀴와 의자 프레임의 다리 개수에 대응되는 슬롯 값은 4가 된다.
5. **슬롯 값의 범위.** 슬롯 값의 범위는 특정 객체 또는 개념이 프레임에 정의된 요구사항과 합쳐질 때 결정된다. 예를 들어, 컴퓨터 구입 비용은 \$750~\$1,500 사이로 정해질 것이다.
6. **프로시저 정보.** 슬롯은 슬롯 값이 변하거나 슬롯 값이 필요할 때 실행되는 프로시저(컴퓨터 코드의 독립된 일부분)를 값으로 가질 수 있다. 일반적으로 슬롯과 관련된 두 종류의 프로시저는 다음과 같다.

   (a) *WHEN CHANGED*: 슬롯에 새로운 정보를 할당할 때 실행된다.

   (b) *WHEN NEEDED*: 문제 해결을 위한 정보가 필요할 때 실행되며, 이 경우 슬롯 값은 고정된 값이 아니다.

이러한 프로시저의 포함을 **데몬**(demon)[2]이라 한다.

또한 프레임기반 전문가 시스템은 **패싯**이라는 응용 프로그램을 통해 슬롯 값 구조를 확장할 수 있다.

2 (일반적 의미) 주기적인 서비스 요청을 처리하기 위해 계속 실행되는 프로그램.

패싯이란 무엇인가

패싯(facet)[3]이란 프레임의 속성에 대한 확장된 지식을 제공하는 방법이다. 패싯은 속성 값을 확정하고, 이용자의 질문을 제어하며, 추론 엔진에 속성을 처리하는 방법을 알려준다.

일반적으로 프레임기반 전문가 시스템은 속성에 값 패싯, 프롬프트 패싯, 추론 패싯을 할당할 수 있게 한다. **값 패싯**은 속성에 기본 값과 초기 값을 규정한다. **프롬프트 패싯**은 전문가 시스템이 동작할 때 사용자가 온라인으로 속성 값을 입력할 수 있다. 마지막으로, **추론 패싯**은 고정된 속성 값이 바뀔 때 추론 절차를 멈추게 한다.

문제를 프레임, 슬롯, 패싯으로 분할하는 올바른 척도는 무엇인가

문제 하나를 여러 프레임으로 분할하고, 프레임을 슬롯과 패싯으로 분할하는 것은 문제 자체의 본질과 지식 공학자의 판단에 따르므로, 미리 정해진 정확한 것은 없다.

[그림 5-2]는 컴퓨터를 설명하는 프레임을 설명한다. 최상위 프레임은 컴퓨터 클래스를, 하위 프레임은 *IBM Aptiva S35*와 *IBM Aptiva S9C* 인스턴스(instance)를 설명한다. 여기에서 두 가지 속성의 종류를 사용하고 있는데, **문자열**(string) [Str]은 심볼릭 정보를 그리고 **숫자열**(numeric)[N]은 숫자 정보를 의미한다. 패싯은 **컴퓨터** 클래스의 **플로피**, **전원 공급기**, **보장기간**과 **재고** 슬롯에 기본 값과 초기 값을 할당한다. 더불어 클래스의 이름, 종류, 기본 값과 초기 값 속성은 인스턴스에 의해 상속되는 특성이다.

클래스와 인스턴스란 무엇인가

프레임이라는 단어는 종종 모호하다. 프레임은 *IBM Aptiva S35* 컴퓨터나 이와 유사한 객체 그룹과 같은 특정 객체를 지칭한다. 좀 더 정확히 말하면, 프레임은 특정 객체를 지칭하는 **인스턴스 프레임**(instance-frame)과 유사한 객체 그룹을 의미하는 **클래스 프레임**(class-frame)으로 나뉜다. 클래스 프레임은 공통 속성을 포함한 객체의 그룹을 의미한다. **동물**, **사람**, **자동차**, **컴퓨터**는 모두 클래스 프레임이다. 그러나 인공지능에서는 대개 '클래스 프레임'을 줄여 '클래스'라는 용어를 사용한다.

프레임기반 시스템에 있는 각 프레임은 자신의 클래스를 알고 있다. 다시 말해, 프레임의 클래스 정보는 프레임에 내포된 특성이다. 예를 들면, [그림 5-2]의 인스턴스는 클래스 슬롯에 있는 자신의 클래스를 확인한다.

3 특정 상황에 관한 정보를 채우기 위한 프레임 표기법.

클래스:	컴퓨터		
[Str]	상품 코드:		
[Str]	모델:		
[Str]	프로세서:		
[Str]	메모리:		
[Str]	하드:		
[Str]	플로피:	[기본값]	3.5"; 1.44MB
[Str]	CD-ROM:		
[Str]	마우스:		
[Str]	키보드:		
[Str]	전원 공급기:	[기본값]	145 Watt
[Str]	보장 기간:	[기본값]	3년
[N]	비용:		
[Str]	재고:	[최초]	재고 있음

인스턴트: *IBM Aptiva S35*		
클래스:	컴퓨터	
[Str]	상품 코드:	SY7973
[Str]	모델:	IBM Aptiva S35
[Str]	프로세서:	펜티엄 233MHz
[Str]	메모리:	48MB
[Str]	하드:	6.4GB
[Str]	플로피:	3.5"; 1.44MB
[Str]	CD-ROM:	24X
[Str]	마우스:	무선 마우스
[Str]	키보드:	104-key
[Str]	전원 공급기:	145 Watt
[Str]	보장 기간:	3년
[N]	비용:	1199.99
[Str]	재고:	재고 있음

인스턴트: *IBM Aptiva S9C*		
클래스:	컴퓨터	
[Str]	상품 코드:	SY7975
[Str]	모델:	IBM S9C
[Str]	프로세서:	펜티엄 200MHz
[Str]	메모리:	32MB
[Str]	하드:	4.2GB
[Str]	플로피:	3.5"; 1.44MB
[Str]	CD-ROM:	16X
[Str]	마우스:	2버튼 마우스
[Str]	키보드:	104-key
[Str]	전원 공급기:	145 Watt
[Str]	보장 기간:	3년
[N]	비용:	999.99
[Str]	재고:	재고 있음

[그림 5-2] 컴퓨터 클래스와 인스턴스

객체가 프레임기반 시스템의 기본이라면, 객체와 클래스는 어떤 관계인가

객체를 클래스로 묶으면 추상적인 형태로 문제를 표현할 수 있다. 민스키는 프레임을 '**명확한** 상황을 나타내는 데이터 구조'라 설명했다. 일반적으로 우리는 각 객체의 특징을 엄격하게 정의하는 대신 클래스 전체에 해당되는 두드러진 특징을 구별하는 일에 관심이 더 많다. 예를 들어, 새 클래스를 생각해보자. 새는 날 수 있는가? 대부분의 새가 날 수 있으므로 보편적으로 맞다. 따라서 타조같이 날지 못하는 새가 있어도 날 수 있다는 것을 새 클래스의 본질적인 특성이라 할 수 있다. 다시 말해, 독수리가 새의 전형에 좀 더 가까우므로 타조보다 새 클래스의 좋은 구성원이라 할 수 있다.

프레임기반 시스템은 클래스 상속을 지원하며, 상속이라는 절차를 통해 클래스 프레임의 모든 특징들이 인스턴스 프레임으로 넘어간다. 기본적으로 클래스 프레임의 속성은 클래스 내의 모든 객체에 **보편적**으로 적용되는 값을 갖지만, 인스턴스의 슬롯에는 각 인스턴스에 해당되는 실제 데이터 값이 채워진다.

[그림 5-3]은 간단한 프레임 구조를 보여준다. 승용차 클래스에는 모든 자동차에 대한 보편적인 몇 가지 속성이 있다. 이 클래스는 엔진 종류, 동력전달 종류, 변속기 종류와 같은 속성에 대해 다소 제한을 뒀지만, 할당해야 할 속성의 종류가 너무 다양하다. 이러한 속성을 복합체(*Compound*)[C]로 표현한다. 복합체 속성은 여러 심볼릭 값의 묶음 중 하나로 정할 수 있다. 예를 들어, 엔진 종류 속성은 *4*기통, *6*기통, 둘 다 아님 중에 하나로 가정할 수 있다.

Mazda 클래스는 일종(is-a) 관계에 따라 승용차 클래스라는 상위 클래스와 연결된다. *Mazda*는 상위 클래스의 모든 속성을 상속받고, 더불어 기본 값으로 '일본'이라는 값을 갖는 생산 국가 속성을 선언한다. *Mazda 626* 클래스는 모델명, 차량 색상, 소유주라는 세 개의 속성을 추가로 선언한다. *Mazda DR-1216* 인스턴스 프레임은 *Mazda 626* 프레임처럼 *Mazda* 프레임으로부터 생산 국가 속성을 상속받고, 다른 모든 복합체 속성에 실제 값을 할당한다.

인스턴스 프레임은 클레스 프레임에서 상속받은 속성 값을 재설정할 수 있는가

인스턴스 프레임은 상속받은 보편적인 속성 값을 다시 설정할 수 있다. 예를 들어, *Mazda 626* 클래스는 갤런당 22마일의 평균 연료 소모를 하지만, *Mazda DR-1216* 인스턴스 클래스는 연료 소모량이 갤런당 28마일로, 값이 다르다. 비록 보편적인 속성 값은 다르지만, 계층 구조상 *Mazda DR-1216* 프레임은 *Mazda 626* 클래스의 인스턴스로 유지된다.

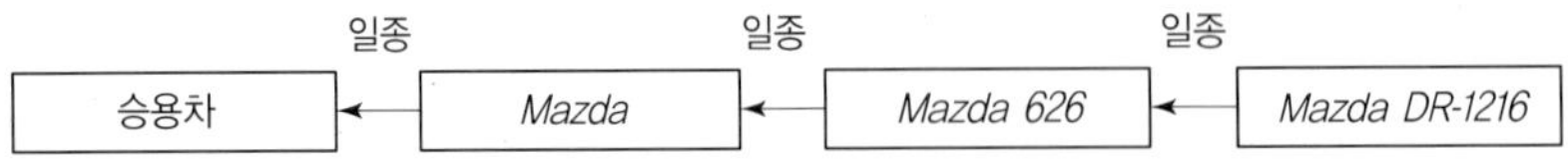

(a) 자동차 프레임의 연관 관계

클래스: 승용차	
[C] 엔진 종류 4기통: 6기통:	
[N] 마력:	
[C] 동력전달 종류 후륜 구동: 전륜 구동: 4륜 구동:	
[C] 변속기 종류 5단 수동: 4단 자동:	
[N] 연료 소모(마일/갤런):	
[N] 좌석 수:	

클래스: 모델	
상위 클래스: 승용차	
[C] 엔진 종류 4기통: 6기통:	
[N] 마력:	
[C] 동력전달 종류 후륜 구동: 전륜 구동: 4륜 구동:	
[C] 변속기 종류 5단 수동: 4단 자동:	
[N] 연료 소모(마일/갤런):	
[N] 좌석 수:	
[Str] 생산 국가:	일본

클래스: *Mazda 626*	
상위 클래스: *Mazda*	
[C] 엔진 종류 4기통 6기통	
[N] 마력:	125
[C] 동력전달 종류 후륜 구동: 전륜 구동: 4륜 구동:	
[C] 변속기 종류 5단 수동: 4단 자동:	
[N] 연료 소모(마일/갤런):	22
[N] 좌석 수:	5
[Str] 생산 국가:	일본
[Str] 모델명:	
[C] 차량 색상 흰색(빙하): 메탈릭 회록색: 메탈릭 회청색: 오닉스 검정색:	
[Str] 소유주:	

클래스: *Mazda DR-1216*	
상위 클래스: *Mazda*	
[C] 엔진 종류 4기통: 6기통:	 TRUE FALSE
[N] 마력:	125
[C] 동력전달 종류 후륜 구동: 전륜 구동: 4륜 구동:	 FALSE TRUE FALSE
[C] 변속기 종류 5단 수동: 4단 자동:	 FALSE TRUE
[N] 연료 소모(마일/갤런):	28
[N] 좌석 수:	5
[Str] 생산 국가:	일본
[Str] 모델명:	DX
[C] 차량 색상 흰색(빙하): 메탈릭 회록색: 메탈릭 회청색: 오닉스 검정색:	 FALSE TRUE FALSE FALSE
[Str] 소유주:	Mr. Black

(b) 자동차 프레임과 각 프레임의 슬롯

[그림 5-3] 간단한 프레임 구조에서 슬롯 값의 상속

이러한 계층 구조 내의 프레임 간의 관계는 특별한 절차를 구성한다. 즉 계층 구조의 상위에 있는 클래스 프레임은 어떤 고유의 개념을 나타내고, 하위의 클래스 프레임은 좀 더 좁은 개념을 나타내어 인스턴스는 실제에 훨씬 근접한다.

프레임기반 시스템에서 객체는 어떤 관계를 갖는가
일종 관계만 이용할 수 있는가

일반적으로 객체 간의 관계는 일반화(generalization), 부분화(aggregation), 결합화(association)로 나눌 수 있다.

일반화는 상위 클래스와 하위 클래스 간의 일종('is-a' 또는 'a-kind-of') 관계를 맺는다. 예를 들어, 차량은 일종의 운반 수단이다. 다시 말해서, 차량은 운반 수단이라는 좀 더 일반적인 상위 클래스의 하위 클래스다. 이 경우, 각 하위 클래스는 상위 클래스의 모든 특성을 상속받는다.

부분화는 전체를 나타내는 상위 클래스와 컴포넌트(component)를 의미하는 하위 클래스 간에는 일부('a-part-of' 또는 'part-whole') 관계를 맺는다. 예를 들어, 엔진은 차의 일부다.

결합화는 관련이 없는 서로 다른 클래스 사이의 일종의 연결 고리 기능을 제공한다. 예를 들어, Mr.Black은 집, 자동차, 컴퓨터를 소유하고 있는데, 이들 클래스는 서로 독립적이지만, Mr. Black 프레임을 통해 서로 연결되어 있다.

일반화, 부분화와 달리 결합화는 일반적으로 동사로 표현되며, 본질적으로 양방향 관계를 띤다. Mr.Black은 컴퓨터를 소유하는가? 물론, 양방향 관계라는 명칭은 한쪽 방향으로 읽어들이지만(Mr.Black은 컴퓨터를 소유한다), 그 방향이 반대로 바뀔 수 있다. 소유하다의 반대는 포함된다가 되는데, '컴퓨터는 Mr. Black에게 포함된다'라고 바꿔 생각할 수 있다. 사실, 양쪽 방향 모두 서로 같은 의미로 같은 결합화를 참조한다고 할 수 있다.

[그림 5-4]는 서로 다른 객체 간의 세 가지 관계를 보여준다.

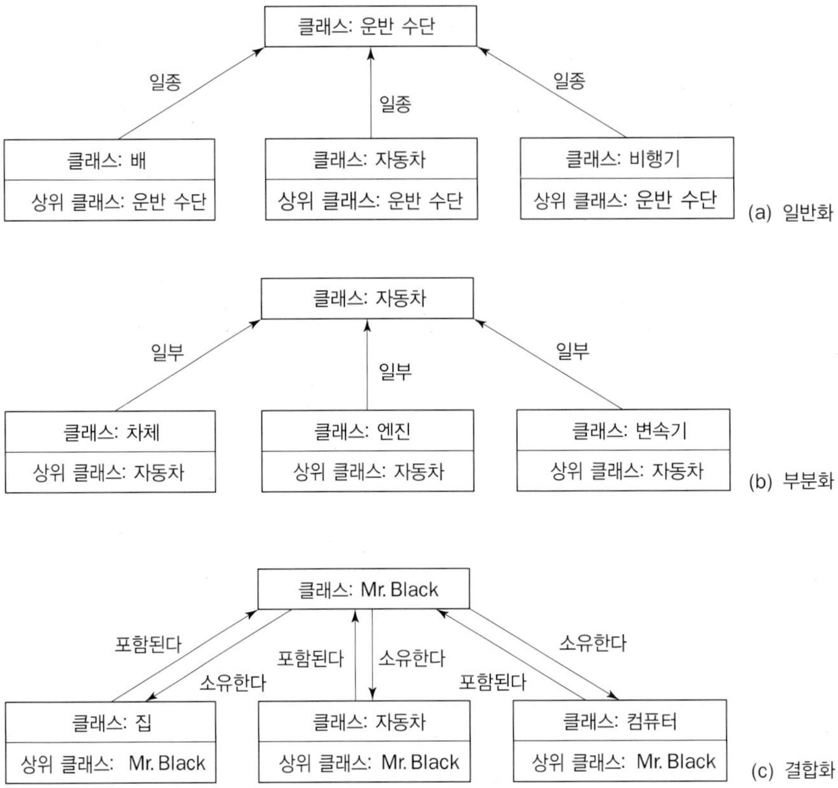

[그림 5-4] 객체 간의 세 가지 관계

5.3 프레임기반 시스템에서의 상속

프레임기반 시스템에서 상속은 매우 중요한 특징이다. 상속은 인스턴스 프레임에 클래스 프레임의 모든 특징을 부여하는 과정이다.

일반적인 상속이란 모든 인스턴스 프레임에 기본 값을 대응시키는 과정을 말한다. 어떤 객체 또는 개념의 고유한 특성을 담고 있는 클래스 프레임을 한 번 생성하면, 클래스 레벨의 특성을 일일이 지정하지 않고도 인스턴스 프레임을 여러 개 얻을 수 있다.

프레임기반 시스템의 계층 구조는 뒤집힌 트리(tree)모양이다. 추상화의 가장 상위 레벨은 트리의 루트(root)로, 가장 높은 곳에 표시된다. 루트 아래의 가지는 좀 더 낮은 추상화 레벨을 의미하고, 맨 마지막에는 인스턴스 프레임을 표시한다. 각 프레임은 그와 관련된 상위 레벨 프레임의 특성을 상속받는다.

[그림 5-5]는 무공해 차량을 나타내는 프레임의 계층 구조다. 루트인 **무공해 차량** 클래스에는 세 개의 가지가 있다(**전기차량, 태양열 차량, 수동 차량**). 이 중 전기 차량 가지만 생각해 보자. **전기 차량**은 **자동차, 오토바이, 스쿠터**로 나뉘고, **자동차** 가지는 **세단, 밴, 트럭**으로 나뉜다. 마지막으로 *Ford Ecostar* 인스턴스 프레임이 있다. *Ford Ecostar* 인스턴스는 **상위 프레임**(parent frame)의 모든 특성을 상속받는다.

Ford Ecostar 인스턴스에는 사실 **밴** 클래스 프레임이라는 부모만 있다. 더구나 [그림 5-5]에서 루트인 **무공해 차량** 클래스를 제외한 모든 프레임에는 오직 하나의 부모만 있다. 이런 종류의 구조에서는 각 프레임은 자신의 상위, 차상위, 차차상위 프레임의 지식을 상속받는다.

프레임에는 하나 이상의 부모가 올 수 있을까

여러 문제를 보면, 다른 세상과 관련된 객체를 표현해야 될 때가 있다. 예를 들어, 수동식 태양열 전기 차량에 관한 클래스를 생성한다고 하자. 이 차량은 사람이 페달을 구를 수도 있고, 오르막에서는 전기를 사용할 수 있으며, 태양열 시스템으로 전기 배터리를 충전할 수 있다. 따라서 **수동식 태양열 전기 차량** 프레임은 **수동 차량, 태양열 차량, 전기 차량**, 세 가지 클래스의 고유한 특성을 결합해야 한다. 다만, 다중 부모 상속 시 모든 부모의 속성을 유일하게 만드는 것에 유의해야 한다.

프레임기반 시스템의 경우, 어떤 클래스는 같은 이름의 속성을 사용할 수 있다. 그러나 다중 상속을 허용할 경우, 모든 부모는 유일한 속성명을 사용해야 한다. 예를 들어, **수동 차량, 태양열 차량, 전기 차량** 부모에게 상속받은 **수동형 태양열 전기 차량** 자식을 생성한다면, 부모 클래스의 **중량, 최고 속도** 같은 특성을 제거해야 한다. 그래야만 자식 클래스를 생성할 수 있다. 다시 말해서, 다중 상속을 하려면 전체 시스템의 구조를 [그림 5-6]과 같이 고려해야 한다.

프레임기반 시스템에서 상속은 코드의 재사용을 의미하며, 지식 공학자는 유사한 클래스를 모아 공통 코드를 재사용할 수 있다. 상속의 가장 중요한 이점은 개념적 단일화라 할 수 있는데, 이를 위해서는 전문가 시스템에서 독립적이고 고유한 특성의 수를 줄이는 과정이 필요하다.

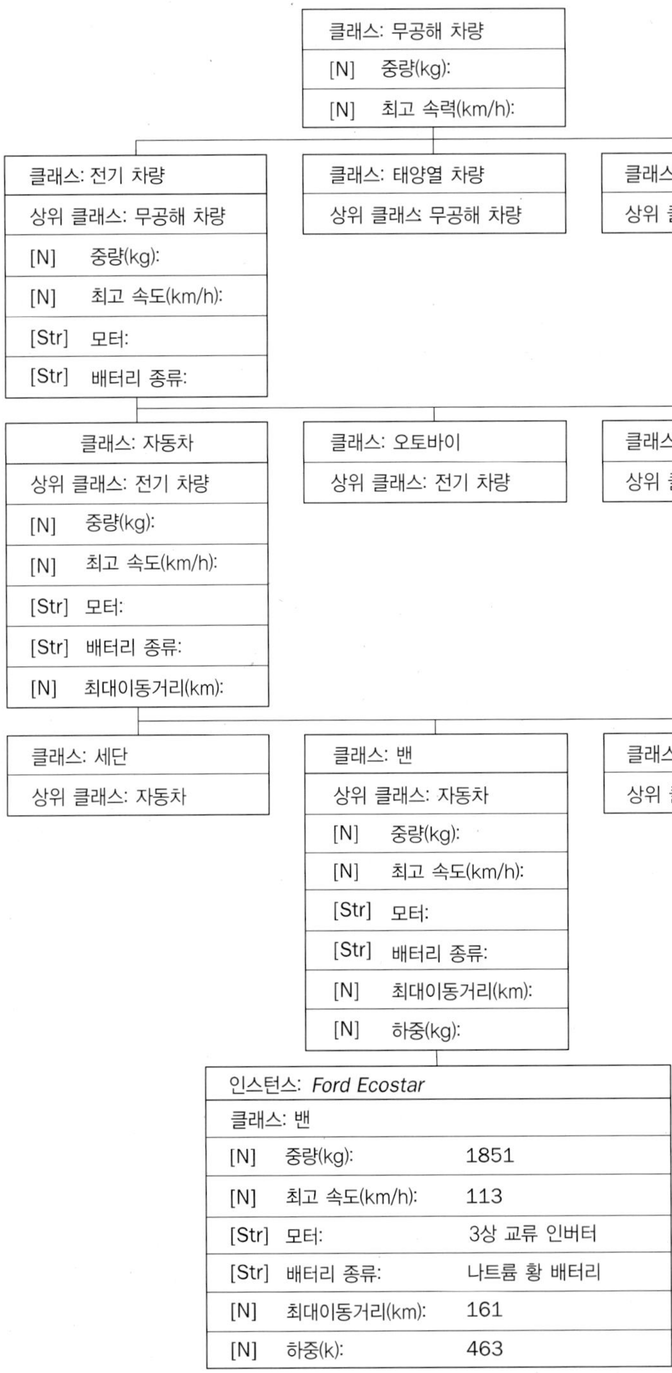

[그림 5-5] 무공해 차량 구조에서 단 하나의 부모만 있는 상속

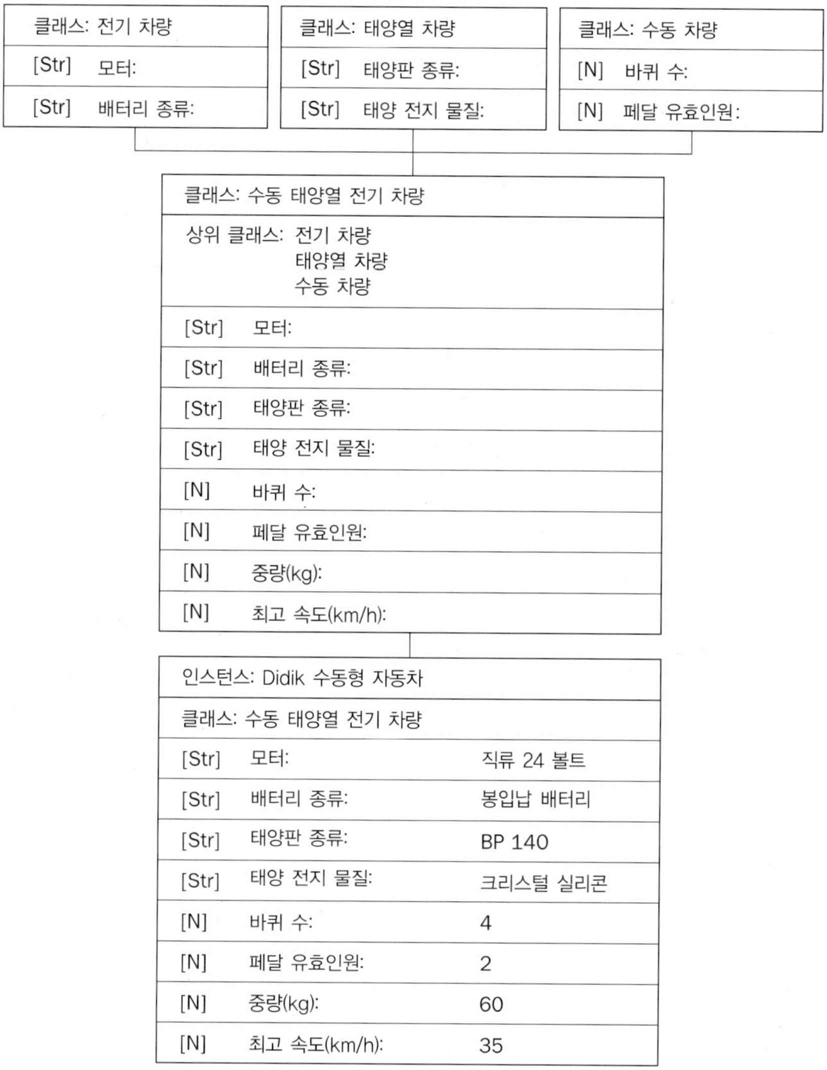

[그림 5-6] 다중 상속

단점은 없는가

흔히 있는 일이지만, 프레임기반 시스템 뒤에 숨은 단일화라는 개념은 실제 구현 단계에서는 강조되지 못했다. 브랜치맨(Branchman)과 레베크(Levesque)는 상속받은 특성을 덮어쓰는 것에 제한을 두지 않는다면, 한정적인 문장 표현(모든 정사각형은 네 변의 길이가 같은 사각형이다) 또는 경험적이고 일반적인 상태(카시미어 말레비치(Kasimir Malevich)가 그린 그림 위의 모든 정사각형은 검은색이거나 적색 또는 흰색이다)를 표현할 수 없다고 주장했다. 일반적으로 프레임기반 시스템은 **본질적인 특성**(essential properties)(클래스에 속하기 위해서 꼭 포함되어야 하는 속성)과 **부가적인 특성**(accidental properties)(클래스의 모든 인스턴스에 포함될지 모르는 속성)을 구별할 수 없다. 인스턴스는 모든 **전형적인** 특성을 상속받는데, 이들 특성은 프레임 계층 구조의 어디서든 덮어쓸 수 있다. 따라서 다중 상속을 사용할 때 인스턴스는 혼합된 개념을 구성할 수 없게 된다.

이는 프레임 지식 표현에 대한 모든 개념이 무너지는 것처럼 보인다. 비록 시스템을 계층적 구조로 설계하고 상속 경로를 만드는 일은 지식 공학자에게 어려운 문제지만, 분명 프레임은 선언적, 절차적 지식을 결합할 수 있는 강력한 도구다. 소위 전형적인 특성을 강조하는 일은 그것이 예상치 못한 결과를 초래할지도 모른다는 패싯에서 볼 때 꼭 필요한 일은 아니다. 예를 들어, 타조가 새라는 사실을 표현하기 위해 프레임을 사용할 때, 타조는 독수리와 달리 전형적인 새가 아니라는 패싯을 고려해야 한다. Level5 Object[4]와 같은 프레임기반 전문가 시스템에서는 이질적인 구조를 생성하지 못하게 하는 안전한 가이드라인을 제공하지 않는다. 그러나 이 시스템은 어떤 전통적인 프로그래밍 언어보다도 인간의 상식에 기반을 두고 시뮬레이션에 적당한 데이터와 제어 구조를 제공한다. 더구나 최근 프레임기반 전문가 시스템은 지식을 표현하는 양대 기법(규칙과 프레임)의 효과를 결합하기 위해 프레임에 포함된 정보로 상호 작용하는 규칙을 사용한다.

5.4 메소드와 데몬

지금까지 살펴보았듯이, 프레임은 지식을 구성하기 위한 구조적이고 정확한 수단을 제공한다. 그러나 우리는 전문가 시스템이 지능적인 조언자 역할을 해주길 바란다. 즉 단순히 지식을 저장하는 것뿐만 아니라 지식의 유효성을 판단하고 처리해주길 바란다. 프레임에 이와 같은 동작을 추가하려면 메소드와 데몬이 필요하다.

메소드와 데몬이란 무엇인가

메소드(method)란 요청이 들어올 때마다 실행되는 프레임 속성과 관련된 프로시저다(Durkin, 1994). 한 예로 Level5 Object에서 메소드는 스프레드시트 프로그램에서 사용하는 매크로와 유사한 명령 집합으로 생각할 수 있다. 메소드란 속성 값이 변할 때 속성 값을 결정하거나 필요한

4 프레임기반 전문가 시스템 개발 툴(http://www.rulemachines.com/).

연속 동작을 실행시켜주는 특별한 속성이라고 할 수 있다. 대부분의 프레임기반 전문가 시스템은 WHEN CHANGED, WHEN NEEDED 메소드를 사용한다.

일반적으로 **데몬**(demon)은 IF-THEN 구로조, IF 문의 속성 값이 변할 때마다 실행된다. 따라서 데몬과 메소드는 매우 유사하고, 이 둘은 동의어로도 사용된다. 그러나 메소드는 복잡한 프로시저를 구현할 때 더 적합하고, 데몬은 보통 IF-THEN 문에 한정된다.

우선, WHEN CHANGED 메소드에 대해 살펴보자. WHEN CHANGED 메소드는 속성 값이 변하면 즉시 실행된다. WHEN CHANGED 메소드가 어떻게 동작하는지 살펴보기 위해 스털링(Sterling)과 샤피로(Shapiro)가 제안한 간단한 문제를 생각해보자. 대부분의 프레임기반 전문가 시스템과 객체 지향 프로그래밍 언어에서 공통적으로 사용되는 특성을 제공하는 Level5 Object 전문가 시스템을 사용할 것이다.

대부업체가 작은 벤처회사에서 들어온 대출 요청을 평가할 때 전문가 시스템을 사용한다고 하자. 대출을 신청한 벤처회사의 담보와 재정 등급, 예상 수익률에 따라 대출 등급은 '대출 가능', '대출 불가', '대출 보류' 중 하나로 결정된다. 대부업체 직원이 예상 수익률에 대해 정량적으로 등급을 입력하면 전문가 시스템은 요구한 대출 금액과 사업체 담보를 비교한다. 그리고 순 자산 가치, 작년 영업 성장, 이익 증가율, 단기 판매 부채 정보로 사업체 전체의 가중치를 평가하여 재정 등급을 매긴 후, 마지막으로 세 가지 대출 등급 중 하나를 결정한다.

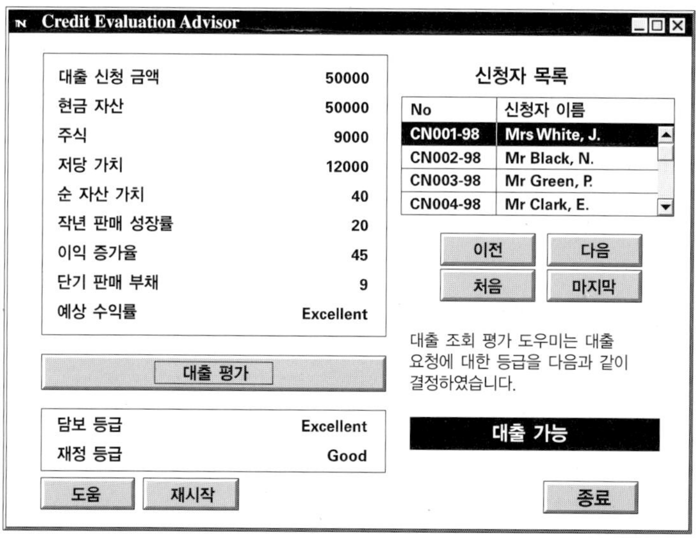

[그림 5-7] 대출 여부를 선택하기 위한 입력 창

전문가 시스템은 사업체의 세부 정보를 제공하고, 사용자(대부업체 직원)가 선택한 사업체의 대출 요청에 대해 등급을 평가할 수 있어야 한다. [그림 5-7]은 대출 등급을 선택하기 위한 입력 창을 보여준다. 창의 데이터는 사업체가 선택되면 바뀐다.

[그림 5-8]의 *Action Data* 클래스는 입력창을 제어하는 데 사용한다. 사용자는 조회 신청 목록의 다음, 이전, 처음, 마지막으로 이동할 수 있고, 사업체의 정보를 볼 수도 있다. 여기서 WHEN CHANGED 메소드를 조회 신청 목록에 적용한다. [그림 5-8]의 모든 속성은 단순(simple) [S]로 선언되었음을 주목하라. 단순 속성 값은 참(TRUE) 또는 거짓(FALSE) 중 하나다. *Goto Next* 속성에 결합된 WHEN CHANGED 메소드를 살펴보자.

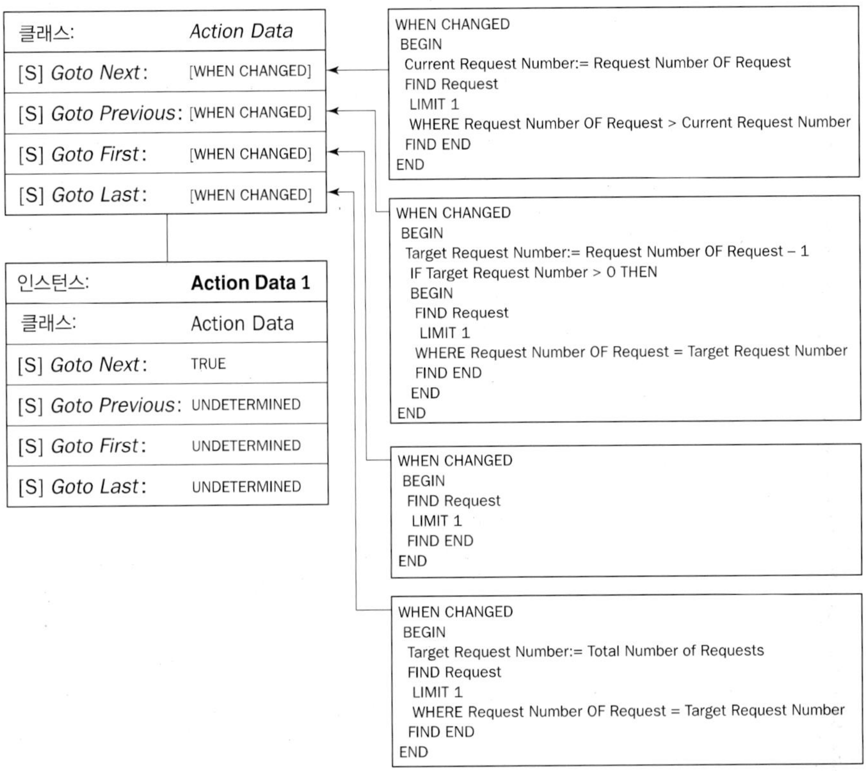

[그림 5-8] *Action Data* 클래스와 WHEN CHANGED 메소드

메소드는 어떻게 동작하는가

Level5 Object에서 메소드는 WHEN CHANGED 또는 WHEN NEEDED란 예약어로 시작하고, 예약어 BEGIN과 일련의 명령어가 차례로 실행된다. 예약어 END는 메소드를 종료한다. 특정 속성을 가리키기 위해 메소드에는 속성의 이름뿐만 아니라 클래스의 이름을 명시한다. 구문은 다음과 같다.

< 속성 이름 > OF < 클래스 이름 >

예를 들어, *Goto Next OF Action Data*라는 구문은 *Action Data* 클래스의 *Goto Next* 속성을 지칭한다.

[그림 5-7]의 입력창에 있는 [다음] 버튼은 *Action Data* 클래스의 *Goto Next* 속성이 연결되어 있다. 따라서 실행 도중에 [다음] 버튼을 누르면 *Goto Next* 속성은 참 값이 되고, WHEN CHANGED 메소드가 실행된다. 메소드의 최초 명령은 현재 선택된 *Request* 클래스의 인스턴스 순번을 참조 포인터인 *Current Request Number* 속성에 할당하는 것이다. FIND 명령은 목록에 있는 다음 신청자를 결정하기 위해 현재 *Current Request Number*에 저장되어 있는 숫자를 사용한다. LIMIT1 명령은 Level5 Object에게 탐색 조건을 만족하는 최초 인스턴스를 찾으라고 알려준다. WHERE 구문은 *Current Request Number*보다 순번이 큰 *Request* 클래스의 최초 인스턴스를 가져온다.

WHERE Request Number OF Request > Current Request Number

적당한 인스턴스를 잘 찾을 수 있도록 신청자 목록을 오름차순으로 정렬한다. 예를 들어, 현재 인스턴스 번호가 6이면 FIND 명령은 번호가 7인 인스턴스를 가져올 것이다.

이제 [그림 5-9]의 *Request* 클래스와 인스턴스를 살펴보자. *Request1*, *Request2* 인스턴스에는 *Request* 클래스와 같은 속성이 들어있지만, 각 인스턴스의 속성 값은 각자 다르다. 입력 창에서 속성 값을 보기 위해 데이터를 보여주는 창(데이터를 보여주는 창 아이템)을 만든 다음, 이 창에 적당한 속성을 연결한다. 그래서 프로그램이 동작하면 창에는 현재 선택된 *Request* 클래스의 인스턴스의 속성 값을 보여주고, WHEN CHANGED 메소드를 시작한다.

WHEN NEEDED 메소드는 언제 사용하는가

많은 응용 프로그램에서 속성은 특정 초기 값 또는 기본 값으로 할당된다. 그러나 어떤 응용 프로그램에서는 단지 필요할 때만 속성 값을 찾아 할당하는 WHEN NEEDED 메소드를 사용한다.

클래스: *Request*	
[Str]	신청자 이름:
[Str]	신청 번호:
[N]	대출 신청 금액:
[N]	현금 자산:
[N]	주식:
[N]	저당 가치:
[N]	순 자산 가치:
[N]	작년 판매 성장률:
[N]	이익 증가율:
[N]	단기 판매 부채:
[C]	예상 수익률: 아주 양호: 우수: 좋지 않음:
[N]	신청 번호:

인스턴스: **Request 1**		
클래스: *Request*		
[Str]	신청자 이름:	Mrs White, J.
[Str]	신청 번호:	CN001-98
[N]	대출 신청 금액:	50000
[N]	현금 자산:	50000
[N]	주식:	9000
[N]	저당 가치:	12000
[N]	순 자산 가치:	40
[N]	작년 판매 성장률:	20
[N]	이익 증가율:	45
[N]	단기 판매 부채:	9
[C]	예상 수익률: 아주 양호: TRUE 우수: FALSE 좋지 않음: FALSE	
[N]	신청 번호:	1

인스턴스: **Request 2**		
클래스: *Request*		
[Str]	신청자 이름:	Mr Black, N.
[Str]	신청 번호:	CN002-98
[N]	대출 신청 금액:	75000
[N]	현금 자산:	45000
[N]	주식:	10000
[N]	저당 가치:	20000
[N]	순 자산 가치:	45
[N]	작년 판매 성장률:	25
[N]	이익 증가율:	35
[N]	단기 판매 부채:	10
[C]	예상 수익률: 아주 양호: FALSE 우수: TRUE 좋지 않음: FALSE	
[N]	신청 번호:	2

[그림 5-9] Request 클래스와 인스턴스

다시 말해서, 문제를 해결할 때 특정 속성과 관련된 정보가 필요하다면 WHEN NEEDED 메소드를 실행하며, 이 경우 속성 값을 미리 결정하지 않는다. 대출 조회 예에서 사용한 규칙을 살펴보면서 이 메소드를 다시 설명할 것이다.

5.5 프레임과 규칙의 상호 작용

대부분의 프레임기반 전문가 시스템은 프레임에 포함된 정보를 생성할 때 규칙 집합을 사용한다.

규칙기반 전문가 시스템의 규칙과 프레임기반 전문가 시스템의 규칙에는 어떤 차이가 있는가

모든 규칙은 IF-THEN 구조를 띠고 있으며, IF 부의 주어진 정보나 사실을 THEN 부의 어떤 동작에 연결시킨다. 이러한 의미에서 보면, 규칙기반 전문가 시스템의 규칙과 프레임기반 전문가 시스템의 규칙 간에는 별 차이가 없다. 그러나 프레임기반 시스템에서의 규칙은 자주 **패턴 매칭**(pattern matching) 절로 사용된다. 이들 절에는 모든 인스턴스 프레임 중에서 매칭 조건을 검색할 때 사용할 별도의 변수가 들어있다.

프레임기반 시스템에서 추론 엔진은 어떻게 동작하며, 무엇이 규칙을 동작하게 하는가

규칙기반 전문가 시스템과 프레임기반 전문가 시스템을 다시 비교해 보자. 규칙기반 전문가 시스템에서 추론 엔진은 데이터베이스에 주어진 데이터와 기반지식에 포함된 규칙을 서로 연결한다. 목적을 정하면, 즉 전문가 시스템이 특정 객체를 위한 값을 결정하도록 지시를 받으면, 추론 엔진은 결과적으로 주어진 목적(THEN 부)을 포함한 규칙을 찾기 위해 기반지식을 탐색한다. 만약 해당 규칙을 발견하고 선행자(IF 부)가 데이터베이스의 데이터를 만족하면, 규칙이 작동하고 특정 객체와 그 목적은 값을 얻는다. 만일 목적을 위한 값을 이끌어낼 규칙이 전혀 없으면 시스템은 그 값을 얻으려고 사용자에게 질문한다. 프레임기반 전문가 시스템에서도 추론 엔진은 목적 값을 얻을 때까지 특정 속성을 탐색한다.

규칙기반 전문가 시스템은 기반규칙을 위해 목적을 정의한다. 프레임기반 시스템에서 규칙은 보조 역할을 한다. 여기서 프레임은 지식의 주요 원천을 의미하며, 메소드와 데몬은 프레임에 동작을 추가하기 위해 사용한다. 그래서 프레임기반 시스템에서의 목적은 메소드나 데몬으로 만들어진다고 생각할 수 있다. 이제, 대출 조회 예제로 돌아가자.

만약 사용자가 선택한 대출 신청을 평가한다고 하자. 전문가 시스템은 사용자가 입력창에서 [대출 평가] 버튼([그림 5-7])을 누르면 평가를 시작할 것이다. 이 버튼은 [그림 5-10]에서 보듯이 **대출 조회** 클래스의 **대출 평가** 속성과 연결되어 있다. **대출 평가** 속성에는 그와 연관된 WHEN CHANGED 메소드가 들어있어 온라인으로 [대출 평가] 버튼을 누르면 **대출 평가** 속성에 새로운 값(TRUE)이 들어간다. 이러한 변화로 인해 WHEN CHANGED 메소드가 실행된다. PURSUE 명령은 Level5 Object에게 **대출 조회** 클래스의 평가 속성 값을 생성하게 한다. [그림 5-11]은 간단한 규칙 집합을 해당 속성 값을 결정짓는 데 사용한다.

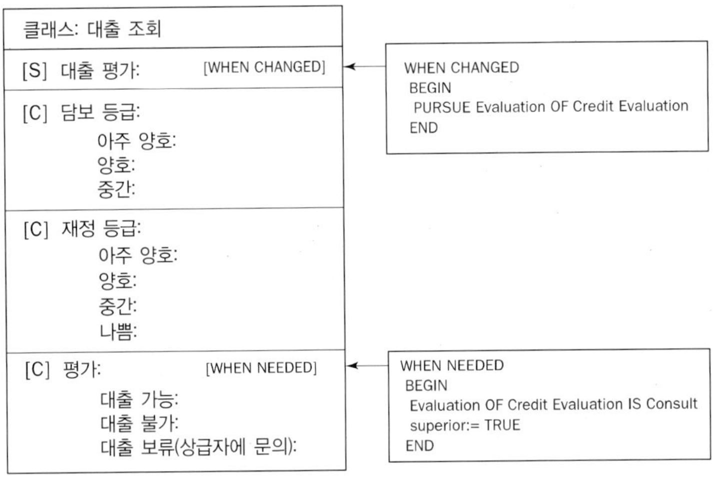

[그림 5-10] 대출 조회 클래스, WHEN CHANGED와 WHEN NEEDED 메소드

추론 엔진은 어떻게 동작하는가

추론 엔진은 **대출 조회 평가**라는 목적을 기반으로 규칙의 결론이 관심 목적에 부합하는 규칙을 찾고, 그 규칙을 기반규칙에 들어 있는 순서대로 한 번에 하나씩 검사한다. 즉 추론 엔진은 규칙 9를 시작으로 **평가** 속성 값이 **대출 가능**인지를 검사한다. 이는 규칙의 각 선행자의 유효성을 검사하는 것으로, 추론 엔진은 먼저 **담보** 속성 값이 **아주 양호**인지를 검사하고, 다음으로 **재정 등급** 속성 값이 **아주 양호**인지를 검사한다. **대출 조회**의 **담보 등급** 속성 값이 **양호**인지 결정하기 위해 추론 엔진은 **규칙** *1*과 **규칙** *2*를 검사하고, **대출 조회**의 **재정 등급** 속성 값이 **양호**인지 결정하기 위해 **규칙** *8*을 검사한다. 규칙 선행자가 모두 유효하면 추론 엔진은 **대출 조회**의 **평가** 속성 값에 **대출 가능**을 할당한다. 그러나 선행자의 일부가 유효하지 않으면, 결론은 유효하지 않음으로 나올 것이다. 이 경우 추론 엔진은 **평가** 속성 값을 결정하기 위해 **규칙** *10*을 검사할 것이다.

```
규칙 1
IF 신청자의 현금 자산 >= 신청자의 대출 신청 금액
THEN 대출 조회의 담보 등급 = 아주 양호

규칙 2
IF 신청자의 현금 자산 >= 신청자의 대출 신청 금액*0.7 AND
   (신청자의 현금 자산 +신청자의 주식) >= 신청자의 대출 신청 금액
THEN 대출 조회의 담보 등급 = 아주 양호

규칙 3
IF (신청자의 현금 자산 + 신청자의 주식) > 신청자의 대출 신청 금액*0.6 AND
   (신청자의 현금 자산 + 신청자의 주식) < 신청자의 대출 신청 금액*0.7 AND
   (신청자의 현금 자산 + 신청자의 주식 + 신청자의 저당 가치) >= 신청자의 대출 신청 금액
THEN 대출 조회의 담보 등급 = 양호

규칙 4
IF (신청자의 현금 자산 + 신청자의 주식 + 신청자의 저당 가치) < 신청자의 대출 신청 금액
THEN 대출 조회의 담보 등급 = 중간

규칙 5
IF (신청자의 순 자산 가치*5 + 신청자의 작년 판매 성장률 + 신청자의 이익 증가율*5 + 단기 판매 부채*2 ) <= -500
THEN 대출 조회의 재정 등급 = 나쁨

규칙 6
IF (Request의 순 자산 가치*5 + 신청자의 작년 판매 성장률 + 신청자의 이익 증가율*5 + 단기 판매 부채*2 ) >= -500 AND
   (Request의 순 자산 가치*5 + 신청자의 작년 판매 성장률 + 신청자의 이익 증가율*5 + 단기 판매 부채*2 ) >= 150
THEN 대출 조회의 재정 등급 = 중간

규칙 7
IF (신청자의 순 자산 가치*5 + 신청 자의 작년 판매 성장률 + 신청자의 이익 증가율*5 + 단기 판매 부채*2 ) >= 150 AND
   (신청자의 순 자산 가치*5 + 신청자의 작년 판매 성장률 + 신청자의 이익 증가율*5 + 단기 판매 부채*2 ) <= 1000
THEN 대출 조회의 재정 등급 = 양호

규칙 8
IF (신청자의 순 자산 가치*5 + 신청자의 작년 판매 성장률 + 신청자의 이익 증가율*5 + 단기 판매 부채*2 ) > 1000
THEN 대출 조회의 재정 등급 = 아주 양호

규칙 9
IF 신청자의 담보 등급 == 아주 양호 AND 신청자의 재정 등급 == 아주 양호
THEN 대출 조회의 대출 평가 = 대출 가능

규칙 10
IF 신청자의 담보 등급 == 아주 양호 AND 신청자의 재정 등급 == 양호
THEN 대출 조회의 대출 평가 = 대출 가능

규칙 11
IF 신청자의 담보 등급 == 중간 AND 신청자의 재정 등급 == 중간
THEN 대출 조회의 대출 평가 = 대출 불가

규칙 12
IF 신청자의 담보 등급 == 중간 AND 신청자의 재정 등급 == 나쁨
THEN 대출 조회의 대출 평가 = 대출 불가
```

[그림 5-11] 대출 조회를 위한 규칙

대출 조회의 담보 등급이 양호인 경우 어떻게 될 것인가

대출 조회를 위한 규칙 집합에 따라 추론 엔진은 간혹 **평가** 속성 값을 만들지 못할 수도 있다. 담보 등급이 양호이고 재정 등급이 아주 양호 또는 양호인 경우가 특히 그렇다. 실제로 [그림 5-10]

에서 볼 수 있듯이 기반규칙에 나타나지 않은 경우를 찾는다. 그러나 항상 규칙 집합에 의존할 필요는 없다. 이때는 WHEN NEEDED 메소드를 사용하여 속성 값을 결정한다.

[그림 5-10]에서 알 수 있듯이, WHEN NEEDED 메소드는 **평가** 속성과 연결되어 있다. 추론 엔진은 **평가** 속성 값을 결정할 때 이 메소드를 사용한다. WHEN NEEDED 메소드를 실행하면 **평가** 속성 값은 **대출 보류(상급자에 문의)**가 된다.

추론 엔진이 속성 값을 어디서 어떤 순서로 얻을 것인지 어떻게 알 수 있는가
현 상황에서 WHEN NEEDED 메소드를 처음 실행하면 **대출 평가** 값은 항상 **대출 보류**(상급자에 문의)가 되고, 실행되는 규칙이 없을 것이다. 그래서 추론 엔진은 기반규칙을 통해 값을 결정할 수 없을 때만 WHEN NEEDED 메소드를 사용해서 값을 얻어야 한다. 즉 먼저 속성 값을 탐색할 순서를 결정해야 한다. 예를 들어, 시스템은 탐색 순서 패싯을 만들어 추론 엔진이 속성 값을 어디서, 어떤 순서로 얻을 것인지 정해야 한다.

Level5 Object에서는 모든 속성에 대해 탐색 순서를 정할 수 있고, 대출 조회 예제에서는 평가 값을 얻기 위해 규칙, WHEN NEEDED 순으로 탐색 순서를 정할 수 있다. 대개의 경우 추론 엔진은 기반규칙부터 탐색한다.

5.6 Buy Smart: 프레임기반 전문가 시스템

지금까지 배운 내용을 바탕으로 부동산 구매자에게 조언을 해주는 간단한 프레임기반 전문가 시스템인 Buy Smart를 만들어 보자.

프레임기반 시스템을 구현하는 주요 단계를 먼저 짚어보고, 프레임을 실생활로 끌어들이기 위해 메소드와 데몬을 어떻게 사용할 것인지 알아보자. 이를 위해 Level5 Object 전문가 시스템을 활용할 것이다.

규칙기반 전문가 시스템을 개발할 때와 프레임기반 전문가 시스템을 개발할 때의 주요 단계 사이에는 어떤 차이가 있는가
기본적인 단계는 본질적으로 같다. 먼저 지식 공학자는 문제와 전반적인 지식 구조를 이해하고 있어야 한다. 지식 공학자는 원형 시스템(prototype system)을 개발하기 위해 어떤 전문가 시스템 도구를 이용할 것인지 결정한다. 그 다음으로, 지식 전문가는 실제로 수많은 조사 및 상담을 통해 기반지식을 만들고 테스트한다. 마지막으로 사용자가 원하는 대로 전문가 시스템이 동작할 때까지 시스템을 확장하고 테스트하고 교정한다.

규칙기반 전문가 시스템과 프레임기반 전문가 시스템간의 주요 차이는 시스템이 지식을 어떻게 받아들이고 나타내는가에 있다.

규칙기반 시스템에서 규칙 집합이란, 문제를 해결하기 위해 사용하는 특정 분야의 지식이다. 각 규칙은 문제의 해결을 돕는 보편적인 특성을 잡아내고, 새로운 규칙은 새로운 지식에 추가되어 시스템을 좀 더 영리하게 만든다. 규칙을 바꾸거나 추가, 삭제를 통해 규칙기반 시스템을 쉽게 바꿀 수 있다.

프레임기반 시스템에서는 문제를 다른 방식으로 접근한다. 즉 지식 구조의 계층 구조를 먼저 결정한다. 클래스와 클래스의 속성을 정하고, 각 프레임 사이의 계층 구조 관계를 결정한다. 프레임기반 시스템의 구조는 문제에 대한 자연스러운 설명을 제공할 뿐만 아니라 메소드와 데몬을 통해 프레임의 동작을 추가할 수 있다. 일반적으로 프레임기반 시스템은 다음 단계를 따라 개발한다.

1. 문제를 규정하고, 시스템의 범위를 정의한다.
2. 클래스와 클래스의 속성을 정한다.
3. 인스턴스를 정의한다.
4. 디스플레이(인터페이스 창)를 정의한다.
5. WHEN CHANGED와 WHEN NEEDED 메소드 그리고 데몬을 정의한다.
6. 규칙을 정한다.
7. 시스템을 만들어 평가하고, 확장한다.

■ 단계 1: 문제를 규정하고, 시스템의 범위를 정의한다

Buy Smart 예제에서는 해당 지역의 부동산 매물에 관한 정보를 수집하는 것부터 시작한다. 이때 부동산 종류, 위치, 침실 수, 욕실 수, 가격에 관련된 세부 사항을 정하고, 간단한 설명과 함께 사진도 제공할 수 있다. 어떤 부동산은 팔릴 수도 있고, 새로운 부동산이 시장에 나올 수도 있다. 그래서 전문가 시스템을 통해 쉽게 바꾸고 접근할 수 있는 데이터베이스를 만들어야 한다. Level5 Object는 dBase III 데이터베이스 내에서 데이터의 접근, 변화, 삭제 그리고 동작을 수행할 수 있게 한다.

데이터베이스에 부동산에 대한 설명과 사진을 저장할 수 있는가

부동산에 대한 간단한 설명과 사진을 별도로 저장해야 한다. 즉 설명은 텍스트 파일(*.txt)로, 그림은 비트맵 파일(*.bmp)로 저장된다. 만약 텍스트 상자와 그림 상자를 포함하는 화면을 만든다면, 텍스트 파일을 텍스트 상자로, 비트맵 그림을 그림 상자로 각각 불러들여서 부동산에 대한 설명과 사진을 화면에서 볼 수 있을 것이다.

이제 [표 5-1]과 같이 dBase III와 엑셀을 이용하여 외부 데이터베이스 파일 house.dbf를 만들어 보자.

다음 단계는 예상되는 질문을 모은 것이다.

- 부동산에 투자할 최대 금액은 얼마인가?
- 어떤 종류의 부동산을 원하는가?
- 어느 지역 근처에 살기를 원하는가?
- 원하는 침실 수는 몇 개인가?
- 원하는 욕실 수는 몇 개인가?

질문에 대한 답을 얻었다면 전문가 시스템은 전체 부동산 정보 중에서 적당한 부동산 목록을 제공할 수 있어야 한다.

■ 2단계: 클래스와 클래스의 속성을 정한다

여기서는 문제에 필요한 주요 클래스를 정한다. 우선 클래스에 필요한 일반적, 개념적인 항목을 살펴보자. 예를 들어, 부동산의 개념적 특징을 언급할 수도 있고, 대부분의 부동산에 공통된 일반적인 특성을 찾아낼 수 있다. 모든 부동산은 위치와 가격, 종류, 욕실 수, 침실 수, 건축 자재, 그림과 간단한 설명으로 나타낼 수 있다. 또한 주소나 전화번호와 같은 부동산의 세부 정보를 보여줘야 한다. 따라서 [그림 5-12]와 같이 *Property* 클래스를 나타낼 수 있다. 여기서 *Instance number*라는 속성을 추가한 점에 주목하자. 이 속성은 부동산을 설명하는 특징은 아니지만, Level5 Object의 외부 데이터베이스와의 연동을 위해 필요하다.

■ 3단계: 인스턴스를 정의한다

일단 *Property* 클래스 프레임을 결정하면 dBase III 데이터베이스에 저장되어 있는 데이터를 이용하여 인스턴스를 쉽게 만들 수 있다. 대부분의 Level5 Object와 같은 프레임기반 전문가 시스템에는 새로운 인스턴스를 생성하도록 시스템에게 알려주는 기능이 있다. 예를 들어, *Property* 클래스의 새로운 인스턴스를 만들기 위해 다음과 같은 코드를 사용한다.

[표 5-1] *Property* 데이터베이스 house.dbf

Area	Suburb	Price	Type	Bedrooms
Central Suburbs	New Town	164000	House	3
Central Suburbs	Taroona	150000	House	3
Southern Suburbs	Kingston	225000	Townhouse	4
Central Suburbs	North Hobart	127000	House	3
Northern Suburbs	West Moonah	89500	Unit	2
Central Suburbs	Taroona	110000	House	3
Central Suburbs	Lenah Valley	145000	House	3
Eastern Shore	Old Beach	79500	Unit	2
Central Suburbs	South Hobart	140000	House	3
Central Suburbs	South Hobart	115000	House	3
Eastern Shore	Cambridge	94500	Unit	2
Northern Suburbs	Glenorchy	228000	Townhouse	4
.	.	.	.	.
.	.	.	.	.
.	.	.	.	.

Bathrooms	Construction	Phone	Pictfile	Textfile
1	Weatherboard	(03) 6226 4212	house01.bmp	house01.txt
1	Brick	(03) 6226 1416	house02.bmp	house02.txt
2	Brick	(03) 6229 4200	house03.bmp	house03.txt
1	Brick	(03) 6226 8620	house04.bmp	house04.txt
1	Weatherboard	(03) 6225 4666	house05.bmp	house05.txt
1	Brick	(03) 6229 5316	house06.bmp	house06.txt
1	Brick	(03) 6278 2317	house07.bmp	house07.txt
1	Brick	(03) 6249 7298	house08.bmp	house08.txt
1	Brick	(03) 6228 5460	house09.bmp	house09.txt
1	Brick	(03) 6227 8937	house10.bmp	house10.txt
1	Brick	(03) 6248 1459	house11.bmp	house11.txt
2	Weatherboard	(03) 6271 6347	house12.bmp	house12.txt
.	.	.	.	.
.	.	.	.	.
.	.	.	.	.

```
MAKE Property
  WITH Area := area OF dB3 HOUSE 1
  WITH Suburb := suburb OF dB3 HOUSE 1
  WITH Price := price OF dB3 HOUSE 1
  WITH Type := type OF dB3 HOUSE 1
  WITH Bedrooms := bedrooms OF dB3 HOUSE 1
```

WITH Bathrooms := bathrooms OF dB3 HOUSE 1

WITH Construction := construct OF dB3 HOUSE 1

WITH Phone := phone OF dB3 HOUSE 1

WITH Pictfile := pictfile OF dB3 HOUSE 1

WITH Textfile := textfile OF dB3 HOUSE 1

WITH Instance Number := Current Instance Number

클래스: **Property**
[Str] *Area*:
[Str] *Suburb*:
[N] *Price*:
[Str] *Type*:
[N] *Bedrooms*:
[N] *Bathrooms*:
[Str] *Construction*:
[Str] *Phone*:
[Str] *Pictfile*:
[Str] *Textfile*:
[N] *Instance Number*:

인스턴스:	**Property 1**	
클래스:	*Property*	
[Str]	*Area*:	Central Suburbs
[Str]	*Suburb*:	New Town
[N]	*Price*:	164000
[Str]	*Type*:	House
[N]	*Bedrooms*:	3
[N]	*Bathrooms*:	1
[Str]	*Construction*:	Weatherboard
[Str]	*Phone*:	(03) 6226 4212
[Str]	*Pictfile*:	house01.bmp
[Str]	*Textfile*:	house01.txt
[N]	*Instance Number*:	1

인스턴스:	**Property 2**	
클래스:	*Property*	
[Str]	*Area*:	Central Suburbs
[Str]	*Suburb*:	Taroona
[N]	*Price*:	150000
[Str]	*Type*:	House
[N]	*Bedrooms*:	3
[N]	*Bathrooms*:	1
[Str]	*Construction*:	Brick
[Str]	*Phone*:	(03) 6226 1416
[Str]	*Pictfile*:	house02.bmp
[Str]	*Textfile*:	house02.txt
[N]	*Instance Number*:	2

[그림 5-12] *Property* 클래스와 그 클래스의 인스턴스

여기서 *dB3 HOUSE 1* 클래스는 외부 데이터베이스 파일 *house.dbf*의 구조를 의미한다. [표 5-1]에서 알 수 있듯이, Property 데이터베이스의 각 행은 *Property* 클래스의 인스턴스를 의미하며, 각 열은 Property 클래스의 속성을 나타낸다. 새로 생성된 인스턴스 프레임은 현재 데이터베이스에 기록된 정보값을 받는다. [그림 5-12]는 외부 데이터베이스에서 생성된 인스턴스를 보여준다. 이들 인스턴스는 Property 클래스와 연결되어 *Property* 클래스의 모든 속성을 상속받는다.

■ 단계 4: 인터페이스 화면을 정의한다.

주요 클래스와 그 속성을 모두 골라낸 다음, 응용 프로그램을 위한 주요 화면(display)을 설계해야한다. 각 응용 프로그램을 시작할 때, 사용자에게 일반적인 정보를 보여줄 응용 타이틀 화면이 필요하다. 이 화면에는 제목, 시스템의 일반적인 설명, 대표 사진, 저작권 정보 등이 나올 수 있다. [그림 5-13]은 응용 타이틀 화면의 한 예를 보여준다.

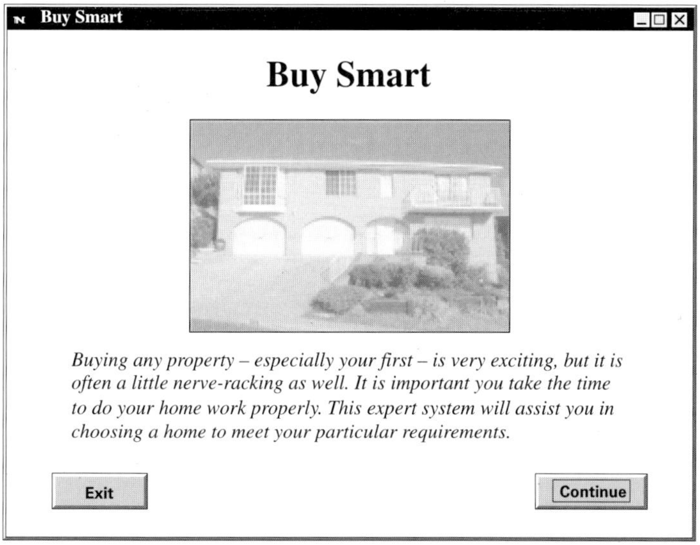

[그림 5-13] 응용 타이틀 화면

그 다음으로 필요한 화면은 **질의 화면**이다. 이 화면에는 전문가 시스템과의 질의를 통해 사용자의 선호도에 관한 정보를 표시하는 기능이 있어야 한다. [그림 5-14]는 **질의 화면**의 한 예를 보여준다. 여기에서 사용자는 찾고자 하는 부동산의 중요한 특징을 선택할 수 있다. 이렇게 선택된 특징을 이용하여 전문가 시스템은 사용자가 원하는 부동산 목록을 만들어 낼 것이다.

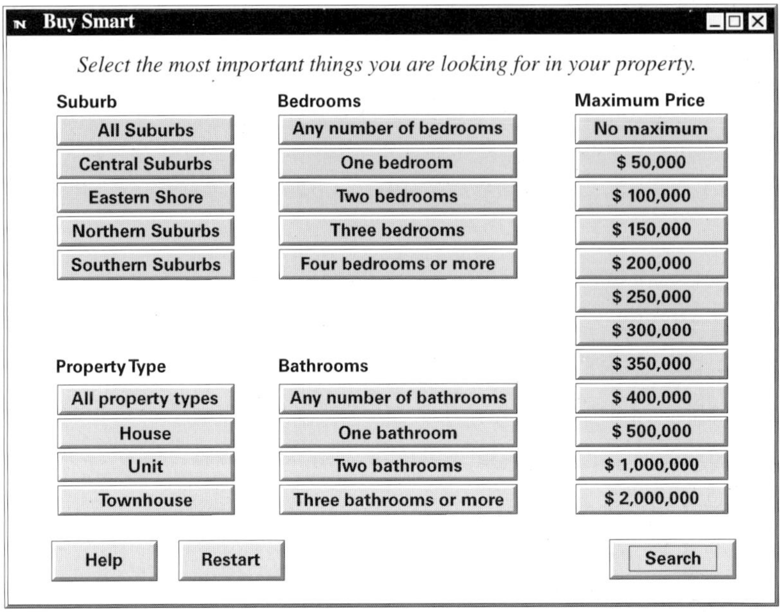

[그림 5-14] 질의 화면

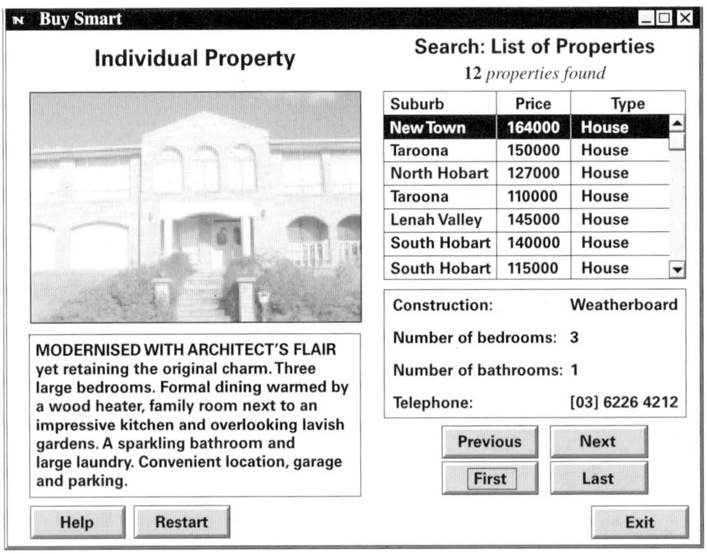

[그림 5-15] 부동산 정보 화면

마지막으로 부동산 정보 화면을 제작해야 한다. 이 화면에서는 사용자가 원하는 부동산 목록을 보여줘야 한다. 더불어 목록 내의 개별 부동산으로 이동하는 버튼(다음, 이전, 처음, 마지막)과 개별 부동산의 사진, 간단한 설명을 보여주는 기능이 필요하다. [그림 5-15]는 이러한 화면 예를 보여준다.

이 화면들을 어떻게 연결할 것인가

Level5 Object는 응용 타이틀 화면의 [Continue] 버튼과 질의 화면, 질의 화면의 [Search] 버튼과 부동산 정보 화면을 연결한다. 따라서 응용 프로그램을 실행하고 사용자가 [Continue] 버튼이나 [Search] 버튼을 누르면 새로운 화면이 나타날 것이다. 이제 이 화면을 바탕으로 설계를 더 진행해보자.

■ 5단계: WHEN CHANGED와 WHEN NEEDED 메소드, 데몬을 정의한다

지금까지 주어진 문제를 해결하기 위해 필요한 클래스와 해당 속성을 만들었다. 또한 인스턴스 클래스를 결정하고, 외부 데이터베이스를 이용하여 결정된 인스턴스를 생성하는 과정을 살펴보았다. 마지막으로 사용자에게 정보를 보여줄 인터페이스 화면을 설계하였다. 이제 전체 시스템이 실제 생활과 어떻게 연동될지 고려할 차례다. 이때 사용하는 방법에는 첫째, WHEN CHANGED와 WHEN NEEDED 메소드, 데몬을 이용하는 것이고, 둘째는 패턴 매칭 규칙을 이용하는 것이다. 일반적으로 프레임기반 시스템에서는 메소드와 데몬을 이용한 응용 프로그램을 우선적으로 생각한다.

먼저 *Property* 클래스의 인스턴스를 언제 생성할지 결정해야 한다. 이때 사용하는 방법은 두 가지다. 첫 번째는 사용자가 응용 타이틀 화면의 [Continue] 버튼을 누를 때 모든 인스턴스를 생성한 다음 질의 화면에서 사용자가 선택한 요구사항을 참조하여 불필요한 인스턴스를 제거하는 방식이다. 두 번째는 사용자가 질의 화면에서 요구사항을 모두 선택한 다음 관련된 인스턴스만 생성하는 방식이다. 이 방식은 *Property* 클래스의 불필요한 인스턴스를 제거할 필요가 없어서 유리할 것 같지만, 실제로는 시스템 설계 과정을 복잡하게 만든다. 따라서 이 예제에서는 첫 번째 방식을 사용하기로 한다. 우리는 규칙을 대신해서 데몬을 사용할 것이다. 물론 다른 방식을 사용해도 좋다.

그럼 [그림 5-16]과 같은 *Action Data* 클래스를 추가로 만들어보자. *Load Properties* 속성에 연결되는 WHEN CHANGED 메소드는 *Property* 클래스의 모든 인스턴스를 생성하는 데 쓰인다.

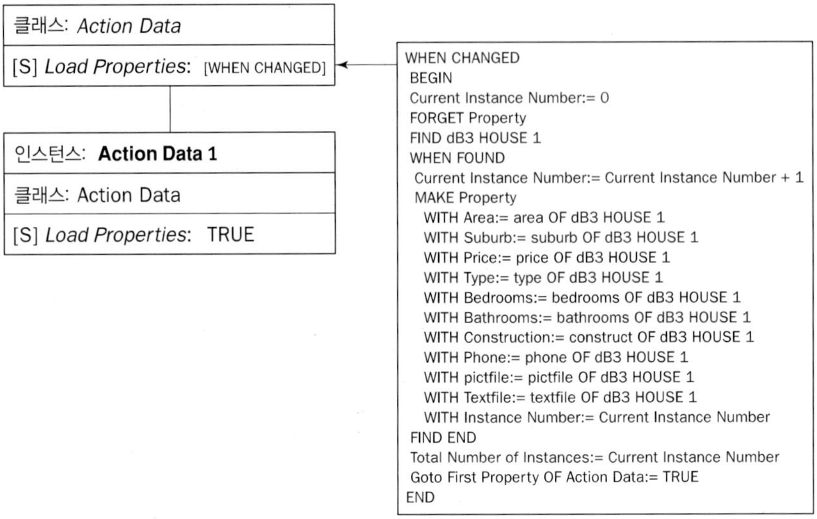

[그림 5-16] *Load Properties* 속성의 WHEN CHANGED 메소드

메소드는 어떻게 동작하는 것인가

설계를 좀 더 진행해서 응용 타이틀 화면의 [Continue] 버튼을 *Load Properties*의 속성에 연결한다. 만약 사용자가 이 버튼을 누르면 *Load Properties* 속성 값이 참이 되어 이 속성의 WHEN CHANGED 메소드가 실행되고, *Property* 클래스의 모든 인스턴스가 생성된다. 생성된 인스턴스의 개수는 외부 데이터베이스에 저장된 정보의 수와 같다.

이제 질의 화면이 화면에 보여지고(응용 타이틀 화면의 [Continue] 버튼과 질의 화면을 연결시킨 점을 기억하자), 사용자는 본인이 원하는 부동산의 특성을 골라 해당 버튼을 선택할 것이다. 각각의 버튼은 *Property* 클래스의 불필요한 인스턴스를 제거해주는 데몬과 연결된다. [그림 5-17]은 데몬 집합을 보여준다.

데몬은 어떻게 동작하는가

데몬은 조건을 만족할 때만 동작한다. 즉 이 예제 프로그램에서는 사용자가 버튼을 누를 때만 데몬이 동작한다.

[Central Suburb] 버튼과 연결된 DEMON 1을 살펴보자. 사용자가 질의 화면에서 [Central Suburb] 버튼을 누르면 DEMON 1이 동작한다. 데몬의 첫 번째 명령어는 Level5 Object가 *Property* 클래스를 찾도록 지시한다.

WHERE Area OF Property < > “Central Suburbs”

```
DEMON 1
IF selected OF Central Suburbs pushbutton
THEN FIND Property
   WHERE Area OF Property <> "Central Suburbs"
   WHEN FOUND
     FORGET CURRENT Property
  FIND END

DEMON 2
IF selected OF Eastern Shore pushbutton
THEN FIND Property
   WHERE Area OF Property <> "Eastern Shore"
   WHEN FOUND
     FORGET CURRENT Property
  FIND END
        :
DEMON 5
IF selected OF House pushbutton
THEN FIND Property
   WHERE Type OF Property <> "House"
   WHEN FOUND
     FORGET CURRENT Property
  FIND END
        :
DEMON 9
IF selected OF One bedroom pushbutton
THEN FIND Property
   WHERE Bedrooms OF Property <> 1
   WHEN FOUND
     FORGET CURRENT Property
  FIND END
        :
DEMON 12
IF selected OF One bathroom pushbutton
THEN FIND Property
   WHERE Bathrooms OF Property <> 1
   WHEN FOUND
     FORGET CURRENT Property
  FIND END
        :
DEMON 15
IF selected OF $50000 pushbutton
THEN FIND Property
   WHERE Price OF Property > 50000
   WHEN FOUND
     FORGET CURRENT Property
  FIND END
```

[그림 5-17] 질의 화면의 데몬

WHERE 절은 사용자가 선택한 요구와 일치하지 않는 *Property* 클래스의 모든 인스턴스를 찾아낸다. 즉 *Area* 속성 값이 *Central Suburbs*가 아닌 인스턴스를 찾아낸 후, FORGET CURRENT 명령어로 프로그램에서 *Property* 클래스의 현재 인스턴스를 삭제한다.

사용자가 원하는 부동산의 특징을 모두 선택하면 사용자는 해당 특징을 만족하는 부동산 목록을 보기 위해 **질의 화면**의 [Search] 버튼을 누른다. 목록은 부동산 정보 화면에 보여진다([Search] 버튼과 부동산 정보 화면이 연결되어 있음을 기억하자).

부동산의 사진과 간단한 설명을 어떻게 볼 수 있는가

[그림 5-18]에서 볼 수 있듯이, *Action Data* 클래스에 *Load Instance Number*와 *Goto First Property*라는 두 가지 속성을 만든다. 또한 질의 화면의 [Search] 버튼에 *Load Instance Number* 속성을 연결한다. 만약 프로그램에서 [Search] 버튼을 누르면 *Load Instance Number* 속성 값은 참이 되고, 그 속성의 WHEN CHANGED 메소드가 실행된다. 이 메소드는 *Property* 클래스에 남아 있는 모든 인스턴스 개수를 계산한다. 마찬가지로 *Goto First Property* 속성 값이 참이 되어 이 속성의 WHEN CHANGED 메소드가 연속적으로 실행된다.

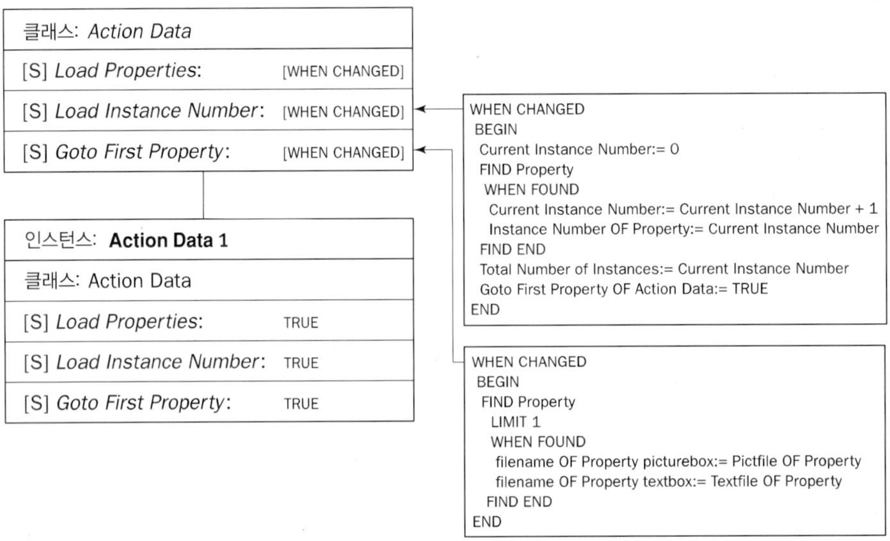

[그림 5-18] *Load Instance Number*와 *Goto First Property* 속성의 WHEN CHANGED 메소드

Goto First Property 속성에 연결된 메소드 부동산 정보 화면이 화면에 나타날 때, 부동산 목록에 있는 첫 번째 부동산의 정보 값을 나타낸다. 또한 이 창의 그림 상자(picture-box)에 *Pictfile* 속성 값을, 텍스트 상자(text-box)에 *Textfile* 값을 불러들이면 [그림 5-15]와 같이 부동산에 대한 사진과 간단한 설명을 볼 수 있다.

■ 단계 6: 규칙을 정한다

프레임기반 전문가 시스템을 설계할 때, 규칙을 사용할 것인지 아니면 메소드나 데몬을 사용할 것인지에 대한 결정은 매우 중요하고 어려운 문제다. 이는 주로 설계자의 개인적인 취향에 따라 결정되는데, 이 예제에서는 메소드와 데몬을 사용할 것이다. 왜냐하면 메소드가 프로시저를 나타내기에 좀 더 강력하면서도 간단한 방식을 제공하기 때문이다. 반면 앞에서 살펴본 대출 조회 예제에서는 규칙 집합을 사용했다. 그러나 규칙은 프로시저 지식을 다루기에 그다지 효과적이지 못하다.

■ 단계 7: 시스템을 만들어 평가하고, 확장한다

지금까지 Buy Smart 전문가 시스템의 초기 설계를 완료하였다. 이제 평가를 해야 한다. 개발한 시스템의 성능이 사용자의 기대를 충족시킬 수 있도록 일종의 베타 테스트를 실행해보자.

1. 응용 타이틀 화면의 [Continue] 버튼을 눌러 테스트를 시작한다. *Action Data* 클래스의 *Load Properties* 속성은 참 값이 된다. *Load Properties*에 연결된 WHEN CHANGED 메소드가 실행되면 *Property* 클래스의 모든 인스턴스가 생성된다.
2. 질의 화면이 화면에 나타나면, 다음과 같은 선택을 해보자.

⇒ *Central Suburbs*

```
DEMON 1
IF selected OF Central Suburbs pushbutton
THEN FIND Property
  WHERE Area OF Property <> "Central Suburbs"
  WHEN FOUND
    FORGET CURRENT Property
FIND END
```

⇒ *House*

```
DEMON 5
IF selected OF House pushbutton
THEN FIND Property
  WHERE Type OF Property <> "House"
  WHEN FOUND
    FORGET CURRENT Property
FIND END
```

```
⇒ Three bedrooms
DEMON 10
IF selected OF Three bedroom pushbutton
THEN FIND Property
  WHERE Bedrooms OF Property <> 3
  WHEN FOUND
    FORGET CURRENT Property
FIND END

⇒ One bathroom
DEMON 12
IF selected OF One bathroom pushbutton
THEN FIND Property
  WHERE Bathrooms OF Property <> 1
  WHEN FOUND
    FORGET CURRENT Property
FIND END

⇒ $ 200,000
DEMON 18
IF selected OF $200,000 pushbutton
THEN FIND Property
  WHERE Price OF Property > 200000
  WHEN FOUND
    FORGET CURRENT Property
FIND END
```

데몬은 사용자의 선택 조건에 맞지 않는 *Property* 인스턴스를 제거한다.

3. 이제 [Search] 버튼을 누른다. *Action Data* 클래스의 *Load Instance Number* 속성 값이 참이 된다. *Load Instance Number*에 연결된 WHEN CHANGED 메소드가 실행된다. *Property* 클래스에 남아있는 인스턴스 개수가 결정되고, *Goto First Property* 속성이 참 값으로 할당된다. 그러면 *Goto First Property*에 연결된 WHEN CHANGED 메소드가 실행된다. 시스템은 목록 내의 최초 *Property* 인스턴스를 찾아서 *Property picturebox*의 *filename* 속성에 house01.bmp를 할당하고, *Property textbox*의 *filename* 속성에

house01.txt 값을 할당한다(*Property picturebox*와 *Property textbox*는 부동산 정보 화면에서 생성된 점에 주의하자).

4. 부동산 정보 화면이 화면에 나타난다. [그림 5-15]를 보면 사용자의 요구사항을 만족하는 12개의 부동산이 검색되었다. 부동산 목록 내의 맨 처음 부동산이 선택되고, 그림 상자와 텍스트 상자에 해당 부동산의 사진과 간단한 설명이 나타난다. 그러나 화면에 있는 버튼을 이용하여 부동산 목록의 다음, 이전, 마지막 부동산으로 이동할 수 없다. 이와 같은 기능은 *Action Data* 클래스에 속성을 추가하여 [그림 5-19]와 같이 WHEN CHANGED 메소드를 연결해줘야 한다.

클래스: *Action Data*	
[S] *Load Properties*:	[WHEN CHANGED]
[S] *Load Instance Number*:	[WHEN CHANGED]
[S] *Goto First Property*:	[WHEN CHANGED]
[S] *Goto Next Property*:	[WHEN CHANGED]
[S] *Goto Previous Property*:	[WHEN CHANGED]
[S] *Goto Last Property*:	[WHEN CHANGED]

인스턴스: **Action Data 1**	
클래스: Action Data	
[S] *Load Properties*:	TRUE
[S] *Load Instance Number*:	TRUE
[S] *Goto First Property*:	TRUE
[S] *Goto Next Property*:	UNDETERMINED
[S] *Goto Previous Property*:	UNDETERMINED
[S] *Goto Last Property*:	UNDETERMINED

```
WHEN CHANGED
 BEGIN
  Current Instance Number:= Instance Number OF Property
  FIND Property
  LIMIT 1
  WHERE
  Instance Number OF Property > Current Instance Number
  WHEN FOUND
  filename OF Property picturebox:= Pictfile OF Property
  filename OF Property textbox:= Textfile OF Property
 FIND END
END
```

```
WHEN CHANGED
 BEGIN
  Target Instance Number:= Instance Number OF Property – 1
  IF Target Instance Number > 0 THEN
  BEGIN
  FIND Property
  LIMIT 1
  WHERE
  Instance Number OF Property = Target Instance Number
  WHEN FOUND
  filename OF Property picturebox:= Pictfile OF Property
  filename OF Property textbox:= Textfile OF Property
 FIND END
 END
END
```

```
WHEN CHANGED
 BEGIN
  Target Instance Number:= Total Number of Instances
  FIND Property
  LIMIT 1
  WHERE
  Instance Number OF Property = Target Instance Number
  WHEN FOUND
  filename OF Property picturebox:= Pictfile OF Property
  filename OF Property textbox:= Textfile OF Property
 FIND END
END
```

[그림 5-19] *Goto Next Property, Goto Previous Property* 그리고 *Goto Last Property* 속성의 WHEN CHANGED 메소드

이제 Buy Smart 전문가 시스템은 확장될 준비가 되었고, 외부 데이터베이스를 이용하여 새로운 속성을 추가할 수 있다.

5.7 요약 Summary

이 장에서는 프레임기반 전문가 시스템에 대해 알아보았다. 프레임의 개념을 살펴보고, 지식을 표현하기 위해 프레임 사용 방법을 알아보았다. 프레임기반 시스템에서 상속은 매우 중요한 특성이다. 또한 메소드와 데몬, 규칙을 응용한 예를 살펴보았고, 마지막으로 예제를 통해 프레임기반 전문가 시스템 개발을 수행했다.

이 장에서 다룬 핵심 내용은 다음과 같다.

- 프레임이란 특정 객체 또는 개념에 대한 전형적인 지식으로 구성된 데이터 구조체다.
- 프레임은 프레임기반 전문가 시스템에서 지식을 표현할 때 사용하며, 주어진 객체의 이름과 슬롯이라고 하는 속성의 집합을 포함한 지식을 의미한다. 예를 들어, **이름**, **무게**, **키**, **나이**는 **사람**이라는 프레임의 속성이 된다. **모델**, **프로세서**, **메모리**, **가격**은 **컴퓨터**라는 프레임의 속성이다.
- 속성은 값을 저장할 때 사용한다. 속성은 기본 값, 다른 프레임의 포인터, 속성 값을 얻어낼 수 있는 규칙 집합이나 프로시저가 될 수 있다.
- 프레임기반 시스템은 패싯(facet) 응용 프로그램을 통해 속성 값 구조를 확장할 수 있다. 패싯은 사용자의 질문을 제어하거나 속성 값을 결정, 계산하도록 추론 엔진에 알려주는 일을 한다.
- 프레임은 유사한 객체의 그룹이나 특정한 하나의 객체를 나타낼 수 있다. 클래스 프레임에는 공통된 속성이 들어있는 객체 그룹을 의미한다. **동물**, **사람**, **자동차**, **컴퓨터**는 모두 클래스 프레임이다. 인스턴스 프레임은 특정 객체를 나타낸다.
- 프레임기반 시스템은 클래스의 상속을 지원하며, 상속이라는 절차를 통해 클래스 프레임의 모든 특징들이 인스턴스 프레임으로 넘어간다. 기본적으로 클래스 프레임의 속성은 클래스 내의 모든 객체에 보편적으로 적용되는 값을 갖지만, 인스턴스의 슬롯에는 각 인스턴스에 해당되는 실제 데이터 값이 채워진다.
- 프레임은 다중 부모 상속을 통해 하나 이상의 부모에게 상속받을 수 있다.

- 프레임은 메소드와 데몬을 통해 서로 통신한다. 메소드는 프레임 속성에 관련된 프로시저로, 호출될 때 실행된다. 대부분의 프레임기반 전문가 시스템은 WHEN CHANGED와 WHEN NEEDED 메소드를 지원한다. WHEN CHANGED 메소드는 새로운 정보가 슬롯에 할당될 때 실행되고, WHEN NEEDED 메소드는 문제를 해결하기 위해 정보가 필요하지만 슬롯 값이 정해지지 않았을 때 실행된다.
- 데몬은 메소드와 유사하고, 두 용어는 동의어로 사용되곤 한다. 그러나 메소드는 복잡한 프로시저를 구현할 때 적합하고, 데몬은 보통 IF-THEN 문에 한정된다.
- 프레임기반 전문가 시스템에서 규칙은 종종 **패턴 매칭** 절을 사용한다. 이들 절에는 모든 인스턴스 프레임에서 매칭 조건을 찾을 때 사용할 변수가 있어야 한다.
- 프레임은 선언적, 절차적 지식을 결합하는 강력한 도구지만, 시스템과 상속 경로의 계층적 구조를 설계하는 과정은 어렵다. 이는 지식 공학자의 몫이다.

Chapter_05 연습문제

01 프레임이란 무엇인가? 클래스와 인스턴스란 무엇인가? 예를 들어보시오.

02 학생 객체를 위한 클래스 프레임을 설계해보고, 그 프레임의 속성을 결정한 후 클래스에 대한 인스턴스 몇 개를 정의해보시오.

03 패싯(facet)이란 무엇인가? 패싯의 다양한 종류를 예로 들어보시오.

04 하나의 문제를 프레임, 슬롯, 패싯으로 나누는 명확한 기준은 무엇인가? 예를 들어 설명하시오.

05 프레임기반 시스템과 객체를 어떻게 연관지을 수 있는가? 일종(a-kind-of) 관계와 일부(a-part-of) 관계란 무엇인가? 예를 들어 설명하시오.

06 프레임기반 시스템에서 상속을 정의하시오. 프레임기반 시스템에서 상속이 왜 중요한지 설명하시오.

07 프레임은 하나 이상의 부모에게 속성을 상속받을 수 있는가? 예를 들어보시오.

08 메소드란 무엇인가? 프레임기반 전문가 시스템에서 가장 많이 사용하는 메소드는 무엇인가?

09 데몬이란 무엇인가? 데몬과 메소드의 차이는 무엇인가?

10 규칙기반 전문가 시스템에서 사용되는 규칙과 프레임기반 전문가 시스템에서 사용되는 규칙 사이에 차이가 있다면 그 차이점은 무엇인가?

11 프레임기반 전문가 시스템을 개발할 때의 주요 단계는 무엇인가?

12 프레임기반 전문가 시스템의 장점을 나열하시오. 프레임기반 전문가 시스템을 개발할 때 겪는 어려움에는 어떠한 것이 있는가?

참고문헌

[01] Aikens, J.S. (1984). A representation scheme using both frames and rules, *Rule-Based Expert Systems*, B.G. Buchanan and E.H. Shortliffe, eds, Addison-Wesley, Reading, MA, pp. 424–440.

[02] Alpert, S.R., Woyak, S.W., Shrobe, H.J. and Arrowood, L.F. (1990). Guest Editors Introduction: Object-oriented programming in AI, *IEEE Expert*, 5(6), 6–7.

[03] Brachman, R.J. and Levesque, H.J. (1985). Readings in Knowledge *Representation*. Morgan Kaufmann, Los Altos, CA.

[04] Brachman, R.J. and Levesque, H.J. (2004). *Knowledge Representation and Reasoning*. Morgan Kaufmann, Los Altos, CA.

[05] Budd, T. (2002). *An Introduction to Object Oriented Programming*, 3rd edn. Addison-Wesley, Reading, MA.

[06] Durkin, J. (1994). *Expert Systems Design and Development*. Prentice Hall, Englewood Cliffs, NJ.

[07] Fikes, R. and Kehler, T. (1985). The role of frame-based representation in reasoning, *Communications* of the ACM, 28(9), 904–920.

[08] Goldstein, I. and Papert, S. (1977). Artifcial intelligence, language, and the study of knowledge, *Cognitive Science*, 1(1), 84–123.

[09] Jackson, P. (1999). *Introduction to Expert Systems*, 3rd edn. Addison-Wesley, Harlow.

[10] Levesque, H.J. and Brachman, R.J. (1985). A fundamental trade-off in knowledge representation and reasoning. R*eadings in Knowledge Representation*, R.J. Brachman and H.J. Levesque, eds, Morgan Kaufmann, Los Altos, CA.

[11] Luger, G.F. (2002). *Artificial Intelligence: Structures and Strategies for Complex Problem Solving*, 4th edn. Addison-Wesley, Harlow.

[12] Minsky, M. (1975). A framework for representing knowledge, *The Psychology of Computer Vision*, P. Winston, ed., McGraw-Hill, New York, pp. 211–277.

[13] Payne, E.C. and McArthur, R.C. (1990). *Developing Expert Systems: A Knowledge Engineer' s Handbook for Rules and Objects*. John Wiley, New York.

[14] Rosson, M.B. and Alpert, S.R. (1990). The cognitive consequences of object-oriented design, *Human Computer Interaction*, 5(4), 345–79.

[15] Rumbaugh, J., Blaha, M., Premerlani, W., Eddy, F. and Lorensen, W. (1991). *Object oriented Modelling and Design*. Prentice Hall, Englewood Cliffs, NJ.

[16] Stefk, M.J. (1979). An examination of frame-structured representation systems, *Proceedings of the 6th International Joint Conference on Artifcial Intelligence*, Tokyo, Japan, August 1979, pp. 845–852.

[17] Stefk, M.J. (1995). *Introduction to Knowledge Systems.* Morgan Kaufmann, San Francisco, CA.

[18] Stefk, M.J. and Bobrow, D.G. (1986). Object-oriented programming: themes and variations, *AI Magazine*, 6(4), 40–62.

[19] Sterling, L. and Shapiro E. (1994). The Art of Prolog: *Advanced Programming Techniques.* MIT Press, Cambridge, MA.

[20] Taylor, D. (1992). *Object-Oriented Information Systems.* John Wiley, New York.

[21] Touretzky, D.S. (1986). The Mathematics of *Inheritance Systems.* Morgan Kaufmann, Los Altos, CA.

[22] Waterman, D.A. (1986). *A Guide to Expert Systems.* Addison-Wesley, Reading, MA.

[23] Winston, P.H. (1977). Representing knowledge in frames, Chapter 7 of *Artificial Intelligence*, Addison-Wesley, Reading, MA, pp. 181–187.

[24] Winston, P.H. (1992). *Artificial Intelligence*, 3rd edn. Addison-Wesley, Reading, MA.

Chapter 06

인공 신경망

Artificial neural networks

학습목표

- 우리의 뇌가 어떻게 작동하는지 이해한다.
- 인공 신경망을 구성하는 요소를 살펴본다.
- 인공지능망을 만들고, 학습시키는 방법을 이해한다.

6.1 뇌는 어떻게 동작하는가?

“컴퓨터는 아직 아무것도 증명하지 못했다” 체스 세계 챔피언인 개리 캐스파로브(Garry Kasparov)는 1997년 5월 뉴욕에서 컴퓨터에게 패한 후 화가 나서 이렇게 말했다. “만약 실제 경기였다면 나는 딥 블루(Deep Blue)를 산산조각 내버렸을 것이다”

그러나 여섯 판의 경기에서 패한 것의 의미를 애써 축소시키려는 캐스파로브의 노력은 소용없었다. 세계에서 가장 위대한 체스 선수인 캐스파로브가 컴퓨터에게 졌다는 사실은 지능형 기계를 탐구하게 되는 전환점이 되었다.

딥 블루라고 명명한 IBM의 슈퍼컴퓨터는 초당 2억 개의 포지션을 분석할 수 있었고, 지적인 사고력을 발휘하는 것처럼 보였다. 한 경기에서 캐스파로브는 딥 블루가 속임수를 쓴다고 비난하기도 했다.

> 이 시합에서는 상당히 많은 발견이 있었고, 그 중 하나는 딥 블루가 때로는 사람과 아주 흡사하게 수를 둔다는 사실이다. 딥 블루는 체스 말의 포지션적인 요소를 잘 이해하고 있다. 이는 뛰어난 과학적 성과 중 하나다.

전통적으로, 체스 게임에서 컴퓨터가 전문가를 이기려면 초당 엄청난 수의 ‘앞(look-ahead) 수’를 둬보는 것 외에 조금 더 발전된 전략을 세워야 한다고 생각했다. 그래서 체스 프로그램은 경험을 통해 성능을 향상시켜야 한다고 생각했었다. 즉 기계는 반드시 학습 능력이 있어야 한다는 것이다.

기계 학습이란 무엇인가

일반적으로 기계 학습은 컴퓨터가 경험, 예, 유추를 통해 학습할 수 있게 하는 적응 메커니즘과 관련이 있다. 학습 능력은 시간이 흐르면서 지능형 시스템의 성능을 개선한다. 기계 학습 메커니즘은 적응형 시스템의 기초를 형성한다. 기계 학습에서 가장 많이 알려진 접근법은 **인공 신경망**(artificial neural network)과 **유전 알고리즘**(genetic algorithm)이다. 이 장에서는 신경망에만 집중한다.

신경망이란 무엇인가

신경망은 인간의 뇌를 기반으로 한 추론 모델로 정의할 수 있다. 인간의 뇌는 조밀하게 서로 연결된 신경 세포의 집합으로 이루어져 있는데, 이 신경 세포는 **뉴런**(neuron)이라는 기본적인 정보 처리 단위다. 인간의 뇌는 100억 개의 뉴런과 각 뉴런을 연결하는 6조 개의 연결 부위, 즉 시냅스(synapse)의 결합체다(Shepherd와 Koch, 1990). 여러 개의 뉴런을 동시에 사용함으로써 인간의 뇌는 현존하는 어떤 컴퓨터보다 훨씬 빠르게 그 기능을 수행할 수 있다.

각각의 뉴런은 매우 단순한 구조로 되어 있지만, 뉴런들이 그룹을 이루면 엄청난 처리 능력을 갖게 된다. 뉴런은 세포체, 수상돌기라고 하는 섬유 몇 가닥, 축색돌기라고 하는 긴 섬유 하나로 이루어져 있다. 수상돌기는 세포체 주변에서 망을 이루며 갈라져 있는 반면, 축색돌기는 다른 뉴런의 수상돌기와 세포체까지 길게 뻗어 있다. [그림 6-1]은 신경망을 도식화한 것이다.

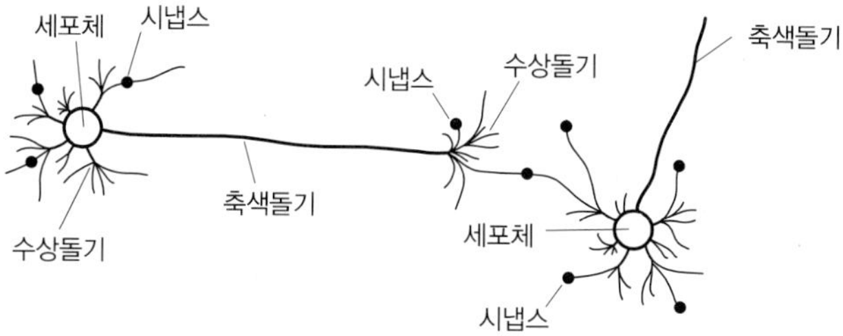

[그림 6-1] 생물학적인 신경망

복잡한 전기화학 반응은 신호를 한쪽 뉴런에서 다른쪽 뉴런으로 전파한다. 시냅스에서 나온 화학 물질은 세포체의 전위에 변화를 일으킨다. 전위가 임계치(threshold 또는 임계값(threshold value))에 이르면 전기 파동인 **활동 전위**(action potential)가 축색돌기를 통해 내려 보내진다. 그 파동은 퍼져나가다가 마침내 시냅스에 도달하고, 시냅스의 전위를 증가시키거나 감소시킨다. 그러나 가장 흥미로운 발견은 신경망이 **적응성**을 나타낸다는 점이다. 뉴런들 사이의 연결 강도는 자극 패턴에 반응하여 장기적인 변화를 나타낸다. 또한 뉴런은 다른 뉴런과 새롭게 연결할 수 있다. 어떤 때는 뉴런의 집합체가 이쪽에서 저쪽으로 통째로 이동할 수도 있다. 이러한 메커니즘은 인간의 뇌에서 일어나는 학습의 기초를 형성한다.

인간의 뇌를 매우 복잡하고, 비선형적이며, 병렬적인 정보 처리 시스템으로 생각할 수 있다. 정보는 신경망의 특정 위치가 아니라 신경망 전체에 동시에 저장되고 처리된다. 즉 신경망에서는 데이터 저장과 처리가 일부 지역이 아니라 전체에서 이루어진다.

적응성에 따라 '잘못된 답'으로 이끄는 뉴런들 사이의 연결은 약화되는 반면, '올바른 답'으로 이끄는 연결은 강화된다. 그 결과, 신경망에 경험을 통한 학습 능력이 생긴다.

생물학적인 신경망에서 학습은 기초적이고 필수적인 특성이다. 쉽고 자연스러운 학습 방법 때문에 컴퓨터도 생물학적인 신경망을 모방하도록 학습할 수 있다.

오늘날의 인공 신경망(ANN, Artificial Neural Network)이 인간의 뇌를 흉내 낸 정도가 비록 종이비행기로 초음속 항공기를 흉내 낸 수준에 불과하다 해도 이는 크게 진일보한 것이다. ANN에는 '학습' 능력이 있다. 즉 성능을 개선하는 데 경험을 활용한다. 표본이 충분히 주어지면 ANN은 아직 발견하지 못한 사실을 일반화할 수 있다. 손으로 쓴 글씨를 인식할 수 있고, 인간의 대화에서 단어를 판별해낼 수 있으며, 공항의 폭발물을 탐지할 수 있다. 또한 ANN은 전문가가 인식해내지 못한 패턴을 찾아낼 수도 있다. 예를 들어, 체이스 맨하탄 은행에서는 도난당한 신용카드들의 사용 내역을 검사하기 위해 인공 신경망을 사용했으며, 가장 의심스러운 매출이 $40~$80 정도의 여성 구두라는 점을 발견했다.

인공 신경망은 뇌를 어떻게 모델링하는가

인공 신경망은 뉴런이라고 하는 아주 단순하지만 내부적으로 매우 복잡하게 연결된 여러 프로세서로 이루어져 있다. 이는 생물학적인 뇌의 뉴런과 유사하다. 뉴런은 이쪽 뉴런에서 저쪽 뉴런으로 신호가 지나가는 가중치가 있는 링크들로 연결되어 있다. 각각의 뉴런은 연결을 통해 여러 입력 신호를 받지만, 출력 신호는 오직 하나만 만든다. 출력 신호는 뉴런에서 나가는 연결(생물학적으로는 축색돌기에 해당)을 통해 전달된다. 나가는 연결은 같은 신호를 전달하는 여러 가지에 순서대로 퍼져 나간다(신호 하나가 가지들 사이에서 나뉘지 않는다). 나가는 가지들은 신경망 내 다른 뉴런의 입력과 연결된다. [그림 6-2]는 전형적인 ANN의 연결을 보여주며, [표 6-1]은 생물학적인 신경망과 인공 신경망 간의 유사점을 보여준다(Medsker와 Liebowitz, 1994).

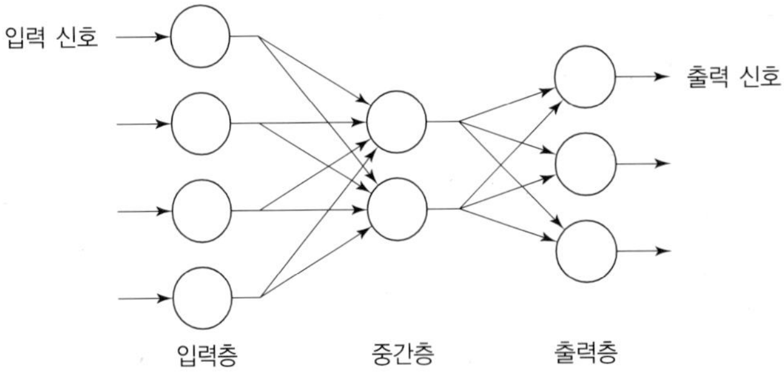

[그림 6-2] 전형적인 인공 신경망의 구조

[표 6-1] 생물학적인 신경망과 인공 신경망 사이의 유사점

생물학적인 신경망	인공 신경망
세포체	뉴런
수상돌기	입력
축색돌기	출력
시냅스	가중치

인공 신경망은 어떻게 '학습'하는가

뉴런은 **링크**(link)로 연결되어 있고, 각 링크에는 그와 연관된 **수치적인 가중치**(numerical weight)가 있다. 가중치는 ANN에서 장기 기억을 위한 기본적인 수단으로, 각 뉴런 입력 강도, 즉 중요도를 표현한다. 신경망은 가중치를 반복적으로 조정하여 학습한다.

신경망이 어떻게 가중치를 조정하는가

[그림 6-2]와 같이 전형적인 ANN은 계층 구조로 이루어져 있고, 신경망에 있는 뉴런은 이 층들을 따라 정렬되어 있다. 외부 환경과 연결된 뉴런은 입력층과 출력층을 형성한다. 신경망의 입출력 동작은 환경에 부합하도록 가중치를 수정한다.

각 뉴런은 기초적인 정보 처리 단위다. 따라서 입력과 수치적인 가중치가 주어지면 자신의 **활성화 수준**(activation level)을 계산할 수 있다.

인공 신경망을 만들려면 먼저 얼마나 많은 뉴런을 사용할 것인지, 신경망에서 뉴런을 어떻게 연결할 것인지를 정해야 한다. 즉 신경망의 구조를 먼저 선택하고, 어떤 학습 알고리즘을 사용할 것인지 결정한다. 마지막으로 신경망을 훈련시킨다. 즉 신경망의 가중치를 초기화하고 훈련 예제들의 집합에서 해당 가중치를 갱신한다.

기본적인 요소인 뉴런부터 시작해보자.

6.2 단순한 계산 요소로서의 뉴런

뉴런은 입력 링크에서 여러 신호를 받아서 새로운 활성화 수준을 계산하고, 출력 링크로 출력 신호를 내보낸다. 입력 신호는 미가공 데이터(raw data) 또는 다른 뉴런의 출력이 될 수 있다. 출력 신호는 문제의 최종적인 해(solution)거나 다른 뉴런에 입력될 수 있다. [그림 6-3]은 뉴런의 전형적인 모습이다.

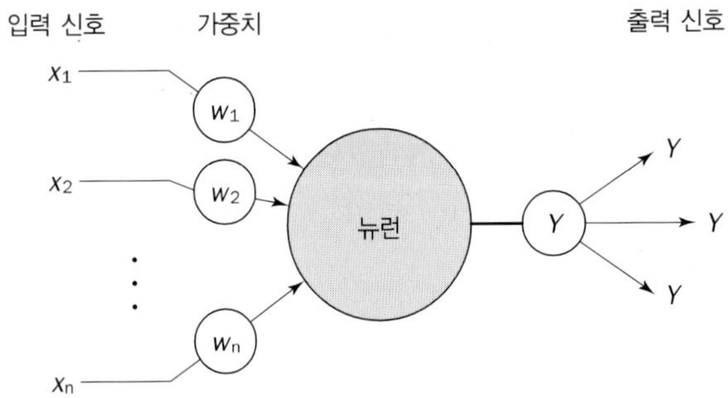

[그림 6-3] 뉴런의 도식

뉴런은 출력을 어떻게 결정하는가

1943년 워렌 맥클록(Warren McCulloch)과 월터 피츠(Walter Pitts)는 대다수 인공 신경망의 기초가 되는 아주 간단한 아이디어를 제안했다.

뉴런은 입력 신호의 가중치 합을 계산하여 임계값 θ와 비교한다. 가중치 합이 임계값보다 작으면 뉴런의 출력은 -1이다. 그러나 가중치 합이 임계값과 같거나 크면 뉴런은 활성화되고, 뉴런의 출력은 $+1$이 된다(McCulloch와 Pitts, 1943).

즉 뉴런은 다음과 같은 전이 함수, 즉 **활성화 함수**(activation function)를 사용한다.

$$X = \sum_{i=1}^{n} x_i w_i \tag{6.1}$$

$$Y = \begin{cases} +1 & \text{if } X \geq \theta \\ -1 & \text{if X} < \theta \end{cases}$$

여기서 X는 뉴런으로 들어가는 입력의 순 가중합, x_i는 입력 i의 값, w_i는 입력 i의 가중치, n은 뉴런의 입력 개수, Y는 뉴런의 출력이다. 이런 형태의 활성화 함수를 **부호 함수**(sign function)라 한다. 부호 활성화 함수를 사용하는 뉴런의 실제 출력은 다음과 같이 표현된다.

$$Y = sign\left[\sum_{i=1}^{n} x_i w_i - \theta\right] \tag{6.2}$$

뉴런이 사용하는 활성화 함수는 오직 부호 함수 밖에 없는가

시도해본 활성화 함수들은 많았지만, 실제로 적용할 만한 함수는 많지 않았다. 그 중 가장 일반적인 함수로는 계단, 부호, 선형, 시그모이드 함수가 있다. [그림 6-4]는 뉴런의 활성화 함수들이다.

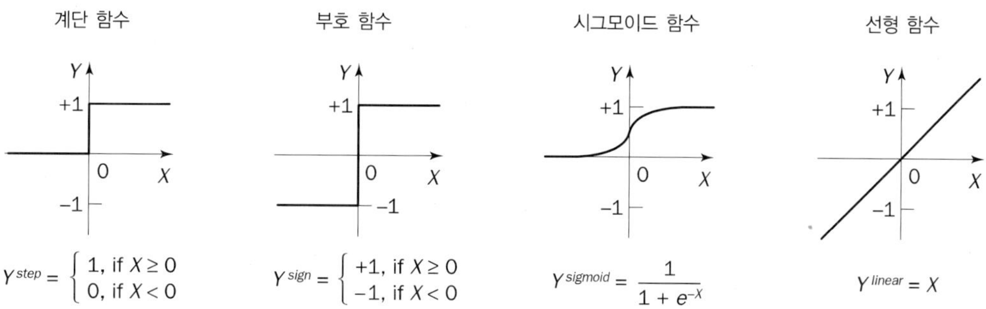

[그림 6-4] 뉴런의 활성화 함수들

계단(step)과 **부호**(sign) 활성화 함수는 **하드 리밋 함수**(hard limit function)라고도 하며, 분류와 패턴인식 작업에서 결정을 내리는 뉴런에 주로 쓰인다.

시그모이드 함수(sigmoid function)는 양과 음의 무한대 사이에 있는 입력값을 0~1 사이에 있는 적당한 값으로 바꾼다. 시그모이드 함수를 사용하는 뉴런은 역전파 신경망에 쓰인다.

선형 활성화 함수(linear activation function)는 뉴런의 입력에 가중치가 적용된 것과 같은 값을 출력으로 내놓는다. 선형 함수를 사용하는 뉴런은 선형 근사에 주로 쓰인다.

단일 뉴런이 어떤 작업을 학습할 수 있는가

1958년에 프랭크 로젠블랫(Frank Rosenblatt)은 간단한 ANN을 훈련시키기 위해 최초로 절차를 제공한 훈련 알고리즘인 퍼셉트론(perceptron)을 소개했다(Rosenblatt, 1958). 퍼셉트론은 신경망의 가장 간단한 형태다. 퍼셉트론은 조정 가능한 시냅스 가중치와 하드 리미터(hard limiter)를 포함한 단일 뉴런으로 구성된다. [그림 6-5]는 입력 노드가 두 개인 단층 퍼셉트론을 보여준다.

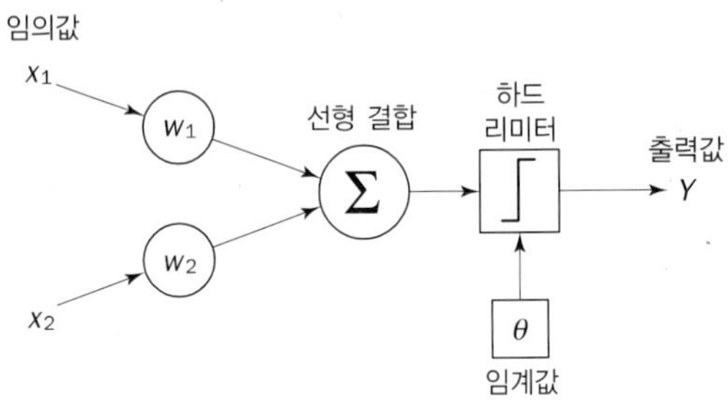

[그림 6-5] 두 개의 입력 노드가 있는 단층 퍼셉트론

6.3 퍼셉트론

로젠블랫 퍼셉트론의 동작 원리는 맥클록과 피츠의 뉴런 모델에 기반을 둔다. 이 모델은 선형 결합기와 하드 리미터로 구성된다. 입력의 가중합을 하드 리미터에 입력하고, 입력이 양이면 +1, 음이면 −1을 출력한다. 퍼셉트론의 목적은 입력을 분류하는 것이다. 즉 외부 자극 $x_1, x_2, \ldots, x_n$을 두 개의 클래스 A_1과 A_2로 분류한다. 따라서 기본적인 퍼셉트론의 경우, **초평면**(hyperplane)으로 n차원 공간을 두 개의 결정 영역으로 나눈다. 그 초평면을 다음과 같은 **선형 분리**(linearly separable) 함수로 정의한다.

$$\sum_{i=1}^{n} x_i w_i - \theta = 0 \tag{6.3}$$

입력이 x_1과 x_2로 두 개인 경우, 결정 경계는 [그림 6-6]의 (a)에 보이듯 굵은 직선 형태로 나타낸다. 경계선 오른편에 있는 점(1)은 클래스 A_1에 속하고, 경계선 왼편에 있는 점(2)는 클래스 A_2에 속한다. 임계값 θ는 결정 경계를 옮기는 데 쓰인다.

입력이 세 개일 때의 초평면도 도식화할 수 있다. [그림 6-6]의 (b)는 입력이 세 개인 퍼셉트론에 대한 3차원 공간을 보여준다. 여기서 분리할 평면을 다음 식으로 정의한다.

$$x_1 w_1 + x_2 w_2 + x_3 w_3 - \theta = 0$$

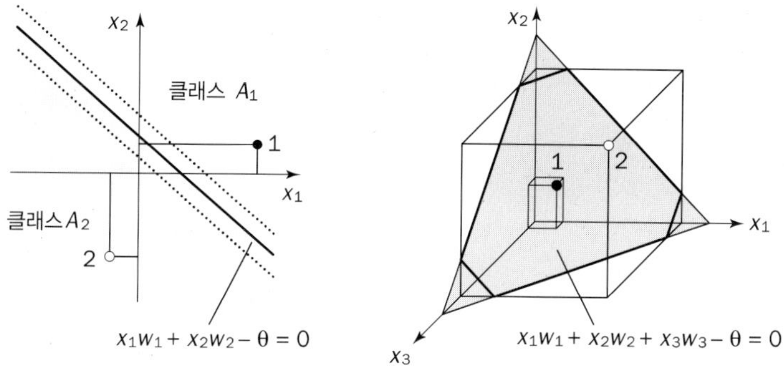

(a) 입력이 두 개인 퍼셉트론 (b) 입력이 세 개인 퍼셉트론

[그림 6-6] 퍼셉트론에서의 선형 분리성

퍼셉트론은 분류 작업을 어떻게 학습할 수 있는가

퍼셉트론의 실제 출력과 목표 출력 간의 차이를 줄이도록 가중치를 조정하면 된다. 보통 [−0.5, 0.5] 범위에서 초기 가중치를 임의로 할당한 후 훈련 예제와 일치하는 출력을 얻도록 갱신한다. 퍼셉트론에서 가중치 갱신은 아주 간단하다. p번째 반복에서 실제 출력이 $Y(p)$이고, 목표 출력이 $Y_d(p)$라면 오차는 (6.4)와 같다. 여기서 p번째 반복이란 퍼셉트론에 주어진 p번째 훈련 예제를 가리킨다.

$$e(p) = Y_d(p) - Y(p) \qquad p = 1, 2, 3, \ldots \tag{6.4}$$

오차 $e(p)$가 양이면 퍼셉트론의 출력 $Y(p)$를 증가시켜야 하고, 그 값이 음이면 $Y(p)$를 감소시켜야 한다. 각 퍼셉트론 입력에 대해 $x_i(p) \times w_i(p)$ 값이 총합 $X(p)$에 기여한다는 것을 고려하면, $x_i(p)$가 양일 때 가중치 $w_i(p)$가 커지고 $Y(p)$도 커진다. 반면 $x_i(p)$가 음일 때 가중치 $w_i(p)$가 커지면 $Y(p)$가 줄어든다. 따라서 다음과 같은 **퍼셉트론 학습 규칙**(perceptron learning rule)을 세울 수 있다. α는 **학습률**(learning rate)로, 1보다 작은 양의 상수다.

$$w_i(p+1) = w_i(p) + \alpha \times x_i(p) \times e(p) \tag{6.5}$$

퍼셉트론 학습 규칙은 1960년 로젠블랫이 처음으로 제안했다(Rosenblatt, 1960). 이 규칙을 이용해서 분류 작업에 사용할 퍼셉트론 훈련 알고리즘을 이끌어 낼 수 있다.

■ **1단계: 초기화**

초기 가중치 $w_1, w_2, \ldots, w_n$과 임계값 θ를 $[-0.5, 0.5]$ 구간의 임의의 값으로 설정한다.

■ **2단계: 활성화**

입력 $x_1(p), x_2(p), \ldots, x_n(p)$와 목표 출력 $Y_d(p)$를 적용하여 퍼셉트론을 활성화한다. 반복 횟수 $p = 1$에서 실제 출력을 계산한다. 여기서 n은 퍼셉트론의 입력 개수고, *step*은 계단 활성화 함수(activation function)다.

$$Y(p) = step\left[\sum_{i=1}^{n} x_i(p)w_i(p) - \theta\right] \tag{6.6}$$

■ **3단계: 가중치 학습**

퍼셉트론의 가중치를 갱신한다.

$$w_i(p+1) = w_i(p) + \Delta w_i(p) \tag{6.7}$$

여기서 $\Delta w_i(p)$는 p번째 반복했을 때의 가중치 보정값이다. 가중치 보정값은 **델타 규칙**(delta rule)으로 계산한다.

$$\Delta w_i(p) = \alpha \times x_i(p) \times e(p) \tag{6.8}$$

■ **4단계: 반복**

반복 횟수 p값을 1 증가시키고, 2단계로 돌아가서 수렴할 때까지 과정을 반복한다.

퍼셉트론이 AND, OR, Exclusive-OR와 같은 기본적인 논리 연산자의 기능을 수행하도록 훈련시킬 수 있는가

연산자 AND, OR, Exclusive-OR의 진리표가 [표 6-2]에 있다. 변수 x_1과 x_2 값으로 만들 수 있는 모든 가능한 조합과 연산 결과를 보여준다. 퍼셉트론은 입력 패턴을 분류하도록 훈련시켜야 한다.

[표 6-2] 기본적인 논리 연산자들의 진리표

입력 변수		AND	OR	Exclusive-OR
x_1	x_2	$x_1 \cap x_2$	$x_1 \cup x_2$	$x_1 \oplus x_2$
0	0	0	0	0
0	1	0	1	1
1	0	0	1	1
1	1	1	1	0

먼저 AND 연산자부터 고려해보자. 초기화 단계를 마친 후 하나의 **에폭**(epoch)을 나타내는 네 개의 연속된 입력 패턴으로 퍼셉트론을 활성화한다. 퍼셉트론의 가중치는 각각의 활성화 이후에 갱신된다. 가중치가 일관된 수치 집합으로 수렴할 때까지 이 과정을 반복한다. [표 6-3]에 결과가 나와 있다.

[표 6-3] 퍼셉트론 학습의 예: AND 논리 연산자 (임계값: $\theta = 0.2$, 학습률: $\alpha = 0.1$)

	입력		목표 출력	초기 가중치		실제 출력	오차	최종 가중치	
에폭	x_1	x_2	Y_d	w_1	w_2	Y	e	w_1	w_2
1	0	0	0	0.3	−0.1	0	0	0.3	−0.1
	0	1	0	0.3	−0.1	0	0	0.3	−0.1
	1	0	0	0.3	−0.1	1	−1	0.2	−0.1
	1	1	1	0.2	−0.1	0	1	0.3	0.0
2	0	0	0	0.3	0.0	0	0	0.3	0.0
	0	1	0	0.3	0.0	0	0	0.3	0.0
	1	0	0	0.3	0.0	1	−1	0.2	0.0
	1	1	1	0.2	0.0	1	0	0.2	0.0
3	0	0	0	0.2	0.0	0	0	0.2	0.0
	0	1	0	0.2	0.0	0	0	0.2	0.0
	1	0	0	0.2	0.0	1	−1	0.1	0.0
	1	1	1	0.1	0.0	0	1	0.2	0.1
4	0	0	0	0.2	0.1	0	0	0.2	0.1
	0	1	0	0.2	0.1	0	0	0.2	0.1
	1	0	0	0.2	0.1	1	−1	0.1	0.1
	1	1	1	0.1	0.1	1	0	0.1	0.1
5	0	0	0	0.1	0.1	0	0	0.1	0.1
	0	1	0	0.1	0.1	0	0	0.1	0.1
	1	0	0	0.1	0.1	0	0	0.1	0.1
	1	1	1	0.1	0.1	1	0	0.1	0.1

비슷한 방식으로 퍼셉트론은 OR 연산자도 학습할 수 있다. 그러나 Exclusive-OR 연산자는 단층 퍼셉트론으로 학습할 수 없다.

그 이유를 이해하는 데 도움이 될 기하학적인 지식을 살펴보자. [그림 6-7]은 입력값 두 개를 바탕으로 AND, OR, Exclusive-OR 함수를 2차원 도면으로 나타냈다. 함수의 출력이 1인 입력 공간의 점은 검은색으로, 출력이 0인 점은 흰색으로 나타냈다.

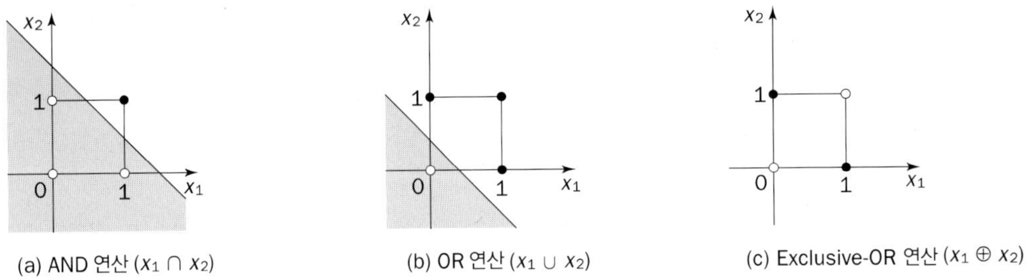

[그림 6-7] 기본적인 논리 연산자들의 2차원 도면

[그림 6-7]의 (a)와 (b)에서는 검은 점과 흰 점을 구분하여 직선을 그릴 수 있지만, (c)의 점들은 직선으로 분리할 수 없다. 퍼셉트론은 모든 검은 점과 모든 흰 점을 분리하는 직선이 있을 때만 함수로 표현할 수 있다. 이런 함수들을 **선형 분리**(linearly separable)**가 가능**하다고 한다. 따라서 퍼셉트론은 AND와 OR 연산자는 학습할 수 있지만, Exclusive-OR는 학습할 수 없다.

퍼셉트론은 선형 분리가 가능한 함수만 학습할 수 있는가

퍼셉트론이 선형 분리 가능한 함수만 학습할 수 있다는 사실은 (6.1)에서 확인할 수 있다. 퍼셉트론 입력의 총 가중합 X가 임계값 θ와 같거나 클 때만 출력 Y가 1이 된다. 이는 전체 입력 공간이 $X=\theta$로 정의된 경계를 기준으로 둘로 나뉜다는 뜻이다. 예를 들면 AND 연산자의 분리선을 다음과 같이 정의한다.

$$x_1 w_1 + x_2 w_2 = \theta$$

가중치 w_1과 w_2, 임계값 θ를 [표 6-3]에 주어진 값으로 대입하면 분리선 중 하나를 얻을 수 있다.

$$0.1x_1 + 0.1x_2 = 0.2$$

또는

$$x_1 + x_2 = 2$$

따라서 출력이 0인 경계선 아래에 있는 영역은 다음과 같다.

$$x_1 + x_2 - 2 < 0$$

그리고 출력이 1인 경계선 위에 있는 영역은 다음과 같다.

$$x_1 + x_2 - 2 \geq 0$$

퍼셉트론이 선형 분리 가능한 함수들만 학습할 수 있다는 사실은 선형 분리 가능한 함수들이 많지 않다는 점을 생각해 볼 때 좋지 않은 일이다.

하드 리미터 대신 시그모이드 또는 선형 함수를 이용하는 것은 어떨까

단층 퍼셉트론은 어떤 활성화 함수를 사용하든지 같은 방식으로 결정한다(Shynk, 1990; Shynk와 Bershad, 1992). 이는 하드 리밋(hard-limit) 활성화 함수를 사용하느냐 아니면 소프트 리밋(soft-limit) 활성화 함수를 사용하느냐에 관계없이 단층 퍼셉트론에서는 단지 선형 분리가 가능한 패턴만 분류해 낼 수 있다는 의미다.

퍼셉트론의 계산적 한계는 민스키와 페퍼트가 저술한 『Perceptrons』(MIT Press)에서 수학적으로 분석된 바 있다(Minsky와 Papert, 1969). 그들은 국소적으로 학습된 예제를 기반으로 해서는 로젠블랫 퍼셉트론이 전체적인 일반화를 할 수 없다는 것을 증명했다. 게다가 민스키와 패퍼트는 단층 퍼셉트론의 한계가 다층 신경망에서도 발생할 것이라 확신했다. 이는 인공 신경망에 대해 연구를 계속 해야 하는가라는 회의적인 시각을 갖게 만들었다.

선형 분리가 불가능한 문제를 어떻게 해결할 수 있을까

이를 위해 다층 신경망(multilayer neural networks)이 필요하다. 실제로 역전파 알고리즘으로 학습한 다층 퍼셉트론처럼 발전된 형태의 신경망을 사용하면 로젠블랫 퍼셉트론의 한계를 극복할 수 있다는 것이 증명되었다.

6.4 다층 신경망

다층 신경망은 하나 혹은 그 이상의 은닉층이 있는 피드포워드 신경망(feedforward neural network)이다. 일반적으로 이 신경망은 공급 뉴런으로 이루어진 **입력층**(input layer) 하나, 계산 뉴런들로 이루어진 하나 이상의 **은닉층**(hidden layer), 계산 뉴런들로 이루어진 **출력층**(output layer) 하나로 이루어져 있다. 입력 신호는 한 층씩 순방향으로 전파된다. [그림 6-8]에서 두 개의 은닉층이 있는 다층 신경망을 보여준다.

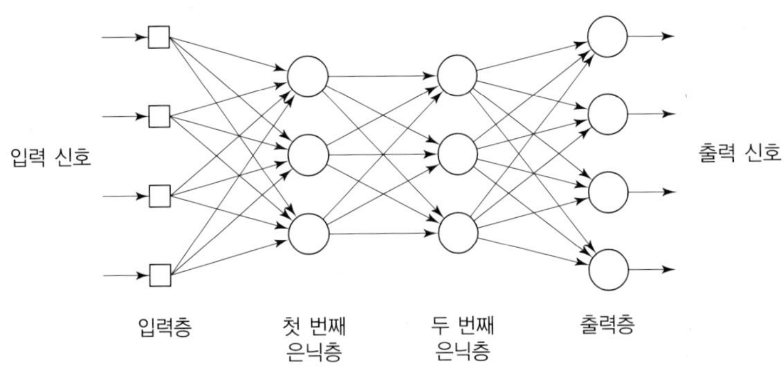

[그림 6-8] 두 개의 은닉층이 있는 다층 신경망

은닉층은 왜 필요한가

다층 신경망의 각 층에는 각각 자신만의 특정 함수가 있다. 입력층은 외부에서 입력 신호를 받아들여 이 신호를 은닉층의 모든 뉴런으로 재분배한다. 사실 입력층에는 계산을 위한 뉴런이 거의 들어있지 않으므로 입력 패턴을 처리하지는 못한다. 출력층은 은닉층에서 출력 신호, 즉 자극 패턴을 받아들이고 전체 신경망의 출력 패턴을 정한다.

은닉층에 있는 뉴런은 특성을 파악한다. 뉴런의 가중치는 입력 패턴에 숨겨져 있는 특성을 나타낸다. 출력층이 출력 패턴을 결정할 때 이 특성을 사용한다.

하나의 은닉층으로 입력 신호의 모든 연속 함수를 표현할 수 있으며, 두 개의 은닉층으로는 불연속 함수도 표현할 수 있다.

다층 신경망의 중간층을 왜 '은닉층'이라고 할까, 과연 무엇을 숨기고 있는가

은닉층은 목표 출력을 '숨기고' 있다. 은닉층의 뉴런은 신경망의 입출력 동작을 통해 관찰되지 않는다. 은닉층의 목표 출력이 무엇이 될 것인지 알 수 있는 명확한 방법은 없다. 즉 은닉층의 목표 출력은 해당 층에서 자체적으로 결정된다.

신경망에는 은닉층이 두 개 이상 들어갈 수 있는가

상업적인 ANN은 1~2개의 은닉층을 포함해서 3~4개 층까지 사용한다. 각 층에는 10~1,000개의 뉴런이 들어갈 수 있다. 실험을 위한 신경망에는 3~5개의 은닉층을 포함해서 5~6개의 층까지 있을 수 있다. 뉴런을 수백만 개 사용하는 경우도 있기는 하지만, 층 하나를 추가할 때마다 계산 부담이 지수적으로 늘어나기 때문에 실제 응용 사례에서는 보통 3개 층만 사용한다.

다층 신경망은 어떻게 학습하는가

100가지 이상의 서로 다른 학습 알고리즘을 사용할 수 있지만, 가장 인기 있는 방법은 역전파 방식이다. 이 방식은 1969년에 처음 등장했는데(Bryson과 Ho, 1969) 계산하는 데 부담이 너무 커서 주목을 받지 못하다가 1980년대 중반에 이르러서야 역전파 알고리즘으로 주목받기 시작했다.

다층 신경망의 학습은 퍼셉트론과 유사하게 진행된다. 입력 패턴의 훈련 집합을 신경망에 제시한다. 신경망은 그 출력 패턴을 계산하고 오차가 있다면, 즉 실제와 목표 출력 간에 차이가 있다면 이 오차를 줄이도록 가중치를 조정한다.

퍼셉트론에서는 입력 하나당 가중치와 출력이 각각 하나뿐이다. 그러나 다층 신경망에서는 가중치가 여러 개인데, 각각의 가중치는 두 개 이상의 출력에 영향을 미친다.

오차의 원인을 어떻게 평가하며, 영향을 미치는 여러 가중치들 사이에서 오차의 원인을 어떻게 정하고 나눌 것인가

역전파 신경망의 학습 알고리즘에는 두 단계가 있다. 먼저 훈련 입력 패턴을 신경망의 입력층에 전달한다. 그 다음 신경망은 출력층에서 출력 패턴이 생성될 때까지 층에서 층으로 입력 패턴을 전파한다. 이 출력 패턴이 목표 패턴과 다르면 그 오차를 계산한 후 출력층에서 입력층까지 신경망을 따라 거꾸로 전파한다. 그 오차가 전파되면서 가중치가 수정된다.

다른 신경망을 사용하는 경우라도 역전파 방식은 뉴런들 간의 연결(신경망의 구성), 뉴런이 사용하는 활성화 함수, 가중치를 조정하는 절차를 명시하는 학습 알고리즘(또는 학습 법칙)에 의해 결정된다.

일반적으로 역전파 신경망은 세 개 또는 네 개의 층이 있는 다층망이다. 층들은 **완전히 연결**되어 있다. 즉 각 층의 모든 뉴런은 순방향으로 인접한 층에 있는 모든 뉴런과 연결되어 있다.

뉴런은 로젠블랫 퍼셉트론과 비슷한 방식으로 출력을 결정한다. 먼저 뉴런은 이전과 같이 순 가중 입력을 구한다. 여기서 n은 입력 개수고, θ는 뉴런에 적용되는 임계값이다.

$$X = \sum_{i=1}^{n} x_i w_i - \theta$$

다음으로 활성화 함수를 통해 이 입력값을 통과시킨다. 그러나 퍼셉트론에서와 달리 역전파 망의 뉴런은 시그모이드 활성화 함수를 사용한다. 이 함수의 미분은 계산하기가 쉽고, 뉴런의 출력을 0~1 사이로 보장한다.

$$Y^{sigmoid} = \frac{1}{1 + e^{-X}} \tag{6.9}$$

역전파 망에서 학습 법칙을 사용하는 것은 어떤가

역전파 학습 법칙을 이끌어내기 위해 [그림 6-9]와 같이 세 개의 층이 있는 신경망을 생각해보자. 여기서 인덱스 i, j, k는 각각 입력층, 은닉층, 출력층의 뉴런을 지칭한다.

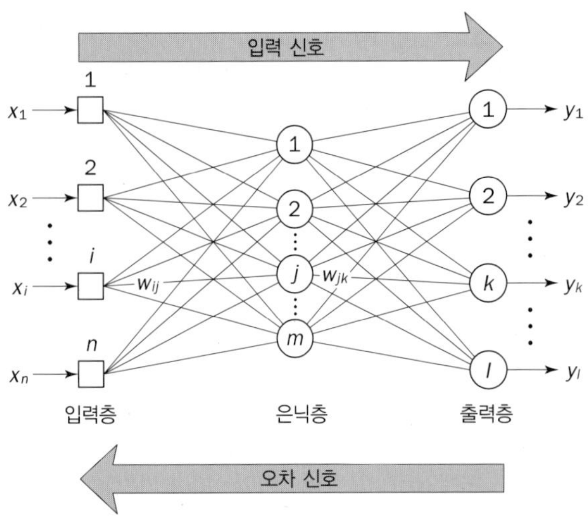

[그림 6-9] 세 개의 층이 있는 역전파 신경망

입력 신호 $x_1, x_2, \ldots, x_n$은 왼쪽에서 오른쪽으로, 오차 신호 $e_1, e_2, \ldots, e_l$은 오른쪽에서 왼쪽으로 신경망을 따라 전파된다. 기호 w_{ij}는 입력층의 뉴런 i와 은닉층의 뉴런 j 사이의 연결에 대한 가중치고, 기호 w_{jk}는 은닉층의 뉴런 j와 출력층의 뉴런 k 사이의 가중치다.

오차 신호는 은닉층으로 거꾸로 전파된다. p번째 반복에서 뉴런 k의 출력에 대한 오차 신호는 다음과 같이 정의한다. 여기서 $y_{d,k}(p)$는 p번째 반복에서 뉴런 k의 목표 출력이다.

$$e_k(p) = y_{d,k}(p) - y_k(p) \tag{6.10}$$

출력층에 있는 뉴런 k는 자신의 목표 출력을 알고 있으므로 가중치 w_{jk}를 바로 갱신할 수 있다. 출력층의 가중치를 갱신하는 규칙은 (6.7)의 퍼셉트론 학습 규칙과 비슷하다.

$$w_{jk}(p+1) = w_{jk}(p) + \Delta w_{jk}(p) \tag{6.11}$$

여기서 $\Delta w_{jk}(p)$는 가중치 보정값이다. 퍼셉트론에서 가중치 보정값을 결정할 때는 입력 신호 x_i를 사용했다. 그러나 다층 망에서는 출력층에 있는 뉴런의 입력이 입력층에 있는 뉴런들의 입력과 다르다.

입력 신호 x_i를 사용할 수 없다면 무엇을 대신 사용해야 하는가

입력 x_i 대신 은닉층의 뉴런 j의 출력 y_j를 사용한다. 다층 망에서는 가중치 보정값을 (6.12)와 같이 계산한다(Fu, 1994). 여기서 $\delta_k(p)$는 p번째 반복에서 출력층에 있는 뉴런 k에 대한 오차 기울기다.

$$\Delta w_{jk}(p) = \alpha \times y_j(p) \times \delta_k(p) \tag{6.12}$$

오차 기울기란 무엇인가

오차 기울기(error gradient)는 활성화 함수의 미분에 뉴런의 출력 오차를 곱한 것으로, 출력층의 뉴런 k에 대해 (6.13)을 얻는다. 여기서 $y_k(p)$는 p번째 반복에서 뉴런 k의 출력이고, $X_k(p)$는 같은 반복에서 뉴런 k로 들어가는 순 가중 입력이다.

$$\delta_k(p) = \frac{\partial y_k(p)}{\partial X_k(p)} \times e_k(p) \tag{6.13}$$

시그모이드 활성화 함수의 경우 (6.13)을 다음과 같이 나타낼 수 있다.

$$\delta_k(p) = \frac{\partial\left\{\dfrac{1}{1+\exp[-X_k(p)]}\right\}}{\partial X_k(p)} \times e_k(p) = \frac{\exp[-X_k(p)]}{\{1+\exp[-X_k(p)]\}^2} \times e_k(p)$$

따라서 (6.14)를 얻는다.

$$\delta_k(p) = y_k(p) \times [1 - y_k(p)] \times e_k(p) \tag{6.14}$$

여기서 $y_k(p)$는 다음과 같다.

$$y_k(p) = \frac{1}{1+\exp[-X_k(p)]}$$

은닉층의 뉴런에 대한 가중치 보정값은 어떻게 결정하는가

은닉층의 가중치 보정값을 계산하는 데 출력층과 같은 식을 적용할 수 있다.

$$\Delta w_{ij}(p) = \alpha \times x_i(p) \times \delta_i(p) \tag{6.15}$$

여기서 $\delta_j(p)$는 은닉층에 있는 뉴런 j에서의 오차 기울기를 나타낸다.

$$\delta_j(p) = y_j(p) \times [1 - y_j(p)] \times \sum_{k=1}^{l} \delta_k(p) w_{jk}(p)$$

여기서 l은 출력층에 있는 뉴런의 개수다. $y_j(p)$와 $X_j(p)$는 다음과 같다.

$$y_j(p) = \frac{1}{1+e^{-X_j(p)}}$$

$$X_j(p) = \sum_{i=1}^{n} x_i(p) \times w_{ij}(p) - \theta_j$$

여기서 n은 입력층에 있는 뉴런의 개수다.

이제 역전파 학습 알고리즘을 이끌어낼 수 있다.

■ 1단계: 초기화

신경망의 모든 가중치와 임계값의 수준을 좁은 범위 안에서 균등 분포를 따르는 임의의 수로 놓는다(Haykin, 1999).

$$\left(-\frac{2.4}{F_i},\ +\frac{2.4}{F_i}\right)$$

여기서 F_i는 신경망에 있는 뉴런 i의 총 입력 개수다. 가중치 초기화는 각 뉴런별로 이루어진다.

■ 2단계: 활성화

입력 $x_1(p), x_2(p), \ldots, x_n(p)$와 목표 출력 $y_{d,1}(p), y_{d,2}(p), \ldots, y_{d,n}(p)$를 적용하여 역전파 신경망을 활성화한다.

(a) 은닉층에 있는 뉴런의 실제 출력을 계산한다. 여기서 n은 은닉층에 있는 뉴런 j의 입력 개수고, *sigmoid*는 시그모이드 활성화 함수다.

$$y_j(p) = sigmoid\left[\sum_{i=1}^{n} x_i(p) \times w_{ij}(p) - \theta_j\right]$$

(b) 출력층에 있는 뉴런의 실제 출력을 계산한다. 여기서 m은 출력층에 있는 뉴런 k의 입력 개수다.

$$y_k(p) = sigmoid\left[\sum_{j=1}^{m} x_{jk}(p) \times w_{jk}(p) - \theta_k\right]$$

■ 3단계: 가중치 학습

출력 뉴런과 연관된 오차를 역방향으로 전파시키면서 역전파 신경망의 가중치를 갱신해 나간다.

(a) 출력층에 있는 뉴런에 대해 오차 기울기를 계산한다.

$$\delta_k(p) = y_k(p) \times [1 - y_k(p)] \times e_k(p)$$

여기서 $e_k(p)$는 다음과 같다.

$$e_k(p) = y_{d,k}(p) - y_k(p)$$

가중치 보정값을 계산한다.

$$\Delta w_{jk}(p) = \alpha \times y_j(p) \times \delta_k(p)$$

출력 뉴런에서의 가중치를 갱신한다.

$$w_{jk}(p+1) = w_{jk}(p) + \Delta w_{jk}(p)$$

(b) 은닉층에 있는 뉴런의 오차 기울기를 계산한다.

$$\delta_j(p) = y_j(p) \times [1 - y_j(p)] \times \sum_{k=1}^{l} \delta_k(p) \times w_{jk}(p)$$

가중치 보정값을 계산한다.

$$\Delta w_{ij}(p) = \alpha \times x_i(p) \times \delta_j(p)$$

은닉층에서의 가중치를 갱신한다.

$$w_{ij}(p+1) = w_{ij}(p) + \Delta w_{ij}(p)$$

■ **4단계: 반복**

반복 횟수 p값을 1 증가시키고, 2단계로 돌아가서 선택한 오차 기준을 만족할 때까지 과정을 반복한다.

[그림 6-10]에 나와 있는 층이 세 개인 역전파 신경망을 예로 들어보자. 이 신경망은 논리 연산자 Exclusive-OR를 수행해야 한다고 가정해보자. 앞에서 언급했듯이 단층 퍼셉트론은 이 연산을 수행할 수 없다. 이제는 층이 세 개인 신경망을 적용할 것이다.

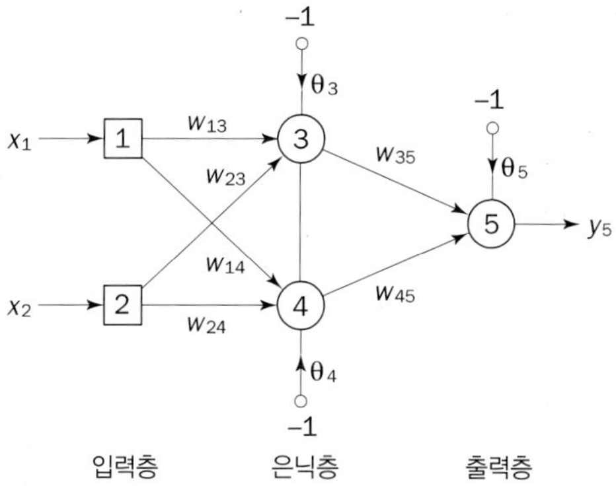

[그림 6-10] Exclusive-OR 연산을 수행하는 층이 세 개인 신경망

입력층에 있는 뉴런 1과 뉴런 2는 각각 입력 x_1과 x_2를 받아들인 후, 아무런 처리를 하지 않고 은닉층의 뉴런에 재분배한다.

$$x_{13} = x_{14} = x_1, \quad x_{23} = x_{24} = x_2$$

은닉층 또는 출력층에 있는 뉴런에 적용되는 임계값의 효과는 -1의 고정 입력에 할당된 가중치 θ로 표현된다.

초기 가중치와 임계값의 수준은 다음과 같이 임의로 정했다.

$$w_{13} = 0.5,\ w_{14} = 0.9,\ w_{23} = 0.4,\ w_{24} = 1.0,\ w_{35} = -1.2,\ w_{45} = 1.1$$

$$\theta_3 = 0.8,\ \theta_4 = -0.1,\ \theta_5 = 0.3$$

입력 x_1과 x_2가 1이고, 목표 출력 $y_{d,5}$가 0인 훈련 집합을 고려해보자. 은닉층에 있는 뉴런 3과 4의 실제 출력은 다음과 같이 계산된다.

$$y_3 = sigmoid\,(x_1 w_{13} + x_2 w_{23} - \theta_3) = 1/[1 + e^{-(1\times0.5+1\times0.4-1\times0.8)}] = 0.5250$$

$$y_4 = sigmoid\,(x_1 w_{14} + x_2 w_{24} - \theta_4) = 1/[1 + e^{-(1\times0.9+1\times1.0+1\times0.1)}] = 0.8808$$

이제 출력층에 있는 뉴런 5의 실제 출력이 다음과 같이 결정된다.

$$y_5 = sigmoid\,(y_3 w_{35} + y_4 w_{45} - \theta_5) = 1/[1 + e^{-(-0.5250\times1.2+0.8808\times1.1-1\times0.3)}] = 0.5097$$

따라서 다음의 오차를 얻는다.

$$e = y_{d,5} - y_5 = 0 - 0.5097 = -0.5097$$

다음 단계는 가중치 학습이다. 이 신경망의 가중치와 임계값 수준을 갱신하기 위해 오차 e를 출력층에서 입력층까지 거꾸로 전파시킨다.

먼저, 출력층에 있는 뉴런 5의 오차 기울기를 계산한다.

$$\delta_5 = y_5(1 - y_5)e = 0.5097 \times (1 - 0.5097) \times (-0.5097) = -0.1274$$

그런 후에 학습률 매개변수 α을 0.1로 가정하고, 가중치 보정값을 결정한다.

$$\Delta w_{35} = \alpha \times y_3 \times \delta_5 = 0.1 \times 0.5250 \times (-0.1274) = -0.0067$$
$$\Delta w_{45} = \alpha \times y_4 \times \delta_5 = 0.1 \times 0.8808 \times (-0.1274) = -0.0112$$
$$\Delta \theta_5 = \alpha \times (-1) \times \delta_5 = 0.1 \times (-1) \times (-0.1274) = 0.0127$$

다음에는 은닉층에 있는 뉴런 3과 뉴런 4의 오차 기울기를 계산한다.

$$\delta_3 = y_3(1 - y_3) \times \delta_5 \times w_{35} = 0.5250 \times (1 - 0.5250) \times (-0.1274) \times (-1.2) = 0.0381$$
$$\delta_4 = y_4(1 - y_4) \times \delta_5 \times w_{45} = 0.8808 \times (1 - 0.8808) \times (-0.1274) \times 1.1 = -0.0147$$

그런 다음 가중치 보정값을 결정한다.

$$\Delta w_{13} = \alpha \times x_1 \times \delta_3 = 0.1 \times 1 \times 0.0381 = 0.0038$$
$$\Delta w_{23} = \alpha \times x_2 \times \delta_3 = 0.1 \times 1 \times 0.0381 = 0.0038$$
$$\Delta \theta_3 = \alpha \times (-1) \times \delta_3 = 0.1 \times (-1) \times 0.0381 = -0.0038$$
$$\Delta w_{14} = \alpha \times x_1 \times \delta_4 = 0.1 \times 1 \times (-0.0147) = -0.0015$$
$$\Delta w_{24} = \alpha \times x_2 \times \delta_4 = 0.1 \times 1 \times (-0.0147) = -0.0015$$
$$\Delta \theta_4 = \alpha \times (-1) \times \delta_4 = 0.1 \times (-1) \times (-0.0147) = 0.0015$$

마지막으로 이 신경망의 모든 가중치와 임계값 수준을 갱신한다.

$$w_{13} = w_{13} + \Delta w_{13} = 0.5 + 0.0038 = 0.5038$$

$$w_{14} = w_{14} + \Delta w_{14} = 0.9 - 0.0015 = 0.8985$$

$$w_{23} = w_{23} + \Delta w_{23} = 0.4 + 0.0038 = 0.4038$$

$$w_{24} = w_{24} + \Delta w_{24} = 1.0 - 0.0015 = 0.9985$$

$$w_{35} = w_{35} + \Delta w_{35} = -1.2 - 0.0067 = -1.2067$$

$$w_{45} = w_{45} + \Delta w_{45} = 1.1 - 0.0112 = 1.0888$$

$$\theta_3 = \theta_3 + \Delta\theta_3 = 0.8 - 0.0038 = 0.7962$$

$$\theta_4 = \theta_4 + \Delta\theta_4 = -0.1 + 0.0015 = -0.0985$$

$$\theta_5 = \theta_5 + \Delta\theta_5 = 0.3 + 0.0127 = 0.3127$$

오차 제곱의 합이 0.001보다 작아질 때까지 이 훈련 과정을 반복한다.

오차 제곱의 합을 왜 사용하는가

오차 제곱의 합(sum of the squared errors)은 신경망의 성능을 보여주는 유용한 지표다. 역전파 학습 알고리즘은 이 기준을 최소화하려고 한다. 한 패스 동안의 모든 훈련 집합 또는 에폭에 대한 오차 제곱의 합이 **충분히 작으면** 그 신경망이 **수렴했다**고 생각할 수 있다. 위 예에서는 충분히 작은 오차 제곱의 합을 0.001로 정의했다. [그림 6-11]은 학습 곡선을 나타낸다.

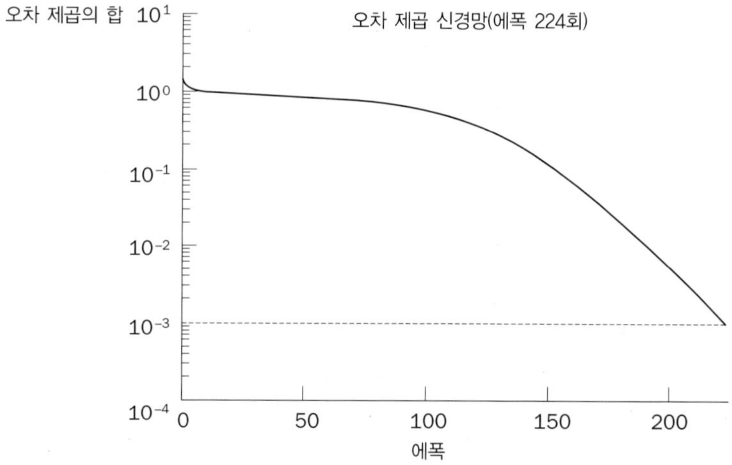

[그림 6-11] Exclusive-OR 연산자의 학습 곡선

학습에 사용된 에폭들의 횟수에 대해 오차 제곱의 합을 그린 것이다. 학습 곡선은 그 신경망이 얼마나 빨리 학습하고 있는지를 보여준다.

Exclusive-OR 연산을 수행하도록 신경망을 훈련시키기 위해 224회 에폭, 즉 896회를 반복했다. 다음과 같은 최종 가중치 집합과 임계값 수준은 선택한 오차 기준을 만족시킨다.

$$w_{13} = 4.7621,\ w_{14} = 6.3917,\ w_{23} = 4.7618,\ w_{24} = 6.3917,\ w_{35} = -10.3788,$$
$$w_{45} = 9.7691,\ \theta_3 = 7.3061,\ \theta_4 = 2.8441,\ \theta_5 = 4.5589$$

이 신경망이 문제를 푼 것이다! 이제, 모든 훈련 집합을 넣고 신경망의 출력을 계산하여 신경망을 테스트해 볼 수 있다. 그 결과가 [표 6-4]에 있다.

[표 6-4] 층이 세 개인 신경망 학습의 최종 결과: 논리 연산자 Exclusive-OR

입력		목표 출력	실제 출력	오차	오차 제곱의 합
x_1	x_2	y_d	y_5	e	
1	1	0	0.0155	−0.0155	0.0010
0	1	1	0.9849	0.0151	
1	0	1	0.9849	0.0151	
0	0	0	0.0175	−0.0175	

초기 가중치와 임계값은 임의로 설정된다. 이는 같은 신경망이 서로 다른 해를 찾아낼 수도 있다는 뜻인가

초기 조건이 다른 상태에서 시작한다면 신경망이 얻는 가중치와 임계값은 다를 것이다. 비록 반복 횟수가 다르더라도 문제를 항상 풀 수 있다. 예를 들어, 신경망을 다시 훈련시키면 다음의 해를 얻을 수 있다.

$$w_{13} = -6.3041,\ w_{14} = -5.7896,\ w_{23} = 6.2288,\ w_{24} = 6.0088,\ w_{35} = 9.6657,$$
$$w_{45} = -9.4242,\ \theta_3 = 3.3858,\ \theta_4 = -2.8976,\ \theta_5 = -4.4859$$

Exclusive-OR 연산을 수행하는 다층망이 형성하는 결정 경계를 그려볼 수 있지 않을까

시그모이드 활성화 함수를 사용하는 뉴런들이 만들어낸 결정 경계를 그리는 일은 조금 어려울 수 있다. 그러나 부호 함수를 사용하는 맥클록과 피츠의 모델로 은닉층과 출력층에 있는 각각의 뉴런을 표현할 수 있다. [그림 6-12]의 신경망 또한 Exclusive-OR 연산을 수행하도록 훈련받은 것이다(Touretzky와 Pomerlean, 1989; Haykin, 1999).

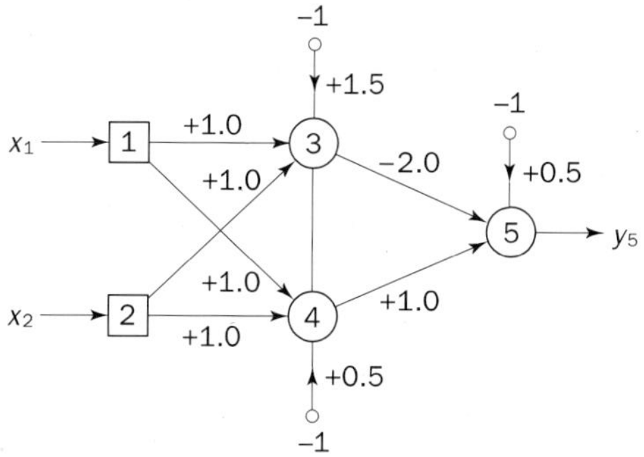

[그림 6-12] 맥클록-피츠 모델에 의한 Exclusive-OR 연산을 풀기 위한 신경망

은닉층에 있는 뉴런 3과 뉴런 4에 의해 형성된 결정 경계의 위치가 각각 [그림 6-13]의 (a)와 (b)에 나타나 있다. 출력층에 있는 뉴런 5는 (c)와 같이 은닉층에 있는 뉴런 두 개에 의해 생긴 결정 경계의 선형 결합을 수행한다. [그림 6-12]의 신경망을 검은 점과 흰 점으로 분리하여 Exclusive-OR 문제를 푼다.

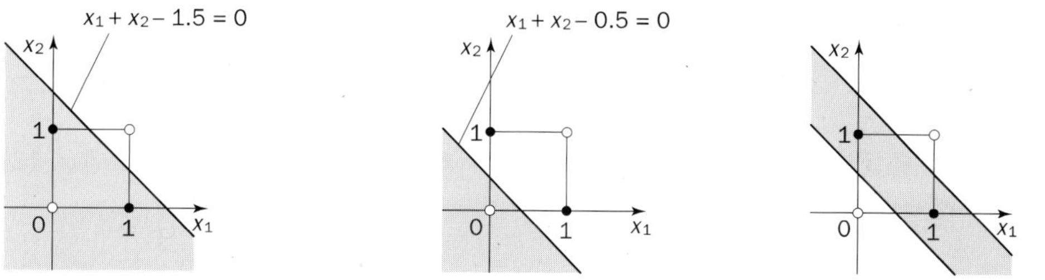

(a) [그림 6-12]의 신경망에 있는 은닉 뉴런 3에 의해 형성된 결정 경계

(b) 은닉 뉴런 4에 의해 형성된 결정 경계

(c) 층이 3개인 완전한 신경망에 의해 형성된 결정 경계

[그림 6-13] 은닉층에 있는 뉴런 3과 뉴런 4에 의해 형성된 결정 경계

역전파 학습이 기계 학습에 적합한가

역전파 학습은 널리 쓰이고 있지만, 문제에 대한 면역성이 없다. 한 예로, 역전파 학습 알고리즘은 생물학적인 영역에서는 제대로 학습하지 못한다(Stork, 1989). 생물학적 뉴런은 서로 연결된 시냅스의 강도를 조절하기 위해 역방향으로 동작하지 않는다. 따라서 역전파 학습을 인간의 뇌와 같은 학습 방법을 흉내 낸 과정이라 보기는 어렵다.

또 다른 문제는 계산이 방대하기 때문에 학습이 느리다는 점이다. 사실, 실제 응용할 때는 순수한 역전파 알고리즘을 거의 사용하지 않는다. 역전파 알고리즘의 계산 효율을 높이는 방법은 여러 가지가 있는데(Caudill, 1991; Jacobs, 1988; Stubbs, 1990), 그 중 몇 가지를 살펴보기로 하자.

6.5 다층 신경망에서의 가속 학습

일반적으로 다층 신경망은 시그모이드 활성화 함수가 다음과 같은 쌍곡 탄젠트(hyperbolic tangent)로 표현될 때 조금 더 빠르게 학습한다. 여기서 a와 b는 상수다. 적당한 a와 b의 값은 $a = 1.716$, $b = 0.667$이다(Guyon, 1991).

$$Y^{tan\,h} = \frac{2a}{1 + e^{-bX}} - a \qquad (6.16)$$

또 (6.12)의 델타 규칙에 **운동량 항**(momentum term)을 포함시킴으로써 학습을 더 빠르게 할 수 있다(Rumelhart 외, 1986). β는 운동량 상수라고 하는 양수($0 \le \beta < 1$)다. 보통 운동량 상수는 0.95로 설정된다.

$$\Delta w_{jk}(p) = \beta \times \Delta w_{jk}(p-1) + \alpha \times y_j(p) \times \delta_k(p) \qquad (6.17)$$

(6.17)을 **일반화된 델타 규칙**(generalised delta rule)이라 한다. $\beta = 0$인 특수한 경우에 (6.12)의 델타 규칙을 얻는다.

운동량 상수는 왜 필요한가

와트라우스(Watrous, 1987)와 제이콥스(Jacobs, 1988)의 관찰에 따르면, 역전파 알고리즘에 운동량을 포함시키면 학습하는 데 **안정화 효과**(stabilising effect)를 가져온다. 즉 운동량을 포함시키면 내리막 방향일 때는 하강하는 데 가속이 붙고, 학습 표면이 봉우리와 골짜기 상태일 때는 학습 과정이 감속되는 경향을 보인다.

[그림 6-14]는 Exclusive-OR 연산에 대한 운동량을 포함시켜 학습한 결과를 보여준다. 순수 역전파 알고리즘과 비교해보면 에폭의 횟수가 224에서 126으로 줄어든 것을 볼 수 있다.

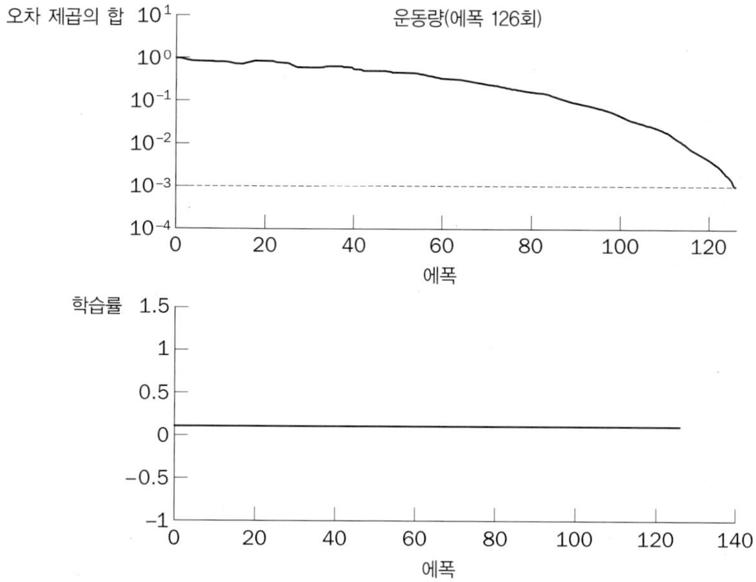

[그림 6-14] 운동량을 이용한 학습

델타와 일반화된 델타 규칙에서 상수이면서 다소 값이 작은 수를 학습률 매개변수 α로 사용한다. 학습 속도를 높이기 위해 이 값을 늘려도 되는가

역전파 학습의 수렴을 가속시키기 위한 가장 효과적인 방법 중 하나는 훈련 중에 학습률 매개변수를 조절하는 것이다. 작은 학습률 매개변수 α는 한 반복에서 그 다음으로 신경망의 가중치에 작은 변화를 일으키고, 따라서 매끄러운 학습 곡선을 나타낸다. 반면, 훈련 과정을 더 빠르게 하기 위해 학습률 매개변수 α를 더 큰 값으로 설정하면 가중치가 크게 변하므로 불안정한 상태가 되며, 그 결과로 신경망이 변동할 수 있다.

수렴을 가속시키면서도 불안정한 상태를 피하기 위해 두 가지 휴리스틱을 적용할 수 있다(Jacobs, 1988).

- **휴리스틱 1**: 오차 제곱의 합의 변화량이 몇 번의 연속적인 에폭에 대해 계속 같은 부호로 나타나면 학습률 매개변수 α값을 증가시킨다.
- **휴리스틱 2**: 오차 제곱의 합의 변화량의 부호가 몇 번의 연속적인 에폭에 대해 계속 엇갈리면 학습률 매개변수 α을 감소시킨다.

역전파 알고리즘에서 학습률을 적응시키려면 어쨌든 값을 변화시켜야 한다. 먼저 초기 학습률 매개변수로부터 신경망의 출력과 오차를 계산한다. 현재 에폭에서 미리 정의된 비율(보통 1.04) 이상으로 오차 제곱의 합이 이전 값을 초과하면 학습률 매개변수는 감소하고(보통 0.7을 곱함), 새로운 가중치와 임계값을 계산한다. 그러나 오차가 이전 값보다 작으면 학습률 매개변수는 증가한다(보통 1.05를 곱함).

[그림 6-15]는 적응 학습률을 이용한 역전파 훈련의 예다. 이는 학습률 적응이 실제로 반복 횟수를 감소시킨다는 것을 증명한다.

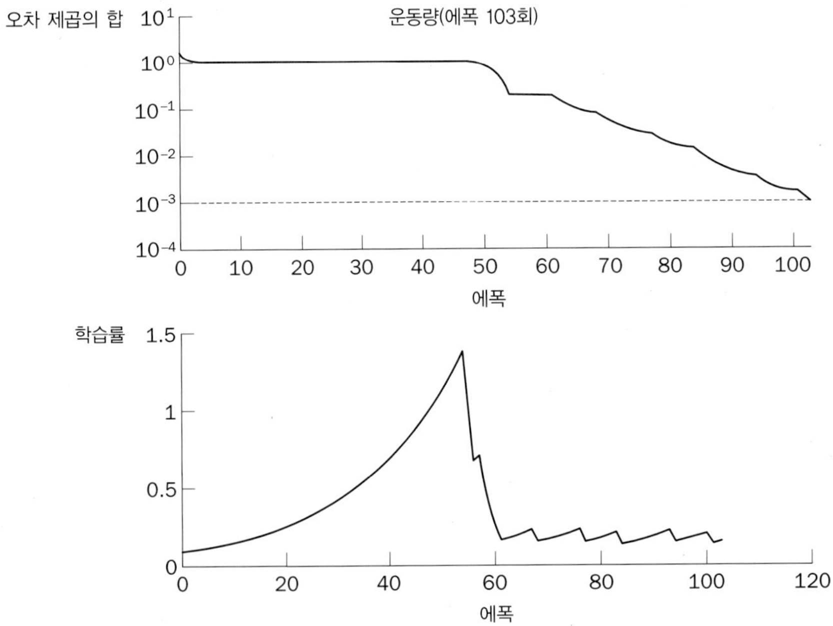

[그림 6-15] 적응 학습률을 이용한 학습

학습률 적응을 운동량을 이용한 학습과 함께 사용할 수 있다. [그림 6-16]에서는 동시에 두 가지 기법을 적용할 때의 이점을 보여준다. 운동량과 적응 학습률을 사용하면 다층 역전파 신경망의 성능을 상당히 개선할 수 있고, 신경망이 변동할 가능성을 줄인다.

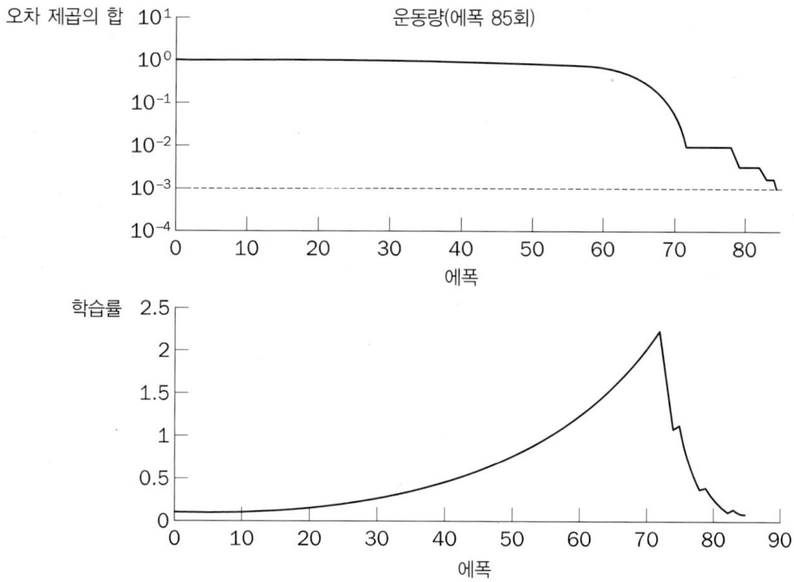

[그림 6-16] 운동량과 적응 학습률을 이용한 학습

신경망은 인간의 뇌를 본떠 설계했다. 그러나 뇌의 기억은 연상 작용을 통해 동작한다. 예를 들어, 우리는 낯선 환경에서도 100~200ms 내에 익숙한 얼굴을 인식할 수 있다. 또한 음악의 몇 소절만 들어도 소리와 광경을 포함한 감각적인 경험을 떠올릴 수 있다. 뇌는 한 가지 사항에서 다른 사항으로 차례로 연상해 나간다.

신경망은 인간의 기억 연상 작용을 흉내낼 수 있을까

역전파 알고리즘으로 훈련된 다층 신경망은 패턴 인식 문제에 쓰인다. 그러나 앞에서 언급했듯이 신경망은 본질적으로 지능적인 것은 아니다. 따라서 인간의 기억 연상 작용을 모방하기 위해 다른 유형의 신경망이 필요한데, 그것이 바로 **순환 신경망**(recurrent neural network)이다.

6.6 홉필드 신경망

홉필드 신경망[1] 은 존 홉필드(John hopfield)가 제안한 순환 신경망이다. 순환 신경망은 출력에서부터 입력까지 피드백 루프(feedback loop)가 있다. 피드백 루프는 신경망의 학습 능력에 많은 영향을 미친다.

순환 신경망은 어떻게 학습하는가

새로운 입력을 적용한 후, 그 신경망의 출력을 계산하고 다시 거꾸로 보내 해당 입력값을 조정한다. 그런 후 출력을 다시 계산한다. 출력이 상수값이 될 때까지 이 과정을 반복한다.

출력이 항상 상수가 되는가

성공적으로 반복했다고 해서 출력값의 변화가 항상 작아지는 것은 아니며, 오히려 혼란스러운 동작을 보이기도 한다. 그런 경우에 신경망의 출력값은 절대 상수가 되지 않는데, 그런 신경망을 **불안정**(unstable)하다고 한다.

순환 신경망의 안정성은 1960년대~1970년대에 여러 연구자의 흥미를 끌었다. 그러나 어느 누구도 어느 신경망이 안정적인지 예측하지 못했고, 일부 연구자는 해를 찾는 것에 대해 매우 비관적이었다. 1982년 홉필드가 동적 안정 신경망에서 정보를 저장하는 것에 대한 물리적 원칙을 세운 이후에야 이 문제를 겨우 풀 수 있었다(Hopfield, 1982).

[그림 6-17]은 n개의 뉴런으로 이루어진 단층 홉필드 신경망을 보여준다. 각 뉴런의 출력을 모든 뉴런의 입력으로 보낸다(홉필드 신경망에서는 자기 피드백(self-feedback)을 하지 않는다).

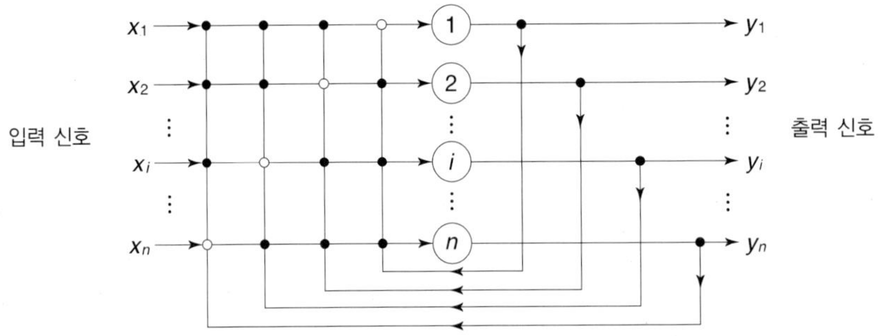

[그림 6-17] 단층 n-뉴런 홉필드 신경망

1 순환 신경망의 발전된 형태로 스핀 모델의 개념과 에너지 개념을 도입한 신경망이다.

홉필드 신경망은 계산 요소로서, 보통 **부호 활성화 함수**(sign activation function)를 따르는 맥클록-피츠 뉴런을 사용한다.

부호 활성화 함수는 어떻게 동작하는가

[그림 6-4]에 있는 부호 함수와 비슷하게 동작한다. 뉴런의 가중 입력이 0보다 작으면 출력은 -1이고, 0보다 크면 출력은 $+1$이다. 그러나 0이면 출력은 바뀌지 않는다. 즉 뉴런은 이전 출력이 $+1$이었든 -1이었든 상관없이 이전 상태로 남는다.

$$Y^{sign} = \begin{cases} +1 & \text{if } X > 0 \\ -1 & \text{if } X < 0 \\ Y & \text{if } X = 0 \end{cases} \tag{6.18}$$

부호 활성화 함수를 **포화 선형 함수**(saturated linear function)로 바꿀 수 있다. 이 함수는 $[-1, 1]$ 범위에서 순수 선형 함수(pure linear function)처럼 동작하고, 범위를 벗어나면 부호 함수(sign function)처럼 동작한다. [그림 6-18]은 포화 선형 함수를 보여준다.

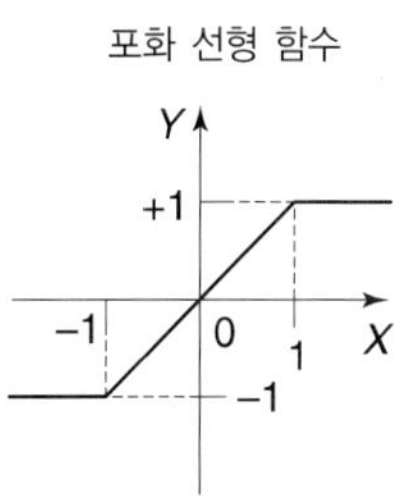

$$Y^{satlin} = \begin{cases} X & \text{if } -1 < X < 1 \\ +1 & \text{if } X \geq 1 \\ -1 & \text{if } X \leq -1 \end{cases}$$

[그림 6-18] 포화 선형 활성화 함수

모든 뉴런 $y_1, y_2, \ldots, y_n$의 현재 출력은 신경망의 현재 상태를 결정한다. 따라서 단층 n-뉴런 신경망에서는 상태를 다음과 같은 **상태 벡터**(state vector)로 정의한다.

$$\mathbf{Y} = \begin{bmatrix} y_1 \\ y_2 \\ \vdots \\ y_n \end{bmatrix} \tag{6.19}$$

홉필드 신경망에서는 뉴런 사이의 시냅스 가중치를 (6.20)과 같이 행렬로 표현한다. 여기서 M은 신경망이 기억해야 할 상태의 개수, $\mathbf{Y}_m$은 n차원 이진 벡터, $\mathbf{I}$는 $n \times n$ 항등행렬, 위첨자 T는 전치행렬을 나타낸다.

$$\mathbf{W} = \sum_{m=1}^{M} \mathbf{Y}_m \mathbf{Y}_m^T - M\mathbf{I} \tag{6.20}$$

홉필드 신경망의 동작은 기하학적으로 나타낼 수 있다. [그림 6-19]는 3차원 공간의 정육면체로 표현한 3-뉴런 신경망을 나타낸다. 일반적으로 뉴런이 n개인 신경망에는 가능한 상태가 2^n개 있으며, 이는 n차원 하이퍼큐브(hypercube)와 관련이 있다. [그림 6-19]를 보면 각 상태를 하나의 정점으로 표현한다. 새로운 입력 벡터를 적용하면 신경망이 안정될 때까지 이쪽 정점에서 다른 쪽 정점으로 이동한다.

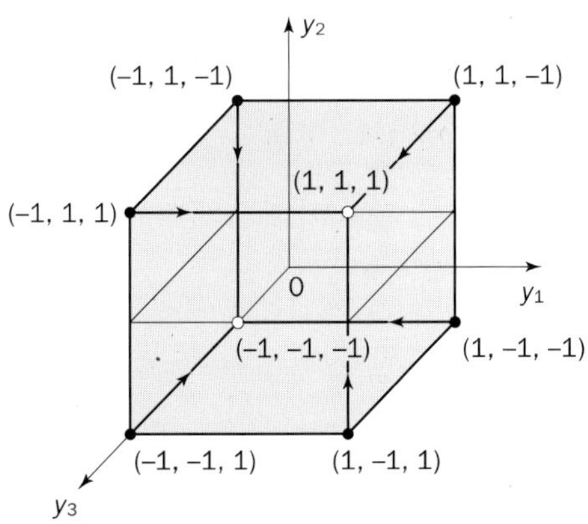

[그림 6-19] 3-뉴런 홉필드 신경망에서 가능한 상태를 보여주는 정육면체

안정적인 상태 정점을 무엇이 결정하는가

가중치 행렬 $\mathbf{W}$, 현재 입력 벡터 $\mathbf{X}$, 임계값 행렬 $\boldsymbol{\theta}$가 안정적인 상태 정점을 결정한다. 일부 입력 벡터 중 잘못되었거나 불완전한 부분이 있다면, 몇 번의 반복 후에 안정적인 상태 정점으로 수렴할 것이다.

예를 들어, 신경망이 정반대 상태인 (1, 1, 1)과 (−1, −1, −1)을 기억해야 한다고 가정해보자. 즉 다음과 같다.

$$\mathbf{Y}_1 = \begin{bmatrix} 1 \\ 1 \\ 1 \end{bmatrix}, \quad \mathbf{Y}_2 = \begin{bmatrix} -1 \\ -1 \\ -1 \end{bmatrix}$$

여기서 $\mathbf{Y}_1$과 $\mathbf{Y}_2$는 3차원 벡터다. 이 벡터는 행, 즉 전치된(transposed) 형태로 나타낼 수 있다.

$$\mathbf{Y}_1^T = [1 \quad 1 \quad 1], \quad \mathbf{Y}_2^T = [-1 \quad -1 \quad -1]$$

3 × 3 항등행렬 **I**는 다음과 같다.

$$\mathbf{I} = \begin{bmatrix} 1 & 0 & 0 \\ 0 & 1 & 0 \\ 0 & 0 & 1 \end{bmatrix}$$

이제 다음과 같은 가중치 행렬을 결정할 수 있다.

$$\mathbf{W} = \mathbf{Y}_1\mathbf{Y}_1^T + \mathbf{Y}_2\mathbf{Y}_2^T - 2\mathbf{I}$$

또는 다음과 같이 표현할 수 있다.

$$\mathbf{W} = \begin{bmatrix} 1 \\ 1 \\ 1 \end{bmatrix}[1 \quad 1 \quad 1] + \begin{bmatrix} -1 \\ -1 \\ -1 \end{bmatrix}[-1 \quad -1 \quad -1] - 2\begin{bmatrix} 1 & 0 & 0 \\ 0 & 1 & 0 \\ 0 & 0 & 1 \end{bmatrix} = \begin{bmatrix} 0 & 2 & 2 \\ 2 & 0 & 2 \\ 2 & 2 & 0 \end{bmatrix}$$

그 다음으로, 일련의 입력 벡터 $\mathbf{X}_1$과 $\mathbf{X}_2$가 신경망을 검사한다. 입력 벡터 $\mathbf{X}_1$과 $\mathbf{X}_2$는 각각 출력(또는 목표) 벡터 $\mathbf{Y}_1$, $\mathbf{Y}_2$와 같다. 이제 신경망이 알려진 패턴을 인식할 수 있는지를 알아보자.

홉필드 신경망을 어떻게 검사하는가

먼저, 입력 벡터 **X**를 적용하여 신경망을 활성화한 후 실제 출력 벡터 **Y**를 계산한다. 그런 후 최초의 입력 벡터 **X**와 결과를 비교한다. 여기서 $\boldsymbol{\theta}$는 임계값 행렬이다.

$$\mathbf{Y}_m = sign\,(\mathbf{W}\,\mathbf{X}_m - \boldsymbol{\theta}) \qquad m = 1, 2, \ldots, M \tag{6.21}$$

이 예에서는 모든 임계값을 0으로 가정할 것이다. 그러면 다음과 같이 된다.

$$\mathbf{Y}_1 = sign\left\{\begin{bmatrix}0 & 2 & 2\\2 & 0 & 2\\2 & 2 & 0\end{bmatrix}\begin{bmatrix}1\\1\\1\end{bmatrix} - \begin{bmatrix}0\\0\\0\end{bmatrix}\right\} = \begin{bmatrix}1\\1\\1\end{bmatrix}$$

$$\mathbf{Y}_2 = sign\left\{\begin{bmatrix}0 & 2 & 2\\2 & 0 & 2\\2 & 2 & 0\end{bmatrix}\begin{bmatrix}-1\\-1\\-1\end{bmatrix} - \begin{bmatrix}0\\0\\0\end{bmatrix}\right\} = \begin{bmatrix}-1\\-1\\-1\end{bmatrix}$$

위에서 볼 수 있듯이 $\mathbf{Y}_1 = \mathbf{X}_1$, $\mathbf{Y}_2 = \mathbf{X}_2$가 되었다. 따라서 (1, 1, 1)과 (−1, −1, −1) 두 상태 모두 안정되었다고 할 수 있다.

다른 상태는 어떤가

신경망에 뉴런이 3개 있다면 가능한 상태는 8개다. 나머지 상태 6개는 모두 불안정하다. 그러나 안정 상태(**기본 기억**(fundamental memory)이라고도 한다)는 자신과 가까운 상태를 끌어들일 수 있다. [표 6-5]를 보면, 기본 기억 (1, 1, 1)은 불안정한 상태 (−1, 1, 1), (1, −1, 1), (1, 1, −1)을 끌어들인다. 불안정한 상태들 각각은 기본 기억 (1, 1, 1)과 비교해서 하나가 다르다. 반면, 기본 기억 (−1, −1, −1)은 불안정한 상태 (−1, −1, 1), (−1, 1, −1), (1, −1, −1)을 끌어들인다. 여기서 다시 불안정한 상태 각각을 기본 기억 (−1, −1, −1)과 비교하면 하나가 다르다. 따라서 홉필드 신경망은 사실상 **오차 수정 신경망**(error correction network)으로 작동한다. 지금부터 홉필드 신경망 훈련 알고리즘을 정리해보자.

■ 1단계: 저장

n-뉴런 홉필드 신경망은 M개의 기본 기억 $\mathbf{Y}_1, \mathbf{Y}_2, \ldots, \mathbf{Y}_M$ 집합을 저장해야 한다. 뉴런 i에서 뉴런 j로 가는 시냅스 가중치는 (6.22)와 같이 계산한다. 여기서 $y_{m,i}$와 $y_{m,j}$는 각각 기본 기억 $\mathbf{Y}_m$의 i번째와 j번째 원소를 가리킨다.

$$w_{ij} = \begin{cases}\sum_{m=1}^{M} y_{m,i}\, y_{m,j} & i \neq j\\ 0 & i = j\end{cases} \tag{6.22}$$

[표 6-5] 퍼셉트론 학습의 예: AND 논리 연산자

가능한 상태	반복	입력			출력			기본 기억
		x_1	x_2	x_3	y_1	y_2	y_3	
1 1 1	0	1	1	1	1	1	1	1 1 1
−1 1 1	0	−1	1	1	1	1	1	1 1 1
	1	1	1	1	1	1	1	
1 −1 1	0	1	−1	1	1	1	1	1 1 1
	1	1	1	1	1	1	1	
1 1 −1	0	1	1	−1	1	1	1	1 1 1
	1	1	1	1	1	1	1	
−1 −1 −1	0	−1	−1	−1	−1	−1	−1	−1 −1 −1
−1 −1 1	0	−1	−1	1	−1	−1	−1	−1 −1 −1
	1	−1	−1	−1	−1	−1	−1	
−1 1 −1	0	−1	1	−1	−1	−1	−1	−1 −1 −1
	1	−1	−1	−1	−1	−1	−1	
1 −1 −1	0	1	−1	−1	−1	−1	−1	−1 −1 −1
	1	−1	−1	−1	−1	−1	−1	

뉴런 사이의 시냅스 가중치를 행렬 형태로 나타내면 다음과 같다.

$$\mathbf{W} = \sum_{m=1}^{M} \mathbf{Y}_m \mathbf{Y}_m^T - M\mathbf{I}$$

홉필드 신경망은 가중치 행렬이 대칭이고, 주 대각선이 모두 0이면 기본 기억 집합을 저장할 수 있다(Cohen과 Grossberg, 1983). 즉 (6.23)과 같다. 여기서 $w_{ij} = w_{ji}$다. 일단 가중치가 계산되면 바뀌지 않는다.

$$\mathbf{W} = \begin{bmatrix} 0 & w_{12} & \cdots & w_{1i} & \cdots & w_{1n} \\ w_{21} & 0 & \cdots & w_{2i} & \cdots & w_{2n} \\ \vdots & \vdots & & \vdots & & \vdots \\ w_{i1} & w_{i2} & \cdots & 0 & \cdots & w_{in} \\ \vdots & \vdots & & \vdots & & \vdots \\ w_{n1} & w_{n2} & \cdots & w_{ni} & \cdots & 0 \end{bmatrix} \tag{6.23}$$

■ 2단계: 검사

홉필드 신경망이 모든 기본 기억을 불러낼 수 있다는 사실을 기억하고 있을 것이다. 신경망에 기본 기억 $\mathbf{Y}_m$을 입력했다면 다시 불러낼 수 있어야 한다. 즉 다음과 같이 되어야 한다.

$$x_{m,i} = y_{m,i} \qquad i = 1, 2, \ldots, n \qquad m = 1, 2, \ldots, M$$
$$y_{m,i} = sign\left(\sum_{j=1}^{n} w_{ij}\, x_{m,j} - \theta_i\right)$$

여기서 $y_{m,i}$는 실제 출력 벡터 $\mathbf{Y}_m$의 i번째 원소고, $x_{m,j}$는 입력 벡터 $\mathbf{X}_m$의 j번째 원소다. 이를 행렬로 나타내보자.

$$\mathbf{X}_m = \mathbf{Y}_m \qquad m = 1, 2, \ldots, M$$
$$\mathbf{Y}_m = sign\,(\mathbf{W}\mathbf{X}_m - \boldsymbol{\theta})$$

만일 모든 기본 기억을 완벽하게 다시 불러낼 수 있다면 다음 단계를 진행한다.

■ 3단계: 복구

알려지지 않은 n차원 검사 벡터 $\mathbf{X}$를 신경망에 입력하고 안정 상태를 복구한다. 보통 조금 잘못되거나 불완전한 기본 기억을 검사 벡터로 사용한다. 즉 다음과 같다.

$$\mathbf{X} \neq \mathbf{Y}_m \qquad m = 1, 2, \ldots, M$$

(a) 다음과 같이 설정하여 홉필드 신경망의 복구 알고리즘을 초기화한다.

$$x_j(0) = x_j \qquad j = 1, 2, \ldots, n$$

그리고 각 뉴런의 초기 상태를 계산한다. 여기서 $x_j(0)$은 반복 횟수 $p = 0$에서 검사 벡터 $\mathbf{X}$의 j번째 원소고 $y_i(0)$은 반복 횟수 $p = 0$에서 뉴런 i의 상태다.

$$y_i(0) = sign\left(\sum_{j=1}^{n} w_{ij}\, x_j(0) - \theta_i\right) \qquad i = 1, 2, \ldots, n$$

이를 행렬 형태로 나타내면 반복 횟수 $p = 0$에서의 상태 벡터는 다음과 같이 나타낼 수 있다.

$$\mathbf{Y}(0) = sign\,[\mathbf{W}\mathbf{X}(0) - \boldsymbol{\theta}]$$

(b) 다음 규칙에 따라 상태 벡터 $\mathbf{Y}(p)$의 원소를 갱신한다.

$$y_i(p+1) = sign\left(\sum_{j=1}^{n} w_{ij}\, x_j(p) - \theta_i\right)$$

갱신되는 뉴런은 **비동시적이다**. 즉 한 번에 하나씩 임의로 선택된다.

상태 벡터가 바뀌지 않을 때까지, 즉 안정 상태에 도달할 때까지 반복한다. 안정성 조건은 다음과 같이 정의할 수 있다.

$$y_i(p+1) = sign\left(\sum_{j=1}^{n} w_{ij}\, y_j(p) - \theta_i\right) \qquad i = 1, 2, \ldots, n \tag{6.24}$$

또는 행렬로 표현한다.

$$\mathbf{Y}(p+1) = sign\,[\mathbf{W}\mathbf{Y}(p) - \boldsymbol{\theta}] \tag{6.25}$$

복구 작업을 비동시적으로 수행한다면 홉필드 신경망은 항상 안정 상태로 수렴할 것이다(Haykin, 1999). 그러나 안정 상태가 꼭 기본 기억 중 하나를 나타내는 것은 아니며, 만일 기본 기억을 나타낸다고 해도 반드시 그 안정 상태와 비슷한 것은 아닐 수 있다.

예를 들어, 5-뉴런 홉필드 신경망에 다음과 같은 기본 기억 3개를 저장한다고 가정해보자.

$$\begin{aligned}\mathbf{X}_1 &= (+1, +1, +1, +1, +1)\\ \mathbf{X}_2 &= (+1, -1, +1, -1, +1)\\ \mathbf{X}_3 &= (-1, +1, -1, +1, -1)\end{aligned}$$

(6.20)에서 가중치 행렬을 얻는다.

$$\mathbf{W} = \begin{bmatrix} 0 & -1 & 3 & -1 & 3 \\ -1 & 0 & -1 & 3 & -1 \\ 3 & -1 & 0 & -1 & 3 \\ -1 & 3 & -1 & 0 & -1 \\ 3 & -1 & 3 & -1 & 0 \end{bmatrix}$$

이제 검사 벡터가 다음과 같다고 가정하자.

$$\mathbf{X} = (+1, +1, -1, +1, +1)$$

이 검사 벡터를 기본 기억 $\mathbf{X}_1$과 비교해보면 1비트가 다르다는 사실을 알 수 있으며, 검사 벡터 $\mathbf{X}$는 기본 기억 $\mathbf{X}_1$로 수렴할 것이다. 그러나 앞에서 설명한 홉필드 신경망 훈련 알고리즘을 적용하면 결과가 달라진다. 신경망에서 나온 패턴은 잘못된 기억 $\mathbf{X}_3$을 불러낸다. 이는 홉필드 신경망에서 발생하는 문제점 중 하나다.

또 다른 문제로는 제대로 저장하고 복구할 수 있는 최대 기본 기억 개수를 뜻하는 **저장 용량**(storage capacity) 문제다. 홉필드는 n-뉴런 순환 신경망에 저장할 수 있는 기본 기억 개수의 최대값 M_{max}의 한계를 다음과 같이 설정했다(Hopfield, 1982).

$$M_{max} = 0.15n \tag{6.26}$$

또한 거의 **모든** 기본 기억을 완벽하게 복구한다는 원칙을 세운 홉필드 신경망의 저장 용량을 다음과 같이 정의할 수 있다(Amit, 1989).

$$M_{max} = \frac{n}{2 \ln n} \tag{6.27}$$

모든 기본 기억을 완벽하게 복구하려면 어떻게 되는가

모든 기본 기억을 완벽하게 복구하려면 기본 기억 개수가 저장 용량의 절반이 되어야 한다(Amit, 1989).

$$M_{max} = \frac{n}{4 \ln n} \tag{6.28}$$

위에서 본 것처럼 홉필드 신경망이 기본 기억을 복구해내려면 기본 기억의 개수를 적게 하거나 저장 용량을 크게 잡아야 한다. 이는 홉필드 신경망의 주요 한계다.

엄밀히 말하면, 홉필드 신경망은 기억의 **자기 연상**(auto-associative) 유형을 표현한다. 바꿔 말하면, 홉필드 신경망은 잘못되거나 불완전한 기억을 복구할 수 있지만, 이로부터 다른 기억을 연상하지는 못한다.

반대로, 인간의 기억은 연상이 가능하다. 한 가지 일에서 다른 일, 그 일과 또 다른 일 등을 떠올릴 수 있다. 잃어버린 기억을 복구하기 위해 연상 사슬을 사용한다. 예를 들어, 우산을 어디서 잃어버렸는지 모를 때, 우리는 마지막으로 우산을 갖고 있던 곳이 어딘지, 무엇을 하고 있었는지, 누구에게 이야기하고 있었는지를 떠올리려 애쓴다. 따라서 연상 사슬을 구축하고, 이를 통해 잃어버린 기억을 복구할 것이다.

홉필드 신경망은 왜 이런 일을 할 수 없는가

홉필드 신경망은 단층 신경망이다. 즉 입력 패턴을 적용한 뉴런 집합에서 바로 출력 패턴이 나온다. 한 가지 기억에서 다른 기억을 연상하려면, 한 뉴런 집합에서 입력 패턴을 받아들이고 다른 뉴런 집합에서 입력 패턴과 관계가 있으나 같지는 않은 출력 패턴을 만들 수 있는 순환 신경망(recurrent neural network)이 필요하다. 층이 두 개인 순환 신경망, 즉 **양방향 연상 메모리**(BAM, Bidirectional Associative Memory, 이후부터는 BAM이라 한다)가 필요하다.

6.7 양방향 연상 메모리

바트 코스코(Bart Kosko)가 처음으로 제안한 BAM은 이형 연상(heteroassociative) 신경망이다(Kosko, 1987, 1988). 이 신경망은 한 집합(집합 A)의 패턴에서 다른 집합(집합 B)의 패턴을 연상할 수 있고, 그 반대도 가능하다. BAM도 홉필드 신경망처럼 일반화할 수 있고, 입력이 잘못되거나 불완전하더라도 올바른 출력을 내기도 한다. [그림 6-20]은 기본적인 BAM의 구조를 나타낸 것인데, 완전하게 연결된 층 2개(입력층, 출력층)로 이루어진다.

BAM은 어떻게 동작하는가

[그림 6-20]의 (a)와 같이 입력 벡터 $\mathbf{X}(p)$를 가중치 행렬의 전치행렬 $\mathbf{W}^T$에 적용해 출력 벡터 $\mathbf{Y}$

(p)를 만든다. 그런 다음, (b)와 같이 출력 벡터 $\mathbf{Y}(p)$를 가중치 행렬 $\mathbf{W}$에 적용해 새로운 입력 벡터 $\mathbf{X}(p+1)$를 만든다. 이 과정을 입력과 출력 벡터가 변하지 않을 때까지, 즉 BAM이 안정 상태에 도달할 때까지 반복한다.

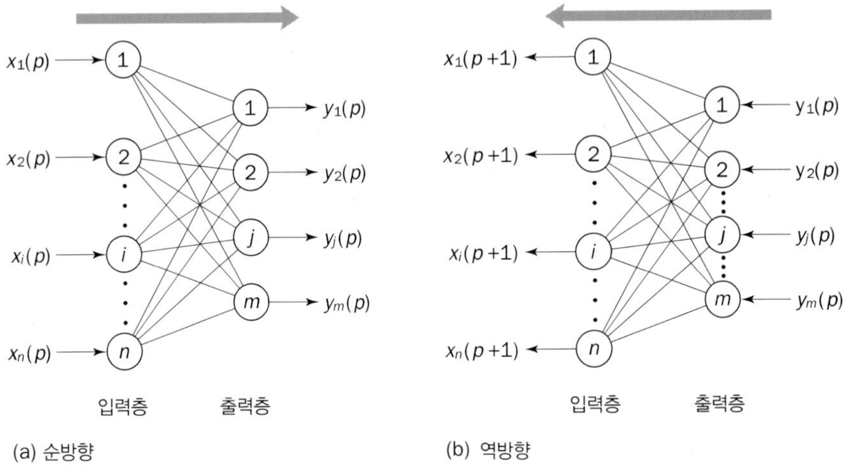

[그림 6-20] BAM의 동작

BAM의 기본 아이디어는 집합 A에 있는 n차원 벡터 $\mathbf{X}$가 입력으로 들어왔을 때 집합 B에 있는 m차원 벡터 $\mathbf{Y}$를 불러내고, $\mathbf{Y}$가 입력으로 들어왔을 때는 BAM이 $\mathbf{X}$를 불러내도록 패턴 쌍을 저장하는 것이다.

BAM을 구축하려면 저장하고 싶은 각 패턴 쌍에 대해 상관관계 행렬을 만들어야 한다. 상관관계 행렬은 입력 벡터 $\mathbf{X}$와 출력 벡터의 전치행렬 $\mathbf{Y}^T$의 행렬곱이다. BAM 가중치 행렬은 모든 상관관계 행렬의 합이다. 즉 (6.29)와 같다. 여기서 M은 BAM에 저장되는 패턴 쌍의 개수다.

$$\mathbf{W} = \sum_{m=1}^{M} \mathbf{X}_m \mathbf{Y}_m^T \tag{6.29}$$

BAM도 홉필드 신경망처럼 보통 부호 활성화 함수를 따르는 맥클록-피츠 뉴런을 사용한다.

BAM 훈련 알고리즘은 다음과 같이 나타낼 수 있다.

■ 1단계: 저장

BAM은 패턴 쌍을 M개 저장해야 한다. 예를 들어, 다음 네 쌍을 저장해야 하는 경우를 생각해 보자.

$$
\text{집합}\,A\text{:}\;\; \mathbf{X}_1 = \begin{bmatrix} 1 \\ 1 \\ 1 \\ 1 \\ 1 \\ 1 \end{bmatrix} \quad \mathbf{X}_2 = \begin{bmatrix} -1 \\ -1 \\ -1 \\ -1 \\ -1 \\ -1 \end{bmatrix} \quad \mathbf{X}_3 = \begin{bmatrix} 1 \\ 1 \\ -1 \\ -1 \\ 1 \\ 1 \end{bmatrix} \quad \mathbf{X}_4 = \begin{bmatrix} -1 \\ -1 \\ 1 \\ 1 \\ -1 \\ -1 \end{bmatrix}
$$

$$
\text{집합}\,B\text{:}\;\; \mathbf{Y}_1 = \begin{bmatrix} 1 \\ 1 \\ 1 \end{bmatrix} \quad \mathbf{Y}_2 = \begin{bmatrix} -1 \\ -1 \\ -1 \end{bmatrix} \quad \mathbf{Y}_3 = \begin{bmatrix} 1 \\ -1 \\ 1 \end{bmatrix} \quad \mathbf{Y}_4 = \begin{bmatrix} -1 \\ 1 \\ -1 \end{bmatrix}
$$

이때 BAM의 입력층과 출력층에는 뉴런이 각각 6개, 3개 있어야 한다.

가중치 행렬은 다음과 같이 결정된다.

$$
\mathbf{W} = \sum_{m=1}^{4} \mathbf{X}_m \mathbf{Y}_m^T
$$

이를 계산하면 다음과 같이 된다.

$$
\mathbf{W} = \begin{bmatrix} 1 \\ 1 \\ 1 \\ 1 \\ 1 \\ 1 \end{bmatrix} [1 \quad 1 \quad 1] + \begin{bmatrix} -1 \\ -1 \\ -1 \\ -1 \\ -1 \\ -1 \end{bmatrix} [-1 \quad -1 \quad -1] + \begin{bmatrix} 1 \\ 1 \\ -1 \\ -1 \\ 1 \\ 1 \end{bmatrix} [1 \quad -1 \quad 1]
$$

$$
+ \begin{bmatrix} -1 \\ -1 \\ 1 \\ 1 \\ -1 \\ -1 \end{bmatrix} [-1 \quad 1 \quad -1] = \begin{bmatrix} 4 & 0 & 4 \\ 4 & 0 & 4 \\ 0 & 4 & 0 \\ 0 & 4 & 0 \\ 4 & 0 & 4 \\ 4 & 0 & 4 \end{bmatrix}
$$

■ 2단계: 검사

BAM은 집합 A에서 벡터를 받았으면 집합 B에서, 집합 B에서 벡터를 받았으면 집합 A에서 관련 벡터를 불러올 수 있어야 한다. 따라서 X_m이 주어졌을 때 BAM이 Y_m을 불러올 수 있는지를 먼저 확인해야 한다. 즉 다음을 확인해야 한다.

$$\mathbf{Y}_m = sign\,(\mathbf{W}^T\,\mathbf{X}_m) \qquad m = 1, 2, \ldots, M \tag{6.30}$$

예를 들어, 다음을 확인해 볼 수 있다.

$$\mathbf{Y}_1 = sign\,(\mathbf{W}^T\,\mathbf{X}_1) = sign\left\{\begin{bmatrix} 4 & 4 & 0 & 0 & 4 & 4 \\ 0 & 0 & 4 & 4 & 0 & 0 \\ 4 & 4 & 0 & 0 & 4 & 4 \end{bmatrix}\begin{bmatrix} 1 \\ 1 \\ 1 \\ 1 \\ 1 \\ 1 \end{bmatrix}\right\} = \begin{bmatrix} 1 \\ 1 \\ 1 \end{bmatrix}$$

그 다음으로, Y_m이 주어졌을 때 BAM이 X_m을 불러낼 수 있는지 확인한다. 즉 다음을 확인한다.

$$\mathbf{X}_m = sign\,(\mathbf{W}\,\mathbf{Y}_m) \qquad m = 1, 2, \ldots, M \tag{6.31}$$

예를 들어, 다음을 확인해 볼 수 있다.

$$\mathbf{X}_3 = sign\,(\mathbf{W}\,\mathbf{Y}_3) = sign\left\{\begin{bmatrix} 4 & 0 & 4 \\ 4 & 0 & 4 \\ 0 & 4 & 0 \\ 0 & 4 & 0 \\ 4 & 0 & 4 \\ 4 & 0 & 4 \end{bmatrix}\begin{bmatrix} 1 \\ -1 \\ 1 \end{bmatrix}\right\} = \begin{bmatrix} 1 \\ 1 \\ -1 \\ -1 \\ 1 \\ 1 \end{bmatrix}$$

위의 예에서는 네 쌍 모두를 완벽하게 불러낼 수 있으므로 다음 단계를 진행할 수 있다.

■ 3단계: 복구

BAM에 알려지지 않은 벡터(검사 벡터) $\mathbf{X}$를 주고 저장된 연상을 복구해낸다. 검사 벡터로 보통 BAM에 저장된 집합 A(또는 집합 B)에 있는 패턴 중 하나를 골라 일부분을 변형시키거나 불완전하게 만들어서 사용한다. 즉 다음과 같다.

$$\mathbf{X} \neq \mathbf{X}_m \qquad m = 1, 2, \ldots, M$$

(a) BAM 복구 알고리즘을 다음과 같이 설정하여 초기화한다.

$$\mathbf{X}(0) = \mathbf{X} \qquad p = 0$$

그리고 p번째 반복할 때 BAM의 출력을 다음과 같이 계산한다.

$$\mathbf{Y}(p) = sign\,[\mathbf{W}^T\,\mathbf{X}(p)]$$

(b) 입력 벡터 $\mathbf{X}(p)$를 갱신한다.

$$\mathbf{X}(p+1) = sign\,[\mathbf{W}\,\mathbf{Y}(p)]$$

입력 · 출력 벡터가 바뀌지 않는 평형 상태에 이를 때까지 반복한다. 그러면 입력 · 출력 패턴은 서로 연관된 쌍을 표현할 것이다.

BAM은 무조건 안정적이다(Kosko, 1992). 이는 불안정성에 대한 위험 없이 모든 연상 집합을 학습할 수 있다는 의미다. 이 중요한 성질은 BAM이 역방향과 순방향 가중치 행렬 사이의 전치 관계를 이용하는 데서 기인한다.

이제 위의 예로 돌아가자. 벡터 $\mathbf{X}$를 검사 벡터로 사용한다고 가정하고, 집합 A의 패턴 $\mathbf{X}_1$과 비교하면 오차가 하나 있다.

$$\mathbf{X} = (-1, +1, +1, +1, +1, +1)$$

BAM의 입력으로 적용한 이 검사 벡터는 집합 B의 출력 벡터 $\mathbf{Y}_1$을 만든다. 그 다음은, 벡터 $\mathbf{Y}_1$을 입력으로 사용하여 집합 A의 벡터 $\mathbf{X}_1$을 복구한다. 따라서 BAM은 실제로 오차를 수정하는 기능이 있다.

또한 BAM과 홉필드 신경망의 관계는 매우 밀접하다. BAM의 가중치 행렬은 정방행렬이고 대칭이면 $\mathbf{W} = \mathbf{W}^T$이다. 이 경우에 입력 · 출력층의 크기는 같으며, BAM을 자기 연상(autoassociative) 홉필드 신경망으로 변형할 수 있다. 따라서 홉필드 신경망을 BAM의 특별한 경우로 생각할 수 있다.

홉필드 신경망의 저장 용량을 제한하는 조건은 BAM에도 적용할 수 있다. BAM에 저장되는 최대 연상 개수는 더 작은 층의 뉴런 개수를 초과하면 안 된다. 또 다른 문제는 잘못된 수렴이다. BAM이 늘 가장 근접한 연상을 생성하는 것은 아니다. 사실 안정적인 연상은 초기 입력 벡터와 거의 관계없다.

BAM은 아직 연구를 많이 해야 할 주제다. 현재 상태의 BAM에는 아직 문제가 많지만, 앞으로 가장 유용한 인공 신경망 중 하나가 될 가능성이 높다.

신경망은 '교사(teacher)' 없이도 학습할 수 있을까

신경망의 주요 특성은 주변 환경으로부터 학습할 수 있고, 학습을 통해 성능을 개선할 수 있다는 점이다. 지금까지 우리는 **관리되고 적극적인 학습**, 즉 교사 또는 훈련 집합을 신경망에 전달해 주는 감독관이 있는 학습만 생각했다. 그러나 **무감독 학습**(unsupervised learning)이라는 학습 유형도 있다.

감독 학습(supervised learning)과는 반대로, 무감독 또는 **자기조직 학습**(self-organised learning)은 외부의 교사가 필요 없다. 신경망은 훈련 기간 동안 각기 다른 여러 입력 패턴을 받고, 이 패턴에서 특징을 발견하여 입력 데이터를 적절한 범주로 분류하는 방법을 학습한다. 무감독 학습은 뇌의 신경생물학적인 조직화를 따른다.

무감독 학습 알고리즘은 빠르게 학습하는 것을 목표로 한다. 실제로 자기조직 신경망(self-organising neural network)은 역전파 신경망보다 훨씬 빠르게 학습하므로 실시간으로 쓰일 수 있다.

6.8 자기조직 신경망

자기조직 신경망은 예상하지 못했거나 수시로 바뀌는 조건을 다룰 때 효과적이다. 이 절에서는 자기조직 신경망에 근거한 헤브 학습(Hebbian learning)과 경쟁 학습을 살펴볼 것이다.

6.8.1 헤브 학습

신경심리학자인 도널드 헤브(Donald Hebb)는 1949년에 생물학적 학습의 주요 아이디어 중 하나인 헤브의 법칙(Hebb' s law)을 제안했다(Hebb, 1949). 헤브의 법칙에 따르면, 뉴런 i가 뉴런

j를 흥분시킬 수 있고, 이런 과정을 반복적으로 수행하면 두 뉴런 간 시냅스 연결이 강화되고, 뉴런 j는 뉴런 i에서 오는 자극에 좀 더 민감해진다고 한다.

헤브의 법칙을 다음과 같은 규칙 두 개로 표현할 수 있다(Stent, 1973).

1. 양쪽에 연결된 두 뉴런이 동시에 활성화되면 연결 가중치는 증가한다.
2. 양쪽에 연결된 두 뉴런이 각자 활성화되면 연결 가중치는 감소한다.

헤브의 법칙은 교사가 없는 학습의 기초가 된다. 여기서의 학습은 환경으로부터 피드백을 받지 않는 국지적인 현상으로 볼 수 있다. [그림 6-21]은 신경망에서 헤브 학습이 진행되는 것을 보여준다.

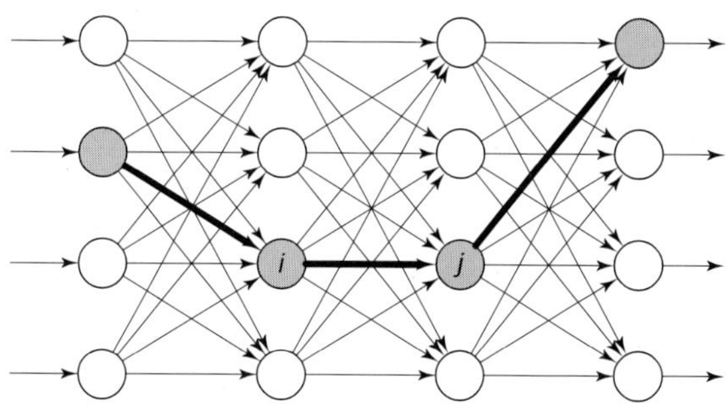

[그림 6-21] 신경망에서의 헤브 학습

헤브의 법칙을 이용해서 p번째 반복에서 가중치 w_{ij}에 적용되는 조정값을 다음과 같이 표현할 수 있다.

$$\Delta w_{ij}(p) = F[y_j(p), x_i(p)] \tag{6.32}$$

여기서 $F[y_j(p), x_i(p)]$는 시냅스 뒤와 앞의 활동에 대한 함수다.

특수한 경우로, 헤브의 법칙을 다음과 같이 표현할 수 있다(Haykin, 1999).

$$\Delta w_{ij}(p) = \alpha\, y_j(p)\, x_i(p) \tag{6.33}$$

여기서 α는 **학습률**(learning rate) 매개변수다. 이 식은 **활동 생성 규칙**(activity product rule)이라 하며, 뉴런 쌍 사이에 시냅스 연결 가중치 변화가 들어오고 나가는 신호의 곱과 어떻게 연관되는지 보여준다.

헤브 학습에서는 가중치가 증가하기만 한다. 즉 헤브의 법칙은 연결 강도가 커지도록 놔두고, 줄이는 방법을 제공하지 않는다. 따라서 입력 신호를 반복해서 적용하면 가중치 w_{ij}를 포화 상태로 만들 것이다. 이 문제를 해결하려면 시냅스 가중치에 제한을 두어야 하는데, (6.33)에 있는 헤브의 법칙에 다음과 같은 비선형적인 **망각 요소**(forgetting factor)를 도입하면 된다(Kohonen, 1989). 이때 ϕ가 망각 요소다.

$$\Delta w_{ij}(p) = \alpha\, y_j(p)\, x_i(p) - \phi\, y_j(p)\, w_{ij}(p) \tag{6.34}$$

망각 요소는 무엇을 의미하는가

망각 요소 ϕ는 하나의 학습 주기에서 가중치 감소를 정한다. 보통 0~1 사이 값이 들어간다. 망각 요소가 0이면 가중치가 무한대로 증가한다. 반면에 망각 요소가 1에 가까우면 신경망은 학습한 내용을 거의 기억하지 못한다. 그러므로 가중치가 증가하는 것을 제한하면서 조금만 '망각' 하도록 0.01~0.1 사이에서 망각 요소 값을 선택하는 편이 좋다.

(6.34)는 **일반화된 활동 생성 규칙**(genenalised activity product rule)이라고 하는 형식으로도 쓸 수 있다. 여기서 $\lambda = \alpha/\phi$다.

$$\Delta w_{ij}(p) = \phi\, y_j(p)[\lambda\, x_i(p) - w_{ij}(p)] \tag{6.35}$$

일반화된 활동 생성 규칙은 p번째 반복에서 시냅스 앞의 활동(뉴런 i의 입력) $x_i(p)$가 $w_{ij}(p)/\lambda$보다 작으면, $(p + 1)$번째 반복에서 수정된 시냅스 가중치 $w_{ij}(p + 1)$은 p번째 반복에서 시냅스 뒤의 활동(뉴런 j의 출력) $y_j(p)$에 비례하는 양만큼 감소할 것이라는 것을 의미한다. 반면, $x_i(p)$가 $w_{ij}(p)/\lambda$보다 크면, $(p + 1)$번째 반복에서 수정된 시냅스 가중치 $w_{ij}(p + 1)$은 p번째 반복에서 뉴런 j의 출력 $y_j(p)$에 비례해서 증가할 것이라는 것을 의미한다. 즉 시냅스 가중치를 수정할 때 **활동 균형점**(activity balance point)을 $w_{ij}(p)/\lambda$ 값과 같은 변수로 정할 수 있다. 이 방법을 사용하면 시냅스 가중치가 무한히 증가하는 문제를 해결할 수 있다.

이제 일반화된 헤브 학습 알고리즘을 유도해보자.

■ **1단계: 초기화**

초기 시냅스 가중치와 임계값을 [0,1] 구간의 임의의 작은 값으로 설정한다. 또 학습률 매개변수 α와 망각 요소 ϕ에 작은 양(+)의 값을 할당한다.

■ **2단계: 활성화**

p번째 반복에서 뉴런 출력을 다음과 같이 계산한다. 여기서 n은 뉴런의 입력 개수고, θ_j는 뉴런 j의 임계값이다.

$$y_j(p) = \sum_{i=1}^{n} x_i(p)\, w_{ij}(p) - \theta_j$$

■ **3단계: 학습**

신경망에 있는 가중치를 다음과 같이 갱신한다.

$$w_{ij}(p+1) = w_{ij}(p) + \Delta w_{ij}(p)$$

여기서 $\Delta w_{ij}(p)$는 p번째 반복 시 가중치 보정값이다. 다음과 같은 일반화된 활동 생성 규칙이 가중치 보정값을 결정한다.

$$\Delta w_{ij}(p) = \phi\, y_j(p)[\lambda\, x_i(p) - w_{ij}(p)]$$

■ **4단계: 반복**

반복 횟수 p값을 1 증가시키고, 2단계로 돌아가서 시냅스 가중치가 안정 상태에 이를 때까지 반복한다.

[그림 6-22]의 (a)처럼 계산 뉴런이 5개인 단일 층을 가진 완전히 연결된 피드포워드 신경망(feed-forward network)을 생각해보자. 계단 활성화 함수를 따르는 맥클록-피츠 모델로 각각의 뉴런을 표현한다. 다음의 입력 벡터 집합에서 신경망은 일반화된 활동 생성 규칙으로 훈련된다.

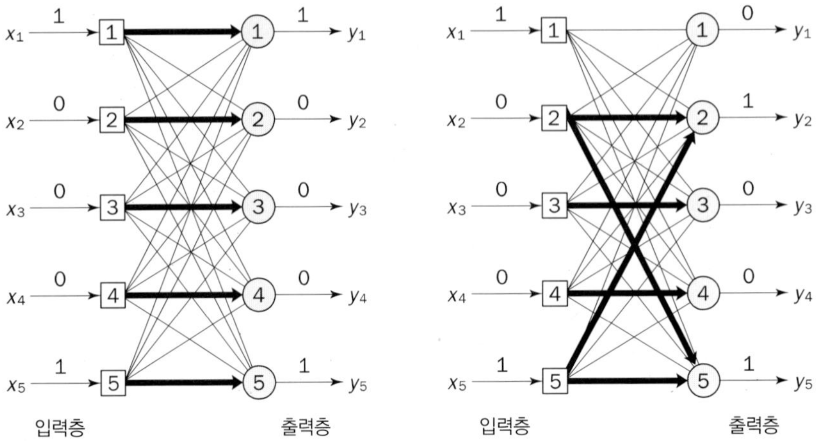

(a) 신경망의 초기와 최종 상태

입력층 \ 출력층	①	②	③	④	⑤
1	1	0	0	0	0
2	0	1	0	0	0
3	0	0	1	0	0
4	0	0	0	1	0
5	0	0	0	0	1

입력층 \ 출력층	①	②	③	④	⑤
1	0	0	0	0	0
2	0	2.0204	0	0	2.0204
3	0	0	1.0200	0	0
4	0	0	0	0.9996	0
5	0	2.0204	0	0	2.0204

(b) 가중치 행렬의 초기와 최종 상태

[그림 6-22] 단층 신경망에 대한 무감독 헤브 학습

$$\mathbf{X}_1 = \begin{bmatrix} 0 \\ 0 \\ 0 \\ 0 \\ 0 \end{bmatrix} \quad \mathbf{X}_2 = \begin{bmatrix} 0 \\ 1 \\ 0 \\ 0 \\ 1 \end{bmatrix} \quad \mathbf{X}_3 = \begin{bmatrix} 0 \\ 0 \\ 0 \\ 1 \\ 0 \end{bmatrix} \quad \mathbf{X}_4 = \begin{bmatrix} 0 \\ 0 \\ 1 \\ 0 \\ 0 \end{bmatrix} \quad \mathbf{X}_5 = \begin{bmatrix} 0 \\ 1 \\ 0 \\ 0 \\ 1 \end{bmatrix}$$

여기서 입력 벡터 $\mathbf{X}_1$은 빈(null) 벡터다. (벡터 $\mathbf{X}_3$에서의) 입력 신호 x_4와 (벡터 $\mathbf{X}_4$에서의) x_3은 오직 그 해당 벡터에서만 1의 값을 갖는 구성요소다. 반면, 벡터 $\mathbf{X}_2$와 $\mathbf{X}_5$를 보면 x_2와 x_5의 1값은 항상 같이 들어온다.

이 예에서, 초기 가중치 행렬을 5 × 5 항등행렬 **I**로 나타낸다. 초기 상태에서는 입력층에 있는 각 뉴런을 출력층 내 동일한 위치에 있는 뉴런과 시냅스 가중치 1로 연결하고, 다른 뉴런과는 가중치 0으로 연결한다. 임계값은 0~1 사이의 임의의 수로 지정한다. 학습률 매개변수 α와 망각 요소 ϕ는 각각 0.1, 0.02로 놓는다.

[그림 6-22]의 (b)와 같이, 훈련이 끝난 후 가중치 행렬은 초기 항등행렬 **I**와 달라진다. 입력층의 뉴런 2와 출력층의 뉴런 5 사이의 가중치, 입력층의 뉴런 5와 출력층의 뉴런 2 사이의 가중치는 0에서 2.0204로 증가한다. 이 신경망은 새로운 연상을 학습한 것이다. 그와 동시에 입력층의 뉴런 1과 출력층의 뉴런 1 사이의 가중치는 0이 된다. 신경망이 이 연상을 망각한 것이다.

신경망을 검사해보자. 입력 벡터 또는 검사 벡터를 다음과 같이 정의한다.

$$\mathbf{X} = \begin{bmatrix} 1 \\ 0 \\ 0 \\ 0 \\ 1 \end{bmatrix}$$

검사 벡터를 신경망에 적용하면 다음을 얻는다.

$$\mathbf{Y} = step\,(\mathbf{W}\,\mathbf{X} - \boldsymbol{\theta})$$

$$\mathbf{Y} = step\left\{\begin{bmatrix} 0 & 0 & 0 & 0 & 0 \\ 0 & 2.0204 & 0 & 0 & 2.0204 \\ 0 & 0 & 1.0200 & 0 & 0 \\ 0 & 0 & 0 & 0.9996 & 0 \\ 0 & 2.0204 & 0 & 0 & 2.0204 \end{bmatrix}\begin{bmatrix} 1 \\ 0 \\ 0 \\ 0 \\ 1 \end{bmatrix} - \begin{bmatrix} 0.4940 \\ 0.2661 \\ 0.0907 \\ 0.9478 \\ 0.0737 \end{bmatrix}\right\} = \begin{bmatrix} 0 \\ 1 \\ 0 \\ 0 \\ 1 \end{bmatrix}$$

아니나 다를까, 이 신경망은 입력 x_2와 x_5가 훈련 중에 연결되었으므로 입력 x_5에서 출력 y_2와 y_5를 연상했다. 그러나 훈련 중에 1 값이 들어 있는 x_1이 나타나지 않았고, 신경망은 그것을 인식할 수 있는 능력을 잃었기 때문에 입력 x_1에서 출력 y_1을 연상하지 못했다.

위에서 본 바와 같이 일반적으로 신경망은 함께 주어지는 자극들을 연상하여 실제로 학습할 수 있다. 무엇보다 '교사' 없이 학습할 수 있다는 점이 가장 중요하다.

6.8.2 경쟁 학습

무감독 학습의 또 다른 유형은 **경쟁 학습**(competitive learning)이다. 경쟁 학습에서는 뉴런을 활성화하기 위해 뉴런들끼리 경쟁한다. 헤브 학습에서는 출력 뉴런 몇 개를 동시에 활성화할 수 있으나 경쟁 학습에서는 항상 출력 뉴런 1개만 활성화할 수 있다. '경쟁'에서 우승한 출력 뉴런을 **승자 독식**(winner-takes-all) 뉴런이라 한다.

경쟁 학습의 기본 아이디어는 1970년대 초반에 소개되었다(Grossberg, 1972; von der Malsburg, 1973; Fukushima, 1975). 처음에는 그다지 관심을 받지 못하다가 1980년대 후반 튜보 코호넨(Teuvo Kohonen)이 **자기조직 특성 맵**(self-organising feature map)이라는 특수 인공 신경망을 소개하면서 관심이 높아졌다. 이 맵은 경쟁 학습에 기반을 둔 것이다.

자기조직 특성 맵이란 무엇인가

우리의 뇌는 뉴런 수십억 개와 시냅스 수천억 개로 이루어진 매우 복잡한 구조체인 대뇌피질이 지배하고 있다. 대뇌피질은 균질하지 않다. 대뇌피질은 대뇌피질 층의 두께와 뉴런의 유형에 따라 여러 영역으로 나뉜다. 각 영역은 각기 다른 인간의 활동(운동, 시각, 청각, 이 외 감각 등)을 관장하고, 각기 다른 감각의 입력과 연결되어 있다. 각 감각의 입력이 대뇌피질의 해당 영역과 매핑되어 있다고 할 수 있다. 즉 대뇌피질은 인간의 뇌에 있는 자기조직 계산 맵이다.

자기조직 맵을 모델링할 수 있는가

코호넨은 지형도에 있는 출력 뉴런의 공간적 위치가 입력 뉴런의 특정 성질과 대응한다는 **지형도 형성 원칙**(principle of topographic map)을 정식화했다(Kohonen, 1990). 또한 [그림 6-23]의 특성 매핑 모델(feature-mapping model)도 제안했다(Kohonen, 1982). 이 모델은 뇌에 있는 자기조직 맵의 주요 성질에 착안하여 만들었으며, 컴퓨터로 쉽게 표현할 수 있다.

코호넨 모델은 입력층에서 일정 개수의 입력 패턴을 받아 조금 더 고차원의 출력층, 즉 코호넨 층에 놓음으로써 위상적인 매핑을 제공한다. [그림 6-23]에서 코호넨 층은 4×4 뉴런으로 만들어진 2차원 격자로 이루어져 있는데, 뉴런 각각에는 입력이 2개 들어간다. 우승한 뉴런은 검은 색, 그 이웃은 회색으로 표시한다. 여기서 승자의 이웃이란 물리적으로 승자쪽에 가까운 뉴런을 말한다.

'물리적으로 가깝다'란 어느 정도 가깝다는 뜻인가

물리적으로 가깝다는 것이 어느 정도인지는 신경망 설계자가 결정한다. 승자의 이웃은 어느 쪽이든 하나, 둘 또는 세 곳에 있는 뉴런을 포함할 수 있다. 예를 들면, [그림 6-23]은 크기가 1인 승자의 이웃을 묘사한다. 일반적으로 코호넨 신경망에서 진행되는 훈련은 크기가 꽤 큰 승자의 이웃부터 시작한다. 훈련이 점차 진행되면 이웃의 크기가 점점 줄어든다.

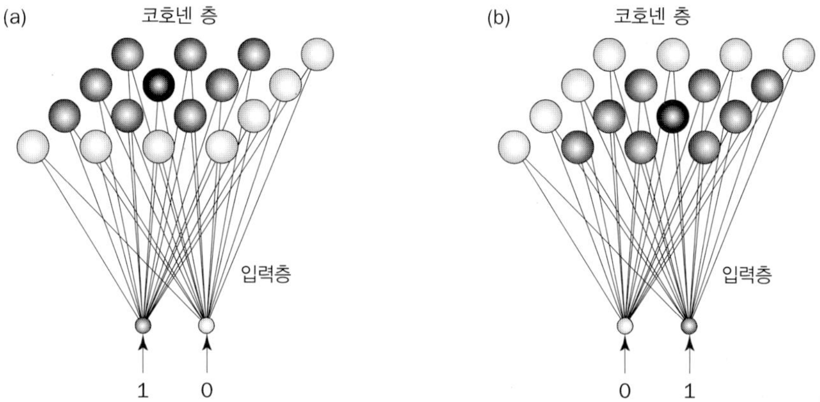

[그림 6-23] 특성 매핑 코호넨 모델

코호넨 신경망에서는 계산 뉴런이 단일 층으로 구성되어 있지만, 유형이 다른 연결이 두 개 있다. [그림 6-24]에서 보듯, 입력층 뉴런에서 출력층 뉴런으로 가는 **순방향** 연결과 출력층 뉴런 간 **측방향** 연결이 있다. 측방향 연결은 뉴런 간 경쟁을 생성하는 데 쓰인다. 모든 뉴런 중 활성화 수준이 가장 높은 뉴런이 승자가 된다(승자 독식 뉴런). 이 뉴런은 출력 신호를 생성하는 유일한 뉴런이다. 경쟁에서 진 다른 뉴런들의 활성은 억제된다.

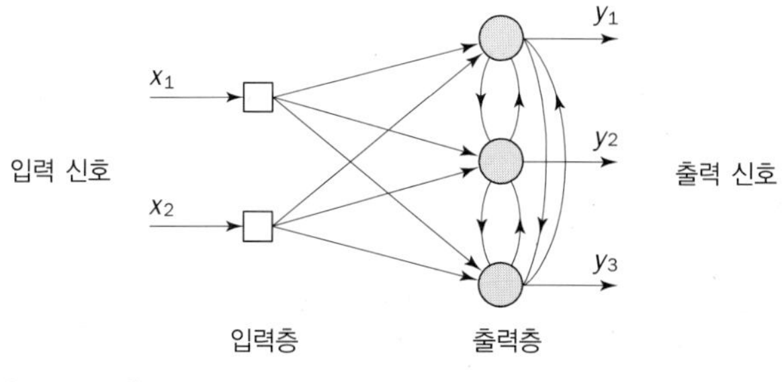

[그림 6-24] 코호넨 신경망의 구조

신경망에 입력 패턴이 들어가면 코호넨 층에 있는 각 뉴런은 입력 층과 코호넨 층 사이에 있는 시냅스 연결 가중치에 따라 수정된 입력 패턴 사본을 받는다. 측방향 피드백 연결은 승자 뉴런과의 거리에 따라 흥분 또는 억제 효과를 준다. 코호넨 층에 있는 뉴런 사이의 시냅스 가중치를 나타낼 때 **멕시코 모자 함수**(Mexican hat function)를 사용할 수 있다.

멕시코 모자 함수란 무엇인가

[그림 6-25]와 같은 멕시코 모자 함수는 승자 독식 뉴런과의 거리와 코호넨 층에 있는 연결 강도 사이의 관계를 나타낸 것이다. 이 함수에 따르면 가까운 이웃(거리가 짧은 측방향 자극 영역(short-range lateral excitation area))일 때는 흥분 효과가 강하고, 멀리 있는 이웃(억제의 경계(an inhibitory penumbra))일 때는 억제 효과가 약간 있다. 아주 멀리 있는 이웃(억제의 경계를 둘러싼 영역)일 때는 약한 흥분 효과가 있지만, 이는 무시할 수 있을 정도다.

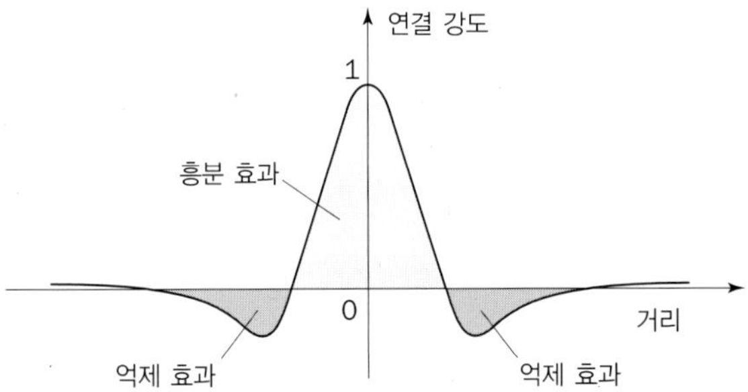

[그림 6-25] 측방향 연결의 멕시코 모자 함수

코호넨 신경망에서 뉴런은 가중치를 활성화되지 않은 연결에서 활성화된 연결로 옮겨서 학습한다. 학습은 승자 뉴런과 그 이웃만 할 수 있다. 주어진 입력에 반응하지 않는 뉴런은 학습할 수 없다.

승자 독식 뉴런 j의 출력 신호 y_j는 1로, 모든 다른 뉴런(경쟁에서 패한 뉴런)의 출력 신호는 0으로 설정된다.

표준 경쟁 학습 규칙(standard competitive learning rule)(Haykin, 1999)은 시냅스 가중치 w_{ij}에 적용되는 변화량 Δw_{ij}를 (6.36)과 같이 정의한다. 여기서 x_i는 입력 신호고, α는 **학습률 매개변수**(learning rate parameter)다. 학습률 매개변수 범위는 0~1이다.

$$\Delta w_{ij} = \begin{cases} \alpha(x_i - w_{ij}) & \text{뉴런 } j\text{가 경쟁에서 이긴 경우} \\ 0 & \text{뉴런 } j\text{가 경쟁에서 진 경우} \end{cases} \quad (6.36)$$

경쟁 학습 규칙은 입력 패턴 **X**방향으로 승자 뉴런 j의 시냅스 가중치 벡터 $\mathbf{W}_j$를 옮긴다. 매칭 기준은 벡터 간 최소 **유클리드 거리**(Euclidean distance)와 같다.

유클리드 거리란 무엇인가

$n \times 1$ 벡터 **X**와 $\mathbf{W}_j$쌍 간의 유클리드 거리를 (6.37)과 같이 정의한다. 여기서 x_i와 w_{ij}는 각각 벡터 **X**와 $\mathbf{W}_j$의 i번째 원소다.

$$d = \|\mathbf{X} - \mathbf{W}_j\| = \left[\sum_{i=1}^{n}(x_i - w_{ij})^2\right]^{1/2} \qquad (6.37)$$

벡터 **X**와 $\mathbf{W}_j$간 유사도는 유클리드 거리 d의 역수다. [그림 6-26]에서 벡터 **X**와 $\mathbf{W}_j$간 유클리드 거리는 각 벡터의 끝점을 이은 선의 길이로 나타낸다. [그림 6-26]에서는 유클리드 거리가 작을수록 벡터 **X**와 $\mathbf{W}_j$간 유사도가 커지는 것을 보여준다.

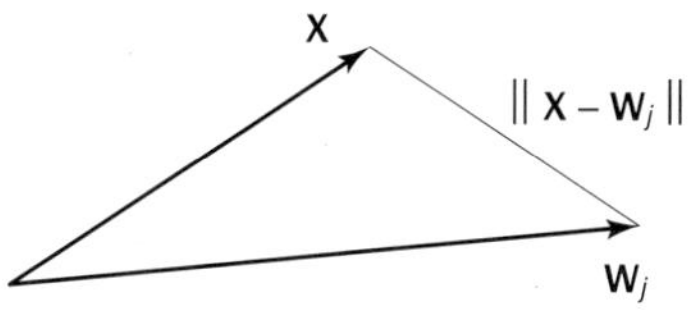

[그림 6-26] 벡터 X와 W$_j$간 유사도를 나타내는 유클리드 거리

입력 벡터 **X**와 가장 잘 맞는 승자 뉴런 $j_\mathbf{X}$를 판별하려면 (6.38) 조건을 적용한다(Haykin, 1999). 여기서 m은 코호넨 층에 있는 뉴런의 개수다.

$$j_\mathbf{X} = \min_j \|\mathbf{X} - \mathbf{W}_j\| \qquad j = 1, 2, \ldots, m \qquad (6.38)$$

예를 들어, 다음과 같은 2차원 입력 벡터 **X**를 3차원 코호넨 신경망에 넣는다고 가정해보자.

$$\mathbf{X} = \begin{bmatrix} 0.52 \\ 0.12 \end{bmatrix}$$

초기 가중치 $\mathbf{W}_j$는 다음과 같다.

$$\mathbf{W}_1 = \begin{bmatrix} 0.27 \\ 0.81 \end{bmatrix} \quad \mathbf{W}_2 = \begin{bmatrix} 0.42 \\ 0.70 \end{bmatrix} \quad \mathbf{W}_3 = \begin{bmatrix} 0.43 \\ 0.21 \end{bmatrix}$$

최소 거리 유클리드 기준을 사용해 승자(가장 잘 맞는) 뉴런 $j_{\mathbf{X}}$를 찾는다.

$$d_1 = \sqrt{(x_1 - w_{11})^2 + (x_2 - w_{21})^2} = \sqrt{(0.52 - 0.27)^2 + (0.12 - 0.81)^2} = 0.73$$
$$d_2 = \sqrt{(x_1 - w_{12})^2 + (x_2 - w_{22})^2} = \sqrt{(0.52 - 0.42)^2 + (0.12 - 0.70)^2} = 0.59$$
$$d_3 = \sqrt{(x_1 - w_{13})^2 + (x_2 - w_{23})^2} = \sqrt{(0.52 - 0.43)^2 + (0.12 - 0.21)^2} = 0.13$$

승자는 뉴런 3이며, (6.36)에서 제시한 경쟁 학습 규칙에 따라 가중치 벡터 $\mathbf{W}_3$를 갱신한다. 학습률 매개변수 α를 0.1로 가정하면 다음을 얻는다.

$$\Delta w_{13} = \alpha(x_1 - w_{13}) = 0.1(0.52 - 0.43) = 0.01$$
$$\Delta w_{23} = \alpha(x_2 - w_{23}) = 0.1(0.12 - 0.21) = -0.01$$

$(p+1)$번째 반복에서 갱신된 가중치 벡터 $\mathbf{W}_3$는 다음과 같이 결정된다.

$$\mathbf{W}_3(p+1) = \mathbf{W}_3(p) + \Delta\mathbf{W}_3(p) = \begin{bmatrix} 0.43 \\ 0.21 \end{bmatrix} + \begin{bmatrix} 0.01 \\ -0.01 \end{bmatrix} = \begin{bmatrix} 0.44 \\ 0.20 \end{bmatrix}$$

승자 뉴런 3의 가중치 벡터 $\mathbf{W}_3$는 반복할 때마다 입력 벡터 $\mathbf{X}$에 가까워진다.

경쟁 학습 알고리즘을 다음과 같이 정리해보자(Kohonen, 1989).

■ 1단계: 초기화

초기 시냅스 가중치를 임의의 값, 예를 들어 [0,1] 구간 내 값으로 설정하고, 학습률 매개변수 α에 작은 양의 값을 할당한다.

■ 2단계: 활성화와 유사도 매칭

입력 벡터 $\mathbf{X}$를 적용하여 코호넨 신경망을 활성화하고, 다음 식과 같은 최소 거리 유클리드 기준을 적용하여 p번째 반복에서 승자 독식 뉴런 $j_{\mathbf{X}}$를 찾는다. 여기서 n은 입력층에 있는 뉴런 개수고, m은 출력층, 즉 코호넨 층의 뉴런 개수다.

$$j_{\mathbf{X}}(p) = \min_{j} \|\mathbf{X} - \mathbf{W}_j(p)\| = \left\{ \sum_{i=1}^{n} [x_i - w_{ij}(p)]^2 \right\}^{1/2} \qquad j = 1, 2, \ldots, m$$

■ **3단계: 학습**

시냅스 가중치를 다음과 같이 갱신한다. $\Delta w_{ij}(p)$는 p번째 반복에서의 가중치 보정값이다.

$$w_{ij}(p+1) = w_{ij}(p) + \Delta w_{ij}(p)$$

다음 경쟁 학습 규칙으로 가중치 보정값을 결정한다.

$$\Delta w_{ij}(p) = \begin{cases} \alpha[x_i - w_{ij}(p)] & j \in \Lambda_j(p) \\ 0 & j \notin \Lambda_j(p) \end{cases} \tag{6.39}$$

여기서 α는 학습률 매개변수고, $\Lambda_j(p)$는 p번째 반복에서 승자 독식 뉴런 $j_{\mathbf{X}}$를 중심으로 한 이웃 함수를 나타낸다.

이웃 함수 Λ_j는 보통 상수 범위다. 위상적으로 이웃 범위에 속한 모든 뉴런이 동시에 깨어나고, 뉴런 간 관계는 승자 독식 뉴런 $j_{\mathbf{X}}$와의 거리와 무관하다. [그림 6-27]은 이웃 함수의 형태다.

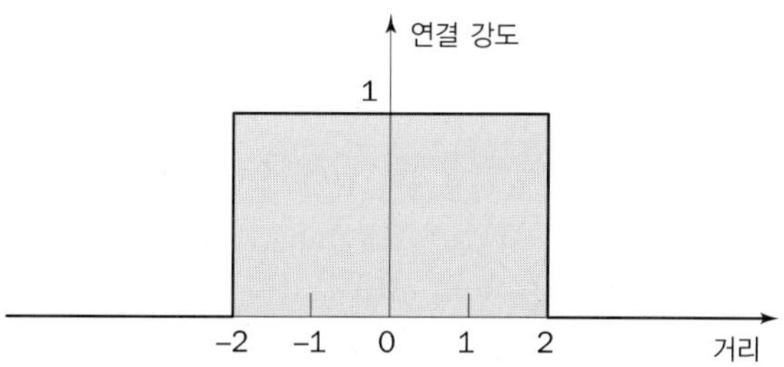

[그림 6-27] 직사각형 이웃 함수

직사각형 이웃 함수 Λ_j는 이진(binary) 성격을 띤다. 따라서 뉴런의 출력을 다음과 같이 쓸 수 있다.

$$y_j = \begin{cases} 1 & j \in \Lambda_j(p) \\ 0 & j \notin \Lambda_j(p) \end{cases}$$

■ **4단계: 반복**

반복 횟수 p 값을 1 증가시키고 2단계로 돌아간다. 최소 거리 유클리드 기준을 만족하거나 특성 맵에서 의미있는 변화가 일어나기 전까지 반복한다.

경쟁 학습을 이해하기 위해 2차원 격자 형태(10×10)로 뉴런 100개가 나열된 코호넨 신경망을 고려해보자. 이 신경망은 2차원 입력 벡터를 분류해야 한다. 즉 신경망에 있는 각 뉴런은 자신의 영역에서 일어난 입력 벡터에만 반응해야 한다.

신경망은 $-1 \sim +1$구간의 정사각형 영역에서 임의로 생성된 2차원 입력 벡터 1,000개로 훈련받는다. 초기 시냅스 가중치에도 $-1 \sim +1$구간에 있는 임의의 값이 들어가며, 매개변수 α는 0.1이다.

[그림 6-28]은 신경망 학습 과정에 있는 서로 다른 단계를 보여준다. 각각의 뉴런을 가중치 w_{1j}와 w_{2j}의 위치에 검은 점으로 표시한다. [그림 6-28]의 (a)는 정사각형 영역에서 임의로 분배한 초기 시냅스 가중치다. (b)~(d)는 각각 100, 1,000, 10,000번 반복한 뒤 입력 공간의 가중치 벡터를 나타낸다.

[그림 6-28]은 무감독 학습 성격을 띠는 코호넨 신경망의 자기 조직을 보여준다. 학습 과정의 마지막에는 뉴런을 순서대로 그리고 입력 공간을 채우도록 맵을 펼친다. 이제 각 뉴런은 입력 공간에 있는 입력 벡터를 판별할 수 있다.

뉴런이 반응하는 방법을 보기 위해 다음 입력 벡터를 적용하여 신경망을 검사해보자.

$$\mathbf{X}_1 = \begin{bmatrix} 0.2 \\ 0.9 \end{bmatrix} \quad \mathbf{X}_2 = \begin{bmatrix} 0.6 \\ -0.2 \end{bmatrix} \quad \mathbf{X}_3 = \begin{bmatrix} -0.7 \\ -0.8 \end{bmatrix}$$

[그림 6-29]에서 보듯, 뉴런 6은 입력 벡터 $\mathbf{X}_1$에, 뉴런 69는 입력 벡터 $\mathbf{X}_2$에, 뉴런 92는 입력 벡터 $\mathbf{X}_3$에 반응한다. 따라서 입력 공간에 그려진 특성 맵은 위상적으로 정렬되었으며, 격자에서 뉴런의 공간적 위치는 입력 패턴의 특정 성질과 일치한다.

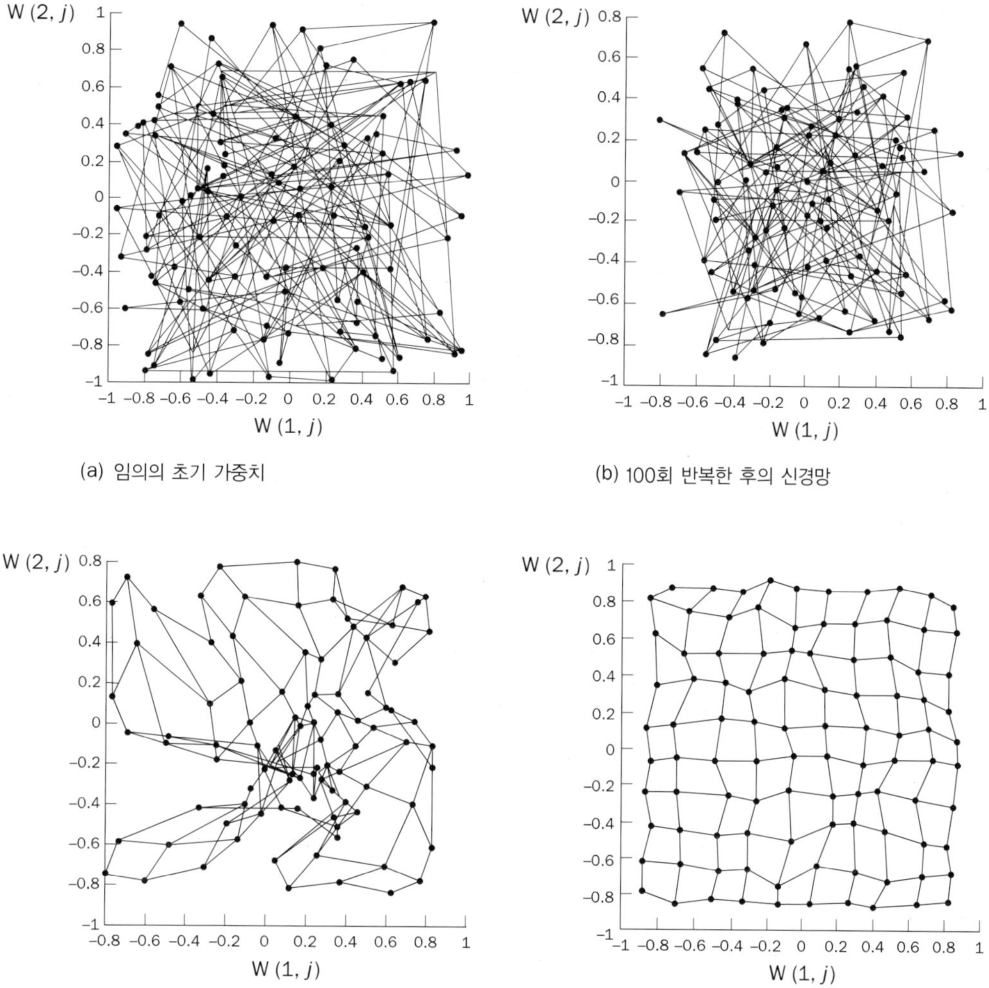

(a) 임의의 초기 가중치

(b) 100회 반복한 후의 신경망

(c) 1,000회 반복한 후의 신경망

(d) 10,000회 반복한 후의 신경망

[그림 6-28] 코호넨 신경망의 경쟁 학습

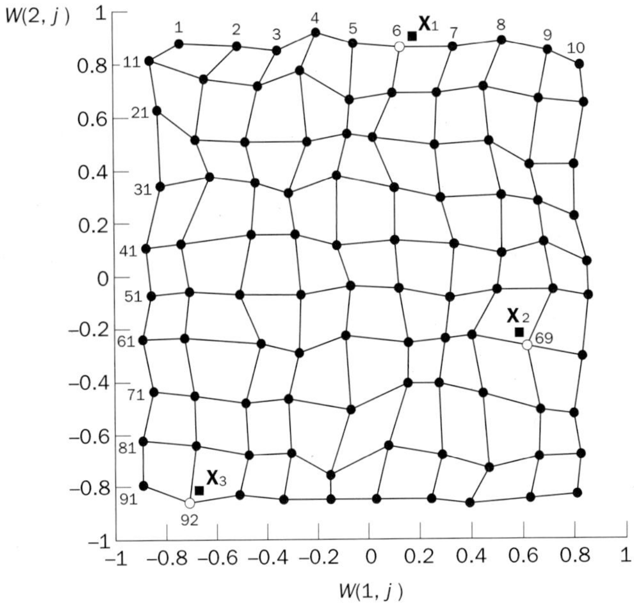

[그림 6-29] 입력 공간에 그린 위상적으로 정렬된 특성 맵

6.9 요약 Summary

이 장에서는 인공 신경망과 기계 학습의 기본 아이디어를 살펴보았다. 그리고 기본적인 계산 요소인 퍼셉트론 개념과 퍼셉트론 학습 규칙, 다층 신경망을 살펴보았고, 역전파 학습 알고리즘의 계산 효율을 개선하는 방법을 논의했다. 또한 순환 신경망과 홉필드 신경망 훈련 알고리즘, 양방향 연상 메모리(BAM)를 소개했다. 마지막으로 자기 조직 신경망과 헤브(Hebb) 학습, 경쟁 학습을 살펴보았다.

이 장에서 소개한 핵심 내용은 다음과 같다.

- 기계 학습은 컴퓨터가 경험을 통해 학습하고, 예를 통해 배우며, 유추하여 학습하게 만드는 적응 메커니즘과 관련되어 있다. 학습 능력은 시간이 지나면서 지능형 시스템의 성능을 개선한다. 기계 학습에서 가장 대중적인 접근법 중 하나는 인공 신경망이다.
- 인공 신경망은 뉴런이라는 아주 간단하면서도 내부적으로 매우 복잡하게 연결된 여러 프로세서로 이루어진다. 이는 뇌의 생물학적인 뉴런과 유사하다. 뉴런은 가중치가 있는 링크로 연결되는데,

이 링크를 따라 한 쪽 뉴런에서 다른 쪽 뉴런으로 신호를 보낸다. 각 링크에는 그와 연관된 가중치 값이 있다. 가중치는 ANN에서 장기 기억을 위한 기본적인 수단으로, 각 뉴런 입력 강도, 즉 중요도를 표현한다. 신경망은 가중치를 반복적으로 조정하여 학습한다.

- 1940년에 워렌 맥클록과 월터 피츠는 대다수 인공 신경망의 기초가 되는 아주 간단한 아이디어를 제안했다. 뉴런은 입력 신호의 가중합을 계산하고, 그 결과를 임계값 θ와 비교한다. 순 입력이 임계값보다 작으면 뉴런의 출력 값은 -1이다. 그러나 순 입력이 임계값과 같거나 크면 뉴런을 활성화되고, 출력 값은 $+1$이다.
- 프랭크 로젠블랫은 가장 간단한 신경망 형태인 퍼셉트론을 제안했다. 퍼셉트론의 동작 원리는 맥클록-피츠 뉴런 모델을 바탕으로 하며, 조정 가능한 시냅스 가중치와 하드 리미터로 구성된다. 또한 학습은 실제 출력과 목표 출력 간 격차를 줄이도록 가중치를 조절하는 방법으로 진행된다. 초기 가중치는 임의로 할당되었지만, 이후 훈련 예제와 일치하는 출력을 얻도록 갱신된다.
- 퍼셉트론은 선형으로 분리할 수 있는 함수만 학습할 수 있으며, 지역적으로 학습된 예제로는 전체적인 일반화를 할 수 없다. 역전파 알고리즘으로 학습한 다층 퍼셉트론 같은 발전된 형태의 신경망을 사용하면 로젠블랫 퍼셉트론의 한계를 극복할 수 있다.
- 다층 신경망은 공급 뉴런으로 이루어진 입력층, 계산 뉴런으로 이루어진 하나 이상의 중간 또는 은닉층, 계산 뉴런으로 이루어진 출력층이 있는 피드포워드 신경망이다. 입력층은 외부에서 입력 신호를 받고, 이 신호를 은닉층에 있는 모든 뉴런에 재분배한다. 은닉층에 있는 뉴런은 특성을 파악한다. 뉴런의 가중치는 입력 패턴에 숨겨져 있는 특성을 나타낸다. 출력층은 전체 신경망의 출력 패턴을 정한다.
- 다층망의 학습 방법은 퍼셉트론의 학습 방법과 같다. 알고리즘에는 두 단계가 있다. 먼저 훈련 입력 패턴을 신경망의 입력층에 전달한다. 그런 다음 신경망은 출력층에서 출력 패턴이 생성될 때까지 각 층에 입력 패턴을 전파한다. 만약 출력 패턴이 목표 패턴과 다르면 오차를 계산한 후 출력층에서 입력층으로 신경망을 따라 거꾸로 전파한다. 오차가 전파되면서 가중치가 수정된다.
- 역전파 학습은 널리 쓰이고 있지만, 계산 부담이 크고 학습이 느리기 때문에, 실제 응용할 때는 순수한 역전파 알고리즘을 거의 사용하지 않는다. 역전파 알고리즘의 계산 효율을 높이는 몇 가지 방법이 있다. 다층 신경망은 시그모이드 활성화 함수가 쌍곡 탄젠트로 표현될 때 좀 더 빠르게 학습한다. 운동량과 적응 학습률도 다층 역전파 신경망의 성능을 높여준다.
- 역전파 알고리즘으로 훈련된 다층 신경망은 패턴 인식 문제에 쓰는 한편, 인간의 기억 연상 작용을 모방하는 다른 유형의 신경망이 필요하다. 바로 피드백 루프가 있는 **순환 신경망**(recurrent neural network)이다. 존 홉필드는 동적으로 안정된 신경망에 정보를 저장할 때의 물리적 원칙을 확립하고, 부호 활성화 함수를 따르는 맥클록-피츠 뉴런을 사용하는 단층 순환 신경

망을 제안했다.

- 홉필드 신경망의 훈련 알고리즘에는 저장과 복구라는 2가지 기본 단계가 있다. 첫 번째 단계에서 신경망은 상태의 집합 또는 모든 뉴런의 현재 출력으로 결정된 기본 기억을 저장해야 한다. 이는 신경망의 가중치 행렬을 계산함으로써 이루어진다. 일단 가중치를 계산하면 그대로 유지한다. 두 번째 단계에서는 기본 기억 중 잘못되거나 불완전한 입력이 신경망에 들어간다. 입력을 조정하도록 신경망의 출력을 계산하고 피드백한다. 출력값이 상수가 될 때까지 이 과정을 반복한다. 기본 기억을 제대로 복구하려면 홉필드 신경망의 저장 용량을 작게 잡아야 한다.
- 홉필드 신경망은 기억의 **자기 연상**(auto-associative) 유형을 표현한다. 즉 홉필드 신경망은 잘못되거나 불완전한 기억을 복구할 수 있지만, 이로부터 또 다른 기억을 연상하지는 못한다. 이 한계를 극복하기 위해 바트 코스코가 양방향 연상 메모리(BAM)를 제안했다. BAM은 이형 연상 신경망이다. 이는 한 집합(집합 A)의 패턴에서 다른 집합(집합 B)의 패턴을 연상할 수 있으며, 그 반대도 가능하다. BAM도 홉필드 신경망처럼 입력이 잘못되거나 불완전하더라도 올바른 출력을 일반화하고 생성할 수 있다. 기본 구성은 완전 연결된 층 2개, 입력층과 출력층으로 이루어져 있다.
- BAM의 기본 아이디어는 집합 A에 있는 n차원 벡터 $\mathbf{X}$가 입력으로 들어왔을 때는 집합 B에 있는 m차원 벡터 $\mathbf{Y}$를 불러내고, $\mathbf{Y}$가 입력으로 들어왔을 때는 BAM이 $\mathbf{X}$를 불러내도록 패턴 쌍을 저장하는 것이다. 홉필드 신경망의 저장 용량을 제한하는 조건은 BAM에도 적용할 수 있다. BAM에 저장되는 최대 연상 개수는 더 작은 층의 뉴런 개수를 초과하면 안 된다. 또 다른 문제는 잘못된 수렴이다. BAM이는 가장 근접한 연상을 생성하는 것은 아니다.
- 훈련 집합을 신경망에 전달하는 '교사'가 있는 학습과 달리, 무감독 또는 자기조직 학습에는 교사가 필요가 없다. 신경망은 훈련 기간 동안 각기 다른 여러 입력 패턴을 받고, 이 패턴에서 특징을 발견하여 입력 데이터를 적절한 범주로 분류하는 방법을 학습한다.
- 도널드 헤브는 1949년에 생물학적 학습의 핵심 아이디어인 헤브의 법칙(Hebb's law)을 제안했다. 헤브의 법칙에 따르면, 뉴런 i가 뉴런 j를 흥분시킬 수 있고, 이런 과정을 반복적으로 수행하면 두 뉴런 간 시냅스 연결이 강화되고, 뉴런 j는 뉴런 i에서 오는 자극에 좀 더 민감해진다고 한다. 이 법칙은 교사가 없는 학습의 기초가 된다. 여기서의 학습은 환경으로부터 피드백을 받지 않는 국지적인 현상으로 볼 수 있다.
- 무감독 학습의 또 다른 인기 있는 유형은 경쟁 학습이다. 경쟁 학습에서 뉴런들은 활성화되기 위해 그들끼리 경쟁한다. '경쟁'에서 우승한 출력 뉴런을 승자 독식(winner-takes-all) 뉴런이라 한다. 경쟁 학습의 기본 아이디어는 1970년대 초반에 소개되었지만, 처음에는 그다지 관심을 받지 못하다가 1980년대 후반 튜보 코호넨이 자기조직 특성 맵이라는 특수한 종류의 인공

신경망을 소개하면서 관심이 높아졌다. 또한 코호넨은 지형도상의 출력 뉴런의 공간적 위치가 입력 뉴런의 특정 성질에 대응된다는 지형도 형성 원칙을 정식화했다.

- 코호넨 신경망은 계산 뉴런을 담은 단일 층으로 이루어져 있지만, 유형이 다른 연결이 두 개 있다. 입력층 뉴런에서 출력층 뉴런으로 가는 순방향 연결과 출력층 뉴런 간 측방향 연결이 있다. 측방향 연결은 뉴런 간 경쟁을 생성하는 데 쓰인다. 코호넨 신경망에서 뉴런은 가중치를 활성화되지 않은 연결에서 활성화된 연결로 옮겨서 학습한다. 학습은 승자 뉴런과 그 이웃만 할 수 있다. 주어진 입력에 반응하지 않는 뉴런은 학습할 수 없다.

Chapter_06 연습문제

01 인공 신경망이 뇌를 모델링하는 방법은? 주요 학습 패러다임인 감독 학습과 무감독(자기 조직) 학습을 설명하라. 각각의 특징은 무엇인가?

02 퍼셉트론을 생물학적 모델로 사용할 때 예상되는 문제점은 무엇인가? 퍼셉트론의 학습 방법은 무엇일까? 이진 논리 함수 OR의 퍼셉트론 학습을 설명하라. 왜 퍼셉트론은 선형적으로 분리할 수 있는 함수만 학습할 수 있는가?

03 완전 연결 다층 퍼셉트론이란 무엇인가? 뉴런이 입력층에 6개, 은닉층에 4개, 출력층에 2개 들어있는 다층 퍼셉트론을 만들어라. 은닉층은 무엇을 위한 것이고, 무엇을 숨기는가?

04 다층 신경망의 학습 방법을 설명하라. 역전파 학습 알고리즘을 유도하라. 이진 논리 함수 Exclusive-OR의 다층 신경망 학습을 설명하라.

05 역전파 학습 알고리즘의 주요 문제점은 무엇인가? 다층 신경망에서 학습을 가속화하는 방법을 설명하라. 일반화된 델타 규칙을 정의하라.

06 순환 신경망이란 무엇인가? 학습 방법은 무엇인가? 뉴런이 6개 있는 홉필드 신경망을 만들고 동작을 설명하라. 기본 기억이란 무엇인가?

07 홉필드 신경망의 훈련 알고리즘을 유도하라. 뉴런이 6개 있는 홉필드 신경망에서 기본 기억 3개를 저장하는 방법을 설명하라.

08 델타 규칙과 헤브 규칙은 신경망에서 이루어지는 두 가지 학습 방법이다. 이 두 규칙 간의 차이를 설명하라.

09 기억의 자기 연상 유형과 이형 연상 유형 간의 차이는 무엇인가? 양방향 연상 메모리(BAM)란 무엇인가? BAM의 동작 과정을 설명하라.

10 BAM의 훈련 알고리즘을 유도하라. BAM의 저장 용량을 제약하는 조건은 무엇인가? BAM의 저장 용량과 홉필드 신경망의 저장 용량을 비교하라.

11 헤브의 법칙은 무엇을 표현하는가? 활동 생성 규칙과 일반화된 활동 생성 규칙을 유도하라. 망각 요소란 무엇인가? 일반화된 헤브 학습 알고리즘을 유도하라.

12 경쟁 학습이란 무엇인가? 헤브 학습 패러다임과 경쟁 학습 패러다임 간의 차이는 무엇인가? 특성 매핑 코호넨 모델을 설명하라. 경쟁 학습 알고리즘을 유도하라.

참고문헌

[01] Amit, D.J. (1989). *Modelling Brain Functions: The World of Attractor Neural Networks.* Cambridge University Press, New York.

[02] Bryson, A.E. and Ho, Y.C. (1969). *Applied Optimal Control.* Blaisdell, New York.

[03] Caudill, M. (1991). Neural network training tips and techniques, *AI Expert,* January, 56–61.

[04] Cohen, M.H. and Grossberg, S. (1983). Absolute stability of global pattern formation and parallel memory storage by competitive networks, *IEEE Transactions on Systems, Man, and Cybernetics,* SMC-13, 815–826.

[05] Grossberg, S. (1972). Neural expectation: cerebellar and retinal analogs of cells fred by learnable or unlearned pattern classes, *Kybernetik,* 10, 49–57.

[06] Guyon, I.P. (1991). Applications of neural networks to character recognition, *International Journal of Pattern Recognition and Artifcial Intelligence,* 5, 353–382.

[07] Fu, L.M. (1994). *Neural Networks in Computer Intelligence.* McGraw-Hill Book, Inc. Singapore.

[08] Fukushima, K. (1975). Cognition: a self-organizing multilayered neural network, *Biological Cybernetics,* 20, 121–136.

[09] Haykin, S. (1999). Neural Networks: *A Comprehensive Foundation,* 2nd edn. Prentice Hall, Englewood Cliffs, NJ.

[10] Hebb, D.O. (1949). *The Organisation of Behaviour: A Neuropsychological Theory.* John Wiley, New York.

[11] Hopfield, J.J. (1982). Neural networks and physical systems with emergent collective computational abilities, *Proceedings of the National Academy of Sciences of the USA,* 79, 2554–2558.

[12] Jacobs, R.A. (1988). Increased rates of convergence through learning rate adaptation, *Neural Networks,* 1, 295–307.

[13] Kohonen, T. (1982). Self-organized formation of topologically correct feature maps, *Biological Cybernetics,* 43, 59–69.

[14] Kohonen, T. (1989). *Self-Organization and Associative Memory,* 3rd edn. Springer-Verlag, Berlin, Heidelberg.

[15] Kohonen, T. (1990). The self-organizing map, *Proceedings of the IEEE,* 78, 1464–1480.

[16] Kosko, B. (1987). Adaptive bidirectional associative memories, *Applied Optics,* 26(23), 4947–4960.

참고문헌

[17] Kosko, B. (1988). Bidirectional associative memories, *IEEE Transactions on Systems, Man, and Cybernetics*, SMC-18, 49–60.

[18] Kosko, B. (1992). *Neural Networks and Fuzzy Systems: A Dynamical Systems Approach to Machine Intelligence.* Prentice Hall, Englewood Cliffs, NJ.

[19] McCulloch, W.S. and Pitts, W. (1943). A logical calculus of the ideas immanent in nervous activity, *Bulletin of Mathematical Biophysics*, 5, 115–137.

[20] Medsker, L.R. and Liebowitz, J. (1994). *Design and Development of Expert Systems and Neural Computing.* Macmillan College Publishing Company, New York.

[21] Minsky, M.L. and Papert, S.A. (1969). *Perceptrons.* MIT Press, Cambridge, MA.

[22] Rosenblatt, F. (1958). The perceptron: a probabilistic model for information storage and organization in the brain, *Psychological Review*, 65, 386–408.

[23] Rosenblatt, F. (1960). Perceptron simulation experiments, *Proceedings of the Institute of Radio Engineers*, 48, 301–309.

[24] Rumelhart, D.E., Hinton, G.E. and Williams, R.J. (1986). Learning representations by back-propagating errors, *Nature* (*London*), 323, 533–536.

[25] Shepherd, G.M. and Koch, C. (1990). Introduction to synaptic circuits, *The Synaptic Organisation of the Brain*, G.M. Shepherd, ed., Oxford University Press, New York, pp. 3–31.

[26] Shynk, J.J. (1990). Performance surfaces of a single-layer perceptron, *IEEE Transactions on Neural Networks*, 1, 268–274.

[27] Shynk, J.J. and Bershad, N.J. (1992). Stationary points and performance surfaces of a perceptron learning algorithm for a nonstationary data model, *Proceedings of the International Joint Conference on Neural Networks*, Baltimore, MD, vol. 2, pp. 133–139.

[28] Stent, G.S. (1973). A physiological mechanism for Hebb's postulate of learning, *Proceedings of the National Academy of Sciences of the USA*, 70, 997–1001.

[29] Stork, D. (1989). Is backpropagation biologically plausible?, *Proceedings of the Inter-national Joint Conference on Neural Networks*, Washington, DC, vol. 2, pp. 241–246.

[30] Stubbs, D.F. (1990). Six ways to improve back-propagation results, *Journal of Neural Network Computing*, Spring, 64–67.

[31] Touretzky, D.S. and Pomerlean, D.A. (1989). What is hidden in the hidden layers?, *Byte*, 14, 227–233.

[32] Von der Malsburg, C. (1973). Self-organisation of orientation sensitive cells in the striate cortex, *Kybernetik*, 14, 85–100.

[33] Watrous, R.L. (1987). Learning algorithms for connectionist networks: applied gradient methods of nonlinear optimisation, *Proceedings of the First IEEE International Conference on Neural Networks*, San Diego, CA, vol. 2, pp. 619–627.

Chapter

07

진화 연산

Evolutionary computation

학습목표

- 진화에 대한 철학적 논의를 살펴본다.
- 유전 알고리즘의 기본 개념을 이해한다.
- 유전 알고리즘의 작동 원리와 이를 기계 학습에 응용해본다.
- 진화 전략의 개념을 이해한다.
- 유전 프로그래밍의 작동 방식과 적용 과정을 살펴본다.

7.1 진화는 지능적인가

지능(intelligence)은 끊임없이 변하는 환경에 시스템이 적응하는 능력이라고 정의할 수 있다. 앨런 튜링(Alan Turing)의 논문에 따르면 시스템의 외양이나 형태는 지능과 무관하다(Turing, 1950). 그러나 일상에서 인간의 지능적인 행동을 쉽게 관찰할 수 있다. 인간은 진화의 산물이기 때문에, 인간의 진화 과정을 모델링하면 지능적인 행동이 창출될 것이라고 기대할 수 있다. 진화 연산은 컴퓨터에서 진화를 흉내 내는 것이다. 그 결과는 대개 단순한 규칙에 바탕을 둔 최적화 알고리즘이다. 최적화 알고리즘은 최적해에 도달하거나 유효한 해가 발견될 때까지 해의 품질을 반복해서 향상시킨다.

그런데 진화는 정말 지능적일까? 개별 유기체의 행동은 생태 환경에서 아직 알려지지 않은 면에 대한 귀납 추론이라고 생각할 수 있다(Fogel 외, 1966). 이때 유기체가 여러 세대에 걸쳐 살아남는다면 환경 변화를 예측하는 방법을 학습하는 능력이 있다고 할 수 있다. 진화는 인간의 관점에서 보면 꽤 기나긴 과정이지만, 컴퓨터가 진화를 흉내 낼 때는 수십억 년이 걸리지는 않는다.

기계 학습(machine learning)에 대한 진화적 방법론은 자연 선택(natural selection)과 유전학(genetics) 계산 모델에 근거한다. 이를 **진화 연산**(evolutionary computation)이라 한다. 진화 연산은 폭넓은 개념으로, **유전 알고리즘**(genetic algorithm), **진화 전략**(evolution strategy), **유전 프로그래밍**(genetic programming)을 포함한다. 이 모든 기법은 **선택**(selection), **변이**(mutation), **재생산**(reproduction)을 이용하여 진화를 흉내 낸다.

7.2 자연의 진화 흉내 내기

1858년 7월 1일, 찰스 다윈(Charles Darwin)은 진화론(theory of evolution)을 런던 린네 학회(Linnean Society of London)에서 발표하였다. 이 날은 생물학계의 혁명이 시작된 날로 기록된다. 다윈의 고전적인 진화론은 바이스만(Weismann)의 자연 선택론과 멘델(Mendel)의 유전학과 함께 신 다윈주의 패러다임을 대표한다(Keeton, 1980; Mayr, 1988).

신 다윈주의(neo-Darwinian)는 재생산, 진화, 경쟁, 선택 과정에 바탕을 둔다. 재생산 능력은 생명의 본질적인 특성이다. 변이 능력은 어떤 생명체든 끊임없이 변화하는 환경 속에서 자기 자신을 재생산할 수 있게 한다. 경쟁과 선택은 여러 생물종의 개체군 확장을 제한하는 자연계에서 일상적으로 일어나는 일이다.

컴퓨터가 진화 과정을 흉내 낸다면, 진화로 인해 최적화되는 것은 무엇인가? 진화는 특정 환경에서 집단이 생존하고 재생산하는 능력을 유지·향상시키는 과정이다(Hartl과 Clark, 1989). 이 능력을 **진화 적합성**(evolutionary fitness)이라 한다. 적합성을 직접 측정할 수는 없지만, 생태학이나 유기체에 관한 기능 형태학을 바탕으로 추정할 수 있다(Hoffman, 1989). 또한 진화 적합성이란 유기체가 환경 속에서 변화를 예측하는 능력의 척도라고 할 수 있다(Atmar, 1994). 따라서 자연계에서 최적화되는 특성은 적합도, 즉 환경의 변화를 예측하고 적절히 반응하는 능력을 재는 정량적인 척도다.

적합도를 나타내고자 **적응형 위상**(adaptive topology) 개념을 사용한다(Wright, 1932). 주어진 환경을 적합도 지형으로 나타낼 수 있다. 산 형태인 이 지형에서 산꼭대기는 종족의 최적 적합도를 나타낸다. 진화가 발생하면 종족 집단은 지형의 경사를 따라 산꼭대기로 올라간다. 환경 조건은 시간에 따라 변한다. 따라서 종족은 끊임없이 경로를 조정해야 하고, 가장 잘 적응한 종족만이 산꼭대기에 도달한다.

적응형 위상은 연속 함수로 환경, 즉 자연의 위상이 정적이지 않다는 사실을 흉내 낸다. 위상의 형태는 시간에 따라 변하고, 모든 종은 끊임없이 선택받는다. 진화의 목표는 적합도가 증가하는 개체 집단을 생성하는 것이다.

그러면 적합도가 증가하는 개체 집단을 생성하는 방법은 무엇일까? 마이클비치(Michalewicz, 1996)는 토끼 집단을 근거로 간단히 설명하였다. 다른 토끼보다 발이 빠른 토끼는 여우를 피하여 살아남아 번식할 확률이 높으므로 적합도가 높다. 물론 느린 토끼도 몇 마리 살아남을 것이다. 그 결과, 몇몇 느린 토끼는 빠른 토끼와 새끼를 낳고, 몇몇 빠른 토끼는 다른 빠른 토끼와 새끼를 낳고, 몇몇 느린 토끼는 다른 느린 토끼와 새끼를 낳는다. 즉 번식을 통해 토끼의 유전자가 섞인다. 두 부모의 적합도가 모두 높으면 적합도가 더 높은 자식을 낳을 가능성이 높다. 시간이 지나면서, 전체 토끼 집단은 여우와 우연히 마주치는 환경에 대처하기 위해 점점 더 빨라진다. 그러나 환경 조건은 변할 수 있다. 예를 들어, 뚱뚱하지만 영리한 토끼에 유리하게 변할 수 있다. 생존을 위해 최적화하려면 토끼 집단의 유전 구조도 이에 따라 변할 것이다. 마찬가지로 더 빠르고 영리하게 태어난 토끼는 더 빠르고 영리한 여우를 태어나게 한다. 자연의 진화과정은 연속적이며, 결코 끝나지 않는다.

컴퓨터에서 자연의 진화 과정을 흉내 낼 수 있을까

현재까지 알려진 몇몇 진화 연산 방법이 있다. 이 방법들 모두 개체 집단을 만들고, 그 집단의 적합도를 평가하며, 유전 연산자를 써서 새로운 집단을 만든다. 그리고 이 과정을 여러 번 반복함으로써 자연의 진화를 흉내 낸다. 그러나 진화 연산을 수행하는 데는 여러 가지 방법이 있다. 이 책에서는 **유전 알고리즘**(GA, Genetic Algorithm)부터 살펴볼 것이다. 다른 진화 알고리즘 대부분은 유전 알고리즘의 변형이기 때문이다.

1970년대 초, 진화 연산의 창시자 중 한 사람인 존 홀랜드(John Holland)가 유전 알고리즘 개념을 창안했다(Holland, 1975). 홀랜드의 목표는 자연이 하는 일을 컴퓨터가 할 수 있도록 하는 것이었다. 홀랜드는 컴퓨터 과학자로서 이진수로 된 문자열을 조작하는 알고리즘에 관심이 많았다. 홀랜드는 이러한 알고리즘을 자연의 진화를 추상화한 형태로 보았다. 홀랜드의 유전 알고리즘은 인공적인 '염색체(chromosome)'로 이루어진 한 해집단에서 다른 해집단으로 넘어가는 일련의 절차적인 단계로 나타낼 수 있다. 유전 알고리즘은 '자연' 선택과 유전학에서 영감을 얻은 교차(crossover)와 변이(mutation) 연산을 사용한다. 염색체는 '유전자(gene)' 여러 개로 이루어지고, 유전자는 [그림 7-1]과 같이 0이나 1로 나타낸다.

1	0	1	1	0	1	0	0	0	0	0	1	0	1	0	1

[그림 7-1] 16비트 이진 문자열로 나타낸 인공적인 염색체

자연은 무엇을 할지 가르쳐 주지 않아도 적응하고 학습하는 능력이 있다. 즉 자연은 무조건 좋은 염색체를 찾는다. 유전 알고리즘도 마찬가지다. 두 가지 메커니즘이 유전 알고리즘을 풀려는 문제와 연결한다. 바로 인코딩(encoding)과 평가(evaluation)다.

홀랜드의 연구에서 인코딩은 염색체를 1과 0으로 된 문자열로 나타낸다. 지금껏 수많은 인코딩 기법이 고안되었지만(Davis, 1991), 모든 문제에 딱 맞는 경우는 없었다. 따라서 이 책에서는 가장 대중적인 방식인 이진 문자열을 쓰기로 한다.

평가 함수(evaluation function)는 풀려는 문제에 대한 염색체의 성능, 즉 적합도(fitness)를 재는 데 쓰인다(유전 알고리즘에서 적합도 함수는 자연의 진화에서 환경이 수행하는 것과 같은 역할을 한다). 유전 알고리즘은 재생산을 할 때 측정한 개별 염색체의 적합도 값을 사용한다. 재생산이 일어나면 교차 연산자는 두 염색체의 일부를 교환하고, 변이 연산자는 염색체에서 임의로 선택한 몇몇 자리에 있는 유전자의 값을 바꾼다. 그 결과, 재생산이 여러 번 연속해서 일어난 후에는 적합

도가 낮은 염색체는 소멸되고, 살아남은 염색체가 점차 해집단을 지배한다. 단순한 접근법이지만, 조잡한 재생산 기법이라도 고도로 복잡한 양상을 보이며, 몇몇 어려운 문제를 풀 수도 있다.

지금부터는 유전 알고리즘을 좀 더 자세히 살펴보자.

7.3 유전 알고리즘

유전 알고리즘은 생물학적 진화에 바탕을 둔 통계적 탐색 알고리즘(stochastic search algorithm) 집합이다. 풀어야 할 문제가 명확하게 정의되고, 후보 해를 나타낸 이진 문자열이 주어지면, 기본적인 유전 알고리즘은 [그림 7-2]와 같이 나타낼 수 있다. 유전 알고리즘의 주요 단계는 다음과 같다(Davis, 1991; Mitchell, 1996).

- **1단계:** 문제 변수 영역을 고정된 길이의 염색체로 나타내고, 해집단 크기 N, 교차율(crossover probability) p_c, 변이율(mutation probability) p_m을 정한다.
- **2단계:** 문제 영역에서 개별 염색체의 성능, 즉 적합도를 재는 적합도 함수를 정의한다. 적합도 함수는 재생산 과정에서 짝지어지는 염색체를 선택하는 근거다.
- **3단계:** 염색체 N개로 이루어진 초기 해집단을 임의로 생성한다. 다음과 같이 나타낼 수 있다.

$$x_1, x_2, \ldots, x_N$$

- **4단계:** 염색체 각각의 적합도를 계산한다.

$$f(x_1), f(x_2), \ldots, f(x_N)$$

- **5단계:** 현재 해집단에서 짝지을 염색체 한 쌍을 선택한다. 적합도에 따라 확률적으로 부모 염색체(parent chromosomes)를 선택한다. 적합도가 높은 염색체는 적합도가 낮은 염색체보다 선택될 확률이 높다.
- **6단계:** 유전 연산자인 교차와 변이를 적용하여 자식 염색체 한 쌍을 만든다.
- **7단계:** 만들어진 자식 염색체를 새로운 해집단에 넣는다.
- **8단계:** 새로운 해집단의 크기가 초기 해집단 크기인 N이 될 때까지 5단계를 반복한다.

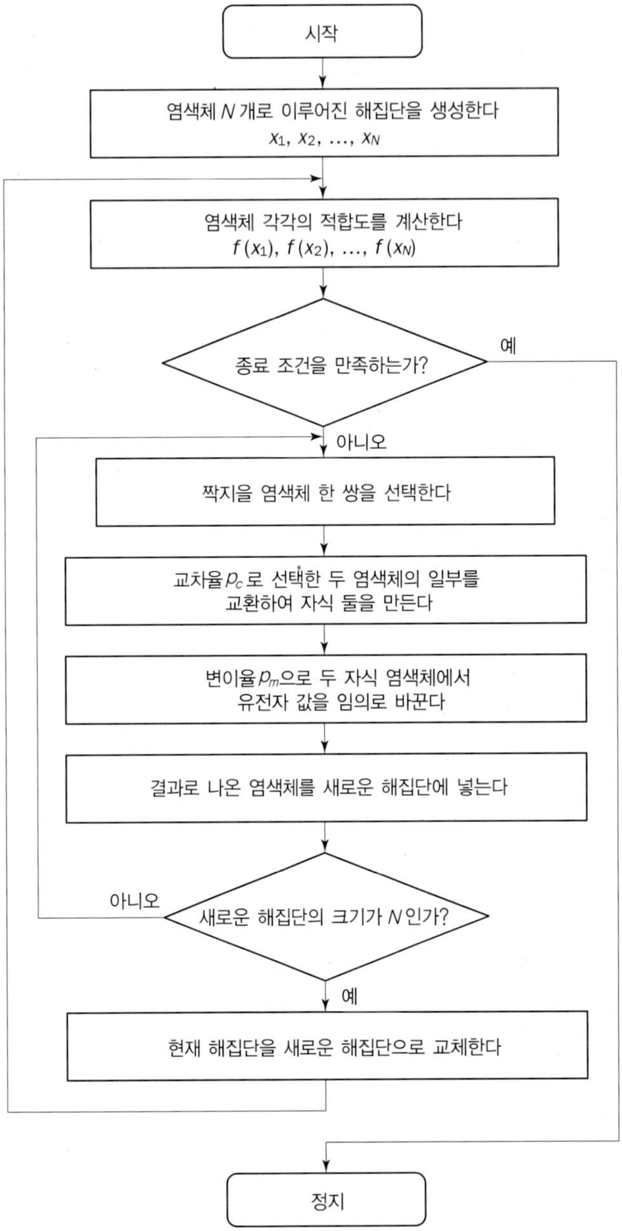

[그림 7-2] 기본적인 유전 알고리즘

■ **9단계:** 초기(부모) 해집단을 새로운(자식) 해집단으로 교체한다.

■ **10단계:** 4단계로 가서 종료 조건을 만족할 때까지 이 과정을 반복한다.

위에서 보듯 유전 알고리즘은 반복 과정이다. 하나의 반복을 한 **세대**(generation)라 한다. 단순한 유전 알고리즘에서는 세대수가 보통 50~500 또는 그 이상일 수 있다(Mitchell, 1996). 세대 전체를 하나의 **실행**이라 한다. 실행이 끝날 때까지 적합도가 높은 염색체를 한 개 이상 찾을 것이다.

유전 알고리즘에서 사용하는 전형적인 종료 조건이 있을까

유전 알고리즘은 통계적 탐색 기법을 쓰기 때문에 더 좋은 염색체가 나타나기 전까지 몇 세대 동안은 해집단의 적합도가 정체될 수 있다. 이때 전형적인 종료 조건을 적용하면 문제가 생길 수 있다. 보통 정해진 세대수가 되면 유전 알고리즘을 종료하고 해집단에서 가장 좋은 염색체를 찾는다. 만족스러운 해를 발견하지 못하면 유전 알고리즘을 다시 시작한다.

간단한 예를 보면 유전 알고리즘이 어떻게 동작하는지 쉽게 이해할 수 있을 것이다. 변수 x의 범위가 0~15 사이일 때 $(15x - x^2)$ 함수의 최대값을 찾아보자. x가 정수 값만 갖는다고 가정하면 염색체는 유전자 네 개로만 이루어진다.

정수	이진 부호	정수	이진 부호	정수	이진 부호
1	0001	6	0110	11	1011
2	0010	7	0111	12	1100
3	0011	8	1000	13	1101
4	0100	9	1001	14	1110
5	0101	10	1010	15	1111

해집단 크기 N이 6, 교차율 p_c가 0.7, 변이율 p_m이 0.001이라고 가정하자(여기서 선택한 p_c와 p_m의 값은 유전 알고리즘에서 매우 일반적이다). 이때 적합도 함수는 다음과 같다.

$$f(x) = 15x - x^2$$

유전 알고리즘은 4비트 문자열 여섯 개를 임의로 생성한 1과 0으로 채워서 초기 해집단을 만든다. 초기 해집단은 [표 7-1]의 모습과 같다. 적합도 함수에서 염색체의 초기 위치를 [그림 7-3]의 (a)에 나타내었다. 실무에서는 보통 염색체 수천 개로 이루어진 해집단을 사용한다.

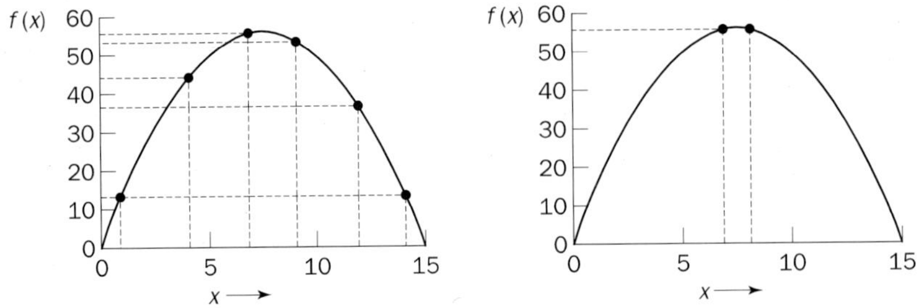

(a) 초기 해집단 (b) 최종 해집단

[그림 7-3] 적합도 함수와 염색체의 위치

다음은 염색체 각각의 적합도를 계산하는 단계다. 그 결과 역시 [표 7-1]에 나와 있다. 초기 해집단의 평균 적합도는 36이다. 이 값을 향상시키려면 선택, 교차, 변이 같은 유전 연산자를 써서 초기해를 변형해야 한다.

[표 7-1] 임의로 생성한 초기 해집단

염색체 이름	염색체 문자열	디코딩된 정수	염색체 적합도	적합도 비율(%)
X1	1100	12	36	16.5
X2	0100	4	44	20.2
X3	0001	1	14	6.4
X4	1110	14	14	6.4
X5	0111	7	56	25.7
X6	1001	9	54	24.8

자연 선택에서는 적응자만 살아남아 번식하여 다음 세대에 유전자를 물려준다. 유전 알고리즘도 비슷한 접근법을 쓰지만, 자연과 달리 세대가 바뀌어도 해집단의 크기는 변하지 않는다.

해집단의 크기를 일정하게 유지하면서 평균 적합도를 높이는 방법은 무엇일까

[표 7-1]의 마지막 열은 개별 염색체의 적합도와 해집단 전체 적합도의 비율이다. 이 비율은 염색체가 짝짓기에 참가할 확률을 결정한다. 따라서 염색체 X5와 X6은 공정한 기회를 얻는 반면, 염색체 X3과 X4는 선택될 확률이 매우 낮다. 그 결과 염색체의 평균 적합도는 한 세대에서 다음 세대로 가면서 향상된다.

가장 흔히 쓰이는 염색체 선택 기법은 **룰렛 휠 선택**(roulette wheel selection)이다(Goldberg, 1989; Davis, 1991). [그림 7-4]는 앞의 예를 룰렛 휠 선택으로 나타낸 것이다. 염색체 각각은 원형 룰렛 휠 조각을 하나씩 할당받는다. 휠에서 조각의 넓이는 염색체의 적합도 비율과 같다([표 7-1] 참고). 이를테면, 염색체 X5와 X6(적합도가 가장 높은 염색체)은 가장 넓은 영역을 차지하는 반면, 염색체 X3과 X4(적합도가 가장 낮은 염색체)는 룰렛 휠에서 매우 좁은 구역을 차지한다. 짝을 지을 염색체를 선택하려면 구간 [0, 100] 에서 난수를 만들고, 난수가 걸쳐있는 구간에 있는 염색체를 선택한다. 이는 모든 염색체가 적합도에 비례하여 공간을 차지하고 있는 룰렛 휠을 돌리는 것과 같다. 룰렛 휠을 돌린 후 화살표가 멈춘 구획의 염색체가 선택된다.

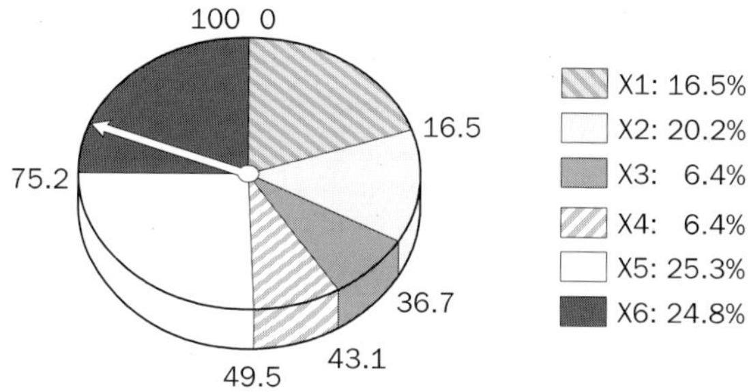

[그림 7-4] 룰렛 휠 선택

앞의 예에서는 초기 해집단이 염색체 여섯 개로 이루어진다. 따라서 다음 세대에서도 같은 규모를 유지하려면 룰렛 휠을 여섯 번 돌린다. 처음 두 회전에서는 염색체 X6과 X2가, 다음 두 회전에서는 염색체 X1과 X5가, 마지막 두 회전에서는 염색체 X2와 X5가 부모로 선택되었다고 가정하자. 부모 쌍을 선택했다면 교차 연산을 적용한다.

교차 연산자의 동작 방법은 무엇인가

먼저 교차 연산자는 부모 염색체 둘이 '끊어지는' 지점(교차점)을 임의로 선택하고, 염색체에서 이 지점보다 뒤쪽에 있는 부분을 교환한다. 그 결과 새로운 자식 염색체 두 개가 만들어진다. 이를테면, 염색체 X6과 X2는 [그림 7-5]에 보인 것처럼 두 번째 유전자 뒤에서 교차되어 자식 둘을 만든다.

염색체 쌍이 교차되지 않으면 염색체 복제(cloning)가 이루어져 부모를 똑같이 복사해서 자식을 만든다. 이를테면, 부모 염색체 X2와 X5는 [그림 7-5]에 보인 것처럼 교차 대신 자기 자신을 그

대로 복제하여 자식을 만든다.

일반적으로 교차율 값이 0.7일 때 좋은 결과를 낸다. 선택과 교차를 수행한 후 해집단의 평균 적합도가 36에서 42로 올라갔다.

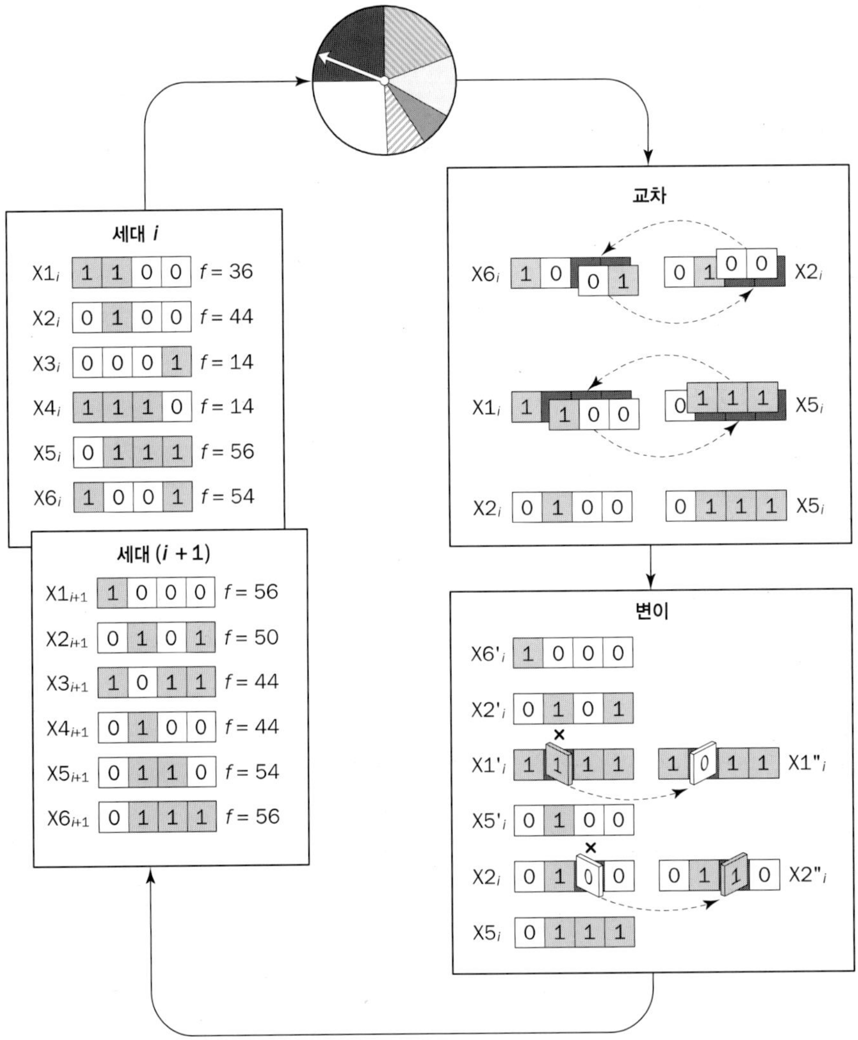

[그림 7-5] 유전 알고리즘의 한 주기

변이가 나타내는 것은 무엇인가

변이는 유전자가 바뀌는 것을 나타내며, 자연계에서는 드물게 일어난다. 변이는 적합도를 상당히 증가시킬 수 있지만, 바람직하지 않은 결과를 만드는 경우가 훨씬 많다.

그렇다면 변이를 사용하는 이유는 무엇일까? 홀랜드는 변이를 보조 연산자로 도입했다(Holland, 1975). 변이는 탐색 알고리즘이 지역 최적점에 갇히지 않도록 보장하는 역할을 한다. 선택과 교차 연산만 적용하다 보면 동질적인(homogeneous) 해집단에서 정체될 수 있다. 그런 경우에는 모든 염색체가 동일하기 때문에 해집단의 평균 적합도가 향상되지 않는다. 단지 탐색 알고리즘을 더 이상 진행하지 못한다는 이유만으로 해가 최적해나 지역 최적해인 것처럼 보일 수 있다. 변이는 임의 탐색(random search)과 동등하며 유전적 다양성을 잃지 않도록 도와준다.

변이 연산자는 어떻게 작동할까

변이 연산자는 염색체에서 임의로 선택한 유전자를 뒤집는다. 이를테면, [그림 7-5]에서처럼 염색체 X1′의 두 번째 유전자가, 염색체 X2는 세 번째 유전자가 변이될 수 있다. 변이는 염색체의 모든 유전자에 일정한 확률로 일어날 수 있다. 변이율은 자연계에서도 꽤 낮고, 유전 알고리즘에서도 0.001~0.01 사이의 범위로 꽤 낮다.

유전 알고리즘은 해집단의 평균 적합도가 연속적으로 증가하고, 일정한 세대(보통 수백 세대)가 지나면 해집단이 **최적에 가까운**(near-optimal) 해로 진화하도록 보장한다. 이 예에서 최종 해집단은 염색체 [0|1|1|1]과 [1|0|0|0]만으로 이루어질 것이다. [그림 7-3]의 (b)는 적합도 함수에서 염색체의 최종 위치를 보인다.

이 예에서 문제는 변수가 하나뿐이라는 것이다. 이 경우는 나타내기가 쉽다. 하지만 2변수 피크(peak) 함수의 최대값을 찾는 경우를 생각해보자.

$$f(x, y) = (1 - x)^2 e^{-x^2 - (y+1)^2} - (x - x^3 - y^3) e^{-x^2 - y^2}$$

여기서 인자 x와 y 값의 범위는 -3~3 사이이다.

우선 이 문제의 변수를 염색체로 나타낸다. 즉 인자 x와 y를 연결된 이진 문자열로 나타낸다. 여기서 각각의 인자는 8비트 이진수로 나타낸다.

1	0	0	0	1	0	1	0	0	0	1	1	1	0	1	1
x								y							

다음으로 해집단의 크기를 정한다. 이를테면, 6으로 정하고 임의로 초기해를 생성한다. 다음으로 염색체 각각의 적합도를 계산한다. 이는 다시 두 단계로 나뉜다. 먼저 염색체를 −3~3사이에 있는 두 실수 x와 y로 변환하여 디코딩한 다음 x와 y의 디코딩 값을 피크 함수에 대입한다.

디코딩은 어떻게 하는가

먼저 16비트 문자열로 된 염색체를 8비트 문자열 두 개로 분할한다.

1	0	0	0	1	0	1	0

와

0	0	1	1	1	0	1	1

이진수 문자열을 십진수로 변환한다.

$$\begin{aligned}(10001010)_2 &= 1\times2^7+0\times2^6+0\times2^5+0\times2^4+1\times2^3+0\times2^2+1\times2^1+0\times2^0\\ &=(138)_{10}\end{aligned}$$

$$\begin{aligned}(00111011)_2 &= 0\times2^7+0\times2^6+1\times2^5+1\times2^4+1\times2^3+0\times2^2+1\times2^1+1\times2^0\\ &=(59)_{10}\end{aligned}$$

이제 8비트로 다룰 수 있는 정수의 범위 0~(2^8-1)을 인자 x와 y의 실제 범위 −3~3에 대응시킨다.

$$\frac{6}{256-1}=0.0235294$$

x와 y의 실제 값을 얻으려면 십진 값에 0.0235294를 곱하고, 결과에서 3을 뺀다.

$$x=(138)_{10}\times0.0235294-3=0.2470588$$

$$y=(59)_{10}\times0.0235294-3=-1.6117647$$

필요하다면 **그레이 코딩**(Gray coding)과 같은 다른 디코딩 기법도 적용할 수 있다(Caruana와 Schaffer, 1988).

유전 알고리즘은 x와 y가 디코딩된 값을 피크 함수에 입력하여 염색체 각각의 적합도를 계산한다.

피크 함수의 최대값을 찾기 위해 교차율 0.7과 변이율 0.001을 사용한다. 앞에서 언급했듯 유전 알고리즘에서 보통 쓰이는 종료 조건은 세대수를 정해 두는 것이다. 세대수를 100으로 정하면 유전 알고리즘은 멈출 때까지 염색체 여섯 개를 100세대만큼 생성한다.

[그림 7-6]의 (a)는 염색체의 초기 위치를 피크 함수의 3차원 표면과 등고선 상에 나타낸 것이다. 여기서 염색체 각각은 구로 표시한다. 초기 해집단은 임의로 생성되어 서로 비슷하지 않은, 즉 **이질적인**(heterogeneous) 개체로 이루어져 있다. 그러나 두 번째 세대부터는 [그림 7-6]의 (b)에 보이듯 교차는 가장 좋은 염색체의 특성을 재조합하기 시작하고, 해집단이 최대값을 포함한 정점 주위로 모이기 시작한다. 그때부터 마지막 세대까지 유전 알고리즘은 변이를 써서 정점 주위를 탐색하고, 다양한 결과를 낸다. [그림 7-6]의 (c)는 마지막 세대를 보여주는데, 해집단이 피크 함수의 지역 최적해에 해당하는 염색체로 수렴하였다.

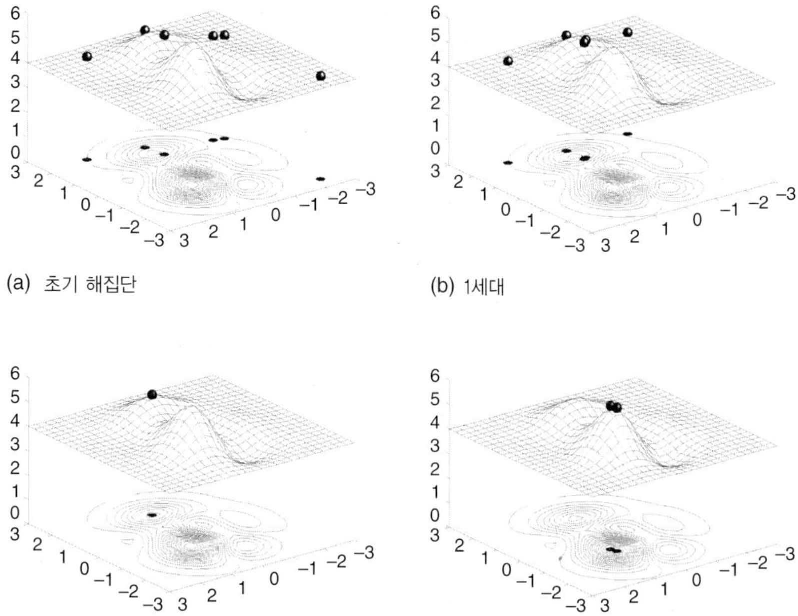

(a) 초기 해집단

(b) 1세대

(c) 지역 최적해

(d) 전역 최적해

[그림 7-6] 피크 함수의 3차원 표면과 등고선 상에 나타낸 염색체 위치

그러나 우리는 전역 최적해를 찾고 있다. 그렇다면 탐색으로 최적해를 얻는다는 사실을 확신할 수 있을까? 유전 알고리즘을 사용할 때 가장 심각한 문제는 결과의 질, 특히 최적해를 찾았는지에 대한 것이다. 이 문제를 해결하려면 여러 가지 변이율을 써서 얻은 해들을 비교하면 된다. 이를테면, 변이율을 0.01로 높이고 유전 알고리즘을 다시 실행하는 것이다. 이제 해집단은 [그림 7-6]의 (d)에 나온 염색체로 수렴할 수도 있다. 그러나 안정된 결과라는 확신을 얻으려면 해집단의 크기를 늘려야 한다.

[그림 7-6]과 같은 수학 함수의 표면 그래프는 유전 알고리즘의 성능을 보여주기에 유용한 방법이다. 그러나 실제 문제의 적합도 함수는 그래프로 쉽게 나타낼 수 없다. 그 대신 **성능 그래프**(performance graph)를 사용한다.

성능 그래프란 무엇인가

유전 알고리즘은 확률적이기 때문에 보통 세대마다 성능이 달라진다. 그러므로 해집단의 평균 성능을 나타내는 곡선뿐만 아니라 해집단에서 가장 우수한 개체의 성능을 나타내는 곡선도 일정한 세대수에 걸친 유전 알고리즘 동작을 살피기에 유용하다.

[그림 7-7]의 (a)와 (b)는 100세대에 걸친 적합도 함수의 최대값과 평균값의 그래프다. x축은 한 실행의 특정 지점에서 몇 세대가 만들어지고 평가되었는지를 나타내고, y축은 그 지점에서 적합도 함수의 값을 나타낸다.

평균 성능이 들쭉날쭉한 이유는 변이 때문이다. 변이 연산자는 유전 알고리즘이 적합도 지형을 임의로 탐색하게 한다. 변이는 해집단의 적합도를 상당히 향상시키지만, 떨어뜨리는 경우도 많다. 다양성을 보장하면서 변이로 인해 발생하는 악영향을 줄이려면 해집단의 크기를 늘리면 된다. [그림 7-8]은 20세대에 걸친 염색체 60개의 성능 그래프를 보여준다. 여기에 나타낸 최대, 평균 곡선은 유전 알고리즘에서 볼 수 있는 전형적인 그래프다. 평균 곡선은 실행 초기에 빠르게 상승하나 해집단이 최적해에 가깝게 수렴할수록 천천히 상승하고, 마지막에는 평평해진다.

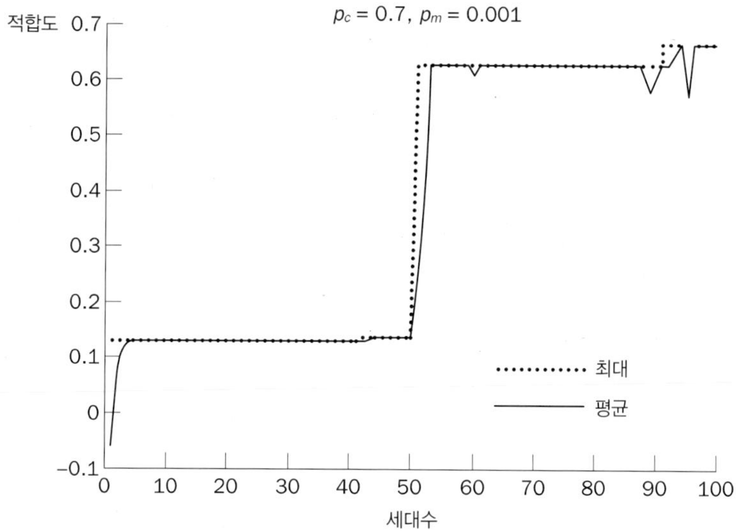

(a) 피크 함수의 지역 최적해

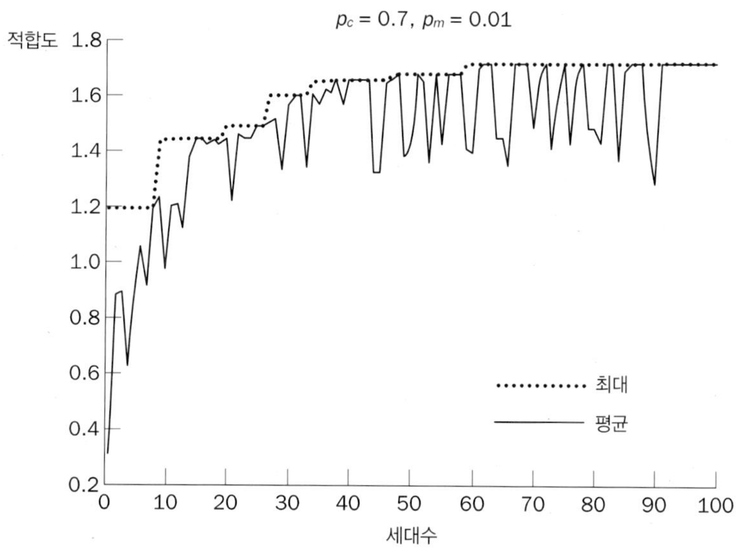

(b) 피크 함수의 전역 최적해

[그림 7-7] 100세대에 걸친 염색체 6개의 성능 그래프

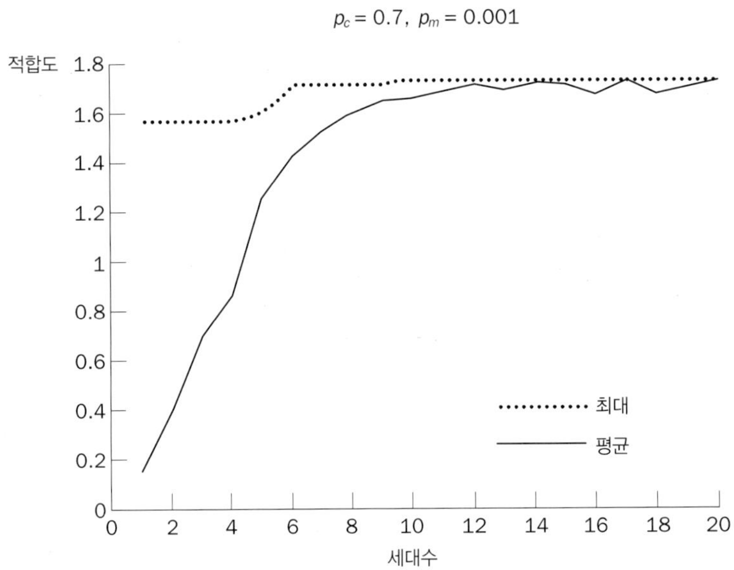

[그림 7-8] 20세대에 걸친 염색체 60개의 성능 그래프

7.4 유전 알고리즘의 작동 원리

유전 알고리즘 기법은 탄탄한 이론적 기반, 즉 스키마 정리(Schema Theorem)를 바탕으로 한다(Holland, 1975; Goldberg, 1989; Rawlins, 1991; Whitley, 1993).

존 홀랜드는 스키마(schema)라는 용어를 도입했다(Holland, 1975). 이 용어는 '형태'를 뜻하는 그리스어에서 유래했다. 스키마는 0, 1, 별표(*)로 이루어진 문자열의 집합이다. 이때 별표에는 1과 0 중 아무 값이나 들어가도 된다. 스키마에서 1과 0은 고정된 자리를 나타내고, 별표는 '와일드카드'를 나타낸다. 이를테면, 스키마 | 1 | * | * | 0 |은 1로 시작해서 0으로 끝나는 4비트 문자열의 집합을 나타낸다. 이러한 문자열을 스키마의 **인스턴스**(instance)라고 한다.

스키마와 염색체 사이에는 어떤 관계가 있을까

단순한 관계다. 염색체와 스키마가 부합할 때는 스키마 안에 고정된 자리가 염색체와 대응하는 자리와 일치할 때다. 이를테면, 스키마 H가 다음과 같다고 하자.

1	*	*	0

이 스키마는 다음 4비트 염색체의 집합에 부합한다.

1	1	1	0
1	1	0	0
1	0	1	0
1	0	0	0

이렇게 1로 시작해서 0으로 끝나는 염색체를 모두 스키마 H의 인스턴스라 한다.

스키마에 있는 특정 비트(별표가 아닌 것) 개수를 **차수**(order)라 한다. 이를테면, 스키마 H에는 특정 비트가 2개 있으므로 차수가 2다.

즉 유전 알고리즘은 실행할 때 **스키마타**(schemata)를 조작한다(스키마타는 스키마의 복수형이다). 유전 알고리즘에서 재생산율은 염색체의 적합도에 비례한다고 가정하자. 그렇다면 스키마 정리에 따라 특정 스키마가 다음 세대에도 존재할 확률을 예측할 수 있다(Holland, 1975). 다시 말해, 유전 알고리즘의 행동을 특정 스키마 인스턴스 개수의 증감으로 나타낼 수 있다(Goldberg, 1989).

스키마 H의 인스턴스 중 적어도 하나가 i번째 세대의 염색체 가운데에 있다고 하자. 그리고 i번째 세대에서 스키마 H의 인스턴스 수를 $m_H(i)$, 이 인스턴스의 평균 적합도를 $\hat{f}_H(i)$로 정의한다. 이제 다음 세대의 인스턴스 수 $m_H(i+1)$을 구한다. 재생산율은 염색체의 적합도에 비례하기 때문에 다음 세대에서 염색체 x의 자식 수의 기댓값을 쉽게 구할 수 있다. 식은 다음과 같다.

$$m_x(i+1) = \frac{f_x(i)}{\hat{f}(i)} \tag{7.1}$$

여기서 $f_x(i)$는 염색체 x의 적합도고, $\hat{f}(i)$는 i번째 세대에서 염색체의 평균 적합도이다.

이제 염색체 x를 스키마 H의 인스턴스라고 가정하면 (7.2)를 얻는다.

$$m_H(i+1) = \frac{\sum_{x=1}^{m_H(i)} f_x(i)}{\hat{f}(i)} \qquad x \in H \tag{7.2}$$

그러므로 정의에 따르면 다음과 같다.

$$\hat{f}_H(i) = \frac{\sum_{x=1}^{m_H(i)} f_x(i)}{m_H(i)}$$

결국 (7.3)을 얻는다.

$$m_H(i+1) = \frac{\hat{f}_H(i)}{\hat{f}(i)} m_H(i) \tag{7.3}$$

따라서 적합도가 평균보다 높은 스키마는 확실히 다음 세대의 염색체 중에서 더 자주 나타나는 경향이 있고, 적합도가 평균보다 낮은 스키마는 덜 나타나는 경향이 있다.

교차와 변이에 따라 일어나는 효과는 어떤가

교차와 변이는 둘 다 스키마의 인스턴스를 생성하고 파괴할 수 있다. 여기서는 파괴 효과, 즉 스키마 H의 인스턴스 수를 줄이는 효과만 고려한다. 먼저 교차 연산이 일으키는 파괴의 양을 고려해 보자. 스키마는 교차 후에 적어도 한 자식이 그 스키마의 인스턴스면 살아남는다. 이는 교차가 스키마의 정의 길이 안쪽에서 일어나지 않은 경우다.

스키마의 정의 길이는

스키마에서 가장 바깥쪽에 있는 두 특정 비트 사이의 거리를 **정의 길이**(defining length)라 한다. 이를테면, | * | * | * | * | 1 | 0 | 1 | 1 |의 정의 길이는 3, | * | 0 | * | 1 | * | 1 | 0 | * |의 정의 길이는 5, | 1 | * | * | * | * | * | * | 0 |의 정의 길이는 7이다.

교차가 정의 길이 안쪽에서 일어나면 스키마 H는 파괴되어 H의 인스턴스가 아닌 자식이 만들어질 수 있다(다만, 동일한 두 염색체를 교차시키면 정의 길이 안쪽에서 교차가 일어나도 스키마 H는 파괴되지 않을 것이다).

따라서 스키마 H가 교차 후에 살아남을 확률을 (7.4)와 같이 정의할 수 있다. 여기서 p_c는 교차율, l과 l_d는 각각 스키마 H의 길이와 정의 길이다.

$$P_H^{(c)} = 1 - p_c\left(\frac{l_d}{l-1}\right) \tag{7.4}$$

분명, 교차 후에 살아남을 확률은 긴 스키마타보다 짧은 스키마타가 높을 것이다.

이제 변이의 파괴 효과를 생각해보자. p_m을 스키마 H의 비트당 변이율, n을 스키마 H의 차수라 하자. 그러면 $(1 - p_m)$은 그 비트가 변이 후에 바뀌지 않을 확률이 되므로, 스키마 H가 변이 후에 살아남을 확률은 다음과 같다.

$$P_H^{(m)} = (1 - p_m)^n \tag{7.5}$$

여기서도 변이 후에 살아남을 확률은 차수가 높은 스키마타보다는 차수가 낮은 스키마타가 분명 높을 것이다.

이제 교차와 변이의 파괴 효과를 고려하여 (7.3)을 (7.6)과 같이 고칠 수 있다.

$$m_H(i+1) = \frac{\hat{f}_H(i)}{\hat{f}(i)} m_H(i)\left[1 - p_c\left(\frac{l_d}{l-1}\right)\right](1 - p_m)^n \tag{7.6}$$

(7.6)은 세대가 지나면서 스키마가 성장하는 것을 기술한다. 이것이 스키마 정리다. (7.6)은 교차와 변이의 파괴 효과만 고려하기 때문에 다음 세대에 존재하는 스키마 H의 인스턴스 개수의 하한을 제시한다.

논란의 여지는 있으나 교차는 유전 알고리즘의 대표적인 장점이다. 그러나 교차가 여러 해의 부분을 결합한다는 이유만으로 유전 알고리즘이 다른 탐색 기법과 최적화 기법을 능가한다고 할 만한 이론적인 근거는 아직 없다.

유전 알고리즘은 매우 강력한 도구지만, 조심스럽게 적용할 필요가 있다. 예를 들어, 문제를 이진 문자열로 인코딩하면 다루려는 문제의 성질이 바뀔 수도 있다. 즉 인코딩된 표현을 쓰는 문제가 원래 풀려던 문제와 달라지는 위험이 있다.

앞서 논의한 사항을 설명하기 위해 유전 알고리즘으로 자원을 스케줄링하는 간단한 응용을 살펴보자.

7.5 사례 연구: 유전 알고리즘으로 푸는 정비 스케줄링

유전 알고리즘을 성공적으로 응용한 분야 중 하나는 자원 스케줄링 문제다. 스케줄링 문제는 복잡하고 풀기 어렵다. 이 문제를 풀 때는 보통 탐색 기법과 휴리스틱을 결합한 방법을 사용한다.

스케줄링 문제가 어려운 이유는 뭘까

우선, 스케줄링은 NP-완비 문제다. NP-완비 문제는 다루기 힘들고, 조합 탐색 기법으로는 풀 수 없다. 게다가 휴리스틱만으로는 최적해를 보장할 수 없다.

둘째로, 스케줄링 문제는 자원이 제한되어 있어 경쟁을 해야 하는데, 수많은 제약 조건이 걸려 복잡해진다. 유전 알고리즘을 성공적으로 개발하려면 모든 제약 조건을 통합하는 적합도 함수를 정의해야 한다.

지금부터 다룰 문제는 최신 전력 시스템의 정비 스케줄을 짜는 것이다. 이 작업은 고장, 발전 설비의 사고정지[1], 교환 부품을 준비하는 지연 시간 등 여러 제약 조건과 불확실성을 고려하며 진행해야 한다. 스케줄을 급히 수정할 때도 많다. 인간 전문가는 보통 손으로 정비 계획을 세우는데, 이 방법은 최적 스케줄을 보장하지 않는다. 심지어 최적에 가까운 스케줄을 세운다는 보장도 할 수 없다.

유전 알고리즘을 개발하는 과정은 다음과 같다.

1. 문제를 명확히 제시하고, 제약 조건과 최적해의 기준을 정한다.
2. 문제 영역을 염색체로 나타낸다.
3. 염색체의 적합도를 평가할 적합도 함수를 정의한다.
4. 유전 연산자를 고안한다.
5. 유전 알고리즘을 실행하고 인자를 조정한다.

■ 1단계: 문제를 명확히 제시하고, 제약 조건과 최적해의 기준을 정한다

유전 알고리즘을 개발할 때 가장 중요한 단계다. 이 단계를 정확하게 정리하지 못하면 실용적인 스케줄을 얻을 수 없기 때문이다.

1 ① 고장 등으로 설비를 즉시 정지시키거나 또는 자동정지 시키는 것을 말하며, 설비의 오조작이나 인적실수 등도 포함된다. ② 계통의 필요에 따라 설비정지를 연기할 수 있을 경우에는 계획정지로 분류가 가능하며, 연기가 불가능한 경우 고장정지로 분류한다.

전력 시스템의 구성 요소는 예방 정비(preventive maintenance)를 통해 가용 기간 동안 멈추지 않고 작동하게 된다. 정비 스케줄링의 목적은 일정한 기간(보통 1년)동안 발생할 전력 장치의 정지를 파악하여 전력 시스템의 안전성을 최대화하는 것이다.

모든 전력 시스템의 정지는 안전성의 감소를 초래한다. 안전성(security margin)은 전력 시스템의 예비 전력에 따라 결정된다. 그리고 예비 전력은 전력 시스템의 총 발전 용량에서 계획된 정지에 따른 전력 손실을 빼고, 정비 기간 동안 예상되는 최대 부하까지 뺀 것이다. 이를테면, 총 발전 용량이 150MW고, 기간 중 정비하기로 계획된 설비가 20MW며, 이 기간의 최대 부하가 100MW라면 예비 전력은 30MW다. 정비 스케줄링은 정비 기간 중에도 전력을 공급할 수 있을 만큼 충분한 예비 전력을 보장해야 한다.

동일한 네 기간 중에 정비할 전력 장치가 7개 있다고 가정하자. 각각의 기간에 예상되는 최대 부하는 80, 90, 65, 70MW다. [표 7-2]에 각 장치의 발전 용량과 정비 수요를 제시했다.

[표 7-2] 전력 장치의 발전 용량과 정비 요구사항

장치 번호	발전 용량(MW)	1년 동안 장치 정비에 필요한 기간 수
1	20	2
2	15	2
3	35	1
4	40	1
5	15	1
6	15	1
7	10	1

이 문제의 제약 조건은 다음과 같이 정리할 수 있다.

- 장치의 정비는 기간의 처음에 시작하고, 그 기간이나 인접한 바로 다음 기간의 끝에 끝난다. 정비를 중단할 수 없으며, 계획보다 일찍 끝낼 수도 없다.
- 전력 시스템의 예비 전력은 항상 0 이상이어야 한다.

여기서 최적해의 기준은 정비 기간 중 예비 전력을 최대화하는 것이다.

■ 단계 2: 문제 영역을 염색체로 나타낸다

이 스케줄링 문제는 본질적으로 작업을 특정 순서대로 나열하는 문제다. 전체 스케줄은 중복된 작업들로 이루어질 수 있다. 그러나 모든 순서가 유효한 것은 아니다. 제약 조건에 위배될 수 있기 때문이다. 우리가 할 일은 고정된 길이의 염색체로 전체 스케줄을 나타내는 것이다.

가장 먼저 떠오르는 인코딩 방법은 장치마다 이진수를 할당하고, 염색체를 이진수의 수열로 만드는 것이다. 그러나 장치 순서를 정한 것만으로는 스케줄을 완성하지는 못한다. 동시에 장치를 정비할 수도 있고, 정비에 걸리는 시간도 스케줄에 포함시켜야 한다. 따라서 장치 순서보다 장치 정비 스케줄의 순서를 정하려고 한다. 장치 스케줄은 4비트 문자열로 나타낼 수 있다. 여기서 각 비트는 정비 기간을 뜻한다. 특정 기간에 장치를 정비한다면 그에 대응하는 비트는 1, 그렇지 않은 비트는 0으로 설정한다. 이를테면, 문자열 0 1 0 0 은 장치가 둘째 기간에 정비되는 스케줄을 나타낸다. 이 문자열은 이 장치를 정비하는 데 필요한 기간이 1이라는 것도 보여준다. 따라서 이 문제에 대한 완전한 정비 스케줄을 28비트 염색체로 나타낼 수 있다.

그러나 교차와 변이 연산을 적용하면 어떤 장치는 한 번 이상 정비하고, 어떤 장치는 한 번도 정비하지 않는 이진 문자열이 만들어지기 쉽다. 게다가 실제로 장치 정비에 필요한 기간 수를 초과해서 정비 기간을 요구하는 경우도 생길 수 있다.

더 좋은 방법은 염색체의 구성을 바꾸는 것이다. 이미 논의했듯 염색체는 유전자라는 기본 단위의 모임이다. 기본적으로 유전자 하나는 1비트로 나타냈고, 더 작은 요소로 나눌 수 없다. 같은 개념을 채택할 수도 있지만, 여기에서는 유전자 하나를 4비트로 나타낸다. 다시 말해서, 염색체에서 나눌 수 없는 가장 작은 단위를 4비트 문자열로 나타낸다. 이 표현을 쓰면 교차와 변이 연산이 유전 알고리즘의 이론적 기초에 따라 작동한다. 이제 남은 작업은 각 장치의 유전자 집합을 생성하는 일이다.

장치 1:	1 1 0 0	0 1 1 0	0 0 1 1	
장치 2:	1 1 0 0	0 1 1 0	0 0 1 1	
장치 3:	1 0 0 0	0 1 0 0	0 0 1 0	0 0 0 1
장치 4:	1 0 0 0	0 1 0 0	0 0 1 0	0 0 0 1
장치 5:	1 0 0 0	0 1 0 0	0 0 1 0	0 0 0 1
장치 6:	1 0 0 0	0 1 0 0	0 0 1 0	0 0 0 1
장치 7:	1 0 0 0	0 1 0 0	0 0 1 0	0 0 0 1

이제 유전 알고리즘은 유전자 7개로 된 염색체를 앞에서 임의로 선택한 유전자로 채워 초기 해 집단을 생성할 수 있다. 이렇게 생성한 염색체는 [그림 7-9]와 같다.

장치 1				장치 2				장치 3				장치 4				장치 5				장치 6				장치 7			
0	1	1	0	0	0	1	1	0	0	0	1	1	0	0	0	0	1	0	0	0	0	1	0	1	0	0	0

[그림 7-9] 스케줄링 문제에 사용하는 염색체

■ **3단계: 염색체의 적합도를 평가할 적합도 함수를 정의한다**

염색체 평가는 유전 알고리즘에서 반드시 필요한 부분이다. 짝지을 염색체는 적합도에 비례하여 선택되기 때문이다. 적합도 함수는 무엇이 정비 스케줄을 사용자에게 좋게 하고 무엇이 나쁘게 하는지를 포착해야 한다. 이 문제에서는 제약 조건 위반 및 각 기간의 예비 전력과 관련한 매우 단순한 함수를 사용한다.

염색체 평가는 각 기간에 정비하기로 한 장치의 발전 용량을 더하는 것부터 시작한다. [그림 7-9]에 보인 염색체에서 다음과 같은 결과를 얻는다.

기간 1: $0 \times 20 + 0 \times 15 + 0 \times 35 + 1 \times 40 + 0 \times 15 + 0 \times 15 + 1 \times 10 = 50$

기간 2: $1 \times 20 + 0 \times 15 + 0 \times 35 + 0 \times 40 + 1 \times 15 + 0 \times 15 + 0 \times 10 = 35$

기간 3: $1 \times 20 + 1 \times 15 + 0 \times 35 + 0 \times 40 + 0 \times 15 + 1 \times 15 + 0 \times 10 = 50$

기간 4: $0 \times 20 + 1 \times 15 + 1 \times 35 + 0 \times 40 + 0 \times 15 + 0 \times 15 + 0 \times 10 = 50$

그러고 나서, 전력 시스템의 총 발전 용량(여기서는 150MW)에서 이 값을 뺀다.

기간 1: $150 - 50 = 100$

기간 2: $150 - 35 = 115$

기간 3: $150 - 50 = 100$

기간 4: $150 - 50 = 100$

마지막으로 각 기간에 예상되는 최대 부하를 빼면 예비 전력은 각각 다음과 같다.

기간 1: $100 - 80 = 20$

기간 2: $115 - 90 = 25$

기간 3: $100 - 65 = 35$

기간 4: $100 - 70 = 30$

결과가 모두 양수다. 염색체 제약 조건을 위배하지 않으므로 스케줄은 유효하다. 염색체의 적합도는 가장 적은 예비 전력으로 결정한다. 이 예에서는 20이다.

그런데 예비 전력 값이 음수인 기간이 있다면 스케줄은 유효하지 않다. 그 결과 적합도 함수의 결과값은 0이 된다.

실행을 시작할 때, 임의로 만든 초기 해집단의 스케줄이 모두 유효하지 않을 수 있다. 이 경우 염색체의 적합도 값은 그대로 두고, 실제 적합도 값에 따라 선택한다.

■ **4단계: 유전 연산자를 고안한다**

유전 연산자를 고안하는 것은 매우 어려운 작업으로, 교차와 변이가 올바르게 작동하도록 실험해야 한다. 염색체는 우리의 문제에서 적법한 방식으로 나뉘어야 한다. 이미 유전자 구조를 문제에 맞게 바꾸었기 때문에 전통적인 형태의 유전 알고리즘 연산자를 이용할 수 있다. 각 유전자는 나눌 수 없는 4비트 문자열로 나타내며, 각 문자열은 특정 장치에 적용할 정비 계획을 나타낸다. 따라서 한 유전자를 어떻게 변이시키든, 부모 염색체 둘에서 온 여러 유전자를 어떻게 재결합시키든 상관없이 개별 장치의 정비 계획만 바꿀 뿐 '부자연스러운' 염색체를 만들 수는 없다.

[그림 7-10]의 (a)는 유전 알고리즘을 한 번 실행하는 동안 교차를 적용한 예다. 부모 염색체 내 임의의 지점에 선을 긋고, 그 지점 뒤의 유전자를 교환하여 자식을 만든다. (b)는 변이를 적용한 예다. 변이 연산자는 염색체에서 4비트 유전자 하나를 임의로 선택해 그에 대응하는 집합에서 임의로 선택한 유전자로 교체한다. (b)를 보면, 염색체의 세 번째 유전자가 변이되어 장치 3에 대응하는 유전자 집합에서 선택된 유전자 |0|0|0|1|로 교체되었다.

■ **5단계: 유전 알고리즘을 실행하고 인자를 조정한다**

이제 유전 알고리즘을 실행할 때다. 먼저 해집단 크기와 실행할 세대수를 정해야 한다. 해집단이 크면 더 좋은 해를 얻을 수 있으나 작동 속도가 느리다. 사실 가장 효율적인 해집단 크기는 문제를 인코딩하는 방법에 좌우된다(Goldberg, 1989). 유전 알고리즘은 해를 얻을 때까지 한정된 세대만 실행한다. 큰 해집단을 선택하고 한 번만 실행할 수도 있고, 작은 해집단을 여러 번 실행할 수도 있다. 어떤 경우든 실험을 해봐야 답을 알 수 있다.

[그림 7-11]의 (a)는 50세대에 걸쳐 염색체 20개를 실행했을 때의 성능 그래프와 이때 만들어진 가장 좋은 스케줄이다. 여기서 볼 수 있듯, 가장 좋은 스케줄의 최소 예비 전력은 15MW다. 세대수를 100으로 늘리고, 가장 좋은 스케줄을 비교해보자. (b)를 보면 가장 좋은 스케줄의 최소 예비 전력은 20MW다. 그러나 두 경우 모두 첫 세대에서 가장 좋은 개체가 나타났고, 세대수의 증가는 최종 결과에 영향을 주지 않았다. 이는 해집단의 크기를 늘려봐야 한다는 뜻이다.

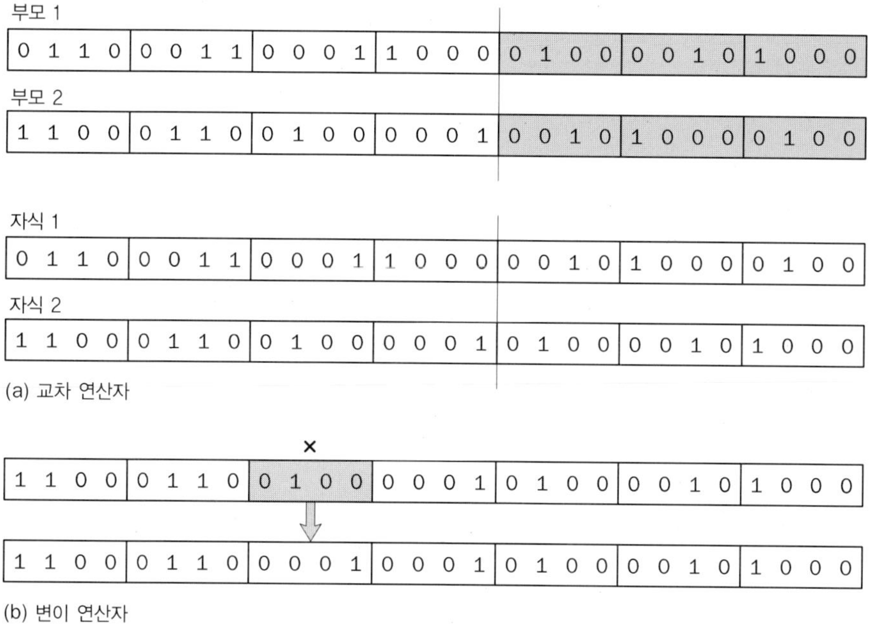

[그림 7-10] 스케줄링 문제를 위한 유전 연산자

[그림 7-12]의 (a)는 100세대에 걸친 적합도 함수의 값과 그 동안의 최적 스케줄을 보여준다. 최소 예비 전력은 25MW로 증가했다. 현재 가장 좋은 스케줄의 품질을 확인하려면 서로 다른 변이율에서 얻은 결과를 비교해야 한다. 따라서 변이율을 0.01로 늘리고, 유전 알고리즘을 한 번 더 실행했다. (b)를 보면 최소 예비 전력은 여전히 25MW다. 이제 최적해를 얻었다고 확신할 수 있다.

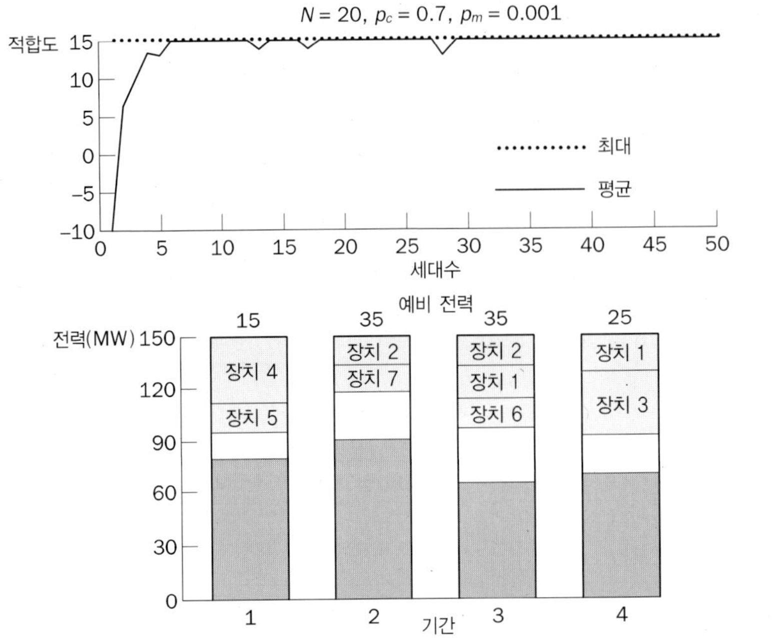

(a) 50세대

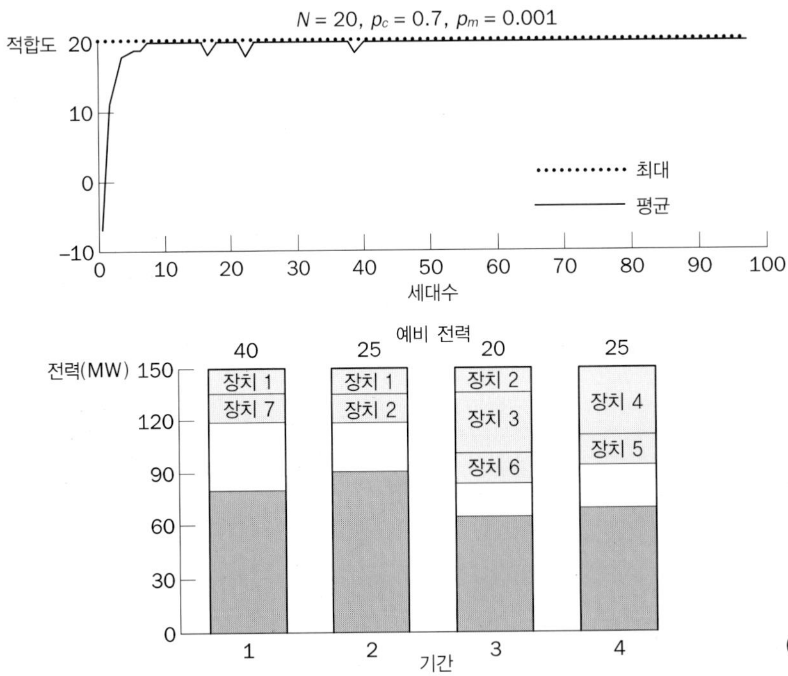

(b) 100세대

[그림 7-11] 염색체가 20개인 해집단의 성능 그래프와 여기서 만들어진 가장 좋은 정비 스케줄

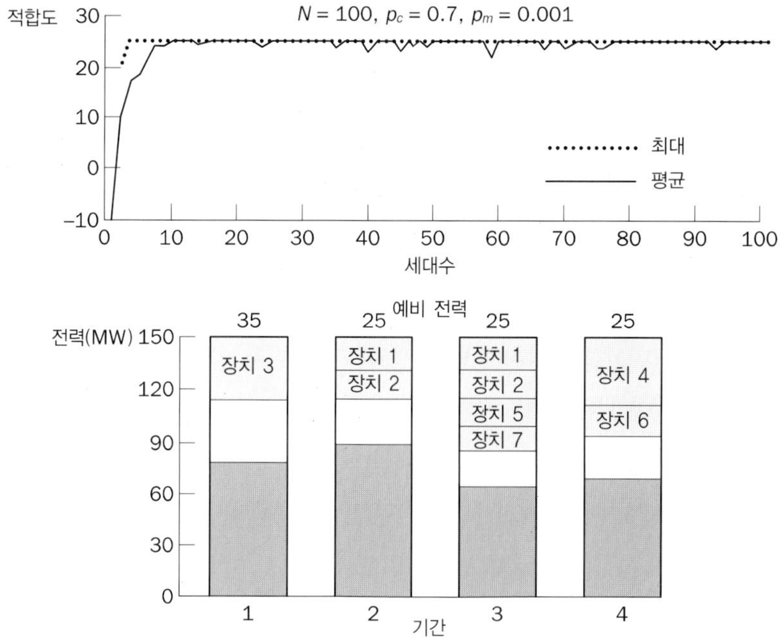

(a) 변이율 0.001

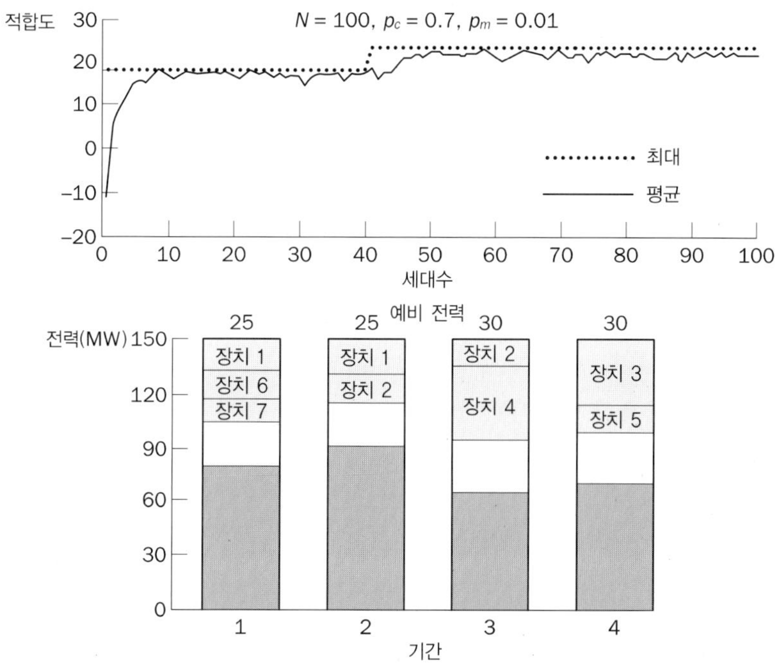

(b) 변이율 0.01

[그림 7-12] 염색체 100개로 된 해집단의 성능 그래프와 여기서 만들어진 가장 좋은 정비 스케줄

7.6 진화 전략

1960년대 초 독일에서는 자연의 진화를 흉내내는 **진화 전략**(evolution strategy)을 제안했는데, 이는 유전 알고리즘과 달리 기술적 최적화 문제를 풀기 위한 방법이다.

1963년 베를린 공과대학교 학생이었던 잉고 레켄베르크(Ingo Rechenberg)와 한스-파울 슈베펠(Hans-Paul Schwefel)은 흐름 속에서 물체의 최적 형태를 찾는 연구를 하고 있었다. 연구를 위해 흐름 공학 연구소의 풍동(wind tunnel)을 사용하였다. 당시에는 힘들고 직관적인 실험이었기 때문에, 그들은 자연의 돌연변이를 본받아 형태를 정의하는 인자를 임의로 바꿔보기로 했다. 그 결과 진화 전략이 탄생했다(Rechenberg, 1965; Schwefel, 1981).

진화 전략은 공학자의 직관을 대신하는 용도로 개발되었다. 최근까지 진화 전략은 해석적 목적 함수와 전통적인 최적화 방법 없이 공학자들의 직관에 의존했던 기술적 최적화 문제에 사용되었다.

유전 알고리즘과 달리 진화 전략은 변이 연산자만 사용한다.

진화 전략을 어떻게 구현할까

가장 단순한 형태인 (1 + 1) 진화 전략에서는 **정규 분포**(normally distributed) 변이를 적용하여 한 세대당 부모 하나가 자식 하나를 생성한다. (1 + 1) 진화 전략은 다음과 같이 구현한다.

- **1단계:** 문제를 나타낼 인자의 수 N을 정하고, 인자마다 유효한 범위를 정한다.

$$\{x_{1min}, x_{1max}\}, \{x_{2min}, x_{2max}\}, \ldots, \{x_{Nmin}, x_{Nmax}\}$$

  각 인자와 최적화할 함수의 표준 편차를 정의한다.

- **2단계:** 인자 각각의 초기값을 유효한 범위 내에서 임의로 선택한다. 인자 집합은 부모 인자의 초기 해집단을 구성한다.

$$x_1, x_2, \ldots, x_N$$

- **3단계:** 부모 인자와 연관된 해를 계산한다.

$$X = f(x_1, x_2, \ldots, x_N)$$

- **4단계:** 평균이 0이고, 미리 선택한 표준편차가 δ인 정규 분포를 따르는 확률 변수 a를 각 부모 인자에 더해 새로운(자식) 인자를 만든다.

$$x_i' = x_i + a(0, \delta) \qquad i = 1, 2, \ldots, N \tag{7.7}$$

  평균이 0인 정규 분포를 따르는 변이는 커다란 변화보다 작은 변화가 자주 일어나는 자연의 진화 과정을 반영한 것이다.

- **5단계:** 자식 인자와 관련된 해를 계산한다.

$$X' = f(x_1', x_2', \ldots, x_N')$$

- **6단계:** 부모 인자와 관련된 해와 자식 인자와 관련된 해를 비교한다. 자식과 관련된 해가 부모와 관련된 해보다 더 좋으면 부모 해집단을 자식 해집단으로 교체한다. 그렇지 않으면 부모 인자를 유지한다.
- **7단계:** 4단계로 돌아가서 만족스러운 해를 얻거나 지정한 세대수에 도달할 때까지 이 과정을 반복한다.

(1 + 1) 진화 전략은 [그림 7-13]과 같은 블록 다이어그램으로 나타낼 수 있다.

새로운 해를 생성할 때 모든 인자를 동시에 변경하는 이유

진화 전략은 염색체의 본성을 반영한다. 사실, 한 유전자가 유기체의 여러 특징에 동시에 영향을 줄 수 있다. 한편으로, 여러 유전자가 동시에 상호 작용하여 개체 특성 하나를 결정할 수도 있다. 자연 선택은 유전자 하나에 독립적으로 작용하지 않고 유전자 집단에 작용한다.

진화 전략은 제약 조건이 있는 것과 없는 것을 모두 포함한 광범위한 비선형 최적화 문제를 풀 수 있고, 기존에 사용하던 고도로 복잡한 비선형 최적화 기법보다 좋은 결과를 낼 수 있다(Schwefel, 1995). 실험 결과를 보면, 부모 하나-자식 하나만 사용하는 가장 단순한 방법이 가장 잘 작동한다.

유전 알고리즘과 진화 전략의 차이는 무엇일까

유전 알고리즘이 교차와 변이를 사용하는 반면, 진화 전략은 변이만 사용한다는 것이 주요 차이점이다. 게다가 진화 전략을 쓸 때는 문제를 인코딩된 형태로 나타낼 필요가 없다.

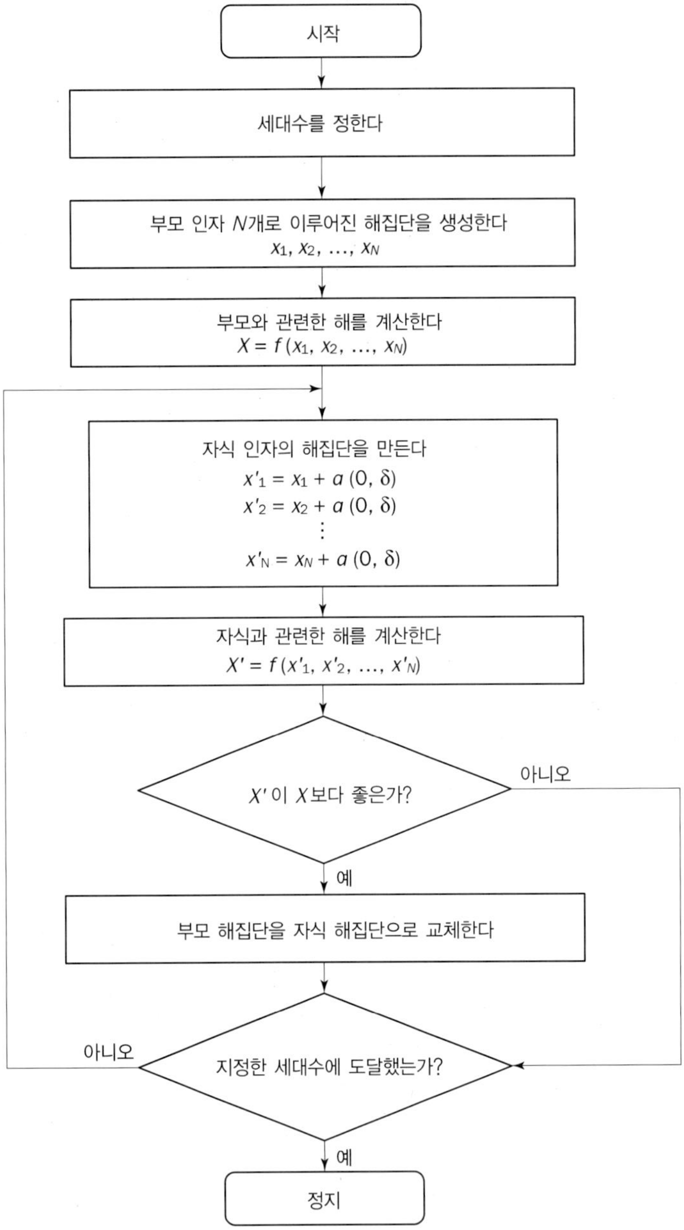

[그림 7-13] (1 + 1) 진화 전략의 블록 다이어그램

가장 잘 작동하는 방법은 어떤 것일까

진화 전략은 집중된 몬테카를로 탐색(Monte carlo search)과 비슷하게, 순수한 수치 최적화 절차를 이용한다. 일반 응용 문제를 풀 때는 유전 알고리즘이 적합하나, 문제를 인코딩하기 어렵다. 보통, 가장 적합한 방법을 찾으려면 실험을 해야 하는데, 이는 적용할 문제에 따라 다르다.

7.7 유전 프로그래밍

컴퓨터 과학 분야의 핵심 문제는 프로그램을 구체적으로 제시하지 않은 채 컴퓨터가 문제를 풀 수 있는 방법을 찾는 것이다. 유전 프로그래밍은 자연 선택 방법으로 컴퓨터 프로그램을 진화시킴으로써 이 문제를 해결한다. 사실 유전 프로그래밍은 기존 유전 알고리즘을 확장한 것이다. 그러나 유전 프로그래밍의 목표는 단지 어떤 문제의 이진 문자열 표현을 진화시키는 게 아니라 문제를 푸는 컴퓨터 코드를 진화시키는 데 있다. 즉 유전 알고리즘은 해를 나타내는 이진 문자열을 만드는 반면, 유전 프로그래밍은 해로서 컴퓨터 프로그램을 만든다.

유전 프로그래밍은 진화 연산 중에서 최근에 발전한 분야로, 1990년대에 존 코자(John Koza)가 크게 발전시켰다(Koza, 1992).

유전 프로그래밍은 어떻게 작동할까

코자에 따르면 유전 프로그래밍은 컴퓨터 프로그램 공간에서 당장 문제를 풀기에 적합한 프로그램을 찾는다(Koza, 1992).

모든 컴퓨터 프로그램은 값(인자)에 적용되는 연산자(함수)의 순서열이다. 그러나 프로그래밍 언어마다 사용하는 구문, 연산자, 문법 제약이 모두 다르다. 유전 프로그래밍은 유전 연산자를 적용하여 프로그램을 조작하기 때문에 프로그래밍 언어가 컴퓨터 프로그램을 데이터로 조작하고, 새로 만든 데이터를 프로그램으로 실행할 수 있어야 한다. 이 때문에 리스프(LISP)가 유전 프로그래밍을 구현하는 언어가 되었다(Koza, 1992).

리스프란 무엇일까

리스프, 즉 **리스트 처리기**(List Processor)는 가장 오래된 고급 언어 중 하나다(포트란(FORTRAN)은 리스프가 나오기 2년 전에 등장했다). 리스프는 존 맥카시(John McCarthy)가 1950년대 말에 개발한 언어로, 인공지능 표준 언어 중 하나가 되었다.

리스프 구조는 기호 지향적이다. 리스프의 기본 자료 구조는 **아톰**(atom)과 **리스트**(list)다. 아톰은 리스프 문법에서 나눌 수 없는 가장 작은 원소다. 숫자 *21*, 기호 *X*, 문자열 '이것은 문자열이다' 같은 것이 아톰의 예다. 리스트는 아톰이나 다른 리스트로 이루어진 객체다. 리스프의 리스트는 괄호 안에 기호를 순서대로 모아서 적는다. 이를테면, 다음과 같다.

(−(∗ A B) C)

인자 두 개, 즉 리스트 (∗ A B)와 아톰 C에 뺄셈 함수 (−)를 적용하라는 뜻이다. 먼저 리스프는 곱셈 함수 (∗)를 아톰 A와 B에 적용한다. 리스트 (∗ A B)가 평가되면 리스프는 뺄셈 함수 (−)를 두 인자에 적용하여 전체 리스트 (−(∗ A B) C)를 평가한다.

아톰과 리스트 모두를 기호 표현식(symbolic expression) 또는 **S-표현식**(S-expression)이라 한다. 리스프에서는 모든 데이터와 프로그램을 S-표현식으로 나타낸다. 이는 리스프가 프로그램을 데이터처럼 조작할 수 있게 한다. 다시 말해서, 리스프 프로그램은 자기 자신을 수정할 수도 있고, 심지어 다른 리스프 프로그램을 작성할 수도 있다. 이러한 리스프의 비범한 특징은 유전 프로그래밍의 관점에서 매우 매력적이다.

리스프의 S-표현식은 모두 루트(root)가 있고 가지에 순서가 있는 트리로 표현할 수 있다. [그림 7-14]는 S-표현식 (−(∗ A B) C)에 대응하는 트리다. 이 트리에는 노드가 5개 있는데, 각각 함수나 말단을 나타낸다. 트리의 두 내부 노드에는 (−)와 (∗) 함수가 할당되어 있다. 트리의 루트는 S-표현식의 맨 왼쪽의 여는 괄호 다음에 나오는 함수다. 트리의 세 외부 노드, 즉 리프에는 말단 A, B, C가 할당되어 있다. 그래프를 표현할 때는 가지에 순서를 정한다. 함수가 많을 때는 인자의 순서가 결과에 직접 영향을 주기 때문이다.

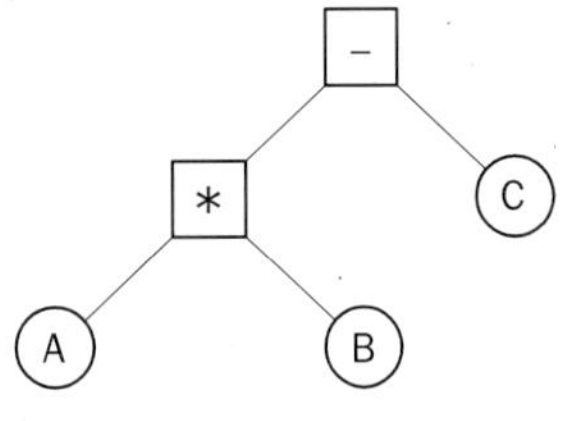

[그림 7-14] 리스프 S-표현식 (− (∗ A B) C)의 그래프 표현

유전 프로그래밍을 문제에 어떻게 적용할까

유전 프로그래밍을 문제에 적용하기에 앞서 **다섯 가지 준비 단계**를 완료해야 한다.

1. 말단 집합(set of terminals)을 정한다.
2. 기본 함수 집합을 선택한다.
3. 적합도 함수를 정의한다.
4. 실행을 제어할 인자를 결정한다.
5. 실행 결과를 나타낼 방법을 선택한다.

준비 단계와 유전 프로그래밍의 가능성을 설명하는 데 피타고라스 정리가 도움이 된다. 피타고라스 정리는 직각삼각형의 대각선 c와 밑변 a, b의 관계를 나타내는 정리다.

$$c = \sqrt{a^2 + b^2}$$

유전 프로그래밍의 목적은 이 함수에 맞는 프로그램을 발견하는 것이다. 아직 발견하지 못한 컴퓨터 프로그램의 성능을 측정하기 위해 서로 다른 **적합도 예제** 여러 개를 사용할 것이다. 피타고라스 정리에 대한 적합도 예제는 [표 7-3]에 나타낸 직각삼각형의 예로 나타낸다. 이 적합도 예제는 변수 a와 b 값의 범위에서 임의로 선택했다.

[표 7-3] 피타고라스 정리 적합도 예제 10가지

밑변 a	밑변 b	대각선 c	밑변 a	밑변 b	대각선 c
3	5	5.830952	12	10	15.620499
8	14	16.124515	21	6	21.840330
18	2	18.110770	7	4	8.062258
32	11	33.837849	16	24	28.844410
4	3	5.000000	2	9	9.219545

■ 1단계: 말단 집합을 정한다

말단은 발견할 컴퓨터 프로그램의 입력에 대응한다. 여기서는 입력 두 개 a와 b가 있다.

■ 2단계: 기본 함수의 집합을 선택한다

함수는 산술 연산자, 프로그래밍 연산자, 수학 함수, 논리 함수, 영역에 특화된 함수가 될 수 있다. 여기서는 사칙연산(+, −, *, /)과 수학 함수 *sqrt*(제곱근)를 사용한다.

말단과 기본 함수는 유전 프로그래밍이 문제를 푸는 컴퓨터 프로그램을 만드는 데서 나온 빌딩 블록을 함께 만든다.

■ **3단계: 적합도 함수를 정의한다**

적합도 함수는 특정 컴퓨터 프로그램이 얼마나 문제를 잘 풀 수 있는지를 평가한다. 적합도 함수는 문제에 따라 달라지며, 각 문제에 따라 크게 달라질 수 있다. 여기서는 컴퓨터 프로그램의 적합도를 프로그램의 실제 결과와 적합도 예제로 주어진 결과 사이의 오차로 측정할 수 있다. 보통, 오차는 적합도 예제 하나만 가지고 재는 것이 아니라, 여러 적합도 예제에 대한 오차의 절대값의 합으로 계산한다. 이 합계가 0에 가까울수록 훌륭한 컴퓨터 프로그램이다.

■ **4단계: 실행을 제어할 인자를 결정한다**

실행을 제어하려면 유전 알고리즘에서 사용하는 기본 인자를 사용해야 한다. 여기에는 해집단 크기와 한 번 실행할 때 필요한 최대 세대수가 포함된다.

■ **5단계: 실행 결과를 나타낼 방법을 선택한다**

실행의 결과로 생성된 프로그램 중 가장 적합도가 높은 것을 선정한다.

일단, 5단계까지 마치면 유전 프로그래밍을 실행할 수 있다. 컴퓨터 프로그램으로 이루어진 초기 해집단을 임의로 생성하여 실행을 시작한다. 프로그램은 +, −, *, /, *sqrt* 함수와 말단 *a*와 *b*로 이루어진다.

초기 해집단에서는 모든 컴퓨터 프로그램의 적합도가 만족스럽지 않다. 그러나 어떤 개체는 다른 개체보다 적합도가 높을 수도 있다. 적합도가 높은 염색체가 재생산할 때 선택될 확률이 높은 것처럼 적합도가 높은 컴퓨터 프로그램 역시 다음 세대에 살아남을 가능성이 더 높다.

교차 연산자를 컴퓨터 프로그램에 적용할 수 있을까

교차 연산자는 적합도에 따라 선택한 두 컴퓨터 프로그램에 작용한다. 두 프로그램의 크기와 모양은 각자 다를 수 있다. 부모 프로그램에서 임의로 선택한 부분을 재조합하여 자식 프로그램 두 개를 만든다. 예를 들어, 다음과 같은 리스프 S-표현식 두 개를 생각해보자.

$$(/\ (-\ (sqrt\ (+\ (*\ a\ a)\ (-\ a\ b)))\ a)\ (*\ a\ b))$$

이는 다음과 같다.

$$\frac{\sqrt{a^2 + (a - b)} - a}{ab}$$

그리고

$$(+\ (-\ (sqrt\ (-\ (*\ b\ b)\ a))\ b)\ (sqrt\ (/\ a\ b)))$$

이는 다음과 같다.

$$\left(\sqrt{b^2 - a} - b\right) + \sqrt{\frac{a}{b}}$$

두 S-표현식은 [그림 7-15]의 (a)에 보인 것처럼 루트가 있고 가지에 순서가 있는 트리로 표현할 수 있다. 트리의 내부 노드는 함수에, 외부 노드는 말단에 대응한다.

내부든 외부든 모든 노드를 교차점으로 선택할 수 있다. 첫째 부모(왼쪽)의 교차점을 (*) 함수, 둘째 부모(오른쪽)의 교차점을 *sqrt* 함수라 하자. 그 결과 [그림 7-15]의 (a)와 같이 선택한 교차점을 루트로 하는 두 **교차 부분**(crossover fragment)을 얻는다. 교차 연산자는 부모 둘의 교차 부분을 교환하여 자식 둘을 만든다. 따라서 둘째 부모의 교차 부분을 첫째 부모의 교차 부분이 있던 자리에 넣어 첫 번째 자식을 만든다. 비슷하게 첫째 부모의 교차 부분을 둘째 부모의 교차 부분이 있던 자리에 넣어 둘째 자식을 만든다. (b)는 부모 둘을 교차시켜 나온 두 개의 자식이다. 이는 다음과 같다.

$$\frac{\sqrt{a^2 + (a - b)} - a}{\sqrt{b^2 - a}} \text{ 와 } (ab - b) + \sqrt{\frac{a}{b}}$$

교차 연산자는 교차점을 어디로 선택하든 유효한 자식 컴퓨터 프로그램을 생성한다.

유전 프로그래밍에서 변이를 사용할까

변이 연산자는 리스프 S-표현식에 있는 모든 함수와 말단을 임의로 바꿀 수 있다. 변이할 때 함수는 함수로만, 말단은 말단으로만 교체할 수 있다. [그림 7-16]은 유전 프로그래밍에서 변이의 기본 개념을 설명한다.

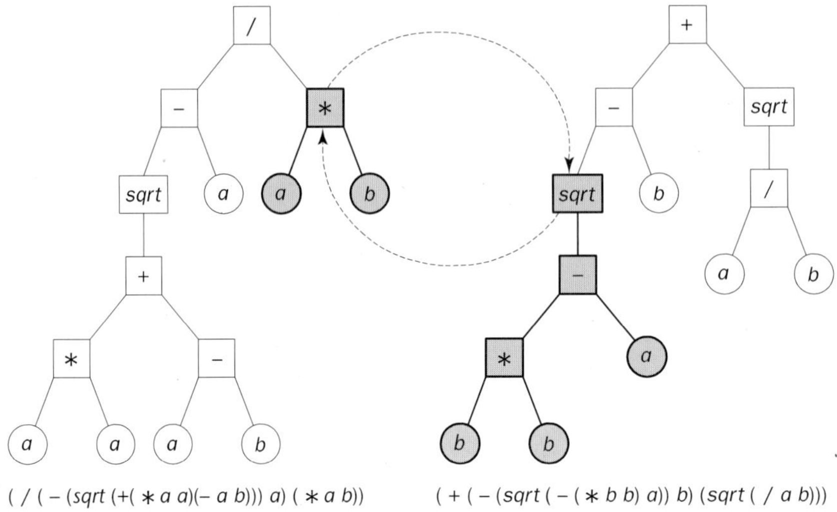

(a) 부모 둘의 S-표현식

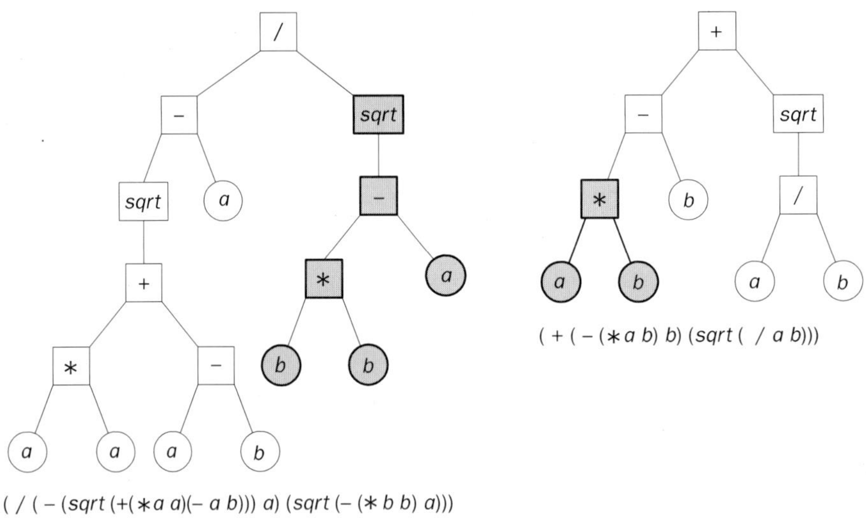

(b) 자식 둘의 S-표현식

[그림 7-15] 유전 프로그래밍의 교차

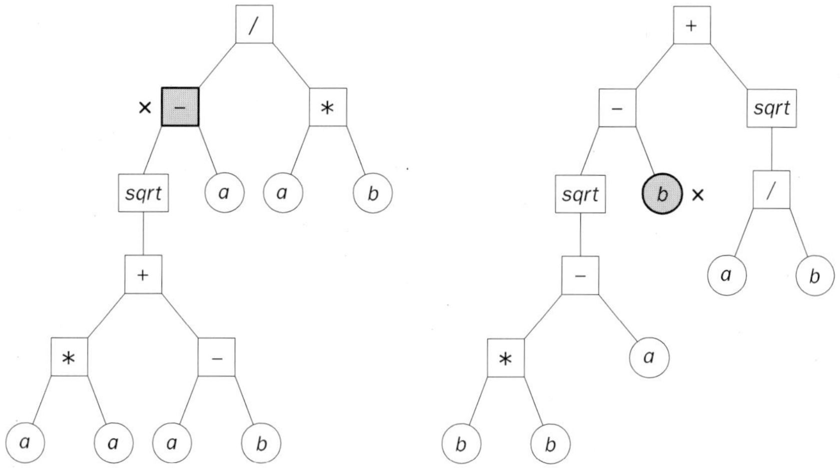

(/ (– (sqrt (+(∗ a a)(– a b))) a) (∗ a b)) (+ (– (sqrt (– (∗ b b) a)) b) (sqrt (/ a b)))

(a) 기존 S-표현식

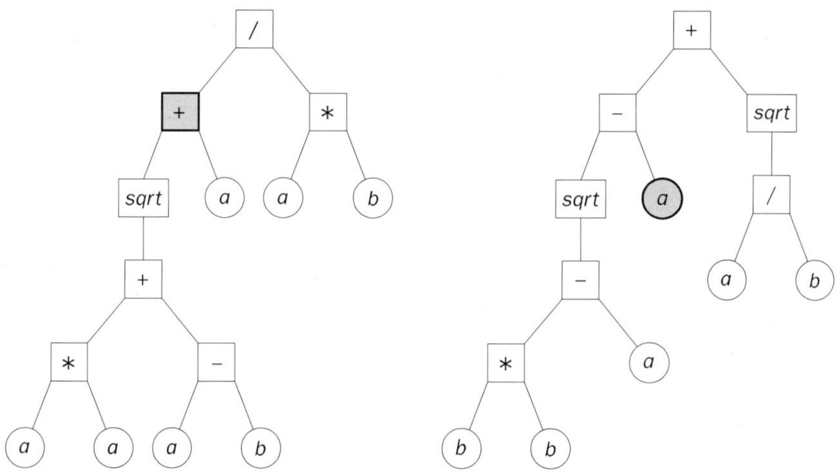

(/ (+ (sqrt (+(∗ a a)(– a b))) a)(∗ a b) (+ (– (sqrt (– (∗b b) a)) a) (sqrt (/ a b)))

(b) 변이된 S-표현식

[그림 7-16] 유전 프로그래밍의 변이

지금까지 과정을 정리하면, 유전 프로그래밍은 다음 단계를 수행함으로써 컴퓨터 프로그램을 만든다(Koza, 1994).

- **1단계:** 실행할 최대 세대수, 복제율, 교차율, 변이율을 정한다. 복제율, 교차율, 변이율을 모두 더하면 1이 되어야 한다.
- **2단계:** 선택한 함수와 말단을 임의로 결합하여 컴퓨터 프로그램 *N*개로 이루어진 초기 해집단을 생성한다.
- **3단계:** 해집단의 컴퓨터 프로그램을 각각 실행하고, 적합도 함수를 적용하여 적합도를 계산한다. 현재 적합도가 가장 높은 개체를 실행 결과로 선정한다.
- **4단계:** 정해진 확률대로 유전 연산자를 선택하여 복제, 교차, 변이를 수행한다.
- **5단계:** 복제 연산자가 선택되면, 현재 프로그램 해집단에서 컴퓨터 프로그램을 하나 선택하여 새로운 해집단에 복사해 넣는다. 교차 연산자가 선택되면, 현재 해집단에서 컴퓨터 프로그램 쌍을 선택하여 자식 프로그램 쌍을 만들고, 새로운 해집단에 넣는다. 변이 연산자가 선택되면, 현재 해집단에서 컴퓨터 프로그램 하나를 선택하고 변이를 수행하여 변이된 것을 새로운 해집단에 넣는다. 모든 프로그램을 적합도에 근거한 확률에 따라 선택한다(적합도가 높을수록 선택 확률이 높다).
- **6단계:** 새로운 컴퓨터 프로그램 해집단의 크기가 초기 해집단의 크기 *N*과 같아질 때까지 4단계를 반복한다.
- **7단계:** 현재의(부모) 해집단을 새로운(자식) 해집단으로 교체한다.
- **8단계:** 3단계로 돌아가 종료 조건을 만족할 때까지 과정을 반복한다.

[그림 7-17]은 유전 프로그래밍 단계를 나타낸 순서도다.

이제 피타고라스 정리로 돌아가자. [그림 7-18]은 컴퓨터 프로그램 500개로 이루어진 해집단에서 가장 좋은 S-표현식의 적합도 이력을 보여준다. 여기서 볼 수 있듯, 임의로 생성된 초기 해집단에서는 가장 좋은 S-표현식도 적합도가 매우 형편없다. 그러나 적합도는 매우 급격히 향상되고, 넷째 세대에서는 올바른 S-표현식이 재생산된다. 이 단순한 예제는 유전 프로그래밍이 컴퓨터 프로그램을 진화시키는 일반적이고 믿을 수 있는 방법임을 보여준다.

피타고라스 정리 예제에서는 리스프 S-표현식을 사용하였다. 그러나 유전 프로그래밍에서 리스프 S-표현식 하나만 사용할 이유는 없다. 유전 프로그래밍은 C, C++, 파스칼(Pascal), 포트란(FORTRAN), 매스매티카(Mathematica), 스몰토크(Smalltalk) 등 다른 프로그래밍 언어로도 구현할 수 있고, 그럼으로써 더욱 일반적인 응용 분야에서 사용될 수 있다.

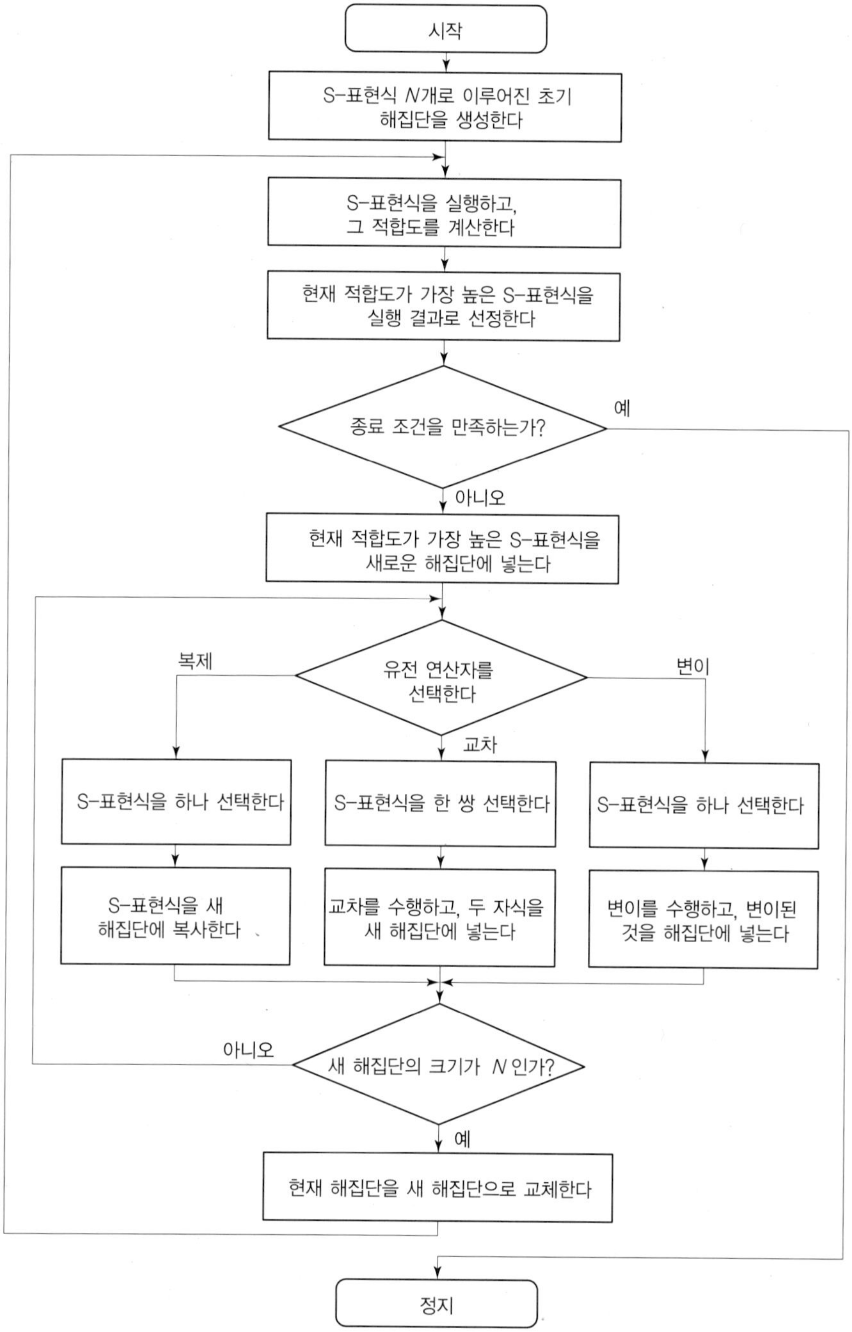

[그림 7-17] 유전 프로그래밍 순서도

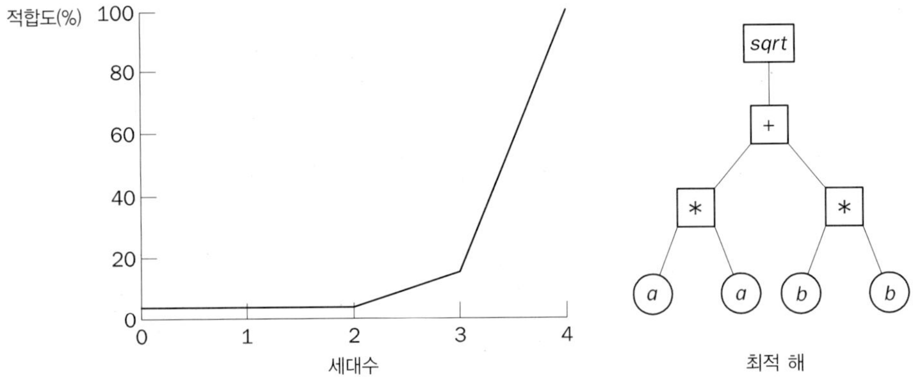

[그림 7-18] 가장 좋은 S-표현식의 적합도 이력

유전 알고리즘에 비해 유전 프로그래밍의 장점은 무엇일까

유전 프로그래밍은 유전 알고리즘과 동일한 진화 방법을 적용한다. 그러나 유전 프로그래밍은 이진 문자열을 다루지 않고, 특정 문제를 푸는 완전한 컴퓨터 프로그램으로 해를 나타낸다. 유전 알고리즘과 다른 점은 문제 표현, 즉 고정 길이 인코딩에 있다. 나쁜 표현은 유전 알고리즘의 위력을 제한하고, 심한 경우에는 잘못된 해를 이끌어낼 수도 있다.

고정 길이 인코딩은 다소 인공적이다. 길이의 동적 다양성을 제공하지 못하기 때문에 낭비가 많고 유전 탐색의 효율성을 떨어뜨린다. 반대로 유전 프로그래밍은 길이가 변하는 고차 빌딩 블록을 사용한다. 그 크기와 복잡도는 프로그램 수행 중에 변할 수 있다. 유전 프로그래밍은 매우 다양한 문제를 잘 해결하고 있고, 앞으로도 다양하게 응용할 수 있다(Koza, 1994).

문제점은 없을까

유전 프로그래밍은 이미 여러 차례 응용에 성공했지만, 아직까지 대형 컴퓨터 프로그램이 필요할 정도로 복잡한 문제를 다룰 수 있다는 사실은 증명하지 못했다. 그리고 만약 다룰 수 있다고 해도 수행 시간이 무척 길 것이다.

7.8 요약 Summary

이 장에서는 진화 연산을 개략적으로 소개했다. 먼저 유전 알고리즘의 개발 단계를 소개하고, 유전 알고리즘이 작동하는 이유를 논의했다. 그리고 유전 알고리즘을 실제로 응용한 예를 통해 이론을 설명하였다. 그런 다음 진화 전략의 기본 개념을 제시하고, 진화 전략과 유전 알고리즘의 차이를 명확하게 정리했다. 마지막으로 유전 프로그래밍을 소개한 후 실제 문제에 응용한 예를 다뤘다.

이 장에서 다룬 핵심 내용은 다음과 같다.

- 인공지능에 대한 진화적 접근법을 진화 연산이라고 하며, 자연 선택과 유전학의 계산 모델에 기초한다. 진화 연산은 유전 알고리즘, 진화 전략, 유전 프로그래밍을 포함한다.
- 진화 연산의 모든 방식은 개체 집단을 만들어 적합도를 평가하고, 유전 연산자를 적용하여 새로운 해집단을 생성하는 과정을 일정 횟수만큼 반복한다.
- 유전 알고리즘은 존 홀랜드가 1970년대 초에 개발했다. 홀랜드의 유전 알고리즘은 인공적인 '염색체'를 한 세대에서 또 다른 세대로 옮기는 절차적인 단계다. 유전 알고리즘은 '자연' 선택과 유전학에서 영감을 얻은 교차와 변이를 사용한다. 염색체는 여러 '유전자'로 이루어지며, 각 유전자는 0과 1로 표현한다.
- 유전 알고리즘은 재생산할 때 개별 염색체의 적합도 값을 사용한다. 교차 연산자는 두 염색체의 일부를 교환하고, 변이 연산자는 염색체에서 임의로 선택한 유전자 값을 바꾼다. 여러 세대에 걸쳐 재생산을 수행하면 적합도가 낮은 염색체는 멸종하고, 적합도가 가장 높은 염색체는 점점 해집단 전체를 지배한다.
- 유전 알고리즘은 스키마, 즉 후보해의 좋은 '빌딩 블록'을 발견하고 재결합하면서 작동한다. 또한 문제 영역에 대한 지식은 없어도 되지만, 해의 적합도를 평가할 적합도 함수는 있어야 한다.
- 유전 알고리즘으로 문제를 풀려면 먼저 제약 조건과 최적해의 기준을 정의하고, 문제의 해를 염색체로 인코딩한다. 그런 다음 염색체의 성능을 평가할 적합도 함수를 정의하고, 적절한 교차와 변이 연산자를 만든다.
- 유전 알고리즘은 매우 강력한 도구다. 그러나 문제를 이진 문자열로 인코딩하면 실제로 풀려는 문제의 본질을 바꿀 수 있다. 인코딩된 표현이 실제로 풀려는 문제와 다를 위험이 상존하는 것이다.
- 1960년대 초 잉고 레켄베르그와 한스-파울 슈베펠은 공학자의 직관을 대체하려고 진화 전략을 개발했다. 진화 전략은 해석적 목적 함수와 전통적인 최적화 방법이 없이 공학자의 직관에만 의존해야 하는 기술적 최적화 문제에 사용된다.

- 진화 전략은 순수한 수치 최적화 절차로, 집중된 몬테카를로 탐색과 비슷하다. 유전 알고리즘과 달리 진화 전략은 변이 연산자만 사용한다. 또 문제를 인코딩한 표현은 필요없다.
- 유전 프로그래밍은 진화 연산 영역에서 최근에 발전한 분야다. 1990년대에 존 코자가 유전 프로그래밍 발전에 지대한 공헌을 했다. 유전 프로그래밍은 유전 알고리즘과 같은 진화적 방법을 적용한다. 그러나 더 이상 해를 인코딩한 이진 문자열을 다루지 않고, 당장의 문제를 푸는 완전한 컴퓨터 프로그램을 다룬다.
- 유전 프로그래밍으로 문제를 풀려면 먼저 인자 집합을 결정하고, 함수 집합을 선택한다. 그런 다음 만들어진 컴퓨터 프로그램을 평가할 적합도 함수를 정의하고, 실행 결과를 선정할 방법을 선택한다.
- 유전 프로그래밍은 유전 연산자를 적용하여 프로그램을 조작하기 때문에 프로그래밍 언어가 컴퓨터 프로그램을 데이터로서 조작하고, 새로 만들어진 데이터를 프로그램으로 실행되게 해야 한다. 이런 이유로 유전 프로그래밍의 주 언어를 리스프로 선택했다.

Chapter_07 연습문제

01 유전 알고리즘은 왜 '유전' 알고리즘인가? 유전 알고리즘의 '아버지'는 누구인가?

02 유전 알고리즘의 주요 단계는 무엇인가? 각 단계를 구현하는 순서도를 그려라. 유전 알고리즘에서 사용하는 종료 조건은 무엇인가?

03 룰렛 휠 선택 기법은 무엇인가? 작동하는 방식을 설명하고, 예를 들어라.

04 교차 연산자는 어떻게 작동하는가? 고정 길이 이진 문자열을 쓰는 예를 들어라.

05 변이란 무엇인가? 변이는 왜 필요한가? 변이 연산자는 어떻게 작동하는가? 고정 길이 이진 문자열을 쓰는 예를 들어라.

06 유전 알고리즘이 작동하는 이유는 무엇인가? 스키마란 무엇인가? 스키마와 인스턴스의 예를 들어라. 스키마와 염색체의 관계를 설명하라. 스키마 정리란 무엇인가?

07 실제 문제를 푸는 유전 알고리즘을 개발하는 과정을 설명하라. 유전 알고리즘의 근본적인 어려움은 무엇인가?

08 진화 전략이란 무엇이고, 어떻게 구현하는가? 진화 전략과 유전 알고리즘의 차이는 무엇인가?

09 (1 + 1) 진화 전략의 블록 다이어그램을 그려라. 새로운 해를 생성할 때 모든 인자를 동시에 변화시키는 이유는 무엇인가?

10 유전 프로그래밍이란 무엇이고, 어떻게 작동하는가? 리스프(LISP)가 유전 프로그래밍의 주 언어가 된 이유는 무엇인가?

11 리스프 S-표현식이란 무엇인가? 예를 하나 들되, 루트가 있고 가지에 순서가 있는 트리로 그려라. 트리에서 말단과 함수를 보여라.

12 유전 프로그래밍의 주요 단계는 무엇인가? 각 단계를 구현하는 순서도를 그려라. 유전 프로그래밍의 장점은 무엇인가?

참고문헌

[01] Atmar, W. (1994). Notes on the simulation of evolution, *IEEE Transactions on Neural Networks*, 5(1), 130–148.

[02] Caruana, R.A. and Schaffer, J.D. (1988). Representation and hidden bias: gray vs. binary coding for genetic algorithms, *Proceedings of the Fifth International Conference on Machine Learning, J. Laird*, ed., Morgan Kaufmann, San Mateo, CA.

[03] Davis, L. (1991). *Handbook on Genetic Algorithms.* Van Nostrand Reinhold, New York.

[04] Fogel, L.J., Owens, A.J. and Walsh, M.J. (1966). *Artificial Intelligence Through Simulated Evolution.* Morgan Kaufmann, Los Altos, CA.

[05] Goldberg, D.E. (1989). *Genetic Algorithms in Search, Optimisation and Machine Learning.* Addison-Wesley, Reading, MA.

[06] Hartl, D.L. and Clark, A.G. (1989). *Principles of Population Genetics*, 2nd edn. Sinauer, Sunderland, MA.

[07] Hoffman, A. (1989). *Arguments on Evolution: A Paleontologist's Perspective.* Oxford University Press, New York.

[08] Holland, J.H. (1975). *Adaptation in Natural and Artificial Systems.* University of Michigan Press, Ann Arbor.

[09] Keeton, W.T. (1980). *Biological Science*, 3rd edn. W.W. Norton, New York.

[10] Koza, J.R. (1992). *Genetic Programming: On the Programming of the Computers by Means of Natural Selection.* MIT Press, Cambridge, MA.

[11] Koza, J.R. (1994). *Genetic Programming II: Automatic Discovery of Reusable Programs.* MIT Press, Cambridge, MA.

[12] Mayr, E. (1988). *Towards a New Philosophy of Biology: Observations of an Evolutionist.* Belknap Press, Cambridge, MA.

[13] Michalewicz, Z. (1996). *Genetic Algorithms + Data Structures = Evolutionary Programs*, 3rd edn. Springer-Verlag, New York.

[14] Mitchell, M. (1996). *An Introduction to Genetic Algorithms.* MIT Press, Cambridge, MA.

[15] Rawlins, G. (1991). *Foundations of Genetic Algorithms. Morgan Kaufmann*, San Francisco, CA.

[16] Rechenberg, I. (1965). *Cybernetic Solution Path of an Experimental Problem.* Ministry of Aviation, Royal Aircraft Establishment, Library Translation No. 1122, August.

[17] Schwefel, H.-P. (1981). *Numerical Optimization of Computer Models.* John Wiley, Chichester.

[18] Schwefel, H.-P. (1995). *Evolution and Optimum Seeking.* John Wiley, New York.

[19] Turing, A.M. (1950). *Computing machinery and intelligence,* Mind, 59, 433–460.

[20] Whitley, L.D. (1993). *Foundations of Genetic Algorithms 2. Morgan* Kaufmann, San Francisco, CA.

[21] Wright, S. (1932). The roles of mutation, inbreeding, crossbreeding, and selection in evolution, *Proceedings of the 6th International Congress on Genetics, Ithaca,* NY, vol. 1, pp. 356–366.

[22] Arnold, D.V. and Beyer, H.-G. (2002). *Noisy Optimization with Evolution Strategies.* Kluwer Academic Publishers, Boston.

[23] Beyer, H.-G. (2001). The Theory of Evolution Strategies. Springer-Verlag, Heidelberg.

[24] Cantu-Paz, E. (2000). *Designing Efficient Parallel Genetic Algorithms.* Kluwer Academic Publishers, Boston.

[25] Christian, J. (2001). *Illustrating Evolutionary Computation with Mathematica.* Morgan Kaufmann, San Francisco, CA.

[26] Coley, D.A. (1999). *An Introduction to Genetic Algorithms for Scientists and Engineers.* World Scientific, Singapore.

[27] Davidor, Y. (1990). *Genetic Algorithms and Robotics.* World Scientific, Singapore.

[28] Gen, M. and Cheng, R. (1997). *Genetic Algorithms and Engineering Design.* John Wiley, New York.

[29] Gen, M. and Cheng, R. (1999). *Genetic Algorithms and Engineering Optimization.* John Wiley, New York.

[30] Goldberg, D.E. (2002). *The Design of Innovation: Lessons from and for Competent Genetic Algorithms.* Kluwer Academic Publishers, Boston.

[31] Haupt, R.L. and Haupt, S.E. (1998). *Practical Genetic Algorithms.* John Wiley, New York.

[32] Koza, J.R. (1992). *Genetic Programming: On the Programming of Computers by Means of Natural Selection.* MIT Press, Cambridge, MA.

[33] Koza, J.R., Bennett III, F.H., Andre, D. and Keane, M.A. (1999). *Genetic Programming III: Darwinian Invention and Problem Solving.* Morgan Kaufmann, San Francisco, CA.

[34] Koza, J.R., Keane, M.A., Streeter, M.J., Mydlowec, W., Yu, J. and Lanza, G. (2003). *Genetic Programming IV: Routine Human-Competitive Machine Intelligence.* Kluwer Academic

Publishers, Boston.

[35] Langdon, W.B. (1998). *Genetic Programming and Data Structures: Genetic Programming + Data Structures = Automatic Programming*! Kluwer Academic Publishers, Amsterdam.

[36] Langdon, W.B. and Poli, R. (2002). *Foundations of Genetic Programming*. Springer-Verlag, Berlin.

[37] Man, K.F., Tang, K.S., Kwong, S. and Halang, W.A. (1997). *Genetic Algorithms for Control and Signal Processing*. Springer-Verlag, London.

[38] Man, K.F., Tang, K.S. and Kwong, S. (1999). *Genetic Algorithms: Concepts and Designs*. Springer-Verlag, London.

[39] O'Neill, M. and Ryan, C. (2003). *Grammatical Evolution: Evolutionary Automatic Programming in an Arbitrary Language*. Kluwer Academic Publishers, Boston.

[40] Vose, M.D. (1999). *The Simple Genetic Algorithm: Foundations and Theory*. MIT Press, Cambridge, MA.

Chapter

08

하이브리드 지능 시스템

Hybrid intelligent systems

학습목표

- 신경망 전문가 시스템에 대해 이해한다.
- 뉴로-퍼지 시스템, 적응형 뉴로-퍼지 추론 시스템인 ANFIS를 살펴본다.
- 진화 신경망과 퍼지 진화 시스템을 소개한다.

8.1 독일 기술과 이탈리아 사랑을 어떻게 결합할까?

지금까지 확률 추론, 퍼지 논리, 인공 신경망, 진화 연산을 포함하여 다양한 지능 기술을 다루었다. 각 기법의 장단점을 논하고, 현실의 수많은 문제를 해결할 때 다양한 경로로 습득한 지식뿐만 아니라 서로 다른 지능 기술을 결합해야 한다는 사실도 이야기했다. 이와 같은 결합의 필요성 때문에 **하이브리드**[1] **지능 시스템**(hybrid intelligent system)이 등장했다.

하이브리드 지능 시스템은 지능 기술을 적어도 두 가지 이상 결합한 시스템이다. 이를테면, 인공 신경망과 퍼지 시스템을 결합하면 하이브리드 뉴로-퍼지 시스템이 된다.

확률 추론, 퍼지 논리, 인공 신경망, 진화 연산의 결합은 불확실하고 부정확한 환경에서 추론과 학습이 가능한 하이브리드 지능 시스템을 구축하는 새로운 방법인 **소프트 컴퓨팅**(Soft Computing)의 핵심이다.

소프트 컴퓨팅의 가능성은 퍼지 논리의 '아버지'인 로트피 자데(Lotfi Zadeh)가 처음 발견했다. 1991년 3월에 자데는 소프트 컴퓨팅 연구를 위해 버클리 BISC(Berkeley Initiative in Soft Computing)를 설립했다. BISC 그룹에는 학생, 교수진, 일반 기업 및 공공기관 직원, 소프트 컴퓨팅에 관심 있는 개인들이 참여했다. 이 그룹의 빠른 성장은 향후 몇 년 내에 과학 및 공학 분야에서 소프트 컴퓨팅의 영향력이 증가할 것을 암시한다.

'소프트' 컴퓨팅이란 무엇인가

전통적인 컴퓨팅이나 '하드' 컴퓨팅에서는 **크리스프 값**(crisp value)[2] 이나 숫자를 쓰는 반면, 소프트 컴퓨팅에서는 **소프트 값**(soft value)이나 퍼지 집합을 다룬다. 소프트 컴퓨팅은 인간의 생각과 같은 불확실하고 부정확하며 불완전한 정보를 다루는 데 뛰어나다. 현실에서 인간은 숫자보다 말로 표현된 소프트 데이터를 주로 사용한다. 인간에게는 소프트 정보를 다루는 감각 기관, 불확실하고 부정확한 환경에서 유연한 연상과 추론을 하는 뇌, 숫자를 사용하지 않고서도 추론하고 결정할 수 있는 놀라운 능력이 있다. 소프트 컴퓨팅은 이러한 인간의 의사 결정 과정, 즉 인간의 단어 지각을 모형으로 나타내려고 한다.

1 하이브리드(hybrid)는 혼성을 뜻하는 말로, 두 개 이상의 서로 다른 요소가 합쳐진 것이다.

2 크리스프(crisp)는 바삭바삭하다는 뜻으로, 소프트(soft, 부드럽다)와 대비되는 용어다. 소프트는 경계가 모호한 대상을 가리킬 때, 크리스프는 경계가 분명한 대상을 가리킬 때 사용한다.

말을 사용하여 복잡한 문제를 풀 수 있을까

말은 숫자보다 정확성이 낮고, 정확성을 유지하려면 비용이 많이 든다. 말은 부정확성을 감내할 수 있을 때 사용한다. 마찬가지로, 소프트 컴퓨팅은 사용의 용이성, 높은 강건성(robustness)을 얻고, 답을 얻는 비용을 낮추기 위해 불확실성과 부정확성을 감내하는 방법을 찾아낸다(Zadeh, 1996).

인간은 사용할 수 있는 데이터가 숫자로 표현할 수 없을 만큼 정확하지 않을 때 말을 사용한다. 이런 경우는 복잡한 문제에서 자주 볼 수 있는데, 하드 컴퓨팅이 해답을 만들어내지 못해도 소프트 컴퓨팅은 여전히 만족스러운 해답을 찾아낼 수 있다.

소프트 컴퓨팅과 인공지능의 차이는 무엇일까

전통적인 인공지능은 인간의 지식을 기호 용어(symbolic term)로 나타내려고 한다. 그 토대는 기호 조작에 관한 엄격한 이론과 순방향과 역방향 연결을 포함한 정확한 추론 기법에 있다. 전통적인 인공지능의 가장 성공적인 산물은 전문가 시스템이다. 그러나 전문가 시스템은 정확한 지식을 얻고 그 지식을 기반지식으로 나타낼 때만 좋기 때문에 실제 응용 분야는 크게 제한된다.

그러나 최근 몇 년간 인공지능 영역은 인공 신경망, 유전 알고리즘에 이어 퍼지 집합론을 포함시킬 정도로 급속히 확장되었다(Russell and Norvig, 2002). 이는 현대 인공지능과 소프트 컴퓨팅의 경계를 모호하게 만들어 각각을 구분하기 어렵게 만든다. 이 장에서는 어느 기술이 어느 쪽에 속하는가를 논하기보다 하이브리드 지능 시스템을 구축하는 주요 원리를 설명할 것이다.

하이브리드 시스템에서는 정확히 무엇을 결합하려는 것인가

로트피 자데가 좋은 하이브리드를 '영국 경찰, 독일 기술, 프랑스 음식, 스위스 은행, 이탈리아 사랑'으로 표현한 것으로 유명하다. '영국 음식, 독일 경찰, 프랑스 기술, 이탈리아 은행, 스위스 사랑'이라는 하이브리드라면 그다지 좋지 않았을 것이다. 이와 같이 하이브리드 지능 시스템은 유용할 수도 있고, 나쁠 수도 있다. 이는 하이브리드를 어떤 요소로 구성하는지에 달려있다. 지금부터 좋은 하이브리드 시스템을 만들기에 적합한 요소를 선택하는 방법을 살펴보자.

요소마다 장단점이 있다. 확률 추론은 불확실성을, 퍼지 논리는 부정확성을, 인공 신경망은 학습을, 진화 연산은 최적화를 다룬다. [표 8-1]은 서로 다른 지능 기술을 비교한 것이다. 좋은 하이브리드 시스템은 각 기법의 장점들을 담는다. 이들의 상승 작용으로 하이브리드 시스템은 상식에 따라 정제되지 않은 데이터에서 지식을 추출한다. 또한 인간과 비슷한 추론 기법을 사용하여 불확실성과 부정확성을 다루고, 빠르게 변화하는 미지의 환경에 적응하는 법을 학습할 수 있다.

[표 8-1] 전문가 시스템, 퍼지 시스템, 인공 신경망, 유전 알고리즘 비교

	전문가 시스템	퍼지 시스템	인공 신경망	유전 알고리즘
지식 표현	○	●	□	■
불확실성 허용	○	●	●	●
부정확성 허용	□	●	●	●
적응성	□	■	●	●
학습 능력	□	□	●	●
설명 능력	●	●	□	■
지식 발견과 데이터 마이닝	□	■	●	○
유지 보수성	□	○	●	○

□나쁨 ■약간 나쁨 ○약간 좋음 ●좋음

8.2 신경망 전문가 시스템

전문가 시스템과 인공 신경망은 지능 기술로서, 인간의 지능을 모방하며 궁극적으로는 지능 기계를 창조하려는 공통 목표가 있다. 그러나 목표를 달성하기 위해 사용하는 수단은 각자 다르다. 전문가 시스템은 논리 추론과 결정 트리를 이용하여 인간의 추론을 모델링하는 데 집중하는 반면, 인공 신경망은 병렬 데이터 처리를 이용하여 인간의 뇌를 모델링하는 데 집중한다. 전문가 시스템은 뇌를 블랙박스[3]처럼 다루지만, 인공 신경망은 뇌의 구조와 기능 그리고 학습 능력에 주목한다. 이런 차이를 전문가 시스템과 인공 신경망에서 사용하는 지식 표현과 데이터 처리 기법에 반영한다.

규칙기반 전문가 시스템에서는 인간 전문가를 관찰하거나 전문가와 인터뷰를 해서 모은 IF-THEN 생성 규칙으로 지식을 표현한다. '지식 획득(knowledge acquisition)'이라고 하는 이 작업은 매우 어렵고 비용이 많이 든다. 더욱이 규칙을 기반지식에 한 번 저장하고 나면 전문가 시스템 스스로는 수정할 수 없다. 전문가 시스템은 경험을 바탕으로 학습하거나 새로운 환경에 적응하지 못한다. 오직 인간만이 규칙을 더하거나 바꾸고 제거해서 기반지식을 수정할 수 있다.

인공 신경망의 지식은 뉴런 간 시냅스 가중치로 저장된다. 이 지식은 학습 단계에서 훈련 집합 데이터가 신경망에 들어올 때 습득한 것이다. 신경망은 출력 데이터를 생성할 때까지 입력 데이터를 층에서 층으로 전파한다. 만약 원하던 출력이 아니면 오차를 계산해서 신경망으로 거꾸로

3 입력 값과 결과 값만을 알 수 있는 시스템. 결과를 도출하기 위한 내부 동작과정을 알 수 없다.

전파한다. 오차가 전파되면서 시냅스 가중치도 수정된다. 전문가 시스템과 달리 인공 신경망은 인간이 개입하지 않아도 학습을 수행한다.

그러나 전문가 시스템에서는 지식을 개별 규칙으로 나눌 수 있고, 사용자는 시스템에서 사용한 지식의 단편을 보고 이해할 수 있다. 이와는 대조적으로 인공 신경망에서는 시냅스 가중치 하나를 독립된 지식의 단편으로 분리할 수 없다. 지식은 전체 신경망에 내장되어 있어 개별 조각으로 나눌 수 없다. 그리고 시냅스 가중치가 하나라도 바뀌면 결과를 예측할 수 없다. 사실 인공 신경망은 사용자에게 일종의 블랙박스와 같다.

전문가 시스템은 학습을 하지 못하는 대신 결론에 도달하는 과정은 설명할 수 있다. 인공 신경망은 학습을 할 수는 있지만 블랙박스처럼 작동하여 도달하는 과정에 설명할 수 없다. 따라서 두 기술의 장점을 결합하면 훨씬 강력하고 효과적인 전문가 시스템을 만들 수 있다. 인공 신경망과 규칙기반 전문가 시스템을 결합한 하이브리드 시스템을 **신경망 전문가 시스템**(neural expert system)이라 한다(또는 **연결주의 전문가 시스템**(connectionist expert system)이라 한다). 학습, 일반화, 강건성, 병렬 정보 처리가 가능한 인공 신경망은 새로운 유형의 전문가 시스템을 구축하기에 '적절한' 요소다.

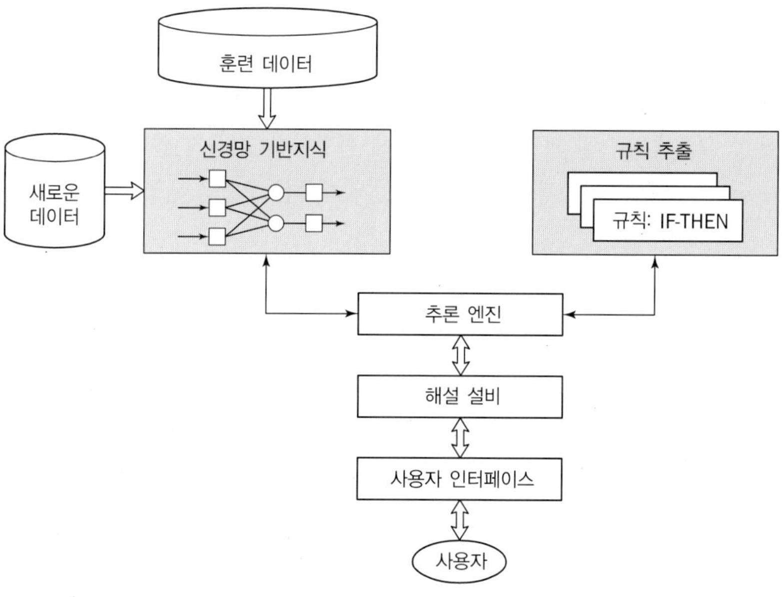

[그림 8-1] 신경망 전문가 시스템의 기본 구조

[그림 8-1]은 신경망 전문가 시스템의 기본 구조를 보여준다. 규칙기반 전문가 시스템과 달리 신경망 전문가 시스템의 기반지식은 훈련된 신경망으로 나타낸다. 신경망 전문가 시스템은 인공 신경망에서 IF-THEN 규칙을 추출할 수 있기 때문에 결론을 정당화하고 설명할 수 있다. 신경망 전문가 시스템의 핵심은 **추론 엔진**(inference engine)이다. 추론 엔진은 시스템의 정보 흐름을 제어하고, 신경망 기반지식에 대한 추론 원리를 가르친다. 또한 신경망 추론 엔진은 근사추론(approximate reasoning)을 보장한다.

근사추론이란 무엇일까

규칙기반 전문가 시스템에서 추론 엔진은 각 규칙의 조건부를 데이터베이스에서 제공한 데이터와 비교한다. 규칙의 IF부가 데이터베이스의 데이터와 일치하면 그 규칙을 적용하여 THEN부를 실행한다. 규칙기반 전문가 시스템에서는 데이터와 규칙의 **정확한** 일치가 필요하므로, 추론 엔진은 오차가 있거나 불완전한 데이터를 처리할 수 없다.

신경망 전문가 시스템은 훈련된 인공 신경망을 기반지식으로 사용한다. 신경망은 일반화할 수 있다. 즉 새로 입력한 데이터가 신경망 학습에서 사용한 데이터와 정확히 일치하지 않아도 된다. 이로써, 신경망 전문가 시스템은 오차가 있거나 불완전한 데이터를 다룰 수 있는데, 이런 능력을 근사추론이라 한다.

규칙 추출(rule extraction)기는 신경망 기반지식을 조사하여 훈련된 신경망에 **암시적으로** '감춰진' 규칙을 만든다. **해설 설비**(explanation facility)는 신경망 전문가 시스템이 새로운 입력 데이터로 작업했을 때 특정 결론에 도달한 과정을 사용자에게 설명한다. **사용자 인터페이스**(user interface)는 사용자가 신경망 전문가 시스템과 대화할 수 있게 해주는 수단을 제공한다.

신경망 전문가 시스템은 추론을 정당화하는 규칙을 어떻게 추출할까

신경망 뉴런은 링크로 연결되어 있고, 링크마다 숫자로 된 가중치가 붙어있다. 훈련된 인공 신경망의 가중치는 그와 관련된 뉴런 입력의 강도나 중요도를 결정하는데, 이 특성은 규칙을 추출하는 데 쓰인다(Gallant, 1993; Nikolopoulos, 1997; Sestito와 Dillon, 1991).

신경망 전문가 시스템이 어떻게 동작하는지를 보여주는 간단한 예를 살펴보자. 이 예제는 새(bird), 비행기(plane), 글라이더(glider)를 분류하는 문제다. 이 문제에 사용되는 인공 신경망을 [그림 8-2]에 보인다. 이 신경망은 세 층으로 되어 있고, 첫 번째 층과 두 번째 층 사이는 완전히 연결되어 있다. 모든 뉴런에는 어떤 개념을 나타내는지 표시되어 있다.

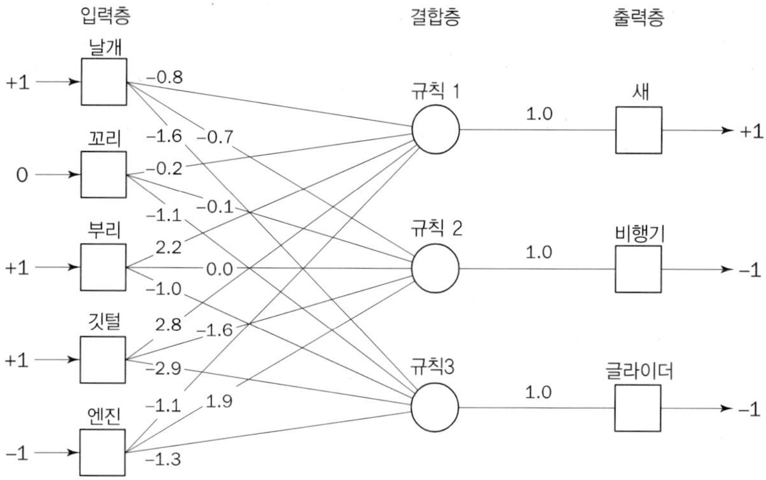

[그림 8-2] 신경망 기반지식

첫 번째 층은 **입력층**(input layer)이다. 입력층에 있는 뉴런은 단순히 외부 신호를 다음 층으로 전달한다. 두 번째 층은 **결합층**(conjunction layer)이다. 이 층에 있는 뉴런은 다음과 같은 부호 활성화 함수를 적용한다.

$$Y^{sign} = \begin{cases} +1 & \text{if } X \geq 0 \\ -1 & \text{if } X < 0 \end{cases} \tag{8.1}$$

여기서 X는 뉴런에 대한 순 가중 입력으로, 식은 다음과 같다. x_i와 w_i는 각각 입력 i의 값과 가중치고, n은 뉴런 입력 개수다.

$$X = \sum_{i=1}^{n} x_i w_i$$

세 번째 층은 **출력층**(output layer)이다. 이 예제에서 각각의 출력 뉴런은 결합 뉴런 각각에서 입력을 받는다. 두 번째 층과 세 번째 층 사이의 가중치는 1로 설정한다.

세 번째 층(분배층)은 규칙의 결론부를 나타낸다. 3층 인공 신경망에 IF-THEN 규칙이 매우 자연스럽게 사상(map)된다. 게다가 주어진 규칙의 강도나 확신도는 결합 뉴런이나 분배 뉴런 사이의 가중치와 연관시킬 수 있다(Fu, 1993; Kasabov, 1996). 규칙을 신경망에 사상하는 구체적인 관점에 대해서는 나중에 설명하기로 하고, 다시 예제로 돌아가자.

신경망 기반지식은 훈련 예제 집합으로 훈련된다. [그림 8-2]는 첫 번째 층과 두 번째 층 사이에서 습득한 실제 수치 가중치를 보여준다. 만약 입력층의 입력에 각각 +1(참), −1(거짓), 0(모름)을 설정한다면, 출력 뉴런 각각에 대응하는 활성도의 뜻을 해석할 수 있다. 예를 들어, 물체에 **날개**(+1), **부리**(+1), **깃털**(+1)은 있지만 **엔진**(−1)이 없다면, 이 물체는 **새**(+1)라고 결론을 낼 수 있다.

$$
\begin{aligned}
X_{Rule1} &= 1 \times (-0.8) + 0 \times (-0.2) + 1 \times 2.2 + 1 \times 2.8 + (-1) \times (-1.1) \\
&= 5.3 > 0 \\
Y_{Rule1} &= Y_{Bird} = +1
\end{aligned}
$$

비슷한 방법으로 이 물체가 **비행기**가 아니라고 할 수 있다.

$$
\begin{aligned}
X_{Rule2} &= 1 \times (-0.7) + 0 \times (-0.1) + 1 \times 0.0 + 1 \times (-1.6) + (-1) \times 1.9 \\
&= -4.2 < 0 \\
Y_{Rule2} &= Y_{Plane} = -1
\end{aligned}
$$

또한 **글라이더**도 아니라고 할 수 있다.

$$
\begin{aligned}
X_{Rule3} &= 1 \times (-0.6) + 0 \times (-1.1) + 1 \times (-1.0) + 1 \times (-2.9) + (-1) \times (-1.3) \\
&= -4.2 < 0 \\
Y_{Rule3} &= Y_{Glider} = -1
\end{aligned}
$$

이제 입력 뉴런 각각에 대응하는 질문을 추가해보자.

뉴런: **날개** 질문: 이 물체에는 날개가 있나?
뉴런: **꼬리** 질문: 이 물체에는 꼬리가 있나?
뉴런: **부리** 질문: 이 물체에는 부리가 있나?
뉴런: **깃털** 질문: 이 물체에는 깃털이 있나?
뉴런: **엔진** 질문: 이 물체에는 엔진이 있나?

이제부터 시스템 사용자에게 입력 변수의 초기값을 받을 수 있다. 시스템의 목적은 가장 중요한 정보를 처음에 얻어 결론을 가능한 한 빨리 이끌어내는 것이다.

시스템은 가장 중요한 정보가 무엇인지 어떻게 아는가
정보가 결론을 이끌어내기에 충분한지 어떻게 알까

특정 뉴런 입력의 중요성은 그 입력에 붙은 가중치의 절대값에 따라 결정된다. 이를테면, 뉴런 **규칙 1**에서는 입력 깃털이 입력 날개보다 훨씬 중요하다. 따라서 시스템과 다음과 같은 대화를 나눌 수 있다.

목표 :
> 새
입력 깃털의 초기값을 입력하시오:
> +1

지금부터는 획득한 정보가 결론을 내기에 충분한지 확인한다. 여기서 다음 휴리스틱을 적용할 수 있다(Gallant, 1993).

> 한 뉴런에 대해 알려진 순 가중 입력이 알려지지 않은 입력의 가중치 절대값의 합계보다 크면 추론을 할 수 있다.

이 휴리스틱은 (8.2)와 같이 수식으로 나타낼 수 있다. 여기서 $i \in KNOWN$(알려진 것), $j \notin KNOWN$(알려지지 않은 것)이고, n은 뉴런 입력 개수다.

$$\sum_{i=1}^{n} x_i w_i > \sum_{j=1}^{n} |w_j| \qquad (8.2)$$

이 예제에서 입력 깃털을 알게 되면 다음을 얻는다.

KNOWN = 1 × 2.8 = 2.8
UNKNOWN = |−0.8| + |−0.2| + |2.2| + |−1.1| = 4.3
KNOWN < UNKNOWN

따라서 아직 뉴런 **규칙 1**에 대해서는 추론을 할 수 없다. 사용자는 다음으로 중요한 입력인 **부리** 값을 입력하라는 요청을 받는다.

입력 부리의 초기값을 입력하시오:
> +1

결과는 다음과 같다.

KNOWN = 1 × 2.8 + 1 × 2.2 = 5.0
UNKNOWN = | −0.8 | + |−0.2| + |−1.1| = 2.1
KNOWN > UNKNOWN

따라서 휴리스틱 (8.2)에 따라 다음과 같이 추론할 수 있다.

결론 : 새는 참이다

KNOWN은 지금까지 얻어낸 뉴런 **규칙 1**의 순 가중 입력을 뜻하는 반면, UNKNOWN은 모르는 입력값의 조합에 따라 순 입력이 최악의 경우 얼마나 바뀔 수 있는지를 뜻한다. 이 예제에서 순 가중 입력 범위는 ±2.1 이상 바뀔 수 없다. 그러므로 뉴런 **규칙 1**의 출력은 알려진 입력값과 무관하게 0보다 크므로, 새가 참이어야 한다고 추론할 수 있다.

이제 추론을 정당화하기 위해 규칙을 어떻게 추출할지를 고찰해보자. 여기서는 질문의 뉴런과 직접 연결되어 있는 뉴런만 고려하는 단순한 알고리즘을 사용한다(Gallant, 1988). [그림 8-2]에 보인 예제를 다시 고려하여 새가 참이라는 추론을 정당화해보자. 입력층에 있는 모든 뉴런을 뉴런 **규칙 1**에 직접 연결했기 때문에, 이 규칙이 **날개**, **꼬리**, **부리**, **깃털**, **엔진**이라는 다섯 뉴런 모두에 연관될 것으로 예상할 수 있다.

먼저 모든 기여 입력[4]과 각각이 기여하는 크기를 결정한다(Gallant, 1993). 입력 i가 순 가중 입력을 반대 방향으로 움직이지 않으면 기여 입력이다. 기여하는 크기는 기여 입력 i의 가중치 절대값 $|w_i|$으로 결정된다.

이제 기여 입력을 크기에 따라 내림차순으로 정리한다. 추론 **새**는 **참이다**에 기여하는 입력 목록은 다음과 같다.

입력: **깃털** 크기: 2.8
입력: **부리** 크기: 2.2
입력: **엔진** 크기: 1.1
입력: **꼬리** 크기: 0.2

4 결과에 기여하는 입력을 말한다.

이 목록을 보고 기여도가 가장 큰 기여 입력으로 조건부를 표현하는 규칙을 만들 수 있다.

IF 깃털이 참이면
THEN 새는 참이다

다음은 이 규칙을 검증하는 단계다. 즉 규칙이 유효성 검사를 통과하는지 확인해야 한다. 휴리스틱 (8.2)를 적용한다.

$$KNOWN = 1 \times 2.8 = 2.8$$
$$UNKNOWN = |-0.8| + |-0.2| + |2.2| + |-1.1| = 4.3$$
$$KNOWN < UNKNOWN$$

이 규칙은 아직 유효하지 않기 때문에 '두 번째'로 많이 기여한 기여 입력을 규칙 조건부의 한 절로 추가해야 한다.

IF 깃털이 참이고
AND 부리가 참이면
THEN 새는 참이다

이제 다음 식을 얻는다.

$$KNOWN = 1 \times 2.8 + 1 \times 2.2 = 5.0$$
$$UNKNOWN = |-0.8| + |-0.2| + |-1.1| = 2.1$$
$$KNOWN > UNKNOWN$$

이 규칙은 유효성 검사를 통과했으며, 최대로 일반적인[5] 규칙이다. 즉 조건절을 하나라도 제거하면 유효하지 않은 규칙이 된다.

비슷한 방법으로 비행기는 거짓 또는 글라이더는 거짓이라는 추론을 정당화하는 규칙을 얻을 수 있다.

5 유효성을 유지하면서 더욱 일반적인 규칙을 만들 수는 없다는 것을 뜻한다. 일반적인 규칙이란 상대적인 개념으로 조건절의 수가 더 적은 규칙을 뜻한다.

IF　　엔진이 거짓이고
AND　　깃털이 참이면
THEN　　비행기는 거짓이다

IF　　깃털이 참이고
AND　　날개가 참이면
THEN　　글라이더는 거짓이다

이 예제 또한 데이터가 불완전한 경우에도 신경망 전문가 시스템은 유용한 추론을 할 수 있음을 보여준다(이를테면 이 예에서는 꼬리가 알려지지 않았다).

이 예에서는 신경망 전문가 시스템이 적절히 훈련된 신경망 기반지식을 갖추고 있다고 가정했지만 현실에서는 훈련 데이터가 늘 적합하지는 않다. 또한 문제에 대한 사전 지식이 전혀 없다고 가정했다. 사실 완벽하게는 아니더라도 약간의 지식은 갖추고 있을 것이다. 특정 분야에 관한 지식을 이용하여 신경망 기반지식의 초기 구조를 결정하고, 주어진 훈련 데이터 집합으로 훈련하여, 훈련된 신경망을 IF-THEN 규칙 집합으로 해석할 수 있을까?

앞에서 언급했듯이 특정 분야의 지식을 나타내는 IF-THEN 규칙 집합은 다층 인공 신경망으로 사상될 수 있다. [그림 8-3]은 5층 인공 신경망으로 사상된 규칙 집합을 설명한다. 연결층과 분리층 사이의 가중치는 규칙의 강도를 나타내기 때문에 연관된 규칙의 확신도라고 생각할 수 있다.

신경망 기반지식의 초기 구조를 확립하는 대로, 주어진 훈련 데이터 집합에 따라 신경망을 훈련할 수 있다. 이는 역전파 같은 적절한 학습 알고리즘을 사용하여 수행할 수 있다. 훈련 단계를 마치면 신경망 기반지식을 조사하고 추출하며, 필요한 경우에는 초기 IF-THEN 규칙의 집합을 개선할 수 있다. 따라서 신경망 전문가 시스템은 IF-THEN 규칙으로 표현한 것은 물론, 수치 데이터 집합으로 표현한 특정 분야의 지식도 사용할 수 있다. 사실 신경망 전문가 시스템은 인공 신경망과 규칙기반 시스템 간 양방향 연결을 제공한다.

불행히도 신경망 전문가 시스템은 여전히 불 논리의 한계를 벗어나지 못한다. 또한 연속된 입력 변수는 어떻게 표현하든 규칙 개수가 무한히 늘어날 것이다. 이는 신경망 전문가 시스템의 응용 분야를 크게 제한한다. 이러한 한계를 극복하기 위한 적절한 방법은 퍼지 논리를 사용하는 것이다.

규칙 1
IF *a*1 AND *a* 3 THEN *b*1 (0.8)

규칙 2
IF *a*1 AND *a* 4 THEN *b*1 (0.2)

규칙 3
IF *a*2 AND *a* 5 THEN *b*2 (−0.1)

규칙 4
IF *a*3 AND *a* 4 THEN *b*3 (0.9)

규칙 5
IF *a*5 THEN *b*3 (0.6)

규칙 6
IF *a*1 THEN *b*3 THEN *c*1(0.7)

규칙 7
IF *b*2 THEN *c*1 (0.1)

규칙 8
IF *b*2 AND *b*3 THEN *c*2 (0.9)

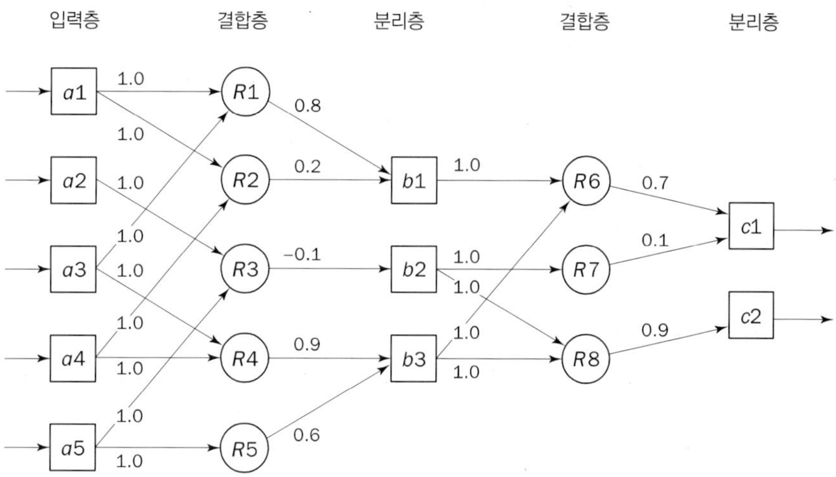

[그림 8-3] 다층형 기반지식의 예

8.3 뉴로-퍼지 시스템

퍼지 논리와 인공 신경망은 지능 시스템을 구축하는 도구로서 자연스럽게 서로를 보완한다. 인공 신경망은 가공되지 않은 데이터를 다룰 때 잘 작동하는 저수준 연산 구조인 반면, 퍼지 논리는 특정 분야의 전문가에게 습득한 언어 정보를 사용하는 고수준 추론을 다룬다. 그러나 퍼지 시스템에는 학습 능력이 없으므로 스스로 새로운 환경에 적응할 수 없다. 그와 반대로, 인공 신경망은 학습할 수 있지만, 사용자가 이해하기는 힘들다. 그러므로 인공 신경망과 퍼지 시스템을 하나로 통합하는 것은 지능 시스템을 구축하는 바람직한 방법이 될 것이다. 통합된 뉴로-퍼지 시스템은 인공 신경망의 병렬 연산과 학습 능력, 퍼지 시스템의 인간적인 지식 표현 및 설명 능력을 결합할 수 있다. 그로 인해 인공 신경망은 더욱 명쾌해지고 퍼지 시스템은 학습 능력을 갖추게 된다.

사실 뉴로-퍼지 시스템(neuro-fuzzy system)은 퍼지 추론 모델과 기능이 같은 인공 신경망으로, IF-THEN 퍼지 규칙을 개발하고, 시스템의 입출력 변수에 관한 소속 함수를 결정하도록 학습시킬 수 있다. 그리고 뉴로-퍼지 시스템 구조에 전문 지식을 쉽게 추가할 수 있으며, 이와 동시에 연결주의 구조는 상당한 연산 부하를 주는 퍼지 추론을 피한다.

뉴로-퍼지 시스템은 어떻게 생겼을까

뉴로-퍼지 시스템은 다층형 인공 신경망과 비슷한 구조로 되어 있다. 일반적으로 뉴로-퍼지 시스템에는 입력층 1개, 출력층 1개, 은닉층 3개가 있으며, 이를 활용하여 소속 함수와 퍼지 규칙을 나타낸다.

[그림 8-4]는 맘다니 퍼지 추론 모델을, [그림 8-5]는 이 모델에 대응하는 뉴로-퍼지 시스템을 보여준다. 간단히 하기 위해 퍼지 시스템에 입력 $x1$, $x2$와 출력 y가 있다고 가정하자. 입력 $x1$은 퍼지 집합 $A1$, $A2$, $A3$으로, 입력 $x2$는 퍼지 집합 $B1$, $B2$, $B3$으로, 출력 y는 퍼지 집합 $C1$, $C2$로 나타낸다.

뉴로-퍼지 시스템의 층은 각각 퍼지 추론 과정의 특정 단계와 연관된다.

1층은 **입력층**(input layer)이다. 이 층에 있는 뉴런은 각각 외부의 크리스프 신호를 다음 층으로 직접 전달한다. 여기서 $x_i^{(1)}$은 1층에 있는 입력 뉴런 i의 입력이고, $y_i^{(1)}$은 출력이다.

$$y_i^{(1)} = x_i^{(1)} \tag{8.3}$$

2층은 **입력 소속층**(input membership layer), 즉 **퍼지화층**(fuzzification layer)이다. 이 층에 있는 뉴런은 퍼지 규칙의 전건에서 사용한 퍼지 집합을 나타낸다. 퍼지화 뉴런은 크리스프 입력을 받고, 이 입력이 뉴런의 퍼지 집합에 어느 정도로 속하는지를 다음과 같이 결정한다.

소속 뉴런의 활성화 함수는 뉴런의 퍼지 집합을 정의하는 함수 집합이다. [그림 8-4]에 제시한 예제에서는 삼각형 집합(triangular set)을 사용했다. 따라서 2층에 있는 뉴런에 대한 활성화 함수를 삼각형 소속 함수(triangular membership function)로 설정한다(다만, 퍼지화 뉴런에는 퍼지 시스템에서 사용하는 소속 함수는 모두 들어갈 수 있다). (8.4)와 같이 두 인수 a, b로 삼각형 소속 함수를 정의한다. 이때 a와 b는 각각 삼각형의 중심과 너비를 조정하는 인수고, $x_i^{(2)}$는 2층에 있는 퍼지화 뉴런 i의 입력이고, $y_i^{(2)}$는 출력이다.

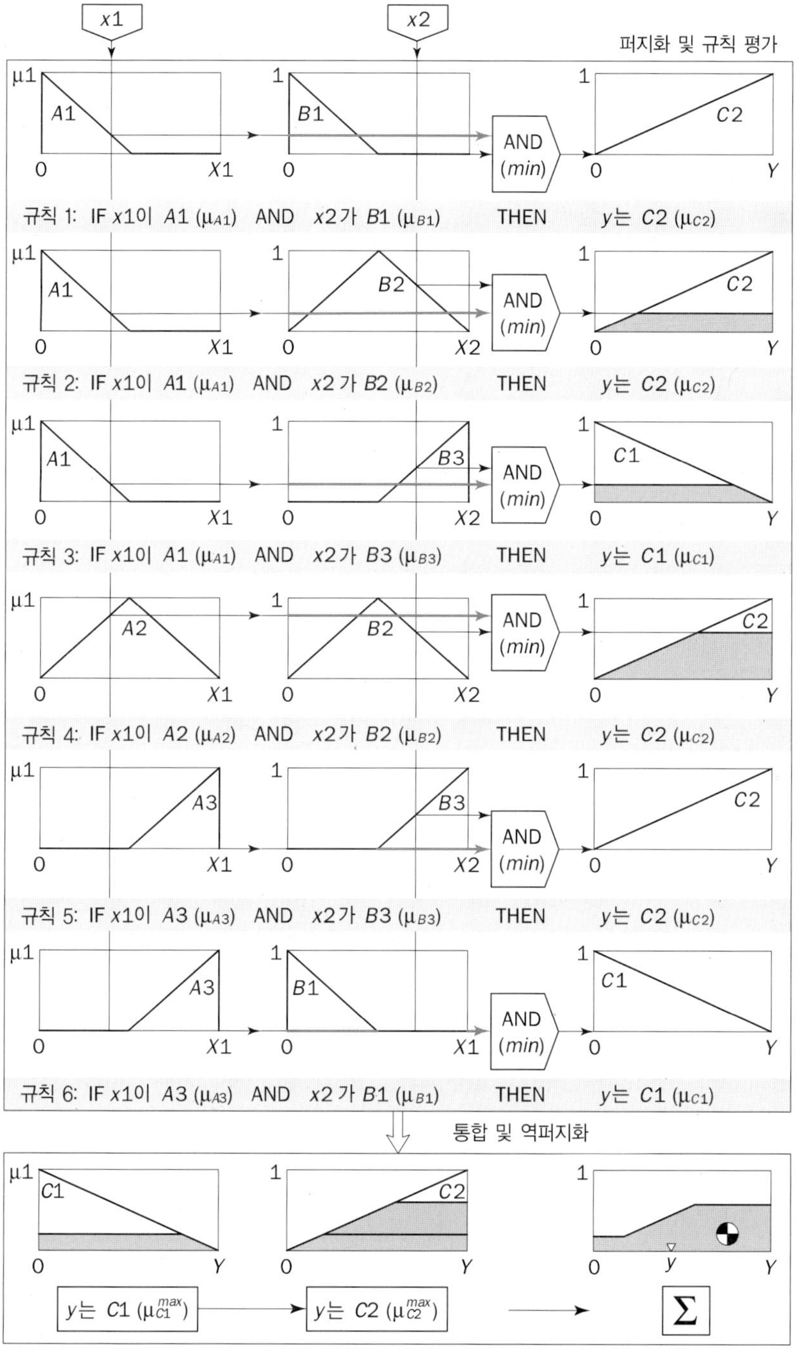

[그림 8-4] 맘다니 퍼지 추론 시스템

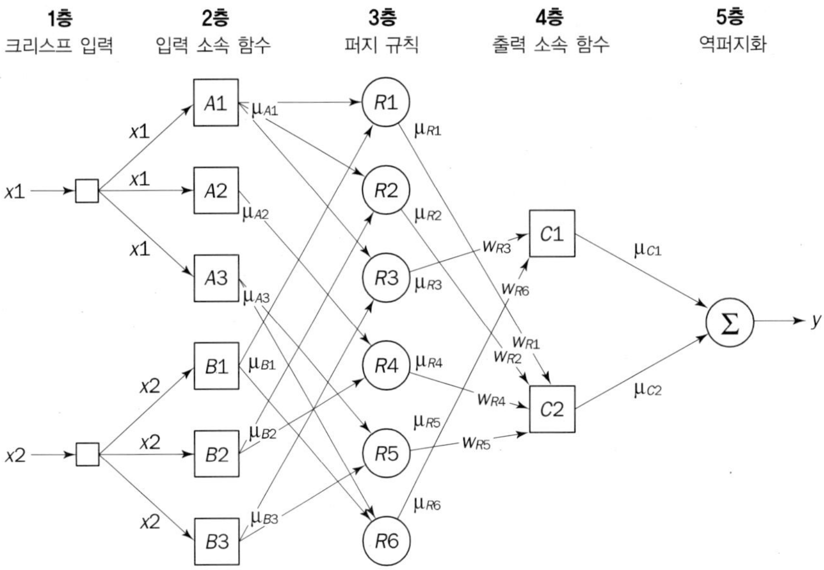

[그림 8-5] 뉴로-퍼지 동치 시스템

$$y_i^{(2)} = \begin{cases} 0 & \text{if } x_i^{(2)} \le a - \dfrac{b}{2} \\ 1 - \dfrac{2|x_i^{(2)} - a|}{b} & \text{if } a - \dfrac{b}{2} < x_i^{(2)} < a + \dfrac{b}{2} \\ 0 & \text{if } x_i^{(2)} \ge a + \dfrac{b}{2} \end{cases} \tag{8.4}$$

[그림 8-6]은 삼각형 함수에서 인수 a와 b의 변화에 따른 효과를 보여준다. 그림에서 볼 수 있듯, 퍼지화 뉴런의 출력은 입력뿐만 아니라 삼각형 활성화 함수의 중심 a와 너비 b에 따라 달라진다. 뉴런 입력이 상수로 유지되더라도, 출력은 인수 a와 b에 따라 바뀐다. 즉 퍼지화 뉴런의 인수 a와 b는 인공 신경망의 시냅스 가중치와 같은 역할을 뉴로-퍼지 시스템에서 한다.

3층은 **퍼지 규칙층**(fuzzy rule layer)이다. 이 층에 있는 뉴런은 각각 퍼지 규칙 하나에 대응한다. 퍼지 규칙 뉴런은 규칙 전건에 있는 퍼지 집합을 나타내는 퍼지화 뉴런에서 입력을 받는다. 예를 들어, 규칙 1에 대응하는 뉴런 $R1$은 뉴런 $A1$과 $B1$에서 입력을 받는다.

퍼지 시스템에서 주어진 규칙에 전건이 여럿 있으면, 전건의 평가 결과를 나타내는 숫자 하나를 얻기 위해 퍼지 연산자를 사용한다. 퍼지 연산 **교집합**(intersection)은 규칙 전건의 결합을 평가한

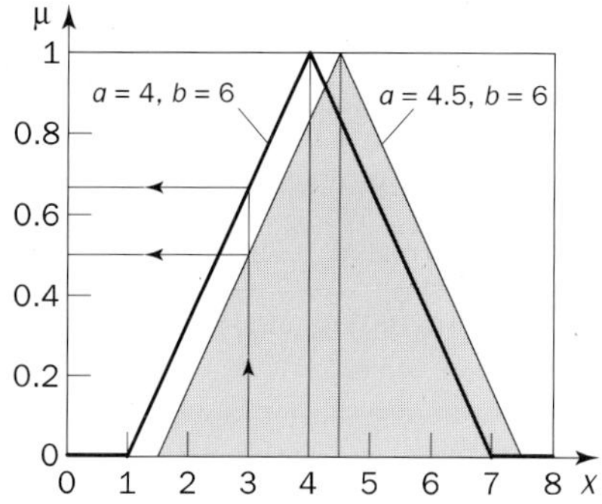

(a) 인수 a의 효과

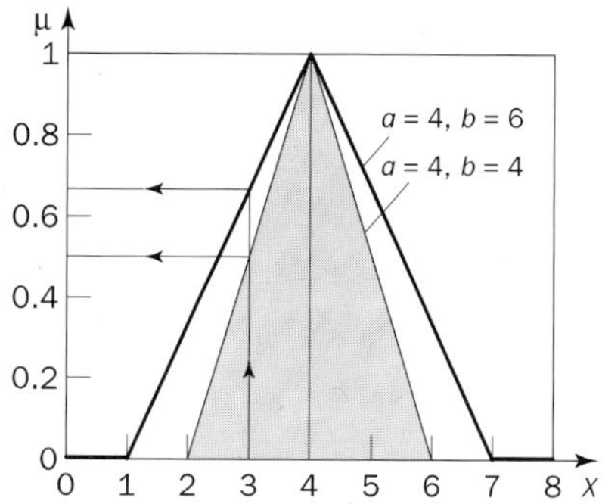

(b) 인수 b의 효과

[그림 8-6] 퍼지화 뉴런의 삼각형 활성화 함수

다. 한 퍼지 규칙 뉴런에 대한 입력 여러 개를 결합하는 데 똑같은 퍼지 연산을 사용할 수 있다. 뉴로-퍼지 시스템에서 교집합은 곱셈 연산으로 구현할 수 있다. 따라서 3층에 있는 뉴런 i의 출력은 다음과 같다.

$$y_i^{(3)} = x_{1i}^{(3)} \times x_{2i}^{(3)} \times \ldots \times x_{ki}^{(3)} \tag{8.5}$$

여기서 $x_{1i}^{(3)}, x_{2i}^{(3)}, \ldots, x_{ki}^{(3)}$은 3층에 있는 퍼지 규칙 뉴런 i의 입력이고 $y_i^{(3)}$은 출력이다. 이를테면 다음과 같다.

$$y_{R1}^{(3)} = \mu_{A1} \times \mu_{B1} = \mu_{R1}$$

μ_{R1}의 값은 퍼지 규칙 뉴런 $R1$의 수행 강도를 나타낸다.

3층과 4층 사이의 가중치는 그에 대응하는 퍼지 규칙의 **정규화 신뢰도**(normalised degrees of confidence)를 나타내는데, 이를 확신도라고도 한다. 뉴로-퍼지 시스템을 훈련하는 동안 가중치는 조정된다.

퍼지 규칙의 정규화 신뢰도란 무엇인가

뉴로-퍼지 시스템에 있던 규칙들의 신뢰도는 각자 다를 것이다. [그림 8-4]에서 전문가는 신뢰도에 대응하는 가중치를 [0, 1] 범위값으로 설정하여 신뢰도를 IF-THEN 퍼지 규칙 각각에 붙일 수 있다. 그러나 가중치는 훈련 중에 바뀔 수 있다. 따라서 가중치를 특정 범위로 유지하기 위해 반복에서 얻은 최대 가중치 등급으로 각각의 가중치 값을 나누어 정규화한다.

4층은 **출력 소속층**(output membership layer)이다. 이 층에 있는 뉴런은 퍼지 규칙 결론부에서 사용한 퍼지 집합을 나타낸다. 출력 소속 뉴런은 그에 대응하는 퍼지 규칙 뉴런에게 입력 받아 퍼지 연산자 **합집합**을 써서 결합한다. 이 연산은 확률적 OR(대수합이라고도 한다)로 구현할 수 있다. 즉 다음과 같다.

$$y_i^{(4)} = x_{1i}^{(4)} \oplus x_{2i}^{(4)} \oplus \ldots \oplus x_{li}^{(4)} \qquad (8.6)$$

여기서 $x_{1i}^{(4)}, x_{2i}^{(4)}, \ldots, x_{li}^{(4)}$는 4층에 있는 출력 소속 뉴런 i의 입력이고 $y_i^{(4)}$는 출력이다. 이를테면 다음과 같다.

$$y_{C1}^{(4)} = \mu_{R3} \oplus \mu_{R6} = \mu_{C1}$$

μ_{C1}의 값은 퍼지 규칙 뉴런 $R3$과 $R6$의 통합 수행 강도를 나타낸다. 사실 출력 소속층에 있는 뉴런의 수행 강도는 [그림 8-4]에 있는 퍼지 규칙의 진리값과 같은 방식으로 결합된다.

맘다니 퍼지 시스템에서 출력 퍼지 집합은 그에 대응하는 퍼지 규칙의 진리값에 따라 클리핑된다.[6] 뉴로-퍼지 시스템에서는 출력 소속 뉴런의 활성화 함수를 클리핑한다. 이를테면, 뉴런 $C1$의 소속 함수는 통합 수행 강도 μ_{C1}으로 클리핑된다.

5층은 **역퍼지화층**(defuzzification layer)이다. 이 층에 있는 뉴런은 각각 뉴로-퍼지 시스템의 출력 하나를 나타낸다. 각 뉴런은 통합 수행 강도에 따라 클리핑된 출력 퍼지 집합을 받아서 퍼지 집합 하나로 합친다.

뉴로-퍼지 시스템의 출력은 크리스프 출력이기 때문에 결합된 출력 퍼지 집합을 반드시 역퍼지화해야 한다. 뉴로-퍼지 시스템은 무게 중심법과 같은 표준 역퍼지화 방법을 쓸 수 있다. 이 예제에서는 맘다니형 추론보다 계산이 간단한 **합-곱 합성**(sum-product composition)법을 사용할 것이다(Jang 외, 1997).

합-곱 합성법은 모든 출력 소속 함수의 중심점을 가중 평균한 것으로 크리스프 출력을 계산한다.

6 후건의 소속 함수를 전건의 진리값 수준에서 자르는 것이다. 4.6절을 참조하기 바란다.

이를테면 클리핑된 퍼지 집합 $C1$과 $C2$의 중심점의 가중 평균을 (8.7)과 같이 계산한다. 여기서 a_{C1}과 a_{C2}는 각각 퍼지 집합 $C1$과 $C2$의 중심이고, b_{C1}과 b_{C2}는 너비다.

$$y = \frac{\mu_{C1} \times a_{C1} \times b_{C1} + \mu_{C2} \times a_{C2} \times b_{C2}}{\mu_{C1} \times b_{C1} + \mu_{C2} \times b_{C2}} \tag{8.7}$$

뉴로-퍼지 시스템은 어떻게 학습할까

뉴로-퍼지 시스템은 본질적으로 다층형 인공 신경망이기 때문에 역전파 알고리즘같이 인공 신경망용으로 개발된 표준 학습 알고리즘을 사용할 수 있다(Kasabov, 1996; Lin과 Lee, 1996; Nauck 외, 1997; von Altrock, 1997). 시스템에 훈련 입출력 예제가 들어오면 역전파 알고리즘이 시스템의 출력을 계산하고, 그 결과를 훈련 예제에서 원하는 출력과 비교한다. 그 차이(오차라고도 한다)는 신경망을 통해 출력층에서 입력층으로 거꾸로 전파된다. 오차가 전파되면서 뉴런 활성화 함수가 수정된다. 역전파 알고리즘은 필요한 수정을 결정하기 위해 뉴런의 활성화 함수를 미분한다.

뉴로-퍼지 시스템이 어떻게 작동하는지 간단한 예제를 살펴보자. [그림 8-7]을 보면 3차원 입출력 공간 $X1 \times X2 \times Y$에 훈련 패턴 100개가 분포되어 있다. 훈련 패턴은 입력 $x1$, $x2$와 출력 y라는 세 변수에 의해서 결정한다. 입출력 변수는 작다(S)와 크다(L)라는 두 언어값으로 나타낸다.

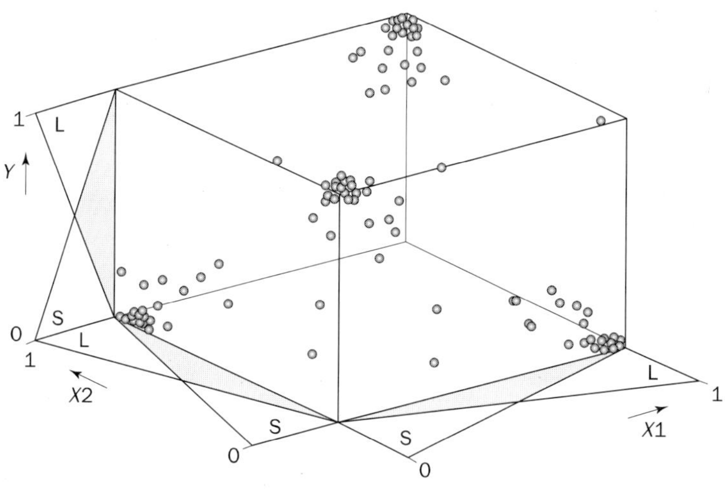

[그림 8-7] 3차원 입출력 공간의 훈련 패턴

[그림 8-7]의 데이터 집합은 [그림 8-8]의 (a)에 보인 5-규칙 뉴로-퍼지 시스템을 훈련하는 데 쓰인다. 특정 분야의 전문가가 시스템에 편입된 IF-THEN 퍼지 규칙을 제공한다고 가정하자. **사전**(prior) 지식이나 기존 지식은 시스템의 훈련을 촉진시킬 수 있다. 더욱이 훈련 데이터의 질이 나쁘면 전문 지식은 해답에 도달하는 유일한 방법이 될 것이다. 그러나 전문가도 실수를 할 수 있기 때문에 뉴로-퍼지 시스템에서 사용하는 몇몇 규칙은 잘못되거나 필요 없을 수 있다(이를테면, [그림 8-8]의 (a)에서 규칙 1과 규칙 2 중 하나는 잘못됐다. 이 규칙은 IF부가 동일하면서 THEN부가 다르다). 그러므로 뉴로-퍼지 시스템은 나쁜 규칙을 가려낼 수도 있어야 한다.

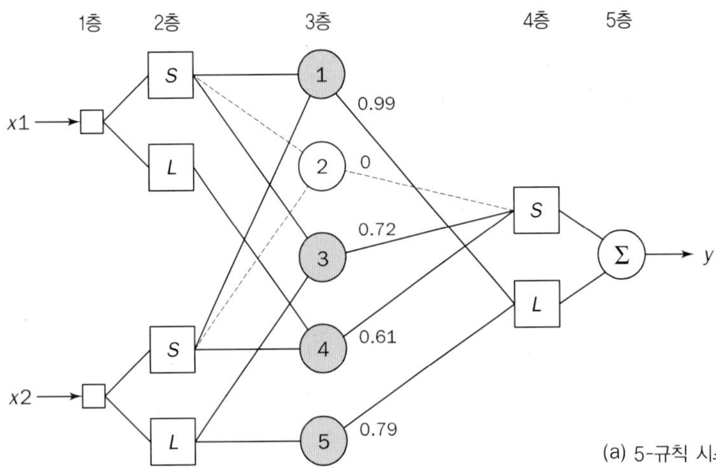

(a) 5-규칙 시스템

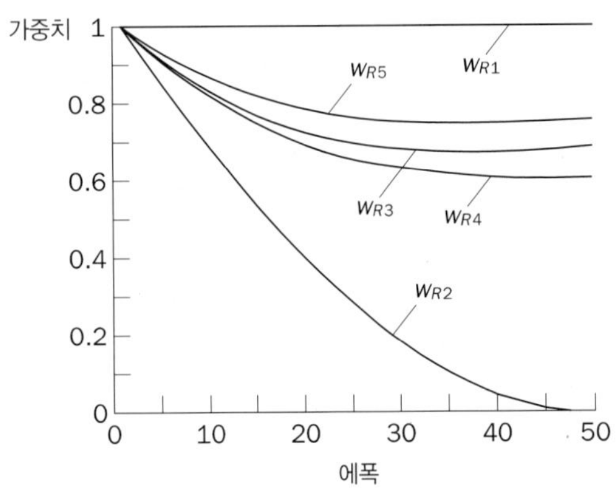

(b) 50에폭 동안 훈련

[그림 8-8] 배타적 논리합을 위한 5-규칙 뉴로-퍼지 시스템

[그림 8-8]의 (a)에서 3층과 4층 사이의 초기 가중치를 1로 설정한다. 뉴로-퍼지 시스템을 훈련하는 동안 역전파 알고리즘을 사용하여 가중치를 조정하고, 입출력 소속 함수를 수정한다. 오차 제곱합이 0.001보다 작아질 때까지 훈련을 계속한다. (b)에서 볼 수 있듯 다른 가중치는 높게 유지되지만, 가중치 w_{R2}는 0이 된다. 이는 규칙 2가 확실히 거짓이므로 뉴로-퍼지 시스템에 아무런 문제를 남기지 않고 제거할 수 있다는 뜻이다. 그러면 시스템에는 배타적 논리합(XOR, eXclusive-OR) 연산을 나타내는 규칙 네 개만 남는다.

이 예제에서 사용한 훈련 데이터에는 XOR 연산에 맞지 않는 '나쁜' 패턴이 몇 개 포함되어 있다. 그래도 뉴로-퍼지 시스템은 잘못된 규칙을 찾아낼 수 있다.

XOR 예제에서 전문가는 퍼지 규칙 다섯 개를 제시했고, 그 중 하나는 잘못되었다. 게다가 '전문가'가 빠뜨린 규칙이 전혀 없다고 확신할 수도 없다. 전문 지식에 대한 의존을 줄이려면 어떻게 해야 할까? 뉴로-퍼지 시스템은 수치 자료에서 규칙을 직접 추출할 수 있을까?

입출력 언어값이 있으면 뉴로-퍼지 시스템은 자동으로 완전한 IF-THEN 퍼지 규칙 집합을 생성할 수 있다. [그림 8-9]는 XOR 예제를 만드는 시스템을 보여준다. 이 시스템은 $2^2 \times 2 = 8$ 규칙으로 이루어진다. 이번에는 전문 지식이 이 시스템에 포함되지 않았기 때문에 3층과 4층 사이의 모든 초기 가중치를 0.5로 설정한다. 훈련이 끝난 후 확신도가 충분히 작은 기준값보다 낮은 모든 규칙을 제거할 수 있다. 예를 들어, 그 기준을 0.1로 할 수 있다. 그 결과, 이전과 똑같이 XOR 연산을 나타내는 IF-THEN 퍼지 규칙 네 개로 이루어진 집합을 얻는다. 이 예제는 뉴로-퍼지 시스템이 수치 자료에서 퍼지 규칙을 직접 추출할 수 있음을 보여준다.

퍼지 논리와 인공 신경망의 결합은 지능 시스템을 설계하는 강력한 수단이 된다. 특정 분야에 관한 지식은 인간 전문가가 언어값이나 퍼지 규칙의 형태로 뉴로-퍼지 시스템에 입력할 수 있다. 대표적인 예제 집합을 제공하면 뉴로-퍼지 시스템은 이를 신뢰할 수 있는 IF-THEN 퍼지 규칙 집합으로 자동으로 변환할 수 있다. 그렇게 해서 지능 시스템을 구축할 때 전문 지식에 대한 의존도를 낮출 수 있다.

지금까지 맘다니 퍼지 추론 모델을 구현하는 뉴로-퍼지 시스템을 살펴보았다. 그러나 데이터 기반 퍼지 모델링에서는 스게노 모델을 더 많이 사용한다.

최근에 타이완에 있는 국립 칭화대학교(Tsing Hua University)의 로저 장(Roger Jang)이 스게노 퍼지 추론 모델과 동일한 기능을 하는 인공 신경망을 제안했다(Jang, 1993). 로저 장은 이를 **적응형 뉴로-퍼지 추론 시스템**(ANFIS, Adaptive Neuro-Fuzzy Inference System)이라고 칭했다.

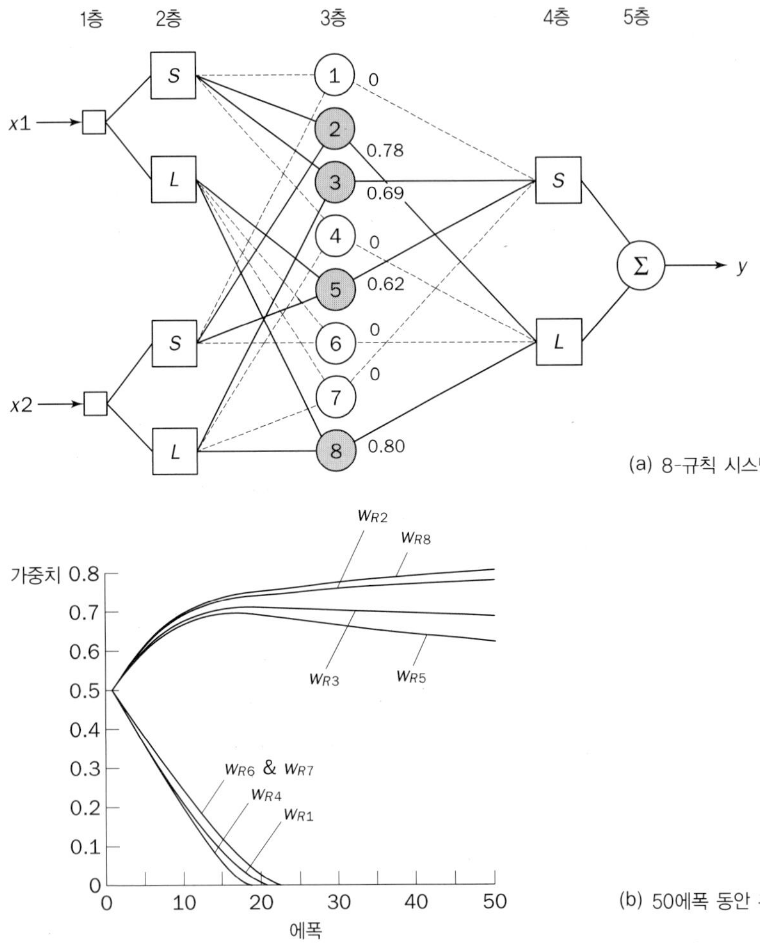

(a) 8-규칙 시스템

(b) 50에폭 동안 훈련

[그림 8-9] 배타적 논리합을 위한 8-규칙 뉴로-퍼지 시스템

8.4 ANFIS: 적응형 뉴로-퍼지 추론 시스템

스게노 퍼지 모델은 입출력 데이터 집합에서 퍼지 규칙을 생성하는 체계적인 방법이다. 전형적인 스게노 퍼지 규칙은 다음과 같은 형태로 나타낸다.

IF x_1이 A_1
AND x_2가 A_2

. . . .

AND $\quad x_m$이 A_m

THEN $\quad y = f(x_1, x_2, \ldots, x_m)$

여기서 $x_1, x_2, \ldots, x_m$은 입력 변수, $A_1, A_2, \ldots, A_m$은 퍼지 집합, y는 상수거나 입력 변수에 대한 선형 함수다. y가 상수면 규칙 후건이 퍼지 단일체로 정의되는 0차 스게노 퍼지 모델(zero-order Sugeno fuzzy model)을 얻는다. y가 1차 다항식이면, 즉 다음 식과 같으면 1차 스게노 퍼지 모델(first-order Sugeno fuzzy model)을 얻는다.

$$y = k_0 + k_1 x_1 + k_2 x_2 + \ldots + k_m x_m$$

로저 장의 ANFIS를 보통 6층 피드포워드 신경망으로 나타낸다. [그림 8-10]은 1차 스게노 퍼지 모델에 대응하는 ANFIS의 구조를 보여준다.

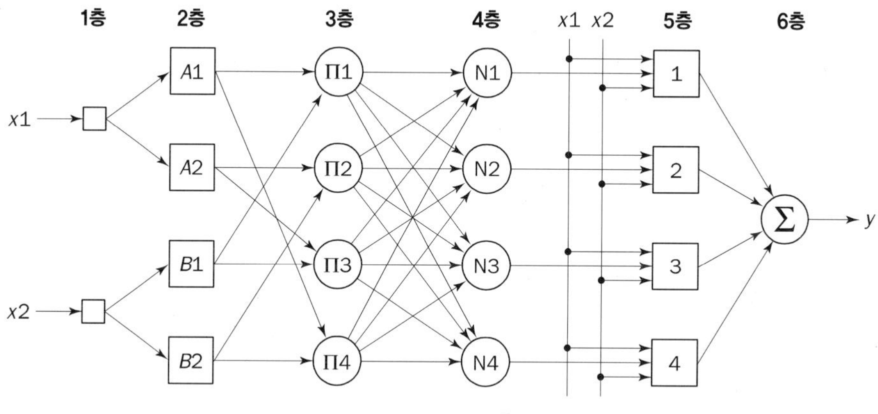

[그림 8-10] 적응형 뉴로-퍼지 추론 시스템(ANFIS)

좀 더 간단하게 ANFIS에 입력 $x1$, $x2$와 출력 y가 있다고 하자. 입력 각각은 퍼지 집합으로, 출력은 1차 다항식으로 표현한다. ANFIS는 다음 네 가지 규칙을 실행한다. 여기서 $x1$과 $x2$는 입력 변수, $A1$과 $A2$는 논의 영역 $X1$ 상의 퍼지 집합, $B1$과 $B2$는 논의 영역 $X2$ 상의 퍼지 집합, k_{i0}, k_{i1}, k_{i2}는 규칙 i에 설정된 인수의 집합이다.

규칙 1:

IF	$x1$이 $A1$
AND	$x2$가 $B1$
THEN	$y = f_1 = k_{10} + k_{11}x1 + k_{12}x2$

규칙 2:

IF	$x1$이 $A2$
AND	$x2$가 $B2$
THEN	$y = f_2 = k_{20} + k_{21}x1 + k_{22}x2$

규칙 3:

IF	$x1$이 $A2$
AND	$x2$가 $B1$
THEN	$y = f_3 = k_{30} + k_{31}x1 + k_{32}x2$

규칙 4:

IF	$x1$이 $A1$
AND	$x2$가 $B2$
THEN	$y = f_4 = k_{40} + k_{41}x1 + k_{42}x2$

이제 로저 장의 ANFIS에서 각 층의 역할을 살펴보자.

1층은 **입력층**(input layer)이다. 이 층에 있는 뉴런은 단순히 외부 크리스프 신호를 2층으로 전달한다. 여기서 $x_i^{(1)}$은 1층에 있는 입력 뉴런 i의 입력이고, $y_i^{(1)}$은 출력이다.

$$y_i^{(1)} = x_i^{(1)} \tag{8.8}$$

2층은 **퍼지화층**(fuzzification layer)이다. 이 층에 있는 뉴런은 퍼지화를 수행한다. 로저 장의 모델에서 퍼지화 뉴런은 **종형 활성화 함수**(bell activation function)를 취한다.

종형 활성화 함수는 다음과 같이 정의한다. 여기서 $x_i^{(2)}$는 2층에 있는 뉴런 i의 입력이고, $y_i^{(2)}$는 출력이다. 그리고 a_i, b_i, c_i는 각각 뉴런 i의 종형 활성화 함수의 중심, 폭, 기울기를 제어하는 인수다.

$$y_i^{(2)} = \frac{1}{1 + \left(\dfrac{x_i^{(2)} - a_i}{c_i}\right)^{2b_i}} \tag{8.9}$$

3층은 **규칙층**(rule layer)이다. 이 층에 있는 각각의 뉴런은 스게노형 퍼지 규칙 하나에 대응한다. 규칙 뉴런은 퍼지화 뉴런에서 입력을 받아 그것이 표현하는 규칙의 수행 강도를 계산한다. ANFIS에서는 규칙 전건의 결합을 **곱셈** 연산자를 써서 평가한다. 따라서 3층에 있는 뉴런 i의 출력을 다음과 같이 구한다.

$$y_i^{(3)} = \prod_{j=1}^{k} x_{ji}^{(3)} \tag{8.10}$$

여기서 $x_{ji}^{(3)}$은 3층에 있는 규칙 뉴런 i의 입력이고, $y_i^{(3)}$은 출력이다. 이를테면 다음과 같다.

$$y_{\Pi 1}^{(3)} = \mu_{A1} \times \mu_{B1} = \mu_1$$

여기서 μ_1값은 규칙 1의 수행 강도, 즉 진리값을 나타낸다.

4층은 **정규화층**(normalisation layer)이다. 이 층에 있는 뉴런은 규칙층에 있는 모든 뉴런에서 입력을 받아 그 규칙의 **정규화 수행 강도**(normalised firing strength)를 계산한다.

규칙의 정규화 수행 강도는 해당 규칙의 수행 강도 대 모든 규칙의 수행 강도를 합한 값의 비율이다. 이는 해당 규칙이 최종 결과에 기여하는 정도를 나타낸다.

4층에 있는 뉴런 i의 출력을 다음과 같이 결정한다.

$$y_i^{(4)} = \frac{x_{ii}^{(4)}}{\sum_{j=1}^{n} x_{ji}^{(4)}} = \frac{\mu_i}{\sum_{j=1}^{n} \mu_j} = \bar{\mu}_i \tag{8.11}$$

여기서 $x_{ji}^{(4)}$는 3층에 있는 뉴런 j에서 4층에 있는 뉴런 i로 들어가는 입력이고, n은 규칙 뉴런 개수다. 이를테면 다음과 같다.

$$y_{\text{N1}}^{(4)} = \frac{\mu_1}{\mu_1 + \mu_2 + \mu_3 + \mu_4} = \bar{\mu}_1$$

5층은 **역퍼지화층**(defuzzification layer)이다. 이 층에 있는 뉴런은 각각 정규화 뉴런에 연결되어 초기 입력 x_1과 x_2를 받는다. 역퍼지화 뉴런은 규칙의 가중 결론값을 다음과 같이 계산한다. 여기서 $x_i^{(5)}$는 5층에 있는 역퍼지화 뉴런 i의 입력이고, $y_i^{(5)}$는 출력이다. 그리고 k_{i0}, k_{i1}, k_{i2}는 규칙 i의 결론 인수 집합이다.

$$y_i^{(5)} = x_i^{(5)}[k_{i0} + k_{i1}x1 + k_{i2}x2] = \bar{\mu}_i[k_{i0} + k_{i1}x1 + k_{i2}x2] \tag{8.12}$$

6층은 **합계 뉴런**(summation neuron) 하나로 구성된다. 이 뉴런은 모든 역퍼지화 뉴런의 출력을 더해 전체 ANFIS 출력 y를 만든다.

$$y = \sum_{i=1}^{n} x_i^{(6)} = \sum_{i=1}^{n} \bar{\mu}_i [\, k_{i0} + k_{i1} x1 + k_{i2} x2 \,] \tag{8.13}$$

[그림 8-10]에서 보여준 ANFIS는 1차 스게노 퍼지 모델과 같은 기능을 한다.

그러나 규칙 후건을 다항식 형태로 정의하는 일은 어렵고, 불가능할 수도 있다. 편리하게도 ANFIS가 다룰 문제의 규칙 후건부 인수에 대한 사전 지식을 갖출 필요는 없다. ANFIS는 인수를 학습하고 소속 함수를 조정한다.

ANFIS는 어떻게 학습할까

ANFIS는 최소 자승 추정(least-squares estimator)과 기울기 하강법(gradient descent method)을 결합한 하이브리드 학습 알고리즘을 사용한다(Jang, 1993). 먼저 초기 활성화 함수를 소속 뉴런 각각에 할당한다. 입력 x_i에 연결된 뉴런의 함수 중심은 x_i의 정의역을 똑같이 나누도록 설정하고, 함수들이 충분히 겹치도록 너비와 기울기를 설정한다.

ANFIS 학습 알고리즘에서 각 에폭은 순방향 계산과 역방향 계산으로 구성된다. 순방향 계산에서는 입력 패턴(입력 벡터)의 훈련 집합을 ANFIS에 입력하고, 뉴런 출력을 계층별로 계산하며, 규칙 후건부 인수를 최소 자승 추정으로 구한다. 스게노형 퍼지 추론에서 출력 y는 선형 함수다. 따라서 소속 인수 값과 입출력 패턴 P개에 대한 훈련 집합이 있으면, 후건부 인수에 대해 정리한 선형 방정식 P개를 다음과 같이 만들 수 있다.

$$\begin{cases} y_d(1) = \bar{\mu}_1(1) f_1(1) + \bar{\mu}_2(1) f_2(1) + \ldots + \bar{\mu}_n(1) f_n(1) \\ y_d(2) = \bar{\mu}_1(2) f_1(2) + \bar{\mu}_2(2) f_2(2) + \ldots + \bar{\mu}_n(2) f_n(2) \\ \quad\vdots \\ y_d(p) = \bar{\mu}_1(p) f_1(p) + \bar{\mu}_2(p) f_2(p) + \ldots + \bar{\mu}_n(p) f_n(p) \\ \quad\vdots \\ y_d(P) = \bar{\mu}_1(P) f_1(P) + \bar{\mu}_2(P) f_2(P) + \ldots + \bar{\mu}_n(P) f_n(P) \end{cases} \tag{8.14}$$

또는 다음과 같다.

$$
\begin{cases}
y_d(1) = \bar{\mu}_1(1)[k_{10} + k_{11}x_1(1) + k_{12}x_2(1) + \ldots + k_{1m}x_m(1)] \\
\qquad\qquad + \bar{\mu}_2(1)[k_{20} + k_{21}x_1(1) + k_{22}x_2(1) + \ldots + k_{2m}x_m(1)] - \\
\qquad\qquad + \bar{\mu}_n(1)[k_{n0} + k_{n1}x_1(1) + k_{n2}x_2(1) + \ldots + k_{nm}x_m(1)] \\
y_d(2) = \bar{\mu}_1(2)[k_{10} + k_{11}x_1(2) + k_{12}x_2(2) + \ldots + k_{1m}x_m(2)] \\
\qquad\qquad + \bar{\mu}_2(2)[k_{20} + k_{21}x_1(2) + k_{22}x_2(2) + \ldots + k_{2m}x_m(2)] - \\
\qquad\qquad + \bar{\mu}_n(2)[k_{n0} + k_{n1}x_1(2) + k_{n2}x_2(2) + \ldots + k_{nm}x_m(2)] \\
\qquad\qquad\qquad\qquad \vdots \\
y_d(p) = \bar{\mu}_1(p)[k_{10} + k_{11}x_1(p) + k_{12}x_2(p) + \ldots + k_{1m}x_m(p)] \\
\qquad\qquad + \bar{\mu}_2(p)[k_{20} + k_{21}x_1(p) + k_{22}x_2(p) + \ldots + k_{2m}x_m(p)] + \\
\qquad\qquad + \bar{\mu}_n(p)[k_{n0} + k_{n1}x_1(p) + k_{n2}x_2(p) + \ldots + k_{nm}x_m(p)] \\
\qquad\qquad\qquad\qquad \vdots \\
y_d(P) = \bar{\mu}_1(P)[k_{10} + k_{11}x_1(P) + k_{12}x_2(P) + \ldots + k_{1m}x_m(P)] \\
\qquad\qquad + \bar{\mu}_2(P)[k_{20} + k_{21}x_1(P) + k_{22}x_2(P) + \ldots + k_{2m}x_m(P)] - \\
\qquad\qquad + \bar{\mu}_n(P)[k_{n0} + k_{n1}x_1(P) + k_{n2}x_2(P) + \ldots + k_{nm}x_m(P)]
\end{cases}
\tag{8.15}
$$

여기서 m은 입력 변수 개수, n은 규칙층의 뉴런 개수, $y_d(p)$는 입력 $x_1(p), x_2(p), \ldots, x_m(p)$가 들어올 때 ANFIS에 기대하는 전체 출력이다.

행렬 표현으로 나타내면 다음과 같다.

$$
\boldsymbol{y}_d = \mathbf{A}\,\boldsymbol{k} \tag{8.16}
$$

여기서 y_d는 $P \times 1$ 출력 벡터다.

$$
\boldsymbol{y}_d = \begin{bmatrix} y_d(1) \\ y_d(2) \\ \vdots \\ y_d(p) \\ \vdots \\ y_d(P) \end{bmatrix}
$$

A는 $P \times n(1+m)$ 행렬이다.

$$
\mathbf{A} = \begin{bmatrix}
\bar{\mu}_1(1) & \bar{\mu}_1(1)x_1(1) & \cdots & \bar{\mu}_1(1)x_m(1) & \cdots & \bar{\mu}_n(1) & \bar{\mu}_n(1)x_1(1) & \cdots & \bar{\mu}_n(1)x_m(1) \\
\bar{\mu}_1(2) & \bar{\mu}_1(2)x_1(2) & \ldots & \bar{\mu}_1(2)x_m(2) & \cdots & \bar{\mu}_n(2) & \bar{\mu}_n(2)x_1(2) & \cdots & \bar{\mu}_n(2)x_m(2) \\
\vdots & \vdots & \cdots & \vdots & \cdots & \vdots & \vdots & \cdots & \vdots \\
\bar{\mu}_1(p) & \bar{\mu}_1(p)x_1(p) & \cdots & \bar{\mu}_1(p)x_m(p) & \cdots & \bar{\mu}_n(p) & \bar{\mu}_n(p)x_1(p) & \cdots & \bar{\mu}_n(p)x_m(p) \\
\vdots & \vdots & \cdots & \vdots & \cdots & \vdots & \vdots & \cdots & \vdots \\
\bar{\mu}_1(P) & \bar{\mu}_1(P)x_1(P) & \cdots & \bar{\mu}_1(P)x_m(P) & \cdots & \bar{\mu}_n(P) & \bar{\mu}_n(P)x_1(P) & \cdots & \bar{\mu}_n(P)x_m(P)
\end{bmatrix}
$$

그리고 $\boldsymbol{k}$는 미지의 후건부 인수를 나타내는 $n(1+m) \times 1$ 벡터다.

$$
\boldsymbol{k} = [k_{10}\ k_{11}\ k_{12} \ldots k_{1m}\ k_{20}\ k_{21}\ k_{22} \ldots k_{2m} \ldots k_{n0}\ k_{n1}\ k_{n2} \ldots k_{nm}]^T
$$

보통 훈련에서 사용한 입출력 패턴 개수 P는 후건부 인수의 개수 $n(1+m)$보다 많다. 이는 여기서 우리가 다루는 방정식이 불능이 될 수 있음을 뜻한다. 따라서 방정식 (8.16)에 대한 정확한 해가 존재하지 않을 수도 있다. 대신 제곱 오차 $\|\mathbf{A}\boldsymbol{k} - \boldsymbol{y}_d\|^2$을 최소화하는 $\boldsymbol{k}$, $\boldsymbol{k}^*$의 최소 자승 추정값을 찾아야 한다. 이는 다음과 같은 의사 역행렬(pseudoinverse) 기법을 사용하여 구한다. 여기서 $\mathbf{A}^T$는 $\mathbf{A}$의 전치행렬이고, $(\mathbf{A}^T\mathbf{A})$가 특이행렬[6]이 아니면 $(\mathbf{A}^T\mathbf{A})^{-1}\mathbf{A}^T$는 $\mathbf{A}$의 의사 역행렬이다.

$$
\boldsymbol{k}^* = (\mathbf{A}^T\mathbf{A})^{-1}\mathbf{A}^T\boldsymbol{y}_d \tag{8.17}
$$

규칙 후건부 인수가 정해지는 대로 실제 신경망 출력 벡터 $\boldsymbol{y}$를 계산하고, 오차 벡터 $\boldsymbol{e}$를 구한다.

$$
\boldsymbol{e} = \boldsymbol{y}_d - \boldsymbol{y} \tag{8.18}
$$

역방향 계산에서는 역전파 알고리즘을 적용한다. 오차 신호를 역방향으로 전달하고, 연쇄 법칙에 따라 전건부 인수를 갱신한다.

이제 뉴런 $A1$에서 사용한 종형 활성화 함수의 인수 a에 적용되는 보정을 고려해보자. 연쇄 법칙을 (8.19)와 같이 나타낼 수 있다.

$$
\Delta a = -\alpha\frac{\partial E}{\partial a} = -\alpha\frac{\partial E}{\partial e} \times \frac{\partial e}{\partial y} \times \frac{\partial y}{\partial(\bar{\mu}_i f_i)} \times \frac{\partial(\bar{\mu}_i f_i)}{\partial\bar{\mu}_i} \times \frac{\partial\bar{\mu}_i}{\partial\mu_i} \times \frac{\partial\mu_i}{\partial\mu_{A1}} \times \frac{\partial\mu_{A1}}{\partial a} \tag{8.19}
$$

6 역행렬이 존재하지 않는 행렬을 말한다.

여기서 α는 학습률, E는 ANFIS 출력 뉴런에 대한 제곱 오차의 순시값[7](instantaneous value)이다. 즉 (8.20)과 같다.

$$E = \frac{1}{2}e^2 = \frac{1}{2}(y_d - y)^2 \tag{8.20}$$

따라서 (8.21)을 얻는다.

$$\Delta a = -\alpha\,(y_d - y)(-1)f_i \times \frac{\bar{\mu}_i(1-\bar{\mu}_i)}{\mu_i} \times \frac{\mu_i}{\mu_{A1}} \times \frac{\partial \mu_{A1}}{\partial a} \tag{8.21}$$

또는 (8.22)와 같다.

$$\Delta a = \alpha\,(y_d - y)f_i\,\bar{\mu}_i(1-\bar{\mu}_i) \times \frac{1}{\mu_{A1}} \times \frac{\partial \mu_{A1}}{\partial a} \tag{8.22}$$

여기서 마지막 항은 다음과 같다.

$$\begin{aligned}\frac{\partial \mu_{A1}}{\partial a} &= -\frac{1}{\left[1+\left(\dfrac{x1-a}{c}\right)^{2b}\right]^2} \times \frac{1}{c^{2b}} \times 2b \times (x1-a)^{2b-1} \times (-1) \\ &= \mu_{A1}^2 \times \frac{2b}{c} \times \left(\frac{x1-a}{c}\right)^{2b-1}\end{aligned}$$

비슷한 방법으로 인수 b와 c에 적용되는 보정을 구할 수 있다.

로저 장이 제안한 ANFIS 학습 알고리즘은 전건부 인수와 후건부 인수 모두를 최적화한다. 순방향 계산에서는 전건부 인수를 고정시키고 후건부 인수를 조정한다. 역방향 계산에서는 후건부 인수를 고정시키고 전건부 인수를 조정한다. 그러나 간혹, 즉 입출력 데이터 집합이 상대적으로 작을 때는 인간 전문가가 소속 함수를 기술할 수 있다. 그때는 이 소속 함수를 훈련하는 동안 고정시키고, 후건부 인수만 조정한다(Jang 외, 1997).

7 시간과 함께 변화하는 양의 순간치를 말한다.

이제 ANFIS를 함수 최적화에 응용한 사례를 살펴보자. 이 예에서는 다음 식으로 정의한 비선형 함수의 궤적을 따르도록 ANFIS를 사용한다.

$$y = \frac{\cos(2x1)}{e^{x2}}$$

먼저 ANFIS에 적절한 구조를 고른다. ANFIS에는 입력 $x1$, $x2$와 출력 y가 있어야 한다.

'만족스런' 성능을 내는 소속 함수의 최소 개수를 골라 각 입력에 할당할 소속 함수의 수를 결정한다. 따라서 각 입력 변수에 할당한 두 소속 함수로 실험을 시작할 수 있다.

ANFIS를 구축하는 데 C/C++ 같은 프로그래밍 언어나 뉴로-퍼지 개발 도구를 사용할 수 있다. 여기서는 유명한 도구인 MATLAB 퍼지 로직 툴박스를 사용한다. 이 도구는 뉴로-퍼지 추론 시스템을 구축할 때 체계적인 프레임워크를 제공하고, 각 입력 변수에 할당된 소속 함수의 수에 따라 자동으로 규칙을 정의한다. 따라서 이 예제에서는 ANFIS를 규칙 네 개로 정의하고, 실제로 [그림 8-10]과 같은 구조를 얻는다.

ANFIS 훈련 데이터에는 훈련 예제가 101개 들어있다. 이를 101 × 3 행렬 $[\mathbf{x}_1\ \mathbf{x}_2\ \mathbf{y}_d]$로 표현한다. 여기서 $\mathbf{x}_1$과 $\mathbf{x}_2$는 입력 벡터고 $\mathbf{y}_d$는 원하는 출력 벡터다. 첫 번째 입력 벡터 $\mathbf{x}_1$은 0에서 시작하고 0.1씩 증가하여 10에서 끝난다. 두 번째 입력 벡터 $\mathbf{x}_2$를 벡터 $\mathbf{x}_1$의 각 원소에 사인(sine) 함수를 적용해 만든다. 마지막으로 출력 벡터 $\mathbf{y}_d$의 각 원소를 함수 방정식으로 결정한다.

함수의 실제 궤적과 1~100에폭까지 훈련한 ANFIS의 출력을 [그림 8-11]로 나타냈다. (a)가 최소 자승 추정으로 규칙 후건부 인수를 처음 판정한 뒤의 결과를 나타낸다는 점에 주목하자. 여기서 볼 수 있듯 ANFIS의 성능은 100에폭만큼 훈련한 뒤라고 해도 항상 적절하지는 않다.

에폭 수를 늘리면 ANFIS의 성능을 어느 정도 향상시킬 수 있지만, 입력 변수 각각에 소속 함수 세 개를 할당할 때 더 나은 결과가 나온다. 이때 ANFIS 모델에는 규칙이 아홉 개 들어 있다([그림 8-12]).

[그림 8-13]은 ANFIS의 성능이 크게 향상되고, 심지어 1에폭 결과로 나온 출력도 기대하던 궤적과 많이 닮아 있음을 보여준다. [그림 8-14]는 훈련 전후의 소속 함수를 보여준다.

ANFIS에는 일반화와 수렴을 신속하게 처리하는 놀라운 능력이 있다. 이는 특히 온라인 학습에서 중요하다. 그 결과, 로저 장의 모델과 그 변종은 적응 제어 분야에 많이 쓰인다.

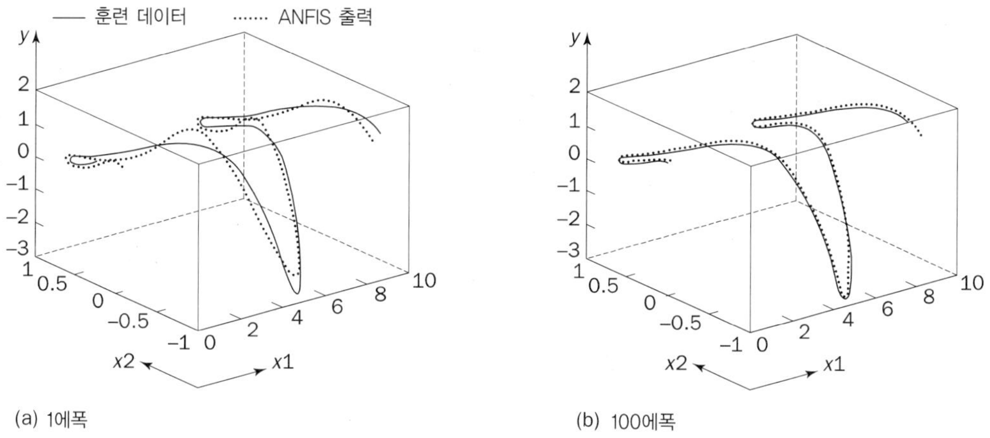

[그림 8-11] 두 소속 함수가 각각 입력에 할당된 ANFIS에서 훈련하기

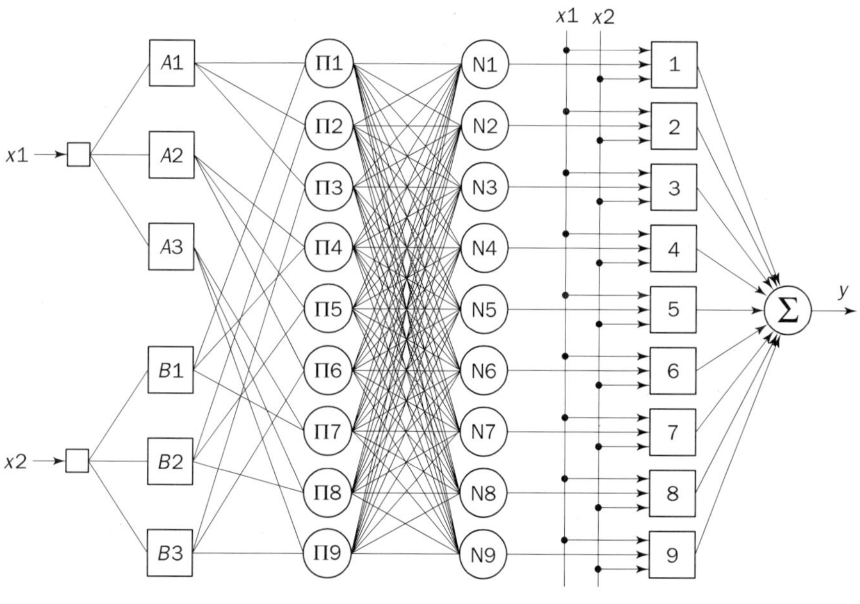

[그림 8-12] 규칙 아홉 개로 된 ANFIS 모델

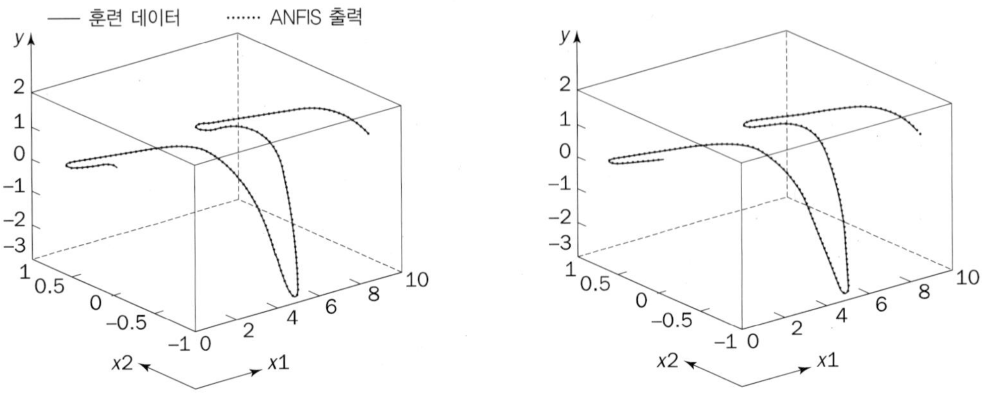

(a) 1에폭

(b) 100에폭

[그림 8-13] 세 소속 함수가 각각 입력에 할당된 ANFIS에서 훈련하기

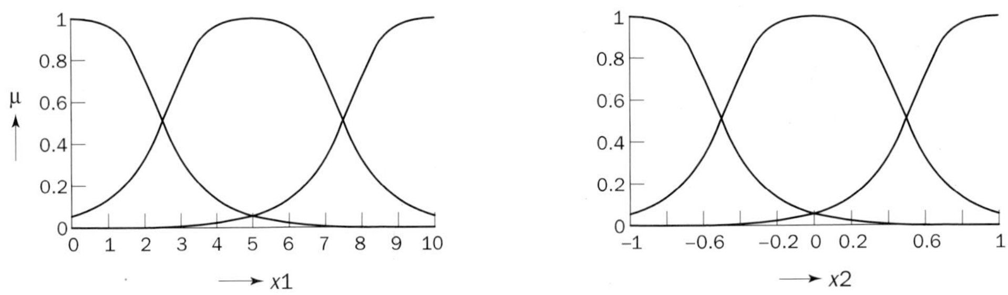

(a) 최초 소속 함수

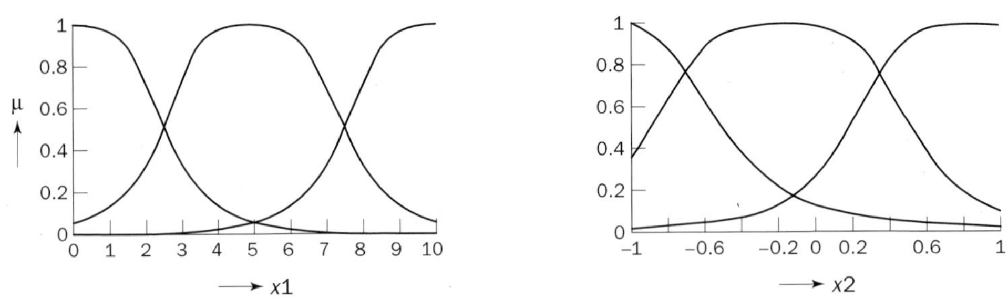

(b) 100에폭 동안 훈련한 뒤의 소속 함수

[그림 8-14] ANFIS의 최초 소속 함수와 최종 소속 함수

8.5 진화 신경망

각종 문제를 풀 때 인공 신경망을 유용하게 사용하기는 하지만, 몇 가지 제약이 있다. 가장 흔한 문제는 인공 신경망의 학습과 관련한 것이다. 역전파 학습 알고리즘은 유연하고(뉴런의 전이 함수가 미분 가능한 경우에) 수학적으로 다루기 쉽기 때문에 많이 사용하지만, 최적해를 보장하지 못한다는 심각한 문제가 있다. 현실 문제에서 역전파 알고리즘은 최적이 아닌 가중치의 집합으로 수렴하여 거기서 벗어나지 못할 수 있다. 그 결과 인공 신경망은 어떤 문제에 대해 당장 원하는 해를 찾지 못하는 경우가 많다.

인공 신경망의 최적 위상을 선택하는 문제도 있다. 특정 문제에 대한 '올바른' 신경망 구조는 보통 휴리스틱을 사용해 선택한다. 그리고 인공 신경망의 위상을 설계하는 일은 공학이라기보다는 기교에 가깝다.

유전 알고리즘(genetic alorithms)은 가중치 최적화와 위상 선택을 모두 도울 수 있는 효과적인 최적화 기법이다.

먼저 진화 가중치 최적화 기법의 기본 개념을 살펴보자(Montana와 Davis, 1989; Whitley와 Hanson, 1989; Ichikawa와 Sawa, 1992). 유전 알고리즘을 사용하려면 첫 번째로 문제 영역을 염색체로 나타내야 한다. 예를 들어, [그림 8-15]와 같이 다층 피드포워드 신경망의 최적 가중치 집합을 찾는다고 가정해 보자.

뉴런에서:	1	2	3	4	5	6	7	8
뉴런으로: 1	0	0	0	0	0	0	0	0
2	0	0	0	0	0	0	0	0
3	0	0	0	0	0	0	0	0
4	0.9	−0.3	−0.7	0	0	0	0	0
5	−0.8	0.6	0.3	0	0	0	0	0
6	0.1	−0.2	0.2	0	0	0	0	0
7	0.4	0.5	0.8	0	0	0	0	0
8	0	0	0	−0.6	0.1	−0.2	0.9	0

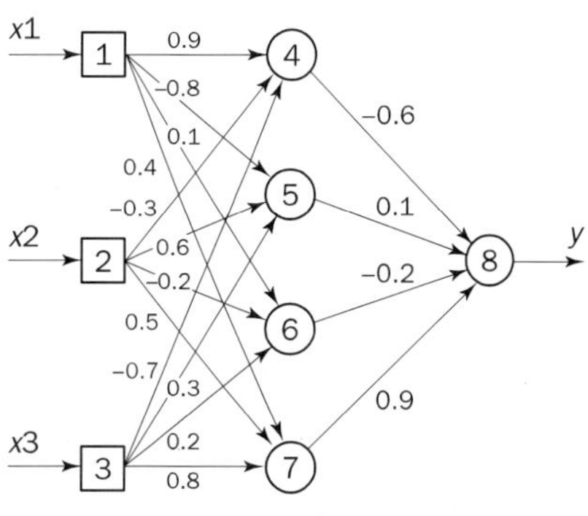

염색체:	0.9	−0.3	−0.7	−0.8	0.6	0.3	0.1	−0.2	0.2	0.4	0.5	0.8	−0.6	0.1	−0.2	0.9

[그림 8-15] 염색체에서 가중치 집합의 인코딩

이 신경망의 초기 가중치는 좁은 범위, 이를테면 [−1, 1] 범위에서 임의로 선택된다. 가중치 집합을 정사각행렬로 표현할 수 있다. 이 행렬에서 실수는 뉴런 사이를 연결하는 가중치 있는 링크에 대응하고, 0은 두 뉴런이 연결되지 않았다는 뜻이다. [그림 8-15]에서 보듯 뉴런 사이에 가중치가 있는 링크는 모두 16개다. 염색체는 유전자를 모은 것이기 때문에 가중치의 집합을 16개의 유전자로 이루어진 염색체로 표현할 수 있다. 여기서 유전자 하나는 신경망 내의 가중치 있는 링크 하나에 대응한다. 따라서 행렬의 행들을 함께 묶으면(0은 무시) 염색체를 얻는다.

이제, 각 행은 한 뉴런에 들어가는 모든 가중치 있는 링크의 그룹을 나타낸다. 이 그룹은 신경망의 기능적 빌딩 블록(functional building block)이므로(Montana와 Davis, 1989) 유전 인자를 한 세대에서 다음 세대로 넘겨줄 수 있도록 함께 있어야 한다. 이를 위해 [그림 8-15]에 보인 것처럼 유전자 각각을 가중치 하나와 연결하는 것이 아니라 뉴런에 들어오는 모든 가중치의 그룹에 연관시킨다.

두 번째 단계에서는 염색체의 성능을 평가할 적합도 함수를 정의한다. 이 함수는 정해진 인공 신경망의 성능을 평가한다. 여기서 오차 제곱합의 역수로 정의한 함수를 사용한다. 염색체의 적합도를 평가하려면 염색체에 포함된 가중치를 신경망의 링크에 각각 할당한다. 그리고 예제의 훈련 집합을 염색체에 입력하여 오차 제곱합을 계산한다. 합계가 작을수록 염색체의 적합도가 높다. 즉 유전 알고리즘은 오차 제곱합을 최소화하는 가중치 집합을 찾는다.

세 번째 단계에서는 유전 연산자, 즉 교차와 변이 연산을 선택한다. 교차 연산자는 부모 둘의 염색체를 받고, 유전 정보를 써서 자식 하나를 만든다. 자식 염색체의 유전자 각각은 부모 염색체에서 임의로 선택한 유전자와 같다. [그림 8-16]의 (a)는 교차 연산자를 적용한 예다.

변이 연산자는 염색체의 유전자 하나를 임의로 선택하고 −1~1 범위의 난수를 유전자의 가중치에 더한다. [그림 8-16]의 (b)는 변이 예를 보여준다.

이제 유전 알고리즘을 적용할 준비가 되었다. 물론 해집단 크기(가중치가 서로 다른 신경망 개수), 교차율, 변이율, 세대수를 정해야 한다.

지금까지는 신경망의 구조가 고정되어 있고, 진화 학습은 정해진 신경망의 가중치를 최적화할 때만 사용한다고 가정했다. 그러나 생각보다 신경망의 구조(즉 뉴런 수와 뉴런 사이의 연결)가 응용의 성패를 좌우하는 경우가 많다. 보통 신경망의 구조는 시행착오를 거쳐 결정된다. 따라서 별도의 응용을 위한 구조를 자동으로 설계하는 방법이 절실히 필요하다. 유전 알고리즘은 신경망의 구조를 선택하는 작업을 도와 준다.

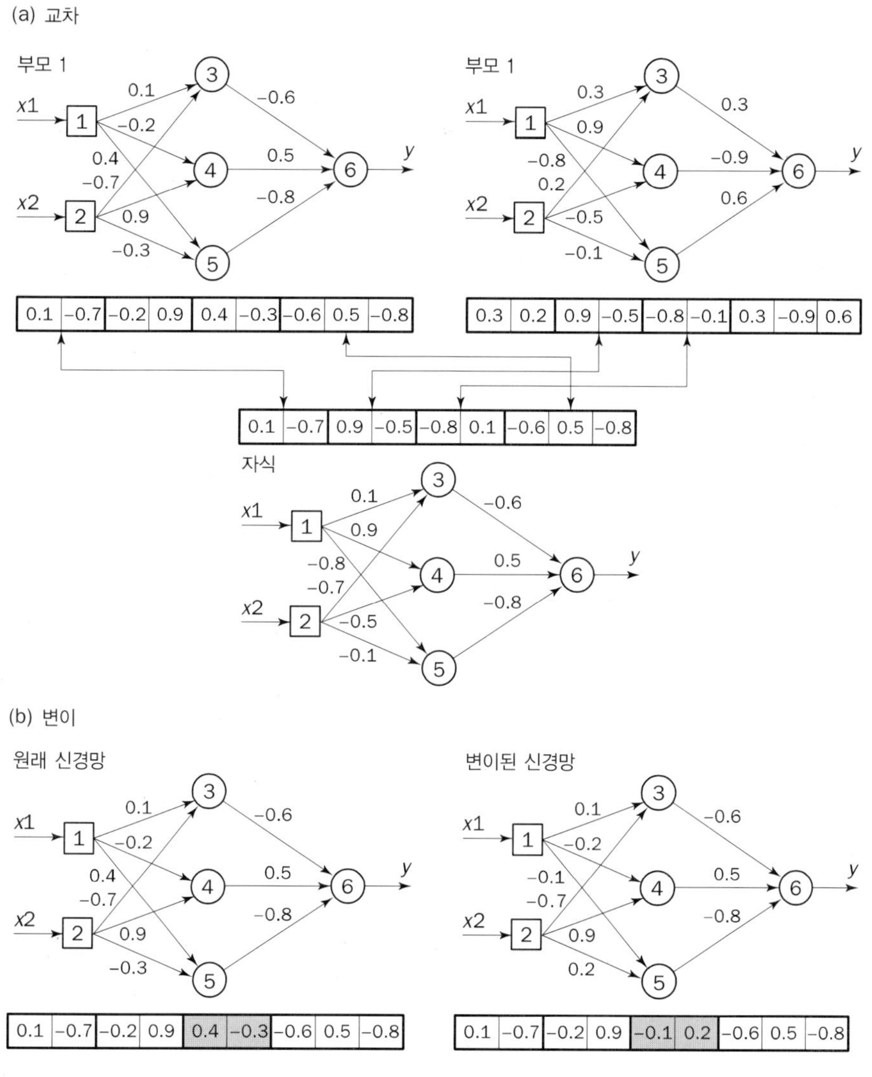

[그림 8-16] 인공 신경망 가중치를 최적화하는 유전 연산

적절한 신경망 구조를 진화시키는 기본적인 방법은 실행할 수 있는 구조로 이루어진 집단을 대상으로 유전 탐색을 하는 것이다(Miller 외, 1989; Schaffer 외, 1992). 먼저, 신경망의 구조를 염색체로 인코딩하는 방법을 정해야 한다.

신경망의 구조를 인코딩하는 방법은 다양하다. 그러나 핵심은 신경망을 나타내는 데 얼마나 많은 정보가 필요한지 결정하는 것이다. 신경망 구조의 인수가 많아질수록 계산 비용이 늘어난다. 일례로 단순한 직접 인코딩 방법을 생각해보자(Miller 외, 1989). 직접 인코딩은 제약이 있는 기법이고 뉴런 수가 고정된 피드포워드 신경망에서만 사용할 수 있지만, 연결 위상이 어떻게 진화하는지를 보여준다.

인공 신경망의 연결 위상은 [그림 8-17]과 같이 정사각 연결행렬로 나타낼 수 있다. 이 행렬에서 원소는 각각 한 뉴런(열)에서 다른 뉴런(행)으로 가는 연결 종류를 정의한다. 여기서 0은 연결이 없음을, 1은 연결 가중치가 학습 도중에 바뀔 수 있음을 뜻한다. 연결행렬을 염색체로 변환하려면 [그림 8-17]과 같이 행렬의 행을 함께 묶기만 하면 된다.

뉴런에서:	1	2	3	4	5	6
뉴런으로: 1	0	0	0	0	0	0
2	0	0	0	0	0	0
3	1	1	0	0	0	0
4	1	0	0	0	0	0
5	0	1	0	0	0	0
6	0	1	1	1	1	0

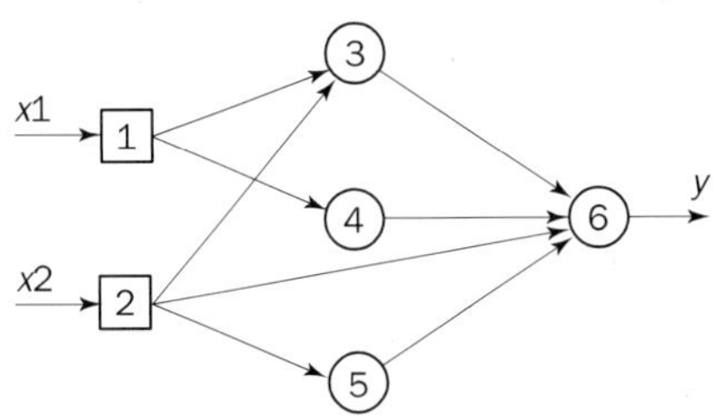

염색체:

0	0	0	0	0	0	0	0	0	0	0	0	1	1	0	0	0	0	1	0	0	0	0	0	0	1	0	0	0	0	0	1	1	1	1	0

[그림 8-17] 신경망 위상의 직접 인코딩

훈련 예제 집합을 갖추고, 가능한 신경망 구조를 이진 문자열로 나타냈으면 기본적인 유전 알고리즘를 다음과 같은 단계로 기술할 수 있다.

- **1단계:** 해집단 크기, 교차율, 변이율, 훈련할 에폭 수를 정한다.
- **2단계:** 개별 염색체의 성능, 즉 적합도를 측정할 적합도 함수를 정한다. 일반적으로 신경망의 적합도는 정확도뿐만 아니라 학습 속도, 크기, 복잡도도 고려해야 한다. 그러나 신경망의 성능은 크기보다 훨씬 중요하다. 그래서 적합도 함수를 오차 제곱합의 역수로 정의할 수 있다.
- **3단계:** 초기 해집단을 임의로 생성한다.
- **4단계:** 개별 염색체를 인공 신경망으로 디코딩한다. 이 예제에서는 신경망을 피드포워드로 제한했기 때문에 염색체에 정의된 피드백 연결은 무시한다. 신경망의 초기 가중치를 작은 난수, 이를테면 [−1, 1] 범위로 설정한다. 예제의 훈련 집합에 대해 역전파 알고리즘을 사용하여 신경망을 특정 에폭만큼 훈련시킨다. 오차 제곱합을 구하고 신경망의 적합도를 결정한다.
- **5단계:** 해집단의 모든 개체에 대해 4단계를 반복한다.

■ **6단계:** 적합도에 비례하는 확률로 짝지을 염색체 한 쌍을 고른다.

■ **7단계:** 유전 연산자, 교차와 변이를 적용하여 자식 염색체 한 쌍을 만든다. 교차 연산자는 임의로 행을 하나 고른 후 부모 둘 사이에 대응하는 행끼리 교체하여 자식 둘을 만든다. 변이 연산자는 염색체에서 한두 비트를 0.005처럼 낮은 확률로 뒤집는다.

■ **8단계:** 만들어진 자식 염색체를 새로운 해집단에 넣는다.

■ **9단계:** 새로운 해집단 크기가 초기 해집단 크기와 같아질 때까지 6단계를 반복한다. 그리고 초기(부모) 해집단을 새로운(자식) 해집단으로 교체한다.

■ **10단계:** 4단계로 가서 정해진 세대수가 될 때까지 과정을 반복한다.

[그림 8-18]은 인공 신경망의 위상을 진화시키는 진화 주기를 보여준다.

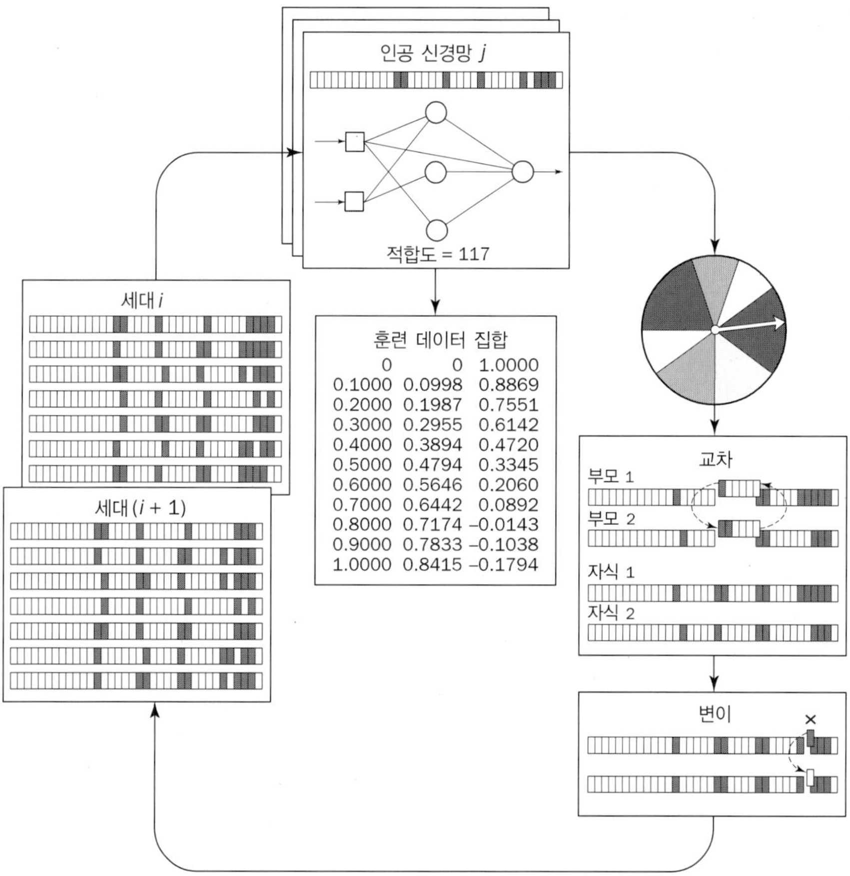

[그림 8-18] 진화하는 인공 신경망 위상의 진화 주기

진화 연산은 인공 신경망을 훈련하고 위상을 선택하거나 전달 함수를 최적화하고 적절한 입력 변수를 선택하는 데에도 사용된다. 복잡하거나 미지의 함수 관계가 있는 입력 변수를 대량으로 받아서 임계 입력의 집합을 진화시키는 일은 진화 신경망에서 발전 가능성이 높은 최신 연구 분야다. 신경망 시스템 분야에서 진화 연산 연구의 새로운 영역에 대한 더 깊은 주제는 Bäck 등(1997)에서 찾을 수 있다.

8.6 퍼지 진화 시스템

진화 연산은 퍼지 시스템을 설계할 때, 특히 퍼지 규칙을 생성하고 퍼지 집합의 소속 함수를 조정하는 데 쓰인다. 이 절에서는 분류 문제에 적절한 IF-THEN 퍼지 규칙 집합을 선택하는 유전 알고리즘 응용 문제를 소개한다(Ishibuchi 외, 1995).

유전 알고리즘을 적용하려면 유효한 해로 이루어진 해집단이 필요하다. 지금부터 다룰 문제의 해집단은 IF-THEN 퍼지 규칙 집합이며, 이 집합을 구해야 한다. 분류 문제에서는 수치 자료를 바탕으로 IF-THEN 퍼지 규칙 집합을 만들 수 있다(Ishibuchi 외, 1992). 먼저 입력 공간에 대한 **격자형 퍼지 분할**(grid-type fuzzy partition)을 사용한다.

[그림 8-19]는 2차원 입력 공간을 3 × 3 퍼지 부분공간으로 나눈 퍼지 분할 예제다. 여기서 검은 점과 흰 점은 각각 유형 1과 유형 2의 훈련 패턴을 가리킨다. 격자형 퍼지 분할은 규칙표로 나타낼 수 있다. 입력 $x1(A_1, A_2, A_3)$의 언어값은 가로축, 입력 $x_2(B_1, B_2, B_3)$의 언어값은 세로축이다. 행과 열이 만나는 자리에 규칙 후건부가 놓인다.

규칙표를 보면, 퍼지 부분공간 하나에는 IF-THEN 퍼지 규칙이 하나만 있다. 따라서 $K \times K$ 격자에서 만들 수 있는 규칙의 수 역시 $K \times K$다. $K \times K$ 퍼지 분할에 대응하는 퍼지 규칙은 다음과 같이 나타낼 수 있다.

규칙 R_{ij}

IF	$x1_p$이 A_i		$i = 1, 2, \dots, K$
AND	$x2_p$가 B_j		$j = 1, 2, \dots, K$
THEN	$\mathrm{x}_p \in C_n\{CF^{Cn}_{A_iB_j}\}$	$\mathrm{x}_p = (x1_p, x2_p)$	$p = 1, 2, \dots, P$

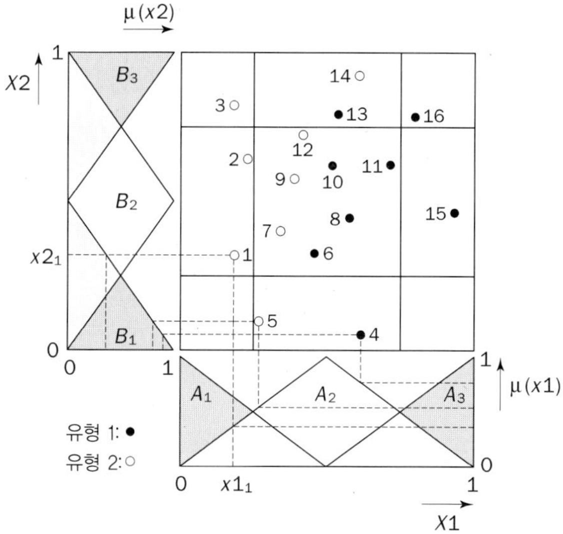

[그림 8-19] 3 × 3 퍼지 격자로 나눈 퍼지 분할

여기서 K는 각 축의 퍼지 구간 수, $\mathbf{x}_p$는 입력 공간 $X1 \times X2$의 훈련 패턴, P는 훈련 패턴의 총 수, C_n은 규칙 후건(이 예에서는 유형 1 또는 유형 2), $CF_{A_iB_j}^{C_n}$는 퍼지 부분공간 A_iB_j의 패턴이 유형 C_n에 속할 확신도나 가능도다.

규칙 후건과 확신도를 결정하려면 다음 절차를 따른다.

- **1단계:** 입력 공간을 $K \times K$ 퍼지 부분공간으로 분할하고, 모든 퍼지 부분공간에서 훈련 패턴 유형 각각의 **강도**(strength)를 계산한다. 퍼지 부분공간에 속하는 유형을 각각 그 유형의 훈련 패턴으로 나타낸다. 훈련 패턴이 많을수록 강력한 유형이다. 다시 말해서, 퍼지 부분공간에서 규칙 후건은 특정 유형의 패턴이 다른 유형의 패턴보다 자주 나타날수록 확실해진다. 퍼지 부분공간 A_iB_j에서 유형 C_n의 강도는 다음과 같이 결정한다. 여기서 $\mu A_i(x1_p)$와 $\mu B_i(x2_p)$는 각각 퍼지 집합 A_i와 퍼지 집합 B_i에 있는 훈련 패턴 $\mathbf{x}_p$의 소속도다.

$$\beta_{A_iB_j}^{C_n} = \sum_{\substack{p=1 \\ \mathbf{x}_p \in C_n}}^{P} \mu_{A_i}(x1_p) \times \mu_{B_j}(x2_p), \quad \mathbf{x}_p = (x1_p, x2_p) \tag{8.23}$$

예를 들어, [그림 8-19]의 퍼지 부분공간 A_2B_1에서 유형 1과 유형 2의 강도를 다음과 같이 계산한다.

$$\begin{aligned}\beta_{A_2B_1}^{Class1} &= \mu_{A_2}(\mathbf{x}_4) \times \mu_{B_1}(\mathbf{x}_4) + \mu_{A_2}(\mathbf{x}_6) \times \mu_{B_1}(\mathbf{x}_6) + \mu_{A_2}(\mathbf{x}_8) \times \mu_{B_1}(\mathbf{x}_8) \\ &\quad + \mu_{A_2}(\mathbf{x}_{15}) \times \mu_{B_1}(\mathbf{x}_{15}) \\ &= 0.75 \times 0.89 + 0.92 \times 0.34 + 0.87 \times 0.12 + 0.11 \times 0.09 = 1.09\end{aligned}$$

$$\begin{aligned}\beta_{A_2B_1}^{Class2} &= \mu_{A_2}(\mathbf{x}_1) \times \mu_{B_1}(\mathbf{x}_1) + \mu_{A_2}(\mathbf{x}_5) \times \mu_{B_1}(\mathbf{x}_5) + \mu_{A_2}(\mathbf{x}_7) \times \mu_{B_1}(\mathbf{x}_7) \\ &= 0.42 \times 0.38 + 0.54 \times 0.81 + 0.65 \times 0.21 = 0.73\end{aligned}$$

- **2단계:** 퍼지 부분공간 각각의 규칙 후건과 확신도를 결정한다. 규칙 후건은 가장 강한 유형에 따라 결정되기 때문에 다음 조건을 만족하는 유형 C_m을 찾아야 한다.

$$\beta_{A_iB_j}^{C_m} = max\left[\beta_{A_iB_j}^{C_1}, \beta_{A_iB_j}^{C_2}, \ldots, \beta_{A_iB_j}^{C_N}\right] \tag{8.24}$$

특정 유형에서 최대값을 취하면 규칙 후건은 C_m으로 결정된다. 이를테면 퍼지 부분공간 A_2B_1에서 규칙 후건은 유형 1이다. 그리고 확신도를 (8.25)와 같이 계산할 수 있다.

$$CF_{A_iB_j}^{C_m} = \frac{\beta_{A_iB_j}^{C_m} - \beta_{A_iB_j}}{\sum_{n=1}^{N} \beta_{A_iB_j}^{C_n}} \tag{8.25}$$

여기서 $\beta_{A_iB_j}$는 (8.26)과 같다.

$$\beta_{A_iB_j} = \frac{\sum_{\substack{n=1 \\ n \neq m}}^{N} \beta_{A_iB_j}^{C_n}}{N-1} \tag{8.26}$$

예를 들어, 퍼지 부분공간 A_2B_1에 대응하는 규칙 후건의 확신도를 다음과 같이 계산할 수 있다.

$$CF_{A_2B_1}^{Class2} = \frac{1.09 - 0.73}{1.09 + 0.73} = 0.20$$

확신도를 어떻게 해석할까

(8.25)로 정의된 확신도를 다음과 같이 해석할 수 있다. 퍼지 부분공간 A_iB_j에 있는 모든 훈련 패턴이 동일한 유형 C_m에 속하면 확신도는 최대가 되고, 이 부분공간에 있는 모든 새로운 패턴은 확실히 유형 C_m에 속할 것이다. 만약 다른 유형에 속하는 훈련 패턴과 이 유형에 속하는 패턴의 강도가 비슷하면 확신도는 최소가 되어 새로운 패턴이 유형 C_m에 소속될 것인지는 불확실해진다.

이는 퍼지 부분공간 A_2B_1의 패턴을 잘못 분류하기 쉽다는 뜻이다. 게다가 퍼지 부분공간에 훈련 패턴이 전혀 없다면 규칙 후건을 결정할 수 없다. 퍼지 분할이 너무 엉성하면 수많은 패턴이 잘못 분류된다. 반대로 퍼지 분할이 너무 세밀하면 그에 대응하는 퍼지 부분공간에 훈련 패턴이 없으므로 퍼지 규칙을 많이 얻지 못한다. 따라서 퍼지 격자의 밀도를 정하는 일은 입력 패턴을 정확히 분류하는 데 매우 중요하다.

한편 [그림 8-19]에서 볼 수 있듯, 훈련 패턴이 입력 공간상에 항상 고르게 분포하지는 않는다. 그 때문에 퍼지 격자에 적절한 밀도를 정하기가 매우 어렵다. 이 문제를 극복하려면 다중 퍼지 규칙표를 사용해야 한다(Ishibuchi 외, 1992). [그림 8-20]을 보자. 표의 개수는 분류 문제의 복잡도에 따라 달라진다.

IF-THEN 퍼지 규칙은 다중 퍼지 규칙표의 퍼지 부분공간마다 생성되기 때문에 완전한 규칙 집합을 (8.27)과 같이 정의할 수 있다. 여기서 S_K는 퍼지 규칙표 K에 대응하는 규칙 집합이다.

$$S_{ALL} = \sum_{K=2}^{L} S_K \qquad K = 2, 3, \ldots, L \tag{8.27}$$

[그림 8-20]에 보인 다중 퍼지 규칙표에 따라 생성된 규칙의 집합 S_{ALL}에는 규칙이 $2^2 + 3^2 + 4^2 + 5^2 + 6^2 = 90$개 있다.

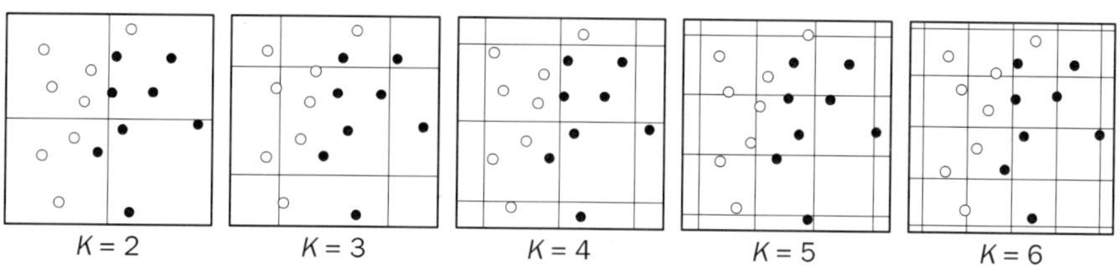

[그림 8-20] 다중 퍼지 규칙표

규칙 집합 S_{ALL}이 생성되면 새로운 패턴 $\mathbf{x} = (x1, x2)$를 다음 절차에 따라 분류할 수 있다.

■ **1단계 :** 다중 퍼지 규칙표의 모든 퍼지 부분공간에 대해 새로운 패턴이 유형 각각과 호환되는 정도를 계산한다.

$$\alpha^{C_n}_{K\{A_iB_j\}} = \mu_{K\{A_i\}}(x1) \times \mu_{K\{B_j\}}(x2) \times CF^{C_n}_{K\{A_iB_j\}}$$
$$n = 1, 2, \ldots, N \quad K = 2, 3, \ldots, L \quad i = 1, 2, \ldots, K \quad j = 1, 2, \ldots, K \tag{8.28}$$

■ **2단계 :** 새로운 패턴이 유형 각각과 최대로 호환되는 정도를 구한다.

$$\alpha^{C_n} = max\Big[\alpha^{C_n}_{1\{A_1B_1\}}, \alpha^{C_n}_{1\{A_1B_2\}}, \alpha^{C_n}_{1\{A_2B_1\}}, \alpha^{C_n}_{1\{A_2B_2\}},$$
$$\alpha^{C_n}_{2\{A_1B_1\}}, \ldots, \alpha^{C_n}_{2\{A_1B_K\}}, \alpha^{C_n}_{2\{A_2B_1\}}, \ldots, \alpha^{C_n}_{2\{A_2B_K\}}, \ldots, \alpha^{C_n}_{2\{A_KB_1\}}, \ldots, \alpha^{C_n}_{2\{A_KB_K\}}, \ldots,$$
$$\alpha^{C_n}_{L\{A_1B_1\}}, \ldots, \alpha^{C_n}_{L\{A_1B_K\}}, \alpha^{C_n}_{L\{A_2B_1\}}, \ldots, \alpha^{C_n}_{L\{A_2B_K\}}, \ldots, \alpha^{C_n}_{L\{A_KB_1\}}, \ldots, \alpha^{C_n}_{L\{A_KB_K\}}\Big] \tag{8.29}$$
$$n = 1, 2, \ldots, N$$

■ **3단계:** 새로운 패턴과 호환되는 정도가 가장 높은 유형 C_m을 찾는다. 이는 (8.30)과 같이 구한다. 그리고 패턴 $\mathbf{x} = (x1, x2)$를 유형 C_m에 할당한다.

$$\alpha^{C_m} = max\left[\alpha^{C_1}, \alpha^{C_2}, \ldots, \alpha^{C_N}\right] \tag{8.30}$$

정확한 패턴 분류를 위해 필요한 다중 퍼지 규칙표의 수는 꽤 많을 것이다. 따라서 완전한 규칙 집합 S_{ALL}의 크기는 아주 클 것이다. 한편 S_{ALL}의 규칙들은 분류 능력이 서로 다르기 때문에 정확히 분류할 수 있는 규칙만 골라 규칙 집합의 크기를 줄일 수 있다.

IF-THEN 퍼지 규칙을 선택하는 문제는 두 가지 목적을 가진 조합 최적화 문제다. 첫째는 패턴 분류의 정확도를 최대로 높이고, 둘째는 규칙 집합의 크기를 최소화하는 것이다(Ishibuchi 외, 1995). 유전 알고리즘을 이 문제에 적용할 수 있다.

유전 알고리즘에서는 유효한 각각의 해를 개체로 다루므로, 유효한 IF-THEN 퍼지 규칙 집합 하나를 길이가 고정된 염색체 하나로 나타내야 한다. 이들 염색체에 있는 유전자는 각각 S_{ALL}의 퍼지 규칙 하나를 나타내야 한다. 만일 S_{ALL}을 다음과 같이 정의하면 염색체를 90비트 문자열로 나타낼 수 있다. 이 문자열의 각 비트 값은 1, −1, 0 중 하나가 된다.

$$S_{ALL} = 2^2 + 3^2 + 4^2 + 5^2 + 6^2$$

이 문제에서는 완전한 규칙 집합 S_{ALL}에서 적절한 규칙을 선택하여 간결한 퍼지 규칙 집합 S를 만드는 것을 목표로 한다. 만약 특정 규칙이 집합 S에 속한다면 염색체에서 그에 대응하는 비트는 1이 된다. 반면 S에 속하지 않는다면 그 비트는 −1이 된다. **더미 규칙**(dummy rule)은 0으로 나타낸다.

더미 규칙이란 무엇일까

더미 규칙은 규칙의 후건부를 결정할 수 없을 때 생성된다. 이는 보통 대응하는 퍼지 부분공간에 훈련 패턴이 없는 경우다. 더미 규칙은 분류 시스템의 성능에 영향을 미치지 않기 때문에 규칙 집합 S에서 제외시킬 수 있다.

규칙 집합 *S*에 들어갈 퍼지 규칙을 결정하는 방법은 무엇인가

초기 해집단에서는 이를 50% 확률로 결정한다. 다시 말해서 초기 해집단에 있는 염색체에서 퍼지 규칙 각각을 확률 0.5로 받아들이고, 받아들이면 값 1을 준다.

IF-THEN 퍼지 규칙을 선택하는 기본적인 유전 알고리즘은 다음 단계로 이루어진다(Ishibuchi 외, 1995).

- **1단계:** 초기 해집단을 임의로 생성한다. 해집단 크기는 염색체 10~20개로 비교적 작다. 염색체에서 유전자는 각각 S_{ALL}로 정의된 규칙 집합에서 특정 IF-THEN 퍼지 규칙에 대응한다. 더미 규칙에 대응하는 유전자에는 0, 다른 유전자에는 1 또는 −1을 임의로 할당한다.

- **2단계:** 현재 해집단에 있는 모든 개별 염색체의 성능, 즉 적합도를 계산한다. 퍼지 규칙을 선택하는 문제에는 두 가지 목적이 있다. 패턴 분류의 정확도를 최대로 높이고, 규칙 집합의 크기를 최소화하는 것이다. **적합도 함수**(fitness function)는 두 목적을 모두 수용해야 한다. 이는 적합도 함수에 기대 가중치 w_P와 w_N을 각각 도입함으로써 해결할 수 있다. 적합도 함수는 (8.31)과 같다.

$$f(S) = w_P \frac{P_S}{P_{ALL}} - w_N \frac{N_S}{N_{ALL}} \tag{8.31}$$

여기서 P_s는 성공적으로 분류한 패턴 수고, P_{ALL}은 분류 시스템에 입력한 모든 패턴 수, N_S와 N_{ALL}은 각각 집합 S와 S_{ALL}에 있는 IF-THEN 퍼지 규칙 개수다.

분류의 정확도는 규칙 집합의 크기보다 중요하다. 이를 반영하려면 가중치를 다음과 같이 설정한다.

$$0 < w_N \leq w_P$$

보통 w_N과 w_P의 값은 각각 1과 10으로 한다. 따라서 (8.32)를 얻는다.

$$f(S) = 10\frac{P_s}{P_{ALL}} - \frac{N_S}{N_{ALL}} \tag{8.32}$$

- **3단계:** 짝지을 염색체 한 쌍을 선택한다. 부모 염색체는 적합도에 비례하는 확률로 선택된다. 적합도가 높은 염색체일수록 선택될 확률이 높다.
- **4단계:** 표준적인 교차 연산을 적용하여 자식 염색체 한 쌍을 만든다. 부모 염색체는 임의로 선택된 교차점에서 교차된다.
- **5단계:** 만들어진 자식 염색체의 유전자에 변이를 수행한다. 변이율은 보통 0.01 정도로 꽤 낮게 유지한다. 변이는 유전자 값에 -1을 곱함으로써 수행된다.
- **6단계:** 만들어진 자식 염색체를 새로운 해집단에 넣는다.
- **7단계** : 새로운 해집단의 크기가 초기 해집단의 크기와 같아질 때까지 3단계를 반복한다. 그리고 초기(부모) 해집단을 새로운(자식) 해집단으로 교체한다.
- **8단계:** 2단계로 가서 정해진 세대수(보통 수백)가 될 때까지 이전 과정을 반복한다.

위의 알고리즘은 정확한 분류에 필요한 IF-THEN 퍼지 규칙 수를 큰 폭으로 줄일 수 있다. 실제로 컴퓨터 시뮬레이션을 수행한 결과, 규칙 수가 처음 생성된 규칙 집합의 2% 미만으로 줄일 수 있다는 결과가 나왔다(Ishibuchi 외, 1995). 이와 같이 규칙 수를 줄이면 퍼지 분류 시스템에는 비교적 적은 수의 중요한 규칙만 남아, 인간 전문가가 이를 면밀히 검토할 수 있다. 따라서 퍼지 진화 시스템을 복잡한 데이터베이스에서 새로운 지식을 발견하는 지식 습득 도구로 쓸 수 있다.

8.7 요약 Summary

이 장에서는 여러 가지 지능 기술의 결합체인 하이브리드 지능 시스템을 살펴보았다. 먼저 인공 신경망과 규칙기반 전문가 시스템을 결합한 신경망 전문가 시스템이라는 새로운 유형의 전문가 시스템을 설명했다. 그리고 맘다니 퍼지 추론 모델과 동등한 기능을 하는 뉴로-퍼지 시스템, 스게노 퍼지 추론 모델과 동등한 적응형 뉴로-퍼지 추론 시스템인 ANFIS를 살펴보았다. 마지막으로 진화 신경망과 퍼지 진화 시스템을 소개했다.

이 장에서 다룬 핵심 내용은 다음과 같다.

- 하이브리드 지능 시스템은 지능 기술을 적어도 두 가지 이상 결합한 시스템이다. 이를테면 인공 신경망과 퍼지 시스템을 결합하면 하이브리드 뉴로-퍼지 시스템이 된다.
- 확률 추론, 퍼지 집합론, 인공 신경망, 진화 연산은 불확실하고 부정확한 환경에서 추론과 학습을 할 수 있는 하이브리드 지능 시스템을 구축하는 새로운 방법인 소프트 컴퓨팅의 핵심이다.
- 전문가 시스템과 인공 신경망 모두 인간의 지능을 흉내내지만, 사용하는 수단은 각자 다르다. 전문가 시스템이 IF-THEN 규칙과 논리 추론을 사용하는 반면, 인공 신경망은 병렬 데이터 처리를 사용한다. 전문가 시스템은 학습하지 못하는 대신 자신의 추론을 설명할 수 있다. 인공 신경망은 학습할 수 있지만, 블랙박스처럼 동작한다. 이와 같은 특성 때문에 두 시스템은 신경망 전문가 시스템 또는 연결주의 전문가 시스템이라는 하이브리드 지능 시스템을 구축하기에 더할 나위 없는 후보가 된다.
- 신경망 전문가 시스템은 기반지식으로 학습을 마친 인공 신경망을 사용한다. 전통적인 규칙기반 전문가 시스템과 달리 신경망 전문가 시스템은 오차가 있거나 불완전한 데이터를 다룰 수 있다. 신경망 기반지식의 초기 구조에서 특정 분야 지식을 사용할 수 있다. 학습을 진행한 후 신경망 기반지식을 IF-THEN 생성 규칙의 집합으로 해석할 수 있다.
- 맘다니 퍼지 추론 모델에 대응하는 뉴로-퍼지 시스템은 다섯 층으로 된 피드포워드 신경망으로 나타낼 수 있다. 여기에는 입력층, 퍼지화층, 퍼지 규칙층, 출력 소속층, 역퍼지화층이 있다.
- 뉴로-퍼지 시스템은 역전파 알고리즘을 포함하여 인공 신경망용으로 개발한 표준적인 학습 알고리즘을 사용할 수 있다. 언어 변수나 퍼지 규칙으로 나타낸 전문 지식을 뉴로-퍼지 시스템 구조로 편입시킬 수 있다. 대표적인 예제 집합을 갖춘다면 뉴로-퍼지 시스템은 이 집합을 IF-THEN 퍼지 규칙 집합으로 자동으로 변환할 수 있다.
- 적응형 뉴로-퍼지 추론 시스템인 ANFIS는 1차 스게노 퍼지 모델에 대응한다. ANFIS는 여섯 층으로 된 인공 신경망으로 나타낸다. 여기에는 입력층, 퍼지화층, 퍼지 규칙층, 정규화층, 역퍼지

화층, 합계층이 있다.

- ANFIS는 최소 자승 추정과 기울기 하강법을 결합한 하이브리드 학습 알고리즘을 사용한다. 순방향 계산에서 입력 패턴의 훈련 집합이 들어오면 뉴런 출력을 계층별로 계산하고, 규칙 후건부 인수를 최소 자승 추정으로 구한다. 역방향 계산에서는 오차 신호는 뒤로 전파되고, 연쇄법칙에 따라 규칙 전건부 인수를 갱신한다.
- 유전 알고리즘은 인공 신경망의 가중치를 최적화하고 위상을 선택하는 데 효과적이다.
- 진화 연산은 복잡한 분류 문제를 푸는 적절한 퍼지 규칙 집합을 선택할 때도 사용한다. 다중 퍼지 규칙표를 써서 완전한 IF-THEN 퍼지 규칙 집합을 수치 데이터에서 생성할 수 있지만, 분류 능력이 높은 퍼지 규칙을 비교적 적게 선택하려면 유전 알고리즘을 사용한다.

Chapter_08 연습문제

01 하이브리드 지능 시스템이란 무엇인가? 예를 들라. 소프트 컴퓨팅의 핵심은 무엇인가? '하드' 컴퓨팅과 '소프트' 컴퓨팅의 차이는 무엇인가?

02 신경망 전문가 시스템이 근사추론을 할 수 있는 이유는 무엇인가? 3유형 분류 문제에 대한 신경망 기반지식을 그려라. 물체가 사과, 오렌지, 레몬 중 하나로 분류된다고 가정하라.

03 퍼지 시스템과 인공 신경망이 지능 시스템을 구축하는 도구로서 자연스럽게 서로를 보완하는 이유는 무엇인가? AND 연산을 구현하는 스게노 퍼지 추론 모델에 대응하는 뉴로-퍼지 시스템을 그려라. 이 시스템에 입력 두 개, 출력 한 개가 있고, 각각 작다와 크다 두 언어값으로 표현한다고 가정하라.

04 뉴로-퍼지 시스템에서 각 층의 기능을 기술하라. 이 시스템에서 퍼지화는 어떻게 이루어지는가? 퍼지 규칙 뉴런은 여러 입력을 어떻게 결합하는가? 뉴로-퍼지 시스템에서 역퍼지화는 어떻게 이루어지는가?

05 뉴로-퍼지 시스템은 어떻게 학습하는가? 학습 도중 어떤 시스템 인수를 학습하거나 조정하는가? 뉴로-퍼지 시스템은 인간 전문가가 제공한 잘못된 규칙을 어떻게 알아내는가? 예를 들라.

06 ANFIS에서 각 층의 기능을 기술하라. 로저 장의 모델에서 퍼지화 뉴런이 사용하는 활성화 함수는 무엇인가? 퍼지 규칙에서 정규화된 수행 강도란 무엇인가?

07 ANFIS는 어떻게 학습하는가? 하이브리드 학습 알고리즘을 기술하라. 이 알고리즘의 장점은 무엇인가?

08 0차 스게노 퍼지 모델을 구현하려면 [그림 8-10]의 ANFIS의 구조를 어떻게 바꿔야 하는가?

09 맘다니 퍼지 추론 모델에 대응하는 뉴로-퍼지 시스템과 ANFIS의 차이는 무엇인가?

10 인공 신경망의 가중치 집합을 염색체로 인코딩하는 방법은 무엇인가? 예를 들라. 인공 신경망의 가중치를 최적화하는 데 사용하는 유전 연산을 기술하라.

11 인공 신경망의 위상은 어떻게 염색체로 인코딩되는가? 예를 들라. 최적 인공 신경망 위상을 진화시키는 기본 유전 알고리즘의 주요 단계를 간략히 설명하라.

12 격자형 퍼지 분할이란 무엇인가? 예를 들라. 복잡한 패턴 분류 문제에 다중 퍼지 규칙표가 필요한 이유는 무엇인가? IF-THEN 퍼지 규칙을 선택하는 유전 알고리즘을 기술하라.

참고문헌

[01] Bäck, T., Fogel, D.B. and Michalewicz, Z., eds (1997). *Handbook of Evolutionary Computation.* Institute of Physics Publishing, Bristol, Philadelphia and Oxford University Press, New York.

[02] Fu, L.M. (1993). Knowledge-based connectionism for revising domain theories, *IEEE Transactions on Systems, Man and Cybernetics,* 23(1), 173–182.

[03] Gallant, S.I. (1988). Connectionist expert systems, *Communications of the ACM,* 31(2), 152–169.

[04] Gallant, S.I. (1993). *Neural Network Learning and Expert Systems.* MIT Press, Cambridge, MA.

[05] Ichikawa, Y. and Sawa, T. (1992). Neural network application for direct feedback controllers, *IEEE Transactions on Neural Networks,* 3(2), 224–231.

[06] Ishibuchi, H., Nozaki, K. and Tanaka, H. (1992). Distributed representation of fuzzy rules and its application to pattern classification, *IEEE Transactions on Fuzzy Systems,* 3(3), 260–270.

[07] Ishibuchi, H., Nozaki, K., Yamamoto, N. and Tanaka, H. (1995). Selecting fuzzy If-Then rules for classification problems using genetic algorithms, *Fuzzy Sets and Systems,* 52, 21–32.

[08] Jang, J.-S.R. (1993). ANFIS: Adaptive Network-based Fuzzy Inference Systems, *IEEE Transactions on Systems, Man and Cybernetics,* 23(3), 665–685.

[09] Jang, J.-S.R., Sun, C.-T. and Mizutani, E. (1997). *Neuro-Fuzzy and Soft Computing: A Computational Approach to Learning and Machine Intelligence.* Prentice Hall, Englewood Cliffs, NJ.

[10] Kasabov, N. (1996). Foundations of Neural Networks, *Fuzzy Logic, and Knowledge Engineering.* MIT Press, Cambridge, MA.

[11] Lin, C.T. and Lee, G. (1996). *Neural Fuzzy Systems: A Neuro-Fuzzy Synergism to Intelligent Systems.* Prentice Hall, Englewood Cliffs, NJ.

[12] Miller, G.F., Todd, P.M. and Hedge, S.U. (1989). Designing neural networks using genetic algorithms, *Proceedings of the Third International Conference on Genetic Algorithms,* J.D. Schaffer, ed., Morgan Kaufmann, San Mateo, CA, pp. 379–384.

[13] Montana, D.J. and Davis, L. (1989). Training feedforward networks using genetic algorithms, *Proceedings of the 11th International Joint Conference on Artificial Intelligence,* Morgan Kaufmann, San Mateo, CA, pp. 762–767.

[14] Nauck, D., Klawonn, F. and Kruse, R. (1997). *Foundations of Neuro-Fuzzy Systems.* John

Wiley, Chichester.

[15] Nikolopoulos, C. (1997). *Expert Systems: Introduction to First and Second Generation and Hybrid Knowledge Based Systems.* Marcel Dekker, Inc., New York.

[16] Russell, S.J. and Norvig, P. (2002). *Artificial Intelligence: A Modern Approach*, 2nd edn. Prentice Hall, Englewood Cliffs, NJ.

[17] Schaffer, J.D., Whitley, D. and Eshelman, L.J. (1992). Combinations of genetic algorithms and neural networks: a survey of the state of the art, *Proceedings of the International Workshop on Combinations of Genetic Algorithms and Neural Networks, COGANN-92,* D. Whitley and J.D. Schaffer, eds, IEEE Computer Society Press, Baltimore, MD, pp. 1–37.

[18] Sestito, S. and Dillon T. (1991). Using single layered neural networks for the extraction of conjunctive rules, *Journal of Applied Intelligence*, no. 1, 157–173.

[19] Von Altrock, C. (1997). *Fuzzy Logic and NeuroFuzzy Applications in Business and Finance.* Prentice Hall, Upper Saddle River, NJ.

[20] Whitley, D. and Hanson, T. (1989). Optimizing neural networks using faster, more accurate genetic search, *Proceedings of the Third International Conference on Genetic Algorithms*, J.D. Schaffer, ed., Morgan Kaufmann, San Mateo, CA, pp. 391–396.

[21] Zadeh, L. (1996). Computing with words A paradigm shift, *Proceedings of the First International Conference on Fuzzy Logic and Management of Complexity*, Sydney, Australia, 15 18 January, vol. 1, pp. 3–10.

현/장/의 목/소/리 #01

게임에서의 인공지능

글. 구본향 _(주) 게임하이 서버개발부

1 간단한 AI 탱크게임 만들기

인공지능 이론을 막연히 공부하기보다 해당 이론을 배울 때마다 직접 응용해보는 편이 이해를 돕는 지름길이다. 그 중에도 우리가 쉽게 접하고 즐기는 게임에서 여러 종류의 인공지능 시스템이 어떻게 사용될지 생각해보고 디자인해 본다면 어려운 이론을 더욱 흥미롭게 공부할 수 있을 것이다.

다음 그림과 같은 간단한 탱크 게임을 만든다고 하자.

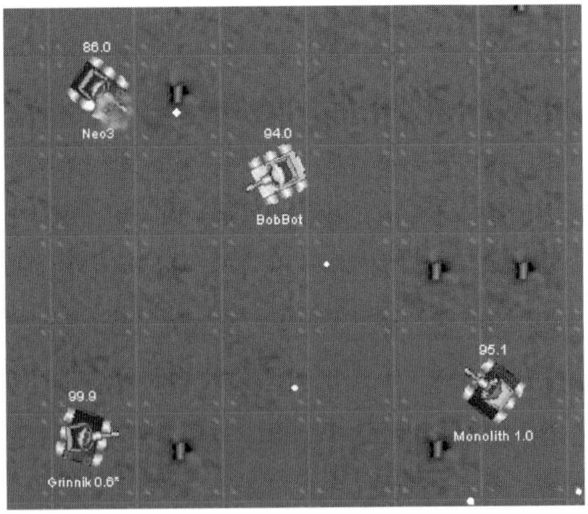

• 출처 : http://www.visualbeta.es/4043/aplicaciones-web/robocode-aprende-java-jugando/

기본적인 룰은 간단하다. 가상의 링 공간 안에서 프로그래머들이 짠 인공지능 탱크들끼리 전투를 벌인다. 이때 탱크는 실제 탱크와 마찬가지로 전후 이동, 360° 회전이 가능하다. 우리는 상대의 행동에 따라 공격도 하고 상대가 쏜 총알도 피하면서 공격도 하는 탱크를 만들어야 한다. 어떻게 하면 스스로 움직이면서 상대를 공격하는 인공지능 탱크를 만들 수 있을까?

우선 게임에서 어떤 변수들을 입력 값으로 만들어야 할지 생각해야 한다. 이 단계가 매우 중요하다. 끊임없는 테스트를 통해 게임에 영향을 미치는 요소들을 찾아 수치화하여 의미 있는 값으로 만들어야 한다.

상대방과의 탱크 싸움에 무엇이 중요한 요소가 될지 간단하게 생각해보면, 적의 이동방향, 적과 나의 거리, 적의 총알 등이 있을 것이다. 여기에 어떠한 룰을 넣어야 탱크가 움직이면서 적과 싸울 수 있을까? 간단한 룰을 생각해보자. 보기 좋고 관리하기 편하게 테이블로 표현해보자.

	0~45°	45~90°	90~180°
적이 사정거리에 있으면	총알 발사	회전	회전
적이 사정거리 밖이면	전진	회전	회전
적의 총알이 다가오면	회전	전진	회전

테이블의 첫 줄을 해석해보자.

1 적이 사정거리에 있고, 내가 적을 바라보는 각도가 0~45° 사이면, 총알발사

2 적이 사정거리에 있고, 내가 적을 바라보는 각도가 45~90° 사이면, 회전

3 적이 사정거리에 있고, 내가 적을 바라보는 각도가 90~180° 사이면, 회전

아마 이 정도만 만들어도 처음에는 스스로 움직이는 모습을 보고 기뻐할 것이다. 하지만 직접 자신이 컨트롤하는 탱크와 대전을 해보면 너무 멍청하다고 생각할 것이다. 그 이유는 규칙들이 너무 단순한 조합만으로 이루어져 있기 때문이다. 상대방의 거리뿐만 아니라 현재 이동하려는 방향, 움직이는 속도 등 더 많은 요소를 룰에 추가해야 한다. 또한 룰 테이블을 여러 단계별 테이블로 구성해서 사용한다면 좀 더 똑똑한 AI 탱크를 만들 수도 있다.

예를 들면, 앞서 '적이 사정거리에 있고, 0~45°에 있으면 총알 발사' 라고 했다. 여기서 '총알 발사' 가 아니라 '공격' 이란 값을 설정한다. 그리고 새로운 '공격' 테이블을 다음과 같이 만든다.

공격 테이블	총알 장전 중	총알 발사 가능
적이 나를 바라본다	후진	총알 발사
적이 우측을 향하고 있다	우측회전	총알 발사
적이 좌측을 향하고 있다	좌측회전	총알 발사
적이 뒤를 보고 있다	전진	총알 발사

첫 번째 테이블에서 '공격' 이란 출력 값을 얻으면 '공격 테이블' 에서 다시 해당하는 조건을 찾아 값을 얻은 후 그 값에 따라 행동하면 된다. 이렇게 한다면 좀 더 세밀하고 다양한 행동을 하는 AI 탱크를 만들 수 있을 것이다.

2. 개선 방향

앞서 소개한 룰 테이블 방식은 여러분들이 얻은 경험적 지식을 바탕으로 테이블에 있는 값을 수정하고 추가할 것이다. 이러한 방식은 본인의 경험적 판단과 변경된 수치 값만이 인공지능 개선에 영향을 미친다.

또한 '상대가 뒤로 후진할 때는 내가 옆으로 돌아서 15° 방향으로 총알을 쏘겠다' 고 생각했어도 테이블의 어떤 부분을 수정해야 할지 정확히 판단하기 힘들다. 오로지 직감으로 수치를 바꿔보며 탱크의 움직임을 살펴야 한다. 이 문제를 해결하려면 어떻게 해야 할까?

답은 우리가 만드는 AI 탱크에게 학습할 수 있는 능력을 부여하면 된다. '이럴 때는 이렇게, 저럴 때는 저렇게' 라는 직접적인 명령보다 "내가 하는 것을 잘 보고 흉내내봐!" 라는 것이 더욱 효과적일 것이다.

그렇다면 학습 알고리즘에는 어떤 것이 있을까? 여러 가지가 있지만, 우선은 신경망을 예로 들 수 있다. 게임에 중요한 요소로 판단되는 상태들, 즉 적의 위치, 방향, 총알 방향, 거리 등을 바탕으로 신경망으로 학습 시스템을 구축한다. 그리고 탱크게임을 잘하는 친구를 불러 플레이를 시키고, 친구의 전투 패턴을 학습시킨다. 여기서 중요한 것은 어떠한 상태 정보를 가지고 학습시키느냐다. 이 부분은 많은 테스트를 통해 프로그래머 스스로 찾아 개선해나가야 한다.

다음은 실제로 국내 농구게임을 만드는 게임회사의 발표 자료로, 신경망을 이용하여 유저와 함께 농구 게임을 할 수 있는 AI의 엔진 구조를 설명한 것이다. 그림을 보면 농구 게임에서 슈팅과 패스를 결정지을 때 골대와의 거리, 공격 제한시간, 팀원의 골대와의 거리, 팀원과 수비수와의 거리 등을 중요한 평가 요소로 생각했다.

유전 알고리즘을 응용한 인공지능 시스템도 생각해보자. 유전 알고리즘의 기본 원리는 유전자들의 선택, 교차, 변이, 대치를 통해 유전자 정보를 진화시키는 것이다.

가령 처음에 소개한 테이블들의 정보를 유전자라고 하고, 그런 테이블들을 선택, 교차, 변이, 대치시켜 서로 싸우게 한다. 그렇게 해서 생존한 유전자 테이블들을 다시 진화를 통해 수정하고 싸우게 한다. 그러다보면 전혀 생각하지도 못한 전술도 만들어 낼 수도 있을 것이다.

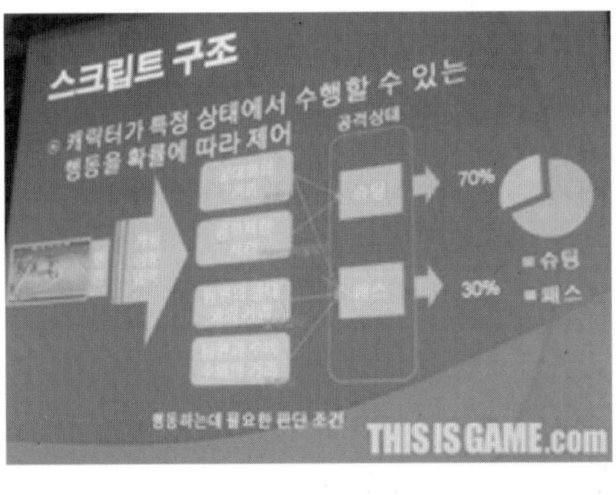

● 출처 : www.thisisgame.com

이처럼 인공지능 알고리즘 하나로 문제를 해결하지 말고 여러 인공지능 시스템의 특징들을 이해하고 응용 또는 혼합한다면 좀 더 훌륭한 인공지능 탱크게임을 만들 수 있을 것이다. 실제로 온라인상에서 자신들이 만든 인공지능 탱크게임(http://robocode.sourceforge.net/)으로 대전을 펼치는 대회가 있으니 관심 있는 사람은 참여해보기 바란다.

Chapter

09

지식 공학과 데이터 마이닝

Knowledge engineering and data mining

학습목표

- 지식기반 시스템을 구축하기 위한 6가지 단계를 이해한다.
- 전문가 시스템과 퍼지 전문가 시스템을 적용한 사례를 살펴본다.
- 인공 신경망, 유전 알고리즘, 하이브리드 지능 시스템을 적용한 사례를 살펴본다.
- 데이터를 지식으로 바꾸는 방법을 살펴본다.

9.1 지식 공학이란?

지능형 시스템을 구축할 때 가장 중요한 부분은 작업에 알맞은 도구를 선택하는 일이다. 지금까지 이 책을 읽어오면서 규칙기반 및 프레임기반 전문가 시스템, 퍼지 시스템, 인공 신경망, 유전 알고리즘, 하이브리드 뉴로-퍼지 및 퍼지 진화 시스템에 익숙해졌을 것이다. 이들 도구 중 몇몇은 다양한 문제를 잘 다루지만, 특정 문제에 가장 적합한 도구 하나를 선택하는 일은 어렵다. 데이비스(Davis)의 법칙에 따르면 '모든 도구는 그에 딱 맞는 작업이 있다'(Davis와 King, 1977). 그러나 모든 작업마다 그에 딱 맞는 도구가 있다고 하기에는 무리가 있다. 이 장에서는 주어진 작업에 알맞은 도구를 선택할 때 필요한 기본적인 기준을 제시하고, 지능형 시스템을 만드는 주요 단계를 살펴본 다음, 데이터를 지식으로 바꾸는 방법을 논의한다.

지능형 시스템을 구축하는 과정은 해당 문제를 이해하는 데서 시작된다. 먼저 문제를 판단하고, 어떤 데이터를 사용할 수 있을지, 문제를 해결하는 데 필요한 것을 결정해야 한다. 일단 문제를 이해하면 적당한 도구를 선택할 수 있고, 선택한 도구를 이용해 시스템을 개발할 수 있다. 지능형 지식기반 시스템을 구축하는 과정을 **지식 공학**(knowledge engineering)이라 한다. 이는 6단계로 구성된다(Waterman, 1986; Durkin, 1994).

1. 문제 판단
2. 데이터와 지식 습득
3. 원형(prototype) 시스템 개발
4. 완전한 시스템 개발
5. 시스템 평가 및 수정
6. 시스템 통합 및 유지보수

[그림 9-1]은 지식 공학의 과정을 설명한다. '지식 공학'은 '공학'이라는 용어가 들어있긴 하지만, 공학보다 인문학에 가깝다. 실제로 지능형 시스템을 개발하는 과정은 [그림 9-1]에서 제시하는 것처럼 간결하지는 않다. 6단계가 순차적으로 진행되는 것처럼 보이지만, 중첩되는 경우가 많다. 과정 자체는 매우 반복적인 작업이며, 프로젝트 참여자는 언제 어느 과정에든 작업할 수 있어야 한다. 각 단계를 좀 더 상세히 살펴보자.

9.1.1 문제 판단

이 단계에서는 문제의 특징과 프로젝트 참여자를 결정하고 프로젝트의 목적을 규정하며, 어떤

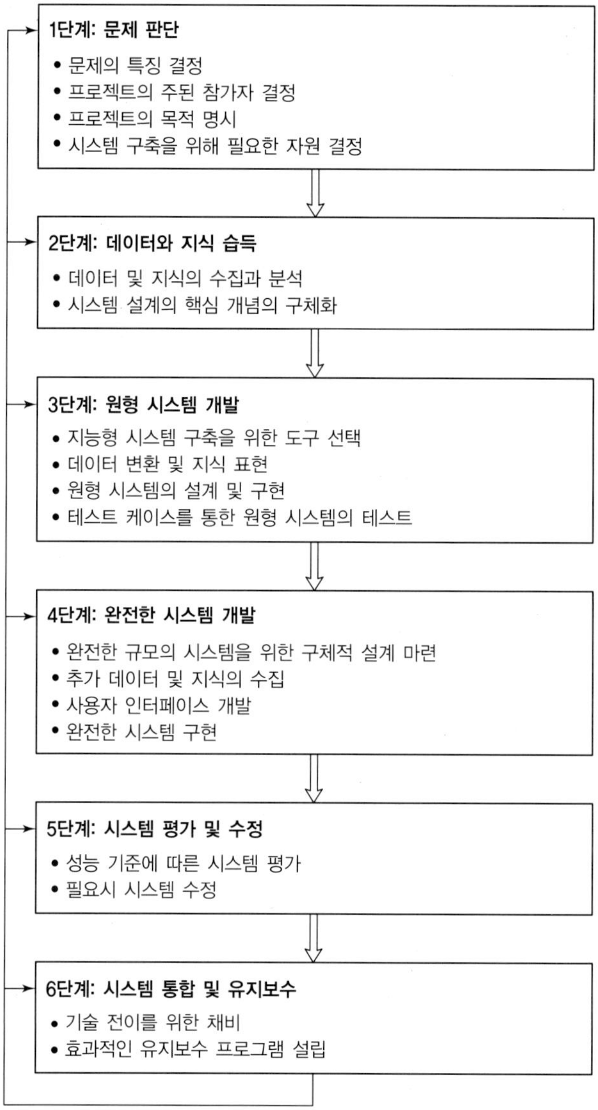

[그림 9-1] 지식 공학의 과정

자원이 시스템 구축에 필요한지 결정한다.

문제의 특성을 묘사하기 위해 문제 유형, 입출력 변수 및 그들 사이의 관계, 해의 형태와 내용을 결정해야 한다.

첫 번째 단계는 문제의 유형을 결정하는 것이다. [표 9-1]은 지능형 시스템에서 종종 발생하는 전형적인 문제다. 여기에는 **진단**(diagnosis), **선택**(selection), **예측**(prediction), **분류**(classification), **군집화**(clustering), **최적화**(optimization), **제어**(control)가 있다.

[표 9-1] 지능형 시스템에서 발생하는 전형적인 문제

문제 유형	설명
진단	사물의 행동을 바탕으로 기능 불량을 추론하고 해법을 추천함
선택	가능한 대안을 바탕으로 가장 좋은 것을 추천함
예측	사물의 과거 행동을 바탕으로 앞으로의 행동을 예측함
분류	정의된 종류 중 하나에 사물을 할당함
군집화	이종의 사물로 이루어진 그룹 하나를 동종의 그룹으로 나눔
최적화	최적해를 찾을 때까지 해의 품질을 개선함
제어	실시간으로 요구조건을 만족하도록 사물의 행동을 다스림

문제 유형은 지능형 시스템을 구축하기 위한 도구를 선택할 때 영향을 미친다. 예를 들어, 전기 회로에서 결함을 찾고, 진단 과정을 통해 사용자를 안내하는 시스템을 개발한다고 하자. 이 문제는 명확히 진단에 속하며, 이런 문제의 주제 지식은 종종 생성 규칙으로 표현할 수 있다. 따라서 규칙 기반 전문가 시스템이 이러한 작업에 적합한 도구로 선택될 것이다.

물론 해의 형태와 내용도 구축 도구를 선택하는 데 영향을 준다. 예를 들어, 진단 작업을 위해 만들어진 시스템에는 설명 능력(자신의 해를 정당화할 수 있는 수단)이 있어야 한다. 그런 편의는 전문가 시스템에는 필수적인 요소지만, 신경망에서는 사용할 수 없는 기능이다. 한편, 신경망은 분류와 군집화 문제를 풀 때 적당하다. 이런 문제에서는 종종 시스템의 추론 과정을 이해하는 것보다 결과가 더 중요하다.

다음 단계로 프로젝트 참여자를 결정한다. 지식 공학 프로젝트에서 가장 중요한 참여자는 지식 공학자(지능형 시스템을 설계, 구축 및 테스트할 수 있는 사람)와 주제 전문가(특정 영역에서 문제를 풀 수 있는 학식 있는 사람)다.

그런 후, 경쟁 우위 획득, 결정 품질의 개선, 인건비 감소, 결과물 및 서비스 질 향상과 같은 프로젝트의 목적을 규정한다.

마지막으로 어떤 자원이 시스템 구축에 필요한지 결정한다. 여기에는 컴퓨터 자원, 개발 소프트

웨어, 지식 및 데이터 소스(인간 전문가, 책, 매뉴얼, 웹 사이트, 데이터베이스, 사례)가 포함된다. 물론 돈도 포함된다.

9.1.2 데이터와 지식 습득

이 단계에서는 데이터와 지식을 모으고 분석하여 문제를 조금 더 깊이 이해함으로써 시스템 설계의 핵심 개념을 구체화한다.

지능형 시스템에서 사용할 데이터는 종종 서로 다른 곳에서 수집된다. 그 때문에 형태가 다른 데이터가 모이기도 한다. 하지만 지능형 시스템 구축에 사용하는 특정 도구에는 특정 형태의 데이터가 필요하다. 몇몇 도구는 연속된 변수를 다루는 반면 어떤 도구에는 여러 영역으로 나뉜 변수가 필요하거나 0~1 사이의 고정 범위로 정규화시킬 필요가 있다. 도구에 따라 문자로 된 기호 데이터만 다루기도 하고, 수치 데이터만 다루기도 한다. 또 부정확하고 잡음이 섞인 데이터를 처리하는 도구가 있는 반면, 잘 정의되고 깨끗한 데이터만 요구하는 도구도 있다. 결과적으로 특정 도구에서 사용할 수 있도록 데이터를 변환해야 한다(즉 **정규화**[1] 해야 한다). 하지만 어떤 도구를 선택하든 데이터를 정규화하기 전에 다음 세 가지 문제를 해결해야 한다(Berry와 Linoff, 1997).

첫 번째 문제는 **호환되지 않는** 데이터다. 지능형 시스템을 구축하는 데 사용하는 도구는 ASCII 코드로 된 텍스트와 부동소수점 방식의 정수를 저장하는 반면, 분석하려는 데이터는 EBCDIC 코드로 된 텍스트와 부동소수점 방식의 정수로 꽉 채워진 십진법 형태의 수를 저장하는 경우가 종종 있다. 이 문제는 보통 요구된 데이터 형태로 변환하는 코드를 자동으로 만들어주는 데이터 변환 도구로 해결한다.

두 번째 문제는 **모순된** 데이터다. 같은 사실을 데이터베이스에 따라 다르게 표현하는 일이 많다. 이런 차이를 제때 인식하고 해결하지 못하면, 잘못된 분석 결과를 얻게 된다. 예를 들어, 독립된 데이터베이스에 저장되어 있다는 이유로 코카콜라를 포함하지 않은 데이터로 탄산음료의 소비 패턴을 분석하고 있는 자신을 발견하게 될지 모른다.

세 번째 문제는 **분실한** 데이터다. 가끔 실제 데이터 레코드에 비어있는 필드가 있다. 그와 같은 불완전한 데이터를 버리기도 하지만, 보통 비어 있는 필드에서 유용한 정보를 추론하려 한다. 대부분의 경우에는 비어 있는 필드를 가장 보편적이거나 평균값으로 채운다. 어떤 경우에는 특정 필드가 채워지지 않았다는 사실 자체를 매우 유용한 정보로 제공한다. 예를 들어, 취업 지원 양식을

1 데이터의 규정과 형식을 확인하여 비정규 데이터를 정규 데이터로 만드는 것.

받을 때 사무실 전화번호 필드가 비어있는 경우는 지원자가 현재 무직이라는 사실을 암시한다.

시스템 구축 도구는 습득한 데이터에 따라 달라진다. 일례로 재산의 시가를 그 특징들에 기초하여 예측하는 문제를 생각해보자. 이 문제는 전문가 시스템과 신경망 기법으로 다룰 수 있다. 그러므로 어떤 도구를 쓸지 결정하기 전에 사용 가능한 데이터를 살펴봐야 한다. 예를 들어, 전 지역에 걸쳐 최근 주택 매매가에 대한 정보를 얻을 수 있다면 경험 있는 감정인의 지식을 사용하는 전문가 시스템을 개발하기보다 차라리 이전 판매 예를 사용함으로써 신경망을 훈련시키는 편이 낫다.

데이터 습득 작업은 지식 습득 작업과 관련 있다. 실제로 데이터를 수집하는 동안 문제 영역에 관한 일부 지식을 얻을 수 있다.

지식 습득은 어떤 과정을 거치는가

보통은 문서를 재검토하고 문제와 관련된 책, 논문, 매뉴얼을 읽는 것으로 시작한다. 일단 문제에 익숙해지면 주제 전문가를 인터뷰하면서 더 많은 지식을 모을 수 있다. 그런 후 습득한 지식을 공부하고 분석하며, 전 과정을 다시 반복한다.

수많은 인터뷰를 하면서 전문가는 4~5개의 전형적인 경우를 식별하고, 각 경우를 어떻게 풀었는지 설명하며, 각 해법 뒤에 숨겨진 추론을 설명해야 한다(Russell과 Norvig, 2002). 그러나 인간 전문가에게서 지식을 습득하기란 어려운 일이다. 이를 '지식 획득 병목(knowledge acquisition bottleneck)'이라 한다. 전문가는 아주 가끔 자신이 어떤 지식을 갖고 있는지, 자신이 사용한 문제 풀이 전략이 무엇인지 모르거나 그것을 말로 표현하지 못한다. 전문가 역시 문제와 관련이 없거나 불완전한 혹은 모순된 정보를 제공하기도 한다.

문제의 분야를 이해하는 과정은 지능형 시스템 구축에서 매우 중요하다. 도널드 미치(Donald Michie)는 고전적인 예를 제시했다(1982). 치즈 공장에는 정년을 바라보는 아주 경험이 많은 치즈 테스터(tester)가 있었다. 공장 관리자는 이 사람을 '지능형 기계'로 대체하기로 결정했다. 인간 테스터는 자신의 손가락에 치즈 샘플을 붙이고 '알맞은 상태인지'를 확인해왔다. 그래서 기계도 똑같이 치즈 표면의 탄성을 검사하도록 했으나 기계는 제 역할을 하지 못했다. 인간 테스터는 치즈 표면의 탄성보다 치즈 향에 따라 상태를 결정했고, 손가락은 단지 껍질을 벗겨 향기가 나오게 하는 용도였기 때문이다.

지식 공학의 두 번째 단계를 거치면서 얻은 데이터와 지식을 바탕으로 가장 추상적인(개념적인) 수준에서 문제 해결 전략을 설명하고, 원형 시스템을 구축할 도구를 선택할 수 있다. 하지만 원형 시스템을 평가하기 전에는 문제를 세부적으로 분석**하지 않아야 한다.**

9.1.3 원형 시스템 개발

원형 시스템 개발은 실제로 지능형 시스템(더 정확히 말하면, 시스템보다 작은 버전)을 만들고 수많은 테스트 케이스로 시스템을 검사하는 것을 포함한다.

원형 시스템이란

원형 시스템은 최종 시스템의 기능을 간략하게 구현한 시스템으로, 문제를 얼마나 잘 이해하고 있는지 검사하기 위해 설계한다. 즉 문제 풀이 전략과 시스템 구축을 위해 선택된 도구 그리고 습득한 데이터와 지식을 표현하는 기법이 현 작업에 적절한지 확인하기 위한 것이다. 이는 회의적인 사람을 설득하고, 시스템 개발에 주제 전문가가 적극적으로 참여할 수 있는 기회도 제공한다.

도구를 선택하고 데이터를 정규화하여 도구에 적합한 형태로 지식을 표현한 후, 시스템의 원형 버전을 설계하고 이를 구현한다. 일단 원형 시스템을 구축했으면 다양한 테스트 케이스로 시스템을 검사하여(보통은 주제 전문가와 함께) 성능을 살펴본다. 주제 전문가는 시스템을 검사하는 데 활약하고, 결과적으로 시스템 개발에 더 참여하게 된다.

테스트 케이스란

테스트 케이스(test case)란 과거에 성공적으로 해결하여 입력 데이터와 출력 해를 이미 알고 있는 문제를 말한다. 검사를 진행하는 동안 시스템은 성공적으로 해결한 문제와 같은 입력 데이터를 이용하여 출력 해를 구하고, 이를 성공적으로 해결한 문제의 출력 해와 비교한다.

시스템 구축 도구를 잘못 선택했다면 어떻게 해야 하는가

현재의 원형 시스템을 버리고 원형화 단계를 다시 시작해야 한다. 잘못 선택한 도구를 적합하지 않은 문제에 끼워 맞추려는 시도를 할수록 시스템 개발은 지연되기만 할 뿐이다. 원형화 단계의 핵심 목표는 문제를 더 잘 이해하게 만드는 것이므로 새로운 도구로 이 단계를 시작함으로써 시간과 돈을 낭비하지 않게 된다.

9.1.4 완전한 시스템 개발

원형 시스템이 만족스럽게 작동하기 시작하면 완전한 시스템을 개발하는 데 관련된 실제 요소를 판단할 수 있다. 완전한 시스템을 위한 계획, 스케줄 및 예산을 알 수 있고, 시스템의 성능 기준도 명확히 정의할 수 있다.

이 단계에서 주된 일은 시스템에 데이터와 지식을 추가하는 일과 종종 관련있다. 예를 들어, 진단 시스템을 개발한다면 특정 경우를 다루기 위해 더 많은 규칙을 제공해야 한다. 예측 시스템을 개발한다면 훨씬 정확하게 예측할 수 있도록 예를 추가로 모아야 한다.

다음 작업은 사용자에게 정보를 전달하는 수단인 사용자 인터페이스를 개발하는 것이다. 사용자는 사용자 인터페이스를 통해 필요한 세부 사항을 쉽게 얻을 수 있다. 어떤 시스템은 추론 과정을 설명하고 조언이나 분석 혹은 결론에 충분한 근거를 제시해야 할 지도 모른다. 반면 어떤 시스템은 그 결과를 시각적인 형태로 표현하기도 한다.

사실 지능형 시스템의 개발은 진화적인 과정이다. 프로젝트를 진행하면서 새로운 데이터와 지식을 모으고 시스템에 추가함으로써 능력을 향상시킨다. 이런 과정을 통해 원형 시스템은 점차 최종 시스템으로 진화한다.

9.1.5 시스템 평가 및 수정

보통의 컴퓨터 프로그램과 달리 지능형 시스템은 '올바른' 그리고 '틀린' 해를 명확히 정의하지 못하는 문제를 풀기 위해 설계된다. 시스템 성능이 사용자가 만족할만한 정도임을 확실히 해두기 위해 지능형 시스템을 평가한다. 시스템의 공식 평가는 보통 사용자가 선택한 테스트 케이스로 진행한다. 시스템 성능은 원형 단계의 마지막에 얻은 성능 기준과 비교한다. 평가에서 시스템의 한계와 약점이 종종 발견된다. 따라서 해당 시스템을 재검토하고 관련 개발 단계를 반복하여 수정한다.

9.1.6 시스템 통합 및 유지보수

시스템 개발 과정의 마지막 단계다. 이 단계에서는 시스템을 동작 환경에 통합하고 효과적인 유지보수 프로그램을 만드는 것을 포함한다.

'통합' 은 한 체제 내에서 새로운 지능형 시스템을 기존 시스템에 조화시키고 기술 전이를 준비하는 것을 뜻한다. 사용자가 시스템의 사용 및 유지 방법을 아는지 확인해야 한다. 지능형 시스템은 지식기반 시스템이고, 지식은 시간에 따라 바뀌기 때문에 시스템을 변화시켜야 한다.

누가 시스템을 유지하는가

시스템이 작업 환경에 통합되면 지식 공학자는 프로젝트에서 손을 떼고, 사용자에게 시스템을 맡긴다. 따라서 시스템을 사용하는 조직에는 시스템을 유지하고 바꿀 수 있는 조직 내 전문가가 있어야 한다.

어떤 도구를 사용해야 하는가

지금껏 살펴봤듯이, 모든 방법에 사용할 수 있는 단일 도구는 없다. 전문가 시스템, 신경망, 퍼지 시스템 및 유전 알고리즘은 각각 적합한 문제 유형이 있으며, 수많은 응용 사례를 찾아 볼 수 있다. 불과 20년 전에는 지능형 시스템(정확히 말하면 전문가 시스템)을 사용하려면 먼저 성공 가능성이 있는 '좋은' 문제를 찾아야 했다. 지식 공학 프로젝트는 비싸고, 인내를 요하며, 투자 위험마저 높았다. 보통 크기의 전문가 시스템을 개발하는 데 드는 비용은 대개 \$250,000~\$500,000 사이였다(Simon, 1987). DENDRAL과 MYCIN 같은 '고전적인' 전문가 시스템을 만드는 데 20~40인-년(person-year)[2] 이 걸렸다. 운 좋게도 지난 몇 년간 상황은 극적으로 변했다. 오늘날 대부분의 전문가 시스템은 몇 달 안에 구축할 수 있다. 상업용 전문가 시스템 틀, 퍼지, 신경망, 진화연산 툴박스(toolbox)를 이용하고, 표준 PC에서 응용 프로그램을 실행한다. 또한 새로운 지능형 기술을 채택하는 기준이 호기심 중심에서 문제 중심으로 바뀌고 있다. 요즘에는 자신의 문제를 해결하기에 적합한 지능형 도구를 선택하여 시스템을 구축한다.

다음 절에서는 특정 문제를 풀기 위해 사용할 수 있는 다양한 도구와 응용사례에 대해 논의해보자.

9.2 전문가 시스템은 어떤 문제를 해결할 수 있을까?

사례 연구 1: 진단 전문가 시스템
나의 매킨토시 컴퓨터에 발생한 장애를 고칠 수 있게 도와주는 지능형 시스템을 만들고 싶다. 이 문제에 전문가 시스템을 적용할 수 있을까?

비록 오래되긴 했지만, 전문가 시스템을 사용하기에 적합한지 알아보는 유용한 테스트가 있다. 이는 전화 걸기 규칙(Phone Call Rule)이다(전문가와 10~30분 정도의 통화로 해결할 수 있는 문제는 전문가 시스템으로 개발할 수 있다)(Firebaugh, 1988).

진단과 고장 원인을 찾는 문제는 전문가 시스템 기술을 사용하기에 매우 적합한 후보다. 물론 컴퓨터 진단도 그 중 하나다. 상기해보면 의학 진단은 전문가 시스템을 적용한 첫 번째 분야였고, 그 이후에는 공학과 제조분야에 자주 적용되었다.

2 person-year는 한 사람이 1년 동안 수행하는 작업의 단위를 뜻한다. 2인-년이면 두 사람이 1년 또는 한 사람이 2년 동안 수행하는 작업이다.

진단 전문가 시스템은 개발하기가 상대적으로 쉽다. 대부분의 진단 문제는 해의 개수가 유한하고, 제한된 양의 잘 형식화된 지식을 포함하며, 인간 전문가가 문제를 해결할 경우 한 시간 정도의 짧은 시간이 걸린다.

컴퓨터 진단 시스템을 개발하려면 컴퓨터 고장에 대한 원인을 찾을 수 있는 지식을 습득해야 한다. 하드웨어 전문가를 찾아 인터뷰할 수도 있지만, 소규모 전문가 시스템을 위한 대안으로 고장 원인을 찾는 매뉴얼을 사용할 수 있다. 매뉴얼에는 결함을 발견해서 고칠 수 있도록 단계적 절차를 제공한다. 사실 이런 매뉴얼에는 전문가 시스템에 직접 사용할 수 있는 간결한 형태의 지식을 담고 있다. 매뉴얼을 사용하면 전문가를 인터뷰할 필요가 없으므로 지식 획득 병목현상을 피할 수 있다.

컴퓨터 매뉴얼에는 고장 수리에 관한 내용이 포함되어 있다. 이는 시스템 시동, 컴퓨터 주변장치(하드 디스크, 키보드, 모니터, 프린터), 디스크 드라이브(플로피 디스크, CD-ROM), 파일, 네트워크 및 파일 공유에 관한 문제를 다룬다. 이 예에서는 매킨토시 컴퓨터 시동에 관한 고장 수리만 다룰 것이다. 일단 원형 전문가 시스템을 개발하면 이를 쉽게 확장할 수 있다.

[그림 9-2]는 매킨토시 컴퓨터의 고장 수리 절차를 보여준다. 고장 수리는 일련의 시각적인 검사를 통해 수행된다. 먼저 초기 정보(시스템이 시작하지 않음)를 모아 추론하고, 추가 정보(전기 코드는 정상, 전선은 정상 등)를 모은 후 마지막으로 원인을 찾는다. 이는 본질적으로 데이터 중심 추론이다. 이 경우에는 순방향 연쇄 추론 기법이 가장 적당하다. 전문가 시스템은 먼저 사용자에게 특별한 작업을 선택하게 한다. 일단 작업을 선택하면 전문가 시스템은 결함을 찾을 때까지 사용자에게 질문하면서 고장을 해결한다.

일반 규칙 구조를 개발해보자. 각 규칙에서 현재 작업을 식별하는 조항을 포함해야 한다. 원형 시스템은 매킨토시 시스템을 시동하는 데 한정되어 있으므로 모든 규칙의 첫 번째 조항에서는 이 작업을 식별할 것이다. 예를 들면 다음과 같다.

규칙 1
if 작업은 '시스템 시동' 이다
then 문제를 물어본다

규칙 2
if 작업은 '시스템 시동' 이다
and 문제는 '시스템이 시작하지 않는 것' 이다
then '전기코드 검사' 를 물어본다

규칙 3

if	작업은 '시스템 시동' 이다
and	문제는 '시스템이 시작하지 않는 것' 이다
and	'전기코드 검사' 가 ok이다
then	'전선 검사' 를 물어본다

다른 모든 규칙은 이 구조를 따를 것이다. [그림 9-3]은 매킨토시 시스템이 시작하지 않을 때 고장 수리를 지시하는 규칙의 집합을(레오나르도 코드로) 보여준다.

제 1 장: 시스템 시작	
문제	**해결책**
1.1 시스템이 시작하지 않는다.	• 전기코드(양쪽 끝)를 점검하라. • 전선을 점검하라. • 화면 밝기를 점검하라. • 소리 연결부를 점검하라. • 키보드 연결부를 점검하라. • 핀 연결부를 점검하라.
1.2 시스템이 시작하고 멈춘다.	• 매킨토시를 재시작하라. • 모든 SCSI 장치를 빼고 매킨토시를 재시작하라. • Shift 키를 눌러 재시작하라(시스템 종료 확장). • 모든 확장을 제거하고 한 번에 하나씩 추가하라. 그런 다음 매킨토시를 재시작하라. 7.5 버전 이상을 사용한다면 Extensions Manager를 이용하라.
1.3 시스템이 물음표로 시작한다.	• 매킨토시를 재시작하라. • 모든 SCSI 장치를 빼고 매킨토시를 재시작하라. • Shift 키를 눌러 재시작하라(시스템 종료 확장). • PRAM의 프로그램을 소거하라. 이것이 작동하면 가상 메모리와 디스크 캐시를 한 번에 하나씩 켜라(매번 재시작하면서). 디스크 캐시를 더 작게 만들거나 가상 메모리를 줄여라. • Disk Tools로 시작하고 하드 드라이브 아이콘이 보이면 시스템 슈트케이스 두 개 혹은 탐색기가 두 개 있는지 보라. 만약 하드 드라이브 아이콘이 보이지 않으면 AV 수리를 불러라. • Disk First Aid나 MacCheck 혹은 Norton의 Disk Doctor를 실행하라. • 시스템을 재설치하라.
1.4 시스템이 Sad Mac으로 시작한다.	• Disk Tools로 시작하고 시스템을 재설치하라. • Disk First Aid나 MacCheck 혹은 Norton의 Disk Doctor를 실행하라. • Disk Tools로 시작하고 하드 드라이브 아이콘이 보이지 않으면 AV 수리를 불러라.
1.5 시스템이 잘못된 '음악'으로 시작한다.	• 케이블을 점검하라.

[그림 9-2] 매킨토시 컴퓨터에 대한 시스템 시동 고장 해결

이제 원형 시스템을 구축할 준비가 되었다. 즉 전문가 시스템 개발 도구를 사용해 규칙의 초기 집합을 구현할 준비를 마쳤다.

```
/* 매킨토시의 고장 수리 전문가 시스템

작업을 물어본다

/****************************
/* 1. 시스템 시동
/****************************


규칙 1
if        작업은 '시스템 시동'이다
then      문제를 물어본다

/****************************
/* 1.1. 시스템이 시작하지 않는다.
/****************************


규칙 1.1
if        작업은 '시스템 시동'이다
and       문제는 '시스템이 시작하지 않는 것'이다
then      '전기코드 검사'를 물어본다

규칙 1.2
if        작업은 '시스템 시동'이다
and       문제는 '시스템이 시작하지 않는 것'이다
and       '전기코드 검사'가 ok이다
then      '전선 검사'를 물어본다

규칙 1.3
if        작업은 '시스템 시동'이다
and       문제는 '시스템이 시작하지 않는 것'이다
and       '전기코드 검사'가 ok가 아니다
then      고장이 수리 되었다

규칙 1.4
if        작업은 '시스템 시동'이다
and       문제는 '시스템이 시작하지 않는 것'이다
and       '전선 검사'가 ok이다
then      '화면 밝기 검사'를 물어본다

규칙 1.5
if        작업은 '시스템 시동'이다
and       문제는 '시스템이 시작하지 않는 것'이다
and       '전선 검사'가 ok가 아니다
then      고장이 수리 되었다

규칙 1.6
if        작업은 '시스템 시동'이다
and       문제는 '시스템이 시작하지 않는 것'이다
and       '화면 밝기 검사'가 ok이다
then      '소리 연결부 검사'를 물어 본다

규칙 1.7
if        작업은 '시스템 시동'이다
and       문제는 '시스템이 시작하지 않는 것'이다
and       '화면 밝기 검사'가 ok가 아니다
then      고장이 수리 되었다

규칙 1.8
if        작업은 '시스템 시동'이다
and       문제는 '시스템이 시작하지 않는 것'이다
and       '소리 연결부 검사'가 ok이다
then      '키보드 연결부 검사'를 물어본다

규칙 1.9
if        작업은 '시스템 시동'이다
and       문제는 '시스템이 시작하지 않는 것'이다
and       '소리 연결부 검사'가 ok가 아니다
then      고장이 수리 되었다

규칙 1.10
if        작업은 '시스템 시동'이다
and       문제는 '시스템이 시작하지 않는 것'이다
and       '키보드 연결부 검사'가 ok이다
then      '핀 연결부 검사'를 물어 본다

규칙 1.11
if        작업은 '시스템 시동' 이다
and       문제는 '시스템이 시작하지 않는 것'이다
and       '키보드 연결부 검사'가 ok가 아니다
then      고장이 수리 되었다

규칙 1.12
if        작업은 '시스템 시동'이다
and       문제는 '시스템이 시작하지 않는 것'이다
and       '핀 연결부 검사'가 ok이다
then      고장 수리는 'AV 수리를 부름' 이다

/****************************
/* SEEK 지시자는 목표를 정한다

seek 고장 수리
```

[그림 9-3] 매킨토시 컴퓨터의 고장 수리 전문가 시스템의 원형 규칙들

전문가 시스템 개발 도구를 어떻게 선택할까

일반적으로 문제의 특징에 맞는 도구를 찾아내야 한다. 도구에는 LISP, PROLOG, OPS, C, Java와 같은 고급 프로그래밍 언어와 전문가 시스템 틀이 있다. 고급 프로그래밍 언어는 훨씬 유연하고 다양한 프로젝트의 요구 사항을 맞춰줄 수 있지만, 고급 프로그래밍 기술을 갖추고 있어야 한다. 반면, 전문가 시스템 틀에는 프로그래밍 언어의 유연성은 없지만, 이미 짜여있는 추론 엔진, 설명 설비 및 사용자 인터페이스를 제공한다. 이 틀을 사용할 때는 프로그래밍 기술이 필요 없다. 다만 틀의 기반지식에 영어로 규칙을 써넣으면 된다. 이런 특성 때문에 전문가 시스템 틀은 원형 시스템을 빠르게 구축하는 데 특히 유용하다.

틀을 어떻게 선택하는가

일반적으로 전문가 시스템 틀을 고를 때는 그 틀이 지식(규칙이나 프레임)을 어떻게 표현하고, 어떤 추론 메커니즘(순방향 또는 역방향 추론)을 사용하는지, 부정확한 추론을 지원하는지, 지원한다면 어떤 기법(베이즈 추론, 확신도, 혹은 퍼지 논리)을 사용하는지 고려해야 한다. 그리고 외부 데이터 파일에 접근을 허용하는 '열린' 구조인지, 사용자가 전문가 시스템과 어떻게 상호작용할 것인지(그래픽 사용자 인터페이스(graphical user inferface)나 하이퍼텍스트(hypertext))를 고려해야 한다.

오늘날 여러분은 $500 이하로 전문가 시스템 틀을 구입해 PC나 매킨토시에서 실행할 수 있다. 아니면 CLIPS와 같은 전문가 시스템 틀을 공짜로 얻을 수도 있다. 하지만 여러분에게 허가된 사항을 명확히 이해해야 한다. 특히 전문가 시스템 개발을 마치면 다른 사람에게 개발한 시스템을 배포해야 하는지 알고 있어야 한다. 도구를 선택할 때는 기술을 지원하는 업체가 안정적인지를 중요하게 고려해야 한다.

회사가 안정적인지 어떻게 알 수 있는가

회사의 설립년도, 고용인 수, 총 수입, 지능형 시스템 제품을 통한 총 수입, 판매된 제품 수와 같은 중요한 지표가 몇 개 있다. 언제 제품이 공식 출시되었는가? 버전이 몇 개 출시되었는가? 설치판이 몇 개 만들어졌는가? 이는 제품의 개발 단계를 결정하는 중요한 질문이다.

그러나 제품과 판매자 둘 다를 평가하는 가장 좋은 방법은 사용자 리스트와 성공적인 응용 및 설치 사이트를 확인하는 것이다. 도구 사용자와 몇 분만 통화해보면 제품과 공급자의 장단점을 알 수 있다.

사례 연구 2: 분류 전문가 시스템

돛단배의 종류를 구분하도록 도와주는 전문가 시스템을 개발하고 싶다. 이 문제에 전문가 시스템을 적용할 수 있을까?

이는 전형적인 분류 문제다. 배를 구분한다는 것은 정의한 종류 중 하나로 지정하는 것과 같다. 그리고 앞서 언급했듯이 이런 문제는 전문가 시스템과 신경망으로 잘 해결할 수 있다. 만약 전문가 시스템을 구축해야 한다면 각 돛단배의 돛대 구조와 돛의 설계도에 관한 정보를 수집하는 것부터 시작해야 한다. [그림 9-4]에서 돛단배의 종류 8가지 보여준다. 돛의 설계도로 각각의 돛단배를 구별할 수 있다.

[그림 9-5]는 돛단배를 분류하는 일련의 규칙을 레오나르도 코드로 보여준다. 사용자와 대화하는 동안 시스템은 알려지지 않은 돛단배의 주 돛의 모양뿐만 아니라 돛대의 개수 및 위치 정보를 얻는다. 그런 후 [그림 9-4]에서 제시한 8종류의 돛단배를 구별한다.

이 시스템은 하늘이 파랗고 바다가 잔잔한 경우에 각 돛단배를 구분하는 특징인 돛을 확실히 구별할 수 있다. 그러나 상황이 항상 그렇지는 않다. 바다에 안개가 낀 상태에서 돛대의 위치와 주 돛의 모양을 확인하는 일은 어렵기도 하고, 심지어 불가능할 수도 있다. 이처럼 현실 세계의 분류 문제를 풀 때는 종종 부정확하고 불완전한 정보가 포함되기도 하지만, 여전히 전문가 시스템 접근 방법을 사용할 수 있다. 하지만 불확실성을 해결해야 한다. 여기에는 확신도 이론을 적용해

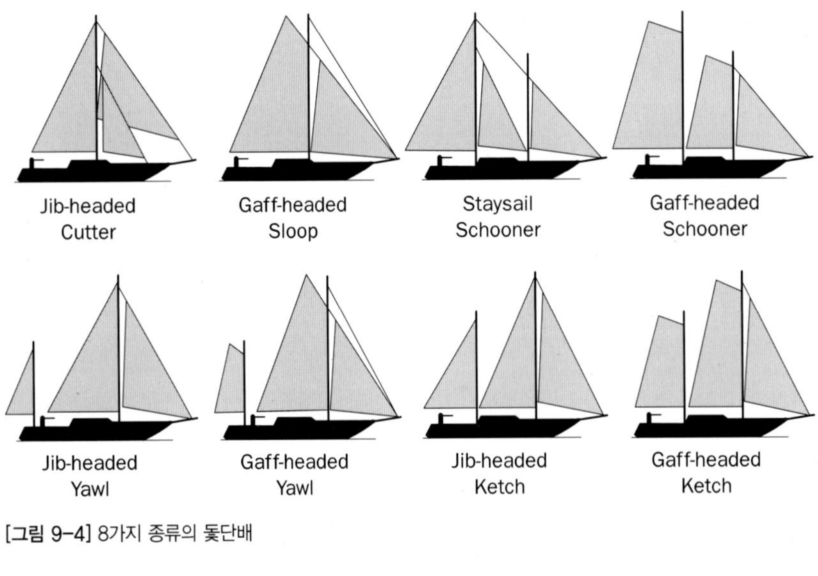

[그림 9-4] 8가지 종류의 돛단배

보자. 이미 배웠듯이 이 이론은 믿음의 정도가 다른 정보뿐만 아니라 점점 늘어가는 증거도 다룰 수 있다.

```
           /* 돛단배 분류 전문가 시스템: Mark 1
규칙 1:    if        ('돛대의 수' 가 하나다)
           and       ('주 돛의 모양' 이 삼각형이다)
           then      (배는 'Jib-headed Cutter' 이다)

규칙 2:    if        ('돛대의 수' 가 하나다)
           and       ('주 돛의 모양' 이 사각형이다)
           then      (배는 'Gaff-headed Sloop' 이다)

규칙 3:    if        ('돛대의 수' 가 둘이다)
           and       ('주 돛대의 위치' 는 '짧은 돛대의 앞쪽' 이다)
           and       ('짧은 돛대의 위치' 는 '키의 앞쪽' 이다)
           and       ('주 돛의 모양' 이 삼각형이다)
           then      (배는 'Jib-headed Ketch' 이다)

규칙 4:    if        ('돛대의 수' 가 둘이다)
           and       ('주 돛대의 위치' 는 '짧은 돛대의 앞쪽' 이다)
           and       ('짧은 돛대의 위치' 는 '키의 앞쪽' 이다)
           and       (주 돛의 모양' 이 사각형이다)
           then      (배는 'Gaff-headed Ketch' 이다)

규칙 5:    if        ('돛대의 수' 가 둘이다)
           and       ('주 돛대의 위치' 는 '짧은 돛대의 앞쪽' 이다)
           and       ('짧은 돛대의 위치' 는 '키의 뒤쪽' 이다)
           and       ('주 돛의 모양' 이 삼각형이다)
           then      (배는 'Jib-headed Yawl' 이다)

규칙 6:    if        ('돛대의 수' 가 둘이다)
           and       ('주 돛대의 위치' 는 '짧은 돛대의 앞쪽' 이다)
           and       ('짧은 돛대의 위치' 는 '키의 뒤쪽' 이다)
           and       ('주 돛의 모양' 이 사각형이다)
           then      (배는 'Gaff-headed Yawl' 이다)
규칙 7:    if        ('돛대의 수' 가 둘이다)
           and       ('주 돛대의 위치' 는 '짧은 돛대의 뒤쪽' 이다)
           and       ('주 돛의 모양' 이 사각형이다)
           then      (배는 'Gaff-headed Schooner' 이다)

규칙 8:    if        ('돛대의 수' 가 둘이다)
           and       ('주 돛대의 위치' 는 '짧은 돛대의 뒤쪽' 이다)
           and       ('주 돛의 모양' 이 '두 개의 앞 돛이 달린 삼각형' 이다)
           then      (배는 'Staysail Schooner' 이다)
           /***********************************************
           /* SEEK 명령어가 결론을 정한다.
           seek 배
```

[그림 9-5] 배 분류 전문가 시스템을 위한 규칙들

[그림 9-6]은 확신도로 돛단배 분류 문제를 풀기 위해 총망라된 규칙을 보여준다.

```
        /* 돛단배 분류 전문가 시스템: Mark 2
        control cf
규칙 1:  if    ('돛대의 수' 가 하나다)
        then  (배는 'Jib-headed Cutter' 이다)                 {cf 0.4}
              (배는 'Gaff-headed Sloop' 이다)                 {cf 0.4}

규칙 2:  if    ('돛대의 수' 가 하나다) and ('주 돛의 모양' 이 삼각형이다)
        then  (배는 'Jib-headed Cutter' 이다)                 {cf 1.0}

규칙 3:  if    ('돛대의 수' 가 하나다) and ('주 돛의 모양' 이 사각형이다)
        then  (배는 'Gaff-headed Sloop' 이다)                 {cf 1.0}

규칙 4:  if    ('돛대의 수' 가 둘이다)
        then  (배는 'Jib-headed Ketch' 이다)                  {cf 0.1}
              (배는 'Gaff-headed Ketch' 이다)                 {cf 0.1}
              (배는 'Jib-headed Yawl' 이다)                   {cf 0.1}
              (배는 'Gaff-headed Yawl' 이다)                  {cf 0.1}
              (배는 'Gaff-headed Schooner' 이다)              {cf 0.1}
              (배는 'Staysail Schooner' 이다)                 {cf 0.1}

규칙 5:  if    ('돛대의 수' 가 둘이다) and ('주 돛대의 위치' 는 '짧은 돛대의 앞쪽' 이다)
        then  (배는 'Jib-headed Ketch' 이다)                  {cf 0.2}
              (배는 'Gaff-headed Ketch' 이다)                 {cf 0.2}
              (배는 'Jib-headed Yawl' 이다)                   {cf 0.2}
              (배는 'Gaff-headed Yawl' 이다)                  {cf 0.2}

규칙 6:  if    ('돛대의 수' 가 둘이다) and ('주 돛대의 위치' 는 '짧은 돛대의 뒤쪽' 이다)
        then  (배는 'Gaff-headed Schooner' 이다)              {cf 0.4}
              (배는 'Staysail Schooner' 이다)                 {cf 0.4}

규칙 7:  if    ('돛대의 수' 가 둘이다) and ('짧은 돛대의 위치' 는 '키의 앞쪽' 이다)
        then  (배는 'Jib-headed Ketch' 이다)                  {cf 0.4}
              (배는 'Gaff-headed Ketch' 이다)                 {cf 0.4}

규칙 8:  if    ('돛대의 수' 가 둘이다)
        and   ('짧은 돛대의 위치' 는 '키의 뒤쪽' 이다)
        then  (배는 'Jib-headed Yawl' 이다)                   {cf 0.2}
              (배는 'Gaff-headed Yawl' 이다)                  {cf 0.2}
              (배는 'Gaff-headed Schooner' 이다)              {cf 0.2}
              (배는 'Staysail Schooner' 이다)                 {cf 0.2}

규칙 9:  if    ('돛대의 수' 가 둘이다) and ('주 돛의 모양' 이 삼각형이다)
        then  (배는 'Jib-headed Ketch' 이다)                  {cf 0.4}
              (배는 'Jib-headed Yawl' 이다)                   {cf 0.4}

규칙 10: if    ('돛대의 수' 가 둘이다) and ('주 돛의 모양' 이 사각형이다)
        then  (배는 'Gaff-headed Ketch' 이다)                 {cf 0.3}
              (배는 'Gaff-headed Yawl' 이다)                  {cf 0.3}
              (배는 'Gaff-headed Schooner' 이다)              {cf 0.3}

규칙 11: if    ('돛대의 수' 가 둘이다) and ('주 돛의 모양' 이 '두 개의 앞 돛이 있는 삼각형' 이다)
        then  (배는 'Staysail Schooner' 이다)                 {cf 1.0}

        seek  배
```

[그림 9-6] 배 분류 전문가 시스템에서 불확실성 다루기

전문가 시스템은 배를 분류해야 한다. 바꿔 말하면, 여러 개의 값을 갖는 객체인 배(boat)에 대한 확신도를 확립해야 한다. 전문가 시스템에 증거 추론 기법을 적용하기 위해서는 사용자가 객체의 값뿐만 아니라 이 값과 관련된 확실성도 입력해야 한다. 예를 들어, 0~1 사이의 레오나르도 단위를 사용하여 다음 대화가 이루어질지 모른다. 사용자의 대답은 화살표로 표시하며, 규칙을 통해 확신도가 퍼진다는 것에 주목해라.

돛대는 몇 개인가?
⇒ 2

돛대의 수가 2라고 어느 정도로 확신하는가? 0~1.0 사이 값으로 확실성을 입력하라.
⇒ **0.9**

규칙 4

if	('돛대의 수' 가 2다)	
then	(배는 'Jib-headed Ketch' 이다)	{cf 0.1}
	(배는 'Gaff-headed Ketch' 이다)	{cf 0.1}
	(배는 'Jib-headed Yawl' 이다)	{cf 0.1}
	(배는 'Gaff-headed Yawl' 이다)	{cf 0.1}
	(배는 'Gaff-headed Schooner' 이다)	{cf 0.1}
	(배는 'Staysail Schooner' 이다)	{cf 0.1}

cf(배는 'Jib-headed Ketch' 이다) = cf('돛대의 수' 가 2다) × 0.1 = 0.9 × 0.1 = 0.09
cf(배는 'Gaff-headed Ketch' 이다) = 0.9 × 0.1 = 0.09
cf(배는 'Jib-headed Yawl' 이다) = 0.9 × 0.1 = 0.09
cf(배는 'Gaff-headed Yawl' 이다) = 0.9 × 0.1 = 0.09
cf(배는 'Gaff-headed Schooner' 이다) = 0.9 × 0.1 = 0.09
cf(배는 'Staysail Schooner' 이다) = 0.9 × 0.1 = 0.09

배는	Jib-headed Ketch이다	{cf 0.09}
	Gaff-headed Ketch이다	{cf 0.09}
	Jib-headed Yawl이다	{cf 0.09}
	Gaff-headed Yawl이다	{cf 0.09}

Gaff-headed Schooner이다	{cf 0.09}
Staysail Schooner이다	{cf 0.09}

돛대는 어디에 있는가?

⇒ **짧은 돛대의 뒤쪽**

돛대가 짧은 돛대의 뒤쪽에 있다고 어느 정도로 확신하는가? 0~1.0 사이 값으로 확실성을 입력하라.

⇒ 0.7

규칙 6

if	('돛대의 수' 가 2다)	
and	('주 돛대의 위치' 는 '짧은 돛대의 뒤쪽' 이다)	
then	(배는 'Gaff-headed Schooner' 이다)	{cf 0.4}
	(배는 'Staysail Schooner' 이다)	{cf 0.4}

$cf_{규칙:\,6}$(배는 'Gaff-headed Schooner' 이다) = min[cf('돛대의 수' 가 2다), cf('주 돛대의 위치' 는 '짧은 돛대의 뒤쪽' 이다)] × 0.4 = min[0.9, 0.7] × 0.4 = 0.28

$cf_{규칙:\,6}$ = (배는 'Staysail Schooner' 이다) = min[0.9, 0.7] × 0.4 = 0.28

cf(배는 'Gaff-headed Schooner' 이다) = $cf_{규칙:\,4} + cf_{규칙:\,6} \times (1 - cf_{규칙:\,4})$

$= 0.09 + 0.28 \times (1 - 0.09) = 0.34$

cf(배는 'Staysail Schonner' 이다) = 0.09 + 0.28 × (1 − 0.09) = 0.34

배는	Gaff-headed Schooner이다	{cf 0.34}
	Staysail Schooner이다	{cf 0.34}
	Jib-headed Ketch이다	{cf 0.09}
	Gaff-headed Ketch이다	{cf 0.09}
	Jib-headed Yawl이다	{cf 0.09}
	Gaff-headed Yawl이다	{cf 0.09}

짧은 돛대는 어디에 있는가?

⇒ **키의 앞쪽**

짧은 돛대가 키의 앞쪽에 있다고 어느 정도로 확신하는가? 0~1.0 사이 값으로 확실성을 입력하라.

⇒ 0.6

규칙 7

if	('돛대의 수' 가 2다) and ('짧은 돛대의 위치' 는 '키의 앞쪽' 이다)	
then	(배는 'Jib-headed Ketch' 이다)	{cf 0.4}
	(배는 'Gaff-headed Ketch' 이다)	{cf 0.4}

$cf_{규칙:7}$(배는 'Jib-headed Ketch' 이다) = min[cf('돛대의 수' 가 2다),
cf('짧은 돛대의 위치' 는 '키의 앞쪽' 이다)] × 0.4 = min[0.9, 0.6] × 0.4 = 0.24

$cf_{규칙:\,7}$(배는 'Gaff-headed Ketch' 이다) = min[0.9, 0.6] × 0.4 = 0.24

cf(배는 'Jib-headed Ketch' 이다) = $cf_{규칙:\,6} + cf_{규칙:\,7} \times (1 - cf_{규칙:\,6})$
$= 0.09 + 0.24 \times (1 - 0.09) = 0.30$

cf(배는 'Gaff-headed Ketch' 이다) = $0.09 + 0.24 \times (1 - 0.09) = 0.30$

배는	Gaff-headed Schooner이다	{cf 0.34}
	Staysail Schooner이다	{cf 0.34}
	Jib-headed Ketch이다	{cf 0.30}
	Gaff-headed Ketch이다	{cf 0.30}
	Jib-headed Yawl이다	{cf 0.09}
	Gaff-headed Yawl이다	{cf 0.09}

주 돛의 모양은 어떠한가?

⇒ **삼각형**

주 돛의 모양이 삼각형이라고 어느 정도로 확신하는가? 0~1.0 사이 값으로 확실성을 입력하라.

⇒ 0.8

규칙 9

if ('돛대의 수' 가 2다)

and　　('주 돛의 모양' 이 삼각형이다)
then　　(배는 'Jib-headed Ketch' 이다)　　{cf 0.4}
　　　　(배는 'Jib-headed Yawl' 이다)　　{cf 0.4}

$cf_{규칙:9}$(배는 'Jib-headed Ketch' 이다) = min[cf('돛대의 수' 가 2다), cf('주 돛의 모양' 이 삼각형이다)] × 0.4 = min[0.9, 0.8] × 0.4 = 0.32

$cf_{규칙:9}$(배는 'Jib-headed Yawl' 이다) = min[0.9, 0.8] × 0.4 = 0.32

cf(배는 'Jib-headed Ketch' 이다) = $cf_{규칙:7} + cf_{규칙:9} \times (1 - cf_{규칙:7})$
$= 0.30 + 0.32 \times (1 - 0.30) = 0.52$

cf(배는 'Jib-headed Yawl' 이다) $= 0.09 + 0.32 \times (1 - 0.09) = 0.38$

배는　　Jib-headed Ketch이다　　{cf 0.52}
　　　　Jib-headed Yawl이다　　{cf 0.38}
　　　　Gaff-headed Schooner이다　　{cf 0.34}
　　　　Staysail Schooner이다　　{cf 0.34}
　　　　Gaff-headed Ketch이다　　{cf 0.30}
　　　　Gaff-headed Yawl이다　　{cf 0.09}

배의 종류는 *Jib-headed Ketch*일 것이고, *Gaff-headed Ketch*나 *Gaff-headed Yawl*은 확실히 아니라고 결론지을 수 있다.

9.3 퍼지 전문가 시스템은 어떤 문제를 해결할 수 있을까?

어느 문제가 퍼지 기술에 적합한 후보인지 정해야 한다. 간단하고 기본적인 방법은 가능한 상황에 대한 정확한 규칙 집합을 일일이 정의할 수 없을 때 퍼지 논리를 사용하는 것이다. 확신도와 베이즈 확률은 잘 정의된 사건에서 나오는 결과의 부정확성과 관계가 있는 반면, 퍼지 논리는 사건 자체의 부정확성에 집중한다. 다시 말해서, 문제에 내재된 부정확한 특성이 있으면 그 문제는 퍼지 기술을 적용하기에 적합한 후보가 된다.

퍼지 시스템은 특히 인간의 의사 결정을 모델링하는 데 적합하다. 우리는 중요한 결정을 내릴 때 흔히 상식에 의존하고, 막연하거나 모호한 용어를 사용한다. 예를 들어, 의사가 수술 후 회복실에 있는 환자를 일반 병실로 옮길 때, 획일적으로 적용할 수 있는 기준은 없다. 수술 후에 저체온증은 중요한 고려 사항으로 환자의 체온이 의사의 결정에 중대한 역할을 하는 경우가 많지만, 환자의 혈압이 안정된 정도와 환자가 배설 시 편안함을 느끼는 정도 등도 고려할 사항이다. 의사는 체온 같은 인수 하나의 정확성에 의존하지 않고, 환자가 수술 후 회복실을 떠나려는 의지처럼 모호한 표현도 포함한 여러 인수를 평가하여 정확한 판단을 한다.

퍼지 기술은 여전히 제어나 공학 분야에서 주로 응용되고 있지만, 사업과 금융 분야에서 더 큰 잠재력을 보인다(von Altrock, 1997). 그 분야에서는 보통 자료의 이용 가능성이나 정확성보다 인간의 직관이나 상식, 경험을 바탕으로 결정을 내린다. 경제와 금융에서 의사 결정은 너무 복잡하고 불확실해서 정밀한 해석적 기법은 적합하지 않다. 퍼지 기술은 사업과 금융 분야에서 자주 쓰이는 '연성 기준(soft criteria)'과 '모호한 자료(fuzzy data)'에 대처할 수단을 제공한다.

사례 연구 3: 의사 결정 지원 퍼지 시스템
담보 대출 신청을 평가하는 지능 시스템을 개발하고 싶다. 이 문제에 퍼지 전문가 시스템을 적용할 수 있을까?

담보 대출 신청 평가는 의사 결정 지원 퍼지 시스템(decision-support fuzzy system)을 성공적으로 적용한 전형적인 문제다(von Altrock, 1997).

이 문제를 다루는 의사 결정 지원 퍼지 시스템을 개발하려면, 먼저 담보 대출 신청 평가의 기본 개념을 퍼지 용어로 나타내야 한다. 그런 다음 적절한 퍼지 도구를 사용하여 이 개념을 원형 시스템으로 구현하고, 선택된 시험 사례에 대해 시스템을 테스트하고 최적화한다.

담보 대출 신청은 보통 주택의 시가, 위치, 신청자의 자산과 소득, 상환 계획에 근거하여 평가한다. 상환 계획은 신청자의 소득과 은행의 이자율에 따라 결정된다.

담보 대출 신청 평가에 대한 소속 함수와 규칙은 어디서 오는 것일까

소속 함수를 정의하고 퍼지 규칙을 세우려면 보통 경험 많은 담보 대출 전문가와 담보 대출 승인 정책을 개발한 은행 지점장의 도움이 필요하다. [그림 9-7]~[그림 9-14]는 이 문제에서 사용한 언어 변수에 대한 퍼지 집합을 보여준다. 삼각형과 사다리꼴 소속 함수는 담보 대출 전문가의 지식을 적절히 나타낼 수 있다.

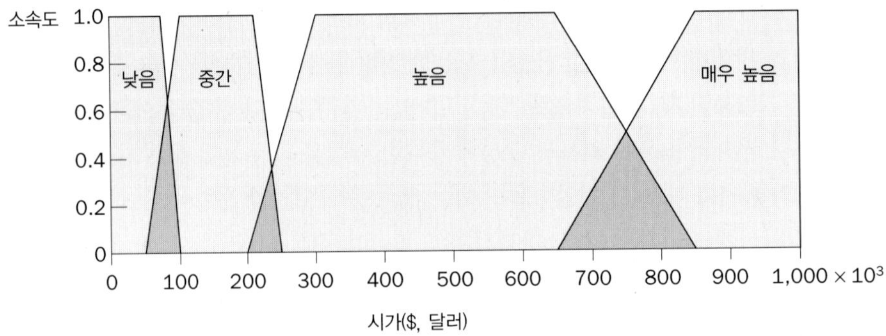

[그림 9-7] 언어 변수 **시가**에 대한 퍼지 집합

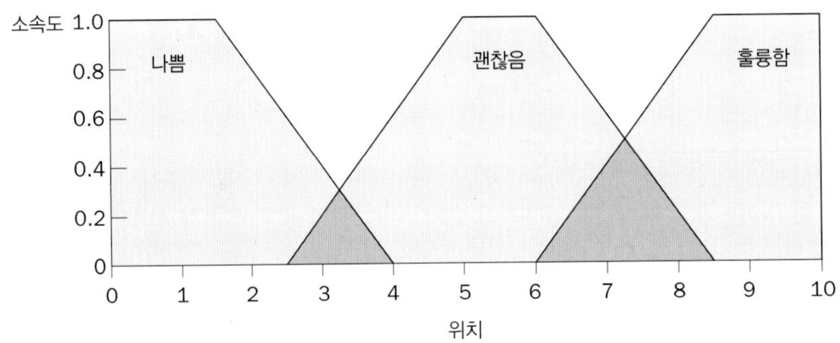

[그림 9-8] 언어 변수 **위치**에 대한 퍼지 집합

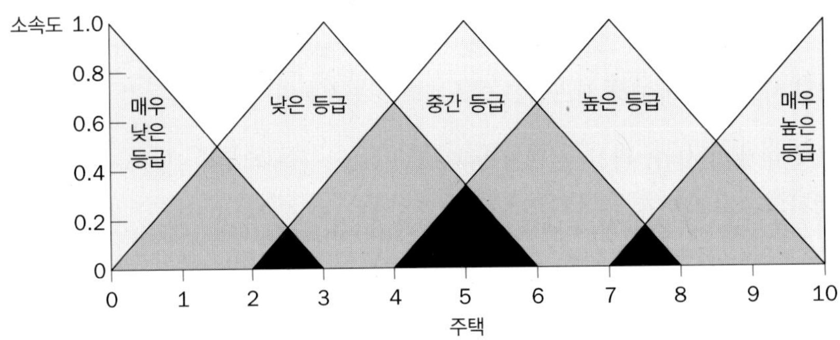

[그림 9-9] 언어 변수 **주택**에 대한 퍼지 집합

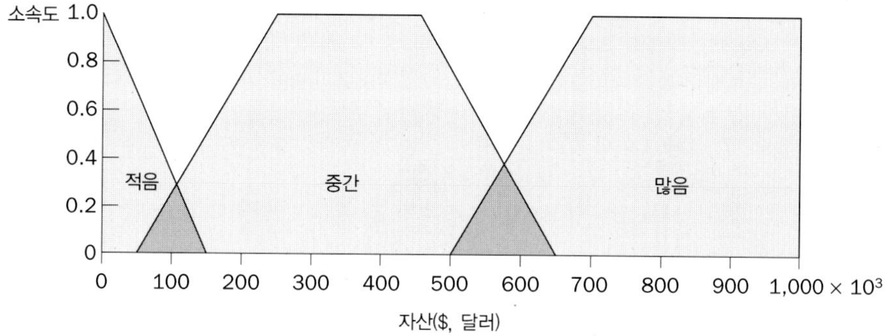

[그림 9-10] 언어 변수 **자산**에 대한 퍼지 집합

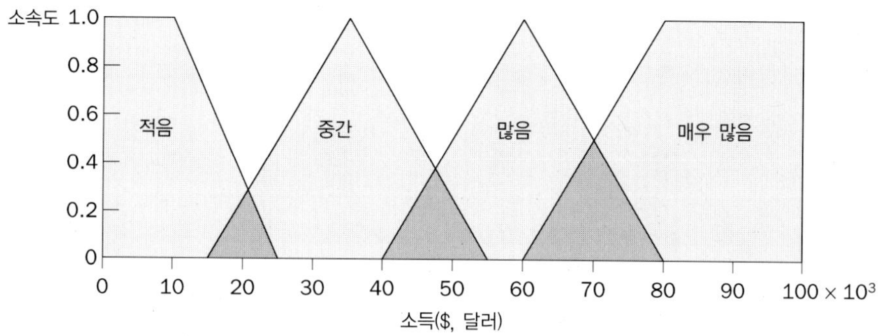

[그림 9-11] 언어 변수 **소득**에 대한 퍼지 집합

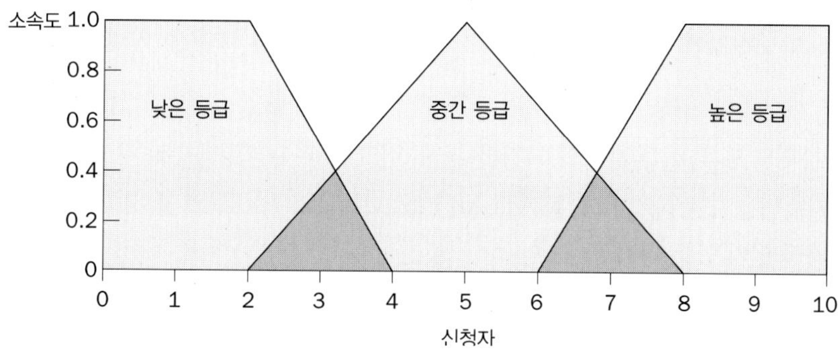

[그림 9-12] 언어 변수 **신청자**에 대한 퍼지 집합

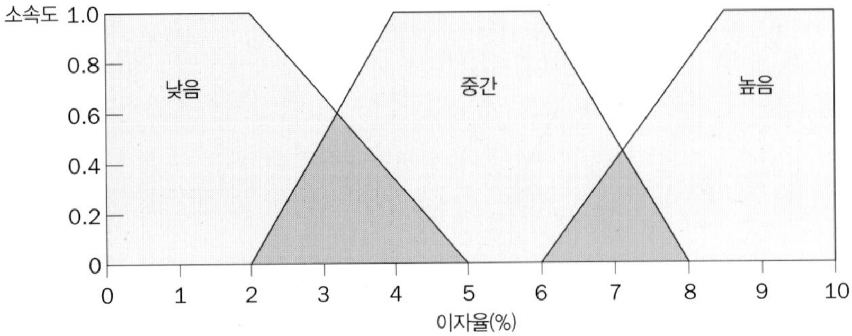

[그림 9-13] 언어 변수 **이자율**에 대한 퍼지 집합

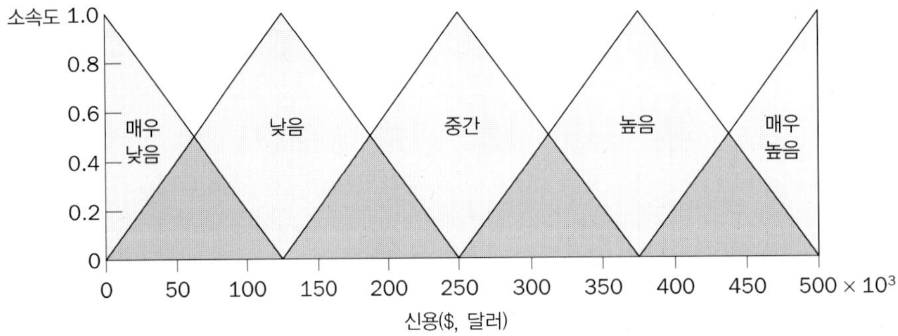

[그림 9-14] 언어 변수 **신용**에 대한 퍼지 집합

다음으로 퍼지 규칙을 구한다. 이 경우에는 폰 알트락(von Altrock)이 담보 대출 평가에 대한 퍼지 모델(von Altrock, 1997)에서 사용한 기본 규칙의 일부를 개조하면 된다. 이 규칙은 [그림 9-15]와 같다.

이 퍼지 시스템에서 사용된 모든 변수 사이의 복잡한 관계는 [그림 9-16]의 계층적 구조로 가장 잘 나타낼 수 있다. 시스템을 구축하기 위해 MATLAB Fuzzy Logic Toolbox를 사용한다. 이것은 현재 업계에서 가장 인기 있는 퍼지 도구다.

원형 시스템 개발의 마지막 단계는 평가와 테스트다. 퍼지 시스템의 성능을 평가하고 분석하기 위해 Fuzzy Logic Toolbox에서 제공하는 출력 도면 뷰어를 사용할 수 있다. [그림 9-17]과 [그림 9-18]은 담보 대출 평가를 위한 퍼지 시스템의 3차원 도면을 나타낸다. 담보 대출 전문가는 마지막으로 몇몇 사례로 시스템을 테스트할 것이다.

[기반 규칙 1: 주택 평가]

1. If (시가가 낮다) then (주택은 낮은 등급)
2. If (위치가 나쁘다) then (주택은 낮은 등급)
3. If (위치가 나쁘다) and (시가가 낮다) then (주택은 매우 낮은 등급)
4 If (위치가 나쁘다) and (시가가 중간이다) then (주택은 낮은 등급)
5. If (위치가 나쁘다) and (시가가 높다) then (주택은 중간 등급)
6. If (위치가 나쁘다) and (시가가 매우 높다) then (주택은 높은 등급)
7. If (위치가 괜찮다) and (시가가 낮다) then (주택은 낮은 등급)
8 If (위치가 괜찮다) and (시가가 중간이다) then (주택은 중간 등급)
9. If (위치가 괜찮다) and (시가가 높다) then (주택은 높은 등급)
10. If (위치가 괜찮다) and (시가가 매우 높다) then (주택은 매우 높은 등급)
11. If (위치가 훌륭하다) and (시가가 낮다) then (주택은 중간 등급)
12. If (위치가 훌륭하다) and (시가가 중간이다) then (주택은 높은 등급)
13. If (위치가 훌륭하다) and (시가가 높다) then (주택은 매우 높은 등급)
14. If (위치가 훌륭하다) and (시가가 매우 높다) then (주택은 매우 높은 등급)

[기반 규칙 2: 신청자 평가]

1. If (자산이 적다) and (수입이 적다) then (신청자는 낮은 등급)
2. If (자산이 적다) and (수입이 중간이다) then (신청자는 낮은 등급)
3. If (자산이 적다) and (수입이 많다) then (신청자는 중간 등급)
4 If (자산이 적다) and (수입이 매우 많다) then (신청자는 높은 등급)
5. If (자산이 중간이다) and (수입이 적다) then (신청자는 낮은 등급)
6 If (자산이 중간이다) and (수입이 중간이다) then (신청자는 중간 등급)
7. If (자산이 중간이다) and (수입이 많다) then (신청자는 높은 등급)
8. If (자산이 중간이다) and (수입이 매우 많다) then (신청자는 높은 등급)
9. If (자산이 많다) and (수입이 적다) then (신청자는 중간 등급)
10. If (자산이 많다) and (수입이 중간이다) then (신청자는 중간 등급)
11. If (자산이 많다) and (수입이 많다) then (신청자는 높은 등급)
12. If (자산이 많다) and (수입이 매우 많다) then (신청자는 높은 등급)

[기반 규칙 3: 신용 평가]

1. If (수입이 적다) and (이자율이 중간이다) then (신용은 매우 낮다)
2. If (수입이 적다) and (이자율이 높다) then (신용은 매우 낮다)
3. If (수입이 중간이다) and (이자율이 높다) then (신용은 낮다)
4 If (신청자가 낮은 등급) then (신용은 매우 낮다)
5. If (주택이 낮은 등급) then (신용은 매우 낮다)
6 If (신청자가 중간 등급) and (주택이 매우 낮은 등급) then (신용은 낮다)
7. If (신청자가 중간 등급) and (주택이 낮은 등급) then (신용은 낮다)
8. If (신청자가 중간 등급) and (주택이 중간 등급) then (신용은 중간이다)
9. If (신청자가 중간 등급) and (주택이 높은 등급) then (신용은 높다)
10. If (신청자가 중간 등급) and (주택이 매우 높은 등급) then (신용은 높다)
11. If (신청자가 높은 등급) and (주택이 매우 낮은 등급) then (신용은 낮다)
12. If (신청자가 높은 등급) and (주택이 낮은 등급) then (신용은 중간이다)
13. If (신청자가 높은 등급) and (주택이 중간 등급) then (신용은 높다)
14. If (신청자가 높은 등급) and (주택이 높은 등급) then (신용은 높다)
15. If (신청자가 높은 등급) and (주택이 매우 높은 등급) then (신용은 매우 높다)

[그림 9-15] 담보 대출 평가를 위한 규칙들

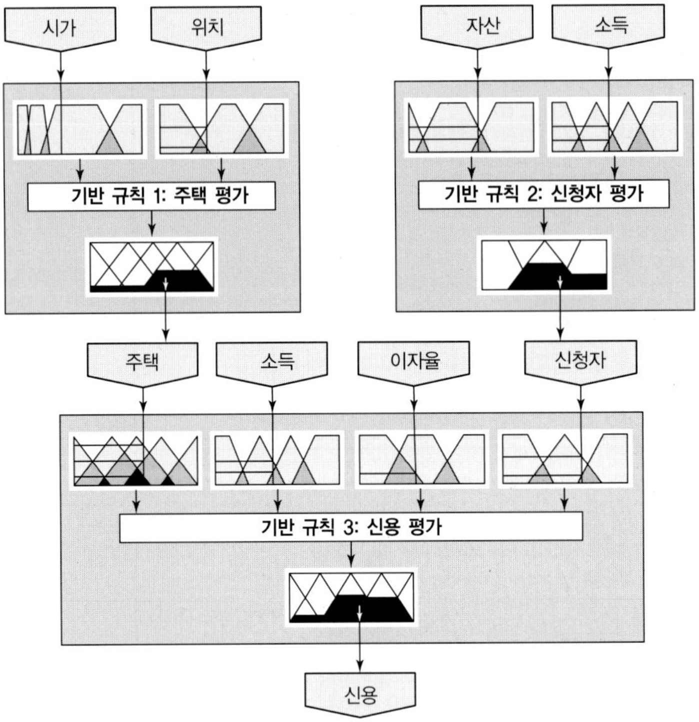

[그림 9-16] 담보 대출 평가에 대한 계층적 퍼지 모델

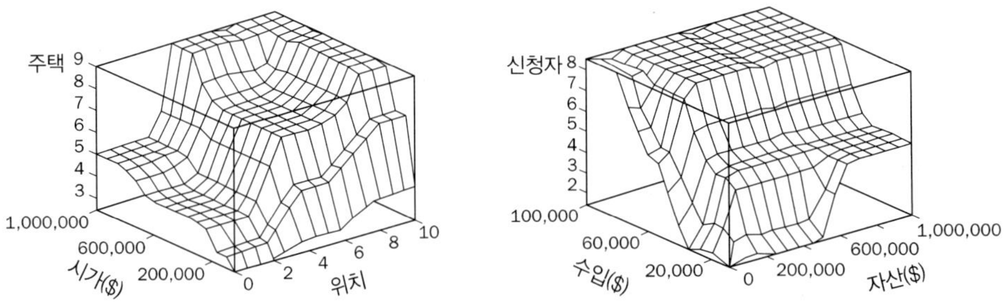

(a) 기반 규칙 1에 대한 3차원 도면

(b) 기반 규칙 2에 대한 3차원 도면

[그림 9-17] 기반 규칙 1과 기반 규칙 2에 대한 3차원 도면

의사 결정 지원 퍼지 시스템은 규칙을 수십~수백 개 포함할 수 있다. 예를 들어, BMW 은행과 인폼 소프트웨어(Inform Software)사에서 개발한 신용 위험 평가 퍼지 시스템에서는 퍼지 규칙 413개를 사용하였다(Güllich, 1996). 큰 기반지식은 보통 [그림 9-16]에 보인 것처럼 몇 가지 모듈로 나눈다.

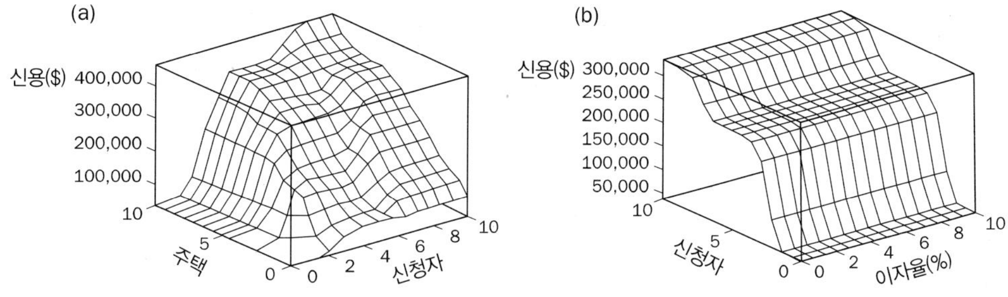

[그림 9-18] 기반 규칙 3에 대한 3차원 도면

규칙 수가 많은 경우가 흔하지만, 의사 결정 지원 퍼지 시스템은 비교적 빠르게 개발되고, 테스트하여 구현된다. 이를테면, 신용 위험 평가 퍼지 시스템을 개발하고 구현하는 데 단지 2인-년(person-year)만 걸린다. 앞서 살펴보았던 MYCIN 개발에 걸린 40인-년과 비교해 보라.

9.4 인공 신경망은 어떤 문제를 해결할 수 있을까?

신경망은 예측, 분류, 군집화 문제에 성공적으로 적용했던 매우 강력한 범용 도구다. 신경망은 언어 및 문자 인식, 사기 거래 탐지, 심장병 진단, 프로세스 제어, 로보틱스, 환율 예측, 레이더 표적 탐지 및 구별 등 다양한 분야에서 사용된다. 신경망의 응용 분야는 빠르게 확산되고 있다.

다재다능한 신경망은 이진 데이터와 연속 데이터를 다룰 수 있고, 복잡한 분야에서 좋은 결과를 만들어내기 때문에 인기가 많다. 신경망은 출력이 연속일 때 예측 문제를 다룰 수 있지만, 출력이 이진 값일 때는 분류자로 동작한다.

사례 연구 4: 문자 인식 신경망
문자 인식 시스템을 개발하고 싶다. 이 문제에 신경망을 적용할 수 있을까?

인쇄된 문자나 손으로 쓴 문자 인식은 신경망을 성공적으로 적용한 전형적인 분야다. **광학 문자 인식**(optical character recognition) 시스템은 신경망을 상업적으로 응용한 예 중 하나다.

광학 문자 인식이란

특별한 소프트웨어를 사용하여 문자 이미지를 텍스트 파일로 바꾸는 것은 컴퓨터의 능력이다. 이는 인쇄된 문서를 다시 타이핑하지 않고도 컴퓨터에서 편집할 수 있는 형태로 넣을 수 있게 해준다.

문자 이미지를 캡처하려면 스캐너를 사용한다. 스캐너는 인쇄물의 채색된 면 위로 빛에 민감한 센서를 통과시키거나 인쇄물이 센서를 지나가게 한다. 스캐너는 이미지를 인치당 수백 개의 픽셀로 나누고 각 박스를 (박스가 채워져 있다면) 1 또는 (박스가 비어 있다면) 0으로 표현하면서 처리한다. 점으로 된 결과 행렬을 비트맵(bit map)이라 한다. 컴퓨터는 비트맵을 저장하고, 화면에 표시, 출력할 수 있으나 텍스트를 편집하려고 워드프로세서를 사용할 수는 없다. 그러려면 점들의 패턴을 컴퓨터에서 문자로 인식해야 한다. 이는 신경망이 해야 하는 작업이다.

인쇄된 문자를 인식하도록 다층 순방향 신경망을 응용해보자. 숫자 0~9를 인식하는 것으로 일을 제한한다. [그림 9-19]에서 볼 수 있듯이 각 숫자를 5 × 9 비트맵으로 표현한다. 해상도가 더 좋아야 하는 상업적 응용 프로그램에서는 최하 16 × 16 비트맵을 사용한다(Zurada, 1992).

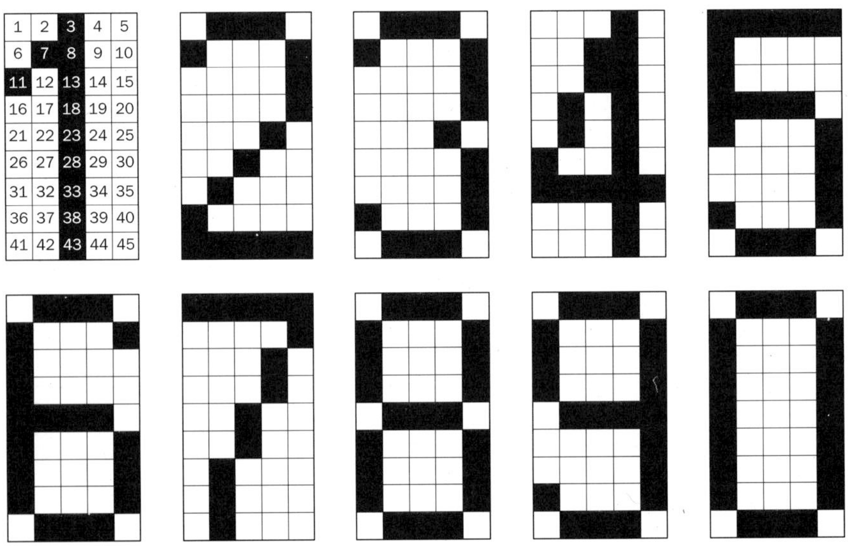

[그림 9-19] 숫자 인식을 위한 비트맵

문자 인식을 위한 신경망의 구조를 어떻게 고를까

신경망의 구조와 크기는 문제의 복잡도에 따라 달라진다. 예를 들어, 손으로 쓴 문자를 인식하려면 은닉층 3~4개와 수백 개의 뉴런을 포함하는 무척 복잡한 다층 신경망이 있어야 한다(Zurada, 1992; Haykin, 1999). 하지만 인쇄된 숫자 인식 문제에 대해서는 은닉층이 1개인 3층 신경망으로도 충분히 정확한 결과를 얻을 수 있을 것이다.

비트맵에 있는 픽셀의 수가 입력층에 있는 뉴런의 수를 결정한다. 이 예에서 비트맵이 픽셀 45개로 이루어지므로 입력 뉴런이 45개 필요하다. 출력층은 뉴런 10개로 이루어진다(각 숫자를 인식하기 위해 뉴런을 하나씩 둔다).

최적의 은닉 뉴런 개수를 어떻게 정할까

앞에서의 실험은 은닉층에 있는 뉴런 수가 문자 인식의 정확성과 신경망 훈련 속도에 영향을 준다는 사실을 보여준다. 적은 수의 은닉 뉴런으로 복잡한 패턴을 탐지할 수 없다. 하지만 그 수가 너무 많으면 계산 부하가 급격하게 늘어난다.

또 다른 문제는 **오버피팅**(overfitting)이다. 은닉 뉴런의 수가 많아질수록 이미 있는 패턴을 인식하는 신경망의 능력은 향상된다. 그러나 은닉 뉴런 수가 너무 많으면 신경망은 단순히 모든 훈련 패턴을 기억만 할지 모른다. 이는 일반화 혹은 훈련 데이터로 쓰지 않는 데이터를 접했을 때 올바른 출력을 내는 것을 막는다. 예를 들어, Helvatica 폰트 훈련으로 오버피트된 문자 인식 신경망은 Times-New-Roman 폰트로 된 동일한 문자를 인식할 수 없을지 모른다.

오버피팅을 막는 현실적인 방법은 일반화가 잘 되게 하는 최소 개수의 은닉 뉴런만 선택하는 것이다. 그러므로 실험 연구는 2개 정도의 적은 은닉층 뉴런들로 시작할 수 있다. 여기서는 2, 5, 10, 20개의 은닉 뉴런으로 시스템 성능을 조사하고 결과를 비교할 것이다.

[그림 9-20]은 문자 인식 문제를 위한 (은닉층에 5개의 뉴런이 있는) 신경망 구조를 보여준다. 은닉층과 출력층에 있는 뉴런은 시그모이드(sigmoid) 활성화 함수를 사용한다. 신경망은 모멘텀(momentum)이 있는 역전파 알고리즘으로 학습된다. 여기에서 모멘텀 상수는 0.95로 정했다. [표 9-2]는 입출력 훈련 패턴을 보여준다. 각 숫자의 비트맵을 표현한 이진 입력 벡터는 신경망에 직접 입력된다.

이 연구에서 신경망의 성능을 에러의 제곱-합(sum of squared errors)으로 측정한다. [그림 9-21]은 결과를 보여준다. (a)를 보면 은닉층에 두 뉴런이 있는 신경망은 빨리 수렴하지 못했지만, 5, 10, 20개의 은닉 뉴런이 있는 신경망들은 상대적으로 빨리 학습했다. 사실 이 신경망들은 250에폭 미만에서 수렴한다(각 에폭은 모든 훈련 예제를 전부 통과시킨 것을 뜻한다). 또한 은닉 뉴런이 20개 있는 신경망이 가장 빨리 수렴했다는 점에 주목하자.

일단 훈련이 끝나면 이 신경망을 얼마나 잘 수행했는지 보기 위해 테스트 집합으로 신경망을 테스트해야 한다.

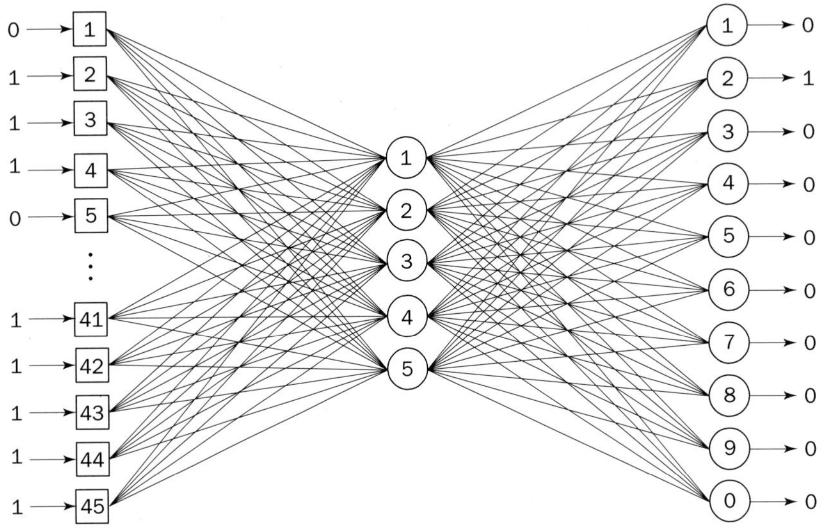

[그림 9-20] 출력된 숫자를 인식하기 위한 신경망

[표 9-2] 숫자 인식 신경망을 위한 입력과 바람직한 출력 패턴

숫자	입력 패턴 픽셀 행렬에서의 행									바람직한 출력패턴
	1	2	3	4	5	6	7	8	9	
1	00100	01100	10100	00100	00100	00100	00100	00100	00100	1000000000
2	01110	10001	00001	00001	00010	00100	01000	10000	11111	0100000000
3	01110	10001	00001	00001	00010	00001	00001	10001	01110	0010000000
4	00010	00110	00110	01010	01010	10010	11111	00010	00010	0001000000
5	11111	10000	10000	11110	10001	00001	00001	10001	01110	0000100000
6	01110	10001	10000	10000	11110	10001	10001	10001	01110	0000010000
7	11111	00001	00010	00010	00100	00100	01000	01000	01000	0000001000
8	01110	10001	10001	10001	01110	10001	10001	10001	01110	0000000100
9	01110	10001	10001	10001	01111	00001	00001	10001	01110	0000000010
0	01110	10001	10001	10001	10001	10001	10001	10001	01110	0000000001

문자 인식을 위한 테스트 예란 무엇이며, 이는 신경망 훈련에 사용한 것과 같은가

테스트 집합은 엄격히 훈련 예제들과 독립되어야 한다. 따라서 문자 인식 신경망을 테스트하려면 '잡음' 이 포함된(입력 패턴을 왜곡시킨) 예를 줘야 한다. 왜곡은 10개 숫자의 비트맵을 표현하는 이진 입력 벡터에 정규분포를 통해 얻은 작은 임의의 값을 더한 식으로 만들 수 있다. 인쇄된 숫자

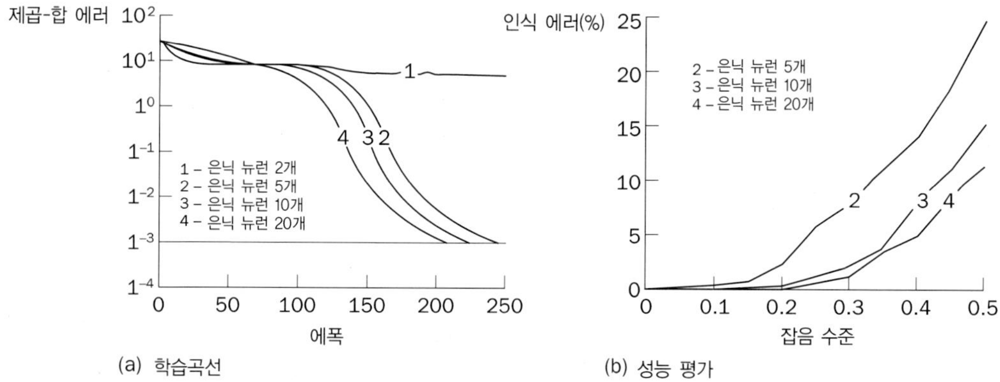

[그림 9-21] 숫자 인식 3층 신경망의 훈련과 성능 평가

인식 신경망의 성능을 1,000개의 테스트 예(인식될 각 숫자에 100개씩)로 평가한다. [그림 9-21]의 (b)는 결과를 보여준다.

20개의 은닉 뉴런이 있는 신경망에서 평균 인식 에러가 가장 낮았지만, 결과적으로 10개와 20개 은닉 뉴런이 있는 신경망 사이에 큰 차이는 없다. 두 신경망은 인식 성능을 유지하면서 유사한 수준의 잡음을 잘 견딜 수 있다. 이를 바탕으로 여기에서 설명한 숫자 인식 문제에 대해 10개의 은닉 뉴런을 사용한 것은 적절하다고 결론지을 수 있다.

문자 인식 신경망의 성능을 개선할 수 있을까

하나의 신경망은 훈련에 많은 예제를 사용할수록 좋다. 그러므로 0~9 사이의 숫자에 '잡음 있는' 예를 신경망에 입력함으로써 숫자 인식을 향상시키는 시도를 할 수 있다. [그림 9-22]는 그 결과를 보여준다. 기대한대로 '잡음 있는' 데이터로 훈련한 숫자 인식 신경망의 성능이 다소 개선되었음을 볼 수 있다.

이번 사례 연구는 역전파 알고리즘으로 훈련된 다층 신경망을 가장 일반적으로 응용한 예 중 하나였다. 현대의 문자 인식 시스템은 영어, 불어, 스페인어, 이탈리아어 및 여러 다른 언어로 된 서로 다른 폰트를 상당히 정확하게 구분할 수 있다. 광학 문자 인식은 사무원, 법률가, 보험판매원, 기자들이 주로 사용한다. 실제로 인쇄된(혹은 손으로 쓴) 문서를 컴퓨터에 편집할 수 있는 형태로 직접 넣고 싶은 사람은 문자 인식을 사용한다. 손으로 쓴 숫자를 인식하는 시스템은 편지 봉투의 우편번호를 처리하는 데 널리 쓰인다(LeCun 외, 1990).

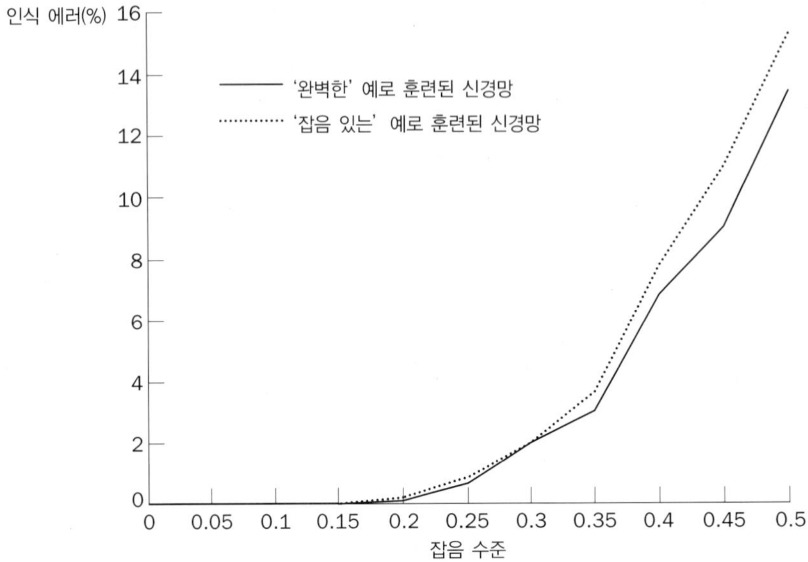

[그림 9-22] '잡음 있는' 예로 훈련된 숫자 인식 신경망의 성능 평가

사례 연구 5: 예측 신경망
부동산 감정평가를 위한 지능형 시스템을 개발하고 싶다. 이 문제에 신경망을 적용할 수 있을까?

부동산 감정평가란 주택이 주어지면, 유사한 주택의 판매가격 지식을 기반으로 해당 주택의 시가를 예측하는 것이다. 앞서 언급했듯이 이 문제는 신경망뿐만 아니라 전문가 시스템으로도 풀 수 있다. 물론 신경망을 적용한다면 주택의 감정평가가 어떻게 이루어지는지 이해할 수 없을 것이다. 신경망은 본질적으로 사용자에게는 블랙박스와 같고, 신경망을 통해 규칙을 얻기도 쉽지 않다. 하지만 감정 평가가 어떻게 이루어지는지 이해하는 것보다 정확한 평가가 더 중요한 경우가 있다.

이 문제는 입력(주택 위치, 주거면적, 침실 수, 욕실 수, 땅 크기, 난방 시스템 형태 등)의 정의가 명확하고, 대개 서로 다른 부동산 중개인 간의 주거 시장 정보를 공유하기 위해 표준화되어 있다. 무엇을 예측하려고 하는지 알고 있으므로 출력도 명확하다. 가장 중요한 것은 신경망을 훈련시키는 데 사용할 수 있는 사례가 많다는 점이다. 이런 사례들은 최근에 팔린 주택의 특징과 그 판매 가격이다.

훈련 예제를 선택하는 일은 정확한 예측을 위해 매우 중요하다. 훈련 집합은 입력된 모든 값의 범위를 망라해야 한다. 따라서 부동산 감정평가를 위한 훈련 집합은 크고 작은 주택, 비싸고 싼 주택, 주차장이 있는 주택과 없는 주택 등을 포함해야 한다. 그리고 훈련 집합은 충분히 커야 한다.

훈련 집합의 크기가 언제 '충분히 크게' 되는지 어떻게 결정할까

훈련 집합의 크기, 신경망의 구조, 문제의 복잡성은 일반화하는 신경망의 능력에 영향을 준다. 일단 신경망의 구조가 결정되면 일반화는 훈련 집합의 적정성에 달려있다. 훈련 예제의 적절한 개수는 **Widrow의 방법**(Widrow's rule of thumb)으로 예측할 수 있으며, 만족스러운 수준으로 일반화하려면 다음 조건을 만족시켜야 한다(Widrow와 Stearns, 1985; Haykin, 1999).

$$N = \frac{n_w}{e} \tag{9.1}$$

여기에서 N은 훈련 예제의 개수고, n_w는 신경망에서 시냅스 가중치의 개수며, e는 테스트에서 허용된 신경망 에러다. 따라서 10%의 에러를 허용한다면 훈련 예제의 개수는 신경망에 있는 시냅스 가중치 개수보다 약 10배 정도 커야 한다.

부동산 감정평가를 포함한 예측 문제를 풀 때, 종종 다른 형태의 입력을 결합하게 된다. 주택의 상태, 위치와 같은 특징에 대해 1(최소 매력치)~10(최대 매력치) 값으로 평가할 수 있다. 주거 면적, 땅 크기, 판매가와 같은 특징은 제곱미터(m^2)나 달러($)와 같은 실제 물리적인 양으로 측정할 수 있다. 침실 수나 욕실 수와 같은 특징은 개수로, 난방 시스템 형태와 같은 특징은 범주형으로 표현한다.

신경망은 모든 입력과 출력이 0~1 범위에서 변할 때 가장 잘 작동한다. 그러므로 신경망 모델에 데이터를 사용하기 전에 데이터를 정규화해야 한다.

어떻게 데이터를 정규화할까

데이터는 세 가지 형태(연속, 이산, 범주형)로 분류할 수 있다(Berry와 Linoff, 1997). 형태가 다른 데이터를 정규화하려면 사용하는 기법도 달라져야 한다. 연속 데이터는 미리 정해진 두 값(최대값과 최소값) 사이에 있고, 다음과 같이 0~1 사이의 범위로 쉽게 정규화할 수 있다.

$$\text{정규화된 값} = \frac{\text{실제값} - \text{최소값}}{\text{최대값} - \text{최소값}} \tag{9.2}$$

예를 들어, 훈련 예제에 있는 주택의 주거 면적이 59~231m^2 사이의 값을 취한다면 최소값은 50m^2, 최대값은 250m^2로 정해도 된다. 최소값보다 작은 모든 값은 최소값으로 정하고, 최대값보다 큰 모든 값은 최대값으로 정한다. 그러면 예로 121m^2의 주거면적은 다음과 같이 정규화할 수 있다. 이 방법은 대부분의 응용에서 잘 작동한다.

$$\text{정규화된 값}_{121} = \frac{121 - 50}{250 - 50} = 0.355$$

침실 수나 욕실 수와 같은 이산 데이터에도 최대값과 최소값이 있다. 예를 들어, 침실의 수는 대개 0~4 사이 값이다. 이산 데이터의 정규화는 단순하다. [그림 9-23]에서 보듯 후보 값을 0~1 사이의 구간에 동일한 간격으로 할당한다.

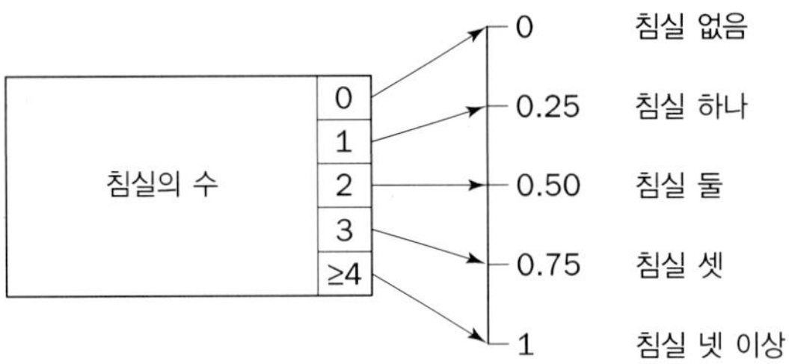

[그림 9-23] 이산 데이터의 정규화

이제 신경망은 침실 수와 같은 특징을 입력으로 다룰 수 있다. 예를 들어, 침실이 3개인 주택은 입력값을 0.75로 표현할 것이다.

이러한 접근 방법은 12개 정도의 후보 값이 있는 이산적 특징을 지닌 대부분의 응용 사례에 충분히 잘 동작한다. 그러나 12개보다 많다면 연속 데이터처럼 다뤄야 한다.

성별과 결혼 상태와 같은 범주형 데이터는 **1-of-N 코딩**(1 of N coding)을 사용하여 정규화할 수 있다(Berry와 Linoff, 1997). 이 방법은 각 범주형 값을 독립된 입력으로 다룬다. 예를 들면, 미혼, 이혼, 기혼, 과부 · 홀아비 중 하나인 결혼 상태는 4개의 값으로 표현한다. 각각의 입력은 0 또는 1이 된다. 따라서 결혼한 사람은 입력 벡터 [0 0 1 0]으로 나타낸다.

이제 부동산 감정평가를 위한 순방향 신경망을 만들어보자. [그림 9-24]는 훈련 예제를 단순화한 모델이다. 훈련 예제에 Hobart에서 팔린 주택의 특징을 반영하였다.

이 모델에서 10개의 뉴런으로 이루어진 입력층은 정규화된 입력값을 은닉층에 보낸다. 난방 시스템 형태를 제외한 모든 입력은 단일 입력으로 다룬다. 난방 시스템 형태는 범주형 데이터고, 1-of-N 코딩으로 정규화한다.

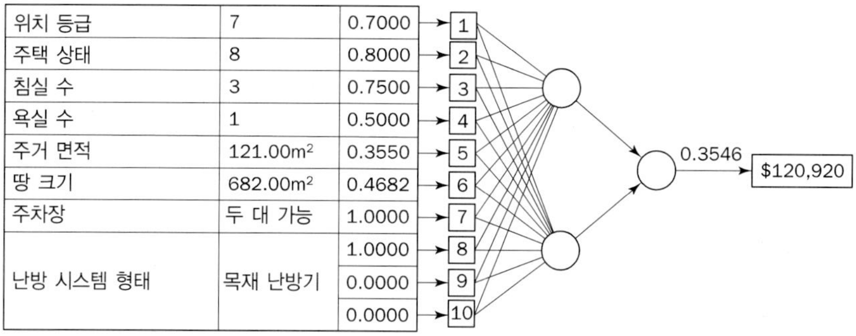

[그림 9-24] 부동산 감정평가를 위한 순방향 신경망

은닉층에는 뉴런이 2개 있고, 출력층은 단일 뉴런으로 나타낸다. 은닉층과 출력층에 있는 뉴런들은 시그모이드 활성화 함수를 적용한다. 부동산 감정평가를 위한 신경망은 주택의 가치를 결정하므로 신경망의 출력을 달러($)로 해석할 수 있다.

신경망의 출력을 어떻게 해석할까

부동산 감정평가 예에서는 신경망의 출력을 0~1 사이의 범위에 있는 연속 값으로 표현한다. 따라서 결과를 해석하려면 연속 데이터를 정규화할 때 사용했던 방법을 반대로 적용하면 된다. 예를 들어, 훈련 집합에서 판매가격이 $52,500~$225,000 범위에 속하고, 출력값에서 $50,000을 0으로, $250,000을 1로 사상했다고 가정하자. 만약 신경망의 출력이 0.3546이라면 이 값에 대응하는 실제 값을 다음과 같이 계산할 수 있다.

$$\text{실제값}_{0.3546} = 0.3546 \times (\$250{,}000 - \$50{,}000) + \$50{,}000 = \$120{,}920$$

결과가 타당하다는 것을 어떻게 확인할 수 있을까

결과의 타당성을 확인하려면 신경망이 전혀 보여주지 않았던 예의 집합을 사용한다. 훈련하기 전에 사용 가능한 모든 데이터를 임의로 훈련 집합과 테스트 집합으로 나눈다. 일단 훈련 단계가 끝나면 테스트 집합의 예를 사용하여 신경망의 일반화 능력을 테스트한다.

신경망은 불투명하다. 즉 신경망이 어떻게 결과를 이끌어내는지 볼 수 없다. 그러나 신경망의 입력과 그로 인해 만들어지는 출력 사이의 관계를 이해할 필요는 있다. 훈련된 신경망에서 규칙을 이끌어내는 현재 연구가 적당한 출력을 내놓더라도 신경망은 뉴런의 비선형적 특성 때문에 단순하고 이해할 수 있는 규칙을 만들어내지 못했을 수도 있다. 다행스럽게도 신경망의 출력을 얻는

데 특정 입력이 얼마나 중요한지 이해하기 위해 규칙을 추출할 필요는 없다. 대신 **민감도 분석**(sensitivity analysis)이라는 단순한 기법을 사용한다.

민감도 분석은 모델의 출력이 특정 입력에 얼마나 민감한지를 결정한다. 이 기법은 불투명한 모델에서 내부 관계를 이해하는 데 사용되므로 신경망에 적용할 수 있다. 민감도 분석은 각 입력을 최소값으로(한 번에 하나씩) 정하고, 그런 다음 최대값으로 정할 때 신경망의 출력을 측정하여 수행한다. 어떤 입력은 출력에 거의 영향을 끼치지 못할 수 있는데, 신경망은 이런 입력에 민감하지 않다. 어떤 입력은 그 변화가 출력에 매우 큰 영향을 줄 수 있는데, 신경망은 이런 입력에는 민감하다. 신경망의 출력에서 변화의 양은 각 입력에 대한 신경망의 민감도를 나타낸다. 대개 민감도 분석은 훈련된 신경망에서 추출한 규칙과 다를 바가 없다.

사례 연구 6: 경쟁 학습이 가능한 분류 신경망

아이리스 식물을 여러 종류로 나눈 후, 임의의 아이리스 식물에 대해 해당 종류를 결정하는 지능형 시스템을 개발하고 싶다. 여러 변수로 구성된 데이터 집합은 있지만, 이 데이터에서 유일하거나 확실하게 구별할 수 있는 특징을 찾을 수 없으므로 이 데이터를 종류별로 구별하는 방법을 모른다. 이 문제에 신경망을 적용할 수 있을까?

신경망은 입력 패턴에서 의미있는 특징을 발견할 수 있고, 입력 데이터를 다른 그룹으로 구분하는 방법을 학습할 수 있다. 경쟁 학습이 있는 신경망은 이런 작업을 하기에 적합하다.

경쟁 학습 규칙을 활용하면 단층 신경망이 유사한 입력 데이터를 그룹 또는 **군집**(cluster)으로 합칠 수 있다. 이런 과정을 **군집화**(clustering)라고 한다. 각 군집은 하나의 출력으로 표현된다. 사실 군집화는 입력 공간을 영역으로 나누는 과정으로(Principe 외, 2000), 각 영역은 특정 출력과 관련된다.

이 사례 연구를 위해 세 종류의 아이리스 식물(*setosa, versicolor, virginica*) 데이터 150개를 사용할 것이다(Fisher, 1950). 데이터 집합에 있는 각 식물은 변수 4개(꽃받침 길이, 꽃받침 폭, 꽃잎 길이, 꽃잎 폭)로 표현한다. 꽃받침 길이는 4.3cm~7.9cm, 꽃받침 폭은 2.0cm~4.4cm, 꽃잎 길이는 1.0cm~6.9cm, 꽃잎 폭은 0.1cm~2.5cm 범위에 속한다.

경쟁 신경망에서 각 입력 뉴런은 입력 하나에 대응하고, 각 경쟁 뉴런은 군집 하나를 표현한다. 따라서 아이리스 식물 분류 문제를 푸는 신경망은 입력층에 뉴런 4개, 경쟁 층에 뉴런 3개로 이루어진다. [그림 9-25]는 신경망 구조를 보여준다.

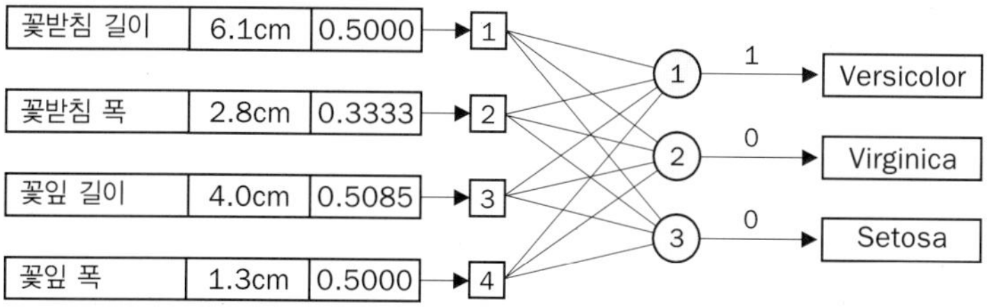

[그림 9-25] 아이리스 식물 분류를 위한 신경망

그러나 신경망을 학습시키기 전에 먼저 데이터를 정규화해야 하고, 그런 다음 훈련 집합과 테스트 집합으로 나누어야 한다.

아이리스 식물 데이터는 연속이며, 최소값과 최대값 사이에서 변한다. (9.2)를 사용하여 0~1 사이의 범위로 쉽게 정규화할 수 있으며, 정규화한 데이터는 신경망에 입력값으로 들어간다.

다음 단계는 가용 데이터에서 훈련 집합과 테스트 집합을 생성하는 것이다. 150개로 구성된 아이리스 데이터를 훈련 집합 100개와 테스트 집합 50개로 임의로 나눈다.

이제 입력 벡터를 세 종류로 나누도록 경쟁 신경망을 훈련시킬 수 있다. [그림 9-26]은 학습률을 0.01로 정했을 때의 학습 과정을 보여준다. 여기에서 검은 점은 입력 패턴을 나타내고, 세 개의 구는 경쟁 뉴런의 가중치 벡터를 나타낸다. 각 구의 위치는 4차원 입력 공간에 있는 뉴런의 가중치에 따라 결정된다.

초기에는 경쟁 뉴런의 모든 가중치를 똑같이 0.5로 정한다. 그러면 [그림 9-26]의 (a)에서 볼 수 있듯이 구 하나만 입력 공간의 중심에 나타난다. 훈련 이후 가중치 벡터는 군집 중앙에 대응하므로 이제 각 경쟁 뉴런은 특정 영역에 있는 입력 벡터에 반응할 수 있다.

학습 과정을 끝내는 시점을 어떻게 알 수 있을까

역전파 알고리즘으로 학습되는 다층 퍼셉트론과 달리, 경쟁 신경망에서는 학습과정이 끝났는지를 알 수 있는 확실한 방법이 없다. 원하는 출력이 뭔지 모르므로 역전파 알고리즘에서 사용한 기준인 제곱-합 에러를 계산할 수 없다. 그 대신 **유클리드 거리**(Euclidean distance) 기준을 사용해야 한다. 경쟁 뉴런의 가중치 벡터에 주목할 만한 변화가 없을 때 신경망이 수렴한다고 볼 수 있다. 즉 입력 공간에서 경쟁 뉴런이 연속된 몇 번의 에폭 동안 충분히 제약된 움직임을 보인다면 학습과정이 끝났다고 볼 수 있다.

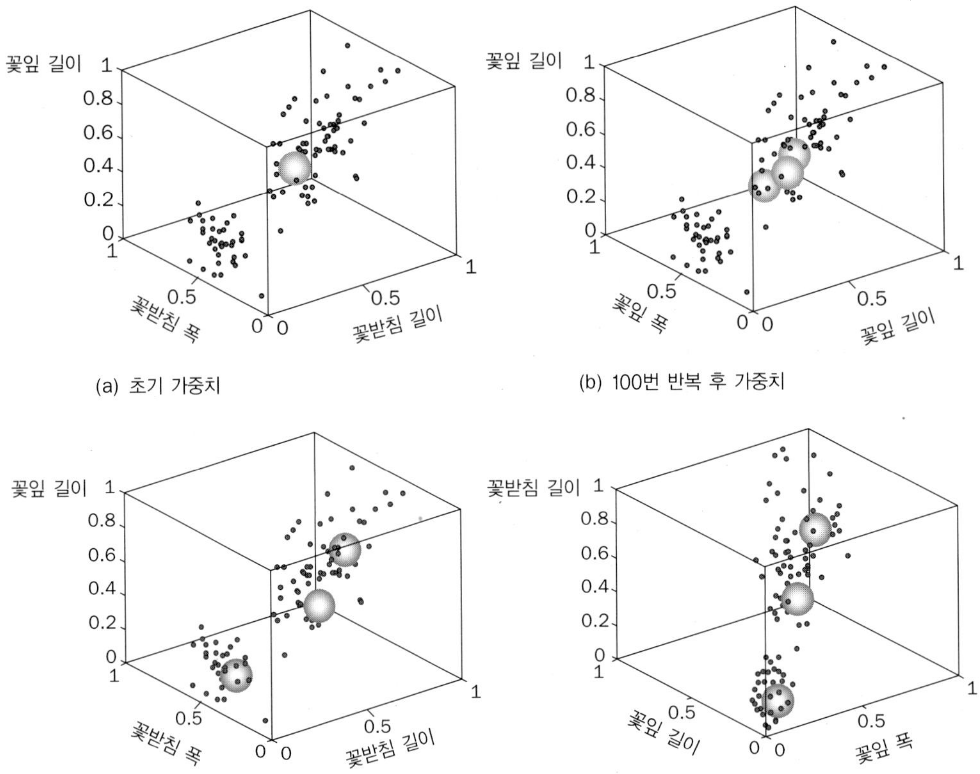

(c) 2,000번 반복 후 가중치

[그림 9-26] 아이리스 식물 분류를 위한 신경망에서의 경쟁 학습

[그림 9-27]은 경쟁 뉴런이 아이리스 분류 신경망을 통해 학습한 과정을 동적으로 보여준다. 신경망은 두 가지 학습률(0.01, 0.5)로 나누어 학습했다. [그림 9-27]의 (b)에서 볼 수 있듯이 학습률이 너무 높으면 경쟁 뉴런의 행동이 불규칙적이고, 신경망은 절대 수렴하지 않는다. 학습 속도를 높이기 위해 초기값을 크게 하여 학습률을 설정할 수 있지만, 학습을 진행할 수록 학습률은 점차 감소해야 한다.

출력 뉴런과 특정 종류를 어떻게 관련지을 수 있을까
예를 들어, 경쟁 뉴런 1이 Versicolor 종류를 표현한다는 것을 어떻게 알까

경쟁 신경망으로 입력 데이터에 있는 군집을 구별해 낼 수 있다. 하지만 군집화는 무감독(unsupervised) 과정이므로 출력 뉴런에 직접 명칭을 붙이지는 못한다. 사실 군집화는 분류를 위한 사전 단계에 불과하다.

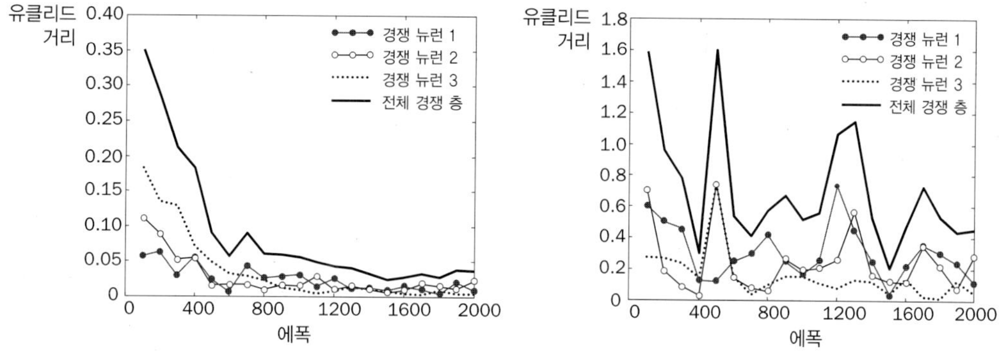

(a) 학습률 0.01

(b) 학습률 0.5

[그림 9-27] 아이리스 분류 신경망의 경쟁 뉴런의 학습 곡선

대부분의 실용적인 응용 사례에서 같은 군집에 속하는 데이터는 꽤 조밀하게 분포하고, 서로 다른 군집 간에는 자연스런 계곡이 형성된다. 결과적으로 군집의 중심 위치가 종종 그 군집 특유의 성질을 나타낸다. 한편 훈련이 끝난 후 경쟁 뉴런의 가중치 벡터는 입력 공간에 이들 중심의 좌표를 제공해준다. 따라서 경쟁 뉴런은 그 가중치를 통해 특정 군집과 연관시킬 수 있다. [표 9-3]은 경쟁 뉴런의 최종 가중치, 즉 가중치를 해독한 값에 대응하는 아이리스 식물의 종류를 보여준다.

[표 9-3] 경쟁 뉴런 분류하기

뉴런	가중치		아이리스 식물의 치수(cm)		아이리스 식물의 종류
1	W_{11}	0.4355	꽃받침 길이	5.9	*Versicolor*
	W_{21}	0.3022	꽃받침 너비	2.7	
	W_{31}	0.5658	꽃잎 길이	4.4	
	W_{41}	0.5300	꽃잎 너비	1.4	
2	W_{12}	0.6514	꽃받침 길이	6.7	*Virginica*
	W_{22}	0.4348	꽃받침 너비	3.0	
	W_{32}	0.7620	꽃잎 길이	5.5	
	W_{42}	0.7882	꽃잎 너비	2.0	
3	W_{13}	0.2060	꽃받침 길이	5.0	*Setosa*
	W_{23}	0.6056	꽃받침 너비	3.5	
	W_{33}	0.0940	꽃잎 길이	1.6	
	W_{43}	0.0799	꽃잎 너비	0.3	

가중치를 아이리스 치수로 어떻게 바꿀까

경쟁 뉴런의 가중치를 아이리스 식물의 치수로 해독하려면 아이리스 데이터를 정규화하기 위해 수행했던 과정을 거꾸로 수행하면 된다. 예를 들면, 다음과 같다.

$$\text{꽃받침 길이 } W_{11} = 0.4355 \times (7.9 - 4.3) + 4.3 \fallingdotseq 5.9\text{cm}$$

일단 가중치가 해독되면 출력 뉴런에 명칭을 붙이기 위해 아이리스 전문가에게 문의할 수 있다.

전문가에게 묻지 않고 자동으로 경쟁 뉴런에 이름을 붙일 수 있을까

자동으로 경쟁 뉴런에 이름을 붙이기 위해 테스트 데이터를 사용해보자. 일단 신경망의 훈련이 끝나면 같은 종류(예로, Versicolor)를 표현하는 입력 표본 집합을 신경망에 들여보내고, 경쟁에서 거의 대부분 이긴 출력 뉴런이 해당 종류의 이름을 받는다.

비록 경쟁 신경망이 경쟁 뉴런의 단일 계층으로만 구성되더라도 선형적으로 분리되지 않은 입력 패턴을 분류할 수 있다. 분류 작업을 할 때 경쟁 신경망은 역전파 알고리즘으로 학습한 다층 퍼셉트론보다 훨씬 빨리 학습한다. 그러나 이들 경쟁 신경망은 대개 정확성이 떨어진 결과를 제공한다.

9.5 유전 알고리즘은 어떤 문제를 해결할 수 있을까?

유전 알고리즘은 여러 가지 최적화 문제에 적용할 수 있다(Haupt와 Haupt, 1998). 최적화란 본질적으로 어떤 문제에 대해 좀 더 만족스러운 해를 찾아내는 과정이다. 이는 문제의 해가 하나 이상이고, 그 품질이 모두 다르다는 뜻이다. 유전 알고리즘은 경쟁하는 후보 해집단을 생성하고, 자연 도태 과정을 통해 해집단을 진화하게 한다. 품질이 나쁜 해는 멸종하기 쉬운 반면, 품질이 좋은 해는 살아남아 재생산된다. 유전 알고리즘은 이 과정을 몇 번이고 반복함으로써 최적해를 번식시킨다.

사례 연구 7: 순회 판매원 문제

최적의 여행 계획을 세울 수 있는 지능 시스템을 개발하고 싶다. 자동차로 서유럽과 중부유럽에 있는 주요 도시를 방문한 후 집으로 돌아오려고 한다. 이 문제에 유전 알고리즘을 적용할 수 있을까?

이 문제는 순회 판매원 문제(TSP, Travelling Salesman Problem)로 잘 알려져 있다. 도시 N개가

있고, 도시 쌍 사이를 여행하는 비용(또는 거리)을 알고 있을 때, 도시를 각각 정확히 한 번씩 방문하고 시작점으로 돌아오는 가장 경제적인 방법(또는 가장 짧은 경로)을 찾으려고 한다.

TSP는 18세기부터 등장했지만, 1940년대 말~1950년대 초에야 진지하게 연구를 하여 대표적인 NP-난해(NP-hard) 문제로 알려지게 되었다(Dantzig 외, 1954; Flood, 1955). NP-난해 문제는 조합적 탐색 기법으로 풀기가 어렵다. TSP의 탐색 공간은 도시 *N*개에서 가능한 모든 조합을 포함하기 때문에 탐색 공간의 크기는 *N*!이다. 이때 도시 수가 매우 많을 수 있으므로 경로를 하나하나 살피는 일은 불가능하다.

TSP는 학군 내에서 어린이를 태우는 스쿨버스의 경로 조정, 거동이 불편한 사람을 위한 음식 배달, 창고에 있는 크레인 스케줄링, 소포를 수집하는 트럭의 경로 등과 같이 운송과 물류 분야에서 자연스럽게 등장한다. TSP의 고전적인 예제는 회로 기판에 구멍을 뚫는 기계를 스케줄링하는 것이다. 이때 구멍은 도시가 되고, 여행 경비는 드릴의 머리를 이쪽 구멍에서 저쪽 구멍으로 옮기는 데 걸리는 시간이 된다.

TSP의 크기는 해가 갈수록 급격하게 증가하고 있다. 49개 도시 문제(Dantzig 외, 1954)에서 최근에는 15,112개 도시 문제(Applegate 외, 2001)까지 해가 나왔다.

연구자들은 이 문제를 푸는 데 서로 다른 기법을 사용한다. 이 기법에는 시뮬레이티드 어닐링[3](Laarhoven과 Aarts, 1987), 이산 선형 계획법(Lawler 외, 1985), 인공 신경망(Hopfield와 Tank, 1985), 분기 한정법(Tschoke 외, 1995), 마르코프 체인(Martin 외, 1991), 유전 알고리즘(Potvin, 1996)이 포함된다. 특히 유전 알고리즘은 TSP 문제에 적합하다. 탐색 공간에서 유망한 영역을 빠르게 탐색할 수 있기 때문이다.

유전 알고리즘은 어떻게 TSP를 풀까

먼저 판매원이 지나는 길을 어떻게 나타낼지 결정해야 한다. 길을 표시하는 가장 자연스러운 방법은 경로 표현(path representation)이다(Michalewicz, 1996). 도시에는 문자나 숫자로 된 이름이 붙어 있고, 각 도시를 지나는 경로는 염색체로 표현되며, 적절한 유전 연산자를 사용하여 새로운 경로를 만든다.

3 이 단어에 적절한 번역어가 없다. 줄여서 SA라고 많이 부르며, 담금질 기법이라고 하는 사람들도 있다. 사실 annealing은 담금질(quenching)이 아니고 풀림이기 때문에 다소 잘못된 용어긴 하지만, 그렇다고 풀림 기법이라고 하지는 않는다.

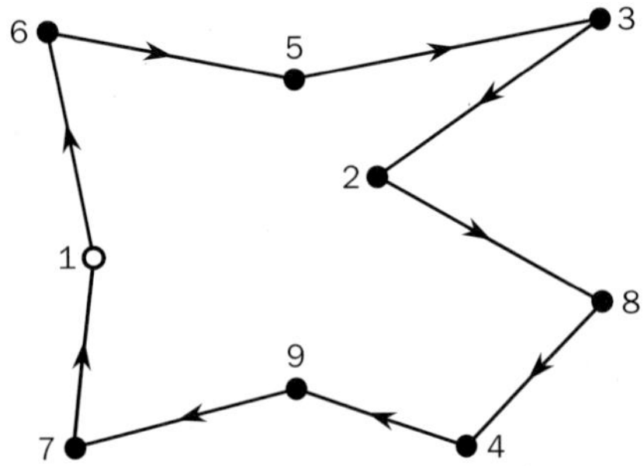

[그림 9-28] 판매원의 경로 예시

1~9 사이의 숫자로 나타내는 도시가 9개 있다고 하자. 염색체에서 정수의 순서는 판매원이 방문하는 도시의 순서를 나타낸다. 이를테면, 다음 염색체는 [그림 9-28]과 같은 경로를 나타낸다.

| 1 | 6 | 5 | 3 | 2 | 8 | 4 | 9 | 7 |

판매원은 도시 1에서 출발하여 다른 모든 도시를 한 번씩 방문하고 시작점으로 돌아온다.

교차 연산자는 TSP에서 어떻게 작동할까

교차 연산자는 고전적인 형태로는 TSP에 직접 적용하지 못한다. 단순히 부모 둘의 일부를 교환하기만 하면 중복이나 누락이 포함된 잘못된 경로가 나올 수 있다. 즉 같은 도시를 두 번 방문하거나 한 번도 방문하지 않을 때가 발생한다. 예를 들어, 두 부모 염색체의 일부를 다음과 같이 교환해보자.

부모 1: | 1 | 6 | 5 | 3 | 2 | 8 | 4 | 9 | 7 | 부모 2: | 3 | 7 | 6 | 1 | 9 | 4 | 8 | 2 | 5 |

도시 5를 두 번 방문하고 도시 7을 빠뜨리는 경로가 만들어진다. 그리고 다른 경로는 도시 7을 두 번 방문하고, 도시 5를 빠뜨린다.

자식 1: | 1 | 6 | 5 | 3 | 9 | 4 | 8 | 2 | 5 | 자식 2: | 3 | 7 | 6 | 1 | 2 | 8 | 4 | 9 | 7 |

분명히 교차점이 하나인 고전적인 교차 연산은 TSP에서 작동하지 않는다. 이 문제를 극복하기 위해 2점 교차 연산자 기법이 제안되었다(Goldberg, 1989). 이를테면, 골드버그와 링글(1985)은 *PMX*(Partially Mapped crossover)를 제안하였고, 데이비스(1985)는 순서 교차(ordered crossover)를 제안하였다. 이들 연산자는 대체로 한쪽 부모에서 경로의 일부를 고르고, 다른쪽 부모에서는 도시의 순서를 보존하여 자식을 만드는 방법에 바탕을 둔다. [그림 9-29]는 교차 연산자가 작동하는 방법을 보여준다.

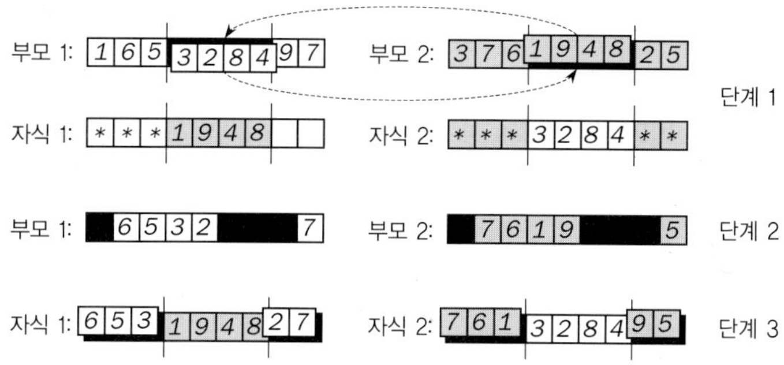

[그림 9-29] TSP를 위한 교차 연산자

먼저 부모 각각의 염색체 문자열에서 임의로 두 교차점(문자 '|'로 표시함)을 균등하게 고른다. 교차점 사이의 유전 정보는 교환 구역을 정의한다. 부모 간에 교환 구역을 교환함으로써 자식 둘의 염색체가 만들어진다. [그림 9-29]에서 별표(*)는 아직 정해지지 않은 도시를 나타낸다. 그 다음으로 각 부모에 있던 원래 도시를 다른 부모의 교환 구역에 있는 것은 제외하고 원래 순서대로 놓는다. 이를테면, 첫째 부모는 도시 3, 2, 8, 4를 둘째 부모의 교환 구역에 있는 도시 1, 9, 4, 8과 교환한다. 그리고 남은 도시들은 원래 순서를 보존하면서 자식으로 들어간다. 그 결과 자식은 부모 각각에 따라 부분적으로 정해진 경로를 나타낸다.

변이 연산자는 TSP에서 어떻게 작동할까

변이 연산자에는 두 가지 유형이 있다. 상호 교환(reciprocal exchange)과 역치(inversion)다(Michalewicz, 1996). [그림 9-30]의 (a)와 (b)는 그것들이 어떻게 작동하는지를 보여준다. 상호 교환 연산자는 단순히 염색체에서 임의로 선택한 두 도시를 바꾼다. 역치 연산자는 염색체 문자열에서 임의로 두 점을 선택해서 그 점들 사이에 있는 도시의 순서를 뒤집는다.

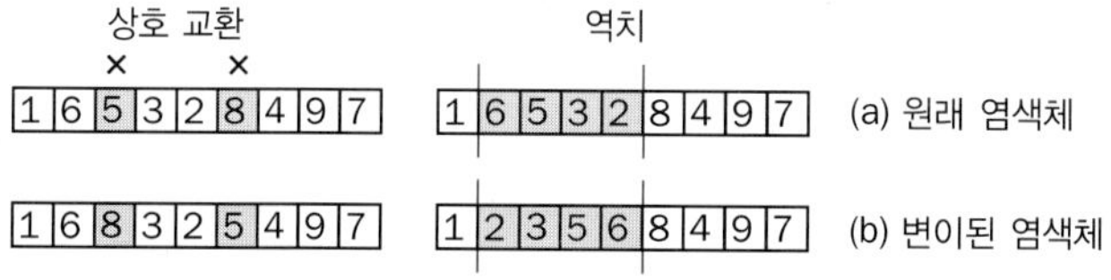

[그림 9-30] TSP의 변이 연산자

TSP에서 적합도 함수를 어떻게 정의할까

TSP에 대한 유전 연산자를 만드는 것은 간단한 문제가 아니지만, 적합도 함수를 설계하는 일은 간단하다. 우리가 할 일은 경로의 전체 길이를 재는 것뿐이다. 개별 염색체의 적합도를 경로 길이의 역수로 결정한다. 다시 말해 경로가 짧을수록 염색체의 적합도가 높다.

일단 적합도 함수를 정의하고 유전 연산자를 만들면 유전 알고리즘(GA, Genetic Algorithm)을 구현하고 실행할 수 있다. 예를 들어, 1 × 1 정사각형에 놓인 20개 도시에 대한 TSP를 생각해보자. 먼저 해집단의 크기와 실행할 세대수를 정한다. 다소 작은 해집단에서 시작하여 몇 세대 뒤에 구한 해를 조사한다. [그림 9-31]은 100세대 뒤에 염색체 20개로 만든 가장 좋은 경로를 보여준다. 여기서 볼 수 있듯, 이 경로는 최적이 아니며 분명히 개선될 수 있다. 해집단의 크기를 늘리고 GA를 다시 실행해보자. [그림 9-32]의 (a)를 보면 경로의 전체 길이가 무려 20% 줄어들었다. 결과가 매우 향상되었음을 볼 수 있다.

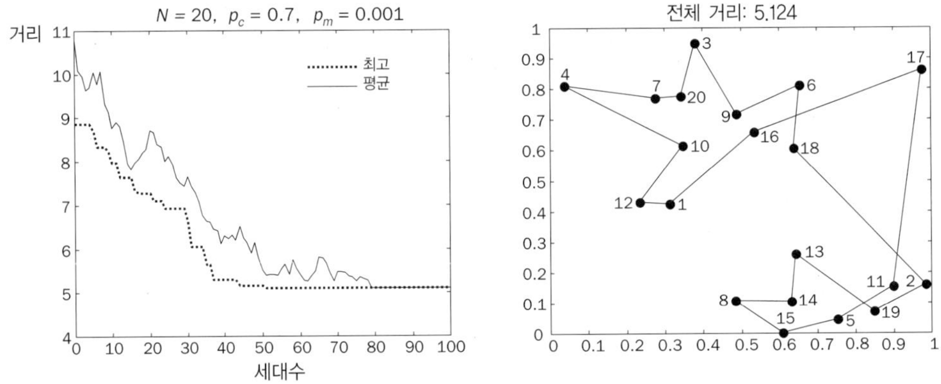

[그림 9-31] 100세대 후 염색체 20개로 이루어진 해집단의 성능 그래프와 여기서 만들어진 가장 좋은 판매원의 경로

GA가 실제로 최적 경로를 찾았는지 어떻게 알 수 있을까

사실, 알 수 없다. 해집단 크기, 교차율, 변이율을 다르게 해서 좀 더 수행해봐야 알 수 있다.

예를 들어, 변이율을 0.01까지 늘려 보자. [그림 9-32]의 (b)에서 그 결과를 보여준다. 전체 길이는 약간 줄었지만, 판매원의 경로는 여전히 (a)와 비슷하다. 혹 이제 해집단 크기를 늘려서 GA를 다시 실행하려고 할 수도 있다. 그러나 눈에 띄게 나은 해를 얻을 가능성은 매우 낮다. 이 경로가 최적임을 확신할 수 있을까? 물론 단언할 수는 없다. 그러나 몇 번 수행한 뒤에는 우리가 구한 경로가 정말 만족스러운 해라는 사실을 확신할 수 있다.

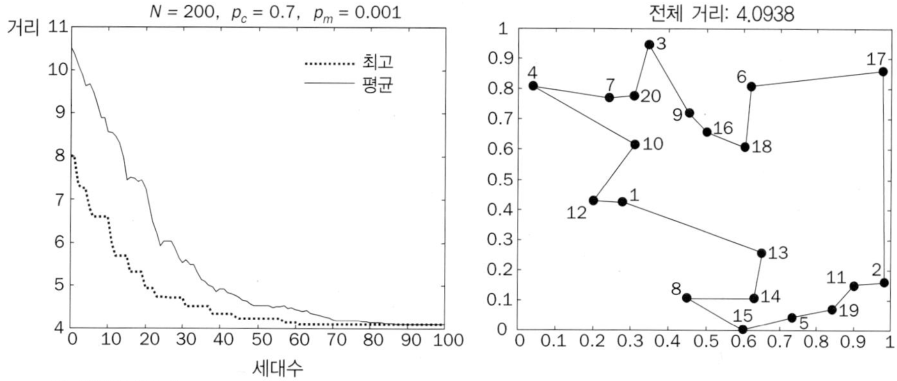

(a) 변이율 0.001

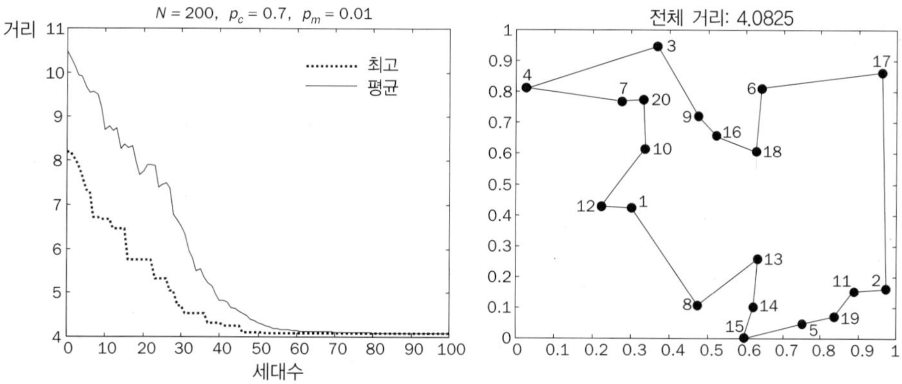

(b) 변이율 0.01

[그림 9-32] 염색체 200개로 이루어진 해집단의 성능 그래프와 여기서 만들어진 가장 좋은 경로

9.6 하이브리드 지능 시스템은 어떤 문제를 해결할 수 있을까?

복잡한 현실 문제를 풀 때는 전문가 시스템, 퍼지 논리, 인공 신경망, 진화 연산의 장점을 결합한 복합 지능 시스템을 이용해야 한다. 여러 장점을 결합한 하이브리드 지능 시스템은 특정 분야에 대한 인간적인 전문 지식과 급변하는 환경에서 학습하고 적응하는 능력을 통합할 수 있다.

비록 하이브리드 지능 시스템 분야는 여전히 진화하는 중이고, 아직까지 하이브리드 도구 대부분이 특별히 유효하지는 않지만, 하이브리드 지능 시스템인 뉴로-퍼지 시스템은 이미 성공적인 많은 응용사례가 있으며 고급 기술로 성숙했다. 인공 신경망은 데이터를 통해 학습할 수 있고, 퍼지 논리는 인간의 의사 결정을 모델링하는 능력이 주된 장점이다.

사례 연구 8: 뉴로-퍼지 의사 결정 지원 시스템
심장 사진에서 심근 관류를 진단하는 지능 시스템을 개발하고 싶다. 현재 심장 사진과 임상 기록, 의사의 해석까지 갖추고 있다. 이 문제에 하이브리드 시스템을 적용할 수 있을까?

현대 심장 의학에서 진단은 SPECT(Single Proton Emission Computed Tomography) 영상 분석을 기초로 한다. 환자에게 방사성 추적자(radioactive tracer)를 투여하여 SPECT 영상 두 장을 얻는다. 투여하고 10~15분 뒤에 부하가 최대가 될 때 한 장 찍고(부하기 영상), 투여하고 2~5시간 뒤에 한 장 더 찍는다(안정기 영상). 심근에서 방사성 추적자는 근육의 관류에 비례하여 분포한다. 심장병 전문의는 부하기 영상과 안정기 영상을 비교함으로써 심장 기능의 이상을 발견할 수 있다.

SPECT 영상은 보통 256단계 음영 표현이 가능한 고해상도의 2차원 흑백 사진으로 보여준다. 영상에서 밝은 부분은 심근층에서 관류가 잘 되는 부분이고, 어두운 부분은 허혈이 있을 수 있다는 뜻이다. 불행히도 SPECT 영상에 대한 시각적 검사는 매우 주관적이다. 그러므로 의사의 해석에도 일관성이 없고, 오류의 여지가 많다. 심장병 전문의에게 심장 SPECT 영상을 진단할 수 있는 지능 시스템이 있다면 분명 대단한 가치가 있을 것이다.

이 연구에서는 심장 진단 사례 267개를 사용한다. 각 사례에는 SPECT 영상 2개(부하기 영상과 안정기 영상)가 덧붙는다. 그리고 영상은 각각 22구역으로 나뉜다. 구역의 밝기는 그 구역 안의 관류 상태를 반영하며, 0~100 사이의 정수로 나타낸다(Kurgan 외, 2001). 따라서 심장 진단 사례는 각각 연속된 특성 44개와 종합 진단(정상 또는 비정상)을 나타내는 특성 1개로 표현된다.

전체 SPECT 데이터 집합은 정상으로 분류된 사례 55개(긍정적인 예)와 비정상으로 분류된 사례 212개(부정적인 예)로 구성된다. 이 집합을 훈련 집합과 테스트 집합으로 나눈다. 훈련 집합에는 긍정적인 예 40개와 부정적인 예 40개가 있고, 테스트 집합에는 긍정적인 예 15개와 부정적인 예 172개가 있다.

SPECT 영상을 정상과 비정상으로 분류하도록 역전파 신경망을 훈련시킬 수 있을까

실제로 역전파 신경망은 SPECT 영상 분류 문제를 다룰 수 있다. 훈련 집합의 크기는 충분히 큰 것으로 보이고, 신경망은 분류자로서 작동할 수 있다. 입력층에 있는 뉴런의 수는 부하기 영상과 안정기 영상에 있는 구역의 총 수로 결정된다. 이 예에서는 영상이 각각 22구역으로 나뉘므로 입력 뉴런 44개가 필요하다. SPECT 영상은 정상 또는 비정상으로 분류되므로 출력 뉴런을 2개 써야 한다. 실험해 보면 은닉층에 뉴런이 5~7개 정도로 적을 때 만족스럽게 일반화된다. 역전파 신경망은 비교적 빠르게 학습하여 특정한 해에 수렴한다.

그러나 테스트 집합으로 신경망을 테스트할 때 신경망의 성능이 다소 나쁘다는 것을 발견했다. 정상 사례의 25%가 비정상으로 잘못 분류되었고, 비정상 사례의 35%가 정상으로 잘못 분류되었다. 전체 진단 오류는 33%가 넘는다. 이는 훈련 집합에 중요한 예가 빠졌다는 것을 뜻한다(인공 신경망은 훈련하는 데 사용한 예제보다 좋을 수 없다). 이런 문제가 있지만, 진단의 정확성을 크게 향상시킬 수 있다.

먼저 문제를 다시 정의해야 한다. 신경망을 훈련시키기 위해 긍정적인 예와 부정적인 예를 똑같은 개수로 사용한다. 실제 임상 실험에서는 정상 SPECT 영상과 비정상 영상의 비율이 매우 다르지만, 비정상 심장 사례를 잘못 분류하면 정상 사례를 잘못 분류한 경우에 비해 대단히 심각한 결과를 초래할 수 있다. 그러므로 비정상 SPECT 영상을 잘못 분류하는 오류를 줄이기 위해 상대적으로 정상 영상에 대한 오류를 더 많이 허용할 수도 있다.

인공 신경망의 출력은 2개다. 첫 번째 출력은 SPECT 영상이 **정상** 유형에 속할 가능성, 두 번째는 영상이 **비정상** 유형에 속할 가능성을 의미한다. 예를 들어, 만약 첫째(정상) 출력이 0.92, 둘째(비정상)가 0.16이라면 SPECT 영상은 정상으로 분류되며, 이 경우에는 심장병이 발병할 위험이 낮다고 결론지을 수 있다. 반면에 출력 **정상**은 낮고(예: 0.17) 출력 **비정상**이 더 높다면(예: 0.51) SPECT 영상은 **비정상**으로 분류되고, 이 경우에 심장병이 발병할 위험이 다소 높다고 추론할 수 있다. 그러나 만약 두 출력이 비슷하다면(**정상**은 0.51, **비정상**은 0.49) 이 영상을 자신 있게 분류할 수 없다.

의료 진단에서 의사 결정 시 퍼지 논리를 사용할 수 있을까

의사들이 SPECT 영상을 분류할 때 정확한 기준이 있는 것은 아니다. 심장병 전문의는 진단 영상에 있는 모든 관류를 조사하고, 부하기 영상과 안정기 영상별로 해당 심근 구역의 밝기도 비교한다. 사실 의사는 심근의 이상을 발견할 때 흔히 경험과 직관에 따른다. 퍼지 논리는 심장병 전문의가 심장병이 발병할 위험을 추정하는 과정을 모델링할 수단을 제공한다.

퍼지 시스템을 구축하려면 먼저 입출력 변수와 퍼지 집합을 정의하고, 퍼지 규칙을 정해야 한다. 이 문제에는 입력 2개(*NN* 출력 1과 *NN* 출력 2)와 출력 1개(심장병이 발병할 위험)가 있다. 입력은 [0,1] 구간으로 정규화되고, 출력은 0~100% 사이가 된다. [그림 9-33]~[그림 9-35]는 퍼지 시스템에서 사용하는 언어 변수의 퍼지 집합을 보여준다. 퍼지 규칙은 [그림 9-36]에서 볼 수 있다.

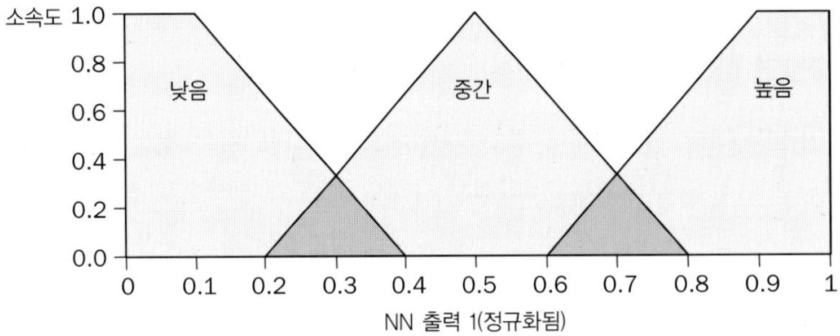

[그림 9-33] 인공 신경망 출력 **정상**에 대한 퍼지 집합

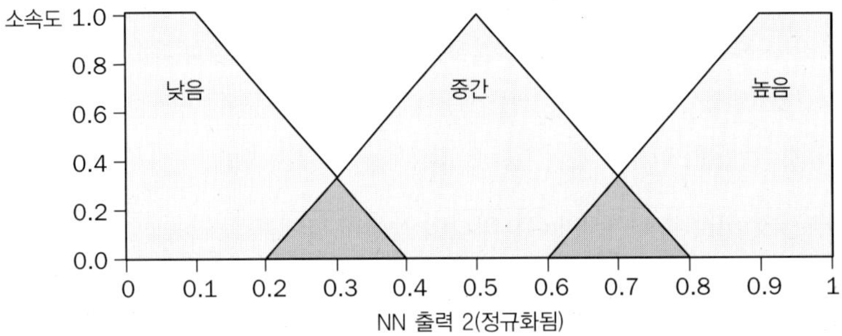

[그림 9-34] 인공 신경망 출력 **비정상**에 대한 퍼지 집합

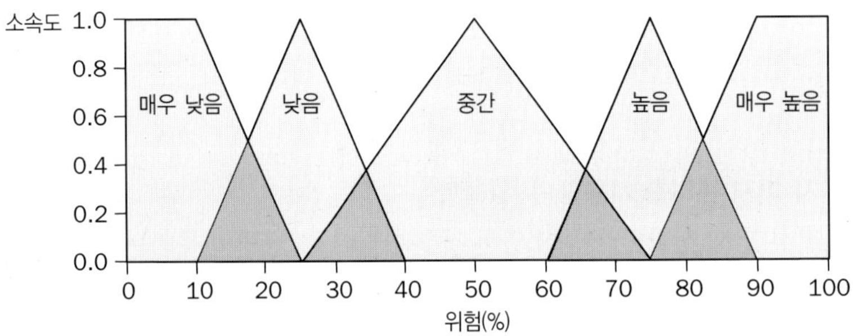

[그림 9-35] 언어 변수 **위험**에 대한 퍼지 집합

[그림 9-37]은 심장병이 발병할 위험을 추정하는 뉴로-퍼지 의사 결정 지원 시스템의 완전한 구조를 보여준다. 이 시스템을 구축하기 위해 MATLAB Neural Network Toolbox와 MATLAB Fuzzy Logic Toolbox를 사용할 수 있다. 일단 시스템을 개발하면 [그림 9-38]에 제시한 3차원 도면에서 시스템의 동작을 연구하고 분석할 수 있다.

1. If (NN 출력 1이 낮다) and (NN 출력 2가 낮다) then (위험은 중간이다)
2. If (NN 출력 1이 낮다) and (NN 출력 2가 중간이다) then (위험은 높다)
3. If (NN 출력 1이 낮다) and (NN 출력 2가 높다) then (위험은 매우 높다)
4. If (NN 출력 1이 중간이다) and (NN 출력 2가 낮다) then (위험은 낮다)
5. If (NN 출력 1이 중간이다) and (NN 출력 2가 중간이다) then (위험은 중간이다)
6. If (NN 출력 1이 중간이다) and (NN 출력 2가 높다) then (위험은 높다)
7. If (NN 출력 1이 높다) and (NN 출력 2가 낮다) then (위험은 매우 낮다)
8. If (NN 출력 1이 높다) and (NN 출력 2가 중간이다) then (위험은 낮다)
9. If (NN 출력 1이 높다) and (NN 출력 2가 높다) then (위험은 중간이다)

[그림 9-36] 심장병이 발병할 위험을 추정하는 퍼지 규칙

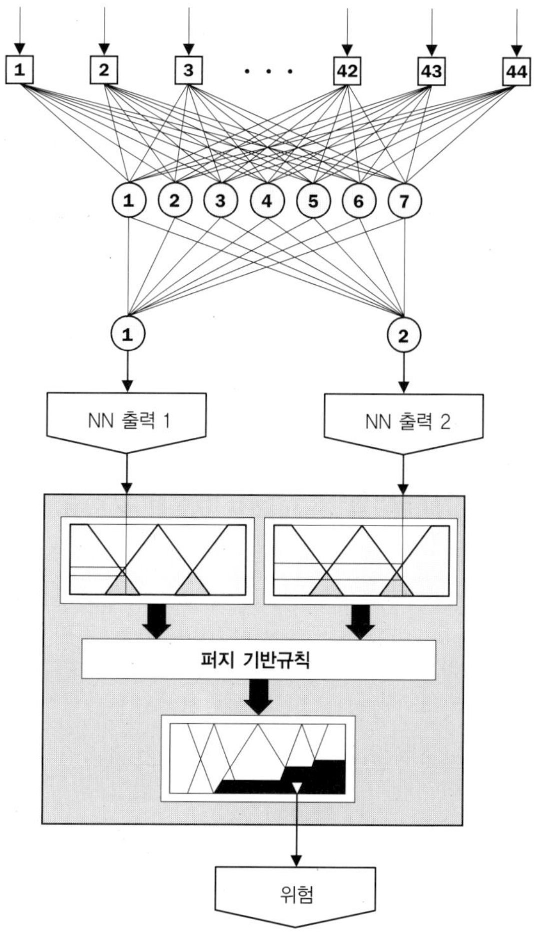

[그림 9-37] 심장병이 발병할 위험을 추정하는 뉴로-퍼지 시스템의 계층 구조

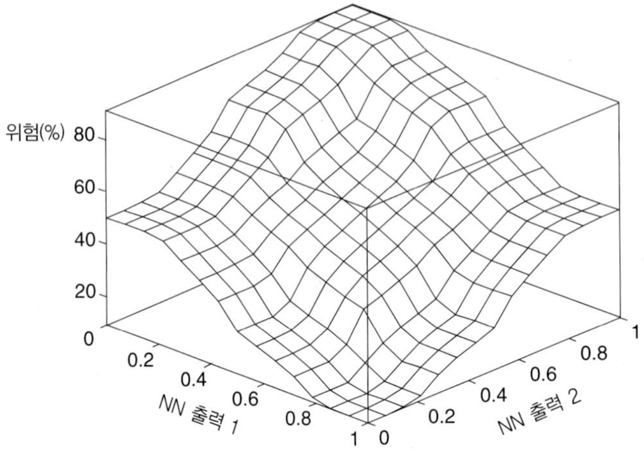

[그림 9-38] 퍼지 기반지식을 나타내는 3차원 도면

시스템의 출력은 어떤 환자에게 심장병이 발병할 위험을 나타내는 크리스프 숫자다. 이제 심장병 전문의는 이 숫자에 근거하여 확신을 갖고 심장병을 분류할 수 있다. 위험을 정량화하면 의사 결정자가 올바른 결정을 내릴 가능성이 훨씬 높아진다. 예를 들어, 위험이 낮으면, 즉 30%보다 작으면 심장을 정상으로 분류할 수 있다. 그러나 위험이 높으면, 즉 50%보다 크면 심장은 비정상으로 분류된다. 그러나 위험이 30%~50% 사이에 있는 심장은 정상이나 비정상 어느 하나로 분류할 수 없다. 그러한 경우는 불확실하다.

경험이 많은 심장병 전문의의 지식을 사용하여 불확실한 경우를 조금이라도 분류할 수 있을까

경험 많은 심장병 전문의는 정상 심근일 때 동일 구역 내에서는 보통 안정기보다 최대 부하가 걸렸을 때의 관류가 많다는 사실을 알고 있다. 따라서 모든 구역에 대해 다음 휴리스틱을 적용하면 불확실한 경우를 좀 더 명확하게 만들 수 있을 것이다.

1. 구역 i의 관류가 안정기보다 부하기에 많다면, 심장병이 발병할 가능성은 낮아져야 한다.
2. 구역 i의 관류가 안정기보다 부하기에 적다면, 심장병이 발병할 가능성은 높아져야 한다.

이 휴리스틱은 진단 시스템에서 다음과 같이 구현할 수 있다.

- **1단계:** 뉴로-퍼지 시스템에 심장 영상을 입력한다.
- **2단계:** 시스템의 출력이 30보다 작으면 정상으로 분류하고 멈춘다. 출력이 50보다 크면 비정상으로 분류하고 멈춘다. 둘 다 아니면 3단계로 간다.

- **3단계:** 구역 1에 대해 부하기의 관류에서 안정기의 관류를 뺀다. 그 결과가 양수면 0.99를 곱해서 현재의 위험도 값을 줄인다. 그렇지 않으면 1.01을 곱해서 위험도를 늘린다. 이 과정을 모든 22구역에 대해 반복하고 4단계로 간다.
- **4단계:** 새로운 위험도 값이 30보다 작으면 정상으로 분류한다. 위험도가 50보다 크면 비정상으로 분류한다. 그렇지 않으면 불확실로 분류한다.

이제 테스트 집합을 뉴로-퍼지 시스템에 적용하면 진단의 정확성이 극적으로 향상되었음을 알아차릴 수 있다. 전체 진단 오차는 5%를 넘지 않고, 비정상 심장의 3%만 정상으로 잘못 분류된다. 정상인 경우에 대해 시스템 성능을 향상시키지 못했고(여전히 정상 사례의 30% 이상을 비정상으로 잘못 분류한다), 불확실로 분류된 경우가 전체의 20%에 달하지만, 이 뉴로-퍼지 시스템은 심장병 전문의보다 SPECT 영상을 잘 분류할 수 있다. 무엇보다 비정상 SPECT 영상을 좀 더 정확하게 알아볼 수 있다는 사실이 중요하다.

이 예에서 뉴로-퍼지 시스템은 이종(heterogeneous) 구조다. 인공 신경망과 퍼지 시스템이 (문제를 푸는 데 협력하기는 하지만) 독립된 컴포넌트로 작동한다. 새로운 사례가 진단 시스템에 입력되면 훈련된 인공 신경망은 퍼지 시스템의 입력을 결정한다. 그러면 퍼지 시스템은 미리 정의된 퍼지 집합과 퍼지 규칙을 사용하여 들어온 입력을 출력으로 사상하고, 심장병이 발병할 위험을 구한다.

동종 구조로 된 성공적인 뉴로-퍼지 시스템이 존재할까

동종(homogeneous) 구조인 뉴로-퍼지 시스템의 전형적인 사례로는 적응형 뉴로-퍼지 추론 시스템(ANFIS, Adaptive Neuro-Fuzzy Inference System)이 있다. 이 구조는 별개로 나눌 수 없다. 사실 ANFIS는 퍼지 추론을 수행하는 다층 인공 신경망이다.

> **사례 연구 9: 시계열 예측**
> **항공모함의 뱃전에 착륙하는 비행기의 궤적을 예측하는 도구를 개발하고 싶다. 서로 다른 조종사가 조종하는 다양한 비행기의 착륙 궤적 데이터베이스가 갖춰져 있고, 착륙하는 비행기의 실시간 궤적을 제공하는 레이더의 수치 데이터를 사용할 수 있다. 목표는 비행기의 현재 위치를 바탕으로 적어도 2초 후 비행기의 궤적을 사전에 예측하는 것이다. 이 문제에 뉴로-퍼지 시스템을 적용할 수 있을까?**

비행기의 착륙, 특히 항공모함의 뱃전에 착륙하는 것은 극도로 복잡한 과정이다. 이는 조종실의 공간 제약과 그 움직임(경사도와 횡전), 비행 규정과 연료량, 지속적인 기계 정비, 무엇보다 시간 제약 같은 변수에 결정적으로 영향을 받는다. 배는 위아래로 10피트[4]씩 요동치므로 갑판을 기준으로 20피트 차이가 생긴다. 게다가 밤이나 폭풍우가 칠 때는 비행기가 접근하는 것을 보기 어렵다.

비행기의 최종 접근과 착륙에 관한 책임은 착륙관제장교(LSO, Landing Signal Officer)에게 있다. 사실 조종사가 아니라 LSO가 웨이브오프(wave-off, 착함 중지) 지시를 하는 가장 중요한 결정을 내린다. 비행기가 착륙 갑판에서 1해리[5] 안쪽에 있을 때(실시간으로 대략 60초에 대응한다)는 비행기의 비행을 주의 깊게 관찰하고 유도한다. 이때 LSO는 적어도 2초 후 비행기의 위치를 예측해야 한다. 이런 문제를 수학 분야에서는 시계열 예측(time-series prediction) 문제라고 한다.

시계열이란 무엇일까

시계열은 관측에 대한 집합으로 정의할 수 있다. 여기서 관측은 각각 특정한 시각에 기록된 비행기의 위치다. 이를테면 시계열은 어떤 시간 간격, 말하자면 착륙 전 60초 동안 비행기의 위치를 기록하여 얻을 수 있다. 현실의 시계열 문제는 비선형이고 무질서한 행태도 자주 보이기 때문에 모델링하기 힘들다.

비행기의 착륙 궤적 예측은 주로 LSO의 경험(모든 LSO는 훈련받은 조종사다)에 근거한다. 자동 예측 시스템은 배의 레이더가 제공하는 비행기 위치 데이터와 다양한 비행기를 조종하는 조종사가 이전에 수행한 착륙 데이터를 사용할 수 있다(Richards, 2002). 이 시스템은 과거 데이터를 사용해 오프라인에서 훈련한다. 다음으로 현재의 움직임 도표를 온라인으로 입력받아 다음 몇 초에 비행기가 어떻게 움직일지를 예측한다. 비행기의 궤적에 대한 시계열 예측을 [그림 9-39]에 보인다.

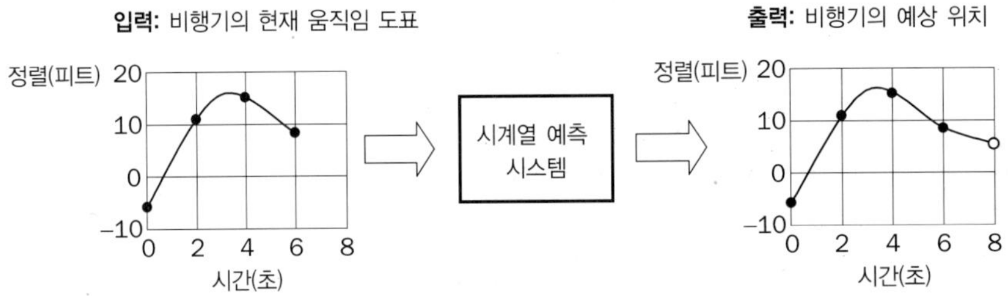

[그림 9-39] 비행기의 궤적에 대한 온라인 시계열 예측

4 1피트 = 30.45cm, 즉 10피트는 3m 정도다.
5 해리 = 1852m(국제표준), 영국에서는 1853.2m다.

작동 중인 비행기의 위치를 예측하기 위해 ANFIS를 사용한다. 시스템이 궤적을 가장 잘 추적할 수 있는 소속 함수 인수를 결정하기 위해 ANFIS는 착륙 궤적에 대한 시계열 데이터을 가지고 학습 한다.

ANFIS는 입력으로 무엇을 사용할까

시계열에서 미래의 값을 예측하기 위해 이미 알고 있는 값을 사용한다. 이를테면, 2초 후 비행기의 위치를 예측하고 싶다면 현재 위치 데이터뿐만 아니라 기록된 데이터, 즉 현재 위치보다 2, 4, 6초 전에 기록된 것을 사용할 수 있다. 이렇게 알게 된 네 값은 입력 패턴을 나타내며, 다음과 같은 형태의 4차원 벡터로 나타낸다. 여기서 $x(t)$는 시각 t에 기록된 비행기의 위치다.

$$\mathbf{x} = [x(t-6) \quad x(t-4) \quad x(t-2) \quad x(t)]$$

ANFIS의 출력은 예측한 궤적과 같다. 즉 2초 후 비행기의 위치인 $x(t+2)$다.

이 사례에서는 착륙 궤적 10개를 사용한다. 5개는 훈련용, 5개는 테스트용이다. 각 궤적은 착륙 전 60초 간격에서 0.5초마다 기록된 비행기 위치 데이터의 시계열이다. 따라서 한 궤적의 데이터 집합에는 값이 121개씩 있다.

ANFIS를 훈련시키는 데이터 집합을 어떻게 구축할까

[그림 9-40]에는 비행기의 궤적과 2초마다 샘플링한 궤적 데이터로 만든 3 × 5 훈련 데이터 집합을 보여준다. 입력 변수 x_1, x_2, x_3, x_4는 각각 $(t-6)$, $(t-4)$, $(t-2)$, t에서의 비행기 위치와 같다. 원하는 출력은 2초 뒤의 비행기 위치를 예측한 $x(t+2)$와 같다. [그림 9-40]의 훈련 데이터 집합은 t가 6.0초(첫째 줄), 6.5초(둘째 줄), 7.0초(셋째 줄)일 때 만든 것이다.

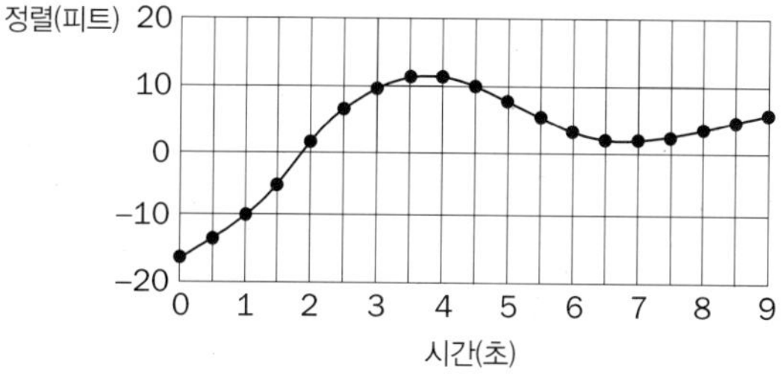

입력				원하는 출력
x_1	x_2	x_3	x_4	
−17.4	2.1	11.0	3.9	4.2
−12.9	7.5	10.1	2.1	4.9
−10.0	9.8	8.2	2.0	5.3

[그림 9-40] 비행기의 궤적과 ANFIS를 학습시키기 위해 만든 데이터 집합

60초 동안 기록한 착륙 궤적에 똑같은 절차를 적용해 105 × 5 행렬로 나타낸 훈련 예제 105개를 구했다. 따라서 ANFIS를 훈련시키는 데 사용하는 전체 데이터 집합은 525 × 5 행렬로 나타낸다.

입력 변수에 얼마나 많은 소속 함수를 할당해야 할까

소속 함수의 수를 최소한으로 선택하는 것이 실용적이다. 따라서 입력 변수마다 소속 함수 2개를 할당하며 시작할 수 있다.

[그림 9-41]은 실제 비행기 궤적과 1에폭, 100에폭 동안 훈련시킨 후의 ANFIS 출력을 보여준다. 보다시피 100에폭 뒤에도 ANFIS의 성능은 여전히 만족스럽지 않다. 그리고 에폭 수를 늘려도 크게 향상되지 않는다는 사실을 알 수 있다.

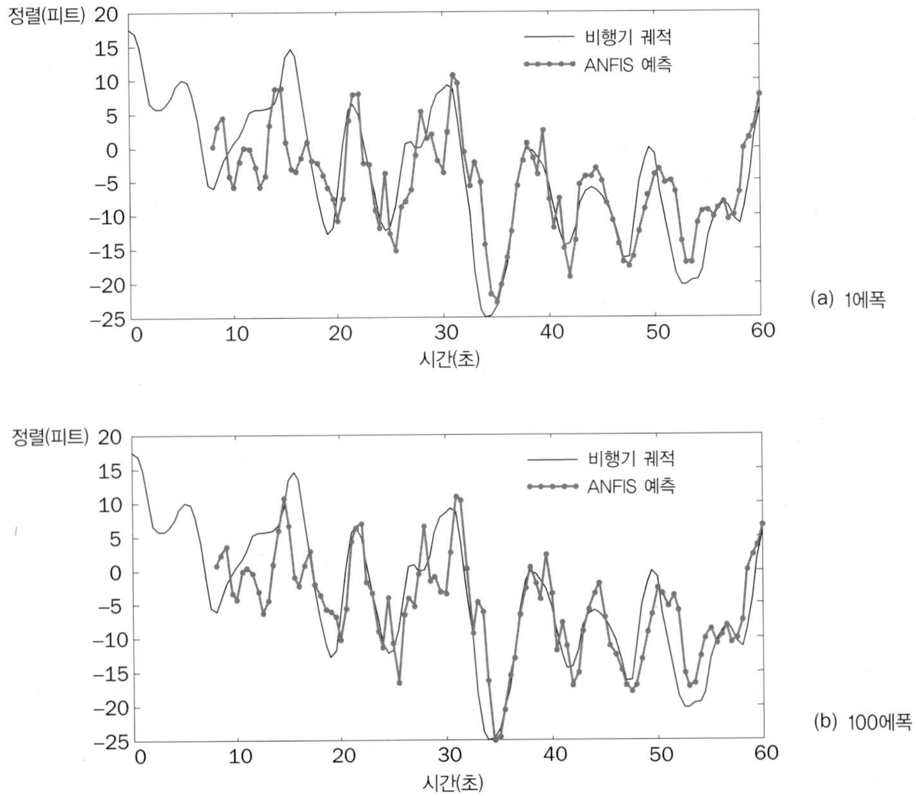

[그림 9-41] 입력이 4개, 입력마다 소속 함수 2개가 할당된 ANFIS의 성능

ANFIS의 성능을 어떻게 향상시킬까

입력 변수마다 소속 함수 3개를 할당함으로써 ANFIS의 성능을 크게 향상시킬 수 있다. [그림 9-42]를 보면 1에폭을 훈련시킨 ANFIS가 직전 연구에서 100에폭 훈련시킨 것보다 비행기의 궤적을 더욱 정확하게 예측한다.

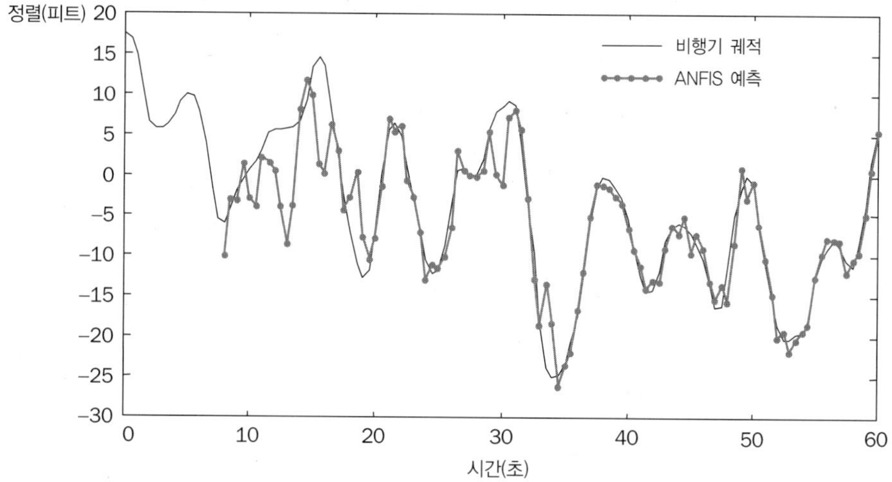

[그림 9-42] 입력이 4개고, 입력마다 소속 함수 3개가 할당된 ANFIS를 1에폭 훈련시킨 뒤의 성능

시계열 예측을 향상시키는 다른 방법은 입력 변수의 수를 늘리는 것이다. 이를테면, 입력이 6개인 ANFIS를 고려해보자. 여기서 입력은 각각 $(t-5)$, $(t-4)$, $(t-3)$, $(t-2)$, $(t-1)$, t에서의 비행기 위치와 같다. 이번에도 ANFIS의 출력은 2초 뒤의 비행기 위치를 예측한 $x(t+2)$다. 이제 훈련 데이터 집합은 535×7 행렬로 나타낸다.

일단 입력 변수마다 소속 함수를 최소한으로 할당하면 ANFIS를 1에폭 동안 훈련시키고 테스트 궤적에 대한 성능을 관찰할 수 있다. [그림 9-43]을 보면 입력이 6개인 ANFIS는 입력이 4개인 ANFIS를 능가한다. 그리고 1에폭만 훈련시킨 뒤에도 예측 결과가 만족스럽다.

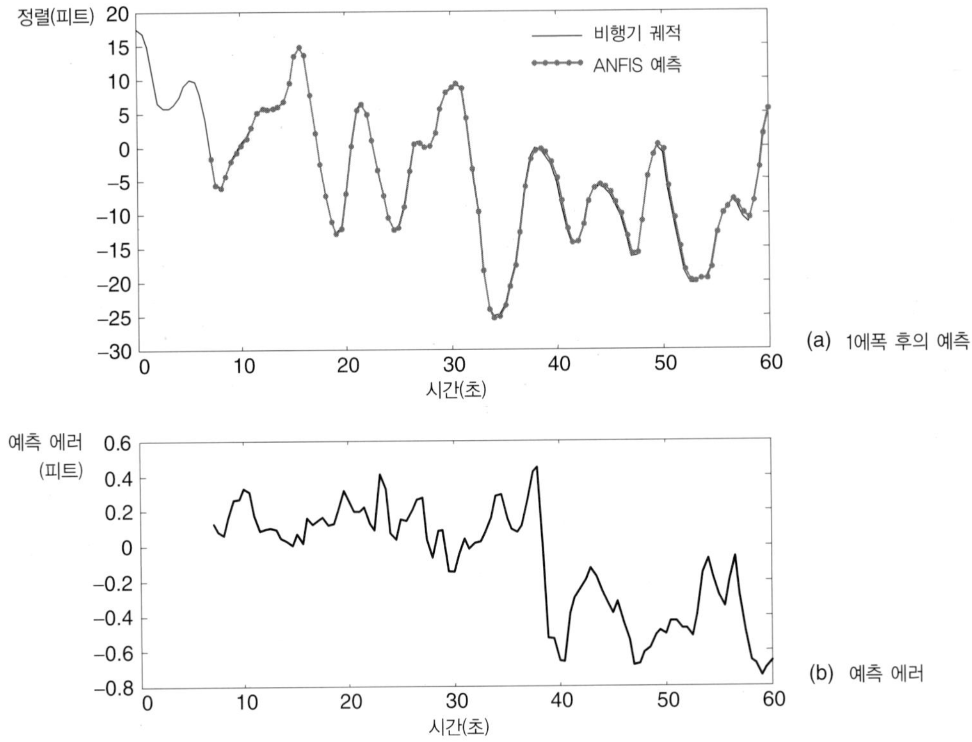

[그림 9-43] 입력이 6개, 입력마다 소속 함수 2개가 할당된 ANFIS의 성능

9.7 데이터 마이닝과 지식 발견

데이터는 모아서 저장해 놓은 것을 말하며, 지식은 정보에 근거한 결정을 내리도록 도와주는 것이다. 데이터로부터 지식을 추출하는 것을 **데이터 마이닝**(data mining)이라고 한다. 또한 데이터 마이닝은 의미 있는 패턴과 규칙을 찾기 위해 엄청난 양의 데이터를 뒤지고 분석하는 것으로 정의할 수도 있다(Berry와 Linoff, 2000). 결국 데이터 마이닝의 궁극의 목적은 지식을 발견하는 것이다.

현대에는 데이터의 양이 빠르게 증가한다. 현재 데이터의 양이 매년 두 배씩 증가하고, 종종 엄청난 양의 데이터에서 필요한 정보를 찾느라 어려움을 겪는다. 예를 들어, NASA에는 분석할 수 있는 데이터보다 더 많은 데이터가 있다. 인간 게놈 프로젝트 연구자들은 인간 게놈을 구성하는 30

조 개의 DNA 기반 각각에 대해 수천 바이트를 저장하고 처리해야 한다. 매일 수백 메가바이트의 정보가 인터넷을 통해 돌아다닌다. 우리는 이 정보에서 의미 있는 정보와 지식을 추출하는 방법이 필요하다.

데이터 마이닝을 종종 금광 채굴로 비유한다. 금을 캐기에 앞서 많은 양의 광석을 처리해야 한다. 데이터 마이닝은 처리되지 않은 데이터(raw data)에서 지식이라는 '숨겨진 금'을 찾도록 도와준다. 따라서 현대의 경쟁적인 비즈니스 세상에서 필수 사항이 되었다.

현대의 조직은 시장의 변화에 빠르게 대응해야 한다. 즉 조작할 수 있는 데이터베이스에 정상적으로 저장된 데이터에 신속하게 접근할 수 있어야 한다. 그러나 조직은 어떤 경향과 관련되어 있는지도 결정해야 한다. 이는 **데이터 웨어하우스**(data warehouse)라고 하는 대형 데이터베이스에 저장된 기존 데이터에 접근하지 않고서는 불가능하다.

데이터 웨어하우스란

데이터 웨어하우스의 주요 특징은 그 용량에 있다. 데이터 웨어하우스는 수백만, 심지어 수십 조의 데이터 레코드가 담겨있을 만큼 크다. 데이터 웨어하우스에 저장된 데이터는 **시간 의존적**이고 **통합되어** 있다(Adriaans와 Zantinge, 1996). 시간 의존적이란 말은 데이터가 기록 시간과 연결되어 있다는 뜻이고, 통합되어 있다는 말은 데이터베이스에 있는 모든 관련 정보를 데이터 웨어하우스에서 결합하고 구조화한다는 말이다.

데이터 웨어하우스는 조직 내에서 만들어지는 결정을 지원하기 위해 고안되었다. 전통적인 질의 도구를 사용하여 필요한 정보를 얻을 수 있다. 이런 도구는 데이터에 있는 중요 관계를 찾는 데 도움을 줄 수도 있다.

질의 도구와 데이터 마이닝 차이점

전통적인 질의 도구(query tool)는 **가정 기반**(assumption-based) 방식이다. 사용자는 **올바른** 질문만 해야 한다. 예를 하나 살펴보자. 고혈압 연구에 관한 데이터를 얻었다고 하자. 이런 데이터에는 보통 나이, 성, 몸무게, 키, 스포츠 활동, 흡연 및 음주 습관에 관한 정보가 포함된다. 사용자는 질의 도구를 사용하여 결과(이 예에서는 혈압)에 영향을 끼치는 특정 변수, 일례로 흡연을 선택할 수 있다. 여기서 사용자의 목적은 고혈압인 사람 중에 흡연자와 비흡연자의 수를 비교하는 것이다. 하지만 이 변수를 선택함으로써 사용자는 고혈압과 흡연 사이에 강한 상관관계가 있음을 **가정한다**(심지어 그 사실을 미리 알고 있기도 하다).

데이터 집합에 있는 다른 변수 간의 어떤 관계를 가정하는 대신, 데이터 마이닝 도구를 사용해 결과에 영향을 주는 가장 의미 있는 요소를 정할 수 있다. 따라서 혈압과 흡연 사이의 상관관계를 가정하는 대신, 자동적으로 가장 의미 있는 위험요소를 식별할 수 있다. 또한 고혈압이 있는 사람들의 다른 그룹 혹은 군집을 검토해볼 수도 있다. 데이터 마이닝은 어떤 가설도 필요 없으며, 숨겨진 관계와 패턴을 자동으로 발견한다.

데이터 웨어하우스에서 데이터를 구조화하여 표현하면 데이터 마이닝에 도움이 된다.

데이터 마이닝을 실생활에 어떻게 적용하는가

데이터 마이닝은 아직까지 매우 새롭고 진화하는 분야지만, 이미 은행, 금융, 마케팅, 통신 등에서 수없이 응용되고 있다. 오늘날 많은 회사에서 데이터 마이닝을 사용하지만, 그에 관해 말하려 하지 않는다. 데이터 마이닝이 전략적 이득을 위해 사용되는 몇 가지 분야에는 일대일 마케팅, 경향 분석, 사기 탐지가 있다(Groth, 1998; Cabena 외, 1998).

특정 상품이나 서비스를 가장 사고자 하는 사람을 정하는 경우, 주식 시장을 모델링하기 위해 시장의 경향을 찾는 경우, 사기 가능성이 높은 보험 청구, 휴대폰 전화, 신용카드 거래를 찾는 경우 등에 데이터 마이닝을 활용한다.

데이터에서 정보를 어떻게 얻는가

사람들은 역사에 기록된 것보다 훨씬 오래 전부터 데이터를 모으고 분석했다. 사람들은 해, 달, 별을 관찰하여, 이들의 이동에서 패턴을 발견했고, 그 결과로 달력을 만들어냈다.

전통적으로, 데이터는 사용자 주도적으로 분석되었다. 이 방법에서 사용자는 가설을 형식화한 후 쓸 수 있는 데이터를 가지고 이 가설을 검사하고 정당한지 확인한다. 사실 질의 도구가 그런 기법 중 하나다. 하지만 이미 알고 있듯이 새로운 지식을 발견할 때 질의 도구의 성공은 사용자의 가설화 능력(다른 말로는 예감)에 크게 좌우된다. 게다가 전문가마저 4~5개 이상의 변수를 서로 연관시키지 못한다. 반면 현실에서 데이터 웨어하우스는 수십 개의 변수를 포함할 수 있고, 이 변수들 간에 수백 개의 복잡한 관계가 있을 수 있다.

데이터를 의미 있게 하는 통계 값들을 사용할 수 있는가

통계란 수치 데이터를 모으고 체계화하여 이용하는 과학이다. 통계는 평균값, 중간값, 값의 분포, 관측 에러와 같은 데이터에 관한 일반적인 정보를 제공한다. 데이터 분석으로 가장 유명한 기법

중 하나인 회귀 분석은 관측된 데이터를 보간 및 추정하는 데 사용된다.

통계는 수치 데이터 분석에 유용하나 큰 규모의 데이터에서 의미 있는 패턴과 규칙을 발견하는 것과 같은 데이터 마이닝 문제를 풀지는 못한다.

데이터 마이닝 도구에는 어떤 것들이 있는가

데이터 마이닝은 이 책에서 이미 토의했던 지능형 기술에 기반을 둔다. 종종 데이터 마이닝에 신경망과 뉴로-퍼지 시스템과 같은 도구를 사용한다. 데이터 마이닝에 사용되는 가장 유명한 도구는 **결정 트리**(decision tree)다.

결정 트리란

결정 트리를 추론 과정의 지도로 정의할 수 있다. 이는 트리같은 구조로 데이터 집합을 설명한다. 결정 트리는 특히 분류 문제를 푸는 데 적합하다.

[그림 9-44]는 신규 은행 서비스와 같은 신제품 판촉활동에 반응을 보일 것 같은 가구를 분별하는 결정 트리를 보여준다. 대체로 과거에 유사 제품의 판촉활동에 반응을 보였던 가구들의 인구통계학적 특징을 결정함으로써 이 작업을 수행한다. 가구는 주택의 소유 여부, 수입, 은행 계좌 종류 등으로 묘사할 수 있다. 데이터베이스에 가구라고 명명된 필드 하나는 가구가 이전 판촉 캠페인에 반응을 보였는지를 나타낸다.

결정 트리는 **노드**(nodes), **가지**(branches), **말단노드**(leaves)로 구성된다. [그림 9-44]에서 각 상자는 노드를 표현한다. 맨 위 노드를 **루트 노드**(root node)라 한다. 트리는 항상 루트 노드에서 시작하고 각 단계에 있는 데이터를 새로운 노드로 쪼개면서 아래로 점점 커져간다. 루트 노드는 모든 데이터 집합(모든 데이터 레코드)을 포함하고, 자식 노드는 그 집합 각각의 부분 집합을 갖고 있다. 모든 노드는 **가지**로 연결되어 있다. 가지 끝에 있는 노드를 **말단노드**라 한다.

각 노드에는 그 노드에 있는 데이터 레코드 총 개수와 **종속 변수**(dependent variable) 값의 분포에 관한 정보가 들어 있다.

종속 변수란

종속 변수란 연구의 목표를 정하는 것으로, 사용자가 선택한다. 이 예에서는 가구를 종속 변수로 정했고, 여기에는 반응 또는 무반응의 값이 들어갈 수 있다.

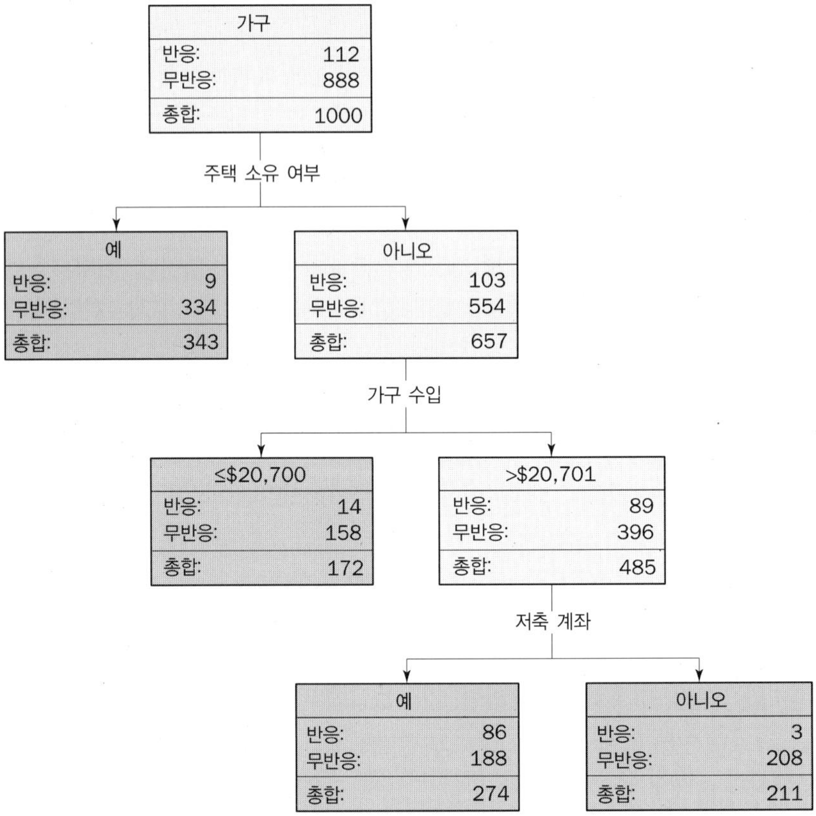

[그림 9-44] 결정 트리의 예

트리에서 루트 노드 아래에 있는 다음 단계를 보자. 여기에서 트리는 종속 변수를 위한 **예측자**로서, **주택 소유 여부** 변수를 선택하고 모든 가구를 예측자의 값에 따라 분리한다. 이런 데이터 분리를 **분할**이라 한다. 사실 **주택 소유 여부**는 단지 데이터베이스에 있는 필드 중 하나에 불과하다.

결정 트리는 특정 분할을 어떻게 선택하는가

결정 트리에서 하나의 분할은 데이터 분리를 가장 잘 하는 예측자에 대응된다. 즉 가장 좋은 분할은 단일 클래스가 좌우하는 노드들을 최적으로 생성할 때다.

이 예에서 **주택 소유 여부**는 이전 판촉 활동에 반응을 보인 가구와 반응하지 않은 가구를 가장 잘 분할한다. [그림 9-44]를 보면 전체 가구의 11.2%만 반응을 보였는데, 이들의 대다수는 주택 소유자가 **아니다**.

데이터를 분리하는 예측자의 능력치를 판단하는 몇 가지 방법이 있다. 가장 잘 알려진 방법 중 하나는 불균형 지니 계수(Gini coefficient)를 바탕으로 한 것이다.

지니 계수란

지니 계수는 본질적으로, 부모 노드에 포함된 클래스들을 예측자가 얼마나 잘 분리할 수 있는지를 보여주는 척도다.

이탈리아 경제학자인 코라도 지니(Corrado Gini)는 한 국가에서 소득이 어느 정도 균등하게 분배되는가를 대략적으로 나타내는 소득분배의 불균형 척도를 제안했다. [그림 9-45]는 지니 계수를 계산하는 예를 보여준다. 대각선은 부의 완전한 균등 분포를 나타낸 것이고, 그 위의 곡선은 실제 경제를 나타낸다. 수입 분포에는 언제나 약간의 불균형이 있다. 곡선의 데이터는 사회의 가장 부유한 사람부터 가난한 사람 순으로 되어있다. 지니 계수는 곡선과 대각선 사이의 면적(진한 회색 부분의 면적)이다. 완벽한 부의 평등이 이루어진 상태라면 지니 계수는 0이 된다. 그러나 오직 한 사람에게 모든 수입이 집중되는 완전한 불균형 상태라면 지니 계수는 1이 된다.

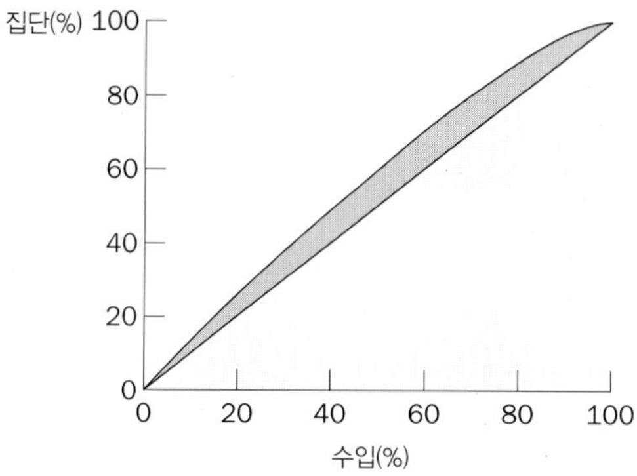

[그림 9-45] 불균형의 지니 계수 계산

CART(Classification And Regression Trees)는 분할을 진행하기 위해 지니 척도를 사용한다(Breiman 외, 1984). [그림 9-46]에 있는 두 트리를 비교해보자. 루트 노드에는 두 클래스(**클래스** *A*와 **클래스** *B*)가 있다고 가정한다. 결정 트리는 가장 큰 클래스를 분리하려고 노력한다. 즉 **클래스** *A*의 데이터 레코드를 단일 노드로 뽑아내려고 노력한다. 하지만 이런 이상적인 결과는 좀처럼 이룰 수 없다. 대부분의 경우 다른 것들에서 클래스 하나만 깔끔하게 분리하는 데이터베이스 필드가 없기 때문이다. 따라서 몇 개의 분할 대안들 중에서 하나를 선택해야 한다.

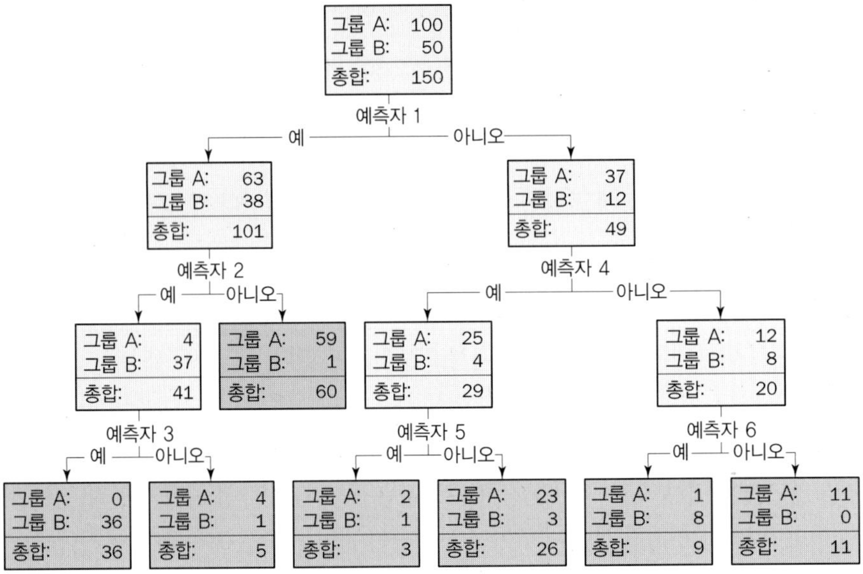

(a) 지니 분할

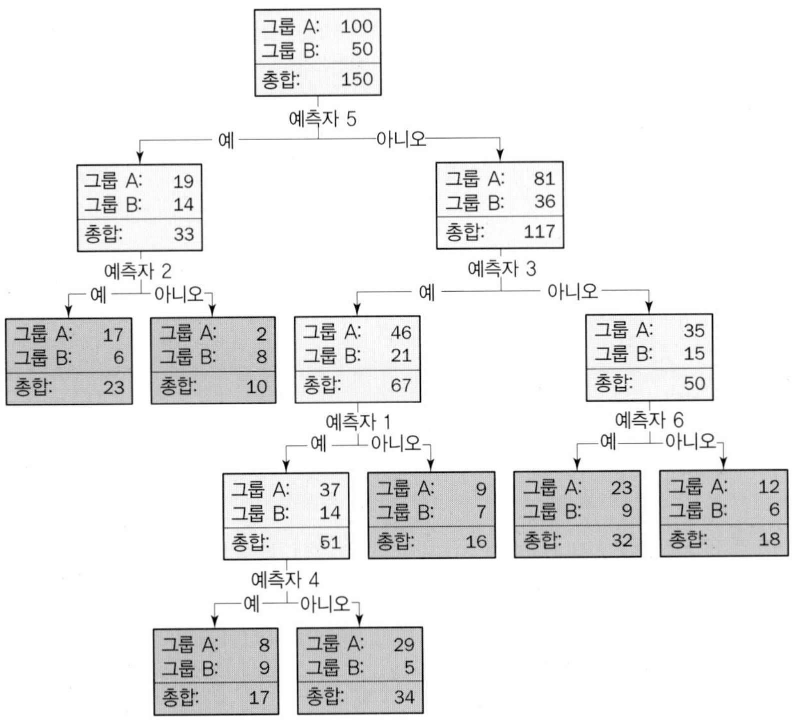

(b) 추측 분할

[그림 9-46] 최적 결정 트리의 선택

[그림 9-46]의 (a)에 있는 트리는 지니의 불균형 척도로 선택된 분할을 통해 자동 생성했다. (b)에서는 사용자의 판단과 정보성 있는 추측을 이용해 분할을 선택했다. 그 결과로 얻은 트리를 **상승 차트**(lift chart)라고도 하는 **이득 차트**(gain chart)로 비교한다([그림 9-47]). 차트는 말단 노드에서 **클래스 A**의 누적 비율(%)을 전체의 누적 비율(%)로 사상한 결과를 보여준다. 여기서 대각선은 각 말단 노드가 집단 내에 있는 임의의 표본을 포함할 때의 결과를 보여준다. 이 결과는 지니 분할로 만든 트리의 이점을 명확하게 보여준다.

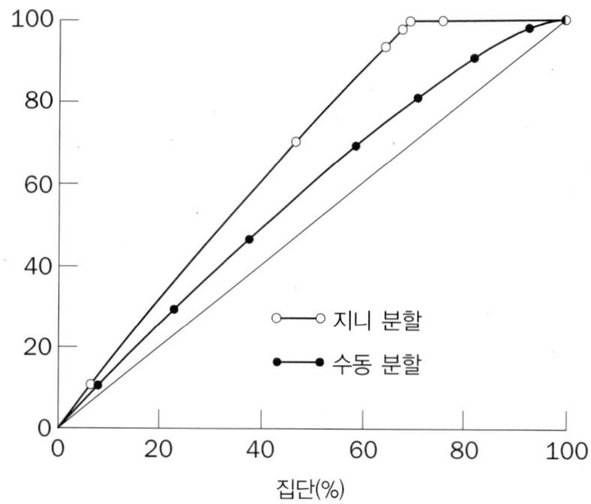

[그림 9-47] 그룹 A의 이득 차트

결정 트리에서 규칙을 추출할 수 있는가

루트 노드에서 바닥에 있는 노드까지의 경로가 결정 규칙을 보여준다. 예를 들어, [그림 9-46]의 (a)에서 오른쪽 바닥에 있는 노드와 관련된 규칙을 다음과 같이 표현할 수 있다.

if (예측자 1 = 아니오)
and (예측자 4 = 아니오)
and (예측자 6 = 아니오)
then 클래스 = 클래스 A

사례 연구 10: 데이터 마이닝을 위한 결정 트리
단체 건강 조사 결과가 있으며, 어떤 사람이 고혈압에 걸릴 위험이 더 큰지 알고 싶다. 이 문제에 결정 트리를 적용할 수 있을까?

대체로 결정 트리를 만드는 작업은 어떤 결과를 이끌어내는 조건들을 결정하는 것이다. 이런 특성 때문에 결정 트리는 고혈압이 있는 사람들의 정보를 수집해 윤곽을 만드는 데 적합하다. 그리고 단체 건강 조사에서 필요한 데이터를 얻을 수 있다.

고혈압은 몸 속의 작은 혈관이 좁아질 때 발생한다. 이럴 경우 심장은 혈압을 유지하기 위해 더 열심히 뛴다. 몸이 몇 달, 심지어 몇 년간 높아진 혈압을 견딜 수 있다고 해도 결국 심장은 멈출 것이다.

혈압은 최적, 정상, 높음으로 분류할 수 있다. 최적 혈압은 120/80 이하고, 정상 혈압은 120/80~130/85 사이다. 혈압이 140/90보다 클 때 고혈압이라 진단한다. [그림 9-48]은 고혈압 연구에 사용된 설문지다.

결정 트리는 사실상 그것이 표현하고 있는 데이터다. 신경망, 퍼지 시스템과 달리 결정 트리는 잡음이 있는 데이터를 제대로 처리하지 못한다. 따라서 데이터는 데이터 마이닝을 시작하기 전에 무결한 상태여야 한다.

거의 모든 데이터베이스에는 어느 정도 결점이 있다. 고혈압 연구에서는 **음주량**이나 **흡연**과 같은 필드가 비어있거나 틀린 정보가 포함되어 있는 것을 볼 수 있다. 또한 가능한 모순과 오타를 찾는 데이터 검사를 해야 한다. 하지만 아무리 열심히 노력해도 모든 오류를 미리 제거할 수는 없다. 데이터 마이닝 과정이 진행되는 동안에만 비정상적인 데이터를 발견할 수 있다.

데이터를 좀 더 풍부하게 만들 수 있다. 예를 들어, **몸무게**와 **키**와 같은 변수로 **비만여부**라는 새로운 변수를 이끌어 낼 수 있다. 이 변수를 BMI(Body-Mass Index)로 계산한다. 이 수치는 kg 단위인 몸무게를 m 단위인 키의 제곱으로 나누어 얻는다. BMI가 27.8 이상인 남자와 27.3 이상인 여자는 비만으로 분류된다.

고혈압에 대한 데이터가 일단 마련되면 결정 트리 도구를 선택할 수 있다. 이 연구에서는 분류 트리를 구축하는 포괄적인 툴인 Angoss의 Knowledge SEEKER를 사용한다.

KnowledgeSEEKER는 종속변수 **혈압**에 대한 루트 노드를 가지고 결정 트리를 시작한다. 이때 모든 응답자를 **최적**, **정상**, **높음**으로 분류한다. 이 연구에서는 319명(32%)이 최적이고, 528명(53%)이 정상, 153명(15%)이 높음(고혈압)이었다.

단체 건강 조사: 고혈압 연구 (미국, 캘리포니아)	
성	☑ 남성 ☐ 여성
나이	☐ 18-34세 ☐ 35-50세 ☑ 51-64세 ☐ 65세 이상
인종	☑ 백인 ☐ 흑인계 미국인 ☐ 라틴 아메리카인 ☐ 아시아인 또는 태평양 섬 주민
혼인 상태	☐ 결혼 ☐ 별거 중 ☑ 이혼 상태 ☐ 과부 또는 홀아비 ☐ 미혼
가족 수입	☐ $20,700 이하 ☐ $20,701 ~ $45,000 ☑ $45,001 ~ $75,000 ☐ $75,001 이상
음주량	☐ 금주 ☐ 종종(한 달에 몇 잔) ☑ 정기적(매일 한두 잔) ☐ 폭주(매일 세 잔 이상)
흡연	☐ 비흡연자 ☐ 매일 담배 1~10개비 ☑ 매일 담배 11~20개비 ☐ 매일 담배 한 갑 이상
카페인 섭취	☐ 커피 안 마심 ☑ 매일 한두 잔 ☐ 매일 세 잔 이상
염분 섭취	☐ 싱거운 음식 ☑ 보통 음식 ☐ 짠 음식
운동	☐ 없음 ☑ 일주일에 한두 번 ☐ 일주일에 세 번 이상
키 **몸무게**	178 cm 93 kg
혈압	☐ 최적 ☐ 정상 ☑ 높음

비만여부	☑ 비만 ☐ 정상

[그림 9-48] 고혈압 연구를 위한 설문

그런 다음 KnowledgeSEEKER는 각 변수가 혈압에 미치는 영향을 결정하고, 가장 중요한 변수 순으로 순위를 매긴다. 이 연구에서는 나이가 가장 순위가 높았고, KnowledgeSEEKER는 응답자를 나이에 따라 분류함으로써 다음 단계로 나아간다([그림 9-49]). 그림에서 볼 수 있듯이 고혈압의 위험은 나이가 많을수록 높아진다. 고혈압은 50대 이후에 더 만연한다.

새롭게 트리를 쪼개면서 트리를 점차 키워나간다. 예를 들어, 51~64세 그룹에 관한 두 번째 단계 노드를 만들어보자. KnowledgeSEEKER는 **비만여부**로 이 그룹을 나눈다. 왜냐하면 **비만여부**가 51~64세 사이의 사람이 고혈압인지 아닌지를 나타내는 핵심이라고 판단했기 때문이다. [그림 9-49]에서 볼 수 있듯이 이 그룹에 있는 비만인 사람의 48%가 고혈압으로 고생하고 있다. 사실 나이든 사람들의 혈압 증가는 체중 증가가 주요 원인일 것이다.

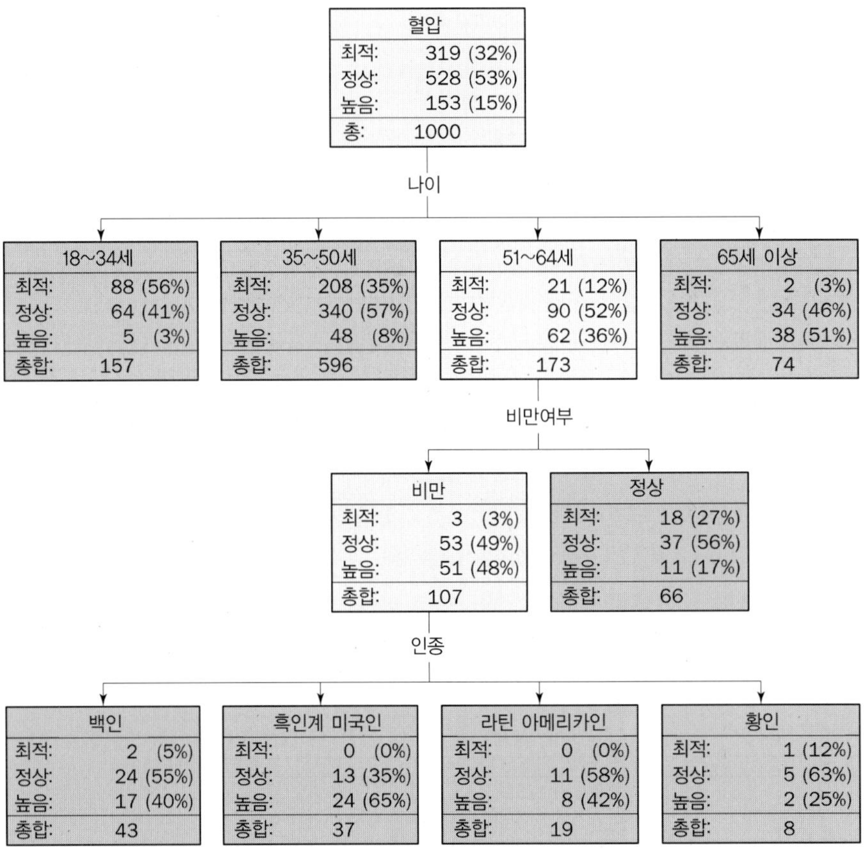

[그림 9-49] 고혈압 연구: 결정 트리 키우기

노드 단위로 트리를 계속 키워가면 흑인계 미국인이 다른 그룹보다 훨씬 더 고혈압 위험이 크고, 흡연과 과음이 이런 위험을 훨씬 더 높인다는 사실을 알 수 있다.

어디서건 나눌 수 있을까

KnowledgeSEEKER를 포함한 결정 트리 도구를 사용하면 어디서건 나눌 수 있다. [그림 9-50]을 보면 35~50세, 51~64세 그룹을 성에 따라 나누었다. 그 결과, 51세 전에는 여자보다 남자의 고혈압 비율이 더 높지만, 나이가 들면서 비율이 역전되어 여자가 남자보다 고혈압 가능성이 더 높은 것을 볼 수 있다.

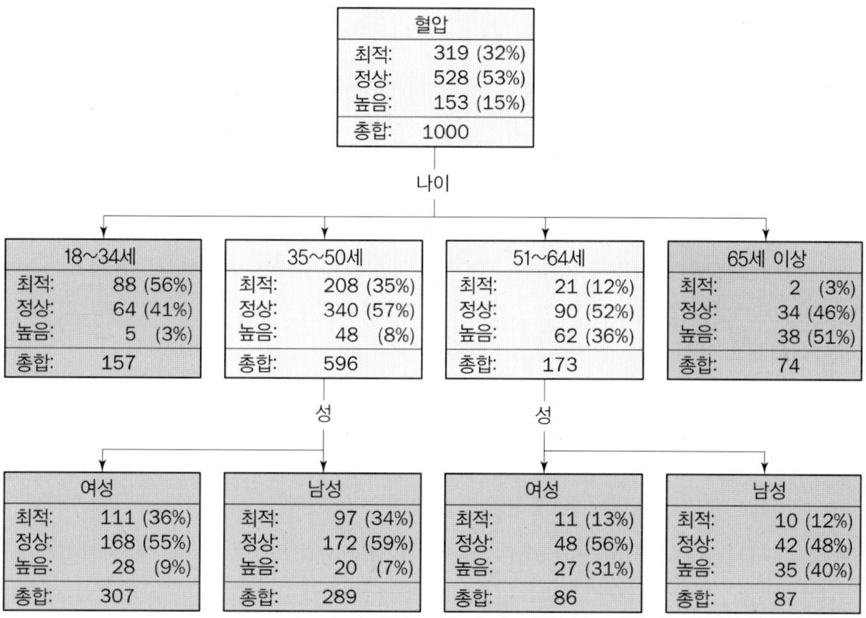

[그림 9-50] 고혈압 연구: 쪼개기

데이터 마이닝에서 사용한 결정 트리 방법의 가장 큰 장점은 해를 시각화할 수 있다는 점이다. 어떤 경로건 트리를 통해 따라가기가 쉽다. 결정 트리로 찾은 관계는 규칙으로 표현할 수 있고, 전문가 시스템을 개발할 때 이 규칙을 사용할 수 있다.

하지만 결정 트리에는 몇 가지 단점이 있다. 나이나 수입 같은 연속 데이터를 그룹으로 묶어야 한다. 이 때문에 뜻하지 않게 중요한 패턴이 가려질 수 있다. 또 다른 문제는 분실한 데이터와 모순된 데이터를 다루는 것이다. 결정 트리는 '순수' 데이터를 다룰 때만 안정된 결과를 만들 수 있다.

무엇보다도 결정 트리의 가장 큰 한계는 변수를 한 번에 하나 이상 검토하지 못하는 데 있다. 이런 특성으로 인해 해 공간을 여러·연속된 사각형들로 나눔으로써 풀 수 있는 문제들에만 결정 트리 방법을 적용할 수 있다.

이 내용을 [그림 9-51]에서 보여준다. 고혈압 연구의 해 공간은 먼저 **나이**에 따라 사각형 4개로 나눈다. 그런 다음 나이 51~64세 그룹을 비만인 사람과 아닌 사람으로 더 나눈다. 마지막으로 비만인 사람 그룹을 **인종**에 따라 나눈다. 이런 '**사각형식**' 분류는 데이터의 실제 분포와 잘 맞지 않는다. 이는 트리가 너무 크고 루트 노드에서 맨 밑 노드까지 지나는 데이터의 양이 너무 적어서 의미 있는 패턴과 규칙을 발견하기 어려울 때 데이터 분열(data fragmentation)을 일으킨다. 이 분열을 최소화하려면 종종 밑에 있는 노드의 일부를 잘라내야 한다.

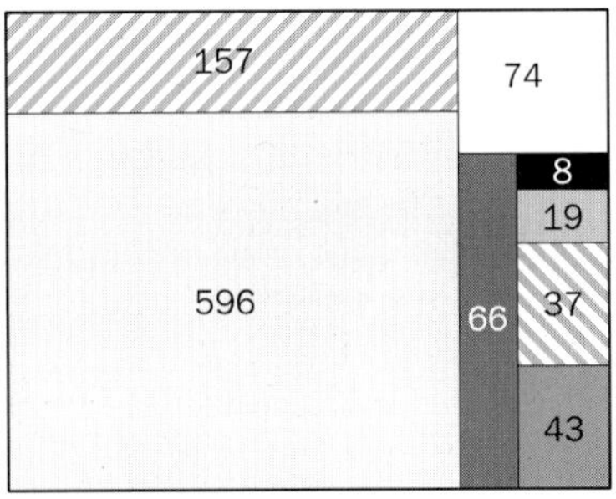

[그림 9-51] 고혈압 연구의 해 공간

이 모든 한계에도 불구하고, 결정 트리는 데이터 마이닝에서 사용하는 가장 성공적인 기술이 되었다. 결정 트리는 깔끔한 규칙을 만드는 능력 때문에 비즈니스 전문가들이 특히 매력을 느낀다.

9.8 요약 Summary

이 장에서는 지식 공학과 데이터 마이닝을 다루었다. 먼저 어떤 종류의 문제를 지능형 시스템으로 다룰 수 있는지 토의했고, 지식 공학 과정의 주요 6개 단계를 도입했다. 그런 다음 진단, 분류, 결정 지원, 패턴 인식, 예측을 포함하는 지능형 시스템의 전형적인 응용 과정을 공부했다. 마지막으로 데이터 마이닝에서 결정 트리를 응용하는 과정을 살펴보았다.

이 장에서 다룬 핵심 내용은 다음과 같다.

- 지식 공학은 지능형 지식기반 시스템을 구축하는 과정이다. 문제 판단, 데이터와 지식 습득, 원형 시스템 개발, 완전한 시스템 개발, 시스템 평가 및 수정, 시스템의 통합 및 유지보수 등 총 6단계로 진행된다.
- 지능형 시스템은 전형적으로 진단, 선택, 예측, 분류, 군집화, 최적화 및 제어에 사용된다. 문제의 유형, 데이터 및 전문가 의견을 이용할 가능성, 요구된 해법의 형태 및 내용은 지능형 시스템을 구축할 도구를 선택하는 데 영향을 준다.
- 문제 영역에 관한 이해는 지능형 시스템 구축에서 결정적이다. 원형 시스템의 개발은 문제를 얼마나 잘 이해하고 있는지 검사하는 데 도움이 되고, 문제 풀이 전략, 시스템 구축을 위해 선택된 도구, 습득된 데이터 및 지식의 표현 기법이 현 작업에 적절한지 확인하는 데 도움이 된다.
- 보통 컴퓨터 프로그램과 달리 지능형 시스템은 '올바른', 그리고 '잘못된' 해를 명확히 정의하기가 어려운 문제를 풀기 위해 설계된다. 따라서 시스템은 보통 사용자가 고른 테스트 케이스로 평가된다.
- 진단 문제와 고장 원인을 찾는 문제는 전문가 시스템이 제격이다. 대부분의 진단 문제에는 가능한 해의 수가 한정되어 있고, 잘 형식화된 지식의 양이 제한되어 있다. 또한 인간 전문가가 문제를 푸는 데 시간이 많이 걸리지 않기 때문에 진단 전문가 시스템을 개발하기 쉽다.
- 실세계 분류 문제를 풀다 보면 종종 부정확하고 불완전한 데이터가 나타난다. 전문가 시스템은 신뢰도가 다른 정보뿐만 아니라 점차 축적되는 증거를 처리함으로써 이런 데이터를 다룰 수 있다.
- 퍼지 시스템은 인간의 의사 결정을 모델링하는 데 적합하다. 중요한 결정을 내릴 때는 보통 자료의 이용 가능성이나 정확성보다 인간의 직관, 상식, 경험에 기반을 둔다. 퍼지 기술은 '연성 기준(soft criteria)'과 '모호한 자료(fuzzy data)'에 대처할 수단을 제공한다. 의사 결정 지원 퍼지 시스템에는 규칙이 수십~수백 가지 포함될 수 있지만, 이들은 비교적 빠르게 개발 되고, 테스트할 수 있다.
- 신경망은 예측, 분류, 군집화 문제에 성공적으로 적용한 범용 도구 중 하나다. 신경망은 언어 및 문자 인식, 의학 진단, 프로세스 제어 및 로보틱스, 레이더 목표 식별, 환율 예측 및 사기 거래 탐지와 같은 분야에 사용한다. 신경망 응용 분야는 하루가 다르게 확대되고 있다.
- 데이터 마이닝은 데이터에서 지식을 이끌어내는 것이다. 또한 의미있는 패턴과 규칙을 발견하기 위해 **거대한** 규모의 데이터를 탐험하고 분석하는 것으로 정의할 수 있다. 데이터 마이닝의 궁극적인 목표는 지식 발견이다.

- 데이터 마이닝은 여전히 새롭고 발전하고 있는 분야지만, 이를 응용한 사례는 상당히 많다. 일대일 마케팅에서는 특정 상품과 서비스를 제일 잘 구매할 것 같은 사람들을 선정하고, 경향 분석에서는 주식 시장을 모델링함으로써 시장에서의 경향성을 찾는다. 사기 탐지에서는 사기일 것 같은 보험 청구, 휴대폰 전화, 신용카드 거래를 찾는 데 데이터 마이닝을 이용한다.
- 데이터 마이닝에 사용하는 가장 유명한 도구는 트리 구조로 데이터 집합을 설명하는 결정 트리다. 결정 트리는 분류 문제를 푸는 데 특히 적합하다. 데이터 마이닝에 결정 트리 방법을 사용하면 해를 시각화하여 트리를 통해 임의의 경로를 따라가기가 쉽다는 장점이 있다. 깔끔한 규칙을 만들어내는 결정 트리의 능력 때문에 사업 전문가들이 매력을 느낀다.

Chapter_09 연습문제

01 지식 공학이란 무엇인가? 지식 공학의 주요 단계를 설명하라. 지능형 시스템 구축 과정에서 적합한 도구를 고르는 일이 가장 중요한 이유는?

02 지식 습득 과정 단계를 설명하라. 지식 획득을 지식 공학 과정의 병목이라 하는 이유는 무엇인가? 획득한 자료는 어떤 식으로 시스템 구축 도구 선택에 영향을 주는가?

03 원형(prototype)이란 무엇인가? 테스트 케이스란 무엇인가? 어떻게 지능형 시스템을 테스트할 수 있는가? 우리가 시스템 구축 도구를 잘못 골랐다면 무엇을 해야 하는가?

04 새로운 지능형 기술을 채택하는 기준이 호기심 위주에서 문제 위주로 바뀐 이유는 무엇인가? (과거에는 종종 호기심 중심이었다)

05 진단과 고장 원인을 찾는 문제가 전문가 시스템 기술로 풀기에 적합한 이유는 무엇인가? 전화걸기 규칙이란 무엇인가?

06 전문가 시스템 개발 도구를 어떻게 선택하는가? 전문가 시스템 틀의 장점은 무엇인가? 지능형 시스템 구축에 필요한 전문가 시스템 틀을 어떻게 고르는가?

07 퍼지 시스템이 인간의 의사 결정을 모델링하는 데 특히 적합한 이유는 무엇인가? 또한 퍼지 기술이 사업이나 금융과 같은 분야에서 발전 가능성이 높은 이유는 무엇인가?

08 신경망의 인기가 높은 이유는 무엇인가? 신경망을 가장 잘 응용한 영역은 어디인가? 이유를 설명하고 예를 들라.

09 신경망 모델에서 데이터를 사용하기 전에 정규화를 수행하는 이유는 무엇인가? 데이터를 어떻게 정규화하는가? 연속 데이터와 이산 데이터를 정규화하는 예를 들라. 1-of-N 코딩이란 무엇인가?

10 데이터 마이닝이란 무엇인가? 질의 도구와 데이터 마이닝 간의 차이는 무엇인가? 데이터 마이닝 도구에는 어떤 것들이 있는가? 실생활에서 데이터 마이닝을 어떻게 적용하는지 예를 들라.

11 결정 트리란 무엇인가? 종속 변수와 예측자란 무엇인가? 지니 계수는 무엇인가? 결정 트리는 예측자를 어떻게 선택하는가?

12 데이터 마이닝에 결정 트리를 쓰는 접근법의 장점과 한계는 무엇인가? 결정 트리가 특히 사업 전문가에게 매력적인 이유는 무엇인가?

참고문헌

[01] Adriaans, P. and Zantinge, D. (1996). *Data Mining*. Addison-Wesley, Harlow.

[02] Applegate, D., Bixby, R., Chva tal, V. and Cook, W. (2001). TSP cuts which do not conform to the template paradigm, Computational *Combinatorial Optimization*, M. Junger and D. Naddef, eds, Springer-Verlag, Berlin, pp. 261–304.

[03] Berry, M. and Linoff, G. (1997). *Data Mining Techniques: For Marketing, Sales, and Customer Support*. John Wiley, New York.

[04] Berry, M. and Linoff, G. (2000). *Mastering Data Mining*. John Wiley, New York.

[05] Breiman, L., Friedman, J.H., Olshen, R.A. and Stone, C.J. (1984). *Classification and Regression Trees*. Wadsworth, Belmont, CA.

[06] Cabena, P., Hadjinian, P., Stadler, R., Verhees, J. and Zanasi, A. (1998). Discovering Data *Mining: From Concept to Implementation*. Prentice Hall, Upper Saddle River, NJ.

[07] Dantzig, G., Fulkerson, R. and Johnson, S. (1954). Solution of a large-scale traveling-salesman problem, *Operations Research*, 2, 393–410.

[08] Davis, L. (1985). Applying adaptive algorithms to epistatic domains, *Proceedings of the 9th International Joint Conference on Artificial Intelligence*, A. Joshi, ed., Morgan Kaufmann, Los Angeles, CA, pp. 162–164.

[09] Davis, R. and King, J. (1977). An overview of production systems, *Machine Intelligence*, 8, 300–322.

[10] Durkin, J. (1994). *Expert Systems Design and Development*. Prentice Hall, Englewood Cliffs, NJ.

[11] Firebaugh, M. (1988). *Artificial Intelligence: A Knowledge-Based Approach*. Boyd & Fraser, Boston.

[12] Fisher, R.A. (1950). *Contributions to Mathematical Statistics*. John Wiley, New York.

[13] Flood, M.M. (1955). The traveling salesman problem, *Operations Research*, 4, 61–75.

[14] Goldberg, D.E. (1989). *Genetic Algorithms in Search Optimization and Machine Learning*. Addison-Wesley, Boston.

[15] Goldberg, D.E. and Lingle, R. (1985). Alleles, loci and the traveling salesman problem, *Proceedings of the 1st International Conference on Genetic Algorithms*, J.J. Grefenstette, ed., Lawrence Erlbaum Associates, Pittsburgh, PA, pp. 154–159.

[16] Groth, R. (1998). Data Mining: *A Hands-On Approach for Business Professionals (Data Warehousing Institute Series)*. Prentice Hall, Upper Saddle River, NJ.

[17] Gu llich, H.-P. (1996). Fuzzy logic decision support system for credit risk evaluation, *EUFIT Fourth European Congress on Intelligent Techniques and Soft Computing*, pp. 2219–2223.

[18] Haupt, R.L. and Haupt, S.E. (1998). *Practical Genetic Algorithms*. John Wiley, New York.

[19] Haykin, S. (1999). *Neural Networks: A Comprehensive Foundation*, 2nd edn. Prentice Hall, Englewood Cliffs, NJ.

[20] Hopfield, J.J. and Tank, D.W. (1985). Neural computation of decisions in optimiza-tion problems, *Biological Cybernetics*, 52, 141–152.

[21] Kurgan, L.A., Cios, K.J., Tadeusiewicz, R., Ogiela, M. and Goodenday, L. (2001). Knowledge discovery approach to automated cardiac SPECT diagnosis, *Artificial Intelligence in Medicine*, 23(2), 149–169.

[22] Laarhoven, P.J.M. and Aarts, E.H.L. (1987). *Simulated Annealing: The Theory and Application*. Kluwer Academic Publishers, Norwell, MA.

[23] Lawler, E.L., Lenstra, J.K., Rinnooy Kan, A.H.G. and Shmoys, D.B. (1985). *The Traveling Salesman Problem*. John Wiley, Chichester.

[24] LeCun, Y., Boser, B., Denker, J.S., Henderson, D., Howard, R.E., Hubbard, W. and Jackel, L.D. (1990). Handwritten digit recognition with a back-propagation network, *Advances in Neural Information Processing Systems*, D.S. Touretzky, ed., Morgan Kaufmann, San Mateo, CA, vol. 2, pp. 396–404.

[25] Martin, O., Otto, S.W. and Felten, E.W. (1991). Large-step Markov chains for the traveling salesman problem, *Complex Systems*, 5(3), 299–326.

[26] Michalewicz, Z. (1996). *Genetic Algorithms Data Structures + Evolutionary = Programs*, 3rd edn. Springer-Verlag, New York.

[27] Michie, D. (1982). The state of the art in machine learning, *Introductory Readings in Expert Systems*, Gordon and Breach, New York, pp. 209–229.

[28] Potvin, J.V. (1996). Genetic algorithms for the traveling salesman problem, *Annals of Operations Research*, 63, 339–370.

[29] Principe, J.C., Euliano, N.R. and Lefebvre, W.C. (2000). *Neural and Adaptive Systems: Fundamentals Through Simulations*. John Wiley, New York.

[30] Richards, R. (2002). Application of multiple artificial intelligence techniques for an aircraft carrier landing decision support tool, *Proceedings of the IEEE International Conference on Fuzzy Systems*, FUZZ-IEEE' 02, Honolulu, Hawaii.

[31] Russell, S.J. and Norvig, P. (2002). *Artificial Intelligence: A Modern Approach*, 2nd edn. Prentice Hall, Englewood Cliffs, NJ.

[32] Simon, R. (1987). The morning after, *Forbes*, October 19, pp. 164–168.

[33] Tschoke, S., Lubling, R. and Monien, B. (1995). Solving the traveling salesman problem with a distributed branch-and-bound algorithm on a 1024 processor network, *Proceedings of the 9th IEEE International Parallel Processing Symposium, Santa Barbara*, CA, pp. 182–189.

[33] Von Altrock, C. (1997). *Fuzzy Logic and NeuroFuzzy Applications in Business and Finance.* Prentice Hall, Upper Saddle River, NJ.

[34] Waterman, D.A. (1986). *A Guide to Expert Systems.* Addison-Wesley, Reading, MA.

[35] Widrow, B. and Stearns, S.D. (1985). *Adaptive Signal Processing.* Prentice Hall, Engle-wood Cliffs, NJ.

[36] Zurada, J.M. (1992). *Introduction to Artificial Neural Systems.* West Publishing Company, St Paul, MN.

Appendix

용어해설

Glossary

다음 약어를 사용하여 용어 목록을 코드화한다.

es : 전문가 시스템(expert systems)	**ec** : 진화 연산(evolutionary computation)
fl : 퍼지 논리(fuzzy logic)	**dm** : 데이터 마이닝(data mining)
nn : 신경망(neural networks)	**ke** : 지식 공학(knowledge engineering)

■ AND 논리 연산자의 일종. **생성 규칙**에 쓰일 때, 규칙의 결과가 참이려면 AND로 결합된 모든 조건이 참이어야 한다. [es]

■ C 유닉스 운영체제와 함께 벨(Bell) 연구소에서 개발한 일반적인 목적의 프로그래밍 언어.

■ C++ C 언어의 객체 지향 확장판.

■ CART Classification And Regression Trees **결정 트리**를 사용하는 **데이터 마이닝** 툴. CART는 결과 예측을 위해 새로운 데이터 집합에 적용할 수 있는 규칙 집합을 제공한다. CART는 이진 분할을 하면서 **데이터 레코드**를 나눈다. [dm]

■ DENDRAL 질량 스펙트럼 분석기로 뽑은 스펙트럼 데이터에 기초하여 화학제품을 분석하기 위해 1960년대 후반에 스탠포드 대학에서 개발할 규칙기반 전문가 시스템. DENDRAL은 **인공지능** 분야의 큰 '패러다임 전환'을 이루어냈다. 범용으로 쓰이는 (지식이 빈약한) 약한 방법에서 특정 분야의 (지식 집중적인) 방법으로 '패러다임 전환'이 이루어졌다. [es]

■ EMYCIN Empty MYCIN 1970년대 후반 스탠포드 대학에서 개발한 전문가 시스템 틀. 전염성 혈액 질환 지식만 빼면 MYCIN 시스템과 모든 특징이 같다. 진단 전문가 시스템을 개발할 때 EMYCIN를 사용한다. [es]

■ GPS General Problem Solver 인간의 문제 해결 방법을 시뮬레이션하려고 했던 초기 인공지능 시스템. GPS는 데이터에서 문제 풀이 기법 분리를 시도한 첫 시스템이다. 이들은 문제의 해를 찾기 위해 범용 탐색 메커니즘을 사용하였다. 이제는 약한 방법이라고 하는 이와 같은 접근 방식은 문제 영역에 대해 취약한 정보를 사용했고 이는 개발된 프로그램의 성능을 저하시켰다. [es]

■ LISP LISt Processor 가장 오래된 고급 프로그래밍 언어 중 하나. 1950년대 후반에 존 맥카시가 개발한 LISP는 인공지능을 위한 표준 언어다.

■ MYCIN 전염성 혈액 질환의 진단을 위해 1970년대에 개발된 고전적인 규칙 기반 전문가 시스템. 이 시스템은 의학 진단 지식과 관련된 불확실성을 다루기 위해 확신도를 사용했다. [es]

■ NOT 명제의 부정을 표현하는 데 쓰이는 논리 연산자. [es]

■ OPS **규칙 기반 전문가 시스템** 개발을 위해 LISP에서 파생된 고급 프로그래밍 언어. [es]

■ OR 논리 연산자의 일종. 생성 규칙에 쓰일 때, OR로 결합된 조건 중 적어도 하나가 참이면 규칙의 결과도 참이다. [es]

■ PROLOG 논리 프로그래밍을 위한 실용적인 도구로 1970년대에 마르세유 대학교에서 개발한 고급 프로그래밍 언어. **인공지능** 분야에서는 대중적인 언어다.

■ PROSPECTOR 1970년대 후반 스탠포드 연구소에서 광물 탐사를 위해 개발한 **전문가 시스템**. PROSPECTOR는 지식을 표현하기 위해 생성 규칙과 의미망을 통합한 결합구조를 사용했다. [es]

■ WHEN CHANGED 메소드 **프레임기반 전문가 시스템**에서 프레임의 슬롯에 연관된 프로시저. WHEN CHANGED 메소드는 슬롯에 새로운 정보를 할당할 때 실행된다. [es]

■ WHEN NEEDED 메소드 **프레임기반 전문가 시스템**에서 프레임의 슬롯에 연관된 프로시저. WHEN NEEDED 메소드는 문제를 해결하기 위한 정보가 필요할 때 실행되며, 슬롯에는 고정된 값이 들어가지 않는다. [es]

■ **가설** hypothesis 증명되어야 할 명제. **역방향 연결**을 이용하는 **전문가 시스템**들의 목표이기도 하다. [es]

■ **가중치** weight **ANN**에서 두 뉴런 사이의 연결에 관련된 값. 이 값은 연결 강도를 결정하고 다른 뉴런의 입력으로 들어가는 뉴런 출력 양을 나타낸다. **시냅스 가중치**라고도 한다. [nn]

■ **가지** branch 결정 트리에서 노드 사이의 연결. [dm]

■ **감독 학습** supervised learning 외부 교사가 있는 학습 유형. 이 교사는 ANN에 일련의 훈련 집합을 제시하는 역할을 한다. 훈련 집합의 각 예제는 입력 패턴과 신경망이 생성해내야 할 목표 출력 패턴을 포함한다. 신경망은 실제 출력을 결정하고 그것을 훈련 예제의 목표 출력과 비교한다. 신경망의 출력이 훈련 예제의 목표 출력과 다르면 신경망의 가중치가 수정된다. 가장 많이 쓰이는 감독 학습 방법은 **역전파 학습**이다. [nn]

■ **개체** individual 해 집단의 한 멤버. [ec]

■ **객체** object 개념 혹은 추상화 또는 개별적으로 선택되어 처리될 수 있으면서 문제에 대한 어떤 의미를 갖는 것. 모든 객체는 명백하게 구별될 수 있는 아이디(identity)를 가진다. Michael Black, Audi 5000 Turbo, IBM Aptiva S35는 객체의 예다. **객체 지향 프로그래밍**에서 객체는 데이터나 데이터를 처리하는 프로시저로 구성된 독립된 개체다. [es]

■ **객체 지향 프로그래밍** object-oriented programming 분석, 설계, 구현을 위한 기반으로 **객체**를 이용하는 프로그래밍 방법. [es]

■ **결정 트리** decision tree 트리와 같은 구조로 데이터를 기술하는 데이터 집합의 그래프적인 표현. 결정 트리는 **노드**, **가지**, **리프**들로 구성된다. 트리는 항상 루트에서 출발하여 각 수준마다 데이터를 새로운 노

드들로 나눠가면서 아래로 커간다. 결정 트리는 분류 문제를 푸는 데 적합하다. 주요 장점으로 데이터 시각화를 들 수 있다. [dm]

■ **결정적 모델** deterministic model 객체 사이의 관계를 명확하게 가정하는 수학 모델(어떠한 확률 변수도 없다). 입력 데이터 집합이 주어지면 출력을 확실하게 결정한다. [es]

■ **결정 지원 시스템** decision-support system 특정 분야에서 인간의 결정을 돕도록 설계된 대화식 컴퓨터 기반 시스템. [es]

■ **경쟁 학습** competitive learning 특정 입력 패턴에 대해 오직 한 개의 뉴런만 반응하도록 뉴런들끼리 경쟁하는 **무감독 학습**. '경쟁' 에서 우승한 뉴런을 승자독식(winner-takes-all) 뉴런이라고 한다. 코호넨의 **자기조직 특성 맵**이 경쟁 학습을 이용한 ANN의 한 예다. [nn]

■ **교집합** intersection 고전 집합론에서 두 집합의 교집합은 이 집합들이 공유하는 원소들을 포함한다. 이를테면, 키가 큰 남자와 뚱뚱한 남자의 교집합에는 키가 크고 뚱뚱한 모든 남자가 포함된다. 퍼지 집합론에서는 한 원소가 두 집합 모두에 일부씩 속할 수 있어 교집합은 두 집합에서 그 원소의 소속값 중 낮은 쪽이 된다. [fl]

■ **교차** crossover 기존의 두 염색체의 일부를 교환하여 새로운 염색체를 만드는 재생산 연산자. [ec]

■ **교차율** crossover probability 두 염색체가 교차할 확률을 나타내는 0~1 사이의 수. [ec]

■ **구조** architecture **위상**을 참고하라. [nn]

■ **구체화** instantiation 변수에 특정 값을 할당하는 과정. 예를 들어, '8월' 은 객체 '월' 의 하나의 구체화다. [es]

■ **귀납 추론** inductive reasoning 특수한 것에서 일반적인 것으로의 추론. [es]

■ **규칙** rule **생성 규칙**을 참고하라. [es]

■ **규칙 수행** firing a rule **생성 규칙**을 실행하는 과정. 더 정확하게는 규칙의 IF 부분이 참일 때, THEN 부분을 실행하는 것. [es]

■ **규칙 평가** rule evaluation 퍼지 추론의 둘째 단계로 퍼지 입력을 퍼지 규칙의 전건에 적용하고, 규칙 전건 각각의 진리값을 결정하는 과정. 주어진 규칙에 전건이 여럿 있다면 교집합이나 합집합 퍼지 연산을 수행하여 전건의 평가 결과를 나타내는 숫자 하나를 얻는다. [fl]

■ **규칙기반 전문가 시스템** rule-based expert system **기반지식**이 **생성 규칙**의 집합을 포함하는 전문가 시스템. [es]

■ **근사 추론** approximate reasoning **생성 규칙**의 IF 부분과 데이터베이스의 데이터가 딱 맞지 않아도 되는 추

론 방식. [es]

■ **기계 학습** machine learning 컴퓨터가 경험, 실례, 유추로 학습할 수 있도록 하는 적응 메커니즘. 학습 능력은 시간이 지남에 따라 지능형 시스템의 성능을 개선시킨다. 기계 학습은 적응 시스템의 근간이다. 가장 유명한 기계 학습 방법으로 **인공 신경망**과 **유전 알고리즘**을 들 수 있다.

■ **기반규칙** rule base **생성 규칙**들을 포함하는 기반지식. [es]

■ **기반지식** knowledge base 특정 분야에 대한 지식을 포함하는 **전문가 시스템**의 기본 요소. [es]

■ **노드** node **결정 트리**의 결정 지점. [dm]

■ **논리곱** conjunction **생성 규칙**에서 두 전건과 함께 결합된 논리 연산자 AND. [es]

■ **논리합** disjunction **생성 규칙**에서 두 전건과 함께 결합된 논리 연산자 OR. [es]

■ **논의 영역** universe of discourse 주어진 변수에 적용할 수 있는 모든 가능한 값의 범위. [fl]

■ **뉴런** neuron 정보를 처리할 수 있는 세포. 보통 뉴런에는 다수의 입력(수상돌기)과 하나의 출력(축색돌기)이 있다. 사람의 뇌는 대략 1,012개의 뉴런을 포함한다. 또한 입력 신호들의 가중합을 계산하고 그 결과를 활성화 함수에 전달하여 출력을 생성하도록 하는 ANN의 기본 처리 단위기도 하다. [nn]

■ **다윈주의** Darwinism 진화란 상속 가능한 특성들이 임의로 변할 수 있다는 사실과 함께 자연 선택을 통해 일어난다고 한 찰스 다윈의 이론. [ec]

■ **다중 상속** multiple inheritance 여러 상위 클래스에서 정보를 상속할 수 있는 객체 또는 프레임의 능력. [es]

■ **다층 퍼셉트론** multilayer perceptron 퍼셉트론들이 층을 형성하면서 연결되어 있는 ANN의 가장 일반적인 위상 구조. 하나의 다층 퍼셉트론에는 입력층, 하나 이상의 은닉 층, 출력층이 있다. 다층 퍼셉트론을 훈련시키는 데 가장 많이 쓰이는 방법은 역전파 학습 방법이다. [nn]

■ **단일체** singleton **퍼지 단일체**를 보라. [fl]

■ **단정** assertion 추론하는 동안 얻어진 사실. [es]

■ **데몬** demon 슬롯에 연결된 프로시저. 슬롯의 값이 변하거나 요구될 때 실행된다. 데몬은 보통 IF-THEN 구조를 가지며, 종종 메소드와 동의어로 사용된다. [es]

■ **데이터** data 사실, 측정, 관찰 또는 이런 것들의 기호적인 표현. 데이터는 우리가 모으고 저장하는 것이다.

■ **데이터베이스** database 구조화된 데이터의 모음. 데이터베이스는 전문가 시스템의 기본 요소다. [es]

■ **데이터 레코드** data record 객체의 속성들에 대응하는 값들의 집합. 데이터 레코드는 데이터베이스에서 한 행이다. 레코드라고 말한다. [dm]

- **데이터 마이닝** data mining 데이터에서 지식 추출. 또한 의미 있는 패턴과 규칙을 발견하기 위한 대규모 데이터의 조사와 분석. 데이터 마이닝의 궁극적인 목표는 지식 발견이다. [dm]
- **데이터 시각화** data visualization 사용자가 데이터에 포함된 정보의 구조와 의미를 이해할 수 있도록 도와주는 데이터를 도표로 표현하는 것. **시각화**라고도 한다. [dm]
- **데이터 웨어하우스** data warehouse 결정을 지원하도록 설계된 수백만, 심지어 수십억 개의 데이터 레코드가 있는 큰 데이터베이스. 빠른 온라인 질의와 처리 일람을 위해 구조화되고 있다. [dm]
- **데이터 정규화** massaging data ANN의 입력층에 데이터를 적용하기 전에 데이터를 변환하는 과정. [nn]
- **데이터 지향 추론** data-driven reasoning **순방향 연결**을 참고하라. [es]
- **데이터 클렌징** data cleansing **데이터 클리닝**을 참고하라. [dm]
- **데이터 클리닝** data cleaning 데이터베이스에서 명백한 에러를 탐지하고 수정하며 분실된 데이터를 바꾸는 과정. 데이터 클렌징이라고도 한다. [dm]
- **델타 규칙** delta rule 훈련하는 동안 퍼셉트론의 가중치를 경신하는 절차. 델타 규칙은 뉴런의 입력에 에러와 학습률을 곱해 가중치를 수정한다. [nn]
- **레코드** record **데이터 레코드**를 참고하라. [dm]
- **루트** root 루트 노드를 참고하라. [dm]
- **루트 노드** root node 결정 트리에서 가장 꼭대기에 있는 노드. 트리는 항상 루트에서 출발하여 각 단계마다 데이터를 새로운 노드들로 나눠가면서 아래로 점점 커진다. 루트 노드에는 전체 데이터 집합(모든 데이터 레코드)이 있고, 자식 노드에는 부모의 부분 집합이 있다. 루트라고도 한다. [dm]
- **룰렛 휠 선택** roulette wheel selection 해 집단에서 특정 개체를 부모로 선택하는 방법으로, 선택될 확률은 해당 개체의 적합도를 해 집단 전체의 적합도로 나눈 것과 같다. [ec]
- **리프** leaf 결정 트리에서 맨 밑에 있는 노드. 자식이 없는 노드. 말단 노드라고도 한다. [dm]
- **말단 노드** terminal node **리프**를 참고하라. [dm]
- **맥클록과 피츠의 뉴런 모델** 1943년에 워렌 맥클록과 월터 피츠가 제안한 뉴런 모델. 이 모델은 여전히 대부분의 인공 신경망 기초다. 이 뉴런 모델은 하드 리미터와 선형 결합기로 구성된다. 입력의 가중합을 하드 리미터에 입력하는데 입력이 양이면 +1, 음이면 −1을 출력한다. [nn]
- **메타규칙** metarule 메타지식을 표현하는 규칙. 메타규칙은 전문가 시스템에서 작업 중심의 규칙을 사용하기 위한 전략을 결정한다. [es]

■ **메타지식** metaknowledge 지식에 관한 지식. 전문가 시스템에서 분야 지식의 사용과 제어에 관한 지식. [es]

■ **명제** fact 참 또는 거짓의 속성이 있는 문장. [es]

■ **목표** goal 전문가 시스템이 증명하려는 가설. [es]

■ **목표 지향 추론** goal-driven reasoning **역방향 연결**을 참고하라. [es]

■ **무감독 학습** unsupervised learning 외부 교사가 필요 없는 학습 유형. 학습하는 동안 ANN은 다수의 다른 입력 패턴을 받아서 이 패턴들의 의미 있는 특징을 발견하고, 입력 데이터를 적절한 범주로 어떻게 분류하는지 학습한다. **자기조직 학습**이라고도 한다. [nn]

■ **무게 중심법** centroid technique 중심 또는 무게 중심이라는 점을 찾는 역퍼지화 방법, 찾은 점은 수직선이 통합된 집합을 무게가 똑같은 두 부분으로 가른다. [fl]

■ **메소드** method 프레임의 속성과 연관된 하나의 프로시저. 메소드는 속성 값이 변할 때 속성 값을 결정하거나 필요한 연속된 액션을 실행시킨다. 대부분의 프레임기반 전문가 시스템은 **WHEN CHANGED**와 **WHEN NEEDED** 두 종류의 메소드를 사용한다. 메소드와 데몬은 종종 동의어로 사용된다. [es]

■ **민감도 분석** sensitivity analysis 특정 입력에 모델의 출력이 얼마나 민감한지를 알아보는 기법. 민감도 분석은 불분명한 모델에서 관계를 이해하는 데 쓰이고 이를 **신경망**에 적용할 수 있다. 민감도 분석은 한 번에 하나씩 각 입력을 최소값과 최대값으로 정했을 때의 출력을 보면서 수행한다. [ke]

■ **바이트** byte 현대 컴퓨터에서 주소가 있는 정보의 가장 작은 단위를 나타내는 8비트 집합. 바이트 정보는 단어의 한 문자와 같다. 1GByte는 약 1,000,000,000(2^{20} 또는 1,073,741,824) 바이트고, 대략 소설책 1,000권을 표현할 수 있다. [ke]

■ **범주 데이터** categorical data 소수의 이산적인 범주로 분류되는 데이터. 예를 들어, 성별(남자 또는 여자)이나 결혼 상태(독신, 이혼, 결혼, 과부)가 있다. [ke]

■ **베이즈 규칙** Bayesian rule 새로운 증거가 나타났을 때 특정 사실들의 확률 값을 갱신하는 통계적인 방법. [es]

■ **베이즈 추론** Bayesian reasoning **전문가 시스템**에서 불확실성을 관리하는 통계적 접근법. 증거의 **베이즈 규칙**에 기초하여 시스템 전체에 걸쳐 불확실성을 전파한다. [es]

■ **변이** mutation 염색체에서 유전자의 값을 임의로 바꾸는 유전 연산자. [ec]

■ **변이 확률** mutation probability 한 유전자에서 발생하는 변이 확률을 나타내는 0~1 사이의 수. [ec]

■ **병렬 처리** parallel processing 여러 작업을 동시에 수행하는 계산 기법. 사람의 뇌가 병렬 정보처리 시스템의 한 예다. 뇌는 생물학적인 **신경망**의 특정 지점이 아니라 전체를 사용해서 동시에 정보를 저장하고

처리한다. [nn]

■ **복제** cloning 부모와 똑같은 자식 만들기. [ec]

■ **부모** parent

- 자식으로 알려진 하나 이상의 다른 개체를 생산하는 개체. [ec]
- **결정 트리**에서 부모 노드는 현재 데이터를 다음 계층 수준의 노드들로 나누는 노드다. 부모 노드는 완전한 데이터 집합을 다루지만, 자식 노드는 부모 데이터의 부분집합만 다룬다. [dm]

■ **분야** domain 상대적으로 좁은 문제 영역. 예를 들어, 의학 진단 분야에서 혈액 질환의 진단. **전문가 시스템**은 잘 맞춰진 전문 분야에서 동작한다. [es]

■ **불 논리** boolean logic 조지 불(George Boole)의 이름을 딴 불 대수에 바탕을 둔 논리 체계. 불 논리는 '참'과 '거짓'이라는 두 진리값을 다룬다. 참과 거짓으로 된 불 조건문은 1을 '참', 0을 '거짓'으로 나타내는 경우가 많다.

■ **블랙박스** black-box 사용자에게 불분명한 모델. 모델이 올바른 결과를 낼지라도 그 모델의 내부 관계는 알려져 있지 않다. 블랙박스의 한 예는 **신경망**이다. 입출력 사이의 관계를 알기 위해서 민감도 분석을 사용할 수 있다. [ke]

■ **비트** bit 한 자리 이진수. 정보의 가장 작은 단위. 컴퓨터에 저장된 데이터는 비트들로 구성된다. [ke]

■ **비트맵** bit map 격자로 배치된 점들을 이용한 이미지 표현. 컴퓨터로 비트맵을 저장, 표시, 출력할 수 있다. 광학 스캐너는 종이에 있는 텍스트나 그림을 비트맵으로 바꿀 때 사용한다. 스캐너는 이미지를 인치마다 수백 픽셀로 나누고 각 픽셀을 0 또는 1로 나타낸다. [ke]

■ **빌딩 블록** building block 염색체의 **적합도**를 높이는 유전자 집단. 빌딩 블록 가설에 따르면 빌딩 블록 여러 개를 한 유전자로 결합하면 최적해를 찾아낼 수 있다. [ec]

■ **사용자** user **지식기반 시스템**을 사용하는 사람. 예를 들어, 분자 구조를 결정하려는 분석 화학자, 전염성 혈액 질환을 진단하려는 젊은 의사, 새로운 광물 매장소를 찾으려는 탐사 지리학자, 응급 상황에서 해결 방법을 필요로 하는 전력 시스템 기사 등이 사용자가 될 수 있다. 최종 사용자라고도 한다. [es]

■ **사용자 인터페이스** user interface 사용자와 기계 사이의 통신 수단. [es]

■ **사인 활성화 함수** sign activation function 입력이 양수면 +1을 출력하고, 입력이 음수면 −1을 출력하는 **하드 리밋 활성화 함수**. [nn]

■ **상속** inheritance **인스턴스 프레임**에 **클래스 프레임**의 모든 속성을 부여하는 과정. 상속은 **프레임기반 시스템**의 중요한 특징이다. 일반적으로 상속을 하면 모든 인스턴스 프레임에 기본 값이 할당된다. [es]

- **상식** common-sense 실세계 문제를 푸는 방법에 관한 일반적인 지식. 대개는 실제 경험을 통해 얻는다. [ke]
- **생성** production 규칙을 설명하기 위해 인지 심리학자들이 종종 사용하는 용어. [es]
- **생성 규칙** production rule IF(전건) THEN(후건) 형태로 표현된 문장. 전건이 참이면 후건도 참이다. **규칙**이라고도 한다. [es]
- **선택** selection 적합도에 근거하여 재생산을 위해 부모를 선택하는 과정. [ec]
- **선형 활성화 함수** linear activation function 뉴런의 입력과 같은 출력을 내는 **활성화 함수**. 선형 활성화 함수가 있는 뉴런들은 종종 선형 근사에 쓰인다. [nn]
- **성능** performance **적합도**의 통계적인 평가. [ec]
- **성능 그래프** performance graph 정해진 세대 수까지 해 집단 전체의 평균 성능과 가장 좋은 개체의 성능을 보여주는 그래프. [ec]
- **세대** generation **유전 알고리즘**의 반복 한 번. [ec]
- **소속값** membership value **소속도**를 참고하라. [fl]
- **소속도** degree of membership 한 원소가 특정 집합에 속하는 정도를 표현하는 0~1 사이의 수치 값. **소속값**이라고도 한다. [fl]
- **소속 함수** membership function 논의 영역상의 **퍼지 집합**을 정의하는 수학 함수. **퍼지 전문가 시스템**에서 쓰는 전형적인 소속 함수는 삼각형과 사다리꼴이다. [fl]
- **속성** attribute 객체의 특성. 예를 들어, 객체 '컴퓨터'는 '모델', '프로세서', '메모리', '가격'과 같은 속성이 있을 수 있다. [es]
- **수렴** convergence
  - 해 집단에 있는 개체들이 같아지려는 경향. 한 해에 도달했을 때 **유전 알고리즘**이 수렴했다고 한다. [ec]
  - 에러가 미리 정해진 **임계값**에 도달하여 **신경망**이 작업을 학습했다고 여겨질 때 ANN이 수렴했다고 한다. [nn]
- **수상돌기** dendrite 생물학적인 뉴런의 한 부분에서 다른 부분으로 정보를 전달하는 역할을 하는 가지같이 뻗어나온 부분. 많은 수상돌기에 출력 함수가 있기는 하지만, 수상돌기는 보통 입력 함수를 세포에게 제공한다. ANN에서 수상돌기는 뉴런의 입력으로 표현된다. [nn]
- **순방향 연결** forward chaining 이미 알려진 데이터에서 시작해서 전진해나가는 추론 기법. 규칙이 더 이상

나아갈 수 없을 때까지 데이터베이스에 있는 사실을 기반규칙에 있는 **생성 규칙**에 맞춰간다. **데이터 지향 추론**이라고도 한다. [es]

- **순환 회로망** recurrent network **피드백 신경망**을 참고하라. [nn]
- **스케일링** scaling **퍼지 규칙**의 후건을 전건의 진리값과 연관짓는 방법. 후건에 대한 원래의 **소속 함수**에 전건의 진리값을 곱하여 조정한다. 스케일링은 **퍼지 집합**의 원래 모양을 보존하는 데 도움이 된다. [fl]
- **스키마** schema 별표(*)가 0 또는 1의 값이 될 수 있다고 할 때, 0, 1, 별표(*)로 이루어진 비트 문자열. 예를 들어, 스키마 1**0은 1로 시작하고 0으로 끝나는 4비트 문자열을 뜻한다. [ec]
- **스키마 이론** schema theorem 다음 세대에 주어진 스키마의 인스턴스 수의 기대 값이 그 스키마의 적합도와 현재 세대에 있는 염색체들의 평균 적합도와 연관된다는 정리. 이 정리에 따르면 적합도가 평균보다 높은 스키마는 다음 세대에 더 자주 나타나는 경향이 있다. [ec]
- **스텝 활성화 함수** step activation function 입력이 양수면 +1을 출력하고, 입력이 음수면 0을 출력하는 **하드 리밋 활성화 함수**. [nn]
- **슬롯** slot **프레임기반 전문가 시스템**에서 프레임의 특정 속성을 설명하는 프레임의 요소. 예를 들어, '컴퓨터' 프레임은 '모델' 속성을 위한 슬롯을 가질 수 있다. [es]
- **시각화** visualization **데이터 시각화**를 참고하라. [dm]
- **시그모이드 활성화 함수** sigmoid activation function 입력을 전달하는 활성화 함수의 일종. 이 함수는 양과 음의 무한대 사이의 값을 0~1 사이의 적당한 값으로 바꾼다. **다층 퍼셉트론**에서 이 함수를 따르는 뉴런을 사용한다. [nn]
- **시냅스** synapse 생물학적인 **신경망**에서 한 세포의 상태가 다른 세포의 상태에 영향을 줄 수 있도록 정보를 화학적으로 전달하는, 두 뉴런 사이의 연결. 다른 경우들도 많이 있긴 하지만 시냅스는 보통 축색돌기와 수상돌기 사이에 있다. **연결**을 참고하라. [nn]
- **시냅스 가중치** synaptic weight **가중치**를 참고하라. [nn]
- **신경 연산** neural computing 많은 수의 단순 프로세서들을 연결하여 복잡한 동작을 해내는 사람의 뇌를 모델로 삼은 계산적 접근법. 신경 연산은 특화된 하드웨어나 소프트웨어로 구현할 수 있는데, 이를 **인공 신경망**이라 한다. 인공 신경망은 사람의 뇌 구조와 기능을 보통의 컴퓨터로 시뮬레이션한 것이다. [nn]
- **신경망** neural network **뉴런**이라 불리는 처리 요소들이 망을 이루며 연결되어 있는 시스템. 생물학적 신경망의 기본적이며 필수적인 특성은 학습 능력이다. **인공 신경망** 또한 이 능력을 갖추고 있다. 인공 신경망은 프로그래밍 되어있는 것이 아니라, 주어진 예제들을 가지고 가중치들을 반복적으로 적응시켜 학습한다. [nn]

■ **신뢰도** confidence factor **확신도**를 참고하라. [es]

■ **심벌** symbol 어떤 객체를 표현하는 문자 또는 문자열. [es]

■ **심벌 추론** symbolic reasoning **심벌**로 추론하는 것. [es]

■ **알고리즘** algorithm 문제를 풀기 위한 단계적인 명령 집합.

■ **양방향 연상 메모리** BAM, Bidirectional Associative Memory **연상 메모리**의 특성을 모방한 **신경망**의 한 종류. 1980년대에 바트 코스코가 제안했다. BAM은 한 집합의 패턴들로부터 다른 집합의 패턴들을 연상하며, 그 반대도 가능하다. 그 기본적인 구조는 완전히 연결된 두 층, 입력층과 출력층으로 이루어진다. [nn]

■ **어림짐작** rule of thumb 휴리스틱을 표현하는 규칙. [es]

■ **언어값** linguistic value **퍼지 변수**가 취할 수 있는 언어 요소. 이를테면, 퍼지 변수 '수입'은 '매우 낮다', '낮다', '중간이다', '높다', '매우 높다' 같은 언어값을 취할 수 있다. 언어값은 **소속 함수**에 따라 정의된다. [fl]

■ **언어 변수** linguistic variable 단어나 구 같은 언어 요소를 값으로 가질 수 있는 변수. **퍼지 논리**에서 언어 변수와 **퍼지 변수**는 동의어다. [fl]

■ **에폭** epoch 훈련하는 동안 ANN에 전체 **훈련 집합**을 보여주는 것. [nn]

■ **여집합** complement 고전 집합론에서 집합 A의 여집합은 A의 구성원이 아닌 원소들의 집합. 퍼지 집합론에서 어떤 집합의 여집합은 그 집합의 반대를 뜻한다. [fl]

■ **역방향 연결** backward chaining 목표에서 시작해 역으로 진행해 나아가는 추론 기법. 목표가 증명되거나 반증될 때까지 기반규칙에 있는 규칙을 데이터베이스에 있는 사실들로 맞춰간다. **목표 지향 추론**이라고도 한다. [es]

■ **역전파** back-propagation **역전파 알고리즘**을 참고하라. [nn]

■ **역전파 알고리즘** back-propagation algorithm **무감독 학습** 중 가장 많이 쓰이는 방법. 역전파 신경망의 학습 알고리즘에는 두 단계가 있다. 먼저 훈련 입력 패턴이 신경망의 입력층에 전달된다. 그 다음 신경망은 출력층에서 출력 패턴이 생성될 때까지 층에서 층으로 입력 패턴을 전파한다. 이 출력 패턴이 목표 패턴과 다르면 그 오차가 계산된 후 출력층에서 입력층까지 신경망을 따라 거꾸로 전파된다. 오차가 전파되면서 가중치가 수정된다. 역전파라고도 한다. [nn]

■ **역퍼지화** defuzzification **퍼지 추론**의 마지막 단계로서, 퍼지 규칙의 통합된 출력을 분명한 (숫자) 값으로 바꾸는 과정. 역퍼지화 과정의 입력은 통합된 집합이고 출력은 숫자 하나다. [fl]

■ **연결** connection 신호를 전달하기 위해 한 뉴런에서 다른 뉴런으로 가는 링크. **시냅스**라고도 한다. 보통 연결은 전달되는 신호의 강도를 결정하는 **가중치**와 관련이 있다. [nn]

■ **연산 데이터베이스** operational database 기관에서 일상적인 연산을 위해 사용되는 데이터베이스. 연산 데이터베이스의 데이터는 정기적으로 갱신된다. [dm]

■ **연상 메모리** associative memory 한 가지 사물에서 다른 것을 연상하도록 해주는 메모리의 한 유형. 예를 들어, 사람은 음악의 몇 소절만 들어도 소리와 광경을 포함한 완전히 감각적인 경험을 떠올릴 수 있다. 또한 친숙하지 않은 환경에서도 잘 아는 얼굴을 인식할 수 있다. 연상 ANN은 유사한 입력 패턴이 주어졌을 때 '저장'되어 있는 훈련 패턴 중 가장 가까운 것을 생각해낸다. **홉필드 신경망**이 연상 ANN의 한 예다. [nn]

■ **연속 데이터** continuous data 어떤 구간에 있는 무한히 많은 수의 값을 취하는 데이터. 연속 데이터의 예로 높이, 무게, 세대 수입, 주택의 거주 면적 등을 들 수 있다. 연속 변수는 대개는 측정치며, 정수일 필요는 없다. [ke]

■ **연역 추론** deductive reasoning 일반적인 것에서 특수한 것으로 진행하는 추론. [es]

■ **염색체** chromosome 개체를 표현하는 유전자의 열. [ec]

■ **오버트레이닝** over-training **오버피팅**을 참고하라. [nn]

■ **오버피팅** overfitting ANN이 모든 훈련 예제를 기억하고 있지만, 일반화하지는 못한 상태. **은닉 뉴런**의 개수가 너무 많으면 오버피팅이 일어날 수 있다. 오버피팅을 방지하는 실제적인 방법은 최소 개수의 은닉 뉴런만 사용하는 것이다. 오버트레이닝이라고도 한다. [nn]

■ **오차** error 감독 학습을 하는 ANN에서 실제 출력과 원하는 출력 사이의 차이. [nn]

■ **운동량 상수** momentum constant **델타 규칙**에 들어있는 1보다 작은 양의 상수. 운동량 상수를 사용하면 **다층 퍼셉트론**에서의 학습이 빨라지며 지역 최소점에 빠지는 것을 막을 수 있다. [nn]

■ **위상** topology **신경망**에서 층의 개수, 각 층에서 뉴런의 개수, 뉴런 사이의 연결로 언급되는 신경망의 구조. 구조라고도 한다. [nn]

■ **유전 알고리즘** genetic algorithm 다윈의 진화론에 영감을 받은 **진화 연산**의 한 유형. 유전 알고리즘은 가능한 해들을 염색체로 코딩하여 해 집단을 만들어 그것들의 적합도를 평가하고, 교차와 변이 유전 연산자를 적용하여 새로운 해 집단을 만든다. 이 과정을 여러 세대에 걸쳐 반복함으로써 유전 알고리즘은 문제에 대한 최적해를 만들어낸다. [ec]

■ **유전 연산자** genetic operator **유전 알고리즘**이나 **유전 프로그래밍**에서 새로운 개체를 만들기 위해 염색체에

행하는 연산자. 유전 연산자로 **교차**와 **변이**가 있다. [ec]

- **유전 프로그래밍** genetic programming **유전 알고리즘**을 컴퓨터 프로그램에 응용한 것. 유전 프로그래밍은 프로그래밍 언어가 프로그램을 데이터로서 조작하도록 허용하고, 새로 만들어진 데이터를 프로그램으로서 실행할 수 있을 때 가장 쉽게 구현될 수 있다. 이는 LISP가 유전 프로그래밍에서 사용하는 주요 언어가 된 이유 중 하나다. [ec]
- **유전자** gene 생명체에서 특징적인 특정 발전을 제어하는 염색체의 기본 단위. 홀랜드의 염색체에서 유전자는 0 또는 1로 표현된다. [ec]
- **유클리드 거리** Euclidean distance 공간에서 두 점 사이의 최단 거리. 데카르트 좌표 체계에서 두 점 (x_1, y_1)과 (x_2, y_2) 사이의 유클리드 거리는 피타고라스 정리에 의해 $\sqrt{(x_1 - x_2)^2 + (y_1 - y_2)^2}$ 이 된다.
- **은닉 뉴런** hidden neuron 은닉층에 있는 뉴런. [nn]
- **은닉층** hidden layer **입력층**과 **출력층** 사이의 뉴런 층. 이 층에 있는 뉴런들은 신경망에서 입력/출력 동작을 통해서는 보이지 않는다. 은닉층의 목표 출력이 무엇이 될 것인지 알 수 있는 확실한 방법은 없다. [nn]
- **의미망** semantic network 이름 있는 노드와 호로 이루어진 그래프로 지식을 표현하는 방법. 여기에서 노드는 객체를, 호는 객체 사이의 관계를 묘사한다. [es]
- **이산 데이터** discrete data 유한 개의 구별되는 값들만 취하는 데이터. 반드시는 아니지만 이산 데이터는 대개 개수 데이터다. 이산 데이터의 예로 한 가족에서 자식의 수, 한 집에서의 침실 개수, 돛단배에서 돛의 수를 들 수 있다. [ke]
- **인공 신경망** ANN, Artificial Neural Network 사람의 뇌 구조와 기능에서 영감을 얻은 정보 처리의 패러다임. ANN은 뉴런이라고 하는 단순하고 서로 복잡하게 연결된 프로세서로 이루어지는데, 이 프로세서는 인간 뇌의 생물학적 뉴런과 유사하다. 뉴런은 신호를 한 뉴런에서 다른 뉴런으로 보내는 **가중치** 있는 링크로 연결된다. 생물학적인 신경망에서는 **시냅스**를 조절하여 학습하는 반면, ANN은 가중치들의 반복된 적응을 통해 학습한다. 가중치는 특정 문제를 푸는 데 필요한 지식을 저장한다. [nn]
- **인공지능** AI, Artificial Intelligence 인간의 관점에서 지능적이라고 여길 만한 행동을 하는 기계를 개발하는 컴퓨터 과학 분야.
- **인스턴스** instance
  - 스키마의 한 멤버. 예를 들어, 염색체 | 1 | 1 | 1 | 0 |과 | 1 | 0 | 1 | 0 |은 스키마 | 1 | * | * | 0 |의 인스턴스다. [ec]
  - 클래스의 특정 객체. 예로서 '컴퓨터' 클래스의 인스턴스로 IBM Aptiva S35와 IBM Aptiva S9C를

들 수 있다. **프레임기반 전문가 시스템**에서 인스턴스는 클래스의 모든 특징을 물려받는다. [es]

■ **인스턴스 프레임** instance-frame 인스턴스를 표현한 프레임. [es]

■ **인지과학** cognitive science 지식을 얻고 사용하는 방법에 관한 학제 간 협동 분야. 이 학문의 공헌 분야로 **인공지능**, 심리학, 언어학, 철학, 신경과학, 교육을 들 수 있다. 또한 계산으로 지능적 행동을 관련짓는 지능 및 지능 시스템에 관한 학문이다.

■ **일반화** generalisation 훈련되지 않은 데이터에 대해 올바른 결과를 내는 ANN의 능력. [nn]

■ **일부** a-part-of 전체를 의미하는 상위 클래스와 일부분을 의미하는 하위 클래스 간의 연관 관계. 예를 들어, 엔진은 자동차의 일부다. [es]

■ **일종** is-a 프레임기반 전문가 시스템에서 상위 클래스와 하위 클래스 간의 연관 관계. 예를 들어, 자동차는 차량의 일종으로, 자동차는 차량이라는 좀 더 일반적인 상위 클래스의 하위 클래스를 의미한다. 각각의 하위 클래스는 상위 클래스의 모든 특징을 상속받는다. [es]

■ **임계치** threshold 어떤 **뉴런**의 출력이 생성되기 전에 반드시 넘어야 하는 특정 값. 예를 들어, **맥클록-피츠 모델**에서, 입력값의 가중합이 임계값보다 작으면 그 뉴런의 출력은 −1이다. 그러나 그 합이 임계값보다 크거나 같으면 그 뉴런은 활성화되고 그 출력은 +1이 된다. **임계값**(threshold value)이라고도 한다. [nn]

■ **입력 뉴런** input neuron 입력층에 있는 뉴런. [nn]

■ **입력층** input layer ANN에서 뉴런의 첫 번째 층. 입력층은 외부 세계에서 입력 신호를 받아들여 다음 층의 뉴런에 재분배한다. 입력층에는 계산 뉴런이 거의 없으며, 입력 패턴을 처리하지 않는다. [nn]

■ **자기조직 학습** self-organised learning **무감독 학습**을 참고하라. [nn]

■ **자식** child **결정 트리**에서 이전 계층 수준에 있는 노드의 데이터를 나누어 만든 노드. 자식 노드는 부모에게 있던 데이터의 일부를 유지한다. [dm]

■ **자식** offspring 재생산을 통해 만들어진 개체. **자식**(child)이라고도 한다. [ec]

■ **자연 선택** natural selection 이 과정으로 적응자가 결혼하고 재생산해서 자신의 유전적 형질을 다음 세대에 전달할 가능성이 더 높아진다. [ec]

■ **잡음** noise 전송 신호에 영향을 끼치는 일정치 않은 외부 방해. 잡음 있는 데이터에는 데이터를 수집, 측정, 해석에서 에러가 발생한다. [dm]

■ **장난감 문제** toy problem 게임과 같은 인공적인 문제. 혹은 복잡한 문제를 비현실적으로 변환한 문제. [es]

■ **재생산** reproduction 부모로부터 자식을 만드는 과정. [ec]

■ **적응 학습률** adaptive learning rate 훈련 중 오차의 변화에 따라 조정되는 **학습률**. 현재 에폭에서의 오차가 미리 정의된 비율 이상으로, 그 이전 값을 초과하면 학습률은 감소한다. 그러나 오차가 그 이전 값보다 작으면 학습률은 증가한다. 적응 학습률을 사용하면 **다층 퍼셉트론**의 학습이 빨라진다. [nn]

■ **적자생존** survival of the fittest **적합도**가 가장 높은 개체만이 자신의 유전자를 다음 세대에 전할 수 있다는 규칙. [ec]

■ **적합도** fitness 생명체가 특정 환경에서 살아남아 재생산하는 능력. 또한 염색체에 할당된 그 염색체의 상대적인 우수성과 관련된 값. [ec]

■ **적합도 함수** fitness function 염색체의 적합도를 계산하는 데 사용하는 수학 함수. [ec]

■ **전건** antecedent 규칙에서의 조건문. 전제라고도 한다. [es]

■ **전문가** expert 특정 분야에서 사실과 규칙 형태로 된 깊이 있는 지식이 있고, 실제 경험이 많은 사람. **주제 전문가**라고도 한다. [es]

■ **전문가 시스템** expert system 특정 분야에서 인간 전문가 수준으로 수행하는 컴퓨터 프로그램. 전문가 시스템은 기반지식, 데이터베이스, 추론 엔진, 설명 장치, 사용자 인터페이스, 이 다섯 가지 기본 요소로 구성된다. [es]

■ **전문가 시스템 틀** expert system shell 지식을 제거한 전문가 시스템 골격. 단순히 틀이라고도 한다. [es]

■ **전역 최소점** global minimum 입력 파라미터의 전 범위에서 함수의 최소치. 훈련하는 동안 ANN의 **가중치**는 에러 함수의 전역 최소점을 찾도록 조절된다. [nn]

■ **전역 최적화** global optimisation 전체 탐색 공간에서 최적해를 찾는 것. [ec]

■ **전역 탐색** exhaustive search 만족스런 해를 찾을 때까지 모든 가능한 해를 검사하는 문제 해결 기법. [es]

■ **전이 함수** transfer function **활성화 함수**를 참고하라. [nn]

■ **전제** premise **전건**을 참고하라. [es]

■ **주제 전문가** domain expert **전문가**를 참고하라. [es]

■ **지능** intelligence 문제를 풀고 결정을 내리기 위해 학습하고 이해하는 능력. 특정 인지 작업에서 인간 수준의 성능을 내는 기계를 지능적이라고 한다.

■ **지식** knowledge 특정 주제의 이론적이거나 실용적인 이해. 지식은 우리가 정보성 있는 결정을 내릴 수 있도록 도와준다.

■ **지식 공학** knowledge engineering **지식기반 시스템**을 구축하는 과정. 문제 판단, 데이터 및 지식 습득, 원형

시스템의 개발, 완전한 시스템 개발, 시스템의 평가 및 수정, 시스템의 통합 및 유지보수라는 여섯 개의 주요 단계가 있다. [ke]

■ **지식 공학자** knowledge engineer **지식기반 시스템**을 설계, 구축, 테스트하는 사람. 지식 공학자는 주제 전문가에게 지식을 얻고 추론 방법을 확립하며 개발 소프트웨어를 선택한다. [ke]

■ **지식기반 시스템** knowledge-based system 특정 분야의 문제를 해결하기 위해 저장된 지식을 사용하는 시스템. 보통 지점에 빠지면 제대로 동작하지 않을 것이다. 지역 최소점에서 벗어나는 일반적인 방법은 가중치를 무작위로 재설정 하고 훈련을 계속하는 것이다. [ke]

■ **지식 습득** knowledge acquisition **지식기반 시스템**에 쓰일 수 있도록 지식을 습득, 학습, 조직하는 과정. [ke]

■ **지식 표현** knowledge representation **지식기반 시스템**에 저장할 수 있도록 지식을 구조화하는 과정. **인공지능**에서의 **생성 규칙**은 지식 표현의 가장 보편적인 형태다. [ke]

■ **지역 최소점** local minimum 입력 매개변수들의 제한 범위에 대한 어떤 함수의 최소값. ANN이 훈련 중에 지역 최소점에 빠지면 제대로 동작하지 않을 것이다. 지역 최소점에서 벗어나는 일반적인 방법은 **가중치**를 무작위로 재설정하고 훈련을 계속하는 것이다. [nn]

■ **진리값** truth value 일반적으로 **진리값**과 **소속값**이라는 용어는 동의어로 쓰임. 진리값은 퍼지 구문의 진실성을 반영한다. 이를테면, 퍼지 명제 'x는 A다 (0.7)'는 원소 x가 퍼지 집합 A에 0.7만큼 속한다는 뜻이다. 숫자는 명제가 진실인 정도를 나타낸다. [fl]

■ **진화** evolution 어떤 생명체가 다른 유기체와 구별되는 특징을 얻게 되는 일련의 유전적 변화. [ec]

■ **진화 연산** evolutionary computation 컴퓨터로 진화를 시뮬레이션하기 위해 사용하는 계산 모델. 진화 연산 분야에는 **유전 알고리즘**, **진화 전략**, **유전 프로그래밍**이 있다. [ec]

■ **진화 전략** evolution strategy 집중된 몬테카를로 탐색과 유사한 수치 최적화 절차. 유전 알고리즘과 다르게 진화 전략은 변이 연산자만 사용하고, 문제를 인코딩된 형태로 나타낼 필요가 없다. 진화 전략은 해석적 목적 함수와 전통적인 최적화 방법이 없는 기술적 최적화 문제를 푸는 데 사용된다. [ec]

■ **질의 툴** query tool 사용자가 데이터베이스에 특정 질문을 하도록 해주는 소프트웨어. 질의 툴은 데이터베이스에서 원하는 정보를 추출하는 수단이다. [dm]

■ **집합** set 원소들 혹은 멤버들의 모음.

■ **집합론** set theory 집합, 즉 객체들의 클래스에 관한 학문. 집합은 수학의 기본 단위다. 고전 집합론은 원소가 여러 집합에 어떤 정도로 속할 수 있는 **퍼지 집합**을 인정하지 않는다. 고전 집합론은 두 값만 사용하는데, 집합에 속한 원소에는 1을, 그 집합에 속하지 않은 원소에는 0이라는 값을 준다.

■ **체세포** soma 생물학적 뉴런의 몸체. [nn]

■ **초기화** initialisation 가중치와 임계값에 초기 값을 넣는 훈련 알고리즘의 첫 번째 단계. [nn]

■ **최적화** optimisation 특정 목적 함수 측면에서 문제의 해를 개선해 나가는 반복된 과정. [ec]

■ **최종 사용자** end-user **사용자**를 참고하라. [es]

■ **추론** reasoning 관찰, 사실, 가정에서 결론을 내는 과정. [es]

■ **추론 기법** inference technique **전문가 시스템**에서 직접적인 탐색과 추론을 하기 위해 **추론 엔진**에서 사용하는 기법. **순방향 연결**과 **역방향 연결**이라는 두 가지 기법이 있다. [es]

■ **추론 사슬** inference chain **전문가 시스템**이 결론에 도달하기 위해 **기반규칙**에서 규칙을 적용하는 방법을 나타내는 일련의 단계들. [es]

■ **추론 엔진** inference engine **전문가 시스템**이 해를 도출하도록 추론을 행하는 전문가 시스템의 기본 요소. **기반규칙**에 있는 규칙과 데이터베이스에 있는 사실을 조화시킨다. 해석기라고도 한다. [es]

■ **축색돌기** axon 생물학적 뉴런에서 세포에서 나오는 출력 신호(활동 전위)를 전달하는 하나의 긴 가지. 축색돌기의 길이는 1미터 정도다. ANN에서는 축색돌기를 뉴런의 출력으로 표현한다. [nn]

■ **출력 뉴런** output neuron 출력층에 있는 뉴런. [nn]

■ **출력층** output layer ANN에 있는 뉴런의 마지막 층. 출력층은 전체 신경망의 출력 패턴을 만든다. [nn]

■ **충돌** conflict 두 개 이상의 **생성 규칙**이 데이터베이스의 데이터와 일치한 상태. 주어진 사이클에서는 오직 하나의 규칙만 실제로 진행할 수 있다. [es]

■ **충돌 해법** conflict resolution 주어진 사이클에서 하나 이상의 **생성 규칙**을 진행할 수 있을 때 어떤 생성 규칙을 진행할지 선택하는 방법. [es]

■ **측면** facet **프레임**의 속성에 대한 확장된 지식을 제공하는 수단. 측면은 속성 값을 확정하고, 사용자의 질문을 제어하며, 추론 엔진에 속성을 처리하는 방법을 알려준다. [es]

■ **층** layer 특정 함수를 따라 한꺼번에 처리되는 뉴런의 집합. 예를 들어, **다층 퍼셉트론**에는 적어도 3개의 층(입력층, 출력층, 하나 이상의 은닉층)이 있다. [nn]

■ **코딩** coding 특정 방법으로 표현된 정보를 다른 표현으로 바꾸는 과정. [ec]

■ **코호넨의 자기조직 특성 맵** Kohonen self-organising feature maps 1980년대 후반 튜보 코호넨이 제시한 ANN의 특별한 종류. 코호넨 맵은 두 가지 형태의 연결이 가능한 단층의 계산 뉴런들로 구성된다. 그 두 가지 연결은 입력층 뉴런들에서 출력층 뉴런들로 가는 순방향(forward) 연결과 출력층 뉴런들 사이의 측

방향(lateral) 연결을 말한다. 측방향 연결은 뉴런들 간의 경쟁을 생성하는 데 쓰인다. 뉴런은 그 가중치를 활성화되지 않은 연결에서 활성화된 연결로 이동시키는 방식을 통해 학습한다. 우승자 뉴런과 그 이웃들에게만 학습을 허용한다. [nn]

■ **클래스** class 공통된 속성이 있는 객체의 집합. 동물, 사람, 자동차는 모두 클래스다. [es]

■ **클래스 골격** class-frame 클래스를 표현하는 프레임. [es]

■ **클러스터링** clustering 서로 다른 종류로 구성된 객체를 같은 종류로 나누는 과정. **클러스터링 알고리즘**은 특정 면에서 유사한 아이템 그룹을 찾는다. 예를 들어, 나이, 재산, 수입, 이전 지급 청구에 따라 고객을 분류하는 보험 회사에서 클러스터링을 사용할 수 있다. [ke]

■ **클리핑** clipping 퍼지 규칙의 후건을 전건의 진리값과 연관지을 때 흔히 사용한다. 후건의 **소속 함수**를 전건의 진리값 수준에서 자르는 방법이다. 소속 함수의 상단이 잘리기 때문에 클리핑된 퍼지 집합은 정보를 일부 잃는다. [fl]

■ **탐색** search 적합한 해를 찾기 위해 문제에 대한 가능 해를 조사하는 과정. [es]

■ **탐색 공간** search space 주어진 문제에 대한 모든 가능 해의 집합. [es]

■ **테스트 집합** test set ANN의 성능을 테스트할 때 사용하는 데이터들의 집합. 테스트 데이터 집합은 엄밀하게는 훈련 집합에 독립적이며, 신경망이 이전에 접하지 못했던 예제를 포함한다. 훈련이 완료되면 **신경망**을 테스트 집합으로 평가한다. [nn]

■ **통합** aggregation 퍼지 추론의 셋째 단계로, 클리핑되거나 스케일링된 모든 퍼지 규칙 후건의 소속 함수를 출력 변수 각각에 대한 퍼지 집합 하나로 결합하는 과정. [fl]

■ **통합된 집합** aggregate set 통합을 통해 얻은 퍼지 집합. [fl]

■ **튜링 테스트** Turing test 지능적인 행동 테스트를 기계가 통과할 수 있는지 알아보기 위해 설계된 테스트. 튜링(Turing)은 인지 작업에서 컴퓨터의 지능적 행동을 인간 수준의 성능을 낼 수 있다고 정의했다. 테스트 동안 인간은 원격 터미널과 같은 중립 매개체를 통해 사람 혹은 컴퓨터에게 질문한다. 질문자가 사람과 기계를 구별해낼 수 없다면 컴퓨터는 테스트를 통과한 것이다.

■ **틀** shell **전문가 시스템 틀**을 참고하라. [es]

■ **패턴인식** pattern recognition 컴퓨터를 이용해서 시각적이거나 청각적인 패턴을 식별해내는 것. 패턴인식은 패턴들을 디지털 신호로 변환하고 그것을 메모리에 미리 저장된 패턴들과 비교한다. 특히 음성과 문자 인식, 레이더 표적의 식별, 로봇 공학과 같은 분야의 패턴인식에 **인공 신경망**이 성공적으로 적용된다. [nn]

■ **퍼셉트론** perceptron 프랭크 로젠블렛이 제안한 신경망의 가장 단순한 형태. 퍼셉트론의 동작 원리는 맥클록과 피츠의 **뉴런 모델**에 기반을 둔다. 퍼셉트론은 조절 가능한 **시냅스** 가중치와 하나의 **하드 리미터**가 있는 뉴런 한 개로 이루어진다. 퍼셉트론은 실제와 목표 출력 사이의 차이를 줄이도록 가중치를 조금씩 조절하여 작업을 학습한다. 초기 가중치는 임의로 할당되고, 그 후에 훈련 예제들과 모순이 없는 출력을 얻도록 수정된다. [nn]

■ **퍼지 규칙** fuzzy rule x와 y가 언어 변수고, A와 B가 퍼지 집합에 따라 결정된 언어값일 때, 다음과 같은 형태를 띠는 조건문이다. [fl]

IF : x가 A

THEN : x는 B

■ **퍼지 논리** fuzzy logic '참'과 '거짓'이라는 이진 용어로 쉽게 기술할 수 없는 조건을 나타내기 위해 개발된 논리 체계. 이 개념은 로트피 자데가 1965년에 도입하였다. 불 논리와 달리 퍼지 논리로 다치 논리이며, '부분적으로 참'('완전한 참'과 '완전한 거짓' 사이에 있는 진리값)이라는 개념을 다룬다. **퍼지 집합론**이라고도 한다. [fl]

■ **퍼지 단일체** fuzzy singleton 소속 함수가 논의 영역 위의 특정한 한 점에서는 1이고, 다른 모든 점에서는 0인 퍼지 집합. 단일체라고도 한다. [fl]

■ **퍼지 변수** fuzzy variable 언어값을 취할 수 있는 양. 이를테면, 퍼지 변수 '온도'는 '뜨겁다', '중간이다', '차갑다' 같은 값을 가질 수 있다. [fl]

■ **퍼지 전문가 시스템** fuzzy expert system **불 논리** 대신 **퍼지 논리**를 사용하는 **전문가 시스템**. 퍼지 전문가 시스템은 데이터에 대한 추론을 할 때 사용하는 **퍼지 규칙**과 **소속 함수**를 모은 것이다. 심벌 추론을 하는 기존의 전문가 시스템과 달리 퍼지 전문가 시스템은 수치 처리를 지향한다. [fl]

■ **퍼지 집합** fuzzy set 흔히 사람의 키를 말하는 '작은 키', '보통인 키', '큰 키' 처럼 경계가 모호(퍼지)한 집합. 퍼지 집합을 컴퓨터로 나타내려면 퍼지 집합을 함수로 나타내고 집합의 원소를 소속도에 대응시킨다. [fl]

■ **퍼지 집합론** fuzzy set theory **퍼지 논리**를 참고하라. [fl]

■ **퍼지 추론** fuzzy inference 퍼지 논리에 바탕을 둔 추론 과정. 퍼지 추론에는 네 단계가 있다. 입력 변수의 퍼지화, 규칙 평가, 출력으로 나온 규칙의 통합, 역퍼지화다. [fl]

■ **퍼지화** fuzzification 퍼지 추론의 첫째 단계로 분명한 (수치) 입력을 퍼지 집합 각각에 속하는 정도에 대응시키는 단계. [fl]

■ **프레임** frame 특정 객체의 전형적인 지식으로 이루어진 데이터 구조. **프레임기반 전문가 시스템**에서 지식을 표현할 때 사용한다. [es]

■ **프레임기반 전문가 시스템** frame-based expert system 지식의 주요 원천으로 **프레임**을 사용하며, 프레임에 액션을 추가할 때 **메소드**와 **데몬**을 사용하는 전문가 시스템. 프레임기반 전문가 시스템에서 생성 규칙은 보조 역할을 한다. [es]

■ **프로시저** procedure 컴퓨터 코드의 독립적인 일부. [es]

■ **피드백 신경망** feedback neural network 뉴런의 출력에서 입력으로 가는 피드백 루프가 있는 ANN의 위상 구조. 피드백 신경망의 예는 홉필드 신경망이다. 순환 회로망이라고도 한다. [nn]

■ **피드포워드 신경망** feedforward neural network 한 층의 뉴런이 다음 층의 뉴런에 연결된 ANN의 위상 구조. 입력 신호는 한 층 단위로 순방향으로 전파된다. 피드포워드 신경망의 한 예는 **다층 퍼셉트론**이다. [nn]

■ **픽셀** pixel 영상의 원소. 이미지에서의 한 점. 컴퓨터 모니터 화면을 격자로 펼쳐진 수천 혹은 수백만 픽셀로 나누어 영상을 보여준다. 이 픽셀의 간격은 매우 좁아 하나의 이미지로 보인다. [ke]

■ **필드** field 특정 속성을 저장하기 위해 데이터베이스에 할당된 한 공간. 스프레드시트에서는 셀(cell)이라고도 한다. 예를 들어, '세금' 은 '이름', '주소', '파일 번호', '수입', 등의 수많은 필드로 구성된다. 모든 필드에는 필드명을 붙인다. [dm]

■ **하드 리미터** hard limiter **하드 리밋 활성화 함수**를 참고하라. [nn]

■ **하드 리밋 활성화 함수** hard limit activation function 스텝(step) 함수와 사인(sign) 함수로 표현된 활성화 함수. 하드 리미터라고도 한다. [nn]

■ **학습** learning 신경망이 원하는 행동을 하도록 ANN의 가중치를 조정하는 과정. 훈련이라고도 한다. [nn]

■ **학습 규칙** learning rule ANN에서 훈련하는 동안 가중치를 바꾸는 규칙. [nn]

■ **학습률** learning rate ANN에서 하나의 반복에서 다음 반복으로 넘어갈 때 가중치 변화량을 조절하는 1보다 작은 양수. 학습률은 **신경망**의 훈련 속도에 직접적으로 영향을 끼친다. [nn]

■ **합집합** union 고전 집합론에서 두 집합의 합집합은 어느 집합에든 속하는 원소들로 이루어진다. 이를테면, 키가 큰 남자와 뚱뚱한 남자의 합집합은 키가 크거나 뚱뚱한 모든 남자다. **퍼지 집합론**에서 합집합은 교집합의 반대다. 다시 말해서, 합집합은 두 집합에 대한 소속값 중 가장 높은 값이다. [fl]

■ **해석기** interpreter **추론 엔진**을 참고하라. [es]

■ **해설 설비** explanation facility 전문가 시스템이 특정 결론에 도달한 방법과 그렇게 하기 위해 특정 사실이 왜 필요한지를 **전문가 시스템**에 질의할 수 있도록 해주는 전문가 시스템의 기본 요소. [es]

■ **해 집단** population 함께 만들어진 개체들의 집합. [ec]

■ **헤브의 법칙** Hebb's Law 1940년대 후반 도널드 헤브가 소개한 학습 법칙. 이 법칙은 뉴런 i가 뉴런 j를 흥분시키기에 충분할 정도가 되며 활성화에 반복적으로 참여하게 되면 이 두 뉴런 사이의 시냅스 연결은 강화되고, 뉴런 j는 뉴런 i에서 받는 자극에 훨씬 민감해진다고 기술했다. 이 법칙은 **무감독 학습**의 기초가 된다. [nn]

■ **헤브 학습** Hebbian learning 두 뉴런 사이의 시냅스 연결에 대한 가중치 변화를 들어오고 나가는 신호들의 곱과 연관시키는 **무감독 학습**. [nn]

■ **헤지** hedge 퍼지 집합의 모양을 바꿀 때 사용하는 한정사. 헤지는 '매우', '얼마간', '꽤', '다소', '조금' 같은 부사를 포함한다. 이들은 수학 연산을 수행한다. 집중(concentration)은 퍼지 원소의 소속도를 낮추고(예: 매우 키가 큰 남자), 확장(dilation)은 소속도를 높인다(예: 다소 키가 큰 남자). 강화(intensification)는 소속도가 0.5보다 크면 높이고 0.5보다 작으면 낮춘다(예: 확실히 키가 큰 남자). [fl]

■ **호** arc 의미망의 노드 사이에서 방향성과 이름이 있는 연결. 인접한 노드 사이의 연결 상태를 나타낸다. 가장 일반적인 호로는 일종(is-a)과 일부(a-part-of)가 있다. [es]

■ **혼합형 시스템** hybrid system 적어도 두 지능형 기술을 결합한 시스템. 예를 들어, **신경망**과 **퍼지 시스템**을 결합하여 혼합형 **뉴로-퍼지 시스템**을 만들 수 있다. [ke]

■ **홉필드 신경망** Hopfield network 단층 피드백 신경망. 홉필드 신경망에서는 각 뉴런의 출력을 모든 다른 뉴런의 입력으로 거꾸로 보낸다(홉필드 신경망에서는 자기 피드백(self-feedback)이 없다). **홉필드 신경망**은 계산 요소로서 보통 부호 활성화 함수를 따르는 맥클록-피츠 뉴런들을 사용한다. 홉필드 신경망은 연상 메모리의 특성을 모방하려 한다. [nn]

■ **확률** probability 특정 사건이 발생할 가능성에 대한 양적 표현. 확률을 수학적으로 0~1 사이의 수로 표현한다. 여기에서 0은 절대 불가능함을 뜻하고 1은 완전히 확실함을 뜻한다. [es]

■ **확신도** certainty factor 어떤 사실이나 규칙이 타당한 정도를 나타내기 위해 그 사실이나 규칙에 할당하는 수치. 신뢰도라고도 한다. [es]

■ **확실성 이론** certainty theory 부정확한 추론에 기초하여 전문가 시스템에서 불확실성을 다루는 이론. 이 이론은 특정 사건이 관찰되었을 때 어떤 가설을 믿는 정도를 표현하기 위해 확신도를 사용한다. [es]

■ **활동 전위** action potential 긴 거리에도 강도가 약해지지 않는 생물학적인 뉴런의 출력 신호(신경 자극이라

고도 한다). 활동 전위가 생기면 그 뉴런이 '자극을 점화했다' 고 한다. [nn]

■ **활성화 함수** activation function 뉴런의 입력을 그 출력에 대응시키는 수학 함수. 공통적으로 사용되는 활성화 함수는 스텝(step), 사인(sign), 선형, 시그모이드(sigmoid) 함수다. 전이 함수라고도 한다. [nn]

■ **후건** consequent 규칙에서의 결론 혹은 행동. [es]

■ **훈련 집합** training set ANN을 훈련시키기 위해 사용되는 데이터 집합. [nn]

■ **훈련** training **학습**을 참고하라. [nn]

■ **휴리스틱** heuristic 복잡한 문제에 적용 가능한 전략. 항상은 아니지만 보통 올바른 해를 얻는다. 휴리스틱은 수년 동안의 경험에서 우러나오는데, 복잡한 문제 풀이를 판단에 기초하여 더 단순한 연산들로 축소시키는 데 쓰이곤 한다. 휴리스틱을 종종 어림짐작이라고도 한다. [es]

■ **휴리스틱 탐색** heuristic search 추론을 하기 위해 휴리스틱을 적용하여 탐색 공간을 줄여나가는 탐색 기법. [es]

찾아보기 Index

바

사

아

자

차

카~타

파

하

A~D

E~K

L~N

O~W

Memo

Memo

Memo